BIBLIOTECA DI STORIA ECONOMICA E SOCIALE

DIRETTA DA

DOMENICO DEMARCO E VINCENZO GIURA

NUOVA SERIE

1

Nella stessa collana:

1. Vincenzo Giura, *Storie di minoranze. Ebrei, Greci, Albanesi nel Regno di Napoli*, 1984, pp. 193

2. Maria Luisa Cavalcanti, *La politica commerciale italiana 1945-1952. Uomini e fatti*, 1984, pp. 288

3. Giuseppe Imbucci, *Per una storia della povertà a Napoli in età contemporanea 1880-1980*, 1992, pp. 232

4. Maria Luisa Cavalcanti, *Moneta e fisco in Italia 1970-1975. Le ragioni dei fatti*, 1992, pp. 212

5. Andrea Graziosi, *Il sistema dell'industria statale nell'esperienza sovietica (1917-1953)*, 1992, pp. 250

6. Francesco Brancato, *Benjamin Ingham e il suo impero economico*, 1993, pp. 184

7. Giovanni Muto, *Saggi sul governo dell'economia nel Mezzogiorno spagnolo*, 1992, pp. 210

NUOVA SERIE

1. *L'Italia del secondo Settecento nelle relazioni segrete di William Hamilton, Horace Mann e John Murray*, a cura di Gigliola Pagano de Divitiis e Vincenzo Giura, 1997, pp. 606

L'ITALIA DEL SECONDO SETTECENTO

nelle relazioni segrete
di William Hamilton, Horace Mann e John Murray

a cura di
Gigliola Pagano de Divitiis, Vincenzo Giura

Edizioni Scientifiche Italiane

Questo volume è pubblicato in collaborazione con l'Istituto Italiano per gli Studi Filosofici; si è avvalso di un contributo del Consiglio Nazionale delle Ricerche

PAGANO DE DIVITIIS, Gigliola - GIURA, Vincenzo (*a cura di*)
L'Italia del secondo Settecento nelle relazioni segrete
di William Hamilton, Horace Mann e John Murray
Collana: Biblioteca di storia economica e sociale, Nuova Serie, 1
diretta da Domenico Demarco e Vincenzo Giura
Napoli: Edizioni Scientifiche Italiane, 1997
pp. 606; 24 cm.
ISBN 88-8114-135-3

Indice

Fonti documentarie e bibliografiche: abbreviazioni   p.   7

Vincenzo Giura

     Politica, economia, diplomazia segreta. Gran Bretagna e
Italia dopo la guerra dei sette anni   »   9

Gigliola Pagano de Divitiis

     Napoli, Venezia, Toscana nella seconda metà del Settecento
attraverso le relazioni dei residenti inglesi   »   29

Il Regno delle Due Sicilie secondo William Hamilton   »   99

La Toscana di Horace Mann   »   237

La relazione su Venezia e Domini di John Murray   »   377

Appendice

     Lo Stato della Chiesa   »   527

     Il Regno di Sardegna   »   541

     Entrate e popolazione degli Stati Italiani   »   557

Abbreviazioni utilizzate nei documenti   »   559

Indice delle figure   »   565

Indice analitico dei nomi e dei luoghi   »   567

Fonti documentarie e bibliografiche: abbreviazioni

Add. Mss.	=	Additional Manuscripts
ASBN	=	Archivio Storico del Banco di Napoli
ASF	=	Archivio di Stato di Firenze
ASN	=	Archivio di Stato di Napoli
ASPN	=	Archivio Storico delle Province Napoletane
AST	=	Archivio di Stato di Torino
BL	=	British Library - Department of Manuscripts
BNN	=	Biblioteca Nazionale di Napoli
c.	=	folio
cc.	=	folii
cfr.	=	confrontare
cit.	=	citato
CO	=	Colonial Office
Correr	=	Museo Civico Correr - Venezia
ed.	=	edizione
es.	=	esempio
f.	=	folio
ff.	=	folii
fig.	=	figura
FO	=	Foreign Office
G.D.	=	Gran Duca (Granduca)
H.M.	=	Her Majesty's
MPF	=	Maps Foreign (Carte geografiche estratte dalle State Papers Foreign)
Ms	=	Manoscritto
p.	=	pagina
pp.	=	pagine
PRO	=	Public Record Office - London
reg.	=	registro
RLW	=	Royal Library of Windsor
S.A.R.	=	Sua Altezza Reale
S.M.	=	Sua Maestà
SNSP	=	Società Napoletana di Storia Patria

SP79	= State Papers Foreign - Genoa
SP92	= State Papers Foreign - Sardinia
SP93	= State Papers Foreign - Sicily and Naples
SP98	= State Papers Foreign - Tuscany
SP99	= State Papers Foreign - Venice
SP104	= State Papers Foreign - Foreign Entry Books
SP105	= State Papers Foreign - Archives of British Legations
SP109	= State Papers Foreign - Various
ss.	= seguenti
SUAP	= Statni Ustredni Archiv V Praze (Archivio di Stato di Praga)
v.	= vedi
v.	= verso - retro (nei documenti)
vol.	= volume
voll.	= volumi

Vincenzo Giura

Politica, economia, diplomazia segreta

Gran Bretagna e Italia dopo la guerra dei sette anni

Il trattato di pace firmato a Parigi nel 1763, che segnò la fine della guerra dei sette anni, attestò in maniera indiscutibile la supremazia marittima e coloniale della Gran Bretagna. E tuttavia il governo inglese non riuscì a sfruttare la sua vittoria fino in fondo. Il conte di Bute, non più incalzato da Pitt dimessosi dal governo, aveva, infatti, un solo desiderio: quello di concludere al più presto la pace. Il plenipotenziario incaricato della trattativa, il duca di Bedford, non era, poi, così ferocemente antifrancese. Nonostante le sue vittorie l'Inghilterra non riuscì quindi a confinare Francia e Spagna tra le potenze di secondo ordine come avrebbe voluto Pitt, che inutilmente continuò a denunciare come un tradimento una pace con la quale si dava alla Francia, "il mezzo di recuperare le sue perdite prodigiose e di diventare sui mari ancora una volta più temibile per noi"[1], e questo fece sì che la rivalità, specie con la Francia, rimanesse vivissima, tanto che negli anni successivi si susseguirono i tentativi francesi di eliminare il predominio inglese nel Mediterraneo. In più l'Inghilterra, e in conseguenza della pace e degli avvenimenti verificatisi qualche anno prima, si trovò senza alleati sul continente e quindi isolata.

L'isolamento britannico traeva origine essenzialmente dal trattato d'alleanza – la cosiddetta convenzione di Westminster – stipulato nel gennaio 1756 dal governo di Londra con Federico il Grande, contro il quale con grande abilità il cancelliere austriaco Kaunitz era riuscito a contrapporre un'alleanza austro-franco-russa. Passato alla storia come "il rovesciamento delle alleanze", quest'accordo mise fine alla tradizionale rivalità tra i Borbone e gli Asburgo. In conseguenza la Francia rinunziò alle sue mire sui Paesi Bassi austriaci e ciò rafforzò negli olandesi la volontà di non esser coinvolti nei conflitti europei; l'Austria cominciò ad affacciarsi nel campo del commercio marittimo; l'Italia, fin'allora teatro

---

[1] C.H. WILSON, *Il cammino verso l'industrializzazione - Economia e società nell'Inghilterra del XVII e XVIII secolo*, Bologna 1979, p. 407.

principale della rivalità tra le due casate, conobbe un periodo lunghissimo di pace, fino al 1796, che di certo fu un elemento non indifferente per esperimentare le politiche riformiste.

Il patto di famiglia tra le case Borbone si rafforzò mentre, per effetto dell'accordo su richiamato, si allentarono i legami della Francia con la Porta ottomana e S.M. Cristianissima finì col disinteressarsi degli avvenimenti che si svolgevano nell'Europa orientale e in particolare dei casi della Polonia.

Nell'altro campo, la rottura avvenuta nel 1762, tra accuse reciproche, dell'alleanza tra Inghilterra e Prussia, dovuta specialmente all'inettitudine del conte di Bute e del primo Lord del Tesoro, duca di Newcastle, che con il loro comportamento allarmarono e irritarono Federico, fu un altro importante elemento che determinò l'isolamento inglese.

Su questo scenario, tracciato a così grandi linee, da un lato si muove una Francia animata da un forte "esprit de revanche", che sotto la guida energica di Etienne-François Choiseul, fa grandi sforzi per costruire una marina militare in grado di competere con quella britannica e si adopera in tutti i modi a rendere più stretta e salda l'alleanza con la Spagna. Sulla base del comune sentimento antinglese il "patto di famiglia" del 1761 verrà infatti consolidato col trattato commerciale del 1768, col quale "las dos Coronas – de España y de Francia – quisieron afianzar aún más los vínculos, que las unían y 'hacer de los franceses y de los españoles un solo pueblo' para favorecer su commercio y su navegación", "con una tal preferrencia, que ninguna otra nacion se hallase más favorecida en los respectivos dominios"[2]. Dall'altro c'è la Gran Bretagna, guidata da una mediocre leadership politica, isolata diplomaticamente e indebolita dalle discordie interne. I contrasti tra Giorgio III e il Parlamento, le crescenti agitazioni nelle colonie nordamericane, il diffuso malcontento che serpeggiava nella società inglese desiderosa di maggiori libertà politiche, religiose, civili, furono, infatti, tutti fattori che impedirono al Regno Unito di conservare le posizioni di predominio raggiunte durante il conflitto e che contribuirono a ridurre la sua influenza in Europa. Ciò risultò chiaramente nel 1768, quando le proteste britanniche per l'acquisto francese della Corsica, che rafforzava la posizione della Francia nel Mediterraneo, non vennero tenute in nessun conto.

Questa situazione, ovviamente, si riflesse anche in campo economico e le rivalità commerciali si acuirono maggiormente in quanto l'espansio-

[2] G. ANES, El siglo de las luces, in Historia de España, vol. IV, Madrid, 1994, p. 269.

ne sempre crescente dell'economia rendeva indispensabile la conquista dei mercati.

Le statistiche dell'epoca, pur certamente da prendere con grande cautela, mostrano però con chiarezza che l'economia attraversava un momento positivo. Charles Wilson[3], che ha stimato il valore delle esportazioni inglesi in circa 8 milioni di sterline nel 1720 e in poco meno del doppio (15 milioni) nel 1763, ricorda come nello stesso arco di tempo il tonnellaggio delle navi scaricate nei porti inglesi salisse da 450mila tonnellate circa ad oltre 650mila, come la maggior parte di esse, circa 500mila tonnellate, battesse bandiera britannica e come questo tonnellaggio fosse pari a sei volte quello di un secolo prima. Più lenti, ma anch'essi sostenuti, erano i ritmi di incremento della flotta mercantile e del commercio di esportazione della Francia. I valori delle merci esportate salgono infatti, progressivamente e di continuo, dai centoventi milioni circa di *livres* del 1716 fino a giungere agli oltre 500 degli anni '80.

La rivalità anglo-francese traeva vigore anche dalle politiche commerciali seguite da entrambi i paesi. Nonostante che le idee fisiocratiche fiorissero in Francia e che pochi anni mancassero all'apparire della *Ricchezza delle Nazioni*, nella mentalità comune sussistevano forti residui della tradizione mercantilistica e perciò era ancora assai grande l'attenzione che si prestava alla bilancia commerciale ed al suo saldo, che agli occhi di molti era il prezioso indicatore che rivelava se s'erano conseguiti guadagni o sofferte perdite.

Si è molto insistito poi, e con ragione, da parte di numerosi studiosi sull'importanza crescente assunta dai traffici atlantici a scapito di quelli mediterranei in questo periodo. E tuttavia sarebbe ingiustificato ritenere che, per quanto quelli con le colonie avessero raggiunto grandi dimensioni, gli scambi "interregionali" europei fossero divenuti molto meno intensi[4]. Basti pensare che, nel 1763, dell'intera flotta mercantile britannica solo un terzo era impegnato nei traffici con l'America, e che proprio l'Inghilterra era fortemente interessata ai traffici mediterranei[5].

Mediterraneo e Levante specialmente, rappresentavano, infatti, aree di concorrenza assai viva, perché erano mercati importanti di vendita, in

---

[3] C.H. WILSON, *Il traffico oceanico e lo sviluppo manifatturiero*, in *Storia del mondo moderno - Il vecchio regime - 1713-1763*, vol. VII, Milano 1968, pp. 30 e ss.

[4] Sugli scambi interregionali europei in questo periodo, sia pur limitati al solo porto di Londra, v. C.S. FRENCH, *London's Overseas Trade with Europe 1700-1771*, in "The Journal of European Economic History", vol. 23, n. 3, winter 1994, pp. 475-501.

[5] C.H. WILSON, *Il traffico oceanico...*, cit., p. 3.

particolare per l'industria dei panni, e di acquisto di materie prime, quali cotone e seta grezza. Anche se i francesi godevano dei notevoli vantaggi derivanti dalla posizione geografica, dai sostegni governativi, dai privilegi di cui usufruivano i loro mercanti in virtù degli antichi legami tra Francia e Impero ottomano, gli inglesi, dal canto loro, benché in crisi specie per la concorrenza francese, non intendevano affatto cedere il campo. Alcune aree erano considerate da essi importantissime sia per i traffici tradizionali, sia perché fonti indispensabili delle materie prime di cui necessitavano.

Come è stato messo da lungo tempo in rilievo, in un'opera ormai classica[6], già all'avvento al trono di Giorgio III, molte delle principali industrie inglesi dipendevano in modo assoluto dalle importazioni di materie prime dall'estero. I filatoi dell'Inghilterra centrale e i tessitori di Spitafields necessitavano della seta greggia che veniva da Smirne e Livorno, così come abbisognava del cotone mediorientale l'industria cotoniera del Lancaster che stava conoscendo una rapida espansione.

La rivalità anglo-francese divenne maggiore, poi, nella seconda metà del Settecento perché lo scontro si ridusse in pratica soltanto a Francia e Inghilterra, in quanto i grandi protagonisti del XVII secolo, gli olandesi, andarono progressivamente riducendo il loro ruolo nel XVIII, tanto da divenire marginali, già dagli anni 40-50, nel commercio col Levante.

Lo sviluppo dell'economia e la necessità sempre più viva di poter contare su mercati di sbocco e di rifornimento ebbero anche come effetto che in Inghilterra venissero portati duri attacchi ai tradizionali sistemi commerciali e, in particolare, alle compagnie mercantili ed ai privilegi di cui da lungo tempo godevano. Da parte di molti uomini d'affari si riteneva che le compagnie costituissero ormai un freno allo sviluppo dei traffici e alla crescita della marina ed era facile per essi far notare come fosse "maggiore il tonnellaggio impiegato nel traffico che toccava il porto franco di Livorno che non quello impiegato complessivamente dalle tre compagnie privilegiate", vale a dire, dell'India orientale, dei Mari del Sud e della Turchia[7].

In un quadro siffatto non possono destar meraviglia le forti preoccupazioni nutrite dal governo inglese. L'Italia, in particolare, ponte natu-

---

[6] G.M. TREVELYAN, *Storia della società inglese*, Torino 1966, p. 363.
[7] M. DECKER, *Essay on the Causes of the Decline of the Foreign Trade*, London, 1744, p. 25.

rale per il Levante, non più terreno di contesa tra Austria e Francia, e
per la parte sotto casa Borbone da considerare sensibile ai richiami provenienti da Parigi e Madrid, era da tenere sotto osservazione per motivi
sia politici che economici.

Dopo la spaventosa carestia che nel 1764 aveva colpito la penisola –
l'ultima grande carestia de l'*ancien régime* italiano – il governo inglese si
mosse. Con una circolare inviata il 26 marzo 1765, il conte di Halifax,
Segretario di Stato per le province meridionali, chiese ai residenti inglesi
a Napoli, Firenze, Venezia e Ginevra – la richiesta a quest'ultimo si
spiega probabilmente col fatto che Ginevra era un osservatorio di grande
rilievo per le vicende europee[8] – ossia William Hamilton, Horace Mann,
John Murray e William Norton, di inviargli, se necessario in cifra tutte
le informazioni possibili. In particolare richiedeva notizie riguardanti le
fortificazioni, la consistenza e le condizioni delle armate di terra e di
mare, le spese dei governi, le finanze statali, il commercio, le manifatture,
l'ammontare della popolazione, in breve un quadro completo dei più
importanti stati italiani[9].

La lettera ricevuta da Horace Mann a Firenze, simile a quella spedita
agli altri residenti, può servire d'esempio:

"It is by His Majesty's express Commands that I recommend the following
Instructions to the particular Care and Attention of all the King's Ministers
resideing at the Courts within my Department.
You are, during your Residence at Florence, to use Your best Endeavours to
procure as exact an Account, as possible, of the Countries under the Dominion
of the Emperor as Great Duke of Tuscany, together with the most accurate
Description You can obtain of the Fortifications, the present State of Their
Defence, as also the Number & Condition of the Tuscan Forces by Sea and

---

[8] È forse opportuno ricordare che l'Inghilterra non ebbe mai – nel XVIII secolo –
"una buona organizzazione diplomatica. Il primo passo per organizzarla fu fatto nel
1782 quando venne creato l'ufficio del segretario di stato per gli Affari Esteri, che con-
centrò nelle mani di una sola persona, sotto il controllo del primo ministro, la politica
estera fino ad allora affidata, insieme ad altri compiti ai segretari di stato per i dipartimenti settentrionale e meridionale. Lo sviluppo, però, fu assai lento. A quel che risulta
nel 1780-90 il ministero degli esteri non aveva più di venti impiegati". M.S. ANDERSON,
L'Europa nel Settecento (1713-1783), Milano, 1970, p. 201. Dello stesso autore v. anche
The Rise of Modern Diplomacy 1450-1919, London-New York 1993.

[9] PRO,SP104\101, Italian States - 1763-66 - Precis Book; v. anche G. PAGANO DE
DIVITIIS, a cura di, *Il commercio inglese nel Mediterraneo dal '500 al '700. Corrispondenza consolare e documentazione britannica tra Napoli e Londra*, Napoli 1984, pp.
171 e ss.

Land, & of the Means the Great Duke may have for augmenting the same on Occasion.

You are likewise to inform Yourself, as accurately as Your Enquiries will permit, of the ordinary Expences of Government; What is the Amount and State of the Revenue; From whence it arises; and what Resources The Great Duke may have for levying any, and what extraordinary Supplies.

You are further to procure an account of the State & Nature of the Commerce carried on in the different Parts of the Great Duke's Dominions; Of their several Manufactures; and particularly of the State of Population throughout the said Countrys. On these Heads You are from Time to Time, as proper Opportunities shall offer, to transmit the best Accounts You can procure, for His Majesty's Information, in Separate Letters confined to these Matters only, and addressed to the principal Secretary of State for the Southern Department. I have likewise particularly in command to assure you that Your Deligence and Attention to the punctual Execution of these Orders, will not fail to recommend You to His Majesty's Royal Favour."[10].

Per quel che riguardava Napoli, Halifax chiedeva poi di informarsi anche e minutamente sullo "state of nature of the commerce carried on in the different ports of the Neapolitan dominions, of their several manufactures and particularly of the state of population throughout the said countries"[11].

La richiesta, e Hamilton non lo nascose, mise il diplomatico inglese in grave imbarazzo.

"I must beg a little time – scrisse – as information is not easily procured here, where in general all are ignorant of not only Forreign, but even of the most Domestick Affairs; besides, My Lord, to write to Your Lordships, upon such Subjects as Commerce and Population is not easy Task for one of my inexperience"[12].

Come ha posto in evidenza il Venturi, gli inglesi avevano eccellenti motivi per essere interessati a quel che accadeva nel regno e non solo per motivi politici. Un esame della Bilancia Commerciale fra i due paesi, pur con tutti i limiti e gli errori che possono essere contenuti nelle cifre da essa riportate, lo fa comprendere chiaramente: tra l'ottobre del 1763 e

[10] PRO,SP98\70,41 - Conte di Halifax a Horace Mann, St. James's 26.3.1765.
[11] PRO,SP93\21, Conte di Halifax a William Hamilton, 26.3.1765; v. anche F. VENTURI, Settecento riformatore, vol. V, t. 1, Torino 1987, pp. 298-99.
[12] PRO,SP93\21,74-75v. - William Hamilton al Conte di Halifax - Napoli 30.4.1765.

quello del 1764, il totale a favore della Gran Bretagna fu di 416.298 sterline. Questo saldo che appariva più che soddisfacente per gli inglesi, non veniva però considerato tale da essi:

"The Ballance... – si scriveva – in favour of Great Britain appears to be £ 416 298 Sterling, & exceeds the Ballance made in 1754, which was £ 356 150 but as this differnce of £ 60 148, arises from the large Importation of Wheat & Rice by the Accidental famine in the Year 1764 it proves at the same time a diminution in general of our Trade since the period of 1754, of £ 106152. Sterling for one Year, deducting the Value of the Wheat & Rice, which amounts to £ 166 300. The Article of Woolen Goods in 1754 was Esteemed at £ 300.000, now only £ 183 300. Consequently above 1/3 part Short, for which defficiency many reasons may be assign'd."[13].

Le "molte ragioni" venivano individuate nello sviluppo delle "Neapolitan Manufactures" di stoffe di qualità ordinaria, che erano utilizzate per le uniformi delle forze armate, per le livree dei numerosissimi servitori delle famiglie nobili, dai molti appartenenti al clero e dal popolo; nel gran numero di fallimenti, verificatisi nelle province, di commercianti che trattavano prodotti britannici; nell'enormi difficoltà che s'incontravano per esigere i crediti ed ottenere giustizia, cosa che aveva indotto molti mercanti stranieri e perfino napoletani ad abbandonare le due fiere annuali di Salerno ed Aversa, dove si effettuavano le vendite più importanti. Infine, cosa assai grave per gli inglesi, nel continuo aumento dell'importazione di prodotti tessili francesi e di altri generi dalla Spagna[14].

In queste informazioni v'era quanto bastava a mettere in stato d'allarme il governo di Londra. Gli accenni allo sviluppo delle "Neapolitan Manufactures" e all'incremento delle importazioni da Francia e Spagna, indicati entrambi come elementi che avevano contribuito a far diminuire le importazioni dalla Gran Bretagna, avevano un suono sinistro alle orecchie inglesi. E perciò era necessario, pel governo di Londra, porre in atto tutti i mezzi per combattere la concorrenza, incrementare il proprio commercio e controllare, antica preoccupazione questa della Gran

[13] PRO,SP93\21,168-169v. - William Hamilton al Conte di Halifax - Napoli 16.7.1765
[14] *Ibidem*, "A List and Valuation of British Manufactures and Products Imported into the Kingdom of Naples from October 1763 to all October 1764 - Freight and Insurance included; A List and Valuation of Neapolitan Products Exported for England from October 1763 to all October 1764 - Freight and Insurance included".

Bretagna, che il regno napoletano, rafforzandosi, non tentasse di sviluppare la propria flotta mercantile e di ampliare il proprio commercio con l'estero.

Paolo Macry ha ricordato come già i contemporanei riferissero, nel 1735, che "alcuni membri del Ministero rappresentarono nel Parlamento che il commercio dell'Italia e del Levante correva il rischio di essere molto alterato se non anche interamente minato in caso la casa di Borbone conservi li Regni di Napoli e Sicilia con Granducato di Toscana e i Ducati di Parma e Piacenza" e come, pochi anni dopo, nel 1740, fosse inviato a Napoli un emissario britannico, il Pelham, con precise istruzioni di "spiare esattamente le massime del Consiglio napoletano riguardo al commercio giacché non potevano senza ingelosirsi udire gli inglesi le indefesse conferenze che in Napoli sopra l'accrescimento del traffico tenevansi quasi ogni giorno"[15].

Le preoccupazioni, già vive, continuavano quindi ad essere rafforzate dalle notizie che provenivano da Napoli. Hamilton[16], servendosi dei più svariati canali per trasmettere con sicurezza i suoi dispacci "having reason to suspect that some of my letters have of late been opened by the way", sottolineava al nuovo Segretario di Stato Henry Seymour Conway l'importanza dei Presidi di Toscana; economica, perché proteggevano "the commerce of Spain with the Southern ports of Italy", e politica, per la posizione strategica che essi avevano.

"In all times – scriveva – these places have been looked upon as very interesting to Spain and the Kingdom of Naples, to whom besides they are as a key to enter Tuscany which is absolutely open on that side. It is by the means of these four towns – Orbetello, Porto Ercole, Portolongone, Piombino – that Spain always kept the Great Dukes of Tuscany in a sort of dependance…"[17].

Se – continuava Hamilton – le mire spagnole e napoletane sulla Toscana si fossero realizzate, l'Italia sarebbe stata "covered by the possessions of the Spanish House of Bourbon, and besieged on the other side the Alps by France.". Se, inoltre, si considerava l'influenza di quest'ultima su

[15] P. MACRY, *Mercato e società nel regno di Napoli - Commercio del grano e politica economica del '700*, Napoli 1974, p. 481. Su questi tentativi v. V. GIURA, *Gli Ebrei e la ripresa economica del regno di Napoli*, Génève 1978.

[16] PRO,SP93\21,172-173 - William Hamilton a Henry Seymour Conway - Napoli 6.8.1765.

[17] PRO,SP93\21,182-182v. - William Hamilton a Henry Seymour Conway, Napoli 13.8.1765.

Malta e i crediti che vantava a Genova era facile supporre che le dinastie borboniche carezzassero l'idea d'impadronirsi direttamente o per mezzo di alleati di "almost all the Ports of Italy and of that part of the Mediterranean extending from the Streights to the confines of Greece", con effetti tanto facilmente intuibili quanto rovinosi sul commercio delle altre nazioni col Levante[18].

Queste preoccupazioni inglesi erano probabilmente esagerate, ma non per questo meno sentite. Esagerate perché, come ha sottolineato Raffaele Ajello, il problema di sviluppare la marina e il commercio estero – caratterizzato da esportazioni di materie prime e da importazioni di manufatti effettuate in prevalenza da mercanti e navi straniere – risentiva ancora, e non poco, dei timori già espressi in passato da alcuni tra i maggiori intelletti napoletani, come il Pallante e il Doria, timori che il Tanucci continuerà a nutrire per aver avuto diretta esperienza di quanto fossero reali.

Pallante, ad esempio, aveva posto in guardia dall'entrare in competizione in questo campo, perché "le nazioni amiche commercianti... si disgusterebbero... se il regno realizzasse una politica protezionistica e questo è da evitare per politica ed economia". La debolezza del regno, d'altronde, impediva di sostenere un confronto con le grandi potenze. "Quando l'ambasciatore inglese o francese chiedevano – egli realisticamente notava – c'era poco da fare sul piano delle trattative e poco da proteggere sul piano della reciprocità nelle condizioni economiche e giuridiche". E il Doria a sua volta : "non mi posso astenere di nomare i pericoli che potrebbe apportare al regno un troppo ampio esterno commercio" che darebbe "gelosia agli Inglesi, agli Olandesi e forse ai Francesi ancora, poiché dal regno di Napoli e da quello di Sicilia si potrebbero somministrare ai Turchi le medesime merci" fornite da quelle nazioni e, danneggiando il loro, "questo ampio commercio potrebbe cagionare una guerra con dette potenze, con le forze delle quali le Due Sicilie non potrebbero mai eguagliare"[19].

Queste riflessioni non erano certamente ingiustificate e, come s'è detto, il Tanucci le aveva ben presenti. Il regno era troppo esposto sul mare per non temere la flotta inglese e la sua intrinseca debolezza lo condannava allora, come lo condannerà in seguito, a svolgere un ruolo tipicamente

---

[18] *Ibidem*.
[19] R. AJELLO, *La vita politica napoletana sotto Carlo di Borbone. La Fondazione e il tempo eroico della dinastia*, in "Storia di Napoli", vol. IV, Napoli, 1976, p. 589.

coloniale, che certamente sarà uno dei maggiori freni al suo progredire. È bene, infatti, ricordare, che sia nel XVIII come nel XIX secolo "il progresso interno delle Due Sicilie, come la sua indipendenza politica, devono essere visti anche nella più ampia prospettiva della sua posizione in Europa e dei suoi rapporti con gli altri stati"[20].

I più pronti a rispondere, tra i residenti, furono Hamilton e Murray. Il primo iniziò l'invio dei suoi dispacci da Napoli a partire dall'aprile 1765[21]; il secondo, invece, pose mano alla descrizione di Venezia e dei suoi domini nel maggio dello stesso anno[22]. Entrambi si attennero scrupolosamente alle istruzioni ricevute inviando in plichi separati le loro relazioni. Quando si trattava, poi, di materie molto delicate relative a forze armate, fortificazioni e simili – in una parola quando si faceva dello spionaggio vero e proprio[23] – le relazioni venivano cifrate e inviate segretamente utilizzando i modi di spedizione più diversi, avvalendosi cioè di viaggiatori, mercanti, marinai, ecc.

Queste precauzioni, pur apparendolo, non erano in realtà eccessive, come dimostra il fatto che Hamilton, che già aveva denunciato il sospetto che la sua corrispondenza venisse aperta, vide scomparire misteriosamente due parti della sua relazione inviata a Londra agli inizi del luglio 1765, che riguardavano temi piuttosto delicati come le spese sostenute mensilmente per la marina militare borbonica e quelle annuali, globali, del governo napoletano. Fu perciò obbligato a spedirle nuovamente nel settembre dell'anno successivo.

La preoccupazione che i documenti inviati potessero essere sottratti o andassero comunque perduti induceva i relatori a preparare più copie dei loro scritti. Ad esempio, nel corso delle ricerche è stata ritrovata, oltre quella conservata presso il Public Record Office, un'altra copia del manoscritto relativo alle spese della marina borbonica presso la British

[20] V. Giura, *La questione degli zolfi siciliani, 1838-1841*, Géneve 1973, p. 9.

[21] PRO,SP93\21,74-75v.- William Hamilton al Conte di Halifax, Napoli 30.4.1765.

[22] PRO,SP99\70,35-40 - John Murray al Conte di Halifax, Venezia 3.5.1765.

[23] La cosa non deve stupire. Lo spionaggio è sempre stato un elemento essenziale nei rapporti internazionali. John Murray, divenuto ambasciatore inglese a Costantinopoli dopo la sua permanenza a Venezia, ebbe per cinque anni, dal 1770 al 1775, copiata l'intera corrispondenza da uno dei servitori dell'ambasciata che la trasmise all'ambasciatore francese. La maggior parte degli stati disponeva di uffici (i "cabinets noirs") che intercettavano e copiavano i dispacci dei diplomatici stranieri (M.S. Anderson, *L'Europa del Settecento*, cit., p. 205). La Serenissima, per esempio, aveva organizzato da tempo un sistema di spionaggio di tutto rispetto. Su di esso vedi: P. Preto, *I servizi segreti di Venezia*, Milano 1994.

Library, Department of Manuscripts, documento che di recente è stato ampiamente commentato da Carlo Knight in un saggio apparso nell'Archivio Storico per le Province Napoletane[24].

Le informazioni dell'Hamilton sullo stato del regno proseguono per circa due anni. Le varie parti della sua relazione vengono, infatti, inviate in "lettere separate" dal 30 aprile 1765 al 10 marzo 1767.

Il primo dei documenti pubblicati, uno "Stato delle Truppe", non fa, in verità, parte della relazione, essendo stato spedito il 9 aprile 1765, prima cioè che Hamilton ricevesse la circolare di Halifax. Risponde alle istruzioni ricevute al momento del suo arrivo a Napoli nel settembre del 1764, ma è stato incluso sia perché offriva notizie interessanti che completano il quadro offerto dalla relazione, sia perché dimostra una evoluzione nella domanda e nella offerta delle informazioni. Era infatti diventata una prassi per i governanti inglesi richiedere ai loro rappresentanti all'estero notizie di tipo quantitativo.

Essendo appena arrivato e, data la sua inesperienza, ricopriva infatti l'incarico di Inviato Straordinario per la prima volta, Hamilton necessitò di tempo per raccogliere le notizie richieste. Nel frattempo trasmise due documenti in lingua italiana, vale a dire:

1) "Numerazione dei vari generi di comestibili che si consumano per un anno nella città di Napoli e suoi borghi" non datato;
2) "Numerazione della gente napoletana compresa la città e i borghi con la distinzione delle parrocchie" per il 1742, che, secondo Hamilton, è l'ultima rilevazione fatta prima della sua venuta.

Il 21 maggio 1765 iniziano, invece, le sue missive sullo "Stato del Commercio del Regno delle Due Sicilie", divise in sei "articoli":

1) I principali porti del Regno delle Due Sicilie e il loro commercio
2) I principali prodotti agricoli e manifatture che vengono esportati
3) I principali prodotti agricoli e manifatture che vengono importati
4) Le monete correnti nel Regno delle Due Sicilie
5) I diritti di importazione e di esportazione
6) I privilegi e altri particolari relativi al commercio del Regno delle Due Sicilie.

---

[24] C. KNIGHT, *Le forze armate napoletane durante la minorità di Ferdinando IV di Borbone: organico, soldo e sistema pensionistico*, in "Archivio Storico delle Province Napoletane", CXI, 1993, pp. 329-362.

La relazione sul commercio è completata dalla lista e valutazione delle manifatture e dei prodotti agricoli esportati e importati dalla Gran Bretagna, inclusi nolo e assicurazione, dall'ottobre 1763 all'ottobre 1764, seguita da osservazioni sulla Bilancia Commerciale fra i due paesi e da un paragone con quella di dieci anni prima.

Questa relazione fu assai probabilmente compilata a cura dei mercanti inglesi residenti a Napoli sotto la supervisione di George Hart, il più importante tra di essi.

Segue la parte dedicata alle fortificazioni. Hamilton inviò separatamente e in successione le piante relative allo Stato dei Presidi, del quale si stava discutendo la cessione, e cioè:

1) Pianta di Orbetello
2) Veduta di Orbetello
3) Pianta di Porto Ercole
4) Carta del territorio di Porto Ercole
5) Carta del territorio di Piombino
6) Pianta di Porto Longone
7) Carta dell'Isola d'Elba
8) Progetto delle modifiche alla pianta della fortezza di Porto Longone

Il 25 settembre 1766, poi, Hamilton spedì altre parti della sua relazione. Una di queste, il "Piano della Marina" era già stato inviato il 2 luglio 1765, ma non aveva mai raggiunto Londra, forse perché intercettato dai servizi del "controspionaggio" napoletano. Hamilton quindi ne spedisce un'altra copia. Insieme a questo documento che consiste in una serie di tabelle rappresentanti le spese mensili della Marina di Sua Maestà Siciliana per l'anno 1765, viene inviato anche un bilancio del Regno, "Annual Government Expences of the Kingdom of the Two Sicilies", diviso per entrate ed uscite con dettagli per tutte le voci.

La serie delle "lettere separate" si chiude il 10 marzo 1767 con una tabella sullo "Stato della Popolazione del Regno di Napoli", con il numero delle anime nelle diocesi di ogni parrocchia dal 1765 al 1766.

Molto meno completa di quella di Hamilton, come si potrà notare, è invece la serie delle relazioni inviata dal Residente presso la Repubblica di Venezia.

John Murray inizia con una descrizione di Venezia e dei suoi Domini, nella quale segue una divisione per aree amministrative:

A) Dogado o Ducato di Venezia
B) La Terraferma
   1) Le otto province della Lombardia Veneta
   2) Il territorio veronese
   3) Lo Stato Padovano
   4) La Marca Trevigiana con il Bellunese
   5) Il Friuli veneziano
   6) L'Istria
C) Dalmatia
   1) La contea di Zara
   2) La contea di Sebenico
   3) La contea di Traù
   4) La contea di Spalato
   5) La contea di Liesina
   6) La contea di Nona ecc.
D) L'Albania veneziana
E) Il Levante veneziano - Le isole del Mar Ionio

Continua poi con una relazione sulle fortificazioni partendo dal "Dogado" fino alle isole dello Ionio. Questa parte è molto dettagliata e tecnica ed è stata quasi sicuramente compilata da William Graeme, uno scozzese, giacobita e massone, che era al comando delle forze terrestri venete e prosegue con un progetto di riforma, già approvato, delle forze militari veneziane, sia in Italia che oltremare, corredato delle paghe mensili e annuali, probabilmente fornite dalla stessa fonte.

La relazione di Murray è – come s'è detto – meno completa. E ciò non solo perché l'immobilismo che caratterizzava la vita pubblica della Serenissima – che già così importante nella vita economica europea, stava precipitando in una decadenza irreparabile, aggravata dalla concorrenza di Trieste ed Ancona – impedì che si sviluppasse quella politica di riforme che fu propria della Toscana e di Napoli, ma soprattutto perché il Murray, autore invero di rapporti assai precisi, fu costretto ad interrompere abbastanza presto l'invio delle notizie – l'ultimo plico che conteneva una relazione dettagliata circa le forze militari della repubblica fu spedito alla fine del marzo 1766 – in quanto il governo britannico lo destinò a Costantinopoli in qualità di ambasciatore presso la Sublime Porta[25].

---

[25] E qui è forse bene ricordare – per comprendere quanto grande fosse la commistione tra politica ed economia – che l'ambasciatore inglese a Costantinopoli continua-

Il suo successore James Wright, non ritenne di doversi prendere cura, non sappiamo, il perché, di completare l'opera e perciò le relazioni relative alla Serenissima non trattano, purtroppo, punti di grande importanza, quali le finanze, il commercio, la popolazione.

Il residente a Firenze, Horace Mann, del quale abbiamo visto le istruzioni inviategli da Londra[26], non diede, invece, inizio subito alla sua opera di corrispondente, probabilmente perché, data la gran confusione che regnava in Toscana nell'ultimo periodo della Reggenza lorenese, ritenne opportuno attendere l'arrivo di Pietro Leopoldo (13 settembre 1765) e osservare quali cambiamenti il nuovo governo avrebbe apportato o tentato di apportare[27].

A Firenze – ha osservato il Venturi a proposito del periodo finale della Reggenza – "esitazioni ed incertezze rendevano meno sicuro persino il maresciallo Botta Adorno"[28], famoso per la sua arroganza e il suo spirito accentratore: "We are at the eve of the Great Duke arrival – scriveva Horace Mann il 7 settembre 1765 – and noboby knows what he is to do. People flock to the Marshall for instruction but for the first time he made use of the expression: 'Mi non so niente'"[29].

Tra il finire del 1765 e il 1767 i non toscani lasciarono il governo del granducato: il Botta Adorno lasciò il posto a Pietro Leopoldo e al suo ministro Rosenberg-Orsini, mentre i toscani – Neri, Tavanti, Alberti, Gianni – assunsero funzioni sempre più importanti[30]. In una lettera al conte di Shelburne, che aveva sostituito il Conway, datata Firenze, 4 aprile 1767, Mann informa che il governo granducale aveva in animo di

va ad essere il rappresentante della Compagnia del Levante oltre che del governo britannico.

[26] V. pp. 13-14.

[27] E, indubbiamente, c'era di che cambiare. Il granducato, alla venuta di Pietro Leopoldo, era ancora quello che era stato sotto i Medici nei primi decenni del secolo, ossia un'unione personale di diversi comuni medievali, soprattutto Firenze e Siena, distinti nell'amministrazione, nelle leggi e nelle istituzioni politiche. Come ha scritto l'Anderson "da questo cumulo di reliquie del passato Leopoldo aveva creato, alla fine del suo regno, uno degli stati meglio governati d'Europa" (M.S. ANDERSON, *L'Europa nel Settecento*, cit., p. 160). V. anche A. SAVELLI, *Un confronto politico tra Firenze e Siena. La riforma delle magistrature senesi in età leopoldina*, in "Ricerche Storiche", gennaio-aprile 1995, n. 1, pp. 61-109.

[28] Il maresciallo, marchese, Antoniotto Botta Adorno che governava la Toscana dal 1757.

[29] F. VENTURI, *Settecento riformatore*, cit., vol. V, t. 1, p. 353.

[30] *Ibidem*, p. 358.

effettuare numerose riforme, relative sia alle spese militari che a quelle civili, e che a tal fine si stavano esaminando diversi progetti[31] e alcuni mesi dopo precisava:

"...It was very visible that the system that Marshal Botta established here before the Great Duke's arrival could not last long and indeed His Royal Highness soon found that he should be under a necessity of making a considerable Reform in many Branches of it, Several Plans have for some time been under consideration for this purpose, but the extensive nature of them acquired much time and reflection to take a final resolution, A Plan however seems now to be fixed to reduce the number of Troops and very considerably to lessen the Expences of the Household which it is supposed will soon take place, The unsettled situation of things of this nature has hitherto made it impossible to form any regular account of the State or Expences of this Government which for that reason I was obliged to postpone drawing up, but as soon as any fixed Plan takes place I will have the honour of sending Your Lordship a distinct account of the whole to be laid before the King according to the Commands which I some time ago received on that subject..."[32].

Quando, finalmente il succedersi degli avvenimenti gli fa ritenere di poter iniziare la sua opera di informatore, il Mann, contrariamente agli altri residenti, non ricorre alla forma epistolare. Nel marzo del 1768, invia infatti a Londra una vera e propria monografia, – si tratta infatti di un volume manoscritto di 163 folii, rilegato ed illustrato – intitolata, *A Description of Tuscany with an Account of the Revenue of the Great Dutchy made by the Kings Command by Sir Horatio Mann His Majesty's Envoy Extraordinary at the Court of Florence, MDCCLXVIII*, e quasi sicuramente commissionata. Il volume unitamente a una "series of the late Family of Medici" fu affidato dal Mann al Capitano Stewart, un ufficiale dei dragoni di Sua Maestà, che era in partenza per l'Inghilterra, con istruzioni di consegnarlo personalmente al Segretario di Stato non appena fosse giunto in patria[33].

Dopo aver preposto due illustrazioni relative alla carta geografica della Toscana e alla pianta della Galleria degli Uffizi, entrambe manoscritte ed acquarellate, Mann, così come aveva fatto Murray, inizia con una descrizione della Toscana, che però non è organizzata secondo le aree ammi-

---

[31] PRO,SP98\72,49-50v. - Horace Mann al Conte di Shelburne, Firenze 4.4.1767.
[32] PRO,SP98\72,137-138v., - Horace Mann al Conte di Shelburne, Firenze 25.7.1767.
[33] PRO,SP98\73,49-51v. - Horace Mann al Conte di Shelburne, Firenze 15.3.1768.

nistrative, ma segue una divisione geografica "per valli", sull'esempio delle descrizioni corografiche di Giovanni Targioni Tozzetti.

Ad essa segue la parte dedicata al commercio composta da una lista di merci importate ed esportate da Livorno in Inghilterra e in altre parti (senza dati relativi alle quantità e ai valori) e da una "Dimostrazione" dei prodotti naturali e manufatti della Toscana esportati nel 1757, oltre a quelli esportati clandestinamente. Questa tabella con indicazioni solo delle quantità può servire, viene dichiarato, anche per altri anni, essendoci poca differenza fra un anno e un altro. Questa parte è estremamente breve, sia se paragonata a quella inviata da Hamilton, sia considerando che Livorno era il centro strategico di tutto il sistema degli scambi inglesi nel Mediterraneo ed anche di parte di quelli coloniali ed orientali. Una spiegazione può trovarsi nel fatto che già in precedenza il console inglese a Livorno, John Dick, aveva spedito una relazione corredata da una documentazione assai particolareggiata sul commercio della Gran Bretagna nel porto toscano (Si è trovata la relazione, ma non la documentazione descritta dal console in un suo dispaccio).

Per illustrare le finanze del Granducato, Mann invia i conti delle magistrature finanziarie con singole introduzioni relative alle loro funzioni e storia. Esclude il Grande Appalto, la cui valutazione complessiva viene però inclusa nel bilancio finale.

Le notizie sulle forze militari toscane sono riportate in una dettagliata tabella relativa alle spese per le forze terrestri e navali; le cifre riassuntive sono espresse anche in sterline.

Il manoscritto termina con il bilancio delle entrate e delle uscite, i cui valori sono dati anche in sterline, e con una lista delle persone facenti parte del seguito del Granduca e della Granduchessa.

Chiudono il volume altre due illustrazioni, ossia, le piante a stampa di Firenze e Livorno e lo "Stato delle anime" della Toscana del 1765, parte manoscritto e parte a stampa.

Nella lettera di accompagnamento[34], Mann riferiva al conte di Shelburne di avergli inviata la migliore descrizione che fosse stato capace di tracciare dei domini granducali, unitamente alle informazioni che aveva potuto procurarsi relativamente alle fortificazioni e allo stato delle forze armate toscane di terra e di mare. Circa il resoconto delle entrate e delle spese ordinarie del governo granducale stilato secondo le informazioni ricevute, precisava però che molte di esse sarebbero state dilazionate nel

---

[34] PRO,SP98\72,52-53v. - Horace Mann al Conte di Shelburne, Firenze 15.3.1768.

tempo in seguito ai cambiamenti decisi dopo la venuta di Pietro Leopoldo, e che "were continually making, and even at present there is a great probability that others may ensue particularly by a diminution of the Land Troops and by an encrease of the Marine", idea peraltro non condivisa da alcuni ministri che ritenevano eccessivamente gravoso pel granducato costruire e mantenere in esercizio una marina in grado di competere con quelle delle altre potenze.

Le difficoltà finanziarie in cui, in quel momento, versava il governo granducale erano, infatti, assai elevate. Le spese della corte – riferiva ancora Mann – aumentavano di continuo e il granduca, già in difficoltà, finiva con l'esserlo ancora di più a causa degli elevatissimi costi di manutenzione di cui necessitavano gli edifici granducali, tanto che per farvi fronte s'era ridotti a sperare che Vienna concedesse un finanziamento straordinario.

Qualche parola ora su com'è nata questa ricerca. L'idea sorse anni fa, negli anni '80, quando Gigliola Pagano de Divitiis che conduceva una ricerca sulla corrispondenza consolare britannica s'imbatté nella circolare di Halifax, vista all'inizio[35]. Ci sembrò interessante pubblicare dei documenti che offrissero agli studiosi la visione di una larga parte d'Italia, negli anni '60 del Settecento, così come essa appariva agli occhi del governo britannico, contribuendo a determinarne la politica.

Decidemmo di intraprenderne la ricerca, ben consci comunque degli ostacoli da superare. I fondamentali erano due: finanziario l'uno, la difficoltà di reperire i documenti, come appariva dai saggi effettuati, l'altro.

La prima difficoltà, quella finanziaria, fu superata grazie ad un finanziamento concessoci nel 1993, e poi rinnovato, dal Consiglio Nazionale delle Ricerche, Comitato per le scienze economiche, sociologiche e statistiche. Restava in piedi l'altro: quello relativo al ritrovamento dei documenti. Se, infatti, le relazioni di Hamilton, pel regno di Napoli, e di Murray, per la Serenissima, furono abbastanza rapidamente individuate nelle collezioni delle State Papers Foreign – Sicily and Naples[36] e Venice[37] del Public Record Office di Londra – Chancery Lane, la relazione di Horace Mann per la Toscana appariva malignamente decisa a non farsi trovare.

---

[35] PRO,SP104\101, Italian States 1763-66 - Precis Book. V. anche G. PAGANO DE DIVITIIS (a cura di), *Il commercio inglese nel Mediterraneo dal '500 al '700, cit.,* pp. 171 e ss.

[36] PRO,SP93\21-22.

[37] PRO,SP99\70.

La cosa – trattandosi proprio della relazione relativa all'area nella quale da tempo, grazie specialmente al porto di Livorno[38], che oltre ad essere un porto franco ben attrezzato per la quarantena – cosa indispensabile per i commerci col Levante – contava su importanti colonie di greci, ebrei ed armeni, di cui è noto il ruolo che avevano nei commerci col Mediterraneo orientale, era ben noiosa. Si trattava, infatti, come si è detto, del centro strategico dell'azione inglese nel Mediterraneo e in Levante e ciò poneva, ovviamente, dei problemi di un certo rilievo. Epperciò, quanto più essa si nascondeva, tanto più caparbiamente la si cercava.

Dopo lunghe, e qualche volta – perché no? – sfiduciate, indagini in numerosi archivi e biblioteche seguendo tracce spesso assai labili, finalmente, grazie anche agli aiuti ed ai consigli generosamente forniti da Louise Atherton e da Aidan Lawes, del Public Record Office, da Stephen Parkin, della British Library, e da Bridget Wright, della Royal Library di Windsor, che ringraziamo di cuore, anche la relazione di Horace Mann venne ritrovata nella biblioteca reale del castello di Windsor[39], dove è stato possibile consultarla e microfilmarla grazie ad uno speciale permesso cortesemente accordatoci.

La prima parte della relazione, che – come s'è detto – descrive la Toscana per valli, è stata assai probabilmente scritta, su richiesta del Mann, da Raimondo Cocchi. Il probabilmente è d'obbligo data la fama di pigrizia che circonda questo, pur interessante, personaggio. Partigiano di Paoli, vicinissimo ai riformatori toscani, cognato del ministro delle finanze del granducato, Angelo Tavanti, più anglomane che anglofilo, fu su di lui – come narra il Venturi – che "Horace Mann poggiò nel momento cruciale della lotta di Paoli contro i francesi". Venturi, però, aggiunge anche – e qui ritorna il probabilmente – "che nulla pubblicò di proprio" e che "si limitò a moltiplicare le smentite di fronte alle ripetute attribuzioni abusive" di scritti e ricorda come l'abate Luca Magnanima, dicesse di lui: "solo è da compiangere che un uomo siffatto fosse come nemico del fare dei libri"[40].

La nostra ipotesi che l'autore della relazione sia il Cocchi – e quindi la nostra speranza di non essere gli artefici di un'altra attribuzione abu-

---

[38] Su questo v. G. PAGANO DE DIVITIIS, *Mercanti inglesi nell'Italia del Seicento - Navi, traffici, egemonie*, Venezia 1990 e *Il porto di Livorno fra Inghilterra e Oriente*, in "Nuovi Studi Livornesi", vol. I, 1993, pp. 43-87.

[39] Royal Library - Windsor Castle.

[40] F. VENTURI, *Settecento riformatore*, cit., vol. V, t. 1, p. 102.

siva – si basa sul fatto che oltre l'intera relazione trovata a Windsor, una bozza in italiano della prima parte del manoscritto, intitolata *Pregevolissima Relazione istorica fisica e politica della Toscana, fatta da Raimondo Cocchi alla venuta del granduca Pietro Leopoldo*, è stata ritrovata dalla dott.ssa Paola Benigni dell'Archivio di Stato di Firenze, nelle carte della Segreteria intima di Pietro Leopoldo conservate presso l'Archivio di Stato di Praga. Questo documento ha poi costituito il fondamento di una dissertazione di laurea, quella di Barbara d'Arrigo, discussa presso la Facoltà di Lettere e Filosofia – Corso di laurea in Storia – dell'Università degli Studi di Pisa, nell'anno accademico 1993-94. Relatore della tesi è stata Anna Maria Pult Quaglia. Con lei e con Mario Mirri abbiamo un debito di gratitudine, perché con grande generosità e cortesia ci hanno permesso di confrontare il loro documento col nostro e ci hanno fornito ogni indicazione in loro possesso, debito che abbiamo anche con Marino Berengo per quel che riguarda la Serenissima.

Come si ricorderà la circolare dell'Halifax era indirizzata anche al residente di Ginevra, William Norton. Nel corso delle ricerche non è stato possibile rintracciare la sua relazione, ma tale mancanza – a nostro parere – non dovrebbe incidere sul lavoro globale che riguarda la penisola italiana. D'altra parte è anche possibile supporre, data la brevissima permanenza di Norton nella sede assegnatagli, che la sua relazione non sia mai stata redatta[41].

A completamento dell'illustrazione, certamente non omogenea – la documentazione relativa alla Serenissima non ha, come s'è detto, lo stesso interesse di quelle di Napoli e Toscana – delle condizioni politiche, economiche e sociali di tre dei principali stati italiani, si è ritenuto opportuno aggiungere un'appendice. In essa sono stati raccolti alcuni altri documenti rinvenuti durante le ricerche. Una breve relazione compilata dall'Hamilton, durante un soggiorno romano, sulle condizioni dello Stato Pontificio[42], pubblicata, nel frattempo, con traduzione a fronte, da Eugenio Lo Sardo[43]. Alcuni manoscritti relativi al regno di Sardegna,

---

[41] D.B. HORN, *The British Diplomatic Service 1689-1789*, Oxford 1961, p. 47. William Norton, Ministro inglese a Ginevra dal 1765 al 1783, rimase al suo posto complessivamente solo tre anni e mezzo. In genere si faceva rappresentare da un sostituto stipendiato da lui stesso.

[42] PRO,SP93\24,110-124 - William Hamilton al conte di Shelburne, Napoli 19.7.1768.

[43] E. LO SARDO, *La carestia e la crisi politica dello Stato Pontificio in una relazione di William Hamilton del 1768*, in "Roma moderna e contemporanea", a. I, n. 1, gennaio-aprile 1993, pp. 83-121.

inviati a Londra dal ministro plenipotenziario inglese a Torino, Lewes Dutens, ed esattamente una relazione sui domini reali[44] e una serie di tavole riguardanti le finanze e le forze militari sabaude. Infine, una tavola riassuntiva della popolazione complessiva dello stato delle finanze, espresso in sterline, dei vari "Domini" italiani[45], documenti questi ultimi che, originariamente custoditi nella biblioteca reale di Windsor, furono poi donati nel novembre 1906 da Edoardo VII al Public Record Office.

I documenti sono stati pubblicati nella loro forma originale. Con l'eccezione di alcune parti della relazione Hamilton, che sono redatte in italiano, tutto il rimanente è in lingua inglese e anche per quel che riguarda la punteggiatura ci si è attenuti ai testi ritrovati il più fedelmente possibile. Per quel che riguarda le abbreviazioni si è preferito non scioglierle e preparare, invece, un elenco apposito per la loro comprensione.

---

[44] PRO,SP92\71,165-173 Lewes Dutens al Conte di Halifax, Torino 23.1.1765.
[45] PRO,SP109\87.

Gigliola Pagano de Divitiis

Napoli, Venezia, Toscana nella seconda metà del Settecento attraverso le relazioni dei Residenti inglesi

Le richieste di Halifax del 26 marzo 1765 miravano, come si è visto dal saggio di Vincenzo Giura, a conoscere dettagliatamente la situazione della penisola[1]. Sebbene la Guerra dei Sette Anni fosse finita, gli eventi bellici in cui era stata coinvolta la Gran Bretagna, a partire dagli anni Ottanta del Seicento facevano ritenere che la pace fosse come sempre un intervallo tra due guerre. In periodo di pace, cioè, si presumeva che la guerra fosse imminente, o almeno i governi agivano come se lo fosse[2]. Per tali motivi erano necessari vigilanza e informazioni sulle altre potenze e le loro forze militari. Fra le carte di Pitt, ad esempio, figurano statistiche dell'esercito, della marina e delle finanze spagnole inviategli dai suoi agenti ed era anche basandosi su queste notizie che il grande "Commoner" aveva suggerito di anticipare una probabile aggressione della Spagna, attaccando di sorpresa la "flotta delle Indie"[3].

Il controllo del Mediterraneo rivestiva grande importanza nella strategia britannica, anche se dalla seconda metà del secolo lo scontro fra le potenze europee si era spostato oltremare. Nelle aree periferiche, fra cui

---

[1] V. pp. 9-28.

[2] J. BREWER, *The Sinews of Power - War, money and the English state, 1688-1783*, London 1989, p. 29.

[3] K. HOTBLACK, *Chatham's Colonial Policy - A Study in the Fiscal and Economic Implications of the Colonial Policy of the Elder Pitt*, London 1980 (I ed. Philadelphia 1927), p. 123; P. LANGFORD, *A Polite and Commercial People - England 1727-1783*, Oxford 1992, p. 348. L'ascesa al trono di Spagna di Carlo di Borbone nel 1759 fu forse una delle ragioni che spinsero Pitt a raccogliere notizie più precise su questo paese. Il suo suggerimento fu criticato dalla stampa e anche dalla *City*, che lo aveva sempre appoggiato nella sua politica. Questo fu probabilmente uno dei motivi delle sue dimissioni. Nel gennaio del 1762 Carlo III dichiarò guerra alla Gran Bretagna.

William Pitt, il vecchio, (1708-1778), grande statista inglese fu attivo durante i regni di Giorgio II e Giorgio III. Si contrappose a Walpole e Pelham. Primo Ministro e Segretario di Stato per le Province Meridionali dal 1756 al 1761, ritornò ad assumere la carica di Primo Ministro dal 1766 al 1768. Cfr. fra l'altro J. BLACK, *Pitt the Elder*, Cambridge 1992.

quella mediterranea, continuava però la schermaglia fra la Gran Bretagna e le monarchie borboniche. La presenza francese in Corsica, quella napoletana nei Presidi e quella austriaca a Trieste, potevano creare ostacoli alla navigazione inglese nel Mediterraneo centrale e nei rapporti con il Levante. Per la Gran Bretagna quindi la penisola italiana era un'area da controllare attentamente[4].

Il governo britannico era ben conscio che la forza militare di uno stato dipendeva da un gettito fiscale consistente, continuo e capace di rispondere prontamente alle necessità di un conflitto. E tutto ciò senza minare l'economia del paese. La Gran Bretagna, infatti, ne aveva fatto esperienza nelle guerre cui aveva in precedenza partecipato e che avevano comportato un vertiginoso incremento della tassazione e del debito pubblico e lo sviluppo della pubblica amministrazione in campo fiscale e militare. Dagli anni Sessanta del Seicento il Regno Unito era andato trasformandosi in uno "stato fiscale-militare" pronto a diventare una "potenza transcontinentale"[5].

Forza militare, finanze e popolazione erano punti sui quali Halifax voleva precise informazioni. Se, infatti, uno stato poteva cadere vittima di quello che nel Settecento veniva definito come "Dutch disease", cioè una malattia che impediva ad una nazione commercialmente prospera di trasformarsi in una grande potenza per mancanza di una popolazione adeguata, era altrettanto difficile organizzare una flotta, e Svezia, Danimarca ed Austria erano lì a dimostrarlo in mancanza, oltre che di capitali, anche di uomini esperti[6]. Se era facile creare un esercito con truppe mercenarie, molto più difficile era procurarsi marinai. Uno dei maggiori vantaggi dell'Inghilterra, fin dal secolo precedente, era quello di avere, grazie anche alla pratica degli arruolamenti forzati, un gran numero di uomini esperti nel navigare su tutti i mari e in tutte le stagioni[7]. Rimanevano essenziali, nella trasformazione degli inglesi da *landmen* a *seamen*, i traffici costieri e quelli con Terranova. Non a caso, nelle trattative di

[4] G. GUAZZA, *Italy's Role in the European Problems of the First Half of the Eighteen Century*, in R. HATTON - M.S. ANDERSON, a cura di, *Studies in Diplomatic History - Essays in memory of David Bayne Horn*, London 1970, pp. 138-154.

[5] J. BREWER, *cit.*, pp. xiii-xviii.

[6] J. BREWER, *cit.*, p. 33. PRO,SP98\73,52-53v., Mann al Conte di Shelburne, Firenze 15.3.1768; R. ROMANO, *Il Regno di Napoli e la vita commerciale nell'Adriatico*, in R. ROMANO, *Napoli: dal Viceregno al Regno*, Torino 1976, pp. 123-158, p. 142.

[7] G. PAGANO DE DIVITIIS, *Mercanti inglesi nell'Italia del Seicento - Navi, traffici, egemonie*, Venezia 1990, pp. 68-69.

pace, tra i primi punti posti in discussione da Pitt vi fu l'esclusione completa e definitiva dei francesi dai banchi pescosi dell'America settentrionale. Cosa impensabile quest'ultima, riteneva il Duca di Bedford, ministro plenipotenziario a Versailles, perché ciò avrebbe significato la rinunzia della Francia ad essere una potenza navale[8].

Gli interessi della Gran Bretagna come grande potenza marittima erano, quindi, alla base dell'indagine del 1765. Il sostentamento di una grande marina era molto più dispendioso e complesso di quello di un esercito. C'era bisogno, oltre che di navi, marinai addestrati e attrezzature portuali, di un sistema organizzativo che diventava sempre più complesso con l'espandersi delle rotte[9]. Di questo sistema, all'interno del Mediterraneo, facevano parte i porti italiani che funzionavano come basi di appoggio per le navi inglesi. Fra tutti emergeva per importanza Livorno, che fin dalla sua istituzione era stato un punto di riferimento obbligato delle flotte britanniche per riparazioni, manutenzione e rifornimenti[10].

Uno dei maggiori problemi per qualsiasi flotta era quello delle scorte alimentari. Vi erano limiti precisi alle quantità che le navi potevano stivare al momento della partenza e, durante i lunghi viaggi, sorgeva il problema della conservazione di cibi e bevande, cosa importante per l'efficienza e la salute degli equipaggi. In Toscana l'organizzazione britannica era imperniata sul console, che a Livorno era direttamente interessato alla parte pratica delle operazioni, e sul Residente, che a Firenze gestiva i rapporti con il governo granducale per ottenere i permessi e le esenzioni doganali[11].

Se i porti italiani erano indispensabili per le navi inglesi, lo erano anche per l'economia britannica, e questo giustificava le spese necessarie al mantenimento di una squadra navale nel Mediterraneo. Oltre che come basi di appoggio, essi funzionavano infatti anche come mercati di sbocco dei prodotti coloniali ed asiatici riesportati dall'Inghilterra, senza parlare di quelli nazionali, come il pesce conservato, il piombo e lo stagno, a cui

---

[8] K. HOTBLACK, cit., pp. 48-53; P. LANGFORD, cit., p. 347. Cfr. anche R. DAVIS, The Rise of the English Shipping Industry. In the Seventeenth and Eighteenth Centuries, Newton Abbott 1962, pp. 114-5.

[9] J. BREWER, cit., pp. 34-37.

[10] G. PAGANO DE DIVITIIS, Il porto di Livorno fra Inghilterra e Oriente, in "Nuovi Studi Livornesi", vol. I, 1993, pp. 43-87.

[11] ASF, Segreteria degli Esteri, 2300, busta 64a, Carteggio col Cav. Mann, Ministro d'Inghilterra, 1737-1770.

si era aggiunto, negli anni Sessanta, il grano, esportato nelle aree italiane colpite in quegli anni dalla carestia[12].

I miglioramenti nell'economia degli stati italiani, dovuti all'azione riformistica, dettero spesso vita o svilupparono manifatture e marinerie colpendo gli interessi stranieri. La crescita di un'industria tessile nel Mezzogiorno non significava solo una minore domanda per i prodotti inglesi, ma anche una ridotta disponibilità di quelle materie prime, quali l'olio d'oliva e la seta filata, che fin dal secolo precedente avevano rifornito la Gran Bretagna[13]. Era quindi importante per gli inglesi rendersi conto della situazione commerciale e manifatturiera italiana: un forte decremento delle esportazioni si sarebbe, infatti, ripercosso sulle entrate delle dogane, uno dei principali introiti del governo britannico.

Il tentativo del *Board of Trade*, con la circolare datata 18 gennaio 1765[14], che seguiva ad una rimasta inascoltata del 1715[15], di ottenere un

---

[12] Fra l'altro: PRO,SP98\69,139-140v., Mann al Conte di Halifax, Firenze 2.6.1764; SP98\70,104-105, Mann al Conte di Halifax, Firenze 27.7.1765; SP98\71,175-178, Mann al Duca di Richmond, Firenze 12.2.1766; SP105\318,163-4, lettera di notizie non firmata probabilmente inviata a Mann da Roma, 14.3.1767. Fra i carichi delle navi inglesi, oltre al grano di produzione nazionale, c'era anche una certa quantità di farina americana, che provocò una lunga discussione fra il governo napoletano e quello britannico, perché giudicata avariata e causa della pestilenza che si diffuse nel Mezzogiorno dopo la carestia (PRO,SP105\294,77v.-79, Tuscany - Letter Book - 1764-1767 - Sir Horace Mann, Mann al Conte di Halifax, Firenze 18.8.1764; cfr. anche G. PAGANO DE DIVITIIS, a cura di, *Il commercio inglese nel Mediterraneo dal '500 al '700 - Corrispondenza consolare e documentazione britannica tra Napoli e Londra*, Napoli 1984, pp. 162-9). Per il ruolo di Genova nelle importazioni di grano inglese: PRO,SP79\23, dispacci del console Hollford, *passim* e SP104\101, Italian States - 1763-66 - Precis Books, *passim*.

[13] P. CHORLEY, *Oil Silk and Enlightment - Economic Problems in XVIIIth Century Naples*, Napoli 1965; G. PAGANO DE DIVITIIS, *Mercanti inglesi...*, cit., pp. 152-161, 166-174.

[14] PRO,CO391\72, Board of Trade - Minutes (1765) - 8.1.1765; SP104\101, circolare del Conte di Halifax del 18.1.1765.

[15] PRO, CO391\25,18-19, 44, Board of Trade - Commercial Minutes (1715-1716). Cfr. anche *Journal of the Commissioners for Trade and Plantations-March 1714-5 to October 1718*, London 1924, p. 15. La decisione risaliva al 30 marzo; le lettere furono inviate a Stanhope il 17.3.1715 e a Townshend il 1.4.1715, in esse si invitavano i due Segretari di Stato a chiedere ai consoli all'estero di riunire i mercanti inglesi della loro giurisdizione e di trasmettere resoconti annuali sul commercio inglese e tutte le notizie possibili su quello degli altri gruppi mercantili. Nel marzo del 1711 era stato chiesto ai rappresentanti inglesi all'estero di riunire le comunità mercantili ogni sei mesi e di trasmettere pareri e proposte sia ai Segretari di Stato che ai *Lords Commissioners*. La richiesta aveva ottenuto un risultato assai parziale. (D.B. HORN, *The Board of Trade and Consular Reports, 1696-1782*, "English Historical Review", July 1939, pp. 476-480; *Journal*

flusso costante e possibilmente uniforme di informazioni commerciali dall'estero, fu probabilmente dovuto allo stesso Halifax, che ne era stato presidente dal 1748 al 1761. In quel periodo il *Board*, istituito nel 1696 allo scopo di raccogliere informazioni sul commercio e sulle manifatture inglesi[16], ma con un limitato potere esecutivo, ebbe un maggior ruolo ed elaborò progetti, che contribuirono ad ispirare la politica britannica nel periodo post-bellico[17].

In Toscana, a Napoli e a Venezia le due lettere di Halifax si incrociarono. Infatti la circolare del 18 gennaio fu inviata, oltre che ai consoli, anche a Mann, Hamilton e Murray[18]. Horace Mann rispose di saperne poco di commercio, su cui però era bene informato il console di Livorno, perché lì si concentravano tutti gli scambi fra la Gran Bretagna e il Granducato. La risposta di Dick, redatta dopo aver consultato la comunità mercantile inglese, fu corredata da un'ampia documentazione. Di conseguenza, nonostante l'importanza della Toscana per gli inglesi, Mann nella sua relazione dedicò poco spazio al commercio[19]. Anche Hamilton lasciò al console Jamineau il compito di rispondere alla circolare del 18 gennaio, ma, nella sua risposta a quella del 26 marzo, mise la situazione commerciale del Regno delle Due Sicilie fra i primi punti e la descrisse minuziosamente[20]. Da Venezia, infine, non rispose il console Udney, ma il Residente, il quale evidentemente era informato sul commercio inglese nell'area adriatica.

---

of the Commissioners for Trade and Plantations - February 1708-9 to March 1714-5, London 1925, pp. 243-4).

[16] Il *Board of Trade*, costituito il 15 maggio del 1696, aveva soprattutto il compito di raccogliere informazioni e lo faceva o richiedendo statistiche dall'Ispettore Generale delle importazioni ed esportazioni o chiamando a testimoniare i principali mercanti per avere notizie e consigli. Occasionalmente contattava direttamente i consoli residenti all'estero per avere informazioni scritte e talvolta li convocava in persona. Per l'evoluzione dell'aritmetica politica in Gran Bretagna nel XVIII secolo cfr. J. HOPPIT, *Political arithmetic in eighteenth-century England*, "The Economic History Review", vol. XLIX, n. 3, August 1996, pp. 516-40.

[17] P. LANGFORD, *cit.*, pp. 352-3. Per il *Board of Trade* cfr. G.N. CLARK, *Guide to English Commercial Statistics 1696-1782*, London 1938; D.B. HORN, *The Board of Trade...*, cit.

[18] PRO,SP98\70, 35-35v.; SP93\21,3-3v.; SP99\70,20-21.

[19] V. pp. 312-319.

[20] PRO,SP93\21,28-32, Isaac Jamineau al Conte di Halifax, Napoli 12.3.1765. Il console Jamineau e i mercanti inglesi residenti a Napoli, seguendo le direttive della circolare, inviarono una relazione anche l'anno seguente (PRO,CO388\95, Board of Trade - Lettera ai Lords Commissioners del Board of Trade, Napoli 22.7.1766).

Se il *Board of Trade* mirava a conoscere la situazione dei traffici nel Mediterraneo, al fine di attuare quelle misure che permettessero l'incremento del commercio inglese in quell'area, è più difficile individuare lo scopo della circolare del 26 marzo. Questa, infatti, fu trasmessa dal Segretario di Stato per conto del Sovrano.

Da quanto scrive Murray nella lettera di accompagnamento alla parte della sua relazione che riguarda le forze armate veneziane, si può dedurre che Giorgio III volesse raccogliere notizie sulla penisola che gli dessero la possibilità di stabilire una propria linea politica da imporre al Parlamento, specie considerando la nuova situazione che il Regno doveva affrontare all'indomani della Guerra dei Sette Anni.

Il Regno delle Due Sicilie secondo William Hamilton

In obbedienza alle istruzioni ricevute la relazione di William Hamilton sulle Due Sicilie ha forma epistolare e copre un arco di tempo che va dal 30 aprile 1765 al 10 marzo 1766[21].

Il primo documento, relativo allo "Stato delle Truppe", non fa, in verità, parte della relazione, essendo datato 9 aprile, prima cioè che Hamilton ricevesse la circolare[22], ma è stato incluso perché interessante e temporalmente assai vicino al resto del manoscritto. Fu inviato, come viene affermato, in obbedienza alle istruzioni ricevute prima di partire di raccogliere informazioni circa lo stato delle forze militari napoletane e le possibilità, anche economiche, che il Regno aveva di poterle accrescere in caso di necessità[23].

---

[21] Sir William Hamilton (1730-1803), membro della Royal Society, diplomatico, antiquario e collezionista, era il quarto figlio di Lord Archibald Hamilton. La madre faceva parte della corte di Federico, Principe di Galles, per cui il futuro Giorgio III lo teneva in grande amicizia. Fu membro del Parlamento per Midhurst nel Sussex. Hamilton servì nell'esercito dal 1747 al 1758, anno in cui sposò Catherine Barlow. Dopo la morte della prima moglie, avvenuta a Napoli nel 1782, sposò Emma Lyon-Hart. Nominato Inviato Straordinario nel Regno delle Due Sicilie nel 1764, diventò Ministro Plenipotenziario nel 1767. Rappresentò la Gran Bretagna a Napoli fino al 1800. Morì a Londra nel 1803 (B. FOTHERGILL, *Sir William Hamilton - Envoy Extraordinary*, London, 1969).

[22] PRO,SP93\21,72, Hamilton al Conte di Halifax, Napoli 16.4.1765; è in questo dispaccio che Hamilton afferma di aver ricevuto la circolare del 26 marzo.

[23] PRO,SP93\21,33-34, Hamilton al Conte di Halifax, Napoli 19.3.1765; in questa lettera Hamilton scrive: "...I have procured the informations required of me by His

I. Alla circolare di Halifax Hamilton rispose inviando due documenti in italiano riguardanti Napoli e i suoi sobborghi: uno, non datato, relativo alla qualità e quantità di cibi consumati ogni anno e l'altro, del 1742, con la numerazione della popolazione divisa per parrocchie[24]. Entrambi, riguardando solo la capitale, si presentavano come indagini assai limitate rispetto alle richieste, che miravano ad una conoscenza di tutto il Regno. Consapevole di ciò, Hamilton scrisse che queste informazioni costituivano tutto quello che, per il momento, era riuscito a trovare. Per un verso, come candidamente dichiarava, essendo inesperto gli era difficile scrivere di popolazione e di commercio[25], dall'altro aveva grandi difficoltà nel reperire informazioni e descrizioni accurate dei territori meridionali, data la generale ignoranza dei napoletani nei riguardi sia degli "affari" esteri, che di quelli interni[26].

Il Duca di Noja alcuni anni prima aveva espresso un giudizio simile circa la carenza di indagini sulla realtà fisica del Regno e soprattutto della capitale, esortando a compilare una carta topografica di Napoli,

Majesty in the 5.th Article of my Instructions, but as it is thought that a reform in the Troops and some other Alterations are likely to take place very soon, I shall deferr sending those Lists to Your Lordship a Post or two longer...". Nei mesi precedenti Hamilton non si era sentito abbastanza padrone della situazione per inviare informazioni, infatti scriveva nel dicembre del 1764: "...when I have been here some little time I hope to send Your Lordship the several accounts required of me in my Instructions, as I shall then be able to do it with more certainty than I can at present..." (PRO,SP93\20,275-275v., Hamilton al Conte di Halifax, Napoli 18.12.1764).

PRO,SP93\20,225-229, "Draught of Instructions for Our Trusty and Welbeloved William Hamilton Esq...", consegnate ad Hamilton insieme alle credenziali (PRO,SP93\21,223-223v.) datate St James's 31.8.1764. Il documento è uno schema scritto per Hamilton, ma usato anche come base, con le correzioni a matita, per il suo successore Arthur Paget.

[24] V. pp. 105-123.

[25] PRO,SP93\20,267-268, Hamilton al Conte di Halifax, Napoli 20.11.1764. Al suo primo incarico diplomatico, Hamilton era giunto a Napoli solo pochi mesi prima, cioè il 17 novembre 1764. Fin dal primo dispaccio, pur assicurando completa disponibilità ad eseguire puntualmente gli ordini che avrebbe ricevuto, aveva pregato Halifax di mostrare comprensione per eventuali probabili errori.

[26] PRO,SP93\21,74-75v., Hamilton al Conte di Halifax, Napoli 30.4.1765; Hamilton riprese lo stesso concetto anche in un altro dispaccio (cfr. PRO,SP93\21,193-194, Hamilton a Conway, Napoli 27.8.1765). Per una descrizione del Regno il Ministro inglese avrebbe potuto forse consultare l'opera di GIOVAN BATTISTA PACICHELLI, Il Regno di Napoli in prospettiva, pubblicata a Napoli in tre volumi nel 1703, che, pur essendo corredata di carte geografiche e tavole, risultava probabilmente già datata e redatta con criteri poco scientifici (ringrazio Paolo Emilio Pagano che mi ha dato la possibilità di consultare questa rarissima opera, insieme alle altre guide di Napoli e del Regno).

perché dai disegni che circolavano, "lontanissimi dal vero", chi non la conosceva traeva "una idea niente più chiara di quella, che si ha delle Città del Giappone, e della Tartaria"[27]. Infatti scriveva che "niuna nazione culta è in Europa, che o di tutte, o della maggior parte delle sue Città non abbia fatte fare le piante... Sola è Napoli dunque in cui niuna né grande, né picciola, né buona, né mediocre, fin'ad ora ne è: e questa singolarità, se con nostro disonore, e vergogna si dica, non è a mio credere, da dubitare"[28]. Lo stesso si poteva dire di tutto il meridione, e solo negli anni Sessanta il padovano Giovanni Antonio Rizzi Zannoni, su richiesta di Ferdinando Galiani, iniziò a lavorare ad una carta del Regno, che vide la luce nel 1769[29]. Forti resistenze vi erano alle indagini conoscitive di tutti i generi, come constatò lo stesso Tanucci quando il Consiglio di Reggenza accolse con ostilità il suo progetto di istituire una forma di anagrafe, sostenendo che "migliore e più sicuro è il non far novità, e il non essere tanto curioso"[30]. E ancora alla fine degli anni Ottanta il Galanti osservava che "in Napoli si conosce forse più lo stato dell'isola degli Otaiti che quello delle nostre provincie"[31].

Forse anche a ciò è da imputare la mancanza nella relazione di una descrizione dei luoghi, che, sia pure con caratteristiche diverse, si ritrova per la Toscana e per Venezia e Domini.

La "*Numerazione Delli vary Generi di Comestibili che si consumano Per un anno nella Città di Napoli é suoi Borghi*", come si è detto, è un documento senza data. Essendo stato spedito nell'aprile del 1765, si può ipotizzare che rispecchi un'indagine seguita alla carestia del 1763-64,

---

[27] GIOVANNI CARAFA, Duca di Noja, *Lettera ad un amico contenente alcune considerazioni - Sull'utilità, e gloria, che si trarrebbe da una esatta carta Topografica della Città di Napoli, e del suo Contado*, Napoli 1750, p. 11.

[28] *Ibidem*, pp. 29-32. I lavori per la carta topografica di Napoli, iniziati subito dopo la pubblicazione della *Lettera...*, furono interrotti per la morte del Carafa nel 1768 e furono poi completati nel 1775 (C. DE SETA, *Topografia territoriale e vedutismo a Napoli nel Settecento*, in *Civiltà del '700 a Napoli 1734-1799*, Firenze 1980, 2 voll., vol. II, pp. 14-17; cfr. anche la scheda di Leonardo Di Mauro su Giovanni Carafa Duca di Noja, *ibidem*, pp. 28-29).

[29] C. DE SETA, *cit.*; le tavole del 1769 furono poi corrette dallo stesso Rizzi Zannoni, e, sempre sotto il patrocinio del Galiani, furono pubblicati l'*Atlante Marittimo del Regno di Napoli* (1785-1792) e l'*Atlante Geografico del Regno di Napoli* (1788-1812).

[30] F. NICOLINI, a cura di, *Lettere inedite di Bernardo Tanucci a Ferdinando Galiani*, in "Archivio Storico per le Province Napoletane", 1904, pp. 685-6.

[31] GIUSEPPE MARIA GALANTI, *Nuova descrizione storica e geografica delle Sicilie*, Napoli 1789, cit. in M. QUAINI, *L'Italia dei cartografi, Storia d'Italia - Atlante*, col. VI, Torino 1976, p. 7.

evento ricordato nella lettera di accompagnamento, commentando i dati demografici del 1742, inviati nello stesso plico. Le cifre della *Numerazione...*, comunque, sono molto lontane da quelle fornite da Jannucci, il quale, per il 1766, valutava un consumo di 2.830.000 tomoli di grano. Per l'economista napoletano era diverso anche il consumo degli altri generi alimentari: superiore per olio, animali vaccini, salumi, vini e formaggi; ed inferiore per uova, formaggi e "animali negri"; per il pesce poi emergono criteri di valutazione e misurazione totalmente diversi[32]. I dati dei consumi raccolti da Giovan Battista Maria Jannucci per il 1766, vennero più tardi usati da Hamilton, che li riprese in un'altra breve relazione in lingua inglese del 1768, probabilmente rimasta nel suo archivio privato e mai inviata a Londra[33].

Ugualmente non è possibile accostare la *"Numerazione..."* alla *"Nota di tutti li comestibili che si consumano in ogni anno in Napoli, ricavata da i libri di città nell'anno 1758"*[34], che riporta un consumo granario di 1.770.000 tomoli, cifra di gran lunga superiore ai 1.212.206 tomoli riportati nel documento di Hamilton. Anche le altre cifre non coincidono, come ad esempio il consumo di olio della città, dei "Particolari", dei "luoghi Pij, ed altri Cittadini a parte esenti" è computato a 500.000 stara, invece di 400.000; o quello delle uova, che è nettamente superiore,

---

[32] GIOVAN BATTISTA MARIA JANNUCCI, *Economia del commercio del Regno di Napoli*, a cura di Franca Assante, Napoli 1981, parte I, pp. 64-69. Il manoscritto risale agli anni 1767-68 ed è stato poi rivisto dall'autore nel 1769. Cfr. anche F. VENTURI, *Un bilancio della politica economica di Carlo di Borbone. L'economia del commercio di Napoli di Giovan Battista Maria Jannucci*, in "Rivista Storica Italiana", a. LXXXI(1969), fasc. IV, pp. 882-902.

[33] BL Add.Mss., 42070A,98-106v., "Anedoctes œconomical and political relative to the Commerce of the Kingdom of Naples". C'è una nota aggiunta probabilmente in un secondo momento "G.H. from Jannuccis Notes"; la sigla G.H. potrebbe stare per George Hart, un mercante inglese residente a Napoli, a cui il governo inglese tramite i Residenti, negli anni Cinquanta e Sessanta, era solito rivolgersi per pareri su problemi commerciali. Nel 1754, Hart, insieme al socio Stanier Porten, in seguito nominato console generale a Madrid, firmava una serie di appunti per la preparazione del trattato di commercio fra la Gran Bretagna e il Regno delle Due Sicilie (*Ibidem*, ff. 64-70v). Come appare dai documenti, George Hart continuò ad interessarsi di queste trattative anche negli anni seguenti (*Ibidem*, ff. 78-80v.). La sua opinione, inoltre, veniva richiesta quando sorgevano problemi delicati come quello delle perquisizioni dei mercantili inglesi (*Ibidem*, ff. 91-97v.).

[34] SNSP, Carte di Francesco Vargas Macciucca, Ms. XXIX. a. 13, ff. 366-367, cit. anche in F. VENTURI, *Settecento Riformatore - l'Italia dei lumi (1764-1790) - La rivoluzione di Corsica. Le grandi carestie degli anni sessanta. La Lombardia delle riforme*, vol. V*, Torino 1987, p. 22.

37.000.000 invece di 20.000.000. Si potrebbe ipotizzare quindi che i dati relativi al consumo alimentare della capitale e dei suoi borghi, inviati da Hamilton, siano contemporanei a quelli relativi alla popolazione, a cui si accompagnano. Tale supposizione è avvalorata dal silenzio del diplomatico inglese, che nella lettera di accompagnamento ai due documenti, oltre a commentare i dati demografici, avrebbe di certo sottolineato la diversa datazione di quelli riguardanti i consumi alimentari.

Della *Numerazione della gente Napoletana compresa la città e Borghi colla Distinzione delle Parrocchie* per l'anno 1742 esiste un'altra versione presso la Società Napoletana di Storia Patria, che, secondo il Capasso, è una copia del notamento originale presentato al cardinale Giuseppe Spinelli, arcivescovo di Napoli[35]. È probabile, quindi, che entrambi i documenti siano copie di una stessa fonte ufficiale, pur fornendo totali leggermente diversi: 294241 quello napoletano e 305091 quello del PRO. Fra le numerazioni parziali le discordanze più rilevanti si trovano nel numero degli "abitanti particolari" della Parrocchia di S. Maria della Neve e in quello di due "luoghi pii" di S. Maria dell'Avocato o Avvocata. Tutte le altre differenze si possono far risalire a dimenticanze e ad errori di copiatura, che non sempre si ripercuotono sui totali delle singole parrocchie. Delle due copie disponibili, quella inviata da Hamilton, a parte la diversa disposizione visiva, sembra contenere meno errori materiali e più particolari, come ad esempio quelli relativi ai vari ordini religiosi.

In entrambi i documenti la numerazione, fatta per le 39 parrocchie della capitale e dei suoi borghi, è organizzata nello stesso modo: per ogni parrocchia viene operata una distinzione fra "abitanti particolari" e "luoghi pii", a loro volta censiti analiticamente per chiese, conventi, conservatori, ecc. I singoli totali vengono poi sommati in un "Ristretto generale", mentre i dati raccolti sono aggregati in varie "Collettive": "delle Religiose", "di varie Comunità", "dei Religiosi" e "degl'Abitanti Particolari", seguite dal "Ristretto delle Collettive", in modo da offrire un'analisi demografica particolareggiata, soprattutto della popolazione religiosa della città.

Come chiarisce l'"Avvertimento" finale, mancano le parrocchie dei

---

[35] SNSP, Ms. XXII E.29; B. CAPASSO, *Sulla circoscrizione civile ed ecclesiastica e sulla popolazione della città di Napoli dalla fine del secolo XIII fino al 1809*, Napoli 1882, p. 72 e tab. p. 120; C. PETRACCONE, *Napoli dal '500 all'800 - Problemi di storia demografica e sociale*, Napoli 1974, pp. 133-137.

"Forestieri", cioè S. Giorgio dei Genovesi, S. Giovanni dei Fiorentini e SS. Pietro e Paolo dei Greci, i cui abitanti sono calcolati a circa 100000 unità, e la parrocchia della Casa dell'Annunziata, che fra esposti e monache contava all'incirca 600 persone[36]. Infine non sono computate le truppe reali, terrestri e marittime, e gli abitanti dei castelli, per un totale di circa 36000 unità. Napoli, con i suoi borghi, avrebbe quindi avuto complessivamente 439.691 abitanti. Hamilton stesso riteneva queste cifre esagerate, soprattutto per quanto riguardava gli stranieri e le forze militari.

A Napoli, secondo il residente inglese, la popolazione ammontava a circa 350.000 persone, cioè quasi 100.000 in meno di quanto ne indicava complessivamente il documento. Queste valutazioni, riguardanti il 1742, a suo parere erano ritenute valide anche per il 1765. Infatti le perdite demografiche dell'anno precedente, dovute alla carestia e all'epidemia, erano state compensate dalle migliaia di persone rifugiatesi nella capitale dalle province in cerca di cibo e che, terminata l'emergenza, non se ne erano andate[37].

Il censimento precedente era stato fatto dagli austriaci nel 1707, all'inizio della loro dominazione[38], quelli seguenti furono compiuti nel 1763 e poi nel 1764 subito dopo la carestia e l'epidemia di quell'anno per valutarne l'incidenza, ma i risultati furono resi noti solo nel 1765[39], ed Hamilton non sembra conoscerli.

II. A partire dal 21 maggio 1765 Hamilton cominciò ad inviare, con scadenza quasi settimanale, una serie di memoriali in inglese relativi al commercio del Regno delle Due Sicilie, organizzati in sei "articoli": i porti, le esportazioni, le importazioni, le monete, le dogane e i privilegi commerciali.

[36] Il numero dei "forestieri" è senz'altro eccessivo e probabilmente dovuto ad un errore di trascrizione. Per la comunità greca cfr. V. GIURA, *La comunità greca di Napoli (1534-1861)*, in "Clio", anno XVIII, n. 4, ottobre-dicembre 1982, pp. 524-560.

[37] PRO,SP93\21,74-75v., Hamilton al Conte di Halifax, Napoli 30.4.1765.

[38] SNSP, Ms. XXXI C. 8, f. 61, "Nota del numero delle anime di ciascheduna delle parrocchie della Città e Borghi di Napoli, giusta lo stato di esse nell'anno 1707, includendo anche i luoghi pii". Per il Viceregno austriaco cfr. A. DI VITTORIO, *Gli Austriaci e il Regno di Napoli: le finanze pubbliche*, Napoli 1969; cfr. anche M.R. BARBAGALLO DE DIVITIIS, *Una fonte per lo studio della popolazione del Regno di Napoli: la numerzione dei fuochi del 1732*, "Quaderni della Rassegna degli Archivi di Stato", 47, Roma 1977.

[39] C. PETRACCONE, *cit.*, p. 137.

Nella lettera di accompagnamento al primo dispaccio di questa serie affermava di aver privilegiato il commercio rispetto agli altri punti richiestigli, perché lo riteneva l'argomento che Halifax "avrebbe scelto"[40]. Probabilmente Hamilton si riferiva al particolare interesse nutrito per tale tema dal Segretario di Stato, sia grazie all'ambiente familiare, che alla sua presidenza del *Board of Trade*[41]. Da un lato si può pensare che questa scelta fosse motivata dal desiderio di ingraziarsi il suo superiore, dall'altro si potrebbe ipotizzare che le informazioni commerciali fossero tutto quello che Hamilton era riuscito a trovare e a tradurre in quel breve spazio di tempo.

Nel marzo del 1765, quando il Residente inglese ricevette la richiesta di Halifax, era già in circolazione a Napoli il memoriale scritto da Carlo Antonio Broggia[42], nel 1764, per rispondere ai quesiti postigli da Ludovico Balbiani, console austro-toscano a Napoli[43]. Il manoscritto originale del

[40] PRO,SP93\21,87, Hamilton al Conte di Halifax, Napoli 21.5.1765.

[41] George Montagu Dunk, secondo figlio del Conte di Halifax (1716-1771) aveva sposato Anne, figlia di William Richards, che aveva ereditato la proprietà di Sir Thomas Dunk, cavaliere, rappresentante di una famiglia di grandi "clothiers" del Kent. Per entrare in possesso di questa immensa fortuna doveva però sposare un uomo impegnato nel commercio. Halifax ottemperò a tale obbligo diventando membro di una delle compagnie commerciali londinesi e assumendo il nome di Dunk. Diventò capo del Board of Trade nell'autunno del 1748. Durante la sua presidenza dimostrò grande zelo nell'innalzare l'importanza del suo dipartimento e nel promuovere il commercio inglese, soprattutto in America, tanto da essere chiamato "Padre delle Colonie" e da dare il suo nome alla città di Halifax, nella Nuova Scozia (1749). Rimase alla direzione del "Board of Trade" fino al 21.3.1761, quando fu nominato "lord-lieutenant" d'Irlanda. Nel giugno del 1762 divenne primo lord dell'Ammiragliato grazie alla sua popolarità nell'ambiente mercantile e gli fu permesso di conservare il viceregno irlandese per un altro anno, prima dello scadere del quale, nell'ottobre del 1762, divenne Segretario di Stato per il Dipartimento Settentrionale, durante il governo di Lord Bute. Quando a Bute successe George Grenville, nell'aprile del 1763, Halifax passò al Dipartimento Meridionale, che lasciò nel luglio del 1765.

[42] L. DAL PANE, *Una memoria inedita di Carlo Antonio Broggia*, in D. DEMARCO, a cura di, *Studi in onore di Antonio Genovesi*, Napoli 1956, pp. 67-81; A. ALLOCATI, *La panificazione a Napoli durante la carestia del 1764 in una memoria di Carlo Antonio Broggia*, in D. DEMARCO, a cura di, *cit.*, pp. 23-49; R. AJELLO, *Arcana Juris - Diritto e politica nel Settecento napoletano*, Napoli 1976, pp. 358-388; L. DE ROSA, *Economisti meridionali*, Napoli,1995, pp. 55-79.

[43] F. VENTURI, *Tre note su Carlo Antonio Broggia*, in "Rivista Storica Italiana", LXXX (1968), fasc. IV, pp. 830-853, pp. 851-53. Come scrive il Venturi, i quesiti erano trenta ed erano stati inviati dal Supremo consiglio aulico commerciale di Vienna il 24.9.1763. Copia di questa richiesta era stata inviata a Torino dal console piemontese a Napoli, conte Lascaris, allegata al suo dispaccio del 17.1.1764, ed è conservata all'Archivio di

Broggia, intitolato *Risposte a 30 quesiti di commercio fatti dalla corte di Vienna al suo console a Napoli,* non è stato ancora rintracciato né a Vienna, né a Trieste. Ugualmente non se ne è trovata la copia, che il conte Lascaris, ministro piemontese a Napoli, avrebbe comprato dall'autore per 25 zecchini d'oro e inviato a Carlo Emanuele III, il 19 ottobre del 1764[44]. Di questo duplicato si sa solo che fu accolto a Torino molto freddamente, non contenendo notizie utili all'economia piemontese, e che Lascaris fu rimproverato per aver fatto una spesa avventata e inutile[45].

Una bozza manoscritta di questa memoria, corredata da aggiunte e appunti, in parte forse forniti al Broggia dallo stesso Balbiani, intitolata *Risposte economico-politiche di comerzio, e di finanza che si rendono su i 30 capi di quesiti che per prescritto di S.M. l'Imperadrice regina, emanato per mezzo del Supremo Consiglio aulico commerciale di Vienna e per commissione della Suprema commerciale Intendenza nel Littorale austriaco, sono stati denotati, e incaricati al Sig.r D. Lodovico Balbiani, console austriaco-toscano nelle Due Sicilie. Napoli M.DCC.LXIV.,* è stata individuata e pubblicata da Antonio Allocati[46]. Confrontando le versioni napoletana e inglese, si può ritenere che la memoria di Hamilton sia in realtà opera del Broggia. La stessa organizzazione in articoli, sembra ispirata dalla divisione imposta al Broggia dai quesiti di Vienna. La corrispondenza è particolarmente sorprendente per i primi tre punti, cioè i porti, le esportazioni e le importazioni del Regno delle Due Sicilie, tra-

Stato di Torino (AST, Corti Estere, Napoli, mazzo 4, n. 1). Broggia era andato a trovare il Lascaris per consegnargli un memoriale sulla macchina per conservare il grano progettata da Bartolomeo Intieri e gli aveva offerto anche la memoria sulla situazione economica del Regno, che stava completando in quel periodo su commissione del console Balbiani

[44] Giuseppe Lascaris, Conte di Castellar e di Ventimiglia, Marchese della Rocchetta del Varo, Barone di Boion, ecc. Cavaliere Grancroce e Commendatore di San Maurizio e Lazzaro, Ministro di Stato e Gran Ciambellano, fu Ministro in Olanda, incaricato degli affari di Sua Maestà piemontese presso il Re della Gran Bretagna, nel 1752, durante il suo soggiorno ad Hannover, Inviato Straordinario a Napoli, Ministro e Primo Segretario di Stato per gli affari esteri, segretario dell'Ordine nel 1771, Grande di Corona, Viceré, Luogotenente e Capitano Generale di Sardegna (V.A. CIGNA SANTI, *Serie Cronologica dè Cavalieri dell'Ordine Supremo di Stato...,* 1786; G.B. TOSELLI, *Biographie Niçoise ancienne et moderne,* Ferrari - Onomasticon).

[45] AST, Lettere ministri, Napoli, mazzo 16, lettere del 7.11.1764, in cifra, e del 20.12.1764, cit. in F. VENTURI, *Tre note...,* cit.

[46] BNN, Carte Broggiane, busta XXI, 16; CARLO ANTONIO BROGGIA, *Le risposte ai quesiti del console Balbiani,* a cura di Antonio Allocati, Napoli 1979.

duzioni quasi letterali di parti delle prime tre risposte broggiane, delle quali conservano anche l'organizzazione e la sequenza degli argomenti, anche se il testo inglese risulta spesso più breve di quello italiano[47]. Il quarto articolo, "Of the Current Coin of the Kingdom of the two Sicilies", non è stato tratto dalla memoria di Broggia, che però è citato per la consulenza fornita a Palermo, durante il suo esilio siciliano, circa la nuova coniazione[48].

Il quinto articolo, "Of the Duty's upon importation and exportation of Merchandise..." non trova corrispondenza per la prima parte, mentre il resto risulta da un adattamento di due risposte al quinto e al ventisettesimo quesito del Balbiani[49]. Ugualmente il sesto ed ultimo articolo, riguardante i privilegi commerciali, è composto di varie parti prese dalla settima, ottava, undicesima, dodicesima, tredicesima e quattordicesima risposta[50]. Bisogna anche sottolineare che il testo broggiano a partire dal quinto punto acquista sempre più il carattere di bozza incompleta e non sempre è coerente con le domande poste e dal diciassettesimo le risposte trattano specificamente argomenti attinenti agli interessi commerciali austriaci[51].

Sembra perciò evidente che, avendo a disposizione un memoriale già redatto sul commercio delle Due Sicilie, Hamilton non abbia avuto dubbi su quale punto della relazione privilegiare. È difficile comunque dire chi possa avergli fornito il memoriale, forse il Broggia stesso tornato da appena tre anni dal suo esilio siciliano e in condizioni economiche disagiate. Oppure l'altra ipotesi è che sia stato lo stesso Lascaris a dare ad Hamilton il documento tanto disprezzato dal suo governo. Tale ipotesi verrebbe avvalorata da un'altra memoria in francese, non datata, ma

---

[47] CARLO ANTONIO BROGGIA, *Le risposte...*, cit. Approssimativamente il primo articolo corrisponde alle pp. 17-22, il secondo alle pp. 23-36, il terzo alle pp. 37-53 del testo del Broggia pubblicato dall'Allocati.

[48] Carlo Antonio Broggia fu esiliato prima a Lipari e poi a Palermo, dal 1755 al 1761, per un suo scritto, *Risposte alle obbiezioni state fatte da vari soggetti intorno al sistema del prezzo corrente*, Napoli 1755. Cfr. anche L. DAL PANE, *Una memoria sulla Pantelleria di Carlo Antonio Broggia*, in "Archivio Storico Italiano", anno CXVI (1958), dispensa III, pp. 381-390.

[49] CARLO ANTONIO BROGGIA, *Le risposte...*, cit. L'articolo quinto a partire da "Duty's upon Exportation..." corrisponde alle pp. 60-79 e 141-146 dell'edizione di Allocati, variamente assemblate.

[50] *Ibidem*. Cfr. pp. 83-85,93-103,105-108.

[51] *Ibidem*. Come fa notare l'Allocati a partire da p. 60 (c. 58), cfr. in particolare nota 40, pp. 60-61 e nota 42, p. 65.

attribuibile allo stesso periodo, relativa al commercio fra Napoli e alcune potenze estere, sulla quale Hamilton ha annotato di suo pugno essergli stata fornita dal Lascaris[52].

Il testo, come si è detto, fu tradotto ed adattato al nuovo scopo. In particolare fu aggiunto il quarto articolo e la prima parte del quinto, in cui si dà una descrizione delle monete e delle dogane del Regno. Insieme ad alcuni altri passi venne eliminata la parte della risposta al primo quesito in cui il Broggia teorizza la differenza fra commercio "di mera necessità" e commercio "di utilità", espone il significato dei termini "commercio attivo" e "commercio passivo", e spiega le sue idee circa il commercio "di transito"[53]. Questo taglio è causa però di incongruenze nel testo inglese, dove si parla ripetutamente di "Trade of meer Necessity", di "Trade of Neglicence and Necessity", di "Trade... of Transit", e di "superior Trade" senza alcuna spiegazione di cosa significhino queste definizioni per l'autore. Ma ancor più strano per il lettore è l'effetto di vedere un Ministro della Gran Bretagna, di un paese cioè sempre pronto ad usare la forza per conservare il controllo dei mercati, sottoscrivere un memoriale che, nonostante i tagli, ha una indubbia posizione riformista, in opposizione, quindi, agli interessi inglesi nel Mezzogiorno. Avviene quindi che fra l'elenco dei porti, delle merci e delle monete emerge l'auspicio, che le Due Sicilie incrementino le esportazioni di manufatti, unico vero commercio utile e vantaggioso ed eliminino le importazioni di prodotti industriali stranieri, la cui concorrenza, insieme all'effetto nocivo dei dazi, provoca la disoccupazione e la povertà fra la gente.

La traduzione e l'adattamento quasi certamente non furono fatti da Hamilton, ma dal già citato George Hart, importante mercante della comunità inglese a Napoli e banchiere personale del Residente[54].

---

[52] BL, Add.Mss., 42070A,121-125v., "N. 1 - State of the Trade of Naples with different powers - from Count Lascaris Minister from the Court of Turin to that of Naples", questa intestazione è stata scritta personalmente da Hamilton sul dorso del documento. Dopo aver considerato il contrabbando nelle Due Sicilie, viene analizzato il commercio del Regno con Francia, Inghilterra e Porta Ottomana.

[53] C.A. BROGGIA, Le risposte..., cit., pp. 11-18.

[54] Nella sua corrispondenza Hamilton definiva ripetutamente Hart come "one of the Principal Merchants here" o come "the most considerable Merchant of the British factory here" (PRO,SP93\21,147, Hamilton al Conte di Halifax, Napoli 25.6.1765; PRO,SP93\22,83-85, Hamilton a Conway, Napoli 8.4.1766).

ASBN, Banco del Salvatore, giornale di cassa, matricola 1619, 27.10.1768, f. 232, pagamento di ducati 111; *ibidem*, matricola 1629, 5.1.1769, ff. 41-42, pagamento di ducati 240. Polizze citate in C. KNIGHT, *Hamilton a Napoli - Cultura, svaghi, civiltà di una*

III. La relazione sul commercio napoletano si chiude con l'esposizione della bilancia commerciale fra il Regno di Napoli e la Gran Bretagna per l'anno compreso fra l'ottobre 1763 e l'ottobre 1764[55]. Manca la Sicilia che Hamilton prometteva di procurare non appena possibile. Vi erano state difficoltà a conteggiare esattamente esportazioni ed importazioni fra i due paesi – sottolineava – a causa del disordine in cui erano tenuti i conti della dogana napoletana, ma in definitiva le cifre risultavano essere abbastanza reali secondo George Hart e i mercanti della "factory" napoletana, i quali pochi mesi prima avevano inviato a Londra una relazione sul commercio fra i due paesi[56]. Nel prospetto presentato da Hamilton, paragonato a quello di dieci anni prima mancava l'olio, e ciò a causa degli alti prezzi, della scarsa produzione meridionale, dei dazi sull'esportazione e della convenienza del prodotto spagnolo[57]. I conti erano favorevoli agli inglesi per £416298 sterline, cioè £ 60148 in più rispetto al 1754 per le grandi importazioni di cereali fatte a Napoli per la carestia del 1764. Se si escludeva questa voce eccezionale, sottolineava però Hamilton, la situazione del commercio britannico nelle Due Sicilie risultava peggiorata. In particolare le esportazioni di manufatti lanieri inglesi

grande capitale europea, Napoli 1990, p. 54. Hamilton faceva i suoi pagamenti tramite la ditta Hart e Wilkens, che a sua volta aveva un conto presso i banchi pubblici napoletani.

[55] PRO,SP93\21,166-169, Hamilton al Conte di Halifax, Napoli 16.7.1765. Una copia di questo documento, probabilmente conservata da Hamilton fra le sue carte, si trova alla British Library (BL, Add.Mss., 42070A,82-83v., "Sent in a Separate letter to Ld Halifax July 16th 1765. Ballance in trade between the kingdoms of Great Brittain & Naples from Octr 1763 to Octr 1764". Cfr. anche F. VENTURI, *Settecento riformatore - L'Italia dei lumi (1764-1790)...*, *cit.*, pp. 298-299.

[56] PRO,SP93\21,28-31, console Jamineau al Conte di Halifax con allegata la memoria dei mercanti inglesi residenti a Napoli, Napoli 12.3.1765. La collaborazione di George Hart nel compilare la bilancia commerciale fra i due paesi, oltre dalla nota in calce al documento stesso, così come nella copia di questo documento conservata nella British Library (BL, Add.Mss., 42070A,82-83v.), viene apertamente riconosciuta da Hamilton nella lettera di accompagnamento al V articolo di commercio del 25 giugno 1765 (PRO,SP93\21,147). All'epoca le ditte inglesi a Napoli erano: George Hart, Wills & Leigh, Turney & Merry, Charles Cutler & Co., Peter e William Wilkens (PRO,SP93\21,47-49, Memoriale dei mercanti inglesi a Napoli, non datato accluso al dispaccio di Hamilton del 26.3.1765). In un altro documento del maggio dello stesso anno i mercanti inglesi si erano organizzati in quattro ditte: Hart & Wilkens, Wills & Leigh, Turney & Merry, Charles Cutler & Co. (PRO,SP93\21,94-94v., Memoriale dei mercanti inglesi a Napoli, 28.5.1765).

[57] Cfr. P. CHORLEY, *Oil Silk and Enlightment...*, cit.; G. PAGANO DE DIVITIIS, *Mercanti inglesi nell'Italia del Seicento...*, cit., in particolare pp. 162-174.

erano diminuite di 1/3 per l'espansione delle manifatture napoletane, i fallimenti dei mercanti delle province e la competizione francese[58]. E tali notizie Hamilton confermò a Henry Seymour Conway, successore di Halifax dal luglio 1765, che aveva chiesto di riesaminare le cifre della bilancia commerciale, a suo avviso troppo favorevole alla Gran Bretagna[59].

IV. Una serie di otto carte geografiche[60], piante e vedute, con didascalie in italiano, manoscritte e acquarellate a mano, relative al territorio e alle fortificazioni dello Stato dei Presidi, e una rappresentazione topografica di una strada di Napoli, illustrano la relazione[61]. Pur avendo modo di procurarsi le piante di tutti i forti del Regno, Hamilton decise di spedire per prime quelle dei "Presidios", dato il negoziato in corso fra Spagna e Austria, per la loro cessione al Granducato di Toscana[62].

[58] PRO,SP93\21,166-169, Hamilton al Conte di Halifax, Napoli 16.7.1765.

[59] PRO,SP93\21,225B-228, Conway a Hamilton, St. James's 6.12.1765; SP93\22,1-3v., Hamilton a Conway, Napoli 19.1.1766. Cfr. anche SP93\22,24-24v, Conway a Hamilton, St. James's 7.2.1766. Per le relazioni fra Gran Bretagna e Mezzogiorno nel Settecento cfr. E. Lo Sardo, *Napoli e Londra nel XVIII secolo. Le relazioni economiche*, Napoli 1991.

[60] Tutte le carte hanno all'incirca le stesse dimensioni: pollici $12^{1}/_{2}$-13 per 15-16.

[61] PRO,MPF31, Naples, "Plan of a Street in Naples", rimossa da PRO,SP93\21,198A. Questa pianta, in italiano, è relativa ad un'area della capitale corrispondente all'odierna Piazza dei Martiri e dintorni. Manoscritta ed acquarellata a mano, come le altre, è qui riprodotta in bianco e nero, v. p. 178. La scala è, come è scritto in calce, di "Cento tese Parigine di sei piedi ogn'una". In basso porta un cartiglio intitolato "Spiegazione" con le leggende indicanti la collocazione di vari luoghi ed edifici come: un "Corpo di Guardia proggettato" (B), la "Casa del Ministro d'Inghilterra" (A), sita vicino alla chiesa e al convento di Cappella Vecchia (D), la chiesa e il convento di Cappella Nova (E-F), oggi scomparsi così come il grande giardino prospiciente la casa di Hamilton verso la chiesa della Vittoria (M), la porta di Chiaia (C), la chiesa e il convento di S.ta Caterina (G), accanto alla quale era posta la casa del Duca di Coscia (H), il portone del Duca di Calabritto (I) e la residenza dell'Ambasciatore di Francia nell'attuale via Calabritto (L). Un'altra copia della pianta si trova in ASN, Esteri, fascio 679, inserita in un pacchetto racchiuso in un foglio con sopra scritto: "Napoles 3 de Dic.[bre] 1765 - A M.[r] Hamilton - sobre la Guardia en su calle etc."

[62] PRO,SP93\21,172-173, Hamilton a Conway, Napoli 6.8.1765. I "Presidios" facevano parte del piano egemonico spagnolo nel Mediterraneo, caratterizzato da insediamenti militari permanenti sulla costa, lungo le principali rotte di navigazione. Al termine della "Guerra di Siena", con il trattato di Firenze del 3.7.1557, Cosimo I dè Medici, annettendo il territorio senese, fu costretto a rinunciare ai porti della Maremma meridionale, cioè Porto Ercole, Porto S. Stefano, Orbetello, Talamone, Monte Argentario, che andarono a far parte del Regno di Napoli. Poco prima (Londra 29.5.1557) Filippo II aveva resti-

I documenti furono spediti fra il 6 agosto 1765 e il 7 gennaio 1766. Dapprima fu inviata la pianta di Orbetello[63], poi quella di Porto Ercole e le vedute dei due forti[64]. Il 27 agosto inviò poi due carte geografiche, rappresentanti le aree di Porto Ercole e Piombino, dove era possibile identificare i confini dello Stato dei Presidi[65]. Poi le spedizioni vennero interrotte per più di due mesi, perché, dopo la morte di Francesco Stefano di Lorena, imperatore e granduca di Toscana, le carte attinenti a quell'area erano continuamente esaminate dagli uomini di governo napoletani, e perciò essendogli impossibile procurarsi le carte di Porto Longone, inviò soltanto la mappa di una strada di Napoli[66]. Solo il 12 novembre riuscì a spedire, insieme ad una carta dell'isola d'Elba, la pianta di Porto Longone[67] e il 7 gennaio 1766, il progetto delle modifiche da apportare al forte, deliberate dal Consiglio di Reggenza[68].

Trattandosi di documenti militari, bisognava procurarli di nascosto. La fonte sembra essere ancora una volta il conte Lascaris, da lui conosciuto alcuni anni prima a Londra, quando questi era Inviato Straordi-

tuito lo stato di Piombino a Jacopo VI d'Aragona Appiani, che si impegnava ad accettare guarnigioni spagnole permanenti nel suo stato e a permettere alla Spagna di costruire fortificazioni per proteggere l'isola d'Elba, su cui di conseguenza, nel 1605, fu eretta la fortezza di Portolongone. L'interesse strategico dei Presidi è confermato dai ripetuti tentativi della Francia prima e dell'Austria poi di conquistarli (1646-50, 1708-12, 1735). Benché originariamente destinati a difendere la costa dagli attacchi dei pirati turchi e barbareschi, in realtà erano delle postazioni che controllavano i flussi marittimi fra il Tirreno settentrionale e meridionale. In definitiva rappresentavano una serie di "énclaves" spagnole nel Granducato toscano, che bloccavano ogni possibilità di espansione navale, di azione politica autonoma e di formazione di una compatta unità regionale della Toscana (F. DIAZ, *Il Granducato di Toscana - I Medici*, Torino 1976, pp. 110-1,116-7,165-6,184,380; I. TOGNARINI, *Lo Stato dei Presidi in Toscana*, in AA.VV., *Il tramonto del Rinascimento*, Milano 1987, pp. 297-313). Cfr. anche P. VICHI, *Storia e Territorio dello Stato dei Presidi di Toscana. Recenti ricerche*, in "Storia Urbana", anno X, n. 37, ottobre-dicembre 1986, pp. 153-171.

[63] PRO,MPF26, Pianta di Orbetello, v. fig. 4.

[64] PRO,MPF27, veduta di Orbetello da terra e di Porto Ercole dal mare; PMF28. pianta di Porto Ercole; v. foto in copertina e fig. 5.

[65] PRO,MPF29, "carta geografica dei confini del territorio di Sua maestà Siciliana intorno a Porto Ercole"; MPF30, "carta geografica dei confini del territorio dei principi di Piombino (Toscana)"; v. figg. 6 e 7.

[66] PRO,SP93\21,197-197v., Hamilton a Conway, Napoli 3.9.1765; la lettera è in gran parte cifrata.

[67] PRO,MPF32, pianta di Porto Longone; MPF33, carta dell'isola d'Elba; v. figg. 8 e 10.

[68] PRO,SP93\22,9; questa è l'unica pianta della serie a non essere stata finora rimossa dai fasci originali; v. fig. 9. Le nuove fortificazioni da costruire a Porto Longone furono

nario del Re di Sardegna presso la Corte inglese[69]. Il Ministro piemontese aveva organizzato una rete d'informatori, che gli aveva permesso di ottenere i disegni delle fortificazioni delle Due Sicilie. Collaborava con lui il connazionale Ignazio Sclopis, disegnatore e incisore, probabilmente anche autore delle copie inviate da Hamilton[70]. Il Tanucci, che nei confronti del Lascaris nutriva stima ma anche sospetto[71], aveva forse intuito i suoi collegamenti con Hamilton, avendone probabilmente conferma grazie all'intercettazione di un dispaccio segreto, inviato dal Ministro inglese al conte di Halifax il 2 luglio 1765 e mai giunto a destinazione. Il collegamento fra i due diplomatici, era dovuto non solo ai legami personali, ma anche ad uguali intenti politici, dato che il Regno di Sardegna, dall'inizio della Guerra dei Sette Anni, trovandosi in difficoltà per l'alleanza fra Austria e Francia, si era avvicinato alla Gran Bretagna[72]. È

progettate da Monsieur Pollet, un brigadiere francese al servizio della Spagna (PRO,SP98\70,104-105, Mann al Conte di Halifax, Firenze 27.7.1765).

[69] PRO,SP93\21,36-37v., Hamilton al Conte di Halifax, Napoli 26.3.1765; questa parte del messaggio è cifrata.

[70] F. VENTURI, *Tre note...*, *cit.*, p. 853; *Schede Vesme - L'arte in Piemonte dal XVI al XVIII secolo*, vol. III, Torino 1968, pp. 969-970. Le rimanenti piante delle fortificazioni delle Due Sicilie furono inviate da Hamilton l'anno seguente (PRO,SP93\22,164-166, 182-183v., Hamilton al Conte di Shelburne, Napoli 26.8.1766, 25.9.1766). Ignazio Sclopis (1727-1793), signore di Borgostura, incisore al bulino e all'acquaforte, era a Napoli nel 1764 dove fra l'aprile e l'ottobre lavorava al servizio del Lascaris, per cui eseguì le piante delle fortificazioni del Regno di Napoli e un "Prospetto generale della Città di Napoli", ritenuta una delle più belle vedute a stampa della capitale partenopea (*Civiltà del '700 a Napoli - 1734-1799*, II vol., Firenze 1980; cfr. le schede di Leonardo Di Mauro pp. 20-21, 445). È possibile che le piante delle fortificazioni meridionali siano quelle fatte eseguire da Giovanni Carafa, duca di Noja, su comando di Carlo III di Borbone, durante la guerra di Velletri del 1743, come base per la costruzione di plastici, di cui si conservano ancora alcuni esemplari (*Ibidem*, pp. 28,428; voce Carafa Giovanni nel Dizionario Biografico degli Italiani; prefazione di Gian Vincenzo Meola alla seconda edizione della *Lettera ad un amico...* del Carafa, *cit.*, Napoli 1770).

[71] R. MINCUZZI, a cura di, *Lettere di Bernardo Tanucci a Carlo III di Borbone (1759-1776)*, Roma 1969, p. 160, lettera del 14.6.1763, cit. da F. VENTURI, *Settecento Riformatore - L'Italia dei lumi...*, *cit.*, p. 229n.

[72] Il Re di Sardegna, negli anni precedenti, si era ripetutamente servito dell'appoggio inglese. Ad esempio Mann si era occupato del rifornimento di viveri e di biscotto dell'armata e della flotta sarda a Livorno e aveva anche ottenuto dalle autorità toscane l'esenzione delle gabelle (ASF, Segreteria del Ministero degli Esteri, 2300, Carteggio col Cavalier Mann Ministro d'Inghilterra, dal 1737 al 1752/ dal 1765 al 1770: al f. 128, fascicolo con documenti datati 1745 per provvedere di biscotto le galere di S.M. Sarda e per ottenere dall'Appaltatore Generale l'esenzione dal bollo del biscotto; f. 149, H. Mann al Sig. Giovanni Tornaquinci, Segretario di Stato di Sua Maestà Imperiale, Di Casa

48   L'ITALIA DEL SECONDO SETTECENTO

possibile che Tanucci fosse stato informato di ciò anche da Domenico
Caracciolo, ambasciatore napoletano prima a Torino e poi a Londra, che
doveva aver avuto percezione delle attività del Lascaris e dei suoi con-
tatti con Hamilton[73].

Non a caso è al rappresentante napoletano in Gran Bretagna che
venne recapitata una copia della pianta della strada nei pressi di "Santa
Maria di Cappella", dove lo stesso Hamilton viveva[74]. Su tale sfondo
acquista significato una copia di questo documento, inviata anche dal
Residente inglese al Segretario di Stato, e certamente estranea alla serie
di piante rappresentanti le fortezze[75]. Hamilton nella lettera di accompagnamento del 3 settembre, non dava grande importanza alla pianta, giun-
tagli attraverso i suoi usuali canali di informazione. Analizzando la carta
e la "Spiegazione" delle varie lettere si nota che la A indica la "Casa del
Ministro dell'Inghilterra" e la B un "Corpo di Guardia progettato".
Cioè, come dimostrano i documenti napoletani ed inglesi, il governo
napoletano aveva deciso di porre un "Corpo di Guardia d'un Uffiziale
e 20 Granadieri" nei pressi dell'abitazione di Hamilton probabilmente
per sorvegliarne i movimenti. Tale piano fu realizzato due mesi più
tardi con la scusa di una serie di delitti perpetrati da malviventi nasco-
sti nelle grotte della zona. Motivazione plausibile in una città come

(Firenze) 12.10.1746; f. 140 e f. 142, H. Mann al cav. Antinori, Segretario di Sua Maestà
Imperiale, Di Casa (Firenze), 28.5.1746 e 5.6.1746).
[73] Domenico Caracciolo (1715-1789), nel 1753 si trovava a Parigi; fu poi nominato
Inviato Straordinario a Torino (1754-1764). Il suo soggiorno coincise con la Guerra dei
Sette Anni. In questo periodo, secondo le confidenze del Lascaris a Hamilton, si dimostrò profondamente legato agli interessi francesi (PRO,SP93\21,36-37v., Hamilton al Conte
di Halifax, Napoli 26.3.1765). Nel 1764 fu nominato Inviato Straordinario a Londra,
dove rimase fino al 1771. Fu poi mandato in qualità di ambasciatore a Parigi, dove
rimase fino al 1781, anche se nel 1780 era stato nominato Viceré di Sicilia, carica che
andò a ricoprire con un anno di ritardo. Nel 1786 divenne primo ministro a Napoli,
succedendo al Marchese della Sambuca.
[74] ASN, Esteri, fascio 679; sul dorso della lettera di Hamilton a Tanucci del 4.12.1765
(cfr. anche PRO,SP93\21.236) è stato annotato che questa lettera, insieme a quella precedente e alla risposta di Tanucci, deve essere inviata al Caracciolo "perche senza dir altra
parola di suo, ò di nostro, dica solo che S.M. Serenissima desidera che si passin alla
notizia di S.M.Brit.ca". L'annotazione, di cui vi è altra copia su un biglietto nello stesso
fascicolo porta la data del 6 dicembre.
Per notizie sul palazzo Sessa dove William Hamilton abitò fin dal suo arrivo a
Napoli cfr. C. KNIGHT, Hamilton a Napoli..., cit., p. 54; Hamilton's Luisieris, in "The
Burlington Magazine", vol. CXXXV, n. 1085, August 1993, pp. 536-538.
[75] V. p. 178, fig. 3.

Napoli, specialmente nei mesi che seguirono la carestia e la pestilenza. Hamilton cominciò ad insospettirsi e a rivendicare i suoi privilegi solo alla fine di ottobre quando, senza spiegazioni, due sentinelle vennero poste ai lati del suo portone durante una retata e quando, nonostante le sue rimostranze, all'inizio di dicembre, i gendarmi si stabilirono all'angolo della strada che portava alla sua casa, come era stato indicato nella pianta[76].

V. Per inviare le mappe delle fortificazioni dei Presìdi, il Ministro inglese scelse canali differenti dai soliti, unendoli alla posta che un mercante inglese, forse George Hart, inviava al suo corrispondente londinese. Temeva che, negli ultimi tempi, le sue missive fossero state aperte e ripetutamente chiese al Segretario di Stato di confermargli l'arrivo delle "Separate letters"[77]. Non sbagliava perché il plico, inviato ad Halifax il 2 luglio 1765, contenente le notizie sulla flotta, non arrivò mai a destinazione, probabilmente intercettato da agenti napoletani[78].

Alla raccolta di informazioni sull'organizzazione militare Hamilton si dedicò appena giunto nella capitale partenopea in obbedienza alle istruzioni ricevute sia prima di partire che colla circolare del 26 marzo 1765. Probabilmente riuscì a procurarsi il "Piano della Marina" mentre si apprestava ad inviare gli "articoli" sul commercio del Regno delle Due Sicilie; infatti ritenne opportuno interrompere la serie delle notizie commerciali per inserire un articolo, il quarto della serie, relativo alle monete del Regno. Nella lettera di accompagnamento dell'11 giugno affermava

---

[76] ASN, Esteri, fascio 679, lettera di Hamilton a Tanucci, Napoli 27.10.1765; bozza di risposta ad una lettera di Hamilton, inviata il 3.12.1765; lettera di Orazio D'Arezzo al Marchese Tanucci, Napoli 9.12.1765. PRO,SP93\21,235-241, Hamilton a Conway, Napoli 9.12.1765, con accluso il biglietto di Tanucci a Hamilton del 3.12.1765 (bozza: ASN, Esteri, fascio 679) e la sua risposta del 4.12.1769 (cfr. anche ASN, Esteri, fascio 679); SP93\21, 242-242v., Hamilton a Conway, Napoli 17.12.1765.

[77] PRO,SP93\21,189-190, Hamilton a Conway, Napoli 20.8.1765.

[78] PRO,SP93\21,172-173, Hamilton a Conway, Napoli 6.8.1765. Hamilton se ne rese conto poco dopo, infatti scriveva a Conway il 6 agosto: "...I find by the Postscript in your last letter that a Separate letter of mine dated the 2:ᵈ of July last, has not reached you, which gives me some uneasiness as it contained a very full and I believe just Account of the present state of the Marine of this Kingdom, and the expence that attends that Department. I shall however take the first safe opportunity of sending you another copy of the same..." (PRO,SP93\21,203-204, Hamilton a Conway, Napoli 17.9.1765).

che queste informazioni erano necessarie per comprendere alcune stime di spesa riguardanti l'esercito e la marina incluse nella documentazione che stava preparando e che avrebbe spedito non appena terminato l'invio della relazione commerciale[79]. Lo "Stato della Marina" fu inviato, come si è detto, il 2 luglio 1765, subito seguito, il 16 dello stesso mese, dalle notizie relative alla bilancia commerciale[80]. Forse proprio in questo periodo, se non prima, i servizi segreti napoletani ebbero la certezza di una fuga di notizie da Napoli verso Londra; ma, mentre il dispaccio contenente le informazioni militari fu intercettato, l'altro giunse a destinazione, o perché filtrato attraverso le maglie dei controlli o perché le notizie sull'interscambio dei due paesi non furono ritenute pericolose. Nel frattempo la sua indagine sulle forze militari proseguiva, tanto che comunicava d'esser sul punto d'inviare un resoconto completo dell'artiglieria e di tutti i magazzini militari di Napoli e dei forti del Regno[81].

Sostituito il Conway, Hamilton chiese nuovamente di indagare cosa fosse accaduto alla "Separate Letter" del 2 luglio 1765[82]. Accertatosi della perdita del documento, ne preparò una copia, che spedì il 25 settembre 1766, probabilmente cogliendo l'occasione della breve sosta nel porto partenopeo di un'unità della marina militare britannica. A un certo Mr. Dunning fu affidato un grosso plico contenente il "Piano della Marina", un resoconto delle spese annuali del governo delle Due Sicilie e un album con le mappe di tutte le fortificazioni del Regno, fatte copiare dai disegni appartenenti allo stesso Re, di cui Carlo III si era fatto fare un duplicato prima di partire per la Spagna. La copia di Hamilton, come egli stesso faceva notare, era stata eseguita in scala ridotta per renderla più facilmente trasportabile[83].

---

[79] PRO,SP93\21,141-145v., Hamilton al Conte di Halifax, Napoli 11.6.1765.

[80] PRO,SP93\21.147, Hamilton al Conte di Halifax, 25.6.1765.

[81] PRO,SP93\21,244-245, Hamilton a Conway, Napoli 24.12.1765. Di questo documento non è stata trovata traccia. Si può supporre che non sia stato inviato, infatti sia Hamilton che i Segretari di Stato non ne fanno menzione nella loro corrispondenza seguente.

[82] PRO,SP93\22,132-133, Hamilton al Duca di Richmond, Napoli 24.6.1766; SP93\22,130, Duca di Richmond a Hamilton, St. James's 22.7.1766; SP93\22,160-162v., Hamilton al Duca di Richmond, Napoli 12.8.1766; SP93\22,164-166, Napoli 26.8.1766.

[83] PRO,SP93\22,182-183, Hamilton al Duca di Richmond, Napoli 25.9.1766. Un'altra copia del "Piano della Marina" rimase nell'archivio di Hamilton, ora conservato nella British Library- Department of Manuscripts (Add. Mss. 42069). Questa copia

Il "Piano della Marina" era accompagnato da annotazioni sullo stato della flotta, che, paragonate alle notizie riportate dallo Schipa, mostrano una diminuzione della stessa. Infatti lo storico napoletano riferisce che nel 1759, quando Carlo III partì per la Spagna, la flotta del Regno comprendeva due navi da 60 cannoni, due fregate da 30 e sei sciabecchi. Nel 1765 le fregate erano diventate tre, con l'aggiunta della S. *Ferdinando* di 54 cannoni, gli sciabecchi erano ancora sei, ma le navi erano scomparse. La S. *Carlo*, le cui spese di dotazione vengono riportate nel "Piano della Marina", era stata appena ritirata dal servizio[84]. Le cifre trasmesse da Hamilton probabilmente riflettono i risultati della parziale riforma delle forze militari napoletane operata proprio intorno al 1765 e che mirava ad un ridimensionamento delle spese militari[85]: un momento di stasi, se non di leggero ripiegamento, per la marina napoletana dopo gli anni di ripresa seguiti all'arrivo dei Borbone. Il trend secolare di decadenza, instauratosi nel XVII secolo, era stato infatti interrotto dapprima dal governo vicereale austriaco e poi da Carlo, che durante il suo regno riuscì ad organizzare una flotta in grado di difendere le acque meridionali dai pirati turchi e barbareschi[86]. Mentre i primi anni furono segnati da una grande attenzione per la difesa sia terrestre che marittima e da una rapida espansione della spesa militare[87], dopo la battaglia di Velletri le preoccupazioni per l'economia prevalsero[88]. Il sistema di difesa delle Due Sicilie, in particolare quello marittimo, mostrò tutta la sua fragilità, quando nell'agosto del 1742, apparvero navi inglesi, che, entrate nel porto

è stata commentata da CARLO KNIGHT, *Le forze armate napolitane durante la minorità di Ferdinando IV di Borbone: organico, soldo e sistema pensionistico*, in "Archivio Storico per le Province Napoletane", CXI, 1993, pp. 329-362. Knight pubblica le foto delle pagine corrispondenti ai ff. 188,196,197,193,194,195,198 del documento del PRO. Le due copie sembrano essere sostanzialmente uguali, con piccole differenze formali.

[84] M. SCHIPA, *Il Regno di Napoli al tempo di Carlo di Borbone*, Milano-Roma-Napoli 1923, I vol., p. 337.

[85] A. SIMIONI, *L'esercito napoletano dalla minorità di Ferdinando alla repubblica del 1799*, in "Archivio Storico per le Province Napoletane", XLV,1920 e XLVI, 1921, p. 90. Per il rinnovamento dell'esercito e il suo collegamento con le riforme settecentesche cfr. A.M. RAO, *Esercito e Società a Napoli nelle Riforme del Secondo Settecento*, in "Rivista Italiana di Studi Napoleonici", n. 1, anno XXV (nuova serie), 1988, pp. 93-159.

[86] B. MARESCA, *La Marina Napoletana nel secolo XVIII*, Napoli 1902, pp. 5-37.

[87] I. ZILLI, *Carlo di Borbone e la rinascita del Regno di Napoli - Le finanze pubbliche 1734-1742*, Napoli 1990, pp. 181-214.

[88] L. BIANCHINI, *Della Storia delle Finanze del Regno di Napoli*, Palermo 1839, p. 469.

di Napoli, imposero al Re d'esser neutrale nella guerra di successione austriaca[89]. Solo negli anni Ottanta, con l'arrivo di Acton e il definitivo distacco dalla Spagna, si ebbe una riorganizzazione del sistema militare e un incremento delle forze navali[90]. La spesa per la marina che, secondo il Bianchini, prima del 1788 ammontava a 653.000 ducati l'anno, ascese all'importo complessivo di 1.023.000 ducati[91].

Hamilton probabilmente entrò in possesso del "Piano della Marina" sempre grazie al Lascaris. Il documento specifica le paghe mensili del personale, dell'alto comando, degli amministrativi, degli ausiliari in due colonne. La prima riguarda il salario pieno, la seconda lo stesso dopo la ritenuta per le vedove e gli invalidi[92]. Segue la spesa mensile della dotazione oltre che della lancia reale, di quattro galee ("Galea Capitana", "Galea Padrona", "Galea Sinsiglia", "Galea Polmonara"), di una nave (la "S. Carlo" o "Royal Charles", che al momento dell'invio del documento era stata appena ritirata dal servizio), di una fregata, di uno sciabecco e di una galeotta. Per ogni imbarcazione è specificato l'importo dettagliato dovuto all'"Aumento della Navigazione", cioè all'incremento di marinai durante la navigazione. Infine viene specificato il costo del "Battaglione di Marina", cioè dei soldati utilizzati negli sbarchi e negli abbordaggi.

[89] *Ibidem*. Scrive il Bianchini: "La città di Napoli intanto, ed il reame intero non erano ben difesi, talché all'apparire di una flotta inglese, dovette Carlo suo malgrado soscrivere il trattato di neutralità tra le potenze che erano in guerra..." Cfr. anche E. CHIOSI, *Il Regno dal 1734 al 1799*, in *Storia del Mezzogiorno*, vol. IV, t. II, Roma 1986, pp. 380-381.

[90] SNSP, R. LOGEROT, *Memorie storiche del regno delle Due Sicilie (1734-1815)*, ms. XXVI-c-6. Scriveva il Logerot: "...l'intiero ministero poi tuttavia ligio al re Carlo di Spagna sembrava di non secondare con tutta la necessaria energia le idee che avea il Re conseguite per un nuovo generale riordinamento delle forze di mare e di terra e dello intero Stato militare. Dopo però mature considerazioni fatto nell'intervallo di tempo verso il 1780 cominciavasi gradatamente a provedere a quel riordinamento. Il cav. Giovanni Acton soggetto fornito di alti mezzi e di non ordinarj talenti, passava a Napoli dall'Estero come direttor generale della Marina... occupavasi dell'aumento di tutte le forze navali che lo stato delle relazioni politiche del Re di Napoli con le grandi Potenze di Europa sembrava in altezza di esigere..."

[91] L. BIANCHINI, *cit.*, p. 474.

[92] Per il funzionamento del trattamento pensionistico delle forze militari napoletane vedere cosa scriveva l'ambasciatore veneziano Alvise IV Mocenigo nella sua relazione del 1760 (ASV, Relazioni, b.10, pubblicata da R. MOSCATI, *Il Regno di Napoli in una Relazione napoletana (1760)*, in "Rassegna Storica Napoletana", anno III, n. 4, ottobre-dicembre 1935, pp. 129-169, p. 151. Cfr. anche C. KNIGHT, *Le forze armate napolitane...*, *cit.*, pp. 347-350.

VI. Il documento sulle finanze delle Due Sicilie, fu inviato il 24 settembre 1766, benché non fosse del tutto pronto, per cogliere un'occasione presentatasi di spedirlo[93]. Il *Ristretto Generale che manifesta il Prodotto annuo che si ritrae dà Corpi del R.¹ Erario de' Regni di Napoli, Sicilia, e' Presidii di Toscana. E dimostra tutti gli Esiti per la Truppa, che gli Politici di ciascheduna Tesoreria*[94], non elaborato e non tradotto, è probabilmente, la copia di un documento ufficiale. Dalla seconda parte, relativa agli esiti, lo si può con certezza datare al 1760. Se lo si paragona con il *Ristretto Generale degl'Introiti ed Esiti de' Regni delle due Sicilie, e Presidj di Toscana* della Biblioteca Nazionale di Napoli[95], ugualmente datato 1760, si può intuire cosa intendeva Hamilton quando scriveva che avrebbe voluto mandare "a fairer Copy"[96]. Il documento inglese, infatti, coincide con le prime trenta di pagine di quello napoletano, che è molto più lungo, essendo composto da 324 folii. Il "Ristretto", cioè, è seguito dallo *Stato Generale delli Reali Introiti ed Esiti di regni di Napoli, Sicilia e Presidj di Toscana*, in cui vengono spiegate dettagliatamente le varie voci di entrata e di uscita presentate sinteticamente nella prima parte. Il "Ristretto Generale", spedito a Londra, è solo una presentazione sintetica degli introiti e degli esiti delle Due Sicilie, senza un'analisi particolareggiata, anche se corredata da note di commento poste lateralmente, che mancano nella versione della Biblioteca Nazionale di Napoli. Vi è una certa corrispondenza di voci fra i due documenti, anche se talvolta queste sono ordinate diversamente. Le cifre, invece, pur aggirandosi su valori vicini fra di loro, sono spesso diverse; in particolare quelle presentate da Hamilton sembrano essere tendenzialmente inferiori alle napoletane. Questo fa pensare che, pur essendo contemporanei, i due documenti non siano stati copiati dalla stessa fonte.

I due "Ristretti" possono essere considerati come "stati d'entrate e pesi del real patrimonio", cioè documenti finanziari che riportano le entrate e le uscite dello Stato "nell'entità che di regola dovrebbero avere"[97]. Questi non potevano avere la stessa funzione degli attuali bilanci

---

[93] PRO,SP93\22,116-117, Hamilton a Comway, Napoli 27.5.1766.

[94] PRO,SP93\22,204-220, "N. 2. Annual Government Expences of the Kingdom of the Two Sicilies", W. Hamilton, Napoli 24.9.1766.

[95] BNN, B. Prov, Mss 60.

[96] PRO,SP93\22,182-183v, Hamilton al Conte di Shelburne, Napoli 28.9.1766.

[97] A. BULGARELLI LUKACS, *L'imposta diretta nel Regno di Napoli in età moderna*, Milano 1993, pp. 39-40.

preventivi, essendo compilati in ritardo; la loro utilità consisteva nel rappresentare per il governo un punto di riferimento nel fare piani a lungo termine. Le cifre sono spesso ottenute per "coacervazione", cioè facendo la media dei tre anni precedenti[98]. Gli "stati del real patrimonio", secondo gli studiosi sono i documenti più validi per valutare la finanza del Regno rispetto ai rendiconti di fine anno, che riflettevano l'effettivo movimento di cassa del governo, ma che escludevano gli introiti impiegati direttamente nelle province e quindi non contabilizzati centralmente[99].

VII. La relazione di Hamilton si chiude con una tabella relativa alla popolazione del Regno di Napoli, inviata il 10 marzo 1766[100]. Si tratta di uno "Stato delle Anime" delle varie province, derivato dai rilevamenti parrocchiali. Per la capitale viene operata una distinzione fra la città e le diocesi: seguono, poi, Terra di Lavoro, Salerno, Matera, Montefuscoli, Lucera, Trani, Lecce, Cosenza, Catanzaro, Chieti, Teramo e L'Aquila. La numerazione appare oggetto di una certa elaborazione con la suddivisione in maschi e femmine, nati di sesso maschile e femminile, preti, frati, monache e morti. Queste voci, aggregate singolarmente, danno come risultato finale che la parte continentale delle Due Sicilie aveva una popolazione di 1.950.209. Un'ulteriore analisi di queste cifre evidenzia che il saldo fra natalità e mortalità è di quasi cinquantamila anime e che il rapporto fra maschi e femmine è in favore dei primi per più di duemila unità. La numerazione, come sottolinea Hamilton nella lettera di accompagnamento, si riferisce all'anno 1765-1766, considerato da una Pasqua all'altra, e deve essere ritenuta valida per tutte le voci ad eccezione di quella riguardante il clero, che, secondo il Ministro inglese, è stato sottovalutato di un terzo. Seguendo tale ragionamento la popolazione del Regno di Napoli era prossima ai due milioni complessivi.

La numerazione riportata da Hamilton corrisponde integralmente a

---

[98] G. GALASSO, *Contributo alla storia delle finanze del Regno di Napoli nella Prima metà del Seicento*, in *Annuario dell'Istituto Storico Italiano per l'Età Moderna e Contemporanea*, vol. XI, Roma 1959, pp. 5-106, ripreso anche in G. GALASSO, *Le riforme del conte di Lemos e le finanze napoletane nella prima metà del Seicento*, in *Mezzogiorno Medievale e Moderno*, Torino 1965, pp. 201-229.

[99] A. CALABRIA, *The Cost of Empire - The Finances of the Kingdom of Naples in the Time of the Spanish Rule*, Cambridge 1991, pp. 156-166.

[100] PRO,SP93\23,39-39v., Hamilton al Conte di Shelburne, Napoli 10.3.1766.

quella raccolta con il primo censimento regolare, ordinato all'inizio del 1765 e pubblicato nel *Calendario di Corte* del 1767; Hamilton ne riporta tutte le cifre, traducendo il titolo e tutte le altre indicazioni[101]. Lo "Stato delle Anime" per l'anno 1765-66, trasmesso dal Ministro inglese a conclusione della sua relazione, è da considerarsi il primo di una serie di censimenti pubblicati sui *Calendari di Corte* fino al 1796. Questi vengono tuttora considerati dagli storici una fonte seriale importante per la storia demografica delle Due Sicilie nel Settecento, nonostante le molte incongruenze dovute sia al periodo su cui veniva basato il computo, cioè da una Pasqua all'altra, sia al fatto che i dati, raccolti per diocesi, venivano poi aggregati per province[102].

La numerazione precedente, riguardante il 1763-64 e pubblicata sul *Calendario di Corte* del 1765[103], è da ritenersi poco affidabile, perché espletata in modo frettoloso, contenente dati raccolti "a posteriori" e soprattutto dettata dal desiderio di smentire le cifre catastrofiche relative ai decessi provocati dalla carestia del 1764[104].

---

[101] *Calendario della Corte - Che contiene le Notizie Geografiche, Ecclesiastiche, ed Astronautiche - Per l'Anno MDCCLXVII - Napoli nella Regia Stamperia. La tabella è posta dopo la p. 167 e prima degli indici, con il titolo "Mappa della Popolazione della Sicilia Prima detta Citeriore, o Regno di Napoli per le sue Provincie e secondo lo stato dell'Anime delle diocesi per ciascuna Parrocchia per l'Anno Pasquale 1765. al 1766.".

[102] Cfr. B. CAPASSO, *cit.*, p. 75; anche il Capasso usa questa fonte per la città di Napoli. Il totale degli abitanti della capitale viene da lui computato 337075 invece di 337095, probabilmente a causa di un errore materiale di trascrizione.

[103] *Calendario della Corte - Che contiene le Notizie Geografiche, Ecclesiastiche, ed Astronomiche - Per l'Anno MDCCLXV, Napoli - Nella regia Stamperia, p. 127. Vi è scritto: "Formatosi d'ordine del re per mezzo de' Vescovi uno stato delle anime non solo di questa Capitale, ma di tutta la Sicilia Prima, esclusa la Sicilia Ulteriore, li è venuto in chiaro che se nel 1763. ammontava quello di questa Capitale a 337.210, alla fine del 1764, si è ritrovato in 311169, onde la mancanza n'è stata di 26041.

Così anche riguardo a tutto questo Regno della Sicilia Citeriore compresavi la Capitale, essendo lo stato nel 1763, in tre milioni 765572, nel fine del 1764. si è riconosciuto in tre milioni 589670. e che li mancanti sonosi numerati in 178389. Ma comeche in una popolazione di tre milioni 765572. si computa che possano in ciaschedun anno mancarne 150000. e ciò per un calcolo prudenziale che suole farsi nelle popolazioni, in ragione di quattro per ogni centinaio; ne risulta che la perdita maggiore che ha potuto nell'anno scorso produrre l'Epidemia soffertasi nella Capitale e Regno della Sicilia Prima, si restringe a quella di 28. in 30. mila persone".

[104] P. VILLANI, *Territorio e Popolazione: orientamenti per la storia demografica*, in *Mezzogiorno tra riforme e rivoluzione*, Bari 1977, pp. 27-103, pp. 27-30; cfr. anche C. Petraccone, *cit.*, pp. 137-139.

La relazione su Venezia e Domini di John Murray

La relazione di John Murray sulla Repubblica veneziana e sui territori sottoposti, è in forma epistolare e, come era stato richiesto dal Segretario di Stato Halifax nella circolare del 26 marzo 1765, fu inviata
periodicamente in lettere "separate" dai dispacci settimanali[105]. Le missive,
quindici in tutto, sono datate dal 3 maggio 1765 all'11 aprile 1766. Le
prime tredici furono spedite puntualmente ogni due settimane, fino al 18
ottobre 1765, le ultime due, particolarmente lunghe, relative alle fortificazioni della Dalmazia e alle forze armate veneziane, portano la data del
19 e del 29 marzo 1766. Il periodo di tempo intercorrente fra i primi
tredici dispacci e gli ultimi due può essere spiegato, oltre che dalla nuova
situazione che Murray dovette affrontare, essendo stato nominato nel
novembre 1765 ambasciatore a Costantinopoli[106], anche dalla difficoltà di
reperire le notizie giuste e di far tradurre i documenti in inglese.

La partenza del Residente per il Levante fu certamente la causa del
mancato completamento della relazione, che copre solo tre dei molti
punti richiesti, vale a dire la descrizione di Venezia e dei suoi domini, le
fortificazioni e le forze armate. Alla fine di marzo del 1766, mentre era
in attesa della nave che doveva portarlo alla nuova destinazione, Murray
scriveva che se avesse avuto tempo sufficiente e fosse riuscito a procurarsi informazioni esatte e dettagliate, avrebbe volentieri continuato nel
compito richiestogli nella circolare di Halifax, in particolare trattando
delle forze marittime veneziane. In caso contrario, pur di non inviare
notizie generiche e carenti, avrebbe preferito lasciare il completamento
della relazione al suo successore[107]. Murray salpò da Venezia con la

[105] PRO,SP99\70,20-21, Conte di Halifax a Murray, St. James's 26.3.1765; la circolare
doveva essere inviata in linguaggio cifrato. Il canovaccio della circolare è identico a quello
di Hamilton (PRO,SP93\21,22-23) e a quella di Mann (PRO,SP98\70,41).

John Murray (c. 1714-1775), diplomatico inglese, originario dell'isola di Man, fu
membro a vita della *House of Key* (potere elettivo dell'isola di Man). Fu Inviato Straordinario a Venezia dal 1754 al 1766 e ambasciatore a Costantinopoli dal 1766 al 1775.
Morì a Venezia, in quarantena, mentre faceva ritorno in patria dal Levante. Sposò Lady
Bridget Wentworth, nata Milbank(e), dalla quale visse separato dal 1766.

[106] PRO,SP104\101, Italian States, 1763-66, Precis Book, Lettera a Murray a Venezia
del 26.11.1765 e lettera di Murray da Venezia del 11.12.1765. Cfr. anche A.C. WOOD,
A History of the Levant Company, London 1964 (1935), pp. 176,251. Murray fu nominato ambasciatore il 15.11.1765, arrivò a Costantinopoli il 2.6.1766. Ottenne il permesso
di ritornare in patria il 27.1.1775; partì dalla Turchia il 25 maggio e, durante il viaggio
di ritorno, morì nel lazzaretto di Venezia il 9.8.1775.

[107] PRO,SP99\70,301, Murray a Conway, Venezia 29.3.1766.

fregata *Aquilon*, al comando del capitano Onslow, alla metà di maggio[108]; al suo posto nelle funzioni di Residente pro-tempore rimase l'ex-console Joseph Smith, cognato di Murray, fino all'arrivo di Sir James Wright, nel settembre dello stesso anno[109].

Da quanto emerge dalla sua corrispondenza con il Segretario di Stato, Wright non prese mai in considerazione l'opportunità di proseguire l'opera di Murray, pur dimostrandosi attivo nel raccogliere "intelligence". I problemi che gli apparivano più urgenti erano infatti quelli dei privilegi degli inglesi e della necessità di un trattato commerciale, che, a suo avviso, sarebbe stato opportuno stipulare fra la Repubblica e la Gran Bretagna[110], data la situazione critica del commercio inglese a Venezia, sottoposto alla concorrenza olandese, danese e norvegese[111].

Probabilmente il nuovo Ministro, appartenendo a diverso rango sociale, come sta ad indicare il titolo di "Sir" di cui si fregiava[112], voleva anche differenziarsi dal suo predecessore, noto come un amante della bella vita, del buon vino e delle belle donne, collezionista di opere d'arte e sul quale incombevano gravi sospetti di contrabbando[113]. Non a caso

[108] PRO,SP99\70,307, Murray a Conway, Venezia 17.4.1766; SP99\70,318, Murray a Conway, Venezia 2.5.1766; SP99\70,323, Murray a Conway, Venezia 11.5.1766; SP105\317,132, Tuscany, lettera di Murray a Mann, Venezia 3.5.1766. La nave risultò troppo piccola per cui il Ministro inglese fu costretto a noleggiarne un'altra. A Costantinopoli non lo seguì la moglie, Bridget Wentworth, ma la sua compagna Catarina Pochinoli (o Pocarinolli), una veneziana da cui Murray ebbe quattro figli.

[109] PRO,SP99\70,202, Murray a Conway, Venezia. 11.12.1765; SP99\70,210-11, Conway a Murray, Londra 10.1.1766; SP99\70,222, Murray a Conway, Venezia 31.1.1766; SP99\70,327-329, Murray al Senato, Venezia 5.5.1766. La scelta cadde su Joseph Smith invece che sul console Udny, poiché questi aveva problemi con alcuni creditori ed era opinione del Segretario di Stato che "it might not suit the Dignity of the King's Service to put the Business of the State in his hands...". Joseph Smith (1675?-1770), si stabilì a Venezia intorno al 1700 e fu console per la nazione inglese dal 1744 al 1760. In seconde nozze, nel 1757, aveva sposato la sorella di Murray, Elisabeth, dopo la morte della prima moglie, Catherine Tofts, avvenuta due anni prima (FRANCES VIVIAN, *Il Console Smith mercante e collezionista*, Vicenza 1971, pp. 51-53).

[110] PRO,SP104\103, Italian States - 1767-68 - Precis Book, lettera di Sir James Wright da Venezia del 22.2.1768; SP99\72,165-170, Wright al Conte di Shelburne, Venezia 21.9.1768.

[111] PRO,SP99\71,31-39, John Udny, console inglese a Venezia, al Conte di Shelburne, Venezia 6.2.1767.

[112] D.B. HORN, *British Diplomatic Representatives 1689-1789*, London 1932, pp. 85-86; di Wright, indicato come "Sir James Wright", non si hanno molte notizie. Fu Residente inglese a Venezia dal 1766 al 1774; durante questo periodo si assentò per tornare in patria dall'agosto 1769 all'agosto del 1771.

[113] Lady MARY WORTLEY MONTAGUE, *Letters*, 1893, vol. II, p. 319. Casanova, com-

Wright, nel suo primo memoriale al Senato veneziano, dopo aver precistato vari problemi di etichetta[114], dichiarava la sua profonda avversione a qualsiasi forma di commercio illecito. Da quanto scriveva a Shelburne sembra infatti che i ministri stranieri avessero a Venezia privilegi di gran lunga superiori a quelli goduti in qualsiasi altro paese europeo e che ne abusassero abitualmente. La casa dell'Ambasciatore di Sua Maestà Imperiale era stata in pratica trasformata in un deposito di merci di contrabbando, e il Nunzio papale, da parte sua, commerciava così largamente in vino – si diceva trattasse oltre ottantamila bottiglie – che gli appaltatori di quel dazio avevano chiesto di annullare il loro contratto[115].

È anche possibile che il nuovo comportamento del Residente inglese fosse una scelta obbligata dal tipo di informazioni disponibili a Venezia in quel momento. Infatti, come si vedrà più innanzi, uno dei maggiori collaboratori di Murray in questo campo era stato William Graeme, generale dell'esercito veneziano[116]. Morto questi nel gennaio del 1767, fu probabilmente molto difficile per Wright, giunto da pochi mesi a Venezia, procurarsi fonti di informazione altrettanto valide[117].

---

pagno di allegre avventure di Murray, sottolinea la grande capacità del Residente inglese nel reggere gli alcolici e lo definisce "un bel Bacco dipinto da Rubens" e "il ricco e felice residente" (GIACOMO CASANOVA, *Storia della mia vita*, Milano 1992, 3 voll., vol. I, pp. 1069, 1088).

[114] PRO,SP99\71,23-24, Wright al Conte di Shelburne, Venezia 21.1.1767.

[115] PRO,SP99\70,405-406, Wright al Conte di Shelburne, Venezia 22.12.1766.

[116] William Graeme di Bucklivie (1714?-1767), della famiglia del Duca di Montrose, parente di Lord Bute, ufficiale degli Stati Generali, nominato "Groot-Major" a Tournai nel 1749, comandante delle forze terrestri veneziane dal 1755. Sembra che abbia preso parte come intermediario, insieme a Stuart MacKenzie, alla vendita della collezione del console Smith a Giorgio III (Cfr. G. CHALMERS, a cura di, *Caledonia: Or a Historical and Topographical Account of North Britain*, 1887, vol. ii, pp. 545-548; J. FERGUSSON, a cura di, *Papers illustrating the History of the Scots Brigade in Holland 1572-1782*, 1899, vol. II, *passim*; L.C. GRAEME, *Or and sable: A Book of the Graemes and Grahams*, 1903, pp. 427,428,430; *The Complete Peerage*, London 1936, vol IX, pp. 145-160; J. FLEMING, *Robert Adam and his Circle in Edinburgh and Rome*, London 1962, pp. 112,236,237-9,267-8,342,365; F. VIVIAN, *Il console Smith…, cit.*, p. 61). Il nome Graeme, antica forma dittongata di Graham, si trova nella documentazione italiana anche come Grem, Greem, Green, ecc. All'Archivio di Stato di Venezia è conservato un suo copialettere, che insieme ad altre carte egli stesso, prima di morire, aveva preparato perché venisse consegnato al Savio alla Scrittura, all'epoca Alvise Contarini II (Cfr. ASV, Inventario 311\5, Secreta - Materie Miste Notabili. Il Copialettere è contenuto nel registro 178, "Scritture Tenente Generale Greem, 1756 sino a dicembre 1765").

[117] PRO,SP99\71,23-24, Wright al Conte di Shelburne, Venezia 21.1.1767. Graeme morì il 12.1.1767. Al suo funerale, come testimoniava Wright, era presente tutta la co-

Il Ministro inglese riuscì comunque a contattare, e probabilmente a corrompere, un magistrato dei Cinque Savii alla Mercanzia, che era quindi in grado di fornirgli soprattutto informazioni di carattere commerciale[118], trasmettendogli copie dei dispacci che gli ambasciatori e i ministri veneziani all'estero inviavano al Senato, oltre a documenti conservati nell'archivio di quella magistratura. Wright, infatti, intendeva raccogliere una ricca documentazione, qualora il governo inglese avesse deciso, com'egli avrebbe desiderato, di stipulare un trattato di commercio con Venezia. La stessa persona gli aveva fornito i documenti relativi ai privilegi concessi agli inglesi dalla Repubblica in passato. Wright ne aveva approntato una lista per il suo governo e aveva inoltre chiesto al suo informatore di procurargli i nomi di quelle persone, che all'interno dei "dipartimenti politici" di Parigi, Vienna e altre corti straniere, fossero disposte a fornirgli copie dei dispacci segreti, che i vari ambasciatori inviavano ai rispettivi governi.

Il Residente confessava apertamente di ispirarsi alla politica della Serenissima, che aveva sempre investito grandi somme di denaro nello spionaggio per ottenere precocemente informazioni su tutto ciò che accadeva all'estero. Una persona autorevole gli aveva inoltre confidato, che l'ambasciatore veneziano a Vienna era riuscito ad ottenere preziose notizie corrompendo le dame del seguito dell'Imperatrice[119].

Frutto di questa nuova fonte informativa furono sette pacchi di documenti a carattere commerciale che Wright affidò al fratello di Lord Buckingham, Mr. Hobart, il quale, partendo da Venezia, si assunse il compito di consegnarli personalmente al Segretario di Stato[120].

---

munità inglese, mentre il governo veneziano aveva fatto pervenire una lettera di condoglianze ai familiari ed aveva dato ordine di porre un suo busto nell'Arsenale. Murray, il giorno prima della morte, aveva inviato il console Udny dagli Inquisitori di Stato per richiedere rispetto ed evitare il sequestro dei suoi beni. Dato che Graeme era al servizio della Repubblica, si era dichiarato disponibile a far eseguire una selezione delle sue carte da una persona scelta dal Senato. Cosa che fu fatta e fu anche redatto un inventario dei suoi beni ad uso degli eredi.

[118] PRO,SP99\71,178-182v., Wright al Conte di Shelburne, Venezia 21.10.1768.

[119] PRO,SP99\72,27-29, Wright al Conte di Shelburne, Venezia 10.2.1768; SP104\103, Italian States - 1767-68 - Precis Book, lettera di Sir James Wright da Venezia del 22.2.1768. In una lettera del dicembre dello stesso anno Wright chiariva che il suo informatore era un "Magistrato" dei Cinque Savii alla Mercanzia (PRO,SP99\72,178, Wright al Conte di Shelburne, Venezia 21.10.1768). Sullo spionaggio veneziano cfr. P. PRETO, *I servizi segreti di Venezia*, Milano 1994.

[120] PRO,SP99\72,117-125v., Wright al Conte di Shelburne, Venezia 1.7.1768, con accluso (ff. 126-140) "Seven Parcels of private Papers"; SP99\72,141-144, Wright al Conte di Shelburne, Venezia 23.7.1768.

Alla partenza di Murray per Costantinopoli e alla diversa politica informativa seguita dal suo successore si devono probabilmente addebitare anche la mancanza assoluta di materiale illustrativo, presente invece nelle relazioni di Hamilton e di Mann, nonostante il Residente dimostri di essere a conoscenza dell'esistenza di varie mappe delle lagune e dichiari la necessità di fare ricorso a carte geografiche per comprendere la forma della Terraferma veneziana, data l'estrema irregolarità del territorio[121]. Certamente non gli mancavano né i modi per procurarsele, né le persone che gliele potessero fornire. Ad esempio, le avrebbe facilmente potute ottenere dal già citato generale delle forze armate veneziane, William Graeme, suo amico e informatore. Infatti, pochi anni dopo, a Venezia si era diffusa la notizia che una grandissima carta geografica manoscritta di Cattaro e del Montenegro, fatta eseguire dal governo, era stata conservata dal generale scozzese e dopo la sua morte era passata nelle mani di un privato[122].

I. La descrizione di Venezia e dei suoi domini, che apre la relazione di Murray, inizia con il Dogado, considerato, per la presenza della "metropoli", la parte più importante della Terraferma, composta anche dalla Lombardia veneziana, dalla Marca Trevigiana, dal Friuli veneziano e dall'Istria. Seguono poi la Dalmazia, l'Albania e il Levante veneziano. Ognuna di queste regioni viene esaminata nelle varie parti che la compongono; la Lombardia veneziana nelle otto province in cui era divisa, cioè il Cremasco, il Bresciano, la Riviera di Salò, il Bergamasco, il Veronese, il Vicentino, il Padovano e il Polesine di Rovigo. La Marca Trevigiana viene considerata nelle sue tre province, che erano il Trevigiano, il Bellunese e il Feltrino. Così la Dalmazia si articola secondo le sue otto contee: Zara, Sebenico, Traù, Spalato, Liesina, Nona, i luoghi di frontiera e l'Isola di Quarnaro. Chiude questa prima parte della relazione il Levante veneziano, che, in questo periodo, consisteva nelle sole Isole Ionie, di cui le più importanti erano Corfù, Santa Maura, Cefalonia, Zante, Cerigo e Cerigoto.

Nel descrivere i domini della Serenissima il diplomatico inglese segue la divisione politico-amministrativa del territorio, dove ogni sezione e

---

[121] PRO,SP99\70,39v., Murray al Conte di Halifax, Venezia 3.5.1765; SP99\70,41, Murray al Conte di Halifax, Venezia 17.5.1765.

[122] G. COMISSO, a cura di, *Agenti segreti di Venezia 1705-1797*, Milano 1994 (1984), pp. 142-143.

sottosezione viene delineata singolarmente nei suoi limiti territoriali e nelle sue dimensioni, nelle caratteristiche del suolo e dei prodotti, nonché nelle risorse ed attività economiche, nelle città e villaggi più importanti, nel numero degli abitanti e nelle loro principali occupazioni, nel governo politico e spirituale. È quasi sempre presente, quando possibile, a completamento delle singole descrizioni, una breve storia dell'area, con un chiaro riferimento al momento e alle cause dell'annessione all'impero veneziano.

Questo criterio molto probabilmente fu imposto dalla configurazione geografica delle varie aree che costituivano lo Stato veneziano e che potevano essere considerate delle unità a sé, dalla coincidenza fra i distretti amministrativi e religiosi e dagli eventi storici, in seguito ai quali le Isole Ionie, la costa dalmata ed albanese, così come le varie parti della Terraferma entrarono a far parte dei domini della Repubblica in momenti diversi, conservando le proprie specificità e un certo margine di autonomia[123]. Era questo d'altronde lo schema delle descrizioni corografiche dell'area quale si ritrova anche nell'opera del geografo tedesco Anton Friedrich Büsching, pubblicata ad Amburgo nel 1754, e successivamente tradotta in italiano dall'abate Jagemann[124].

Il Murray accoglie uno schema corografico di metà secolo, integrato con notizie prese da altre fonti. Tale datazione può essere dedotta dal fatto che le città da lui descritte da un lato sono viste, secondo una concezione d'*ancien régime*, come *civitates*, cioè una "categoria insediativa distinta che fa appello all'autorità della tradizione ecclesiastica", oppure come centro di antica importanza e sito di antichità, o ancora secondo

---

[123] G. COZZI, *Politica, società, istituzioni*, in G. COZZI - M. KNAPTON, a cura di *La Repubblica di Venezia nell'età moderna - Dalla guerra di Chioggia al 1517*, Torino 1986, pp. 205-208; G. SCARABELLO, *Una casata di governanti del Settecento riformatore veneziano: I Querini di S. Maria Formosa*, in G. BUSETTO e M. GAMBIER, a cura di, *I Querini Stampalia - Un ritratto di famiglia nel settecento veneziano*, Venezia 1987, pp. 9-10. Cfr. anche G. SCARABELLO, *Il Settecento*, in G. COZZI - M. KNAPTON - G. SCARABELLO, a cura di, *La Repubblica di Venezia nell'età moderna - Dal 1517 alla fine della Repubblica*, Torino 1992, pp. 553-676.

[124] A.F. BÜSCHING, *Neue Erdebeschreibung*, Hamburg 1754 ss.; quest'opera ebbe varie edizioni e fu tradotta in italiano dall'abate GAUDIOSO JAGEMANN (*Nuova geografia di Ant. Federico Büsching*, Firenze 1772). È stata qui usata l'edizione ristampata da Antonio Zatta a Venezia tra il 1773 e il 1782 in 34 voll., in particolare i tomi XXII e XXIII, relativi a Venezia e suoi domini, pubblicati rispettivamente nel 1777 e 1778. Ringrazio il dott. Eurigio Tonetti per avermi indicato quest'opera e avermi dato la possibilità di consultarla. Sul Büsching cfr. F. VENTURI, *L'Italia fuori d'Italia*, in *Storia d'Italia - Dal primo Settecento all'Unità*, vol. III, Torino 1973, p. 1082.

il ruolo che esse ebbero nell'assetto politico del territorio. Dall'altro, seguendo le tendenze maturatesi a partire dalla metà del Settecento, i centri urbani vengono considerati anche in una visuale funzionalista, che mette in evidenza i loro aspetti dinamici, come la popolazione e l'economia[125]. Inoltre la distinzione fra *city*, *town* e *village*, anche se non sempre chiarissima, si collega, come avveniva sempre più frequentemente nel XVIII secolo, alle dimensioni dell'insediamento, alla popolazione e al grado di autonomia politica[126].

Nel Dogado manca una illustrazione della "metropoli", che, secondo Murray, è così conosciuta da rendere superfluo l'invio di ogni ulteriore notizia[127]. Così pure egli abbrevia la narrazione ogniqualvolta ritiene che l'argomento che tratta sia già sufficientemente noto. Di conseguenza non si dilunga molto su Verona, come avrebbe potuto fare attingendo anche alle sue conoscenze personali, dal momento che molti autori ne avevano già fatto minuziose descrizioni[128]. E questo è anche il caso delle antichità di Pola, descritte da Palladio o di quelle di Spalato, accuratamente illustrate da Robert Adam[129], la cui opera, *The Ruins of the Palace of the Emperor Diocletian at Spalato in Dalmatia*, Murray aveva avuto opportunità di seguire fin dalla genesi, ossia dall'arrivo di Adam a Padova nell'estate del 1757, dove lo accolse insieme alla moglie, Lady Wentworth, alla sorella e al cognato, il console Joseph Smith[130].

A quest'ultimo l'architetto scozzese si rivolse per ottenere il permesso di eseguire i disegni delle rovine della città dalmata, fortificata e presidiata dalle truppe veneziane. E, una volta giunto a Spalato, fu il generale Graeme, che si trovava nella zona per ispezionare i suoi uomini, ad

---

[125] M.L. STURANI, *Città e gerarchie insediative in Piemonte tra XVII e XVIII secolo. Storia di una mutevole rappresentazione*, in "Storia Urbana", anno XVI, n. 58, gennaio-marzo 1992, pp. 5-38, pp. 6-7.

[126] P.J. CORFIELD, *The Impact of English Towns - 1700-1800*, Oxford 1982, pp. 4-5. È interessante le definizioni che dà Murray delle città: "a town" semplicemente, oppure "a fine town", "a good town", "a large town", "a very large town", "a populous town", "a pleasant town". La "city" è usualmente collegata alla sede episcopale, all'antichità dell'insediamento e al ruolo politico svolto all'interno dell'impero veneziano.

[127] V. p. 379.

[128] V. p. 392.

[129] V. pp. 429, 436.

[130] J. FLEMING, *cit.*, pp. 234-5; Adam, una volta giunto a Venezia evitò gli altri "milord" inglesi, ma frequentò assiduamente Lady Mary Wortley Montague, suocera di Lord Bute e andava a far visita quasi ogni sera a Lady Wentworth, moglie di Murray, che egli giudicava "una donna buona, sensibile e piacevole".

aiutarlo a trovare un alloggio, a spedire le sue lettere e soprattutto a superare le innumerevoli difficoltà poste a lui e ai suoi collaboratori dal governo veneziano[131]. Murray inoltre gli fu probabilmente di aiuto quando, alla vigilia del suo rientro in Gran Bretagna, il lasciapassare attraverso le terre tedesche fu negato a tutti i cittadini britannici, perché si era diffusa la notizia che la flotta inglese stesse per penetrare nell'Adriatico allo scopo di bombardare Trieste. L'Adam in particolare era sospettato di essere stato inviato dal suo governo per effettuare rilievi delle fortificazioni sulla costa dalmata. Il Residente, infine, aveva probabilmente seguito le varie fasi della pubblicazione del libro, avvenuta nel 1764 a Venezia, dove era rimasto, allo scopo di sovrintenderla, l'architetto francese Charles-Louis Clérisseau, compagno di viaggio e collaboratore di Robert Adam[132].

L'abilità narrativa di Murray si esplica anche nel sapersi porre, quando necessario, come protagonista e in questo viene certamente aiutato dalla forma epistolare, che gli dà anche modo, occasionalmente, di coinvolgere il lettore, cosa che egli sfrutta fin dalla prima battuta, dichiarandosi onorato di fornire al Segretario di Stato la descrizione dei domini della Repubblica veneziana e chiudendo la prima "Separate letter" con le scuse per averlo stancato con un resoconto del Dogado così arido e poco interessante[133].

Inoltre nel passaggio da un argomento all'altro determina a suo piacimento il filo del discorso, affermando per esempio che "avendo avuto l'onore di offrire una descrizione dei Domini di questa Repubblica, chiamati *Dogado* e la *Terra Ferma*" si appresta ad iniziare quella delle "province della Dalmazia e dell'Albania"; così come aveva poco innanzi dichiarato che "avendo completato il resoconto dei Domini della Repubblica di Venezia nel Friuli", avrebbe poi proseguito con "quelli in Istria"[134].

Cerca sempre di esercitare un certo controllo sugli argomenti che tratta e quando sembra che l'enumerazione delle città, villaggi e castelli della Marca Trevigiana gli prenda la mano, se ne rende subito conto e tronca il discorso dicendo che vi è un gran numero di villaggi, una volta

---

[131] Fra i collaboratori di Adam, oltre a Charles-Louis Clérisseau, pittore e architetto francese, conosciuto a Roma, vi erano Laurent-Benoît Dewez, di Liegi, che aveva studiato con Vanvitelli a Napoli, Agostino Brunias, un pittore italiano "convertito all'architettura" e un altro disegnatore italiano, di cui non è noto il nome, che perfezionava gli schizzi (*Ibidem*, p. 216).

[132] *Ibidem*, pp. 234-244; cfr anche J. RYKWERT, *Adam*, Milano 1984, pp. 46-48.

[133] V. pp. 378, 385.

[134] V. pp. 432, 425.

castelli di potenti famiglie, che meriterebbero di essere menzionati, se la descrizione di questa provincia non fosse già troppo lunga e minuziosa[135]. Nello stesso modo interrompe la narrazione ogni qualvolta teme di rendersi noioso. Perciò non si attarda a spiegare quali fossero gli antichi confini dalmati o ad illustrare la storia dei territori albanesi. Rimanda alla lettera seguente parte della illustrazione della Dalmazia, come ha già fatto con quella del Friuli, che però dichiara di non poter completare senza parlare di Aquileia[136].

Nella descrizione influisce di certo anche la sua conoscenza del territorio, cosa naturale dopo undici anni di residenza a Venezia[137], dove, probabilmente, uno dei compiti del Ministro inglese era quello di accogliere ed accompagnare quanti vi sostavano lungo il percorso del Gran Tour, del quale la metropoli lagunare era una tappa obbligata, soprattutto durante il Carnevale. Parlando di Verona, Murray non solo dice che sarebbe stato in grado fornire una descrizione più estesa della città in base a ciò che personalmente conosceva, ma che avrebbe potuto fare lo stesso "per molti altri Posti dello Stato Veneziano". Aveva certamente visitato la biblioteca di San Michele di Murano ed osservato il mappamondo del camaldolese Frà Mauro, che definisce "confratello laico" (laybrother)[138]. La Riviera di Salò è per lui uno dei paesaggi più belli che abbia mai visto[139]; sembra poi aver seguito la costruzione della cattedrale di Ceneda[140] e afferma di aver personalmente constatato, osservando case demolite, come i larici del Feltrino rimanessero freschi e solidi, come se fossero stati appena tagliati, anche dopo 400 anni[141].

Murray si rivolge ad un lettore colto e aggiornato, che conosce quanto è stato scritto su Venezia e i suoi domini e che è interessato alle loro

[135] V. p. 409.

[136] V. pp. 432, 447, 437, 417.

[137] PRO,SP99\66,1-1v., Murray a Sir Thomas Robinson, Venezia 11.10.1754.

[138] V. p. 383. Ringrazio il dott. Piero Falchetta della Biblioteca Marciana per avermi sottolineato questo particolare. Cfr. GIOVAN BENEDETTO MITTERELLI, *Bibliotheca Codicum Manuscriptorum Monasterii S. Michelis Venetuarum prope Murianum una cum Appendice*, Venezia 1779, p. 757. Il mappamondo di Frà Mauro fu compiuto nel 1459, da allora se ne è sempre conservata memoria; attualmente si trova alla Biblioteca Marciana a Venezia. Cfr. T. GASPARRINI LEPORACE, a cura di, *Il Mappamondo di Fra' Mauro*, (Ist. Poligrafico dello Stato, Edizione in collaborazione con il comune di Venezia), Venezia 1956.

[139] V. p. 388.

[140] V. p. 406. Ceneda corrisponde oggi a Vittorio Veneto; la costruzione della cattedrale fu iniziata nel 1740 e terminata nel 1775.

[141] V. p. 412.

vicende storiche, qualcuno che sa di Palladio e di Sansovino, di Donato Veneziano e di Francesco Petrarca, così come di Petronio, Paolo Diacono e Giovanni Lucio.

Il Residente si rivolge ad un pubblico inglese, innanzitutto per la lingua in cui è redatto il suo scritto e per i ripetuti riferimenti alle definizioni date dagli italiani, come ad esempio la "Dalmazia, as the Italians call it" o le isole disabitate o "scogli" (rocks), come li definiscono gli italiani. Vi sono inoltre ripetuti riferimenti a realtà che solo i suoi connazionali avrebbero potuto comprendere. Così parlando del canale della Giudecca, scrive che ha una larghezza simile a quella del Tamigi a Londra[142]. A proposito di Malamocco sottolinea come i suoi abitanti siano soprattutto marinai e timonieri, quasi tutti in grado di parlare inglese per aver lavorato sulle navi di Sua Maestà Britannica che entrano nel porto[143]. Infine trattando del Lago di Garda, fa notare come vi sia abbondanza di "Sardelle" e "Carpioni", che non ha mai visto altrove e che assomigliano per forma, scaglie e gusto alle aringhe, con cui condividono anche l'abitudine di muoversi in banchi. Questi pesci all'inizio della stagione sono grandi come le aringhe pescate a giugno nel "Canale di S. Giorgio" e alla fine sono piccoli come quelle di Yarmouth. È questa una specie di acqua salata – sottolinea Murray – che però non è presente nell'Adriatico e nel Mediterraneo e che muore nello stesso istante in cui viene tolta dall'acqua[144].

L'intervento continuo di Murray nel testo, l'inserimento delle sue conoscenze ed esperienze personali, insieme con l'evidente sforzo di omogeneizzazione rendono difficile individuare le possibili fonti a cui il Residente ha attinto. Ricevuta la circolare di Halifax, probabilmente alla metà di aprile[145], il Ministro inglese si deve essere subito messo al lavoro, servendosi di varie opere, sia a stampa che manoscritte, per essere in grado di inviare, in poco più di due settimane, la prima "Separate letter" con la descrizione del Dogado. Murray, come si è visto, dimostra ripetutamente di essere a conoscenza di tutta la letteratura, sia antica che recente, riguardante i territori in questione. Egli stesso in una delle ul-

---

[142] V. p. 380.

[143] V. p. 381.

[144] V. p. 393.

[145] Murray, nella corrispondenza di questo periodo, non dà notizia di aver ricevuto la circolare. Questa gli deve essere pervenuta dopo il 10 aprile, data in cui il Residente invia una relazione sul commercio inglese a Venezia e non sembra essere a conoscenza delle nuove richieste di Halifax (PRO,SP99\70,26-28v., Murray al Conte di Halifax, Venezia 10.4.1765).

time missive cita Jacob Spon a proposito dell'isola di Itaca[146]. Il libro del viaggiatore francese, pubblicato per la prima volta a Lione nel 1678, aveva avuto grande successo con successive edizioni nel 1679, 1680, 1689 e 1724. Anche la versione tedesca, apparsa a Norimberga nel 1681, era stata ripubblicata nel 1690 e nel 1713. Nel 1688, inoltre, era apparsa a Bologna anche una traduzione italiana ad opera di C. Frescot[147]. Dall'opera di Spon è quasi certo che Murray abbia tratto parte della descrizione di Spalato e dell'isola di Corfù[148]. Il *Voyage d'Italie...* faceva probabilmente parte della biblioteca di Murray insieme a molti altri volumi. Il Ministro inglese, d'altronde, aveva anche la possibilità di consultare la ricchissima biblioteca del cognato, Joseph Smith, che era rimasto in possesso di moltissimi volumi anche dopo aver venduto gran parte delle sue collezioni a Giorgio III nel 1762[149]. Sembra inoltre che il console continuasse a fare acquisti fino alla sua morte, avvenuta nel 1770[150].

[146] JACOB SPON e GEORGE WHEELER, *Voyage d'Italie, De Dalmatie, De Grece et Du Levant, fait aux années 1675 et 1676 par Jacob Spon Docteur Medecin Aggregé à Lyon, & George Wheeler, Gentilhomme Anglois*, 3 voll., Lyon 1678.

[147] C. DE SETA, *L'Italia del Gran Tour - Da Montaigne a Goethe*, Napoli 1992, pp. 199-204. Lo Spon, inviato da Colbert alla scoperta della civiltà mediterranea, fece una delle prime spedizioni archeologiche insieme al botanico inglese George Wheeler, che aveva incontrato a Venezia. L'opera dello Spon non entra nella produzione del Gran Tour, ma di un filone, parallelo a questo, dell'"iter academicus", provocato dalla curiosità e dall'interesse scientifico per le civiltà classiche e per le popolazioni non ancora civilizzate (Cfr. anche D. WATKIN, *Athenian Stuart - Pioneer of the Greek Revival*, London 1982, p. 15).

[148] J. SPON & GEORGE WHEELER, *cit.*, vol. I, pp. 98-105 e 121-124.

[149] F. VIVIAN, *Il console Smith...*, *cit.*, pp. 45-65; F. HASKELL, *Patrons and Painters - Art and Society in Baroque Italy*, New Haven & London, 1980, pp. 299-310, 391-394, 406-407; F. VIVIAN, *The Consul Smith Collection*, München 1989, pp. 17-28, 37-41. La collezione di quadri e disegni di Joseph Smith costituirono il primo nucleo della Royal Collection, così come la sua biblioteca andò a confluire nella *King's Library*, che, donata alla nazione da Giorgio IV, fa oggi parte della *British Library*. Le trattative per l'acquisto delle collezioni di Smith si protrassero per lungo tempo e si conclusero nel 1762; ad esse parteciparono numerosi personaggi, tra cui James Stuart MacKenzie, fratello di Lord Bute, e lo stesso generale William Graeme. L'elenco dei libri venduti al monarca inglese fu pubblicato dalla tipografia del Pasquali a Venezia nel 1755 (*Bibliotheca Smithiana seu Catalogus Librorum D. Josephi Smithii Angli - Per cognomina Authorum Dispositus*).

[150] Dopo la morte di Smith furono pubblicati due cataloghi: *Catalogo di Libri Raccolti dal fù Signor Giuseppe Smith e pulitamente legati*, Venezia 1771 e *Bibliotheca Smithiana, pars altera - A Catalogue of the remaining part of the Curious and Valuable Library of Joseph Smith Esq., His Majesty's Consul at Venice, lately deceased... which will be sold cheap, for ready Money this day*, 1773.

Nella biblioteca di Smith, ricca, oltre che di libri, anche di manoscritti, di codici miniati e di volumi di "arte grafica"[151], Murray potrebbe aver trovato copie degli appunti di James Stuart e di Nicholas Revett, che in viaggio verso la Grecia, alla ricerca dei modelli originali e perfetti "di quanto vi è di eccellente in Scultura e Architettura"[152], sostarono quasi un anno a Venezia, fra la primavera del 1750 e il febbraio dell'anno seguente. Durante il loro soggiorno i due architetti inglesi furono invitati da Smith e Gray ad entrare a far parte della *Society of Dilettanti*, di cui il console e il residente erano autorevoli membri, come lo era Sir James Porter, ambasciatore inglese a Costantinopoli, a cui furono presentati per poter ricevere l'aiuto e la protezione necessari nell'area ellenica[153]. Durante i mesi veneziani James Stuart, in attesa di una nave che lo portasse ad Atene, viaggiò per tutta la Repubblica facendo schizzi e prendendo appunti[154]. Questa ipotesi potrebbe essere confermata dal fatto che Murray, pur essendo giunto in Italia circa quattro anni dopo, era perfettamente a conoscenza del sopraluogo di Stuart a Pola. E benché non si dilunghi a descrivere le antichità del luogo perché, come si è visto, ritiene che Palladio e altri autori ne abbiano già parlato a sufficienza, si attarda a narrare nei particolari l'opera di "un architetto inglese", cioè James Stuart, che di recente aveva avuto il permesso di scoperchiare le fondamenta di uno dei due templi corinzi della città istriana per misurarne le dimensioni. Il Residente dimostra di conoscere tutti i particolari tecnici e le misure anche dell'altro tempio e dell'anfiteatro, notizie probabilmente derivate dallo Stuart, dato che dopo la sua partenza, come scrive lo

[151] F. VIVIAN, *The Consul Smith Collection*, cit., pp. 26-27. I manoscritti, acquistati da Giorgio III e poi donati alla nazione da Giorgio IV, includevano molte copie di classici e carte miscellanee relative alla storia e alla letteratura italiana e soprattutto veneziana. Questi sono ora conservati nel "Dipartimento di manoscritti occidentali" (*Department of Western Manuscripts*) della British Library.

[152] D. WATKIN, *cit.*, pp. 16-17. Watkin riporta la proposta dei i due architetti inglesi del 1748, pubblicata nel 1751, per raccogliere sottoscrizioni per l'opera che avevano progettato di comporre. Questa proposta fu pubblicata a Londra dal Colonnello George Gray, fratello dell'allora Residente inglese a Venezia, Sir James Gray, oltre che segretario e tesoriere della *Dilettanti Society*. Anche il console Smith ne fece una edizione a Venezia nel 1753.

[153] *Ibidem*, p. 17. Stuart e Revett furono i primi artisti a diventare membri della "Società dei Dilettanti"; questo, oltre che l'aiuto dei membri della società, assicurò loro una serietà artistica professionale, sconosciuta fino ad allora.

[154] Un libro di disegni, alcuni appunti e la bozza di un trattato per l'uso del colore in pittura sono sopravvissuti e sono ora conservati al RIBA (*Royal Institute of British Architecture*) di Londra, a cui furono donati nel 1846 (*Ibidem*, pp. 17-18).

stesso Murray, tutta la parte interna dell'anfiteatro era stata sommersa da uno smottamento di terra causato dalle piogge[155].

Vi è certamente nella descrizione di Murray una particolare attenzione all'aspetto architettonico delle costruzioni, che trova una spiegazione in questa ipotesi, oltre che nella conoscenza di guide e nella sua curiosità e sensibilità personale. Per questo si susseguono i giudizi estetici come quello sulla chiesa e il convento dell'isola di San Giorgio Maggiore[156], sulle case dalle facciate di stucco della Riviera di Salò[157] o sugli edifici palladiani di Vicenza[158]. A Padova, città – com'egli scrive – ben costruita e con un gran numero di begl'edifici sia pubblici che privati, il municipio è una nobile costruzione, di cui Murray dimostra di conoscere esattamente le dimensioni, e Santa Giustina è, a suo parere, una delle chiese più belle d'Italia[159]. Treviso è ricca di antichissime costruzioni di buona fattura e di palazzi lussuosi[160]; a Bassano il famoso ponte del Palladio, è stato ricostruito dal Terracina, uno dei più geniali ingegneri d'Europa[161]; Belluno ha una piazza adornata da bellissimi monumenti, fra cui il palazzo del governatore "di nobile ed eccellente architettura, costruito con pietre curiosamente lavorate a rilievo"[162]. Udine, città molto ammirata dagli stranieri, oltre a bei palazzi e splendide chiese, ha strade e piazze spaziose[163]. Così la cattedrale di Capo d'Istria è di antica struttura con tre navate sorrette da diciotto pilastri di splendido marmo[164]; a Zara, oltre ai resti splendidi di edifici antichi, sia all'interno che all'esterno della città, sorge un acquedotto fatto costruire da Traiano, come viene attestato da un'iscrizione[165]. E se a Traù invece le abitazioni del vescovo

---

[155] V. pp. 429-430. James Stuart e Nichola Revett pubblicarono i rilievi e gli schizzi di Pola in *Antiquities of Athens*, voll. 4, 1762-1816. Stuart contribuì al testo dei primi due volumi e alle note dei secondi due (D. WATKIN, *cit.*, pp. 18-20, 63. Altra prova che, riguardo a Stuart e Revett, Murray probabilmente attingeva notizie da fonte privilegiata, è che lo stesso Adam venne a sapere del lavoro fatto da Stuart a Pola solo quando giunse a Venezia e di conseguenza deviò la sua attenzione direttamente su Spalato (J. FLEMING, *cit.*, p. 235).

[156] V. p. 382.

[157] V. p. 389.

[158] V. p. 394.

[159] V. pp. 397-398.

[160] V. p. 403.

[161] V. p. 405.

[162] V. p. 410.

[163] V. pp. 416-417.

[164] V. p. 426.

[165] V. p. 433.

e del clero sono "abbastanza buone"[166], a Curzola si trovano una catte-drale magnificamente adornata di marmi e una chiesa francescana consi-derata la più bella di tutta la Dalmazia e a Corfù la splendida chiesa metropolitana dei greci, dedicata a S. Spiridione, è adornata da molte lampade d'argento e da una d'oro, comprate con i 5000 zecchini, lasciati a tal scopo da un gentiluomo locale nel suo testamento[167].

È ugualmente possibile supporre che Murray ebbe fra le mani la prefazione scritta da Adam per *The Ruins of Spalato...* e non inserita nella pubblicazione, così come anche altri appunti presi dall'architetto scozzese e dai suoi collaboratori durante il viaggio[168].

Se si può ipotizzare che Murray, appena ricevuta la circolare di Halifax, contattasse Smith e usufruisse dei suoi suggerimenti e della sua bibliote-ca, certamente si consultò anche con il generale William Graeme, suo informatore e autore della seconda e terza parte della relazione. Infatti fin dall'inizio il Residente afferma che avrebbe parlato più a lungo di Venezia a proposito delle fortificazioni[169]. Non è inoltre da trascurare anche il fatto che l'aiutante di campo del generale scozzese, il conte Antonio Marcovitch, era, secondo Robert Adam, "un amante dell'archi-tettura e un ammiratore appassionato dei monumenti antichi"[170].

II. La seconda parte della relazione di Murray consiste in una detta-gliata descrizione delle fortificazioni presenti su tutto il territorio della Repubblica. È divisa in due lettere datate 18 ottobre 1765 e 19 marzo 1766: la prima relativa al Dogado e alla Terraferma, la seconda alla Dal-mazia, all'Albania e al Levante veneziano[171].

Per stendere questa parte della relazione Murray si rivolse alla perso-na più adatta ed informata, cioè a William Graeme il generale scozzese, chiamato dal Senato nel 1755 a comandare le forze armate veneziane[172].

---

[166] V. p. 435.

[167] V. pp. 440, 449.

[168] J. FLEMING, *cit.*, p. 365. La prefazione manoscritta di Adam, con notizie sulla topografia, la difesa militare, il commercio e l'economia di Spalato e del suo distretto, si trova nei *Clerk Manuscripts* (H.M. General Register House - Edinburgh)

[169] V. p. 379.

[170] J. FLEMING, *cit.*, p. 237.

[171] PRO,SP99\70,174-182v. e SP99\70,246-281.

[172] Correr, Fondo Donà delle Rose, ms. 426, filza 4, inserto 4, "Capitulazioni accor-date per ordine dell'Eccellentissimo Senato trà il Ministro Residente per la Serenissima Repubblica di Venezia appresso sua Maestà Britannica, et il Generale Guglielmo Greem", vi sono due copie simili del contratto fra Graeme e la Repubblica di Venezia, quella qui

Il Residente, che era giunto a Venezia l'anno prima, si era subito reso conto sia delle notevoli difficoltà che avrebbe incontrato nel raccogliere informazioni[173], sia delle possibilità che gli offriva l'amicizia del generale, al quale era stata concessa piena libertà di far visita a Murray, ma non ai Ministri di altre nazioni che poteva incontrare solo con un permesso speciale. Graeme, d'altra parte, aveva dimostrato grande coinvolgimento negli interessi inglesi e sembrava cogliere ogni occasione per dimostrare la sua fedeltà al governo britannico. Suo tramite, ad esempio, il Residente poteva controllare, in un momento difficile come l'inizio della Guerra dei Sette Anni, quali fossero le reazioni del governo veneziano alle decisioni della Gran Bretagna e rassicurarsi della posizione filo-inglese del Senato.

Inoltre il generale scozzese, che aveva servito nell'esercito francese del Duca di Berwick[174], rappresentava una utile fonte di informazione sui giacobiti trasferiti all'estero, che ancora costituivano una causa di apprensione per l'Inghilterra[175]. Ugualmente costoro, secondo il parere di Murray, si servivano dell'amicizia fra lui e William Graeme per contattare il governo inglese, quando, avendo deciso di abbandonare la causa del *Pretender*, volevano rendere nota in patria la loro nuova posizione politica[176].

citata non ha data, quella che la precede non ha intestazione, ma porta la data del 15.7.1755. Graeme giunse in Italia solo un anno dopo Murray, infatti le credenziali ed istruzioni di Murray sono datate 30.7.1754 (PRO,FO90\40, cit. in D.B. HORN, *British Diplomatic Representatives - 1689-1789*, London, 1932, p. 85.). Il Residente arrivò a Venezia nell'autunno dello stesso anno (PRO,SP99\66,1-1v, Murray a Sir Thomas Robinson, Venezia 11.10.1754). Cfr. nota 12?

[173] PRO,SP99\66,53-53v., Murray a Sir Thomas Robinson, Venezia 25.4.1755.

[174] Correr, Fondo Donà delle Rose, ms.426, filza 4, inserto 4, "Benemerenze del Generale Grem"; questo documento è una specie di "curriculum vitae" compilato in francese probabilmente prima della nomina di Graeme a tenente generale delle truppe veneziane, quindi si può datare intorno al 1754.

James Fitzjames, duca di Berwick (1670-1734), maresciallo di Francia figlio naturale di Giacomo II e di Arabella Churchill (sorella del Duca di Malborough), nato ed educato in Francia, fu un generale esperto soprattutto di assedi e di operazioni difensive. Durante la Guerra di Successione Polacca fu posto al comando del più importante reggimento francese destinato ad invadere le terre tedesche. Morì durante l'assedio di Philipsbourg, a cui partecipò anche William Graeme. Fu sepolto a Parigi, nella chiesa dell'*Hôpital des Invalides*.

[175] PRO,SP99\66,118-119, Murray a Henry Fox, Venezia 16.1.1756.

[176] PRO,SP99\66,133-135, Murray a Henry Fox, Venezia 28.1.1756; SP99\66,144-145, Murray a Henry Fox, Venezia 12.3.1756; SP99\66, 151-152, Murray a Henry Fox, Venezia 2.4.1756. In quel periodo si trovava in licenza a Venezia Lord Elcho, un nobile giacobita, colonnello del Reggimento Fitzjames, comandato dal duca di Berwick. Anche

Una situazione del genere potrebbe essere all'origine del "tradimento" di Graeme, che collaborava attivamente con Murray, fornendogli informazioni riservate sull'organizzazione difensiva della Repubblica, per dimostrare la sua fedeltà alla Corona. È anche possibile che il generale desiderasse ritornare in Gran Bretagna, dove aveva conservato interessi e parenti e dove forse sperava anche di essere ricompensato con un nuovo incarico militare[177]. Desiderio, quest'ultimo, divenuto più vivo dopo circa dieci anni di servizio a Venezia, durante i quali aveva potuto constatare la decadenza delle forze armate della Serenissima, ormai ridotta ad un ruolo politico di secondo piano, e, nonostante i suoi sforzi, la incapacità di rinnovamento nel settore militare dimostrata dalla oligarchia veneziana[178]. Non si può infine escludere né che Murray ricompensasse il suo informatore con denaro, né che Graeme venisse meno ai doveri che si era assunto nei confronti della Serenissima, perché cosciente di essere ammalato e di non avere molto da vivere[179]. Tutte queste motivazioni possono aver operato sia isolatamente che congiuntamente.

Il sistema fortificato del Dogado va a completare quanto era già stato scritto su Venezia nella "Separate" del 3 maggio 1765[180]. La città, ad eccezione dell'Arsenale, non aveva mura, né alcuna costruzione difensiva, ma doveva la sua sicurezza unicamente alla posizione geografica e alle particolari condizioni lagunari, sia nei periodi di alta che di bassa marea[181].

La descrizione del sistema difensivo di Venezia e della sua laguna potrebbe essere stata appositamente scritta dal generale, su richiesta di Murray, in quanto negli archivi veneziani non è stata finora trovata traccia di documenti appartenenti a Graeme su questo argomento.

A questa breve parte, di carattere discorsivo, segue la descrizione

William Graeme, come si è visto, aveva servito nell'esercito francese come volontario nel 1734 (Correr, Fondo Donà delle Rose, ms. 426, filza 4, inserto 4, "Benemerenze del General Grem"). Lord Elcho usava Graeme per inviare informazioni al governo inglese e per rendere noto il suo progressivo distacco dal "Pretender".

[177] ASV, Secreta - Materie Miste Notabili, reg.178, "Scritture Tenente Generale Green...", cit., c. 118, lettera di Graeme a Federico Renier, Savio alla Scrittura, Venezia 28.1.1759.

[178] S. PERINI, Lo stato delle forze armate della Terraferma veneta nel secondo settecento, "Studi Veneziani", n.s. XXIII (1992), pp. 195-257.

[179] ASV, Savio alla Scrittura, vol. 159, 30.12.1766. Da quanto scrive Marcantonio Priuli si evince che William Graeme era da tempo malato; infatti morì poco dopo, il 12 gennaio 1767.

[180] V. p. 379.

[181] V. pp. 379, 458

delle fortificazioni della Terraferma[182], che appare più precisa nei dettagli e più tecnica nella terminologia. La sua genesi potrebbe risalire ad un rapporto, inviato nove anni prima al Saviato al Scrittura dal generale scozzese, al suo ritorno da una perlustrazione delle piazzeforti e della "loro Artiglieria, Armi di diffesa, e Munizioni da Guerra, esistenti ne rispettivi depositi". Il Senato gli aveva infatti ordinato di visitare "Piazze, e Fortezze della Terraferma dalla parte della Lombardia"[183], anche perché, con l'inizio della Guerra dei Sette Anni, temeva di vedere nuovamente eserciti stranieri attraversare le terre veneziane, come era già avvenuto ripetutamente durante i precedenti conflitti[184]. Probabilmente redatta e tradotta in inglese dallo stesso Graeme, la descrizione inviata da Murray, pur seguendo le stesse linee della fonte italiana e presentando talora delle chiare corrispondenze, risulta in complesso un documento diverso, oltre che molto più breve.

La seconda "Separate letter", sul sistema difensivo veneziano in Dalmazia, Albania e Levante è, come lui stesso afferma, il miglior resoconto sul sistema difensivo della Serenissima in quelle aree che Murray sia stato capace di procurarsi. La cura del Residente rifletteva gli interessi del suo governo, scarsamente coinvolto nei movimenti terrestri delle truppe, ma molto attento a tutto quello che potesse collegarsi con la flotta e la sua egemonia marittima. Sull'Adriatico, inoltre, non si affacciava più solo Venezia, l'antica rivale commerciale, ma anche Trieste, il nuovo porto asburgico, emblema delle velleità espansionistiche di Vienna.

In questo caso il Ministro inglese provvide quindi a far tradurre integralmente alcuni documenti forniti da William Graeme, cioè tre relazioni, che il generale aveva inviato al governo veneziano fra la fine del 1758 e l'inizio dell'anno seguente[185]. Questi documenti, insieme all'analisi della situazione delle forze armate veneziane, erano il risultato di una

---

[182] Pp. 459-465.

[183] ASV, Secreta - Materie Miste Notabili, reg. 178, "Scritture Tenente Generale Green…", cit., cc. 15-24, "Copia di scrittura rassegnata li 24 Settembre [1756] sopra le Piazze, e Fortezze della Terra Ferma".

[184] Cfr. S. PERINI, *La neutralità della Repubblica Veneta durante la Guerra di Successione Polacca*, in "Archivio Veneto", 1993, pp. 67-107; Idem, *Venezia e la Guerra di Successione Austriaca*, in *ibidem*, 1995, pp. 21-61.

[185] ASV, Secreta - Materie Miste Notabili, reg. 178, "Scritture Tenente Generale Green…", cit., cc. 31-46, "Rellazione della Dalmazia"; cc. 46-49, "Rellazione d'Albania"; questo documento è datato dicembre 1759, ma si tratta probabilmente di un errore materiale, è infatti più probabile che la relazione sia del dicembre 1758. La parte dedicata al Levante, cc. 50-62, è datata 28.3.1759.

visita fatta dal generale scozzese, su richiesta del Senato, alle province orientali nell'estate del 1757, quando a Spalato, come si è visto, era presente anche l'architetto Robert Adam, suo amico e connazionale[186].

Esperto soprattutto dell'organizzazione degli eserciti, Graeme, nel presentare i suoi risultati al Savio alla Scrittura, faceva notare come fortificazioni e artiglieria rappresentassero "due parti del Mistier della Guerra... bastante ognuna di esse ad occupare la vita .d'un uomo, che si proponga in quelle distinguersi". Di conseguenza avrebbe parlato dell'artiglieria solo quando riteneva che questa fosse parte integrante delle piazzeforti. Ne sarebbe stata fatta una descrizione più esauriente separatamente da un "esperto uffiziale", che lo aveva accompagnato nel suo viaggio proprio a tale scopo. Inoltre la sua descrizione delle piazzeforti si sarebbe basata sulle ispezioni fatte dal Direttore Generale delle Fortificazioni[187]. Quindi ai sopraluoghi di quest'ultimo è dovuta l'analisi tecnica dei luoghi, mentre a William Graeme, ai suoi studi, alle sue conoscenze e all'esperienza acquisita in precedenza, dovrebbero risalire i commenti e i paragoni con eventi del passato, quali l'assedio del Forte S. Filippo di Minorca, sottoposto per dieci settimane al fuoco dell'artiglieria, oppure quello di Namur, che costò a Guglielmo d'Orange 2000 uomini, o ancora la presa di Lille del 1708, in cui perirono 5000 soldati o infine l'attacco di Maastricht del 1748 da parte dell'intero esercito francese[188].

III. La relazione di Murray si chiude con una lettera, la quindicesima, recapitata personalmente al Segretario di Stato da un certo Monnot, dedicata alle truppe veneziane. Questo – premette il Residente – si era rivelato un compito assai arduo, perché nessuno in tutta la Repubblica era in grado di fornire notizie esatte su questo punto, neanche il Savio alla Scrittura, cioè proprio la persona che si occupava dell'amministrazione di questo settore[189].

---

[186] Graeme e Adam si erano incontrati in precedenza a Tournai, dove il generale comandava la guarnigione locale in qualità di "Groot-Major" (J. FLEMING, cit., p. 112).

[187] ASV, Secreta - Materie Miste Notabili - reg. 178, c. 30. Le descrizioni del sistema difensivo veneziano in Dalmazia, Albania e Levante veneziano, che si susseguono senza interruzione nella versione di Murray, nel documento italiano risultano divise in tre parti, datate rispettivamente 30 aprile 1758, dicembre 1758 e 28 marzo 1759 (Ibidem, cc. 31-46, 46-49, 51-62). Una copia delle relazioni sulle fortificazioni della Dalmazia, Albania e Levante, insieme ad uno "Stato delle truppe", si trova al Museo Civico Correr di Venezia, Mss Donà delle Rose, No.475, "Scritura del General Greem", cc. 444-499.

[188] V. p. 467.

[189] V. p. 504.

L'indisciplina e l'impreparazione delle milizie della Serenissima era da tempo nota, così come l'irrazionalità e lo spreco della spesa militare. Si pagavano le conseguenze di una pace troppo prolungata e della politica della Serenissima di "neutralità armata", che si basava sull'astensione dai conflitti europei e sull'intervento dell'esercito e della marina solo a scopo protettivo; una scelta forzata dalla crescente debolezza della Serenissima rispetto agli altri stati, che era stata elevata ad ideologia diplomatica[190]. Dopo la morte di Schulenburg nel 1747[191] non era stato nominato un sostituto. Rimanevano scoperti i gradi più alti dell'esercito, per cui, nel 1753, il Senato decise di assumere due persone: un "generale in capite" e un "tenente generale". A questo scopo fu dato incarico ai diplomatici veneziani all'estero di individuare gli uomini adatti alle esigenze della Serenissima. La ricerca si concluse solo con la nomina di William Graeme a tenente generale, probabilmente per ragioni di economia[192]. Il compito principale a lui affidato, negli undici anni in cui servì la Serenissima, fu di riorganizzare tutto il sistema difensivo, in particolare le fortificazioni e l'esercito, ramo di cui era esperto sia nella teoria che nella pratica, per aver fatto "regolati studj sino dalla prima età" e per aver servito nei Paesi Bassi, dove vi era gran quantità di "Piazze forti di ogni genere, e forma". Aveva inoltre combattuto in dieci campagne in vari paesi d'Europa e preso parte a cinque fra i più famosi assedi del secolo[193].

Murray, non essendo in grado fornire cifre esatte, inviava al Segretario di Stato Conway un progetto di riforma delle truppe già approvato dal Senato. In realtà il Residente trasmetteva in traduzione una serie di

---

[190] G. SCARABELLO, *Il Settecento*, cit., pp. 553-593.

[191] Johann Mathias Schulenburg (1661-1747), generale sassone chiamato a comandare le forze militari veneziane, su raccomandazione del principe Eugenio, nel 1715, si distinse nella difesa di Corfù dagli attacchi Turchi nel 1715 e nel 1716, per cui ricevette dal Senato una pensione di 5000 ducati annui(Cfr. p. 000; la maggiore fonte di notizie sulla sua vita è *Leben und Dentwurdigkeiten Johann Mathias Reichgrafen von der Schulenburg*, Leipzig 1834; per la sua attività di collezionista cfr., F. HASKELL, *cit.*, pp. 310-315).

[192] Correr, Fondo Donà delle Rose, ms.426, filza 4, inserto 4, lettera di Pietro Vignola al Savio alla Scrittura, Londra 12.7.1753; 2.8.1753; relazione del Savio alla Scrittura, 29.12.1753.

[193] ASV, Secreta - Materie Miste Notabili, reg.178, "Scritture Tenente Generale Green...", *cit.*, "Rellazione della Dalmazia", c. 30. Nel dare notizie sul suo conto Pietro Vignola, Residente a Londra scriveva che le informazioni sul suo conto erano "le più desiderabili". Aggiungeva: "Distinto per famiglia, Generale di Battaglia: età 39... Parla perfettamente italiano, Francese, Alemanno..." (Correr, Fondo Donà delle Rose, ms.426, filza 4, inserto 4, lettera di Pietro Vignola al savio alla Scrittura, Londra 2.8.1753). Cfr. anche Correr, *ibidem*, "Benemerenze del General Grem".

documenti redatti da Graeme in tempi diversi. Innanzitutto il gruppo di tabelle con il costo mensile e annuale di un reggimento di fanteria e di una compagnia di marina, seguite da un riassunto della spesa totale[194], risaliva ad alcuni scritti inviati al Savio alla Scrittura, Alvise Tiepolo, il 13 settembre 1761[195].

Il breve resoconto sulla cavalleria, che segue, potrebbe essere un sommario, molto rielaborato, di una "Scrittura sopra la Cavalleria" redatta dal generale nel luglio del 1765[196].

Chiudono la relazione una serie di informazioni sull'artiglieria, sul genio militare e su varie possibilità di risparmio, scritte fra l'agosto e il settembre del 1765[197].

Il 30 dicembre 1766, pochi giorni prima che William Graeme morisse, il Savio alla Scrittura, Marcantonio Priuli, nella sua relazione di fine d'anno, rievocava tutti i decreti con cui il Senato aveva chiesto al generale scozzese rilevazioni e piani di riforma e ricordava come le proposte di Graeme erano state apprezzate, ma poi realizzate solo in parte. Priuli chiudeva il suo documento ripetendo quanto aveva già scritto Graeme anni addietro circa la necessità di intervenire in tempo di pace, perché altrimenti "se una improvvisa Guerra sopravvenisse... si troverebbero forze ed a forza d'oro degli uomini, ma non per questo soldati, perché per formargli abbisogna tempo, applicazione e pazienza"[198].

---

[194] V. pp. 505-506.

[195] ASV, Secreta - Materie Miste Notabili, reg. 178, "Scritture Tenente Generale Green...", cit., cc. 143-151, Venezia 13.9.1761, "Liste della Forza e dispendio di nove Reg.ti d'Infanteria, e di trentasei Compagnie di marina con la disposizione di essi nelle differenti Provincie...". In particolare sono riportate le seguenti tabelle: c. 144, "Lista d'una Compagnia e d'un Reggimento d'Infanteria, con il dispendio mensuale, ed Annuale per cischedun individuo, sia in Terraferma che Oltremare"; c. 145, "Lista d'una comp.ª di Marina, con il dispendio Mensuale ed Annuo di ciaschedun individuo, sia al Lido overo Oltremare"; c. 148, "Ristretto della Forza totale e dell'intiero dispendio delli nove Reg.ti, e delle trentasei Compagnie di Marina".
Vi sono delle differenze nelle singole cifre e nei totali, che potrebbero essere spiegate come errori materiali.

[196] Ibidem, cc. 173-176, documento datato 24.7.1765. Cfr. Correr, Fondo Donà delle Rose ms.475, Filza II, vol. I, f. 568, "Della Cavalleria".

[197] ASV, Secreta - Materie Miste Notabili, reg.178, "Scritture del Generale Green...", cit., cc. 180-185, 24.8.1765 (vedi pp. 106-111?); cc. 176-180, "Scrittura per un Corpo d'Ingegneri" (vedi pp. 111-117?); cc. 186-188, "Copia di scrittura sopra vari Articoli di risparmio", 5.9.1765.

[198] ASV, Savio alla Scrittura, fasc. 159, Relazione di Marcantonio Priuli, Savio alla Scrittura, 30.12.1766.

La Toscana di Horace Mann

La relazione sulla Toscana curata da Horace Mann, differisce, da quelle di Hamilton e di Murray, non solo perché venne spedita nel marzo del 1768, quindi con tre anni di ritardo[199], ma anche perché invece che in forma epistolare, si presenta come un volume manoscritto. Si tratta di un documento di 163 folii manoscritti, rilegato in pergamena con fregi dorati, intitolato *A Description of Tuscany with an Account of the Revenue of the Greatduchy made by the Kings Command by Sir Horatio Mann His Majesty's Envoy Extraordinary at the Court of Florence MDCCLXVIII*[200], e illustrato da una carta geografica della Toscana e da una pianta della "Galleria" degli Uffizi, entrambe manoscritte e acquarellate a mano, e da due piante a stampa di Livorno e di Firenze, oltre a uno "Stato delle anime del Granducato" del 1765. È da ricordare che questo corredo descrittivo manca del tutto in Murray, mentre Hamilton aveva accluso alla sua relazione una serie di carte rappresentanti le fortificazioni dello Stato dei Presidi e la pianta di una strada napoletana.

I. La carta geografica, anonima, è in lingua italiana, ma con la correlazione fra i gradi e le miglia inglesi. In essa vengono distinte la zona fiorentina, senese, pisana, aretina e l'area frammentata della Lunigiana ed è delineata la divisione politica della Toscana e delle aree confinanti[201]. In particolare sono sottolineate le maremme di Pisa e di Siena e le

---

[199] PRO,SP98\73, 52-53v., Horace Mann al Conte di Shelburne, Firenze 15.3.1768.
Horace Mann (1701-1786), secondo figlio di Robert Mann, un mercante londinese di successo, che, avendo acquistato una tenuta nel Kent, morì come un gentiluomo di campagna. Per la sua amicizia con Robert Walpole nel 1737 fu nominato "assistente" di Mr. Fane, Inviato Straordinario e Ministro Plenipotenziario nel Granducato di Toscana, di cui prese il posto nel 1740, anno in cui giunse a Firenze Horace Walpole, con cui iniziò una famosa corrispondenza dal maggio del 1741 fino alla sua morte (Cfr. W.S. LEWIS, a cura di, *The Yale Edition of Horace Walpole's Correspondence*). Diventò baronetto nel 1755 e fu insignito con l'ordine del Bagno nel 1768.
[200] RLW, IB-6a, HORACE MANN, *A Description of Tuscany...*, 1768; all'interno la segnatura è: in alto 4/16-4 e in basso Room 1 I.B.b a. Sulla spina esterna porta la scritta "Tuscany".
[201] V. fig. 11. La carta porta la dicitura: "Pianta del Granducato di Toscana"; le "Annotazioni" sulla carta riguardano in particolare le strade carreggiabili e non carreggiabili, i feudi, i commissariati, le potesterie indipendenti e non, i capitanati, i vicariati e le fattorie di S.M. Imperiale. La scala è "di miglia d'Inghilterra a 69 per grado". Come ha suggerito la professoressa Anna Maria Pult Quaglia potrebbe essere attribuita a

varie valli, in stretta correlazione con la descrizione che, come si vedrà, segue l'andamento della regione per vallate; il che, insieme ai frequenti riferimenti alla mappa fatti nel corso della descrizione stessa, portano a pensare che la carta sia stata commissionata dal Residente per la relazione.

La seconda illustrazione, come si è già accennato, rappresenta "A Plan of the Gallery at Florence", cioè una pianta anonima, manoscritta e acquarellata, della Galleria degli Uffizi a Firenze[202]. Dal titolo, dalle didascalie e dalla doppia scala in piedi inglesi e braccia fiorentine si evince che la pianta è diretta ad un pubblico britannico. Si può quindi supporre che anche questa sia stata fatta eseguire appositamente. La sua presenza risulta in un certo modo estranea sia alle richieste della circolare di Halifax, che al manoscritto di Horace Mann. In questo infatti vi è un unico riferimento agli Uffizi nella parte dedicata alla città di Firenze, quando il Residente inglese, descrivendo le opere d'arte della città, si sofferma sulla galleria sottolineando che "the great collection made by the Family of Medici of every thing that is excellent in Sculpture Painting, Bronzi, Medals, Carvings and Cameos as well as Antiquities of all sorts, are collected in the renowned Gallery of Florence, which engages Foreigners to stay there a considerable time"[203]. L'inclusione della pianta, di un luogo all'epoca già rinomato e considerato una sosta d'obbligo nei percorsi del Grand Tour, può esser giustificata dai noti interessi artistici del residente inglese, che ne parla ancora nei suoi dispacci riferendo un incendio divampato in un'ala del palazzo nel 1762, a cui seguirono lavori di ripristino e ristrutturazione per aprire la galleria al pubblico[204]. L'inclusione nel volume fu forse dovuta anche al suggerimento di Raimondo Cocchi, figlio del più famoso Antonio e amico del Mann, a cui è attribuibile una parte della relazione stessa. Medico, uomo di cultura e valente antiquario, il Cocchi fu uno dei direttori della galleria e dei promotori, a partire dal 1769, insieme a Giuseppe Bencivenni-Pelli e al-

---

Ferdinando Morozzi, attivo negli anni Cinquanta del XVIII secolo e autore di carte geografiche accostabili per stile a quella contenuta nel manoscritto del Mann.

[202] V. fig. 12. Come si può notare la pianta porta la dicitura "Plan of the Gallery at Florence", con al centro un riferimento sia alla scala inglese che alla scala fiorentina.

[203] RLW, IB-6a, HORACE MANN, A Description of Tuscany..., cit.; v. p. 301.

Ai viaggiatori, che nel corso del Grand Tour si fermavano a Firenze, veniva consigliato di dedicare molti giorni solo alla visita della galleria del Granduca (su questo, ad es., B. SKINNER, Scots in Italy in the 18th Century, Edinburgh 1966, p. 9).

[204] PRO,SP98\68,69-70, Horace Mann al Conte di Egremont, Firenze 14.8.1762

l'abate Luigi Lanzi, del suo riordino secondo gli innovativi concetti ordinatori per "generi" e "scuole pittoriche"[205].

Le due stampe italiane di Firenze e di Livorno rappresentano invece le piante dei due centri di maggiore interesse per gli inglesi, per motivi politici e commerciali. La "Pianta della Città di Firenze nelle sue vere misure colla descrizione dei luoghi più notabili di ciascun Quartiere" fu stampata da Giuseppe Bouchard nel 1755, con annotazioni relative a chiese, oratori, monasteri, ospedali, conservatori ed accademie. Una nota manoscritta mette in evidenza un punto, fuori piazza San Gallo, dove sorgeva "The Thriumphal Arch erected on the arrival of the late Emperor", cioè l'arco di trionfo in muratura costruito su disegno dell'architetto lorenese Jean Nicolas Jadot per festeggiare l'arrivo di Francesco II di Lorena[206].

La "Pianta della Piazza e Porto di Livorno – Situato su la Spiaggia del GranDuca di Toscana..." del 1734, è opera della stamperia di S.A.R. per i Tartini e Franchi, su disegno dell'architetto fiorentino Giovan Filippo Ciocchi e incisione di Bernard Sgrilli. Su di essa è stato annotato a mano che: "Some alterations and additions have been made in the town and fortifications Since the publication of this plan"[207]. Ci si riferisce alle opere fatte durante la Reggenza, in particolare al sobborgo di San Iacopo costruito all'esterno della cerchia fortificata per ospitare un nuovo insediamento di marinai e di artigiani allo scopo di promuovere la navigazione mercantile toscana[208].

Chiude il volume una grande carta bicolore (inchiostro rosso e nero) parte a stampa e parte manoscritta in lingua italiana illustrante la popolazione della Toscana per il 1765[209]. Lo "Stato delle anime" fa parte di una serie di censimenti, portati a termine durante il periodo lorenese. Anche per questa indagine, come per le precedenti del 1738, 1745, 1751

---

[205] C. CRESTI, *La Toscana dei Lorena - Politica del territorio e architettura*, Firenze 1987, pp. 138-140.

[206] V. fig. 15, p. 375. Il nuovo Granduca giunse a Firenze il 20 gennaio 1739 accompagnato dalla consorte Maria Teresa d'Asburgo, arciduchessa d'Austria (Cfr. C. CRESTI, *cit.*, pp. 10-13).

[207] V. fig. 14, p. 374.

[208] D. MATTEONI, Livorno - *Le città nella storia d'Italia*, Bari 1988 (I ed. 1985), pp. 113-135.

[209] V. fig. 13, p. 373. La carta della popolazione della Toscana ha un fregio a stampa ed è redatta a mano in inchiostro rosso e nero. Porta un'annotazione manoscritta in inglese in basso: "NB. The Numbers under the names of the Cities comprehend the whole Dioceses both within and without the Cities."

e 1758, furono utilizzati i parroci, e si era privilegiato quindi l'assetto statistico-conoscitivo rispetto a quello fiscale[210]. Questa impostazione sarà ancor più accentuata nel censimento del 1767, che indagava oltre che sul numero delle persone anche sulle loro occupazioni[211]. Lo "Stato delle Anime" del 1765 mostra una certa elaborazione dei dati. Vi è innanzi tutto una divisione religiosa della popolazione fra laici, clero ed eterodossi; poi una distinzione per stato sociale (coniugati e non), sesso (maschi e femmine), ed età (adulti e "impuberi"). Tra gli eterodossi si distinguono gli ebrei dagli acattolici, mentre nel clero la distinzione viene fatta innanzi tutto fra clero secolare e clero regolare con sottodivisioni del primo gruppo in chierici e sacerdoti e del secondo in religiosi, "romiti" e monache. I dati riferiti a questi gruppi riportati in inchiostro nero vengono poi riassunti in somme totali. Un'ulteriore elaborazione delle rilevazioni fatte dai parroci, in inchiostro rosso, dà il numero delle famiglie (anche per gli eterodossi), delle case e delle chiese parrocchiali, a loro volta distinte in "libera collazione" e in padronato pubblico e privato.

La base geografica dell'indagine segue le circoscrizioni ecclesiastiche, che come si nota dalla carta, creano difficoltà nella lettura di questi documenti statistici, venendo di fatto inclusi dati demografici non pertinenti alla Toscana, come ad esempio quelli relativi a Pisa, il cui arcivescovo ha "suffraganti" anche al di fuori dello Stato, o come quelli che si riferiscono ai vescovi e arcivescovi di città, come Bologna, Lucca, Forlì ecc., che avevano parte delle loro diocesi nello Stato toscano[212].

II. Nel manoscritto si possono distinguere varie parti. La prima consiste in una descrizione della Toscana, probabilmente scritta per conto del Mann da Raimondo Cocchi, come fa supporre un documento attribuito al fiorentino e conservato fra le carte della Segreteria Intima di Pietro Leopoldo nell'Archivio di Praga[213]. Quest'ultimo, redatto in ita-

---

[210] G. PARENTI, *La popolazione della Toscana sotto la Reggenza lorenese*, Firenze 1937, pp. 14 e ss.

[211] A. CONTINI e F. MARTELLI, *Il censimento del 1767 - Una fonte per lo studio della struttura professionale della popolazione di Firenze*, in "Ricerche Storiche", a. XXIII, 1993, n. 1, pp. 77-121.

[212] L. DEL PANTA, *Una traccia di storia demografica della Toscana nei secoli XVI-XVIII*, Firenze 1974.

[213] SUAP, RA-T, Segretaria intima di Pietro Leopoldo, Inv. C. 54\ Kniha 57. "Pregevolissima Relazione istorica, fisica e politica della Toscana, fatta da Raimondo Cocchi alla venuta del Granduca Pietro Leopoldo" (1767?). Cfr. B. D'ARRIGO, *La Relazione*

liano, sembra una bozza parziale della versione inglese firmata dal Mann. Vari elementi fanno inoltre pensare che l'erudito toscano scrivesse la sua descrizione su specifica commissione del Mann. Infatti Giovanni Lessi, nell'Elogio scritto in memoria del Cocchi nel 1813, affermava che fra le sue opere vi era *Una Relazione della Costituzione fisica, civile ed economica della Toscana Granducale, compilata pel Cav. Orazio Man, Ministro straordinario a questa Corte pel Re di Inghilterra e suo amicissimo*[214].

D'altra parte Mann si era già rivolto prima ad Antonio Cocchi, poi al figlio Raimondo, per accontentare Horace Walpole, che gli aveva chiesto di raccogliere materiale per una storia dei Medici, che avrebbe dovuto scrivere durante una sua seconda visita a Firenze[215].

Lo stesso testo inoltre conferma la committenza inglese non solo per i continui riferimenti alla Gran Bretagna e le ripetute traduzioni di misure e monete toscane nei rispettivi valori britannici[216], ma anche per

sulla Toscana di Raimondo Cocchi, Tesi di laurea, Facoltà degli Studi di Pisa, facoltà di Lettere e Filosofia. Corso di Laurea in Storia, a.a.1993-1994, non pubblicata; M. CASSANDRO, *Economia e società nella Toscana del secondo Settecento - La relazione di Raimondo Cocchi*, in R. MOLESTI, a cura di, *Tra economia e storia - Studi in memoria di Gino Barbieri*, Pisa 1995, pp. 113-131.

[214] G. LESSI, *Elogio di Raimondo Cocchi scritto da Giovanni Lessi e letto nell'adunanza del dì 27 Luglio 1813*, in *Atti della I. e R. Accademia della Crusca*, tomo I, Firenze 1819, p. 80, cit. da B. D'ARRIGO, *La Relazione sulla Toscana di Raimondo Cocchi*, cit., pp. 5-6.

[215] *Horace Walpole's correspondence with Horace Mann*, Yale edition, a cura di W.S. Lewis, Warren Hunting Smith & George L. Lam, London 1955, vol. V, pp. 283-4. I volumi relativi alla corrispondenza fra Walpole e Mann sono nove, il primo corrisponde al diciassettesimo dell'intera *The Yale edition of Horace Walpole's Correspondence*, a cura di W.S. Lewis, London 1955. Antonio Cocchi, famoso medico ed erudito, conosceva varie lingue classiche e moderne, fra cui l'inglese, aveva viaggiato in Inghilterra ed era stato probabilmente il primo italiano ad aderire alla loggia massonica inglese, di cui anche Horace Mann faceva parte (Cfr. G. GIARRIZZO, *Massoneria e illuminismo nell'Europa del Settecento*, Venezia 1994, p. 79). Come medico, accorrendo d'urgenza presso il capezzale di Horace Walpole, in viaggio verso Venezia, su richiesta del Mann, contribuì a rafforzare i legami di amicizia fra i due inglesi, che negli anni successivi, pur senza più incontrarsi, continuarono a tenersi in contatto epistolario fino alla morte del Residente.

[216] V. p. 256: traduce il profitto derivante dalla coltivazione dell'olio nella valle di Firenze in moneta inglese. A p. 271: nel paragrafo intitolato *The Mountains of Pisa*, parlando dell'olio, Mann scrive, seguendo il testo del Cocchi, "the greatest part of which is sent out of Tuscany, principally to England" (Cocchi scrive "London"). A p. 295: parlando di "moggia" italiane il residente specifica in parentesi "pretty near an English Acre". E ancora a p. 299 dà le misure del golfo di Porto Ferraio in miglia e piedi.

l'attenzione ad ogni problema a cui gli inglesi potevano essere sensibili.
Ciò è testimoniato, fra l'altro, dall'inclusione nella descrizione di Livorno, di un episodio avvenuto nel luglio del 1763, quando due delle tre
figlie di Peter Gravier, un mercante inglese residente nel porto toscano,
dopo la morte del padre, erano state ospitate in un convento cattolico,
contro la volontà della madre, allo scopo di farle convertire. Questo
avvenimento aveva dato vita ad una polemica riguardo alla libertà religiosa degli inglesi residenti in Toscana, ed ai privilegi di cui godevano,
che il nuovo governo lorenese sembrava non voler rispettare[217].

Il manoscritto inviato da Horace Mann nel 1768 non è comunque
una semplice traduzione del testo conservato a Praga: nel raffronto delle
due versioni si nota uno stretto collegamento, ma anche diverse differenze. Nell'organizzazione del testo, Cocchi fa una divisione in capitoli che
Mann elimina. Alcune parti sono poste in una posizione diversa, in
particolare Mann situa i paragrafi "The Casentino" e "The Valley of
Mugello", prima della descrizione delle montagne di Pistoia e della Romagna. Il primo capitolo di Cocchi, "Dell'Appennino", risulta articolato
in sette punti nella versione di Mann (i confini, il suolo, la divisione
politica del Granducato ecc.). Inoltre l'indice e il testo di Mann conten-
gono otto paragrafi che mancano nella bozza del toscano[218]. Confrontando il contenuto delle due versioni si nota che la descrizione del Cocchi
è più lunga ed accurata su alcuni argomenti, come ad esempio quando

[217] V. p. 285. Cfr. PRO,SP98\69,12-15 - Lettera dei mercanti inglesi di Livorno acclusa alla lettera del console Dick - Livorno 17.1.1764; SP98\69,148-149 - Livorno
12.6.1764; SP98\69,236-238 - Lettera di Horace Mann al Conte di Halifax, Livorno
28.9.1764; SP98\69,247-248 - Lettera del Conte di Halifax a Mann - St. James's 16.10.1764;
SP98\70,33-34 - Lettera dei mercanti inglesi di Livorno a Mann - Livorno 14.2.1765. Un
avvenimento simile si era avuto pochi anni prima, quando le due figlie di un mercante
inglese di Livorno, Mr. Lefroy, erano fuggite di casa travestite da uomo per andarsi a
rifugiare nel monastero fiorentino di Santa Agata (SP98\68, ff. 57 e ss. - Lettera di Mann
al Segretario Egremont - Firenze 26.6.1762 con acclusa la traduzione della lettera di
Mann al Segretario di Stato toscano, Conte Alberti del 19.6.1962). In entrambi i casi le
ragazze furono restituite ai genitori. La tensione riguardo ai privilegi era iniziata nel 1748
allorché Richecourt aveva chiesto ai non toscani residenti a Livorno di dichiararsi sudditi
toscani quando presentavano una memoria o un documento rivolto alle autorità, venendo così a minacciare i loro privilegi. (Cfr. F. DIAZ, *I Lorena in Toscana - La Reggenza*,
Torino 1988, p. 43n. e p. 111 e C. MANGIO, *La memoria presentata dalla 'Nazione
Inglese' di Livorno in occasione dell'Inchiesta del 1758*, in *Atti del Convegno "Gli Inglesi
a Livorno e all'Isola d'Elba"* (sec. XVII-XIX), Livorno - Portoferraio 27-29 settembre
1979, Livorno 1980, p. 61).

[218] V. l'indice pp. 243-244.

parla della famiglia e dei feudi dei Malaspina o del convento dei Cartusiani fatto costruire dalla famiglia dei conti Acciaioli. La stessa illustrazione della val di Pesa è assai più lunga nella bozza italiana, così come nel testo inglese per "The upper Province" sono presenti solo l'inizio e la fine della descrizione del Cocchi[219]. Ugualmente mancano nella relazione inglese la lista dei conventi di monache e frati posta a conclusione del paragrafo riguardante il governo e i magistrati[220] e l'"Estratto dello Stato delle Anime della Città" di Pisa per l'anno 1766, ritenuto forse superfluo dal Mann, visto che aveva inserito la tavola complessiva della popolazione di tutta la Toscana per il 1765[221].

Nelle due versioni l'impostazione dei vari paragrafi risulta pressocché identica seguendo dapprima le coordinate geografiche dell'area descritta, seguite dal clima, dalla descrizione della natura del terreno e della produzione, dal rapporto fra prodotti agricoli ed abitanti, dall'enumerazione dei centri abitati e altre osservazioni. Molto più dettagliato il testo del Cocchi contiene annotazioni frequenti sui dialetti parlati, sull'aspetto fisico degli abitanti, sulle ingiustizie sociali e sullo sfruttamento dei contadini, che mancano in Mann e che rivelano nell'autore un maggior coinvolgimento emotivo, che talvolta sconfina in moralismo.

In effetti si può supporre che Horace Mann sia intervenuto sul testo preparato da Raimondo Cocchi eliminando quelle parti che riteneva di scarso interesse per un lettore inglese e facendovi delle piccole aggiunte, come quando tenta di esprimere in sterline il valore delle entrate degli abitanti della "Valdera"[222], oppure quando nella descrizione dell'abbazia di Vallombrosa annota che "a few years ago Potatoes were planted here by an Irish Frier and they produce great quantities tho: they do not thrive in any other part of Tuscany"[223]. Ancora parlando dei bufali della

---

[219] V. pp. 298, 260, 265, 294.

[220] V. p. 282.

[221] SUAP, cit. Si tratta evidentemente di una rilevazione posteriore a quella generale del 1765. Cocchi specifica che nella città di Siena ci sono 25 parrocchie, con 16109 abitanti in città, che vengono distinti in ebrei, clero (sacerdoti, chierici, frati, monache), adulti maschi e femmine, "Impuberi" maschi e femmine, "questuanti invalidi" e femmine, "questuanti da lavoro" e femmine. Vi sono inoltre 27 "Masse Suburbane" per un totale di 6537 persone, suddivise in clero - maschi e femmine, "Secolari non questuanti" e femmine, questuanti e femmine. L'enumerazione è chiusa dall'osservazione: "Sicché frà la Città, è La Campagna Suburbana si ascende a soli 22646 abitanti".

[222] V. p. 272.

[223] V. p. 257.

Maremma, Mann sottolinea che sono "Animals well known in America by the name of Buffs"[224]. A proposito delle corporazioni spiega che erano "as the Companies in the City of London"[225] e parlando di Porto Ferraio specifica come fosse ben attrezzato per rifare la carena delle navi, e a conferma di ciò cita un episodio della Guerra dei Sette Anni, quando due navi da guerra inglesi, eseguite nel porto toscano le opportune opere di manutenzione, furono in grado di catturare una nave francese, la "Foudrayant", di 84 cannoni[226]. Infine, nella descrizione del distretto di Pietrasanta, Mann inserisce la figura del colonnello Mill, un inglese chiamato dal Granduca a dirigere le miniere di ferro e d'argento[227].

Il testo del Cocchi si interrompe in corrispondenza della metà del paragrafo "Of the Ranks"[228], quindi nella sua versione mancano le osservazioni generali ("Some General Observations") e i paragrafi sulla giustizia e i tribunali ("Tribunals of Justice...", "Secular Criminal Causes", "Of the Civil Causes"). Non si sa quale parte l'erudito toscano abbia avuto nella compilazione o nella raccolta del resto della relazione di Mann, ma si può ritenere che ne conoscesse l'esistenza, perché descrivendo nella sua bozza la pesca del tonno nelle acque toscane, sottolinea che il ricavato in "gran parte salato sene manda fuori ma questo commercio e appaltato come si vedrà nel ristretto dell'entrate del G.D.ᵃ"[229]. Ciò non solo conferma che il Cocchi scrivendo la sua descrizione teneva presente quanto seguiva, ma anche che fra le varie parti della relazione di Mann, quella visiva, quella descrittiva e quella quantitativa vi era un collegamento. La relazione di Mann nasce, cioè, come un documento unitario, anche se probabilmente le varie parti che lo compongono hanno origini diverse. Forse l'intervento maggiore del Residente inglese fu proprio in questo sforzo informativo integrato più che nella traduzione, che potrebbe essere sì opera sua, ma anche del Cocchi stesso o di qual-

---

[224] V. p. 290.
[225] V. p. 302.
[226] V. p. 299.
[227] V. p. 297. Mann spiega ad Halifax in una lettera del luglio 1764 che il colonnello Mill stato chiamato in Toscana da Francesco Stefano insieme al commodoro Acton nel 1746 per organizzare una spedizione sulla costa del Coromandel, essendo entrambi stati a lungo al servizio della East India Company (PRO,SP105\294,68v.-70 - Mann al Conte di Halifax - Firenze 28.7.1764).
[229] V. p. 305.
[229] SUAP, cit.

cuno della sua famiglia, poiché sia la madre che la sorella, erano abili traduttrici dall'inglese.

Come si è detto, la descrizione della Toscana del Mann contiene continui rimandi alla carta geografica posta all'inizio del volume e come questa privilegia un'impostazione "per valli". Segue cioè un criterio "naturale", che viene identificato dal Mann come l'unico adatto a fornire "a true Idea of the country". Infatti era complicato – egli sottolinea – conciliare la divisione fra Vecchio Stato, cioè il distretto di Firenze, e il Nuovo Stato, ossia il territorio di Siena e le successive annessioni. Ugualmente complesso sarebbe stato considerare la Toscana seguendo i distretti giurisdizionali o amministrativi, o guardando i "diversi distretti delle Dogane per l'esazione dei passi e delle gabelle che sono infiniti"[230], o ancora tener conto delle suddivisioni ecclesiastiche che, come si è visto nello Stato delle anime del 1765, includevano in alcune diocesi toscane anche zone dello Stato della Chiesa. L'impossibilità di seguire uno di questi criteri derivava dal fatto che il territorio era estremamente frazionato e con tali intersecazioni e sovrapposizioni delle numerose aree politiche, amministrative ed ecclesiastiche da rendere impossibile una descrizione razionale[231].

La logica empirica di descrivere la Toscana seguendo la sua divisione geografica per valli, che Mann deriva da Cocchi, non era nuova. Già Giovanni Targioni Tozzetti nella prefazione del *Prodromo della Corografia e della Topografia fisica della Toscana* anticipava che la sua seconda opera, cioè la "Topografia Fisica della Toscana", avrebbe compreso "le descrizioni particolari e minute della faccia di ciascheduna parte di essa Toscana, secondo la divisione naturale delle tante Valli che la compongono"[232]. E ciò perché – egli scriveva – "la divisione più naturale, e più comoda della Toscana, mi è sembrata doversi fare secondo le diverse Valli dei suoi Fiumi principali, cioè di quelli che con propria bocca si scaricano nel Mare, sieno grandi, sieno piccoli. Non vi è palmo di terreno che non resti compreso sotto la categoria di qualche Valle; poiché non vi è quasi palmo di Terreno, che non scoli in qualche Fiume le acque sopra di lui piovute (se si eccettui qualche minima porzione del

---

[230] *Ibidem.*

[231] Cfr. L. DAL PANTA, *cit.*, in particolare la carta posta fra p. 24 e p. 25.

[232] G. TARGIONI TOZZETTI, *Prodromo della corografia e della topografia fisica della Toscana*, Firenze 1754.

Lido del Mare) e perciò non vi è alcuna parte, benché piccola della Toscana, la quale non cada sotto questa descrizione"[233]. Questa infatti sarà l'impostazione delle due edizioni delle sue *Relazioni d'alcuni viaggi*[234]. Giovanni Targioni Tozzetti era sicuramente amico di Raimondo Cocchi e si può pensare che conoscesse anche Horace Mann. Di certo le sue opere erano note agli inglesi di Toscana, e ad esempio John Dick, console inglese a Livorno, conclude le sue Memoria per riattivare il commercio del porto livornese affermando che "molte profittevoli notizie e Lumi intorno alle Sudette cose possono ricavarsi dalla diligentissima, et utilissima Opera del Dotto ed Erudito Sig.ᵉ Gio: Targioni Tozzetti intitolata *Relazione di alcuni viaggi fatti in diverse parti della Toscana*"[235].

III. La seconda parte del documento di Mann contiene molto di più di quanto annunciato nel titolo, cioè le entrate del Granducato. Ad un elenco di merci importate ed esportate da Livorno, segue una lista delle esportazioni inglesi a Livorno e una "dimostrazione" delle esportazioni dei prodotti e dei manufatti toscani per l'anno 1757, ritenuta ancora valida nel 1768, perché, come viene sottolineato, nel movimento delle merci c'era poca differenza fra un anno e un altro.

Vi è inoltre la descrizione e contabilità di tutti quegli uffici non inclusi nell'Appalto Generale, come il Monte Comune, il Monte di Pietà, le decime granducali, l'Abbondanza, la Grascia, i Nove, le varie Arti, le proprietà private del Granduca, la Depositeria Generale, ecc.

La relazione continua con tutte le cifre relative alle forze militari e navali toscane, oltre ad una breve nota sull'Ordine dei Cavalieri di S. Stefano, che d'altronde è continuamente presente nella contabilità precedente, dove spesso fra le uscite dei vari uffici è incluso "a Commendary for a knight of S:ᵗ Stephen". Il documento si chiude con un prospetto complessivo delle entrate e delle uscite annuali granducali, seguito da una

[233] *Ibidem*, p. 210.
[234] G. TARGIONI TOZZETTI, *Relazioni d'alcuni viaggi fatti in diverse parti della Toscana per osservare le produzioni naturali, e gli antichi monumenti di essa...*, I ed. in sei voll., Firenze 1755; II ed. in dodici voll., Firenze 1768-69.
[235] AST, sez. I, Corti estere, Toscana, mazzo 4 di seconda addizione. Ringrazio Eugenio Lo Sardo per avermene fornito una copia. Cfr. il commento di CARLO MANGIO, *La memoria presentata dalla "Nazione Inglese" di Livorno...*, cit., pp. 58-65.

lista delle persone che compongono la "household" del Granduca e della Granduchessa.

La circolare inviata del 26 marzo 1765 chiedeva informazioni su un punto preciso : "You are further to procure an account – specificava il segretario di Stato – of the State & Nature of the Commerce carried on in the different Parts of the Great Duke's Dominions", oltre ad una descrizione delle varie manifatture[236].

Era perciò ovvio che questa parte della relazione di Mann trattasse soprattutto del porto franco di Livorno, unico scalo internazionale della Toscana, che dalla fine del XVI secolo in poi aveva svolto un ruolo preminente nei traffici mediterranei e che per gli inglesi era una base essenziale nella loro espansione commerciale sia all'interno che all'esterno del Mediterraneo[237]. Questo giustifica l'attenzione inglese nei confronti della Toscana e della sua sorte e non a caso Mann, nella prima parte, nel paragrafo dedicato alla descrizione di Livorno, sottolinea quanto l'indipendenza politica del Granducato dalla casa d'Austria e dall'Impero fosse stata voluta dalle grandi potenze commerciali e soprattutto dalla Gran Bretagna, che "from the superiority of their factory there has always had a particular interest in the maintenance of the freedom of the Commerce of it."[238].

In realtà Mann dedica a questo argomento un discorso piuttosto breve, che consiste in una lista delle merci esportate da Livorno in Inghilterra e in altri paesi, in cui si indicano quali merci sono prodotte in Toscana e quali altrove[239]. Poi vi è una lista delle importazioni inglesi a Livorno, con l'annotazione che le stoffe di lana, benché considerate di contrabbando a Firenze, vi vengono introdotte lo stesso. Infine è riportata una "dimostrazione" dei prodotti e delle manifatture toscane esportate nel 1757, che – si fa notare – sono esemplificative perché vi è poca differenza fra un anno e un altro. Delle esportazioni toscane, raggruppate per generi, si danno le quantità esportate. L'elenco è chiuso dall'osservazione che tutte queste merci pagano un alto dazio di

---

[236] PRO,SP98\70, 41-41 - Lettera circolare del Conte di Halifax a Mann - St' James's 26.3.1765.

[237] G. PAGANO DE DIVITIIS, *Mercanti inglesi...*, cit., e *Il porto di Livorno...* cit., pp. 43-87.

[238] V. p. 283.

[239] V. pp. 312-319.

esportazione anche se sono trasportate da una parte all'altra del Granducato.

È da chiedersi perché tanta parsimonia su un argomento così importante per l'economia inglese. Forse Mann non si dilunga perché il Segretario di Stato Halifax solo tre mesi prima aveva inviato una circolare per
avere notizie regolari circa lo stato del commercio inglese[240]. Fra gli altri
questa lettera era stata inviata anche a Mann, che nel febbraio dello
stesso anno ne accusava ricevuta e chiariva ad Halifax che "the execution
of His Majesty's Commands on that subject must chiefly depend on
the Consul and the factory at Leghorne, in which part of Tuscany
only any Trade is carried on with Great Britain". Essendo il console
Dick al momento assente, Mann assicurava che lo avrebbe sollecitato,
al suo rientro, a rispondere in modo che fossero fornite le notizie
necessarie[241]. La relazione di Dick, firmata da tutti i mercanti inglesi
residenti a Livorno, fu inviata ad Halifax unitamente a un duplicato
per il "Board of Trade" l'11 luglio 1765. Nell'inviarla il console specificava che oltre alle osservazioni e alle proposte della "Factory" avrebbe spedito per nave, essendo troppo voluminosi per la posta, anche i
particolari del commercio fra Livorno e Gran Bretagna degli ultimi
dieci anni[242].

È perciò assai probabile che Mann, a conoscenza della documentazione partita da Livorno e non volendo interferire nelle competenze
del console Dick, ritenesse opportuno includere nella sua relazione
solo un riepilogo delle merci importate a Livorno dalla Gran Bretagna
e di quelle esportate e riesportate da Livorno sia in Gran Bretagna che
in altri paesi.

La "dimostrazione" dei prodotti e delle manifatture toscane esportate
nell'anno 1757 dovrebbe essere una risposta schematica alla richiesta di
notizie sulla produzione manifatturiera in Toscana[243]. L'anno è indicativo
perché il documento sembra inserirsi nell'ampio dibattito svoltosi fra il
1757 e il 1758 sulla decadenza del porto di Livorno a cui parteciparono
anche i mercanti della città e fra essi naturalmente quelli inglesi[244].

[240] PRO,SP104\101 - CO391\72 Board of Trade (1765) - Minutes, 8.1.1765.

[241] PRO,SP98\70,35-35v. - Mann al Conte di Halifax - Firenze 16.2.1765.

[242] PRO,SP98\70,90-99- John Dick al Conte di Halifax - Livorno 11.7.1765;
PRO,CO388\95 - John Dick al Board of Trade - Livorno 11.7.1765.

[243] Cfr. P. MALANIMA, *La decadenza di un'economia cittadina - L'industria di Firenze
nei secoli XVI-XVIII*, Bologna 1982.

[244] C. MANGIO, *Commercio marittimo e reggenza lorenese in Toscana (provvedimenti*

Che il declino di Livorno nel secolo XVIII fosse dovuto alla conquista del commercio marittimo compiuta nel secolo precedente dalle potenze nordiche non sfuggiva ai contemporanei[245]. Di conseguenza si avvertiva che lo spostamento degli scambi internazionali lungo le rotte atlantiche ed asiatiche aveva provocato la decadenza del Mediterraneo. La critica situazione del porto franco toscano era già evidente all'inizio della Reggenza lorenese, tanto che tra il 1746 e il 1751 si cercò di reagire stipulando trattati con i barbareschi, costituendo un primo nucleo di marina mercantile, istituendo un Consiglio di Commercio, progettando un quartiere residenziale nuovo e nuove strutture portuali. Nonostante ciò Livorno fu colpita da una grave crisi fra il 1748 e il 1756, come dimostra il crollo degli arrivi delle navi rilevato dal governatore del porto labronico, Carlo Ginori[246]. Suo tramite nel dicembre del 1757 il Consiglio di Reggenza svolse un'inchiesta fra i mercanti stranieri e toscani sulle cause del declino e sui provvedimenti da adottare[247]. Le risposte del mercante toscano Giuliano Ricci, e delle "nazioni" italiana, francese,

legislativi e dibattiti), in "Rivista Storica Italiana", anno XC - fasc. IV, 1978, pp. 898-938; La memoria... cit., pp. 58-65.

[245] GIAN FRANCESCO PAGNINI, Della decima e di varie altre gravezze imposte dal Comune di Firenze. Della Moneta e della mercatura de' Fiorentini fin al sec. XVI, 2 voll., Lisbona e Lucca 1765.

[246] F. DIAZ, I Lorena in Toscana..., cit., pp. 109 e ss. Il Marchese Carlo Ginori, figlio del Senatore Lorenzo, marito di Elisabetta Corsini e nipote di Clemente XII, fu nominato Segretario delle Tratte nel 1730. Era il membro più influente del Consiglio di Finanza (1741) ed aveva una posizione di predominio in quello di Reggenza. Nel 1742 entrò in contrasto con il Richecourt, che nel 1746 prevalse sul Ginori, il quale fu nominato Governatore di Livorno. Fondò la fabbrica di porcellana e ceramica in una sua villa a Doccia, nei pressi di Sesto Fiorentino (vedi p. 19?). Tentò anche di risanare e di colonizzare la Maremma pisana (vedi p. 46?). Raimondo Cocchi lo ammira per la sua intraprendenza e per il credito che seppe crearsi nel popolo e lo considera "...forse la sola Persona nel governo passato che meriti d'essere rammentata..." (SUAP, cit., f. 95) (Cfr. anche F. DIAZ, I Lorena..., cit., pp. 15-16; L. PASSERINI, Genealogia e storia della famiglia Ginori, Firenze 1876; L. GINORI LISCI, La prima colonizzazione del Cecinese, Firenze 1987; C. MANGIO, Commercio marittimo..., cit., pp. 925-6).

[247] C. MANGIO, La memoria..., cit. Pierre-Jean Grosley, un viaggiatore francese di passaggio per Livorno, ebbe occasione di leggere le memorie delle cinque nazioni operanti nel porto toscano e di ammirarle per la loro chiarezza ed energia nell'esaminare le cause della decadenza del commercio (PIERRE-JEAN GROSLEY, Nouveaux mémoires ou observations sur l'Italie et sur les Italiens, par deux gentilhommes suédois, Londres-Paris 1774 (I ed. Londres 1764), vol IV, p. 17, cit. in F. VENTURI, L'Italia fuori d'Italia, cit., p. 1058).

olandese, ebrea e inglese giunsero nei primi mesi del 1758[248]. Secondo i mercanti vi erano più cause esterne: come il risveglio mercantile di alcuni stati, ad esempio, il Regno delle Due Sicilie, che era ricorso a rapporti commerciali diretti, evitando Livorno; la nascita di porti franchi nello Stato Pontificio, come Ancona e Civitavecchia, che avevano attirato parte del traffico o l'incremento del commercio estero di Genova; le quarantene imposte alle imbarcazioni provenienti da Livorno dagli altri governi italiani in seguito ai trattati stipulati con le potenze barbaresche. Poi vi erano cause interne, quali l'influenza negativa dell'Appalto Generale; l'intralcio delle gabelle interne e dei dazi sull'esportazione, che separavano di fatto il porto dal suo entroterra e che impedivano il commercio "attivo, che è il più utile, ed il più solido, che procurar si possa in uno Stato"[249]. Si invocava la libertà d'estrazione che avrebbe fatto del porto labronico un mercato di grano e di olio e giovato anche alle manifatture. Si chiedeva di fare di Livorno, che, come dice il Carli, "nulla o poco contribuisce dell'utile della Toscana", il porto di sbocco dei prodotti del paese[250]. Visto alla luce di questo vivace dibattito e del progetto, diffusamente suggerito, di un più stretto legame fra il porto, l'agricoltura e le manifatture del Granducato, il documento inviato da Mann acquista una collocazione ed un significato.

IV. La politica economica della Reggenza, di chiaro stampo mercantilista, ebbe risultati modesti, sia perché, come si è accennato, il sistema degli scambi aveva imboccato percorsi lontani dal Mediterraneo e veniva gestito soprattutto da Gran Bretagna e Olanda, sia perché costituiva un ostacolo il ruolo stesso che il Granducato ricopriva all'interno del sistema finanziario imperiale. La Toscana era considerata da Vienna una fonte di capitali e lo stesso Appalto Generale, che affidava la gestione di gran

---

[248] Le memorie, ad eccezione di quella inglese, sono allegate alla lettera del Tavanti [al Botta Adorno] del 15.7.1758 (ASF, Segreteria di finanze, secoli XVII-XVIII, F 799, fascicolo anno 1758). Cfr. C. MANGIO, Commercio marittimo..., cit., p. 932; M. BARUCHELLO, Livorno e il suo porto. Origini, caratteristiche e vicende dei traffici livornesi, Livorno 1932, pp. 476 e ss.; G. GUARNIERI, Livorno marinara, Livorno 1962, nell'appendice n. 88 è in gran parte riportata la memoria olandese. La memoria inglese è conservata nell'Archivio di Stato di Torino, Corti Estere - Toscana, b.4. Per questa cfr. C. MANGIO, La memoria..., cit.

[249] AST, Corti Estere - Toscana - b.4. Cfr. anche C. Mangio, La memoria..., cit.

[250] GIAN RINALDO CARLI, Saggio politico ed economico sopra la Toscana fatto nell'anno 1757, in Opere, 19 voll., Milano 1784, vol. I, citato in F. DIAZ, I Lorena, cit., p. 107.

parte delle entrate toscane a una ditta privata, era soprattutto un modo per incrementarle considerevolmente in tempi brevi, oltre che per far fronte al disordine e all'alto costo dell'amministrazione finanziaria[251]. Lo stesso sovrano ne fu largamente partecipe; ancora nel gennaio del 1763, quando fu rinnovato il contratto alla società fiorentina di Guadagni e Co., Mann scriveva: "... With the beginning of the year a new Farm of the Publick revenues of this State has taken place by the same Company of Florentines, as before, and with very little alteration or encrease of the conditions, of twenty Shares into which the whole is divided, the Emperor reserves seventeen to himself..."[252]. Dal 1740 al 1765 vennero inviati da Firenze a Vienna 6.766.000 di scudi con punte massime negli anni di guerra come il 1741, il 1759 e il 1761[253]. In Toscana la penuria di capitali e il preminente interesse degli appaltatori bloccarono qualunque tentativo di riforma nel campo economico e nello sviluppo delle istituzioni[254].

A provvedimenti frammentari ed incerti del governo lorenese si aggiungeva la confusione finanziaria e amministrativa in cui continuava a versare il Granducato. Il collegamento fra incremento del commercio estero ed incremento del commercio interno e di entrambi ad un riordino della gestione globale della cosa pubblica era chiaro a molti. Fin dal 1738 il mercante livornese Giovan Pietro Ricci, in una memoria bilingue scritta su richiesta del Richecourt, constatava come la crisi del commercio e delle manifatture toscane richiedesse l'ammodernamento degli ordinamenti e dell'apparato amministrativo che regolavano la vita

---

[251] L'Appalto Generale fu istituito per la prima volta da Francesco Stefano a Vienna il 27 agosto 1738 e soppresso da Pietro Leopoldo dopo un trentennio con un editto del 26.8.1768.
F. DIAZ, *I Lorena, cit.*, pp. 60-67; C. MANGIO, *Commercio marittimo..., cit.*; L. DAL PANE, *La Finanza...*; J.-C. WAQUET, *La ferme de Lombart (1741-1749): pertes et profits d'une compagnie française en Toscane*, "Revue d'histoire moderne et contemporaine", XXV, 1978, pp. 513-529; Idem, *Le Grand-Duché de Toscane sous les derniers Médicis*, Roma, 1990.
[252] PRO,SP98\68,131-132v., Mann al Conte di Egremont, Firenze 15.1.1763.
[253] J.-C. WAQUET, *Le Grand-Duché..., cit.*, pp. 562 e 564.
[254] Dal 1740 al 1765 da Firenze furono inviati a Vienna 6.766.000 scudi con punte massime negli anni di guerra come il 1741, il 1759 e il 1761. Scrive il Waquet che Francesco Stefano fece affluire dalla Toscana nelle casse imperiali una quantità di argento quadrupla rispetto al suo predecessore. J.-C. WAQUET, *Le Grand-Duché..., cit.*, pp. 562 e 569.
L. DAL PANE, *La finanza toscana dagli inizi del secolo XVIII alla caduta del granducato*, Milano 1965, pp. 61-62.

economica del Granducato[255]. La stessa globalità di intervento era adombrata da Pompeo Neri nella sua memoria del gennaio 1745 circa il progetto di istituire a Livorno una camera di commercio. "Abbiamo visto – scrive il Neri – quanta poca relazione abbia il commercio di Livorno col commercio toscano; ma oltre a questo è indubitabile che il commercio di un paese non può ampliarsi se non moltiplicando i generi con ampliare l'agricoltura e le manifatture" e questi scopi sono collegati alle leggi delle finanze. Vicino alle notizie riguardanti il commercio marittimo bisognerebbe avere quelle sul "commercio interiore", sulla capacità produttiva degli abitanti, sulle leggi che impediscono il commercio, cioè sulla "generale economia e costituzione del presente governo"[256].

La parte della relazione di Mann relativa alle finanze del Granducato, dal titolo *Offices and their Produce, which are not included in the General Farm*, è probabilmente la traduzione di una memoria sullo stato delle varie magistrature, monti e uffici, e delle loro entrate ed uscite, compilata all'arrivo di Pietro Leopoldo, proprio in attesa di una riforma globale. L'indagine non include però l'Appalto Generale, che comunque viene conteggiato nel riepilogo della Depositeria Generale.

Il documento non ha una datazione esatta, ma dovrebbe essere stato scritto fra il 1765 e il 1767. Vi sono testimonianze che indicano una data posteriore all'arrivo di Pietro Leopoldo (1765), come la nota posta al bilancio dello Scrittoio delle Possessioni, in cui si fa riferimento alla diminuzione del patrimonio privato del Granduca, per la vendita alla Corte di Roma da parte del padre, deceduto nel 1765 poco prima del suo arrivo a Firenze, delle terre dei della Rovere situate nello Stato di Urbino ed ereditate dai Medici per la somma di 550000 corone, pari a 147250 sterline, che davano un'entrata annua di quasi 4500 sterline.

Che questa parte della relazione di Mann non sia posteriore al 1767, sembra esser provato dal fatto che non vi è alcun accenno alla revisione della tassa di macina fatta in quell'anno nella breve introduzione al bilancio dell'Ufficio delle Farine[257]. È assai probabile che il documento sia

[255] GIOVAN PIETRO RICCI, *Proposition de Commerce...*, cit. in C. MANGIO, *Commercio marittimo...*, pp. 901-2.

[256] *Ibidem*, pp. 904-906; cfr. anche M. VERGA, *Da "Cittadini" a "Nobili". Lotta politica e riforma delle istituzioni nella Toscana di Francesco Stefano*, Milano 1990.

[257] J.-C. WAQUET, *Le Grand-Duché...*, cit., p. 264; A. CONTINI, *La Riforma della*

degli ultimi mesi del 1767, perché ancora alla fine di luglio Mann riferiva al conte di Shelburne che l'instabilità della situazione creatasi dopo l'arrivo del nuovo Granduca, dovuta alla vastità e molteplicità delle riforme da attuare, gli aveva fino a quel momento impedito "to form any regular account of the State or Expences of this Government", che avrebbe inviato non appena possibile, cosa che infatti fece nel marzo dell'anno seguente[258].

Non si può escludere comunque che questa parte del documento a sua volta si basi su memorie precedenti, come ad esempio quelle redatte su sollecitazione di Pompeo Neri nel 1745-46[259]. O, forse, l'originale è fra le relazioni scritte all'epoca dell'arrivo del Botta Adorno (1757-8)[260]. Comunque, come ha notato Anna Maria Pult Quaglia, vi sono vari momenti durante la Reggenza lorenese e sotto Pietro Leopoldo in cui "i funzionari toscani furono sollecitati a stendere relazioni storiche e contabili sulle diverse magistrature, spesso riprendendo interamente, o rimaneggiando, documenti approntati in precedenti circostanze"[261].

Questa parte della relazione consiste in una descrizione storico-finanziaria in lingua inglese dei vari uffici, magistrature e monti esclusi dall'Appalto Generale, come il Monte Comune, il Monte di Pietà, l'Ufficio delle Farine, le Decime Granducali, la Posta Generale, l'Abbondanza, la Grascia, i Nove, i Capitani di Parte Guelfa, il Fisco, il Tribunale dei Pupilli, il Collegio dei Giudici e dei Notai, l'Arte della Seta, l'Ufficio del Commercio, l'Arte della Lana, l'Ufficio per la Manutenzione di S. Maria del Fiore, l'Arte dei Mercanti, l'Arte del Cambio, l'Arte dei Fabbricanti, l'Arte dei Medici e degli Speziali, l'Arte dei Conciatori, i Capitani di Orsanmichele, lo Scrittoio delle Possessioni, la Depositeria Generale. I singoli bilanci, introdotti da una descrizione delle funzioni e delle origini

---

Tassa delle Farine (1670-1680), in F. ANGIOLINI, V. BECAGLI, M. VERGA, a cura di, *La Toscana nell'età di Cosimo III - Atti del convegno Pisa - S. Domenico di Fiesole (Fi) 4-5 giugno 1990*, Firenze 1993, pp. 241-273.

[258] PRO,SP98\72,137-138v., Mann al Conte di Shelburne, Firenze 25.7.1767; SP98\73,49-51v., Mann al Conte di Shelburne, Firenze 15.3.1768.

[259] A.M. PULT QUAGLIA, *"Per provvedere ai popoli" - Il sistema annonario nella Toscana dei Medici*, Firenze 1990, p. 31.

[260] Cfr. A. CONTINI, *Pompeo Neri tra Firenze e Vienna (1757-1766)*, in *Pompeo Neri. Atti del colloquio di studi di Castelfiorentino 6-7 maggio 1988*, organizzato dall'Istituto "Federigo Enriques" a cura di A. Latoianni e M. Verga, Castelfiorentino, Società Storica della Valdelsa, 1992, pp. 239-331. in particolare pp. 272-3 e nota 92.

[261] A.M. PULT QUAGLIA, *cit.*, pp. 31-32.

delle singole istituzioni che di solito risale fino al periodo repubblicano, sono in lire fiorentine, soldi e denari. La contabilità della Depositeria Generale, cioè il Tesoro Granducale, o "Exchequer" (Scacchiere), come spiega Mann per farne comprendere le funzioni a un pubblico inglese, include nelle entrate, come si è già detto, anche il canone annuale tratto dall'Appalto Generale di 7.000.000 di lire fiorentine e nelle uscite le spese militari che vengono descritte in maniera dettagliata nella parte seguente della relazione.

V. Tra le richieste di Halifax vi era quella di procurargli "the most accurate Description… of the Fortifications, the present State of Their Defence, as also the Number & Condition of the Tuscan forces by sea and Land"[262]. Il Residente rispose inviando l'elenco di tutte le spese del Granducato per l'esercito e la marina per l'anno 1765. Le spese per i vari reggimenti, battaglioni e per i genieri dell'esercito, le fortificazioni, gli arsenali e la marina sono elencate in 16 punti ed espresse sia in lire fiorentine che in sterline inglesi, queste ultime segnate in inchiostro rosso, ponendo in nota il cambio fra le due monete. I singoli punti vengono poi esaminati in dettaglio nelle pagine seguenti[263].

Consistenza delle truppe e spese per il loro mantenimento risultano dal rapporto come uno dei punti che il nuovo Granduca progettava di ridimensionare[264]. L'esercito appariva una spesa superflua data la pace e soprattutto il ruolo marginale del Granducato nel quadro internazionale[265]. Prospettive diverse sembravano invece riservate, almeno alla fine degli anni Sessanta, alla marina[266], come viene confermato dalla costruzione di una nuova fregata, il cui scafo, progettato da un francese, era stato faticosamente varato a Livorno nell'agosto del 1767, per

---

[262] PRO,SP98\70,41 - Conte di Halifax a Mann, St. James's 26.3.1765.

[263] A conclusione dell'estratto delle spese annuali della Guardia Nobile, Mann fa una osservazione circa l'aspetto e il costo delle uniformi quale erano state fino all'arrivo di Pietro Leopoldo e come questi ne aveva variato i colori (f. 135), particolare questo probabilmente aggiunto in un secondo momento, forse alla fine del 1767, al momento cioè della redazione finale in lingua inglese del documento.

[264] PRO,SP98\72,49-52v., Mann al Conte di Shelburne, Firenze 4.4.1767; SP98\72,137-138v., Mann al Conte di Shelburne, Firenze 25.7.1767; SP98\73,52-53v., Mann al Conte di Shelburne, Firenze 15.3.1768.

[265] I. BIAGIANTI, R.G. SALVADORI, Il riformismo leopoldino in Toscana, in G. ARMANI e altri, a cura di, Il secolo dei lumi e delle riforme, Milano 1989, p. 147.

[266] PRO,SP98\73,52-53v., Mann al Conte di Shelburne, Firenze 15.3.1768.

essere completato entro novembre in occasione della visita dell'Imperatore[267]. Mann, comunque, dimostrava grande perplessità circa i risultati, sottolineava, infatti, che "...it will never be in the Power of a Prince of this Country both for want of Mariners and for other reasons to encrease it, so as to be in equality with his Neighbours in that particular..." D'altra parte l'interesse di Pietro Leopoldo in questo campo doveva essere moderato e ben lontano dai progetti del padre e del nonno[268].

La parte della relazione dedicata alla marina militare toscana si apre con un prospetto riassuntivo, la cui somma totale, come già sottolineato, è inclusa anche nelle spese generali delle forze militari. Le cifre elencate sono espresse sia in lire fiorentine che in sterline. Le singole voci vengono poi esaminate in dettaglio nelle pagine seguenti, dove, ogni totale dato in lire è accompagnato dal corrispondente valore in sterline, evidenziato dall'inchiostro rosso. Questa novità denota la particolare attenzione posta dagli inglesi per tutto quanto riguardasse la marina. È pur vero che le forze navali lorenesi erano trascurabili: due navi da guerra di 40 cannoni l'una, di cui una non adatta alla navigazione, e due "snows"[269]. La debolezza della marina toscana era iniziata, secondo Mann nel 1746, quando Francesco Stefano aveva acquistato in Inghilterra tre navi da guerra, costruite all'inizio del secolo, e aveva smantellato l'organizzazione di difesa della costa, affidata dai Medici alle galere dei Cavalieri di S. Stefano[270]. Le due navi esaminate nella relazione del 1768, erano tutto quello che rimaneva degli sforzi di espansione marittima

---

[267] PRO,SP98\72,144-148, Mann al Conte di Shelburne, Firenze 8.8.1767. In una nota della relazione (f. 149) Mann scrive che lo scafo, che è stato appena costruito a Livorno e deve ancora essere completato, è stato comprato dall'Imperatore per 11000 pezze. Il costruttore riceverà 300 pezze l'anno per 15 anni per la manutenzione dell'imbarcazione.

[268] PRO,SP98\72,26-29, Mann al Conte di Shelburne, Firenze 14.2.1767.

[269] Lo "snow" era un piccolo vascello a vela, simile a un brigantino, con un albero maestro e un albero di trinchetto, oppure un albero supplementare dietro a quello maestro. Veniva impiegato come nave da guerra; il nome derivava dall'olandese *sna(a)uw* o dal basso tedesco *snau*.

[270] PRO,SP98\70,61-63v., Mann al Conte di Halifax, Firenze 20.4.1765. La persistente debolezza della flotta austriaca sia a Livorno che a Trieste viene ripetutamente sottolineata dall'abate Galiani nel suo *Piano del modo come si potrebbe condurre a buon fine la negoziazione per conseguire dalla Porta Ottomana la libera navigazione del mar Nero ai bastimenti mercantili delle Due Sicilie* del 1784 (S.N.S.P, Ms.XXX,D.3, ff. 66v.-68; cit. in F. DIAZ, *L'abate Galiani consigliere di commercio estero del Regno di Napoli*, in "Rivista Storica Italiana", anno LXXX, fasc. IV, 1968, pp. 854-909, pp. 877-879).

tentati dal Granduca lorenese e miranti alla conquista dei mercati levantini ed orientali, oltre che alla sicurezza del Mediterraneo, assicurata anche da una serie di trattati con la Turchia e le potenze nord-africane[271]. Delle tre una, intorno al 1763, aveva riportato danni in un porto siciliano e non era stato possibile farla ritornare a Livorno, mentre la *Alerion* e la *Lyon* erano così mal messe che era perfino pericoloso metterle in mare. I due "snows", costruiti alcuni anni prima a Livorno, non avevano equipaggi adeguati. Di fronte ad un'aggressione dei corsari tunisini, che avevano catturato una piccola imbarcazione nei pressi del porto labronico, una delle due navi e uno "snow", inviati a proteggere le acque antistanti Livorno, si erano rivelati incapaci di affrontare qualsiasi nemico. Di conseguenza era consigliabile cercare di ristabilire anche la pace rotta con gli algerini pochi mesi prima, piuttosto che entrare in ostilità con loro[272].

L'acquisto delle tre navi era stato fatto, secondo Mann, con altri intenti. Francesco Stefano, profittando della guerra in corso, aveva manifestato il desiderio di farle navigare sotto bandiera inglese contro la Francia. In realtà voleva inviarle a Livorno, dove avrebbero, secondo un piano piuttosto fantasioso, caricato delle truppe destinate ad occupare le coste del Coromandel, penetrare nel paese del "Mogul" e impossessarsi dei suoi tesori. I comandanti di questa spedizione, il colonnello Mill, per i movimenti terrestri in India e il commodoro Acton per le operazioni in mare, erano stati scelti per la loro lunga esperienza in quei luoghi al servizio della East India Company. Il piano, scoperto dallo stesso Residente, era fallito; le navi, trattenute in Inghilterra, furono lasciate andare a Livorno dopo alcuni anni[273]. Nel 1751, infatti, Francesco Stefano offrì le tre imbarcazioni per incrementare il commercio del porto toscano. Era tuttavia necessario adattarle a questo scopo e disarmarle, dati i trattati di

[271] Il trattato con la Turchia fu firmato il 15.5.1747; quello con Algeri nell'ottobre dell'anno seguente; i trattati con Tunisi e Tripoli furono stipulati nel gennaio del 1749, rispettivamente il 23 e il 27 (F. Diaz, *I Lorena...*, *cit.*, p. 52).
[272] PRO,SP98\70,61-63v., Mann al Conte di Halifax, Firenze 20.4.1765.
[273] PRO,SP98\69,164-166v., Mann al Conte di Halifax, Firenze 28.7.1764; un'altra copia di questa lettera si trova in PRO,SP105\294,68v.-70, l'unica differenza è che questa porta in calce il nome di alcune persone a cui lo stesso dispaccio è stato inviato per conoscenza. Secondo Mann tutta l'operazione era costata all'Imperatore quasi 150.000 sterline, oltre ad ingenti spese in pensioni; il commodoro Acton riceveva un salario di quasi 800 sterline l'anno e il colonnello Mill 500. A ciò bisognava aggiungere le spese di manutenzione delle navi, che a suo parere erano totalmente inutili.

pace stipulati con i barbareschi. Il progetto suscitò un animato dibattito, da cui emerse che l'opinione generale, ad eccezione di Carlo Ginori, governatore di Livorno, era contraria al progetto, visti gli alti costi di trasformazione e di manutenzione delle navi. L'Imperatore continuò a sostenere a lungo il suo piano, che fu definitivamente abbandonato solo nel 1760[274].

I progetti di espansione marittima di Francesco Stefano, come quelli di Carlo VI d'Asburgo[275], continuavano ad allarmare la Gran Bretagna e pertanto Mann fu incaricato di controllare la veridicità delle notizie che circolavano, come l'*intelligence* trasmessa nel 1767 dall'ambasciatore inglese a Parigi circa l'espansione commerciale e marittima progettata dalla corte di Vienna. Ma Pietro Leopoldo, scriveva il residente, non aveva alcuna intenzione di attuare simili piani, e d'altro canto, aggiungeva, "...the Great Duke has neither Ships proper for such an Undertaking nor Subjects rich enough to engage in it..."[276].

La relazione di Mann continua con notizie riguardanti i Cavalieri di Santo Stefano, che, perso il carattere corsaro con l'avvento della dinastia lorenese, non costituivano più un ostacolo ad una coerente politica di espansione per il Levante, come era accaduto ai tempi dei Medici[277]. Ridotti a pura associazione nobiliare non operavano più sul mare e per

---

[274] C. MANGIO, *Commercio marittimo...*, *cit.*, pp. 915-923.

[275] Carlo VI promosse, com'è noto, l'espansione marittima austriaca e il commercio con il Levante e l'Estremo Oriente tramite le "Compagnie delle Indie Orientali" di Ostenda (1722-1731) e di Trieste (1719-1740). Entrambi fallirono, fra l'altro, per l'opposizione di Gran Bretagna ed Olanda e per la grave carenza di capitali. Nel 1764 Carlo Antonio Broggia scriveva della "Compagnia di commercio di Trieste e Fiume", operante in Spagna, Portogallo, paesi di Ponente e del Levante fra il 1720 e il 1726. Questa impresa, secondo il Broggia, fallì per "i maneggi" dei veneziani e per la mancanza di capitali, dopo che Carlo VI ritirò i 100.000 fiorini che vi aveva investito a causa della guerra (Cfr. CARLO ANTONIO BROGGIA, *Risposte Economico-Politiche...*, *cit.*, pp. 176-178).

[276] PRO,SP98\72,26-29v., Mann al Conte di Shelburne, Firenze 14.2.1767.

[277] Due tentativi di accordi commerciali con la Porta erano stati fatti da Francesco I nel 1578 e da Ferdinando I nel 1598; entrambi erano falliti a causa della grande contraddizione della politica estera toscana rappresentata dalle galere stefaniane e dalla loro aggressività nei confronti delle imbarcazioni e dei sudditi turchi (Cfr. F. DIAZ, *Il Granducato di Toscana - I Medici*, Torino 1976, pp. 258-9 e 292-3; F.L. POLIDORI, a cura di, *Ragionamento di Filippo Sassetti sopra il commercio ordinato dal Granduca Cosimo I tra i sudditi suoi e le nazioni del Levante; diretto a Bongianni Gianfigliazzi, cavaliere gerosolimitano, settembre 1577*, in "Archivio Storico Italiano", Appendice, 1853, pp. 165-184.

questo mancato servizio pagavano un indennizzo, che appare fra le entrate nel resoconto generale alla fine del manoscritto[278].

Segue un rendiconto generale delle entrate e delle uscite annuali di Pietro Leopoldo, che riporta cifre diverse da quelle della Depositeria Generale, probabilmente perché riguardano due annate di riferimento diverse.

Infine il documento si chiude con la lista delle persone componenti la corte dei Granduchi e il seguito delle principesse.

[278] Cfr. G. GUARNIERI, *L'Ordine di S. Stefano nei suoi aspetti organizzativi interni sotto il gran magistero mediceo*, Pisa 1966; F. ANGIOLINI, *L'ordine di S. Stefano negli atti della Reggenza (1737-1765): urti e contrasti per l'affermazione del potere lorenese in Toscana*, in *L'Ordine di S. Stefano nella Toscana dei Lorena*, Roma 1992; Idem, *Il principe e i Cavalieri: l'Auditore del Gran Maestro e l'Ordine di Santo Stefano nell'età di Cosimo III*, in *La Toscana nell'età di Cosimo III*, cit., pp. 185-204.

IL REGNO DELLE DUE SICILIE
SECONDO WILLIAM HAMILTON

To the Right Honble the Earl of Halifax[1]   Naples April ye 9.th 1765

My Lord,

Yesterday Monsr de Sà presented his Credential letters as Ministre Plenipotentiary from his most faithfull Majesty the King of Portugal, to this Court.

I have the honor of enclosing to your Lordship a List of all the Troops in the Service of His Sicilian Majesty; but am told they are not compleat by at least five thousand Men.

Many Alterations are expected to be made in this List very soon, the particulars of which I shall not fail to acquaint your Lordship with, as soon as they take place and come to my knowledge.

I have the honor to be

My Lord
Your Lordship's
most Obedient, and
most humble Servant

W:^m Hamilton

[1] PRO,SP93\21,64A-64Av.; dispaccio ricevuto l'8.5.1765.

Stato delle Truppe[2]
Di Fanteria, Cavalleria; Dragoni al Servizio di S: M: Siciliana

Reggimenti	Battaglioni	Compagnie	Gente	Totale delle Truppe	Anzianità de' Reggimenti
Guardie Italiane	2	14	1400	"	1733.
Guardie Svizzere	2	14	1400	"	1735.
Rè	2	26	910	"	1711.
Regina	2	26	910	"	1718.
Real Borbone	2	26	910	"	1733.
Real Farnese	2	26	910	"	1734.
Real Napoli	2	26	910	"	1744.
Real Palermo	2	26	910	"	1735.
Real Italiano	2	26	910	"	1736.
Real Artiglieria	2	14	880	"	1736.
Real Macedonia	2	26	1380	"	1737.
Borgogna	2	26	910	"	1460.
Hainault	2	26	910	"	1543.
Namur	2	26	910	"	1671.
Enveres	2	26	910	"	1669.
Wirtz	2	8	1400	"	1724.
Tschoudi	2	8	1400	"	1734.
Iauch	2	8	1400	"	1734.
R. Terra di Lavoro	1	7	402	"	1743.
Capitanata	1	7	402	"	1743.
Principato Ultra	1	7	402	"	1743.
Principato Citra	1	7	402	"	1743.
Abruzzo Ultra	1	7	402	"	1743.
Abruzzo Citra	1	7	402	"	1743.
Terra di Bari	1	7	402	"	1743.
Terra d'Otranto	1	7	402	"	1744.
Basilicata	1	7	402	"	1744.
Calabria Citra	1	7	402	"	1746.
Calabria Ultra	1	7	402	"	1746.
Val d'Emone	1	13	579	"	1754.
Val di Noto	1	13	579	"	1754.
Val di Mazzara	1	13	579	"	1754.
Fucilieri di Montagna		1	150	"	1744.
Invalidi di Servizio	1	6	600	"	"
Compagnia di Longone		1	100	"	"
Marina	2	10	1000	"	1735.
Totale	53	529	"	27697	"

[2] «List of the Sicilian Troops - In M.ʳ Hamilton's, of the 9.ᵗʰ April 1765».

(segue) Stato delle Truppe

Cavalleria	Squadroni	Compagnie	Gente	Totale	
Guardie del Corpo	1	1	180	»	1732.
Rossiglione	3	12	445	»	1703.
Rè	3	12	445	»	1734.
Real Napoli	3	12	445	»	1754.
Sicilia	3	12	445	»	1754.
Tarragona Dragoni	3	12	445	»	1703.
Regina	3	12	445	»	1734.
Borbone	3	12	445	»	1739.
Principe	3	12	445	»	1749.
Somma di Cavalleria e Dragoni	25	97	3740	»	»
Somma totale di tutto	78	626	»	31417	

To the Right Hon.ble Earl of Halifax[3]   Naples, April 30.th 1765

My Lord,

I have the honor of enclosing, to your Lordship a Copy of the last Enumeration that has been made of the inhabitants of the City of Naples and its Suburbs, as also a Calculation of the quantity and quality of Provisions Annualy consumed in this Capital.

From the best information I can get, the Number of Inhabitants is thought to be as high at present as in the year 1742. notwithstanding the very great loss sustained last Year, which loss (it is thought) was fully repaired by Many Thousands being drove by the Scarcity of Corn from the Provinces in the Metropolis; few of which have returned.

Two Articles of the enclosed Enumeration are certainly greatly exaggerated, first as to the number of Land and Sea Forces, and then as to the number of Forreighners residing at Naples, but I beleive your Lordship may depend upon this City's containing at present, at least Three Hundred and Fifty Thousand Inhabitants.

I trouble Your Lordship with these two Papers not having any thing more material ready yet, but I hope soon to be able to send your Lordship an exact Account of the Marine, and present State of the Commerce of the two Sicilies, and if possible of their Population and State of defence, but I must beg a little time, as information is not easily procured here, where in general all are ignorant of not only Forreighn, but even of the most Domestick Affairs; besides, My Lord, to write to Your Lordship upon such Subjects as Commerce and Population, is no easy Task for one of my inexperience.

M.r Wilks has taken a House here, and has I am told set up a Press and is printing an Edition of Churchills Works with explanatory Notes

I have the honor to be

My Lord
          Your Lordships
          most Obedient and
          most humble Servant

                    W:m Hamilton

[3] PRO,SP93\21, 74-75; dispaccio ricevuto il 20.5.1765.

Numerazione[4]
Delli vary Generi di Comestibili che si consumano
Per un anno nella Città di Napoli é
Suoi Borghi

Grani é Farine come sotto tomola		n°. 1212206
La quantità immenza come dal Fruttato delle gabbelle di questi generi importa in ogn'anno tomola	1085821	
E per le Franchigie annuali di vary Particolari, é luoghi Pij	107935	
E per Franchiggia del pane delle Truppe di S.M. Dio guardi	18450	
Somma Totale	1212206	
Animali neri come sotto		n°. 55000
Secondo le notizie ricavate dall'Arrendamendo del grano a rotolo in 15 settimane dell'Anno che è il tempo in cui si fà consumo di tal carne se ne immettono nel Mercato	n°. 45000	
E per tanti che si macellano da Salatori	7000	
E poi tanti che si salano da Particolari	3000	
Somma	55000	
Olio come sotto Stara		n°. 400000
Dalla conservazione dell'Olio della Città si sono ricevute le notizie che regolarmente si consuma la quantità sudetta tra l'Ogli che s'immettono nelle Cisterne della Città ed in quelle de' Particolari uniti importano Stara	360000	
E quelli che s'immettono in diversi luoghi Pij, come Ogli piu dolci da queste Costiere vicine importano Stara	40000	
Somma	400000	
Ova come sotto		n°.20000000
Il consumo fatto come s'e ricavato dall'Arrendamento dell'Ova é Capretti importa il	n°.11634200	
E per quelle che si producono da Galline in casa de' Particolari, é per l'altri che s'immettono in Città non suggette a Dazio perche si portano a regalare, é non per far negozio	n°. 8365800	
Somma	20000000	

[4] PRO,SP93\21, 77; documento allegato al dispaccio di Hamilton del 30.4.1765. V. foto del documento originale p. 109. In tutti i documenti in italiano la "e" congiunzione ha l'accento acuto, la "è" verbo quello grave.

Formaggi come sotto Cantara		25000
La quantità immessa, secondo le notizie dell'Arrendamendo del grano è mezzo a rotolo importa Cantara	25000	

Agnelli come sotto		n°. 160000
Il consumo fatto di pezzi grossi (secondo le notizie ricevute dal Eletto) per lo spazio di mesi sei importano	n°. 60000	
Il consumo fatto di pezzi piccoli per altri mesi sei secondo le notizie ricevute come sopra	n°. 100000	
Somma	160000	

Pesce come sotto Cantara		40000
Sebbene sia costante il Dazio che chiamasi reale di un cavallo a grano sopra il prezzo che s'impone, tutta volta non puol farsene un conto esatto attesa la varietà ed incostanza de' prezzi, i quali si regolano secondo i tempi, é la qualità de' pesci essendosene perciò prese le notizie dalle persone piu prattiche, ed intese nel diritto del dazio sudetto, é si è ricavato, che tutto il Consumo d'ogni sorte di pesce ascende a Cantara	40000	

Pollami come sotto		n°.16000000
Non essendovi sopra di questo genere alcun dazio non se ne potuto prendere un conto esatto, ma si sono prese le notizie da' Pollieri piu prattici, é principali della Città, è secondo il lor giudizio si fà il conto che importi il consumo de' Pollastri, Galline, é Piccioni	n°.16000000	

Salati come sotto Cantara		25000
La quantità immessa, come dall'Arrendamendo del grano é mezzo a rotolo importano come sopra Cantara	25000	

Capretti come sotto		n°. 82000
Il consumo fatto de' medemi secondo si è ricavato dall'Arrendamendo dell'Ova è Capretti importa	n°. 79000	
E per quelli che s'introducono non suggetti a Dazio perche si regolano	n°. 3000	
Somma	n°. 82000	

Orzo ed Avena come sotto tomola		274277
La quantità immessa come dal Fruttato della Gabbella di questi generi	199635	
E per le franchiggie annuali di varij Particolari, é luoghi Pij importano	4784	
E per la franchiggia della Regia Corte	69858	
Somma	274277	
Animali Vaccini come sotto		n°. 21800
La quantità immessa de' medesimi secondo le notizie ricavate dall'Arrendamendo del grano é mezzo a rotolo importa	n°. 20800	
E per le Vitelle dette di Sorrento, che per lo piu s'immettono da queste Costiere vicine	n°. 1000	
Somma	n°. 21800	
Vino come sotto Botti		n°. 90000
Dal Arrendamendo del ducato a Botte si è auto notizia, che regolarmente se ne immette in Città la quantità sudetta cioè		
Quelle che entrano a pagamento esigendone il diritto l'Arrendamento Botti	n°. 60000	
Quelle che entrano con franchiggie per l'Arrendamento del Vino a minuto Botti	n°. 20000	
Quelle che s'immettono con Franchiggie per li luoghi Pij, é Particolari Botti	n°. 10000	
Somma Botti	n°. 90000	
Melloni d'acqua come sotto		n°. 300000
La quantità immessa ricavata dall'Fruttato dell'Affitto del dazio della Città il Ius della fella del Melone importa	n°. 200000	
E per quelli che s'immettono non soggette al dazio, é sono quelli che si portano a regalare ò si portano da Venditori in testa, ó sulle spalle per le notizie prese da persone prattiche importano	n°. 100000	
Somma	n°. 300000	

Ristretto Generale		
Grano é Farina	tomola	1212206
Animali Neri	numero	55000
Oglio	Stara	400000
Ova	numero	20000000
Formaggi	cantara	25000
Agnelli	numero	160000
Pesce	cantara	40000
Pollami	numero	16000000
Salati	cantara	25000
Capretti	numero	82000
Orzo, ed Avena	tomola	274277
Animali Vaccini	numero	21800
Vino	botti	90000
Melloni	numero	3000000[5]

[5] Questo numero dovrebbe essere 300000, probabilmente si tratta di un errore di copiatura.

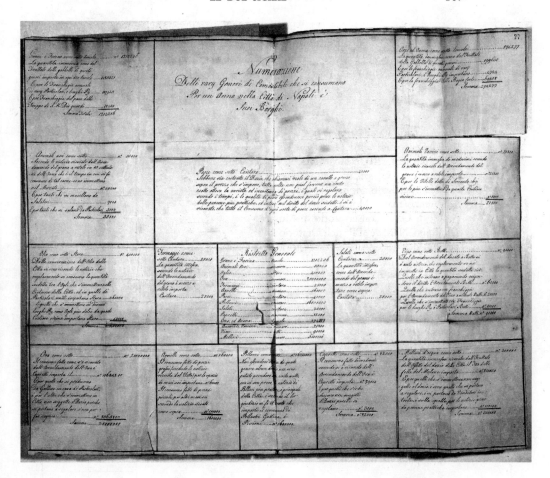

Fig. 1. Commestibili che si consumano in un anno nella città di Napoli, 1742? (PRO,SP93\21,77)

Anno 1742[6]
Numerazione della Gente Napoletana
compresa la Città e Borghi colla
Distinzione delle Parrocchie

Arcivescovado		
Pieno degl'Abitanti particolari		4000
Luoghi pij come sotto		495
S. Maria di D.ª Regina di Monache Francescane	90	
Colleggio de' Capeci	20	
S. Gius.ᵉ de' Ruffi Mona.ᵉ Aostini	60	
S. Lorenzo mag.ʳᵉ Monaci Conventuali	100	
Poveri di G.C. Conservatorio di Musica	130	
S. Filippo Neri de' PP. dell'Oratorio	50	
Tempio della Scorziata Conservatorio di Donne	45	
Somma		4495

S. Angelo all'Arena		
Pieno degl'Abitanti particolari		760
Luoghi Pij come sotto		150
S. M.ª di Loreto Cons.º di Musica	150	
Somma		910

S. Maria a Piazza		
Pieno degl'Abitanti particolari		9000
Luoghi Pij come sotto		88
S Agostino de' Mon.ᶜⁱ Agostiniani	70	
S. Agrippino de Basiliani	18	
Somma		9088

S. Maria della Pietatella		
Pieno degl'Abitanti particolari		12000
Luoghi Pij come sotto		18
S. Maria di Monserrato Monaci Benedettini	2	
S. Maria della Graziella de' PP. della Mercede	16	
Somma		12018

[6] PRO,SP93\21, 78; documento allegato al dispaccio di Hamilton del 30.4.1765. V. foto dell'originale p. 123.

S. Liborio		
Pieno degl'Abitanti particolari		6635
Luoghi Pij come sotto		265
Carità Conserv.° di donne	40	
M.ª delle Grazie de PP. Teatini	10	
S. Nicoliello de PP. Pij Operarij	30	
S.° S.° Conservatorio di donne	155	
S. Tomaso d'Aquino Mon:ci Domen:ni	30	
Somma		6900

S.S. Francesco, è Matteo		
Pieno degl'Abitanti particolari		18000
Luoghi Pij come sotto		331
Monte Calvario Mon.ci Francescani	90	
S.S: Concez.ne Monache Agostiniane	73	
Suor Orsola Monache Teatine	43	
S. Giacomo Ospedale de' Spagnoli	100	
Suor Orsola de PP. Teatini	5	
S. Giacomo de Preti Secolari	20	
Somma		18331

S. Anna di Palazzo		
Pieno degl'Abitanti particolari		17850
Luoghi pij come sotto		424
S. Teresa de' Spagnuoli de' Monici Carmelitani	12	
S. Carlo delle Mortelle de' PP: Bernabiti	20	
S. Nicolò Tolentino de' Monaci Agostiniani Scalzi	40	
Rosario di Palazzo Mon.ci Dom.ci	40	
Speranzella Mon:ci Agostiniani	14	
S. Brigida de' PP: della Congregazione della Madre di Dio	20	
S. Franc:co Saverio de' PP. Gesuiti	40	
S. Orsola de' PP. Spagnoli de la Mercede	20	
S. M.ª a Parete Mon.ci Conventuali	20·	
Concordia Mon.ci Carmelitani	20	
Bettalemme Mon:ce Domenicane	60	
S. Cate:na de Siena Mon:ce Domenicane	60	
Detta de' Monaci Domenicani	8	
Maddalenella Mon:ce Domenicane	50	
Somma		18274

S. Angelo a Segno		
Pieno degl'Abitanti particolari		1380
Luoghi Pij come sotto		131
S. Paolo Mag.:re PP. Teatini	88	
S. M.ª in Gierusalemme Cappucinelle	43	
Somma		1511
S. Strato di Posilipo		
Pieno degl'Abitanti particolari		1900
Luoghi Pij come sotto		40
S. M.ª di Villanova Mon.ci Agostinia:ni	5	
S. Brigida Mon.ci Domenicani	30	
Il Carmine Mon.ci Carmelitani	5	
Somma		1940
S. Maria della Catena		
Pieno degl'Abitanti particolari		4500
Luoghi Pij come sotto		160
S. Vincenzo Ferrerj Con.º di donne	85	
S. M.ª Porta Celi de PP. Crociferi	25	
Colleggio Macedonio	50	
Somma		4660
S. Giorgio Maggiore		
Pieno degl'Abitanti particolari		8000
Luoghi Pij come sotto		169
S. M.ª Porta Celi di forcella de PP. Crociferi	40	
S. Severo Mon.:ci Domenicani	34	
S. Mich:le Arcangelo a Bajano de' PP. della Mercede	20	
Divino Amore Mon.:ce Domenicane	45	
Tempio delle Paparelle Conserv:º di Donne	30	
Somma		8169
S. Giovanni Maggiore		
Pieno degl'Abitanti particolari		18500
Luoghi Pij come sotto		253
Buon Camino Cons.º di Donne	33	
Don Alvina Mon.:ce Benedettine	60	
S. Girolamo Mon.:ce Francescane	70	
S. Demetrio Chierici regolari sommaschi	20	
S. Pietro Martire Mon.ci Domenicani	70	
Somma		18753

S. Maria delle Vergini		
Pieno degl'Abitanti particolari		17000
Luoghi pij come sotto		416
S. M.ª a P.ª Celi de' PP. Crociferi	12	
Ospizio de' PP. Camandolesi	10	
S. Carlo de' PP. Bernardini	20	
S. M.ª degl'Angeli de' PP. Francescani	60	
Anunciatella Conserv:º di Donne	40	
S. Antoniello Conserv.º di Donne	40	
S. M.ª a Secolo Conserv.º di Donne	50	
S. M.ª della Providenza Monache Francescane	60	
Rosariello Conserv:º di Donne	60	
S. Teresa Conser:º di Donne pentite	40	
S. Vincenza Paolis de PP. della Missione	24	
Somma		17416

S. Maria di Portanova		
Pieno degl'Abitanti particolari		14000
Luoghi Pij come sotto		50
S. M.ª in Cosmodin de' PP. Bernabiti	10	
S. Rosa Conservatorio di donne all'Arte della Lana	40	
Somma		14050

S. Maria della Rotonna		
Pieno degl'Abitanti particolari		5500
Luoghi Pij come sotto		1540
S. Chiara Mon.ce Francescane	500	
D.ª de Monaci riformati di S. Fran:co	40	
Giesù Nuovo de' PP. Gesuiti	100	
Giesù Vecchio de' PP. Giesuiti	200	
Colleggio de' Nobili	100	
Monte Vergine de PP. Goglielmini	100	
S. Angelo a Nido Preti Secolari	50	
S. Dom.co Mag:re Mon.ci Domenicani	150	
D.ª Romita Mon.ce Benedittini	60	
S. Franc.co Mon.ce Francescane	40	
S. Nicola a Nido Cons.º di donne	200	
Somma		7040

S. Tomaso a Capuano		
Pieno degl'Abitanti particolari		4700
Luoghi Pij come sotto		265
S. Aniello Cons.º di donne	30	
Il Refreggio Cons.º di donne	55	
S. Caterina a Formiello Mon.ci Dom:ci	40	
S. Onofrio Cons.º di Musica	80	
S. Giovanni di Dio Congregazione de Buon fratelli	40	
S. Aniello de' Preti regolari	20	
Somma		4965

S. Maria della Neve		
Pieno degl'Abitanti particolari		13952
Luoghi Pij come sotto		278
S. Antonio di Posilipo Mon.ci Carm.ni	11	
Asunzione Mon:ci Celestini	10	
S. Benedetto Mon:ci Cajsinesi	8	
Carminiello Mon.ci Carmelitani	13	
S. Caterina Mon.ci Conventuali	24	
S. Fran.co di Paola sopra il Vomero	5	
S. Giuseppe de' P.P. Gesuiti	16	
S. M.ª importico de' PP. della Congregazione della Mad.re di Dio	48	
S. M.ª a libera Mon.ci Domenicani	9	
S. M.ª di Piedigrotta Mon.ci Lateranenzi	22	
S. Teresa Mon.ci Teresiani scalzi	50	
S. M. a Cappella Cano:ci Regolari	4	
S. M.ª della Vittoria PP. Teatini	9	
S. Fr.co delli Carioni Monache Fiorentine Francescane	34	
S. M. delle sette dolori de' regolari Servi di Maria	15	
Somma		14930

S. Giovanni in Corte		
Pieno degl'Abitanti particolari		3000

S. Caterina al Mercato		
Pieno degl'Abitanti particolari		4700
Luoghi Pij come sotto		80
Carmine Mag:re Mon.ci Carmelitani	80	
Somma		4780

S. Maria del Soccorso all'Arenella		
Pieno degl'Abitanti Particolari		2800
Luoghi Pij come sotto		15
S. Gennarello Mon.:ci Celestini	3	
S. Fran.co di Paola Mon.ci Paolotti	12	
Somma		2815

S. Giacomo dell'Italiani		
Pieno degl'Abitanti particolari		8750
Luoghi Pij come sotto		210
S. M.a a Porto Chierici regolari	10	
Visita poveri Cons.o di donne	200	
Somma		8950

SS. ma Annunciata a Fonzeca		
Pieno degl'Abitanti particolari		10000
Luoghi pij come sotto		1659
S. Agostino Mon.:ci Agostiniani scalzi	50	
S. Efremo de' PP. Cappucini	180	
La Sanità Mon.ci Domenicani	60	
La Salute Mon.:ci Francescani	45	
La Stella Mon.:ci Paulotti	40	
La Vita Mon.:ci Conventuali	55	
Ospizio de' PP. Cinesi	20	
S. Severo Mon.:ci Conventuali	24	
S. Pietro é Gennaro Consev.o di Poveri extramenta	1000	
S. M.a a Fonseca Conserv.o di donne	55	
S. M.a di tutti i Santi Cons:o di donne	60	
S. Teresa Mon.ci Teresiani scalzi	70	
Somma		11659

S. Maria della Scala		
Pieno degl'Abitanti particolari		11000
Luoghi Pij come sotto		130
S. Pietro ad Aram PP. Rocchettini	45	
Carminello de PP. Gesuiti	40	
S. Crispino, é Crispiniano Conserv.o	45	
Somma		11130

S. Maria delle Grazie a Capo di Monte		
Pieno degl'Abitanti particolari		2700
Luoghi Pij come sotto		20
S. Antonio de' minori Conventuali	20	
Somma		2720

S. Maria a Cancelli		
Pieno degl'Abitanti particolari		5673
Luoghi Pij come sotto		163
S. Clemente Conserv.º di Donne	100	
Maddalena di Mon:ᶜᵉ Francescane	40	
S. M.ª di Presepe de' PP. Esculapij	18	
Maddalena Mon:ᶜⁱ Francescani	5	
Somma		5836

S. Maria dell'Avocato		
Pieno degl'Abitanti particolari		13000
Luoghi Pij come sotto		638
S. Antonio magg:ʳᵉ Mon.ᶜⁱ Convent:ˡⁱ	18	
S. Dom:ᶜᵒ Soriano Mon.ᶜⁱ Domenicani	30	
Giesù é Maria Mon.ᶜⁱ come sopra	40	
S. Giuseppiello de Chierici min: rego:ˡⁱ	25	
Monte Santo Mon:ᶜⁱ Carmelitani	26	
S. M.ª de' Monti Mon:ᶜⁱ Convent:ˡⁱ	10	
Madonina di Caravaccio de PP. Esculapij	26	
S. Francesco Salis Romite	60	
S. Margaritella Cons.º di donne	34	
S. Monaca Mona:ᶜᵉ Agostiniane	40	
La Maddalenella Mon:ᶜᵉ Frances.ᶜᵉ	72	
S. Petito Mon:ᶜᵉ Benedettine	40	
Li Pencilitanti Mon.ᶜⁱ Frances:ᶜⁱ	42	
SS.º Sagramento Mon:ᶜᵉ Carmelitane	50	
SS.ª Trinità de' PP. Trinitarj	10	
SS. Giuseppe é Teresa Monache Teresiane	25	
S. Maria della Purità Conservat.º delle figlie di Notari	24	
S. Maria a Ponte Corbo Monache Cappucinelle	66	
Somma		13638

S. Arcangelo all'Armieri		
Pieno degl'Abitanti particolari		6600

S. Maria d'ogni Grazia		
Pieno degl'Abitanti particolari		15000
Luoghi pij come sotto		495
S. Lucia del Monte Monaci di S. Pietro d'Alcantara	95	
S. M.ª d'ogni bene Monaci di Serviti di Maria	15	
SS. ª Trinità di Mon:ci Benedettini	30	
S. Martino Mon.ci Certosini	40	
Rosariello di Porta Medina Monache Domenicane	55	
Detto di Mon:ci Domenicani	5	
S. M.ª del Consiglio Cons:º di donne	30	
Concezzione di Monte Calvario Conserv.º di donne	50	
Lo Sblendore Cons.º di Donne	45	
Le Pentite Conserv.º	100	
S. M.ª del Soccorso Cons.º di donne	30	
Somma		15495
S. Eligio Maggiore		
Pieno degl'Abitanti particolari		6000
Luoghi Pij come sotto		150
S. Eligio Conservatorio di Donne	150	
Somma		6150
S. Sofia		
Pieno degl'Abitanti particolari		4181
Luoghi Pij come sotto		141
Colleggio de' Caraccioli	15	
S. Gioacchino Conserv.º di donne	60	
S. Gio: a Carbonara Mon.ci Agostin:ni	66	
Somma		4322
S. Gennaro all'Olmo		
Pieno degl'Abitanti particolari		3000
Luoghi Pij come sotto		770
S. Filippo é Giacomo Cons.º di donne	400	
S. Liguoro Mon.ce Benedettine	120	
S. Marcellino Mon.ce come sopra	150	
S. Severino Mon.ci Benedettini	100	
Somma		3770

S. Marco		
Pieno degl'Abitanti particolari		5000
Luoghi Pij come sotto		562
Croce di Palazzo Mon.:ci Franc:ni riformati	126	
Trinità di Palazzo Mon.ci come sopra	40	
S. Luigi Monaci Paolotti	89	
S. Spirito Monaci Domenicani	49	
Monte di Dio Mon.ci Domenicani	16	
Nunziatella Monaci Gesuiti	55	
S. M.a degl'Angeli Padri Teatini	28	
Egiziaca di Pizzofalcone Mon.ce Agost:ne	54	
La Solitaria Mon:ce come sopra	105	
Somma		5562
S. Giovanni a Porto		
Pieno degl'Abitanti particolari		4000
Luoghi Pij come sotto		973
S. M.a della Maddalena Mon:ce Franc:ne	200	
Il Giesù Monache come sopra	53	
S. M. della Concez:ne Mon:ce come sopra	60	
S. Patrizia Mon:ce Benedettine	60	
S. M.a del Popolo Incurabili	600	
Somma		4973
S. Maria Maggiore		
Pieno degl'Abitanti particolari		4110
Luoghi Pij come sotto		513
Croce di Lucca Mon:ci Carmelit.ni	65	
S. Gio: Batta Mon.ci Domenicani	80	
S. Antoniello Mon:ci Francesc:ni	75	
S. Sebastiano Mon:ci Domenic:ni	85	
La Sapienza Mon:ci Domenc:ni	60	
S. M.a di Costantinopoli Conservatorio di Donne	60	
S. Sebastiano Mon.ci Domenic:ni	8	
San Pietro a Majella Mon:ci Celestini	40	
S. M.a Maggiore, ó sia Pietra S:a di Chierici regolari	40	
Somma		4623
S. Croce ad Orsolone		
Pieno degl'Abitanti particolari		805
Luoghi Pij come sotto		30
S. Romualdo	30	
Somma		835

SS. Giovanni é Paolo		
Pieno degl'Abitanti particolari		7000
Luoghi Pij come sotto		115
S. M.ª del Carmine Mon.ᶜⁱ Carmelitani	15	
S. M.ª de' Monti de PP. Pij operrarj	20	
S. Eujebio de PP. Cappucini	80	
Somma		7115

S. Maria di tutt'j Santi		
Pieno degl'Abitanti particolari		9000
Luoghi Pij come sotto		117
S. M.ª della Fede Mon.ᶜⁱ Agost.ⁿⁱ Coloritani	55	
S. M.ª dell'Avocata PP. Teatini	18	
S. Fran.ᶜᵒ di Paola Mon.ᶜⁱ Paolotti	20	
S. Anna Mon.ᶜⁱ Conventuali	24	
Somma		9117

S. Giuseppe		
Pieno degl'Abitanti particolari		8000
Luoghi Pij come sotto		693
S. M.ª della Nova Franc.ⁿⁱ osserv:ᵗⁱ	220	
Ospedaletto Mon:ᶜⁱ come sopra	190	
Mont'Oliveto Mon.ᶜⁱ Olivetani	80	
S. Gennarello Cons.º di donne	66	
Incoronata Mon.ᶜⁱ Martiniani	19	
La Pietà Cons.º di Musica	118	
Somma		8693

S. Aniello		
Pieno degl'Abitanti particolari		478
Luoghi Pij come sotto		226
S. Andrea Mon:ᶜᵉ Agostiniane	30	
S. Gaudioso Mon:ᶜᵉ Benedettine	50	
Reggina Celi Mon:ᶜᵉ Rocchettine	60	
S. Aniello Canonici Regolari	14	
S. M.ª delle Grazie de PP. della Congregazione de Pajs	72	
Somma		704

Ristretto Generale	
Arcivescovado	4495
S. Angelo all'Arena	910
S. Maria Piazza	9088
S. Maria della Pietatella	12018
S. Liborio	6900
SS. Francesco é Matteo	18331
S. Anna di Palazzo	18274
S. Angelo a Segno	1511
S. Strato di Posilipo	1940
S. Maria della Catena	4550
S. Giorgio Maggiore	8159
S. Giovanni Maggiore	18753
S. Maria delle Vergini	17416
S. Maria di Porta nova	14050
S. Maria della Rotonna	7040
S. Tomaso a Capuano	4965
S. Maria della Neve	14230
S. Giovanni in Corte	3000
S. Caterina al Mercato	1780
S. M.ª del Soccorso all'Arenella	2815
S. Giacomo dell'Italiani	8960
SS. ª Annunciata a Fonzeca	11659
S. Maria della Scala	11130
S. M.ª delle Grazie a Capo di Monte	2720
S. Maria a Cancelli	5836
S. Maria dell'Avocata	13638
S. Arcangelo all'Armieri	6600
S. Maria d'ogni Grazia	15495
S. Eligio maggiore	6150
S. Sofia	4322
S. Gennaro all'Olmo	3770
S. Marco	5562
S. Giovanni a Porto	4973
S. Maria Maggiore	4623
S. Croce a Orsolone	835
SS. Giovanni é Paolo	7115
S. Maria di tutt'j Santi	9117
S. Giuseppe	8693
S. Aniello	704
Somma di tutte le Parocchie	305091

Collettiva de' Religiosi

			Rip.^{to}	2013
Agostiniani	155	Francescani		242
Agostiniani coloriti	55	Gesuiti		451
Agostiniani scalzi	90	Goglielmini		100
Basiliani	18	Minori Conventuali		251
Benedettini	102	Olivetani		80
Bernabiti	30	Osservanti di S. Fran:^{co}		410
Bernardoni	20	PP. della Congre:^{ne} della Mad.^{e} di Dio		68
Camandolesi	40	PP. della Cong:^{ne} de Pisis		72
Cannonici Lateranenzi	22	P.P. della Mercede		36
Cannonici Regolari	14	PP. dell'Oratorio		50
Can.^{ci} Regolari del Salvatore	4	PP. Spagn.^{li} della Mercede		20
Cappucini	260	Paolotti		166
Carmelitani	228	PP. della Missione		24
Cassinesi	8	Pij Operarij		50
Celestini	53	Preti regolari		20
Certosini	59	P.P. della Cong:^{ne} di Buon fratelli		40
Chierici min: regolari	25	Riformati di S.S. Fran:^{co}		206
Chierici regolari	50	Riform:^{ti} di S. Pietro d'Alcantera		95
Chierici regolari Sommaschi	20	Rocchettini		45
Cinesi	20	Servi di Maria		30
Crociferi	77	Teatini		158
Domenicani	619	Teresiani scalzi		120
Esculapij	44	Trinitarij		10
Somma	**2013**		**Totale**	**4757**

Collettiva di varie Comunità

			Riporto	1758
Cons.^{o} del Conseglio di donne	30	Cons.^{o} dell'Orefici di donne		60
Cons.^{o} della Concezzione di Donne	50	Cons.^{o} del Rosariello di donne		60
Cons.^{o} della Carità di donne	40	Cons.^{o} del S.^{o} S.^{o} di donne		155
Cons.^{o} dell'Arte della lana di donne	40	Cons.^{o} delle figlie di Notari		24
Cons.^{o} di Buon Camino di donne	33	Cons.^{o} di S. Clemente di donne		100
Cons.^{o} di S. Antoniello di donne	30	Con.^{o} del Refuggio di donne		55
Cons.^{o} di S. Antoniello di donne	40	Cons.^{o} di S. Vincenzo di donne		85
Cons.^{o} dell'Anunciata di donne	40	Cons.^{o} di S. M.^{a} di Costantin:^{li} di donne		60
Cons.^{o} di S. Crispino è Crispin:^{o} di donne	45	Cons.^{o} di Visita Poveri di donne		200
Cons.^{o} di S. Gioachino di donne	60	Cons.^{o} delle Paparellle di donne		30
Cons.^{o} di S. Genarello di donne	66	Cons.^{o} della Pietà di Musica		118
Cons.^{o} di S. Eligio di donne	150	Cons.^{o} delle Pentite		100
Cons.^{o} di S. Filippo è Giac:^{o} di donne	400	Cons.^{o} di S. Gennaro de' Poveri		1000
Cons.^{o} di S. Margaritella di donne	34	Cons.^{o} della Scorziata di donne		45
Cons.^{o} di S. Nicolò a Nido di donne	200	Colleggio de' Nobili		100
Cons.^{o} di S. Maria a Scala di donne	50	Colleggio de' Capeci		20
Cons.^{o} delle Pentite	40	Cons.^{o} di S. Onofrio di Musica		80
Cons.^{o} di S. Margherita di donne	55	Colleggio de' Caraccioli		15
Cons.^{o} di S. M.^{a} di Loreto di Musica	150	Colleggio Macedonio		50
Cons.^{o} de Poveri di G.C. di Musica	130	Ospedale degl'Incurabili		600
Cons.^{o} del Soccorso di donne	30	Preti Secolari di S. Giacomo		20
Cons.^{o} dello Sblendore di donne	45	Detti Regolari		20
		Ospedale di S. Giacomo		100
Somma	**1758**		**Totale**	**4855**

Collettiva delle Religiose		
Agostiniane		362
Benedettine		570
Carmelitane		115
Cappucinelli		109
Conventuale		75
Dominicane		495
Francescane		685
Francescane Fiorentine dell'Iscarioni		34
Rocchettine		60
Romite		103
Riformate di S. Francesco		500
Teatine		50
Teresiane		25
	Somma	3283
Collettiva degl'Abitanti Particolari		
Il Pieno di tutti gl'Abitanti particolari comprese le 39 Parocchie importano		292196
Ristretto delle Collettive		
Collettiva de' Religiosi		4757
Colletiva de' varie Communità		4855
Collettiva de Religiose		3283
Collettiva degl'Abitanti particolari		292196
	Totale	305091

Avertimento

Sotto il nome di Gente Napoletana si comprendono cosi i naturali Cittadini, come tutti coloro, che anno fisso, é permanente domicilio nell'estenzione della Città é suoi borghi ma non gia i Forestieri cosi Regnicoli, che esteri, per taluni de' quali vi sono tre Parocchie di Napoli cioè S. Giorgio de' Genovesi : S. Giovanni de' Fiorentini, e' SS. Pietro Paolo de' Greci, é di tutti questi Forestieri può calcolarsi il numero di circa 100000; di piu devono considerarsi a parte tutti gl'esposti, é Monache che sono nella Casa Santa dell'Annunziata, Parocchia particolare del luogo é questi sono il numero circa 600. Vi sono in oltre tutte le Truppe Reali di S. M. (Dio Guardi) cosi terrestri, che, Maritime, che ascendono al numero di circa 34000. é finalmente tutti coloro che abitano ne' Castelli, che si calcolano circa il numero di 12000.

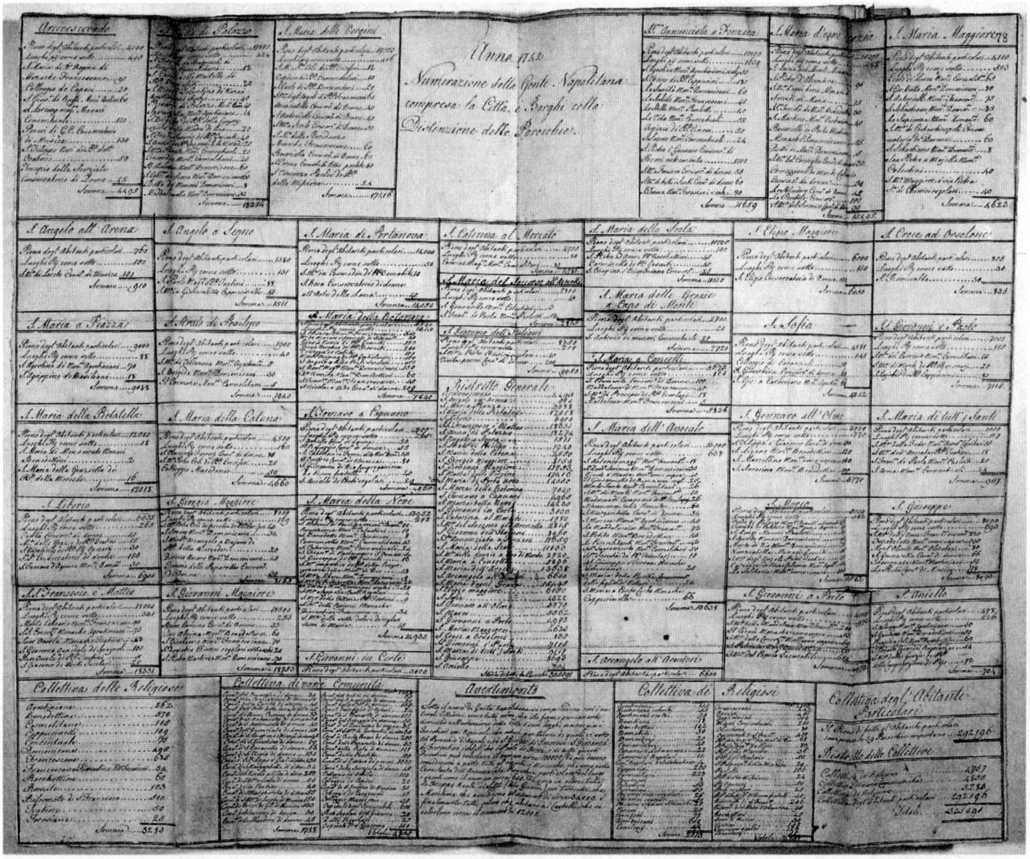

Fig. 2. Popolazione di Napoli e dei suoi borghi distinta per parrocchie, 1742 (PRO,SP93\21,78)

To the Earl of Halifax[7]   Naples May 21. 1765

My Lord

In obedience to His Majesty's Commands, signified to me in Your Lordship's letter of the 26:[th] of March 1765. I have been endeavoring to procure the best information I was able, upon the several Heads mentioned in that letter, and as I immagine the present State of the Commerce of this Kingdom, is a subject Your Lorship would chuse I shou'd treat of, as soon as of any other; I shall endeavor to lay before You what information I have been able collect relative to the Commerce of the two Sicily's as clearly and as briefly as the nature of the subject will allow begging Your Lordship's indulgence being my first attempt to any thing of this Nature.

I have digested my Information under several Articles, One of which I shall endeavor to send Your Lordship every Post. in a Separate Letter till I have communicated the whole, and I shall be very happy if my poor endeavors shou'd have the good fortune to meet with Your Lordship's approbation.

Article 1.

In what Ports of the Kingdom of the two Sicilies the greatest Trade is carried on

The Trade of the two Sicily's is a Trade of meer Necessity, and carried on rather with disadvantage and Loss, than with Advantage and Utility to the State.

To begin with the Kingdom of Naples, and first the Capital, where the greatest Trade is carried on, both on Account of its prodigious consumption, as well of home, as of forreign Product, of commodity's and Manufactures of its own, and of other States, besides those with which it supplys the Provinces. The Provinces indeed never apply to Naples for Forreign Goods, unless they have been disappointed of receiving them from Abroad, landed in their respective Ports where, or at the Fairs of *Salerno Aversa* and Foggia, they generally supply themselves paying two thirds less Duty than what is paid in the Custom

---

[7] PRO,SP93\21, 87-93; dispaccio ricevuto l'11.6.1765.

House of Naples, in which Port all Goods enter'd and imported either from Abroad, or the Provinces, pay from Twenty to Twenty five per Cent. upon the Value settled in the book of Rates, and some Goods manufactured pay almost as much upon Exportation.

Naples is not a General Emporium of Commodity's for Exportation, nothing that enters enjoys Transit, every thing is for it's own consumption, and therefore liable to several, and no small respective Duty's, which is the reason why Exportation from Naples does not answer.

There are Ports and Citty's of the Provinces from whence Commoditys are Exported either Abroad or into other Provinces, or to supply the great consumption of Naples, and where also several Articles of Nature and Art are imported from Abroad, and those only for the use and consumption of these Ports or City's; and their neighbouring Districts.

These Ports are, nella Terra di Lavoro, *Gaëtta Pozzuoli Castel a Mare*.

In the Province of Principato Citra, *Vietri* and *Salerno*.

In the Province of Lecce, *Brindisi*, *Taranto* and *Gallipoli*.

In Puglia, *Manfredonia*, *Barletta*, *Bari*, *Trani*, *Monopoli*, and *Mola*.

In Callabria, *Cottrone*, and *Reggio*.

In Abruzzo, *Pescara* and *Francavilla*.

The other Towns are of no great consequence, and though sittuated near the Sea, have no good Ports, and are obliged to carry on what Trade they have, in Barks, Felluca's, and such other boats as can be drawn ashore in cases of Necessity.

Manfredonia, has that particularity that it is the place where all the Merchandize, which is continualy coming from Venice and some from Trieste is unloaded and forwarded in due time to the Fairs of Salerno, Aversa, and Foggia, and also to several other places in the district of Manfredonia and Foggia. Manfredonia is also a Port where several Cargoes of Corn, Barley, Oats and Foggia Wool are taken in and Exported by Commission on Forreign account, but with all this such a Port has no solid and substantial Trade, all its Trade being of Transit.

The Chief Citys of Provinces are commonly their Market Places, such are; *Foggia, Bari, Francavilla, Pescara, Brindisi, Trani, Molfetta, Salerno, Avellino, Aversa, Lecce, Tarranto, Gallipoli, Cottrone, Reggio, Cantanzaro, Cosenza, Gravina, Chieta, Aquila*, &c., but all the Trade carried on in these Places is chiefly for Home use and consumption, and is to be consider'd as a Trade between the Members of a same Body.

Cantanzaro in Callabria ultra, and also *Monteleone* and *Reggio* have indeed some Silk Manufactures for the use of the Provinces and might Export, were they not prevented by the high dutys and very strict Laws introduced since the year 1749.

The City of La Cava near Salerno (which includes within its district the Port and Coast of Vietri opposite Salerno) enjoys great and Ancient Privileges, and as the People are extremely industrious carry's on a great Trade in Manufactured Linnen and Woollen, as well for the use of the Provinces, as of Sicily and Sardinia.

The Port and Coast of *Vietri* (which forms the Coast of Amalfi) receives a great deal of Forreign Merchandize almost duty free, which are either used for Home consumption, or disposed of by Land and by Sea, in all the adjacent Country's. In Vietri and its district are the best Paper Mills in the Kingdom, Porcelaine Manufactures and Iron Mines; so that in *Vietri* and the whole Province of *La Cava*, they carry on a Trade of Diligence and Industry in every respect even in Husbandry as far as the Soil will allow.

Vietri and the Provinces of *La Cava* are exemplary on account of the Trade they carry on with Sicily, Malta and Sardinia, established upon their own Capital and supported by their own diligence and industry. They build also several Vessels of no small burthen, upon their own Coast, and it is remarkable that the district of *La Cava* may be call'd a small Emporium of every thing, even of Corn and Oats for their own Use and for others, notwithstanding their Soil produces little or nothing.

From what has been said, this conclusion may be made, that tho' the Trade of the City of Naples is more extensive than that of the other City's and Ports of the Provinces, yet (like almost the whole Trade of the Kingdom) is a Trade of meer Necessity, and consisting very much in superfluous Articles of Luxury and Vain-Show, the Abuse and consumption of which is beyond measure great.

Almost all the Articles Exported are Home Commodity's or Fruits of their own Product, so that if those happen to fail by any Accident or by a bad Harvest, Misery and Calamity is sure to ensue.

The great Duty's upon Goods when Imported, and when Exported after having been either ameliorated, or manufactured prevents the only true useful and advantageous Trade (that of Exporting Manufactures either from their own or Forreign Product) which the City of Naples, by the People being more industrious than in Sicily might otherwise carry on to the great advantage of the State; besides it occasions this

Capital being overun with numberless People drove to the most extreme Poverty, Beggary, and Misery, for want of being Employed.

Sicily

The greatest Trade in Sicily is carried on chiefly in *Palermo* and *Messina*.

Palermo in itself consumes as well of her own as of Forreign Merchandize four or five times more than Messina, but Messina on account of the Duty's being lower (especialy upon the Importation of Forreighn Goods) imports more Forreighn Merchandize and disposes of more in the Provinces, Exports more of her manufactured Silks, out of the Kingdom, and also of raw Silk into England, France, Leghorn and Genoa, in which last Article the Chief Trade of Messina consists.

The other Citty's or Maritime Towns of Sicily are of no consideration except from their exporting out of the Kingdom Grain, Barley, Oats, Wines, Oil, Salt, and other commodity's.

The most considerable Corn Granary's are in *Girgento, Termini, Sciacca* and *Licate*.

The Smaller Granary's are in *Marsala, Castel a mare del Golfo, Siculiana, Terra nuova* and *Scoglietti*.

All Business relative to the Granary's is transacted at Palermo, and all Ships of what nation soever are obliged by a possitive Law to come first to Palermo to get their Permit, before they proceed to their respective Places of Lading. This law extends to every sort of Grain.

Trapani by reason of her famous Salt Works, the number of her Ships, and of her Trade in General, is also one of the most considerable Citty's and Ports in Sicily.

All other Towns or Ports are much of the same constitution as those of the Kingdom of Naples, both as to their Exportation of Commodity's, and their Importation of Forreighn Goods, for their Home Use and Consumption, and that of their respective districts.

I have the honor to be

My Lord
> Your Lordships
> most Obedient and
> most humble Servant
> W:ᵐ Hamilton

To the R.^t Honble the Earl of Halifax[8]   Naples May 28.th 1765

My Lord,

On the 21.th of this Month I had the honor of sending your Lordship in a Separate Letter, the first part of what information I have been able to collect relative to the present Trade of these Kingdoms, your Lordship will here find the second part; if by being too particular I shou'd be tedious, I hope you will forgive it, as I rather choose to run that risk, than to omit any circumstance that your Lordship might wish to have been informed of.

Article 2.^d

What are the Chief Products of Nature and Art, and by whom the greatest Trade of Exportation is carried on

The Principal products of Nature exported from these two Kingdoms are, Wheat, Barley Oats Pease, Beans, Oil, Wine, Cheese, Salted-meat, Salt fish, Silk, Wool, Cotton, Hemp, Flax, Dry Fruits, Manna, Saffron, Salt, Brimston, *Sumaco*, Pitch and Tar.

Grain

Both these Kingdoms are very plentiful, and cou'd be more so (especialy Sicily) were it not for the great defects and bad Policy in every thing, relative to the improvement of their Trade, and the encouragement of Industry.

The Provinces of the Kingdom of Naples that export the greatest quantity of Grain are, La *Puglia* and the places of lading are *Trani Manfredonia, Barletta* and *Molfetta*.

The Province of *Lecce*, the places of lading are *Brindisi Taranto, St Cataldo*, and *Gallipoli*.

Calabria, the places of lading are *Cotrone* and *Cassano*.

All the Grain of the *Terra di Lavoro* (which is the most fertile Pro-

---

[8] PRO,SP93\21, 98-110; dispaccio ricevuto il 25.6.1765. Sul retro del documento c'è scritto: «Continuation of the Account of Trade & c.».

vince) is reserved, let the Harvest be ever so plentiful, for Home consumption, and chiefly for that of the City of Naples.

The Exportation of Grain from the Kingdom od *Sicily* is much better regulated than in this Kingdom being under the direction of a court called *La Camera del Real Patrimonio*, who after due examination and computation of what is above Home use and consumption, grants without delay the Exportation.

This better regulation also proceeds from the great Conveniency of Granary's established in their respective Ports. Every body is at liberty to deposite what quantity of corn he pleases (provided it is of the quality presented by Law) in these Granary's call'd *Caricatori*, paying only the expence of carriage by land, and credit is given in the publick Registers for the quantity of measures call'd *Salme depositate*, and a Receipt given. Then the Owner without being at any charge or expence during a whole Year may sell either at Home or Abroad by endorsing the receipt just as if it was money deposited in a Bank.

By the conveniency of these *Caricatori*, which is very great, the Owner, is at no expence and need give himself no trouble for the preservation of his Corn; The Government take all the risk, every expence and trouble upon themselves, and in compensation enjoy 6 or 7 p.^{r} Cent profit by the Corn's increasing in bulk in the Granary's, and by the duty on Exportation. This Institution is realy worthy of immitation, but even this Kingdom, (who are by woeful experience convinced of the utility of such Granary's and, have felt the want of them) has not follow'd the example of Sicily, and does not seem to have a thought about it.

In Sicily there are fewer formality's in the Exportation of corn than in this Kingdom, The Price is always the same, and the exportation, when the Harvest is such as to permit it, is not easily retarded or prevented by private interest, as it often happens at Naples to the great Loss of Trade; and the Merchants here can much better ascertain their transactions, and all their undertakings relative to Exportation.

Sicily produces great quantity of Barley and Pulse of all sorts for Exportation, there are neither Oats or Millet, tho' both might be produced; Bird Seed, even for Exportation, it produces.

The Ports in Sicily from whence such Articles are exported, are *Scoglietti, Licata, Sciacca*. All her sorts of Grain and a quantity of Kidney Beans are exported from *Scoglietti* and *Palermo*, broad Beans and several other sorts of Pulse, from *Termini Palermo Girgento* and *Licata*.

Sicily does not produce any Turky Corn, she is provided with this

Article by some provinces of Naples that produce a great deal of it, especialy *Terra di Lavoro* or else by Lombardy and the Venetian State.

Oil

Oil is a Trade of great importance to these two Kingdoms, the Provinces of Naples that make the most for Exportation, are in *Puglia* the Ports of *Bari, Bisceglia Mola Trani* and *Monopoli*.

In the Province of Lecce most is exported from *Brindisi Taranto* and *Gallipoli*, but chiefly from *Gallipoli* as no Port in the Kingdom has so many, and such large Cisterns. There is a great demand for *Gallipoli* Oil in England, where it is found very good (perhaps the best of any) for her Cloth manufactures. *Calabria* Oils are shipp'd chiefly from *Cotrone*, *Cassano* and *Reggio* they are also exported from other places but not in large Vessels, there being no other good Ports.

Sicily also, produces great quantity of Oil it is exported from *Melazzo*, *Oliveri, Pittineo* and *Palermo* but chiefly from *Melazzo*.

Wines

Both these Kingdoms produce and export great quantity of Wine, but might export much more, if they wou'd practice the method France and Tuscany make use of for securing it against the injury's of the Sea, and if the dutys on Exportation, especialy in this Kingdom were lower, and if the Navigation to distant Parts, particularly through the Streights of Gibraltar, was not Obstructed by the Barbary Cruizers.

The Provinces of Naples that export the greatest quantity of Wine are the *Terra di Lavoro, Calabria* and *Puglia*, it goes chiefly to *Genoa Leghorn* and *Trieste*.

The Wine of the Island of *Ischia* bears the Sea better than any other, and from being strong, unpleasant and of very low price, becomes good and Pleasant, and is well sold. This Island produces a great quantity.

Wines of all sorts, & goodness are also Exported from *Sicily*, the places of lading are *Catania* (a place that has her own Wines calld *di Mascara* under *Mont Gibello*) *Siracuse Castel Vetrano. Marzala, Castel a Mare del Golfo, Alcamo* and *Melazzo*, from which Coasts much Wine is exported out of the Kingdom, for Genoa, Leghorn, &c. Brandy is exported in much greater quantity from Sicily than from this Kingdom, because it is not there, as here in *jus-prohibitivo* but free, which is well immagined, the exportation of it being more advantageous than that of Wine. A vast quantity of it goes from Sicily to Venice not withstanding that they have Wine in Plenty of their own.

Cheese

Sicily makes a much greater quantity of Cheese (especialy for Exportation) than the Kingdom of Naples, and the greatest part is exported for the consumption of the City of *Naples* and the *Terra di Lavoro*, it is of two sorts one white made of Goats Milk the other Yellow call'd *Casci Cavalli* – which is made of Cows milk and sold by retail at Palermo, one third less than in Naples.

All Cheese made in the Provinces of Naples is for Home consumption.

Salt Meat

The Kingdom of Naples make as well for home consumption as for Exportation a great quantity of Salt or Pickled Pork, the best in quality is made and exported from *Abruzzo* and *Calabria*, a great deal goes to Sicily, where, notwithstanding that they have many Woods and every requisite, they have not found the method of fattening Hogs.

Salt Fish

Sicily Salts a great quantity of Fish particularly of *Tonno*, which they export not only for the use of this Kingdom and all Italy, but for other Parts, and the fish is shipp'd in the very places where it is caught and Salted, particularly on the coasts near *Palermo* and *Trapani*.

Great quantity of Anchovies and Sardines are also exported from Sicily, especialy from the neighbourhood of *Messina Catania* and *Palermo* for *Naples Leghorn Genoa Civitavecchia* and *Marseilles*.

Woolen

Wool is a Trade of the Kingdom of Naples, the greatest quantity and best in quality that is exported, is of *Puglia* first sent to *Manfredonia* and from thence shipped for *Venice Padoua* and other parts of Lombardy, some is exported by way of Naples into France paying the same duty as if enter'd from *Foggia* to *Manfredonia* and this by a late Privilege. The greatest part however of *Puglia* or *Foggia* Wool and also of some other Provinces is consumed in Manufactures of common and half Cloths, and other woolen articles, not only for the Use and consumption of the whole Kingdom (which is very great) but for Exportation, and this Trade might be much more considerable, was it not cramp'd by the duty's upon exportation, even of Manufactured Articles that have been already liable to duty's in their raw State.

Many here brag of the *Puglia* Wool being of such a Perfection as to be capable of being manufactured into fine Cloths, equal to those of England, which is very far from being true.

Puglia

Puglia Wool is mostly used for the Knit Manufactures in Lombardy and elsewhere, for Stockings Caps &c. as also for flanells, or mixed with *Padoua* Wool to make the Padoua Cloth's call'd, *Saje di Venezia*; which are but of a middling quality in comparison of what is made of pure Padoua Wool, which is the best in all Italy. enshort cloths made with the best Puglia Wool are but of a middling quality compared with the Forreign half Cloths.

The greatest Manufactures for *Cloth* Flanells and Baize, are in *Arpenino, Sora, Piedimonte, Avellino, Atripalda, Cava, Naples* and *la Costa*. the greatest Manufactures of Knit are in *Puglia*, especialy at Bitonto, where they make some Stockings so fine, as to be sold for 18 Carlins the Pair.

Sicily produces but little Wool, and what it does produce is but of the common Sort, the Country being full of Mountains and Precipices is only fit for Goats which are the chief Cattle, of whose hair they make great use for the Clothing of the Peasants.

Woolen goods of all sorts she imports from foreign States, and some from this Kingdom.

Silks

More than a million of Pounds, either of raw, thrown or wrought Silks are yearly exported out of this Kingdom into *France Genoa Leghorn* and *England*. but the greatest part into France. The raw Silk exported out of this Kingdom exceeds in quantity that, which is Manufactured either for Home or Foreign Consumption, This can not be call'd an Advantageous Trade tho' a Trade of Exportation, but rather a Trade of Negligence and Necessity and an effect of idleness that induces them to sell the Silk as a product of Nature, when they might dispose of it in all parts of the World after being Manufactured, to the great advantage of the State, and would also releive numbers from the Poverty and distress they at present labour under by giving them Employment.

This misfortune proceeds from two causes, the first, that Exportation of Manufactured goods is not free, and the other that they can not find the method of prohibiting (as Sicily did some Years ago) foreign Manufactured Silks being imported, and France actualy supply's them with several articles manufactured with the very same Silk exported out of this Kingdom in its raw State.

There is in Naples an excellent Manufacture of Stockings knit with raw Silk call'd, *Maglia di Vicenzo Trasparenti* for which there was formerly a great demand from all ports, but the duty's laid upon them since the year 1749 have caused that exportation to decrease very much.

The Silk Weavers in Naples are more industrious in imitating new fashioned foreign Silks, than the Sicilian Weavers.

Great quantity of Silk is produced in Sicily, chiefly in the Province of *Valdemone*, and next to corn is looked upon as their greatest riches, Merchants may be supplied with a million of Pounds Yearly; it is all brought to *Messina* and *Palermo* from which Ports and especialy from that of *Messina*, is exported into *France Genoa* and also by way of Leghorn into *England*. Great quantity also is manufactured in the Kingdom into variety of Articles, such as Lustrings, Taly's, Handkerchiefs &c, and exported from *Palermo* and *Messina* but chiefly from the last to the Levant viz. to *Smirna, Constantinople, Salonique, Morée, Egypt*.

Flax, Hemp and Cotton

These three Articles are in greater plenty in the Kingdom of Naples than in Sicily. The Province of *Terra di Lavoro* produces the best and the greatest quantity of Flax, so that Linnen of all sorts might be made if encouragement was given, instead of which great quantity of foreign linnen is daily imported. Hemp also of a very good quality is in greater plenty in this Province than in any other and is exported out of the Kingdom.

The Provinces of *Bari Lecce* and districts of *Tursi* and *Gravina* produce great plenty of cotton, *Calabria* produces some also, in plentiful years some is exported from *Bari* to Venice.

In the Province of *Lecce* Cotton is of a very good quality, and they have some manufactures of it, but more for Home use than for Exportation.

Dried Fruits

In the Kingdom of Naples there are a great quantity of Almonds particularly in the Provinces of *Bari* and *Abruzzo*, At Bari they are of a better quality, and there they make the best *Ambrosina* great quantity of which goes to *Venice* and *Trieste*.

There are also plenty of Almonds in *Sicily*, particularly in the neighbourhood of *Girgento*, which are exported from *Termini, Palermo,* and *Messina* to *Venice Trieste Genoa* Leghorn, the *Levant, Marseilles* and to Naples, when the Crops have fail'd there.

This Kingdom abounds with Raisins, chiefly in the Provinces of *Calabria Citra* where they prepare the best *Zebibbo* and they are exported in quantity's from all the Coast but chiefly from Belvedere, for *Venice, Genoa, Leghorn, England* and *Holland.*

The Island of Lipari produces also quantity's of those raisins call'd *Zebibbo* but inferior to those of Calabria, these with a quantity of Currants are exported duty free to *Venice, France Genoa Leghorn Trieste England* and Holland.

Sicily only produces *Pistachos* and exports them to *Venice Genoa Leghorn, Naples* and *Trieste.*

Carobbe (sort of Pods that grow on a large tree and are eaten here and given to the Horses) are exported from Sicily and also from *Calabria* and *Bari* in the Kingdom of Naples.

Manna

The Kingdom of Naples produces great quantity of Manna, especialy on *Mount Gorgano* and in Calabria, that of *Gorgano* is the best and in the greatest quantity, and from thence chiefly is exported to *Venice* and some by way of Naples into *England. France* and *Holland.* that of Calabria is of an inferior quality, and is exported to the same Places.

Sicily also produces Manna but not to be compared to that of *Mount*

Gorgano, it is produced chiefly in the districts of *Capace Carini* and *Favorotta*, and shipped for *Leghorn Genoa* &c *Capace* and *Carini* produce the best much is also exported from the free Port of *Messina* for Venice and some for the *Levant*.

Manna is not in Sicily as here at Naples in *jus prohibitivo*, but only liable to common duty's. These *Jus prohibitivi, Farms* &c are the ruin of Trade in the Kingdom of Naples.

Saffron

The Kingdom of Naples only produces Saffron and is gather'd in the Provinces of *Abruzzo Ultra* where it is call'd *Saffrano dell'Aquila*, great quantity is exported to *Venice* and other parts, also into Sicily, and much more might be exported was it not for the abovementioned clogs upon the Trade of this Country.

Soda

Soda which is used in the Manufacture of Glass is produced in the Kingdom of *Sicily* only, and particularly at *Catania Terranuova* and *Scoglietti* on the South Coast, the best from *Scoglietti*, it is exported to *Venice Genoa Marseilles Leghorn* and *Trieste*.

Salt

Common Salt is a very important Article of Exportation in these two Kingdoms, much is exported from the famous salt pits of *Barletta* in the Kingdom of Naples, for the use of the *Venetians*, the Subjects of the Pope, and those of the House of Austria in Italy. but as the Venetians (it is said) have now good Salt pits of their own in *Cefalonia*, where they load 40 or 50 Ships Yearly, it is probable that the Venetian call for Salt from *Barletta* and *Sicily* will be much less.

There are many Salt Mines in Calabria (call'd Saldi Monte) but the use of it is forbidden, or at least under great restriction.

Sicily has her Salt Pits in *Trapani*, they are the best, both as to quality and quantity, exceeding in grain, whiteness, and weight any other Salt of this Country.

Ships from all ports come also to load at the Salt Pits of *Augusta Spacaforno* and *Cammarata* and as they are always bound to the very same Places where the Salts of Barletta are imported, gives reason to immagine that the Kingdom of Sicily exports more Salt than the Kingdom of Naples.

It is very remarkable that while in Naples and in almost every State Salt is a principal revenue of Government, in Sicily that Article is free from all sort of duty whatever, the Sicilians chusing rather to pay heavy Taxes in their chief City's of *Palermo* and *Messina*, upon bread meat and Wine, than to lessen that heavy duty upon these articles of the first Necessity, by laying a Small Tax upon Salt for their Home consumption, neither cou'd they ever (tho' they have often attempted it) find out a method of establishing Salt as one of the most important Articles of Exportation.

Sumaco

This Article which is used in the dressing of Skins is peculiar to *Sicily* & is exported from that Kingdom for *Leghorn*, *Genoa*, *Marseilles*, *Rome* and sometimes for *Spain*. The best is that of *Alcamo*, *Castel a Mare del Golfo*, and *Moreale*, and is loaded in the Port of *Palermo*.

Lemon Juice

Sicily is almost the only place for this Article, a great quantity is exported from thence for *Venice*, *England*, *Holland France*, *Leghorn Naples* and *Trieste*.

Rabbets Furr

This Article is almost entirely a Trade of Sicily from whence a great quantity is exported to *Venice Genoa Leghorn* and *Marseilles*. There is also Hare's Furr but less in quantity and Cheaper.

Rags

Great quantity of Rags that are used to make Paper are exported from Naples but more from Sicily where they have not yet learned the Art of Manufacturing Paper, but are obliged to supply themselves from Naples (in which Kingdom they make great quantity both for Home use and for Exportation) or from the Genoese to whom Sicily sends her Rags to be Manufactured.

Brimstone

Altho' the Kingdom of Naples makes Brimstone in the *Solfa Terra* of *Puzzuolo*, yet as the quantity they make is not great, and is of an inferior quality only fit to burn, a great deal is imported from Sicily and the Popes State for the making of Powder.

Sicily produces Brimstone in quantity and of a good quality, it is made towards *Mazzarino* and from thence brought to *Terra Nuova* and *Dusili* where it is shipped for *Venice Leghorn* and *Marseilles*.

There are several other Articles exported out of these Kingdoms such as *Hazel-Nuts Gall Nuts*, *Lineseed Oil Pitch Tarr*, *Turpentine* and *Woods* of all Sorts.

I have the honor to be

My Lord

Your Lordships
most Obedient and
most humble Servant
W:ᵐ Hamilton

To the R.ᵗ Hon.ᵇˡᵉ Earl of Halifax[9]   Naples June y:ᵉ 4.ᵗʰ1765

My Lord,

I have the honor of enclosing to your Lordship the continuation of
an account of the Trade of these Kingdoms, hoping that your Lordship
has received my two former letters upon that subjects dated the 21.ˢᵗ and
28.ᵗʰ of May 1765.

Orders for a reform in the Troops of His Sicilian Majesty are just
given out, and I shall now have an opportunity of sending Exact Lists
of the Army and Navy of these Kingdoms for your Lordships information...[1]

Article 3.ᵈ

What are the Chief Products of Nature and Art, and by whom the greatest Trade of Importation is carried on

The Trade of these two Kingdoms being as has been said, a Trade of
meer Necessity, they are forced to receive whatever comes from the
Markets of all other nations of a superior Trade, that is to say superior
from being carried on with diligence, judgement, and advantage.

The goods received by the Kingdom of Naples are

From England

All Sorts of Cloths, Durois, Camlets, Flanells, and several other
Woollen Manufactures, several Worsted Articles, as Stockings &c and
Hats, which amount to a considerable Sum at the end of a Year. All
Sorts of Hard Wares and a number of Watches, which two last Articles
are in higher esteem than those of any other part of Europe. a great
quantity of Lead and Pewter, large Bales of Pepper, several woods for
Dying and other Druggs the product of America and the East Indies.

A great quantity of Irish Hides is consumed at Naples also Herrings,
Pilchards, and other Salt fish.

---

[9] PRO,SP93\21, 111-119; dispaccio ricevuto il 25.6.1765. Sul retro del documento c'è
scritto: «Continuation of the Account of the Trade & c.». La lettera di accompagnamento all'Articolo 3 continua con un paragrafo dedicato alla morte del Barone Werpup a
Roma.

From Holland

These two Kingdoms receive from Amsterdam Cloves, Nutmeg, Cinnamon, Pepper, and several Spices and Druggs from the East and West Indies. Some sorts of fine Cloth especially that called Black Segovy that is in great use here. A great quantity of Dutch and Brabant Linnen, Muslins. Calancha, and Chints of all sorts and colours. Cacaos called di Caracca, Whale bone, Havanna Snuff, also some Articles of Hard ware and Herrings.

From France

Several sorts of Brabant and other Linnen, from Marseilles, America Sugars which are imported in greater quantity than all other sorts, the consumption of which Article in the Kingdom of Naples alone is thought to be greater than in all the rest of Italy. Several other American Articles such as Indigo Coffee, Woods for Dying, Rhubarb, Baccalà.

A Kind of Verdigrease that is made in the neighbourhood of Marseilles, some Druggs from the Levant and the west. From the East Indies and China, Tea, and also some Cacao, and some Hard wares made in France. Several Silk Stuffs of the newest fashions made in Lyons, Amiens, Baize, Elbeuf Cloths, Hats, Linnen &c. tho' now as to Hats, those of German Manufacture are in greater esteem than those of France.

From Portugal

Great quantity of Brasil Sugars are imported from Lisbon when the American Sugars are dear. Tobacco of which there is a great consumption here, a great quantity of Cacao del Maragnono, several Brasil Druggs, and some Hides are also imported from Lisbon.

From Venice

Several important Articles come from Venice, and the Terra Firma, Books in great quantity's, Looking Glasses of all sorts, double Cristals of the Bohemia Pattern but cheaper, and Window Glass.

Several Padova Cloths called here *Saje di Venezia*, much used in the Provinces, fine Verona cloths thought equal to those of England called here Londrine. Several Scarlet Cloths, but more for the use of the Pro-

vinces than of Naples where they have introduced the English and Dutch
Scarlets that cost something less than those of Venice, but the colour not
so good, Stockings, Caps, fine hats, but more for the use of the Provinces
than for Naples, Worsted Breeches and Stockings &c made of Padova
Wool, of a good quality and cheap Wax Candles, and other such articles
of Wax, for the use of the Provinces, refined Sugars thought to be the
best in Europe, and Linnen called Sangalline. All Physical Druggs, the
Venetians being famous for having the best assortment of them, and of
the best quality, sparing no expence either in the purchasing of Druggs,
or in the manufacturing of their Wax, and refining of Sugar. They lay
in a great stock of Goods which they purchase from all parts with
judgement and at the proper season, so that it answers better for Places
of an inferior Trade as these Kingdoms are, to import them from Venice,
than from England or Holland. The Druggists particularly have often
their Cloves, and Cinnamon from Venice. Colours of all sorts both of
the Venetian Manufactury and from the Mines of Verona, great quantity
of Cinabar, Quick Silver, Vitriol, Steel &c. great quantity of red and
yellow Copper, Iron, and Iron works of all sorts, Nails of German
manufacture, and also nails and fire Arms of Brescia manufacture, also
many other German Goods.

The best Paper of Italy is made at Venice, it is however but little used
except in the Provinces belonging to the King of Naples in the Adriatick,
and some in Messina.

The Adriatick Provinces import a much greater quantity of manufactured Articles of Dress than any other Province or even Naples itself.
Also a great many Toys and Silks of new fashion, all of which Naples
might supply was it not for the heavy duty's on Exportation of Silks
&c. Almost all Articles from Germany such as Linnen, worked Iron,
Nails, red and yellow Copper, Brass, Vitriol, that might come from
Trieste, are generally imported by those Provinces from Venice, because
they can depend upon their commissions being executed, and receiving
their Goods in due time for their Fairs; which they could not do from
Trieste.

From Trieste

The provinces of Abruzzo, Bari, Lecce, and Calabria receive their
Iron Rods from Trieste, when the Iron Farmers of these Provinces give
their commissions which are executed in the lump and consequently

very expeditiously. Naples and the neighbouring Provinces doe not receive their Iron Rods from Trieste but from Sweden, Denmark, England and Russia. As to Steel Naples receives it from Trieste loaded in Ships of any nation as it is reckoned that more than 1800 English Quintals of it are yearly consumed at Naples, 800 in Calabria, and as much in Abbruzzo, the whole Kingdom of Naples receives from Trieste more than 4000 Quintals of Steel every Year, the whole commissioned by the Farmers of Iron who have reserved to themselves the right of commissioning and procuring it for Naples and the respective Provinces.

As to sorted Iron Articles for Naples and her Neighbouring Provinces there comes every Year 100 Tunn of 6 Quintals each, 700 quintals of Iron in Plates 1200 quintals of great Wire, 400 quintals of small Wire and 20000 Pounds in Pans. These Articles are imported Yearly by Merchants from Trieste and not by the Farmers of Iron. These Articles it is computed exclusive of Steel, and Iron Rods, amount to 30000 Ducats Yearly. It is not above twenty years that Trieste supplys those Articles which used to come from Venice, besides this, Trieste supplys 10000 Pounds of Hungarian Copper, 30000 Pounds of Tyrol Brass, and some of Cratz.

Naples receives also from Fiume two Cargoes of Molasses Yearly.

Deal Boards and Fiume Linnen are brought into the Provinces of Bari and Lecce by Austrian Ships that come to Barletta to take in Salt.

Formerly in the two Fairs of Salerno and Aversa there used to be 150 Bales of Fiume Linnen, but from the year 1750 there are scarce 10, owing to the improvement of Linnen manufactures in those Provinces.

From Ragusa

The Provinces of this Kingdom especialy la Puglia receive Hides of all sorts landed in Brindesi and Barletta, and a great quantity sold even upon Credit. Yellow and white Wax that is reckoned better than from any other Place, a quantity of Wool and undressed Skins are also imported to Puglia from Ragusa.

A grat quantity of Anchovies and Sardels come to the Fairs of Manfredonia and Molfetta, and what is very extraordinary the Raguseans seldom export any of the Products of this Kingdom, which they might do with advantage enjoying the Port of Barletta, which is free for exportation.

Naples receives from Ragusa a much greater quantity of yellow Wax amounting to about two hundred and fifty Thousand Pound weight in a year, also a great quantity of half dressed Skins and Sclavonia Wool, all these articles are the Product of Lower Turkey, where the Raguseans at the desire of the Sellers, who are not easily admitted into this Kingdom, buy them upon credit; and they export in return scarcely any thing out of this Kingdom but money of all sorts of coin, especialy forreign and Spanish Pistoles, which they afterwards recoin in their own Mint with allay and in the Turkish fashion and with them they pay for the above-mentioned Articles, by which they have very great profit.

From the Levant

This Trade with Naples and her Provinces is almost reduced to nothing, the heavy duty's on Exportation of goods and especialy of Manufactured Silk are too great an Obstacle to its being carried on Directly from the Levant nothing comes here but Capotts of a Course Cloth, and Morea Cheeses, and some provisions when the harvest is bad here. All other Products of the Levant are imported to this Kingdom from Venice, Genoa, Marseilles, Leghorn, and sometimes from Messina, according to Prices and Circumstances.

From Genoa

Naples receives only such Articles as proceed from the concern Genoa has with Spain and Portugal in their American Trade. Some fine Velvets, whose perfection can not be as yet attained by her own Manufactory. Some Iron, middling and small Nails, a small quantity of Spanish Wool only for making of Common Hats which turn out very good, some quick silver on account of their former Treaty with the House of Austria, also some great Nails for Ships and Anchors, all made at Savona, and some German Linnen.

From Leghorn

For Forty Years past Naples has imported but very little from Leghorn to what she did before, the Merchants and even the rich Shop-keepers now have their Commissioners every where abroad and procure their Goods from the first hands and growth. Some products of nature of the Levant and of the west are still imported from Leghorn but as to the manufactures of England, France, and Holland all comes directly

from thence, and if some manufactured Silk happens to come from
Leghorn it is only what proceeds from the Manufactures of Florence
and is only for Transit, Naples still receives several African Articles from
Leghorn such as Tunisean Woollen, Wax &c.

From Petersbourg

Some Cargoes of Leather, Wax, and Iron.

From Morea

A great quantity of white Cheese somewhat inferior to that of Sicily
but cheaper, and also some Corn and Oats when the Harvest happens
to be bad here.

From Sardinia

Great quantity also of white Cheese better than that of Sicily.

From Germany

Supposing the States of Germany nearest Italy divided into East and
West, setting Vienna in the Center, then all the natural and Artificial
products of Western Germany when commissioned directly from hence
pass by Transit to Verona and then to the Port of Chiozza, whatever
comes from Zastern Germany, Vienna included and also from Hungary,
Bohemia, and Croazia passes by Transit thro' the Austrian Country to
the Port of Trieste
This Transit was established by the roads being repaired and made
shorter in the reign of Charles the **VI.** which makes it more commodious and less expensive to the Merchants than the former roads, one
of which leads to Venice and Chiozza, and the other from Venice to
Mestre. This is the basis of the Trade and Transit of Trieste for Vienna,
Hungary, Bohemia and other parts that are to the East of Germany.
The road of the Venetian State by Bolzano, Verona and Chiozza answers
much better than that of Trieste, by the assistance of the River Adige.
which is a great benefit to the Venetian Trade with almost all Germany,
Flanders, Holland, and England especially as it is also assisted by the
Rhine.

Naples commissions German goods in Venice and Trieste. The Articles that come from that part of Germany that relates to Trieste, are Iron goods of several sorts, Bohemia Cristals, Bohemia Coach glasses, a little cheaper than those of Venice. Naples imports very good Hats of a new Manufacture in Vienna, as also Quick silver, Steel &c.

The Articles imported from that part of Germany that relates to Venice, are Linnen of several sorts, Leather, Painted Linnen of a Common sort, Hard wares, several Manufactures of Augusta and Nuremberg, red and Yellow Copper. Those Articles whose weight in respect of their value is inconsiderable, such as Quick silver, and Silesia Linnen, come more by way of Venice than of Trieste.

From Sicily

This Kingdom imports from Sicily white Cheese, and Casci Cavalli, Salt Fish, such as Tarantelli, Tonnine, Mosciami and great quantity of Anchovies, Soda used in manufacturing glass, Rabbits Furr, Bird Seeds, and Corn & Oats, when the Harvest is Bad here and good in Sicily. Sicily receives from Foreign Country's the same goods that Naples does, with this difference only, that Sicily does not commission Goods directly from England, Holland, France, or Spain, but procures them from the second Hand at Leghorn, Genoa, and Venice, sometimes indeed she buys her goods from the first hands, by Foreign Ships that come occasionally to load Commodity's of this Kingdom. So that the importation of Commodity's from the first hands, and the exporting their own Commodity's depends entirely upon chance. which shews their Consummate ignorance in Trade.

From Naples

Sicily receives almost all sorts of Goods and particularly articles of dress, which Naples imports directly from England, France, Holland, Venice &c. and with which the Custom Houses of Naples are always full, having the advantage of Transit as at Genoa and where Goods may lay a Year, and if the Merchant can not sell them to advantage in that time he may export free of duty. So that the Shop keepers of Sicily and especialy those of Palermo find their advantage in sending their Orders for such goods at Naples, where they enjoy a longer time than in Genoa and Leghorn. besides that the Exportation from the port of Messina is liable to one p.ʳ C.ᵗ Duty.

Sicily receives from the Provinces especialy from the Fairs of Salerno, Cloths and other woollen Articles of the Kingdom as Baize, Flanells, Caps, Stockings &c. Common Hats of Fravolla, Cava Linnen, several Articles of Naples Manufacture such as Silk Stuffs made after the French Fashion, Silver and Gold Laces. She receives from Calabria Timber of all sorts and Deal Boards of an inferior quality to those of Trieste and Venice, Pitch, Tarr &c. and from Naples some Porcelain of Naples and Vietri Manufacture and great quantity of books printed either in Naples or Venice.

From Trieste

Palermo sometimes receives in chance Austrian Ships, Timber, Iron Wares, German Linnen, but not by Commission. Messina and Trapani receive from Trieste Timber in great quantity, Iron Wares, Copper, Silesia Linnen, Fiume Linnen, Glass Vitriol, Bohemia Cristals, German Hard Wares, and several other German Articles.

From Venice

The same Articles as Naples receives, and when the Harvest of Turkey Corn is very great, Sicily especialy Messina imports a great many Cargoes of it.

From Leghorn

Sicily every where but especialy in Palermo and Messina, receive great quantities of French Sugars and Articles of Dress of English, French and Dutch manufacture, Alexandria Flax, Hides of all sorts, Iron wares, and all Goods that come from England, France and Holland, Common Hats, Cotton of the Levant Smirna and Affrica Wax, Tunisean Wool. In Messina they say that Leghorn is the most convenient place for their Trade in general.

From Genoa

Palermo and Messina receive from Genoa all sorts of Portugese and Spanish Merchandise, German, Dutch and Flanders Linnen Iron Ware of Finale, Nails of all sorts, Common Hats of the State, and foreign fine ones, coloured leather, Velvets of Genoa manufacture, and all such foreign Articles as come from Leghorn, except Alexandria Flax.

From Marseilles

Hard Wares, Toy's, Durois, Baize, Elbeuf Cloths, and other goods of French Manufacture, American Sugars in great quantity, Cacao, Coffee, Indigo and other articles of North America. All English Articles come more to Sicily from Leghorn than Genoa, and French Articles more from Genoa than Leghorn.

From Spain and Portugal

Sicily has by direct commission no connexion with Spain or Portugal, she only receives Goods from the first hands when those Country's happen to want Corn, or Oats, when the Ships bring money in 36 Shill.g Pieces, Pistoles &c. and goods at venture, the Spaniards such goods as Cacao, Indigo, Cochineal, Hides American Druggs, and the Portugese, Brazil Sugar, Cacao del Maragnone, Vaniglia Hides Elephants Teeth, Tobacco, and Brasil Druggs.

From Amsterdam

Sicily has no Trade directly with Amsterdam, it is very seldom that any Sicilian Merchant gives a Commission there, rather chusing to receive their Goods from Leghorn &c as has been said before. The Dutch send their Commissions to Palermo, and Messina for Manna, Juice of Liquorice, Orange Peel, Anchovies, and other products of Sicily with Orders to send the goods to Leghorn and Genoa.

From England

Sicily with regard to her Trade with England, acts much in the same manner as with Amsterdam.

From the Levant

Messina only receives Hides, and a quantity of Alexandria Flax, which two articles, tho any body is at Liberty to order them, must absolutely be sold to the Messina Company, she receives also Smirna and Constantinople Wax, Smirna Silk, Rags, Carpets and Capotts.

I have the honor to be

My Lord,

      Your Lordships,
      most Obedient and
      most humble Servant
      W:m Hamilton

To the Earl of Halifax[10]   Naples, June 11.[th]1765

My Lord,

I have the Honor of enclosing to Your Lordship in a Separate letter the 4.th Article relative to the Commerce of the two Sicilies being an account of their Current Coin, which will be necessary to explain some Estimates of the Expence of the Army and Navy of his Sicilian Majesty which I am preparing to send also as soon as I have transmitted what I have collected upon the State of the commerce; and Your Lordship may be assured that I shall spare no pains in endeavoring to obey His Majesty's commands in every particular, as signified to me in Your Lordship's letter of the 26.th of March 1765...[11]

Article 4.th

Of the Current Coin of the Kingdom of the two Sicilies

In all accounts Charter Party's Public or private Stipulations in the Kingdom of Naples the expressed money is always that of the Silver Ducat, which is worth 100 Grains of brass, and is divided either into Ten Carlins, into five pieces called *Tarì*, into two half Ducats called *Patacche*, or into 20 pieces of five grains each called Half *Carlins*.

There is then the Twelve *Carlin Piece* that is worth 120 grains, and is divided into two pieces of 6 Carlins each, into five of 24 grains each, and into Ten of 12 grains each. There is also a 13 Carlin Piece, which is worth 132 grains, and is divided into two pieces of 6 Carlins and 6 grains each, also into five pieces of 26 grains each, and into two of 13 grains each.

All the Silver Coin of the Kingdom of Naples small or great is the same Allay viz of 11. Ounzes of fine Gold in a Pound. they have no small money of two metals or with a great deal of Allay, under the value of the 4.th part of a Ducat.

The Ducat of Naples weighs 492$^1/_2$ Grains, and the ounce being 600.

[10] PRO,SP93\21, 141-145v.; dispaccio ricevuto il 2.7.1765. Sul retro c'è scritto: «Continuation of the Account of the Commerce & c.».

[11] La lettera di accompagnamento all'Articolo 4 continua con la descrizione della partenza di Philip Changuion, segretario di Sir James Gray, e «Chargé d'Affaires» in sua assenza prima dell'arrivo di Hamilton a Napoli.

Grains, it will be found for every 12 ounces of Silver that there are 14.122/197 Ducats, and upon this principle the weight of any other Neapolitan Money may be computed.

The Copper money in Naples is the Grain, which is divided into half called *Tornesi*, into three parts called Quattro *Cavalli*, into four parts called Trè Cavalli, into pieces of 3/4 of a Grain called Nove *Cavalli*, in a word the Grain consists of 12 Cavalli. The weight of a Grain is the third of an Ounce.

It is not much above twenty years since they have began to coin Gold with the same allay as the Italian Pistole into pieces of the value of Six Ducats each, of 4 Ducats and 2 Ducats each, and as the Pistole Gold is valued even by Law at 18 Ducats the Ounce the Pistole being the third of an Ounce in weight, it follows that the Gold Coin of Six Ducats weighs a third of an Ounce, that of 4 Ducats 2/9, and that of $2.\frac{1}{9}$ of an Ounce.

Notwithstanding that Common Gold like that of 22 Carrats or thereabouts and Pistole Gold for the use of Jewellers and Goldsmiths, and other Gold in proportion has rose within these forty Years in the Nations of a Superior Trade yet Naples keeps it always at 18 Ducats the Ounce the price established in the Year 1690. And notwithstanding also that Gold in Zecchins, has been raised 7 or 8 p.r Cent. it follow's then that it does not answer for Naples to Coin with Pistole Gold, neither do they, except when they receive Pistoles from Spain, which happens only from accidental Political Causes, and not from Trade.

If they were to coin a great quantity of that Gold it wou'd only enrich foreign Country's of a Superior Trade, where it must go, especialy if a Scarcity of Corn should happen which is the reason that Gold is very scarce here at present.

In Sicily the Money expressed in Accounts, Charter Party's, or Stipulations, is the Onza an imaginary Money whose fixed value is 30. Tarì of Silver.

The effective Money of Sicily is the Crown divided in 12 Tarì, the Half Crown consisting of 6. Tarì, the Crown is also divided in three pieces of 4 Tarì each, and into 4 of 3 Tarì each, and into 6. of 2. Tarì each.

The weight and Allay of this Sicilian Coin is the same as that of Naples, the Stamp only is different, The Sicilian Crown answers to the 12 Carlin Piece of Naples, the Half Crown to the 6. Carlin Piece, and the 2 Tarì Piece to one Neapolitan Tarì. The Sicilian Silver coin is current at Naples as is that of Naples in Sicily. The Sicilian Gold coin goes also in Naples but not the Copper.

The weight of the Sicilian Copper coin is the same as that of Naples, with this difference that the Half grain of Naples called Tornese is a Grain of Sicily, all the Copper coin of Sicily are grains and half grains, they do not make so many superfluous divisions as at Naples.

The Gold Coin of Sicily consists of the Onze d'oro made with Pistole Gold of 22 Carrats and they weigh the 6:th part of an Ounce so that if the Pistole is valued 45. Tarì, the Ounce is worth 30. Tarì, or 30 Carlin's of Naples they Make 6 Sicilian Onze d'oro out of a Spanish Doubloon, and when coined the weight of the 6 Onze's is the same as that of the Doubloon.

Sicily has a great deal more Money in Ounces than the Kingdom of Naples, because when the Harvest is bad in Spain and Portugal they send their Ships there to load Corn and Oats, and as the forced exchange of third places is too disadvantageous they pay for their Corn in 36 Shilling Pieces and Pistoles, by this means the Mint of Palermo is much more employed than that of Naples to the great advantage of their Trade, But as the Pistole Gold in Sicily the same as at Naples is valued at the antient price of 15 Crowns or 18 Neapolitan Ducats, the Ounce, which is lower than that of Zecchin Gold whose value is risen in these two Kingdoms, and lower than the price it bears in foreign Country's it follow's that the Sicilian Ounces are carried out of the State. In 1758 it was discovered in Palermo that those who farm the Mint, had for the Space of Seven Years lessened the goodness of the Ounces and the Government in great Consternation was preparing to melt down the Gold and supply the deffect with what the Offenders had been made to refund, imagining that from this and the rise of all Foreign Articles the Trade of Sicily was ruined. M.r Broggia who was then in Palermo was consulted upon the most proper expedient for new coining, but this Gentleman made it appear there was no danger to be apprehended from what they thought such an evil, that the high price of Foreign goods was owing to the War between England and France, and that the fraud in the Mint was almost compensated by the Gold of the Sicilian Ounce being valued less in Sicily than in other States, and that this fraud had caused a good effect in preventing so many Sicilian Ounces from being exported to Foreign Country's, especialy to Rome for the making of Zecchins. At length the resolution of new coining was laid aside, tho' they even now dispute about it, notwithstanding that experience has proved it to be no evil, As the Sicilian Ounces not only in Sicily but in Naples and elsewhere are willingly taken at the usual price of 30. Carlins, and are considered as Pistole Gold, neither indeed is there more difference in this Gold than what brings it upon a Par with that of other Nations.

The most accredited Foreign Money in Naples and Sicily are of Gold, Spanish Pistoles, Portugal 36 Shill.ᵍ Pieces, Venetian and Florentine Zecchins, but few of which are to be seen here.

The Foreign Silver coin is very little current either in Naples or Sicily, and what is brought by Foreigners fall into the hands of the Money changers who dispose of them by weight to the Jewellers.

I have the honor to be

My Lord
    Your Lordships
    most Obedient and
    most humble Servant
    W:ᵐ Hamilton

To the Earl of Halifax[12]   **Naples June 25.**[th] **1765**

My Lord,

In my last of the 11.th instant I had the honor of enclosing to Your Lordship the 4.th Article relative to the commerce of these Kingdoms, I now send Your Lordship the 5.th and tho' I fear that You will not find any thing in it essential for His Majesty's Service, yet I thought I might risk troubling Your Lordship with this detail as it contains some curious particularity's of Duty's and Custom.

I shall soon be able to send Your Lordship the Exact Ballance of One Years Trade of Great Britain with the Two Sicilies, in procuring of which I have been greatly assisted by M.[r] Hart one of the Principal Merchants here.

In my next Your Lordship shall have the State of the Marine, and the monthly Expence of each Ship, Frigate, Galley and Xebeque.

As I have nothing more at heart than to acquit myself well (to the utmost of my power) of the Trust His Majesty has been pleased to repose in me, Your Lordship may depend upon my being indefatigable in procuring every Intelligence that I think can conduce to the good of His Majesty's Service, and I shall lose no Opportunity of endeavoring to Court the esteem of His Sicilian Majesty and his Ministers, that in case hereafter Naples shou'd be more the Channel of Business that it is at present, I may be the better able to execute any commands His Majesty may think proper to honor me with...[13]

Article 5.th

Of the Duty's upon importation and exportation of Merchandise, whether of the Customs or otherwise

To begin with the Kingdom of Naples the Custom House Duty's in Naples for the importation of the Products of Nature or Art, either Foreign or domestick upon the whole, amount to about 25 p.[r] Cent, at

[12] PRO,SP93\21, 147-160; dispaccio ricevuto il 15.7.1765. Sul retro del documento c'è scritto «Continuation of the Account of the Neapolitan Dominions, Commerce & c.».
[13] La lettera continua con due paragrafi, di cui l'ultimo cifrato, sulla Corte napoletana e su Tanucci.

a fixed and settled valuation in the Book of Rates, which in some Articles is very low, and in a few others very high, in which case there generaly is a draw back.

The Duty's that compose this 25 p.ʳ Cent. come under the denominations of 1.ˢᵗ *Reggia Corte*, 2.ᵈ *Dogana*, 3.ᵈ *nuovo imposto*, 4.ᵗʰ *Buondenaro*, 5.ᵗʰ *Regio Peso*, 6.ᵗʰ another *nuovo imposto* consisting of 23 Grains in an ounce, (an imaginary money of Six Ducats which is used in every thing relative to the Custom House of Naples.)

The first four Duty's together come to 14 Carlins and 4 grains upon the said Ounce of 6. Ducats. for all sort of Goods.

As to the 5.ᵗʰ Duty concerning weight and not measure, if the goods are valued in the Book of Rates under an Ounce (that is to say 6 Ducats) the *Cantaro*, they pay *dritto di peso* 35. grains, or 3¹/₂ Carlins the Cantaro, and if valued an Ounce or upwards, they pay 7¹/₂ Carlins the Cantaro. in short for all goods that go by weight and that come from abroad the whole Duty's together amount to 25. p.ʳ Cent, and for all goods that go by measure the Duty's are 1. 2. and 3 p.ʳ Cent less.

The Merchandise that comes from the Provinces pay no other Duty, but if they come by land Carriage they have the advantage of paying 6 grains in an Ounce less, which amounts to about 1. p.ʳ Cent.

Sugars and Wax besides the 14 Carlins and 4 grains, and besides the 7¹/₂ Carlins the *Cantaro* are liable also to the *nuovo imposto* of 30 Carlins more the *Cantaro*, The Draw back upon the first Article is 10. p.ʳ Cent, upon the last 13 p.ʳ Cent. Nothing is paid afterwards for exportation of these Articles out of the Kingdom or into the Provinces, it is necessary only for exporting a great quantity to take out a *responsale* which costs 3 Carlins, and for a small quantity a *Lasciapassare* which costs nothing.

If the goods to be exported out of the Kingdom or into the Provinces from this City, have been manufactured or ameliorated, then they pay a Duty called of *melioratione* amounting to 15 or 20. p.ʳ Cent according to the Book of Rates for that purpose. Chocolate, all sorts of Sweetmeats, and wrought wax pay no Duty on exportation tho' manufáctured in Naples.

The Duty's on importation paid in the Provinces tho' under different titles amount to much less than in Naples.

The Provinces receive their foreign goods either from the fairs of Salerno and Aversa (which are the most important of this Kingdom and kept mostly by Neapolitan Merchants) in which case the Duty's come to near a third less than what is paid in the Custom House of Naples when goods are exported from thence to the Provinces; or else they receive their foreign goods from the fairs of Foggia, Barletta, Lanciano &c. where the duty's are still lower than in Salerno and Aversa, even one third part less than in Naples viz 31 grains in an Ounce of 6 Ducats, which makes $5^1/_6$ p.^{r} Cent. the usual duty upon importation of foreign goods into the Provinces is $16^2/_3$ instead of 25 p.^{r} Cent paid in Naples, the Rates in the Custom houses of the Provinces being always lower than in that of Naples.

The Duty's that compose this $16^2/_3$ p.^{r} Cent are $4^1/_3$ p.^{r} Cent called *Dritto Doganale di Fondaco, Custom house duty* $2^1/_3$, one p.^{r} Cent of *new duty* amounting in all to $7^2/_3$ p.^{r} Cent. which belongs to the Sovereign.

The other duty's are three of 3 p.^{r} Cent each, called *delle trè Piazze*, the first called del *Venditore* of the Seller, the second del *Compratore* of the Buyer, and the third *di futuro Compratore* of the next Buyer, amounting in all to 9 p.^{r} Cent, which with the $7^2/_3$ amounts to $16^2/_3$.

There are some places that do not pay the 9 p.^{r} Cent *delle trè piazze* as *Brindisi* but only the $7^2/_3$ belonging to the Sovereign.

In the time of the respective fairs the duty of 31 grains only in an Ounce is paid which makes $5^1/_6$ p.^{r} Cent and the rule is that the unsold goods after the Fairs are over, if they go into a Royal City, or into a place where there is a Custom house shall pay the deficiency and make up the $16^2/_3$ p.^{r} Cent, but if they go only into Baronies or such like places they pay nothing.

Duty's upon Exportation of Home Products out of the Kingdom of Naples

Corn

Corn on exportation pays 2 Carlins the Tomolo besides some other small charges.

Oil

Oil on exportation as far as 6 Ducats the Salma, which in the Province of Bari weighs 180 Rotola, and in the Province of Lecce 160 Rotola.

Silk

The Duty on Exportation of raw and Sewing Silk is 10. grains a pound besides 4 grains $^1/_2$ more charges; if the Silk remains in the

Provinces or comes to Naples it pays 20 p.^{r} Cent upon the Prime Cost, which is always calculated at 20 Carlins a pound.

Wine

The Duty on Exportation of all Wines of Puglia and some other Provinces is 1. Ducat each Butt of 12 Barrels, beside Custom house charges. The Wines of the *Terre di Lavoro* pay 3 Ducats a Butt without any other charges. Great quantity is exported out of this Kingdom mostly from the district of Naples from whence it is reckoned 40. or 50. Thousand Butts are yearly exported. The Island of Ischia exports ten thousand, Pozzuolo as many besides a great quantity of Greek Wines Lachrime, and several other sorts from the neighbourhood of Vesuvio that go to Holland and other parts.

Vinegar

The Duty on Exportation of Vinegar is 7. Carlins a Butt without any other charge, it is exported from all Provinces but chiefly from Terre di Lavoro.

Tartar

Tartar pays 8 carlins the Cantaro, and comes chiefly from the same Province.

Feccia Brugiata

The Duty on Exportation is 6 Carlins the Cantaro.

Manna

There is no Duty on Manna but the price paid by those that Farm it is very high.

Almonds

The Duty on Exportation is 2 Ducats a Cantaro besides 15 Carlins Custom house charges either in Puglia or in the Abruzzo, which makes in all $3^1/_2$ Ducats.

Salt

Salt pays no Duty but only the price is fixed in the Royal Salt works at 8 Ducats a Cart of 100 Tomola of 41 Rotola each, and a charge of eight Ducats that all Ships either small or great pay under title of a present to Porters &c.

Cheese

The Duty on Exportation of all sorts of Cheese is 2 Ducats the Cantaro but as the consumption in the Kingdom and especialy the Town of Naples is very great, but a small quantity is exported, and none from the Terre di Lavoro

Anis and Cummin Seeds

These two Articles pay 17. Carlins the Cantaro Duty upon Exportation, they are Products of Puglia, from whence a great quantity is exported.

Dry'd Raisins & Figs

Pay on Exportation about 5 Carlins the Cantaro.

Honey

Of which but little is exported, pays 7. Carlins the Cantaro.

Linseed

Great quantity of it is exported from Puglia, it pays on Exportation 3 Carlins the Tomolo.

Carob

Pays 3 Carlins the Cantaro.

Broad Beans

Pay 8 Ducats the Cart of 35 Tomolo.

Kidney Beans

Pay 12 Ducats the Cart of 36 Tomolo.

Lentils & Vetches

Pays 12 Ducats the Cart.

Formentone

Pays $7^{1}/_{2}$ Carlins the Tomolo.

Barley

Is exported from Puglia, and pays 1 Carlin the Tomolo.

Pastes

These Articles either in Vermicelli or Maccaroni great or small pay 12 Carlins the Cantaro.

Brandy

The Duty on Exportation is 15 Carlins a Butt, great quantity of it would be exported was this the only charge, but those that Farm it, will have their profit.

Timber

A quantity of which is exported from Calabria and Terra di Lavoro paying in Duty's and Custom house charges about 23 p.^{r} Cent. More than 100. Cargos of Timber, Boards, Hoops, Oars &c. are annualy exported for France, Spain, Genoa, Sardinia, and Sicily.

Puglia Wool

Pays no Duty on Exportation the charges for trouble of Custom house Officers and the Bales amount to about 3 Carlins a Bale, which with the expence of Transport from Foggia to Manfredonia does not amount to more than 4$^1/_2$ Ducats for every Bale of 3 Cantara.

Cloth

Cloths either manufactured in Naples or the Provinces pay on exportation 15 & 16 grains the *Canna* Custom house charges, upon the valuation of 7 Carlins the Canna.

Manufactured Silk

The exportation of this Article from Naples either out of the Kingdom or into the Provinces amounts to 15 or 16 p.^{r} Cent upon the valuation of the Book of rates established for that purpose and this upon the Duty called of *Melioration* introduced little by little within these 80 years rather by the Abuse and false zeal of the Directors and other Officers of the Customs, than by any deliberations of Government.

Kingdom of Sicily

In all this Kingdom (Messina only excepted) It is the practise that all goods enter'd in the Custom house either for importation or exportation should pay a Duty calculated upon the present price of such goods and taken from the deposition of the Brokers, which is a great impediment to Trade and practised no where else. Wax is excepted, which is always calculated at the settled price of 14 Ounces the Cantaro if even it could be sold for double that sum.

Goods that come by commission for Shop keepers and which are not directly sold pay duty according to the current price of the place, or according to the last Entry.

Goods contracted for and imported from abroad pay in the Custom house of Palermo Tarì 2.4. for every Ounce or 30 Tarì, of Goods Entered, which amounts to $6^{3}/_{4}$ p.^{r} Cent, this only regards priviledged Persons called in Sicily Franche, all Foreigners, or persons not having the Freedom called Vendibili, paying $1^{3}/_{5}$ more than the Priviledged Persons which accounts to $8^{1}/_{3}$ p.^{r} Cent. Sugars imported to Palermo besides the above Duty if white pay 30 Tarì the Cantaro, and 20 for Brown Sugar.

Salt Fish, Pilchards, Baccala, & Herrings, instead of the above duty's pay a Fish Tax of twelve p.^{r} Cent, this Tax is paid in Fish, as well by the Franco as by the Vendibile. Besides which there is a Tax called *Cantarata* amounting to $2^{1}/_{2}$ Grains the Cantaro for the Franco, and 5 grains for the Vendibile.

Sugars and Drugs do not pay this last duty but only the small *Regio Dazio* of $^{1}/_{2}$ p.^{r} Cent for the Franco, and one p.^{r} Cent for the Vendibile.

There are still the Officers charges amounting to 5 Tarì for every Entry small or great, And 4 Tarì a load is paid upon all goods which go either by weight or measure, as soon as they enter into the Custom house, where every load is immediately weighed to prevent all fraud.

And tho' these duty's are lowered during the fair of S:^{ta} Cristina which lasts from the first to the third week in May, yet the 3 p.^{r} Cent that the Custom house Officers demand for their trouble of attending the fair, makes the reduction of duty's but small. The Duty's are not lowered at the fair for the Vendibile who are obliged to pay the entire Duty and also the demand of Custom house Officers.

Silk during the fair time does not pay the Duty called *Dogana del tanto ad onza* but the Franco pays 4 grains a pound, and the Vendibile 6 grains. The Silk must be brought to Palermo in Fair time, and then every Merchant may till the beginning of August expect it out of the Kingdom enjoying the benefit of the Fair, but if it comes out of the fair time the Vendibile pay 1 Tarì 13 grains by ounce and the Franco 6 grains less.

Now in Palermo they have added a Duty upon Silk as well in Fair time as out of it of $1^1/_2$ Tarì.

All other merchandise entered in Fair time enjoy the above benefit till August, but out of Fair time the Vendibile pays the whole duty of 1 Tarì by ounce and the Franco grains $9^2/_3$ and both are obliged to pay the other duty of 1 Tarì p.^{r} ounce upon Silk, The goods intended for exportation from the Fair enjoy the same benefit till August.

All the Products of the Country except provisions, that are entered in Palermo are not liable to any duty, but when exported out of the Kingdom they pay double duty.

All Foreign goods that are commissioned from the Provinces and brought to Palermo either by Sea or land, tho' they are understood to have already paid the Custom house duty's and charges, yet are obliged to pay in Palermo the same duty's as if landed directly there from Abroad. But if the said Foreign goods come from Messina with a proper declaration of having already paid the duty there; they pay if on account of a Franco only 1 Tarì in an ounce di nuovo imposto, and if on account of a Vendibile who is a Foreigner grains $9^1/_6$ Custom house duty besides the *nuovo imposto* and if on account of a Vendibile di Regno they pay grains 18.4. besides the *nuovo imposto*.

All Foreign goods landed in any Ports of the Provinces where there is a Custom house are received and pay as in Palermo the Custom house duty, that belongs to the Sovereign, but the other duty's and charges are not always the same as in Palermo.

Sugar and Cloths are excepted from this general rule being only admitted in the Custom houses of Palermo and Messina and exported only from these two places. when exported from Palermo a Franco pays Tarì 1.0.4. in an Ounce the Vendibile di fuori Regno $1^1/_2$ Tarì and the Vendibile di Regno Tarì 1.9.2. besides other usual charges. But the goods sent into the Provinces are not permitted to stay longer than a fortnight without being subject to all other duty's and charges as if entered in the City.

Duty's upon Exportation of the Products of Sicily

Palermo

Of the commodity's exported out the Kingdom from the several Provinces of Sicily, Wheat is the only one that pays no other duty but the Tratta Regia all other commodities are liable to duty's and Customs besides differing in one place from another. All agree with Palermo in settling the duty's according to their real prices of Sale or contract, except Messina, where a Book of Rates is established. In some places the Custom house duty of exportation is 15 grains p.^{r} ounce or 3 p.^{r} Cent, in some places more in other less: the Vendibile always paying more than the Franco, for exportation duty. There is also a duty di Statera which both the Franco and the Vendibile are subject to.

Wheat

Pay's 15 Tarì (Exportation duty) the Salma, one tarì more in the Office del Pagliolo at Palermo and two Tarì charges from the Carricatori or Magazines on board the respective Ships, amounting in all to 18 Tarì the Salma. If the Wheat is shipped in the Months of June, July and August it pays a Tarì the Salma more, because it has not had time to encrease in the Caricatori which is the only compensation government receive for their charges and hazard in keeping the corn.

Grain

The Duty's on exportation of Barley, Beans, Kidney beans, Lentils, Peas, Scagliola &c amount in all to about 10 or 11 Tarì the Salma.

Oil

Oil is generaly contracted for to be delivered on board, and then the proportion of duty is about Tarì $2^2/_4$ or 3 Tarì the Salma. If not contracted for the best Oil pays 8 Tarì the Cantara and the worst 4. besides small charges.

Wine

The Duty on exportation of all sorts of Wine is 18 Tarì the Butt of 12 Barrels, and 11 Tarì Customs and other duty's, it is not possible to calculate this duty exactly because the Exporters of Wine agree with those who Farm these duty's which occasions a difference of 3 Tarì more or less from the above 29 and the expence of carriage amount to about 4 Tarì the Butt. A Butt of 12 Barrels if bought costs 11 Tarì, if hired 5.

Vinegar

Pays no other duty but the Customs which with all expences amount to about 8 or 10 Tarì the Butt, the common prime cost of Vinegar is 1 Ounce 4 grains the Butt of 12 Barrels.

Cheese

Of goats milk pays on exportation 9 Tarì the Cantaro, of Cows milk called Casci Cavalli, 12 Tarì, tho' generaly the contracts are made for the goods to be brought on board free of all expences, and the Exporter pays besides the Kings and exportation duty, the other duty of so much p.ʳ ounce upon prime cost with the general rules before mentioned.

Tonno Sardines Anchovies

The agreement is generaly made to be delivered on board free of all expences.

Salt

Pays no duty, the usual price of Salt in Sicily is ten Tarì the Salma delivered on board, in Winter it costs 2 or 3 more.

A Salma weighs Cantara 7.20. of Sicily which generaly answers to 8 Tomola as also 10 Cantara 6.48. of Naples.

Almonds

The duty and expences upon Almonds can't be ascertained as they are always contracted to be delivered on board.

Sewet

The Kings duty on exportation is 4 Tarì the Cantaro besides another duty of $^1/_2$ Tarì by ounce if a Vendibile and ten grains less if a Franco and a Tarì $^1/_2$ small charges for delivering it on board, its common price is Ounces 3.10 the Cantaro/eleven Ducats of Naples.

Pistachias

The Vendibile pays Tarì 1$^1/_2$ p.ʳ ounce and the Franco 10 grains less. All charges together amount to about 10 Tarì the Salma.

Silk

All the Silk of Sicily must be brought to Palermo or Messina and pays on exportation Tarì 1.10 p.ʳ pound, besides several other charges as it has been mentioned under the Article of Palermo, and will appear still farther under the Article of Messina.

Manna

If exported from the Provinces and not from Palermo or its Territory's pays only the usual Custom house duty's of Tarì 1.0.4. the ounce if exported by a Franco and 10 grains more if by a Vendibile and the addition of Carriage, Officers, expences, Chests, &c may amount to about 1 grain $^1/_4$ a Pound more. If the exportation is from Palermo, then the duty is more than the double, because the system there is to keep their commodity's as much as possible in the Country.

Linseed Oil

Pays no *Tratta Reggia* upon exportation but when it goes from Palermo pays the double diritto di dazio, of so much p.^{r} ounce as has been said of the manna, besides about 4 Tarì the Cantara, charges of Officers, Weighers &c. The Price of Palermo Oil is from 2 Ounces to 2.18. the Cantara, that of Castel a mare del Golfo which is inferior, costs 10 Tarì less.

Sumaco

There is no Duty of *Tratta Reggia* upon this Article and the other duty's can not be properly ascertained being always contracted for to be delivered on board, the usual price of this commodity is Ounces 2.4 the Salma amounting to about 6 Ducats 40 grains Neapolitan Money.

Rabbit & Hare Furr

The duty is upon exportation Tarì 1.0.4. for every Ounce in value for the Franco, and Tarì 1.10. for the Vendibile. the expence of Cases, packing &c. amount to about grains $2^1/_2$ p.^{r} pound. The usual price of Rabbits Furr 6 Tarì 5 grains a Pound, that of Hare is 3 Tarì the Pound.

Cantharides

The duty on this Article is the same as on others, the usual price of this commodity is 30 Ounces the Cantaro.

Soda

Is contracted for to be delivered on board the usual price is 25 Tarì the Cantaro.

Brimstone

Is also contracted for to be delivered on board the usual price is 18 Tarì the Cantaro.

Rags & Carniccie

The Duty upon exportation is Tarì 1.0.4. for the Franco and Tarì 1.10. for the Vendibile, the price of rags is 25 Tarì the Cantaro, of Carniccie 32 Tarì.

Lemon Juice

If exported by a Franco the duty is Tarì 2.1. grain p.^{r} ounce, and if by a Vendibile 10. grains more. All other expences of Officers, Butts &c. amount to about 14 Tarì p.^{r} Butt of 12 Barrels.

Bisket and Hemp pays on Exportation 4 Tarì the Cantaro and Pastes 5.

In most of the Provinces of Sicily Duty's of Exportation, as well as others are Farmed, and the Farmers usualy agree with the Exporter, sometimes even at half the real Duty, experience having shewn them that it is more to their advantage than using rigour and prevents Smuggling. Where Duty's are not farmed the Custom house Officers never compound.

Messina

It is near 30 years that the multiplicity and diversity of duty's obliged the Merchants of Messina to petition the King that they might be permitted to reform these duty's and establish an easy and convenient System called Porto Franco to distinguish it from Palermo and from all other Custom Houses of Sicily, so that Foreign goods imported pay only, now, upon a valuation of a reasonable Book of Rates about 1 p.^{r} Cent duty, and those said goods may be exported again out of the Kingdom free of duty, but if to the Provinces are liable to $3^1/_3$ p.^{r} Cent duty.

The Porto Franco of Messina is like a place of Transit for the exportation of all Inland goods, and tho' subject to 1 p.^{r} Cent duty, yet it answers better for the Owners of the goods to send them to Messina where there are more opportunity's of Sale, than to wait the Sale of them in the Provinces, and is also more convenient for the Foreigners to purchase, neither is there that distinction as elsewhere of the Franco and Vendibile.

The raw Silk exported from Messina out of the Kingdom is liable to a Duty of $6^1/_3$ p.^{r} Cent. upon a valuation of the Book of rates, and also to a duty of 1 Tarì $^1/_2$ p.^{r} pound, which with other charges before it is delivered on board may amount in all to about 4. or 5 p.^{r} Cent.

The usual price of the manufactured Silk called Amuerri is 24 Tarì the Canna of 8 Palms and 2 Palms wide, the price of Taby's is 30 Tarì.

Oil

The Oil that is exported from, and loaded at Melazzo and Olivieri is contracted for to be delivered on board, the usual price is 15 tarì the *Gravio* that weighs Rotola $13^3/_4$ and answers to 31 Pounds of Leghorn.

Zebibbo

The Zebibbi , or Raisins and Currants of Lipari are contracted for at Messina and loaded at Lipari, the common price is 30 Tarì the Cantaro, for Raisins 32 and 33 for Currants, the Barrels usualy weigh 60 Rotola.

Besides the already mentioned duty's there is at Messina the Duty of the Officio della Stadera o' Cantarata, that is the duty of weight which is common to all Sicily and consists of 25 Sicilian Grains for every 3 Cantara of all sorts of Goods, Foreign or Home, whether imported or exported.

I have the honor to be

My Lord

Your Lordships
most Obedient and
most humble Servant
W:^m Hamilton

To the Earl of Halifax[14]   Naples July 9.th 1765

My Lord,

The enclosed finishes what I have been able to collect relative to the Trade of these Kingdoms, and I shall be very happy if there should be any thing in what I have had the honor of transmitting upon this Subject worthy of Your Lordship's notice.

I am told by People here employed in Coral Fishery's that there is a very good Coral Fishery just off the *Monte delle Simie*, near Gibraltar, and that Sixty Vessells were employ'd in that Fishery last year, paying a third part of the Coral for the liberty of fishing on the African coast, that there are also several other places on that coast where coral fishing might be carried on with much greater advantage than it is at present, on the coasts of Sardinia and Corsica

Shou'd it ever become the Object of Government to establish a Coral fishery, I thought it woud not be improper to acquaint Your Lordship, that numbers of expert Coral Fishers might easily be procured for that purpose from *Torre del Greco* near Mount Vesuvius.

The sixty boats employed last year on the African Coast were from Genoa & the Island of Lipari.

I hope Your Lordship has received my last of the 2d of this Month, with an Account of the Marine.

I have the honor to be

My Lord

> Your Lordships
> most Obedient and
> most humble Servant
> W:m Hamilton

14 PRO,SP93\21, 161-165; dispaccio ricevuto il 6.8.1765.

Article 6.th

Of the Privileges and other Particulars relative to the Trade of the Kingdoms of the Two Sicilies

The Freemen of the City of Naples enjoyed formerly a Draw back of Six grains upon every Six Ducats, or one p Cent upon all sort of goods imported by Sea and entered in the Custom House, but this Privilege has been taken away about 12 years.

In the Provinces of this Kingdom the City of La Cava only enjoys and maintains the Privilege of paying no duty upon the importation of Foreign Goods.

They have in the Kingdoms of Naples and Sicily a general Privilege of paying no duty (when they build Ships) upon the several Materials employed therein.

In several places of Sicily as in the Custom House of Palermo the duty's are something lower than in other Parts with that distinction of *Franco* and *Vendibile* which has been already mentioned under a former Article.

In Barletta in the Province of Puglia the Raguseans only enjoy a certain bonification upon the Common duty's (not the Kings) so that instead of paying $16^2/_3$ p.^r cent they pay only $15^1/_6$.

Both in the Kingdoms of Naples and Sicily Ships of all nations have the Privilege of supplying themselves with provisions not only whilst in Port but for their intended Voyage duty free, in Palermo only they pay a few Tarì for a licence.

The English, French, Spaniards, and Dutch are the only nations that are called *Franche*, and that are not subject to be searched or obliged to report their Goods.

Trade is not circumscribed at all in these two Kingdoms so that every body is at liberty to Trade whether he has the necessary knowledge and Capacity or not, from whence great inconveniences arise. The Sailors and particularly the Masters of Ships have free Liberty of Trading in their Voyages to the great Detriment of Merchants and Trade in general.

Every body is also at full Liberty to sell by Retail in the streets all sorts of goods, as Linnen, Silks, Hats, Copper, Brass. Druggs &c. and all sorts of Provisions, to the great Loss of the Shop Keeper.

It is about 12 years since by order of the Sovereign the Ensurers here have been formed into Company's. The Buildings and other accomodations for Trade in the Port of Naples are brought to great perfection.

The Moles of Salerno and Brindisi, and that of Girgento in Sicily have been repaired; but the want of industery in the People of Salerno renders that Mole of little use Trade being very low there.

The most industrous people in the Kingdom of Naples, with regard to Navigation are those of the Coasts of Amalfi and Sorrento being almost all given up to Trade, tho' there are neither Harbours nor buildings of any consequence on this Coast except at Castel a mare.

Sicily has several good Harbours besides Palermo and Messina, many more than this Kingdom.

The greatest Trade both for home Consumption, and for exportation is carried on by the Native.

The Trade of Importation of Foreign Articles is carried on by Native and Foreign Merchants, but chiefly by the former. The English and French Merchants procure many Articles of their own Country Product but not in such quantity's as some years ago; As the Neapolitan Merchants and even the Rich Shop keepers now Commission their Goods themselves in England, France, Holland, and Germany but particularly in Holland.

The Home Trade of the Two Sicilies is carried on entirely by their own Ships, but the Foreign Trade both of Importation and Exportation is carried on generally by Foreign Ships, on account of the dread of Barbary Cruisers.

The greatest part of the Trading Navy of the Kingdom of Naples is on the Coasts of Amalfi and Sorrento Procida and Gaeta the whole amounting to about 500. Vessels all built on these Coasts, where Iron is duty free, Hemp, Pitch, and Tar very cheap, so much so, that the Genoese have often Ships built on these Coasts finding it answer better than building in their own Country.

The Trading Navy of the Adriatick Sea lie in the Harbours of Bari, Molfetta, Bisceglie, Monopoli, Brindisi, and Taranto, and consist of about 20 Trabaccoli and other small Vessels fit for that Sea. They Trade with Venice, Punta di Goro, Ancona, Trieste &c.

The Coasts of Reggio, Calabria Citra as far as the Neighbourhood of Salerno there are no great Vessels there being no Ports, but an infinity of Filluche, Fillucconi, and Barconi, which be easily drawn on Shore, and are less subject to the danger of being taken by the Barbary Cruisers.

The Trading Navy of Sicily as to large Vessels is reckoned a tenth part less than that of this Kingdom. Of Small Vessels there are a great number especialy at Trapani where there are Ensurers as well as at Messina.

The Art of Discovering and working of Mines has been greatly improved here since the year 1754. by one M.ʳ de Fux a German in the Service of his Imp.ˡ Majesty; from the year 1754 to the year 1760. they dug out 1013 Pounds of neat Silver, 370. Cantara of Copper, and 1244 of Lead the whole amounting in value to 48788 Ducats, when for want of skillfull persons in the six years preceeding the year 1754 they only dug 163 Pound of Silver; and 63 Cantara of Lead, and no Copper.

There is near Messina a very considerable Coal Mine, where they might have great works if they chose it; but is entirely neglected.

The Coral Fishery is of no small Concern to this Kingdom; The only people acquainted with and employed in this Fishery are those della Torre del Greco, at the foot of M.ᵗ Vesuvius.

There are 240 Barks with 8 men in each employed upon this Fishery the length of the Barks is from 40. to 44. Palms the greatest breadth about ten. They all sail together from Torre del Greco for the Sardinian and Corsican Seas, on account of the Barbary Cruisers They are guarded by two well armed Galliotts to whom they pay about 8 Ducats each Bark. To supply the Expences fitting out the Masters of these Barks borrow Money at 12: 14. & 16 p.ʳ Cent for the 6 Months they are out.

It is reckoned that the amount of the Coral fished by these Barks is 30000 Pezze of Leghorn. Coral was formerly fished not only in the Seas of this Kingdom but even on the nearest Coasts and used to be brought and manufactured in Naples, but the heavy duty, upon Coral on importation and on exportation after being manufactured, has caused that Trade to be carried directly to Leghorn.

There is also a Coral Fishery in the Sicilian Sea, The people of Trapani carry it on but the quantity is but small it is manufactured in Trapani and then sold in Messina for the Levant.

To the Earl of Halifax[15] Naples July 16.th 1765

My Lord,

I have the honor of transmitting to your Lordship the most accurate Estimate that I believe, is possible to be made of the ballance in the Trade of Great Brittain, with the Kingdom of Naples, from the first of October 1763 to the first of October 1764.

The irregular manner in which the Custom House accounts are kept here, made it difficult to procure the lights that might naturaly have been expected from that quarter, but upon the whole I verily believe the enclosed Ballance is nearly the Truth, tho' Your Lordship will see that some Articles are only set down by Guess.

As this Ballance relates only to the Kingdom of Naples I shall endeavor to procure the like if possible from Sicily.

I have the honor to be

My Lord
        Your Lordships
        most Obedient and
        most humble Servant
        W:[m] Hamilton

[15] PRO,SP93\21, 166-169v.; dispaccio il 6.8.1765. Vi è acclusa la valutazione della bilancia commerciale fra Gran Bretagna e Regno delle Due Sicilie e la lista delle merci importate ed esportate nel periodo ottobre 1763 - ottobre 1764.

With regard to the Exports from the Kingdom of Naples they are indeed lessend by this Calculation compared with the Year 1754.

The Article of Oils then amounted to £ 24000. Sterling whilst during the present period from 1763 to 1764 none has been exported for Great Britain, because of the dear Cost, Scanty produce here & greater cheapness in Spain, the Duties on the first Cost from the Kingdom of Naples amounting to near 50. p Cent

Their Fruit & Raw Silk &c. Stand about the Same as formerly.

A List & Valuation of British Manufactures & Products Imported into the Kingdom of Naples from October 1763 to all October 1764. Freight & Insurance included

Woolens of all Sorts 1222 Bales calculated in an Average at £ 150 St p Bale	St.ᵍ £ 183300
Tann'd Hides .25400 at 20 Sh.ᵍ p hide	25400
Lead Tons .202. at £ 22 p Ton	4444
Tin 60 Barrels of P.¹ 4. English net each. at 16. p barrel	960
Pepper 270 Baggs at £ 16 p bag	4320
Baccala, 30000. Quintals at 15 Sh.ᵍ	22500
Pilchards, 9500 hogsheads at 25 Sh.ᵍ	11875
Herrings, none this Year	
Hatts, 15 Cases at 12. dozen p Case, are 180 Dozen at £ 6 p Dozen	1080
Sugar .21. Casks, at about 8 3/4. P.¹ Each at £ 2.10. St p P.¹⁶	458
Cacao 40 Sacks .330 Bales, & 111 Scrons	7700
Hard Ware .67. parcels at £ 300. Each	20100
Logwood	550
Wax	456
Molasses	72
Indigo	1900
Rice	6300
Wheat about 100000 Quarters, at 32 Sh.ᵍ p Quarter in an Average	160000
Coffee	240
Butter	30
Tobacco	113
Linnens, Handkerchiefs, Fans, Silk Stockings, & Canes, guess'd at	1000
Gums, Drugs, Watches, Clocks, Mathematical Instruments & household Furniture, guess'd at about	3000
Sterling	£ 455798

[16] P. = pound (libbra), unità di peso; nell'originale è rappresentata da un simbolo.

A List & Valuation of Neapolitan Products Exported for England
from October 1763. to all October 1764. Freight & Insurance included

	St.ˢ £
Oils none this Year	
Raisins about 1500 Tons at £ 8 p Ton	12000
Raw Silk about 50000 pounds, at 9 S. p pound	22500
Feccia & Argol about	3000
Catlings about	1000
Drugs about	1000
	£ 39500
Ballance	416298

Naples 10:ᵗʰ July 1765. Revis'd by the Gentlemen of the Factory, as assessed by George Hart, one of the said factory.

The Ballance by this Calculation in favour of Great Britain appears to be 416298 Sterling, & exceeds the Ballance made in 1754, which was £ 356150 but as this difference of 60148, arises from the large Importation of Wheat & Rice by the Accidental Famine in the Year 1764 it proves at the same time a diminution in general of our Trade since the period of 1754, of £ 106152. Sterling for one Year, deducting the Value of the Wheat & Rice, which amounts to £ 166300.

The Article of Woolen Goods in 1754 was Esteemd at £ 300.000, now only £ 183300. Consequently above 1/3 part Short, for which defficiency many reasons may be assign'd.

First, the increase of the Neapolitan Manufactures of low ordinary Cloths, with which their whole Army, the immense number of menial Servants, & many of the ordinary Class of People are Cloath'd; Secondly, the constant Failments in the Provinces among the buyers of our Manufactures, the tedious Credits given of $1\frac{1}{2}$ to 2 Years & the difficulties of comeing at Justice in somuch that most all Foreigners have quitted the two Annual Fairs of Salerno & Aversa, where the chief Sales are made, & Several of the Native Neapolitans have done the same.

Thirdly a greater Increase of Importation of french Manufactures in this branch. Lead, which was 400 Tons in 1754. is reduced to about $\frac{1}{2}$ because of very large Quantitys of ordinary Spanish Lead imported into Naples for Account of the Court of Spain, which Serves the common purposes of Shot & for other uses equaly with ours.

Pepper, whose Importation then amounted to about 1000. Bags, reduced now to 270 owing to higher prices paid in London at our India Sales, than in Holland

Hatts, from 800. Dozen, decreased to about 180. partly from the greater abundance of French & German Hatts, & the Neapolitan ordinary Manufactures in the Country.

As to Fish & other Articles they are not diminished.

To the Hon.[ble] Henry Seymour Conway[17]   Naples Aug.[t] 6.th 1765

My Lord,

In obedience to His Majesty's commands signified to me in a letter from the Earl of Halifax dated March 26.th 1765 I have done my utmost endeavor to act up to the instructions therein contained, and I beg leave to referr You to my Separate letters of the 2.[d] and 16.th of last month, which I hope have been received.

I have found means to obtain accurate Plans of every place of Strength belonging to these two Kingdoms which I shall from time to time as good opportunity shall offer transmit to you, The Presidii being the immediate object of a Negociation. I imagine it may be agreable to His Majesty to see the Plan of Orbitello, Porto Hercole, Piombino and Portolongone, and shall therefore send them without delay, the first you will here find enclosed, and the rest shall be sent the following Posts[18].

Having reason to suspect that some of my letters have of late been open'd by the Way, I send this to you under the cover of a British Merchant to his Correspondent in London, by which means I hope that inconvenience will be avoided.

I have the honor to be

My Lord
Your Lordships
most Obedient and
most humble Servant
W:[m] Hamilton

---

[17] PRO,SP93\21, 172-173; dispaccio ricevuto il 30.6.1765 per via privata.
[18] V. fig. 4.

To the Honble **Henry Seymour Conway**[19]   **Naples August 13.**[th] **1765**

Sir

I had the honour of transmitting to you in a Separate letter dated the 6.th of August the Plan of Orbitello, one of the Towns of the Præsidii, which I hope has been deliver'd to you, by the same means I send enclosed the Plan of Porto Ercole with its view from the Sea, also the view of Orbitello from the land side[20], and in my next I hope to be able to send Portolongone and Piombino. You will forgive me if I here venture to send you my reasons why I thought these Plans of importance at present.

The Towns called *Li Presidii di Toscana*, are four. *Orbitello* and *Porto Ercole* belong directly to the Kingdom of Naples; as to *Porto Longone* situated in the Island of Elba, and *Piombino* upon the coast of Tuscany they belong both to the House of the Princes Ludovisi known by the Title of Princes of Piombino; This Principality is under the protection of the King of the two Sicilies, who Garrisons and maintains the Fortifications of Piombino and Portolongone, by which means he is absolutely Master of them, leaving only the Title and the useful Domaine which is inconsiderable, to the Princes of Piombino.

These Places are very important because they command the Channel of Piombino through which alone (on account of there being less apprehension from the cruizers of the Barbarians) the commerce of Spain with the Southern parts of Italy, is carried on, so that if it was not for this passage, the communication of these two States wou'd be in a great measure interrupted. In all times therefore these places have been looked upon as very interesting to Spain and the Kingdom of Naples, to whom besides they are as a Key to enter Tuscany which is absolutely open on that side. It is by the means of these four Towns that Spain always kept the Great Dukes of Tuscany in a sort of dependendance, and prevented them from aggrandizing themselves, and embracing any other Interest than their own.

Don Carlos passing from Naples to the Kingdom of Spain, and being desirous of securing the two Sicilies to his Son, (who this day governs them) proposed the cession of the Præsidii with a sum of money by

---

[19] PRO,SP93\21, 180-182v.; dispaccio ricevuto il 13.9.1765 per via privata.
[20] V. figg. 4 e 5 e figura in copertina.

way of compensation for the Dutchy of Parma and Principality of Guastala which were to return to Don Philip. This idea of a Treaty was brought upon the carpet to stop the projects that might have been formed upon Italy by the Austrians considering the pretensions they have upon all the States that the Spanish Princes of the House of Bourbon actualy possess there. However Spain profiting of the embarassment in which the late War threw the Empress Queen, and of her continual want of Money, fulfilled but one part of the obligation by paying the money only, and lengthened the negociation with regard to the cession of the Præsidii, following the ancient maxim of the Spanish Ministry, to expect from Time a remedy for all their evils. But the Court of Vienna never losing sight of the Hopes of reuniting the Presidii to Tuscany, and profiting of the circumstance of the marriage of the Arch Duke with an Infanta of Spain, has endeavour'd to hasten every means that cou'd tend to a cession it has so much at heart, but the Courts of Spain and Naples have created great difficulty's upon this occasion, and notwithstanding that the Court of Naples is in great want of money and is endeavouring to save even in the most necessary Articles, yet they have been working upon the fortifications of Portolongone at the time of this negotiation, and even the beginning of this Year, the Regency withdrew from Sicily Mon.ʳ Poulet Brigadier in the service of His Sicilian Majesty, Commader of the important Citadel of Messina, and chief Engineer, to send him to Portolongone to inspect its fortifications, and this Officer has lately been appointed Governour of Portolongone, with orders to execute a new intended Work with all expedition. This conduct of the Ministry of Naples and Madrid, shews what little dependance there shou'd be upon their promises, and discovers their manner of Treating. But what I shou'd think of most consequence is that it shews the present reasons for these two Courts being desirous of keeping the Towns in dispute, as by their means they may more easily, shou'd an Opportunity Offer, favour the pretensions of the King of Spain upon Tuscany, and facilitate the placing of a Spanish Prince there, or of annexing it to the Kingdom of Naples. If the Marriage of the Young Duke of Parma and the Princess of Modena shou'd take place, Italy, cover'd by the possesions of the Spanish House of Bourbon, and besieged on the other side the Alps by France, wou'd run great risk of being totaly oppressed, which wou'd interest all the Princes of Europe, but particularly the natural Allies of Great Britain; besides considering the conduct of the French with regard to Malta, the particular influence they have in that Island the priviledges they have just granted the Maltese, and the credit they have in Genoa, it seems as if they projected the getting into their hands, either by their own means, or by that of their Allies, almost all the Ports of Italy and of that part of the Mediterranean extending from the Streights to the confines of Greece, in which case wou'd it not be, to be fear'd that such a disposition wou'd have a great effect upon the commerce of other Nations in the Levant?

I have the honor to be

My Lord

Your Lordships
most Obedient and
most humble Servant
W:m Hamilton

To the R.ᵗ Hon.ᵇˡᵉ Henry Seymour Conway[21]   Naples August 27.ᵗʰ 1765

Sir

In my last separate letter dated the 13.ᵗʰ of this Month I had the honour of transmitting to you the Plan of *Porto Ercole* with its view from the Sea and the view of *Orbitello* from the land side, I have now the honour of enclosing to You a Map in which are marked the confines of His Sicilian Majesty's Territory round *Porto Ercole*, as also a Map shewing the confines of the Territory belonging to the Princes of Piombino[22].

In my next I shall convey to you through the same Channel the Plan of the Fortress of *Piombino*, and as soon as I am able to procure the Plans of Portolongone I shall send them also which will compleat the whole of the Presidii.

As to the remaining Plans of the Fortified places of the two Sicilies I shall want the opportunity of some safe hand to convey them directly to you from hence, in my last I told you my reasons why I wou'd not delay sending these of the Presidii.

I am not without hopes of being able in time to procure a satisfactory account of the Finances and Population of these Kingdoms, which I do assure you is not an easy Task, as the Natives themselves have so little curiosity that they seldom enquire, even into matters, that so nearly concern them.

I have the honor to be

My Lord

Your Lordships
most Obedient and
most humble Servant
W:ᵐ Hamilton

[21] PRO,SP93\21, 193-194; dispaccio ricevuto il 17.9.1765 per via privata.
[22] V. figg. 6 e 7.

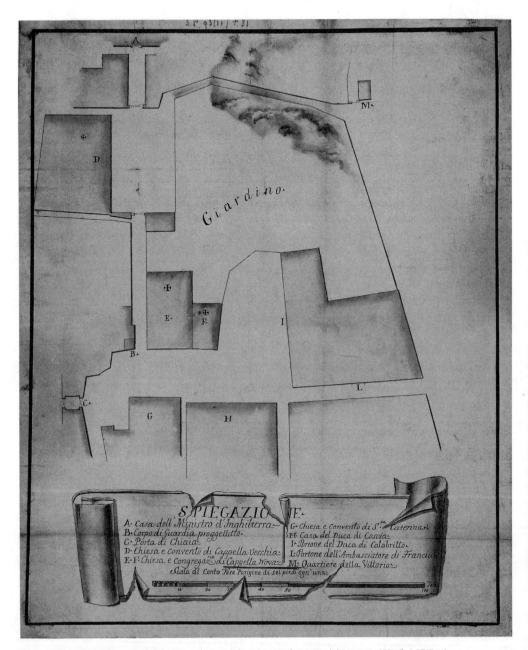

Fig. 3. Pianta di una strada di Napoli (attuale Piazza de' Martiri), 1765 (PRO,MPF31)

To the R.^t Honble Henry Seymour Conway[23]   Naples Sep.^{er} 3.^d 1765

Sir

I have still farther Reasons to believe, that it is the Intention of this Court, and That of Spain, to avoid, if possible, giving up any of the Towns of the Præsidii od Tuscany; as the Regency here, since the Account of the Death of the Emperor, have had Plans of these Towns before Them; which is the Reason why I cannot yet procure a Copy of Porto Longone, and must content myself for the present to send You this Plan only.[24]

I hope my last Separate letter of the 27.th of August has been received.

I have the honor to be

Sir

Your most Obedient
and most humble Servant
W:^m Hamilton

---

[23] PRO,SP93\21, 197-197v.; dispaccio ricevuto il 25.9.1765.
[24] Fin qui la lettera è cifrata. Per la pianta di Porto Longone v. fig. 8 e 9.

To the R.ᵗ Hon.ᵇˡᵉ H.S. Conway[25]   Naples Nov.ʳ 12.ᵗʰ 1765

    Sir

I have the honor of sending you thro' the same channel of my separate letters dated the 6.ᵗʰ 13.ᵗʰ and 27.ᵗʰ of August and the 3.ᵈ of Sept.ʳ (all of which I hope have been received) the enclosed Plans of the Island of Elba, and Portolongone in its present State[26]. I hope soon to be able to send a Plan of the Alterations and additions which have been proposed to, and approved of by the Regency here.

I have the honor to be

    Sir

Your most Obedient
and most humble Servant
W:ᵐ Hamilton

[25] PRO,SP93\21, 223; dispaccio ricevuto il 3.12.1765.
[26] V. figg. 8 e 10.

To the R.ᵗ Hon.ᵇˡᵉ Henry Seymour Conway[27]   Naples Jan.ʳʸ 7.ᵗʰ 1766

Sir

According to the promise I made in my Separate letter dated the 12.ᵗʰ of Nov.ʳ 1765. I have the honor of sending you the Plan of Portolongone in the state, in which it will soon be, the Regency having approved of the Alterations, and given orders for their immediate execution[28].

As Œconomy is a great and very necessary point at present in this Kingdom, the Alterations seem to be well calculated for that Purpose. The Out-works being of a very bad construction, and not having Money to build better, they destroy them, and substitute a Cover'd-way with a very extended Glacis, which will answer better to the few Men the Garrison of Portolongone is able to furnish, and will also be kept up at a much less Expence; of which you will be a better Judge than I can pretend to be, by casting your eye upon my former Plan and the enclosed.

I have the honor to be

Sir

Your most Obedient
and most humble Servant
W:ᵐ Hamilton

[27] PRO,SP93\22, 2; dispaccio ricevuto il 4.2.1766.
[28] V. fig. 9.

To the Earl of Halifax[29]   Naples July 2.[d] 1765

My Lord

According to my promise in my last of the 25.th of June[30], I have the honor of transmitting to Your Lordship the present State of His Sicilian Majesty's Marine.

Frigates Three

	Pounders	Guns	Men
The S.[t] Ferdinand	(18 & 6)	54.	360.
The Amelia	(12 & 6)	32.	285
The Conception	(9 & 6)	32.	285.
Xebeques Six each of		20.	231.
Galleys three, One of			420
two, of each			360
Galliots four each			130
Total		238.	3976

Your Lordship will find enclosed the exact Monthly Expence of each branch of the Marine Department, The first column is the full pay, the second is the pay after Stoppage has been made for the Widows and Invalides. The *Aumento della Navigazione* is the addition of Officers and Men when a Ship goes to Sea. The *Dotazione d'una Nave* was the expence of the Royal Charles a Sixty Gun Ship just now condemned as unfit for Service, The St Ferdinand, the Ship lately launched, is only ranked as a Frigate tho' of Fifty four Guns.

The new Ship I am credibly informed has already cost Seventy thousand Pounds Sterling notwithstanding that His Sicilian Majesty has

---

[29] PRO,SP93\22, 185-186. Questo è il duplicato di un documento spedito il 2.7.1765 e andato disperso. Hamilton lo acclude al suo dispaccio del 25.9.1766.
[30] Si tratta della lettera iniviata da William Hamilton ad Halifax il 25.6.1765; v. PRO,SP93/21, 147 v. - 160, v. p. 152.

a right to cut Timber for the use of the Navy in any part of His Dominions free of Cost.

I have the honor to be

My Lord

Your Lordship's
most Obedient and
most humble Servant
W:ᵐ Hamilton

Piano della Marina[31]

	Soldo di Ordinanza			Liquido degl'Invalidi é del Corrispond.te al M.te delle Vedove		
	D.	G.	C.	D.	G.	C.
Officiali dello Stato Maggiore						
Cap.no Gen:le						
Per suo Soldo come tale	298.	82.	9	285.	4.	8
Gratificazione per la massa effettiva						
e liquido degl'Invalidi	298.	82.	9	291.	85.	7
Capo di Squ[a]dra	149.	41.	4.	142.	52.	3
Officiali Maggiori						
Di Vascello	50.	80.	0	48.	45.	9
Capitani Di Galea	38.	80.	9	37.	5.	8
Di Fregata	35.	85.	11	34.	20.	7.
Di Padiglione	32.	87.	1	31.	35.	7.
Tenenti Di Vascello o Galea	23.	90.	7	22.	80.	5.
Di Fregata	17.	92.	11	17.	10.	3
Alfieri Di Vascello o Galea	14.	94.	1	14.	25.	3
Di Fregata	11.	95.	3	11.	40.	3
Brigata delle Guarda Marine						
Comandante attualmente Capitano di Vascello	50.	80.	0	48.	45.	9
Secondo Comandante attualmente Tenente di Vascello	23.	90.	7	22.	80.	5
30 Guarda Marine proprietari con Scudi 15 per cad.o						
delli quali dedotti 3 di Gran Massa godono effettivi						
i liquidi D'Invalidi	7.	17.	2	7.	0.	6
Gratificazioni interine per la Casa che si pagano dalla						
Tesoreria Generale						
Al Comandante D.ti 120 l'anno sono al mese	10.	0.	0	«	«	«
Al Secondo Comandante D.ti 60. l'anno (l'attuale non li gode)						
Al Maestro d'Accademia D.ti 30 l'anno sono al mese	2.	50.	0	«	«	«
Per la Casa dell'Accademia D.ti 80 l'anno	6.	66.	8	«	«	«
Totale	1065.	81.	10.	1014.	32.	11.

[31] PRO,SP93\22, 187-202. Questo è il duplicato di un documento inviato da Hamilton ad Halifax il 2.7.1765 e andato disperso. Viene accluso alla lettera del 25.9.1766 con il numero 1 e il titolo «Monthly Expence in the Marine of His Sicilian Majesty - 1765».

Siegue il Piano della Marina

		Soldo di Regolamento	Liquido degl'Invalidi
		D. G. C.	D. G. C.
Maestro di Geometria e' Nautica	**Accademia delle Guarda Marine**		
	Come di Geometria	16. 0. 0	15. 62. 8
	di Gratificazione al mese	15. 0. 0	14. 65. 0
	Come Direttore d'Idrosia e' Nautica	11. 95. 3	11. 68. 5
	Totale avere	42. 95. 3	41. 96. 1
Secondo Maestro di Nautica é Artiglieria	Come di Nautica	15. 0. 0	14. 65. 4
	Come D'Artiglieria	5. 0. 0	4. 88. 4
	Maestro di Ballo	12. 0. 0	11. 72. 0
	Maestro di Spada	8. 0. 0	7. 81. 4
	Portiere dell'Accademia	5. 0. 0	4. 88. 4
	Per utensili al mese	0. 80. 0	« « «
	Capitano del Porto		
	Per suo Soldo tolta la deduzione del Monte	29. 88. 3	28. 50. 7
	Di Sopra Soldo al Mese	5. 97. 8	5. 83. 9
	Gratificazione al Mese	20. 0. 0	19. 53. 9
	Per un Delineatore	9. 0. 0	8. 79. 0
	Tenente tolta la deduzione del Monte	20. 0. 0	19. 7.10
	Officiali del d.º Officio - al Primo	10. 0. 0	« « «
	al Secondo	9. 0. 0	« « «
	Lancia del d.º Capitano		
	Al Padrone	8. 10. 0	'7. 91. 2
	Ad un Marinajo Interprete	6. 0. 0	5. 86. 0
	Due Marinaj a D.ti 5 cad.º al mese	10. 0. 0	9. 76. 8
	Totale	258. 71. 2	231. 10. 2.

Siegue il Piano della Marina

	Soldo di Pianta			Liquido degl'Invalidi		
	D.	G.	C.	D.	G.	C.
Intendenza						
All'Intendente per suo Soldo tolta la deduz:ne del M:te	125.	0.	0.	122.	8.	4
Per li Gaggi di Seg:ria é per la Casa all'uso antico di Napoli	65.	7.	9.	65.	7.	9
Di Pensione al mese	33.	33.	4	33.	33.	4
Ad un Maggiordomo dell'Intendente	12.	0.	0	11.	72.	0
Contadoria						
1 Contadore	89.	64.	10	87.	55.	8
1 Officiale Maggiore	35.	0.	0	34.	18.	4
2 Secondi, a ciascuno al Mese	28.	0.	0	27.	34.	8
3 Terzi, a ciascuno al mese	24.	0.	0	23.	44.	0
6 Quarti, a ciascuno al mese	20.	0.	0	19.	53.	4
4 Aggiutanti	12.	0.	0	11.	72.	0
Un Portiere	7.	0.	0	6.	76.	8
Un Scopatore	6.	0.	0	"	"	"
Le Spese dello Scrittojo si pagano a tenore della Relazione del Contadore secondo l'importo di ciò si consuma cadun mese						
Tesoreria						
Al Tesoriere	41.	83.	7	40.	86.	0
Udienza						
All'Uditore	30.	77.	11	30.	6.	2
Avvocato	5.	8.	0	4.	96.	2
Mastro d'Atti	5.	97.	7	5.	83.	8
Scrivano	5.	8.	0	4.	96.	2
Totale	555.	81.	0	529.	44.	3

Siegue il Piano della Marina

	Soldo di Regolam.[to]			Liquido d'Invalidi		
	D.	G.	C.	D.	G.	C.
Ospedale						
Al Commissario di Gratificazione al Mese	6.	0.	0	«	«	«
Al Contralore suo Soldo	23.	90.	7	23.	34.	10
Cappellani primo	10.	0.	0	9.	76.	8
secondo	6.	0.	0	5.	86.	0
Medico, compresa la Gratificazione di D.[ti] 8 al mese	25.	92.	11	25.	32.	5
Chirurgo, compresa la Gratificazione di D.[ti] 4 al mese	18.	94.	1	18.	50.	0
Norcino	2.	0.	0	1.	95.	4
Lagozzino	8.	0.	0	7.	81.	4
Al Cappellano per gl'Utensili della Cappella	0.	80.	0	«	«	«
Individui						
Primo Medico delle Galée	21.	91.	3	20.	42.	6
Secondo Medico delle d.[te]	11.	95.	3	11.	68.	5
Guarda Parco	14.	94.	1	14.	59.	3
Piloto Pratico	11.	95.	3	11.	68.	5
Arsenale						
Capit.° di Maestranza come tale tolta la deduz.[ne]						
del M:[te]	47.	81.	3	45.	60.	10
di Gratificazione al Mese	7.	47.	0	7.	29.	7
Per l'Affitto di Casa d:[ti] 40 l'anno	3.	33.	4	«	«	«
Maggiordomo	34.	6.	7	«	«	«
Guarda Magazzeno	30.	77.	11	«	«	«
Altro coll'Aumento di D:[ti] 5 al mese di Soldo	10.	97.	7	«	«	«
Al Med.[mo] per l'Affitto di Casa	3.	41.	1	«	«	«
Portiere dell'Arsenale	6.	27.	6	«	«	«
Altro della Porta della Darsena	6.	0.	0	«	«	«
Capo Maestro Costruttore delle Vele	18.	0.	0	«	«	«
Un Maestro di Vele	15.	0.	0	«	«	«
Primo Capo Falegname	18.	0.	0	«	«	«
3 Capi Falegnami a D.[ti] 15 il Mese	45.	0.	0	«	«	«
2 Capi Maestri Calefati a cad.° il mese d.[ti] 15	30.	0.	0	«	«	«
Costruttore di Reali Imbarcazioni	30.	0.	0	«	«	«
Per l'Affitto di Casa all'anno d:[ti] 40	3.	33.	4	«	«	«
Un Aggiutante al Mro [Mastro] di Vele	9.	0.	0	«	«	«
Totale	716.	75.	8	203.	85.	10

Siegue il Piano della Marina

	Soldo di Regolam.^to	Liquido d'Invalidi
	D. G. C.	D. G. C.
Impiegati nella Darsena		
Guardiano della Bocca	10. 16. 0	9. 92. 4
Capitano	14. 94. 1	14. 59. 3
Soprastante	10. 16. 0	9. 92. 4
Un Catechista de' Mori	8. 80. 0	8. 59. 0
Un Altro	8. 60. 0	8. 40. 0
Un Fontaniero	5. 0. 0	4. 88. 4
Pontoni é Barche		
Padron di Pontone	7. 40. 0	7. 22. 9
Padron di Tartanella	7. 0. 0	6. 83. 4
3 Marinai per Pontone per custodia ad ogn'uno con Doc:^ti 5. g:.^na 60 il Mese	16. 80. 0	16. 41. 0
4 Marinai addetti al Pontone ogn'uno con doc:^ti 5 il mese	20. 0. 0	19. 53. 4
2 Marinai di Barca ogn'uno con Doc.^ti 5. il mese..	10. 0. 0	9. 76. 8
Lancia Reale		
Un Capitano	26. 80. 0	26. 17. 6
Al med:^mo di Gratificaz:^ne doc:^ti 30 l'anno che sono al mese	2. 50. 0	« « «
Un Timoniere	10. 0. 0	9. 76. 8
4 Marinai a cad.° al mese doc.^ti 10	40. 0. 0	39. 6. 8
2 Altri a cad.° al mese doc.^ti 5	10. 0. 0	9. 76. 8
Totale	218. 16. 1.	204. 84. 10.

Siegue il Piano della Marina

	Soldo di Regolam.^{to}			Liquido d'Invalidi		
	D.	G.	C.	D.	G.	C.
Galea Capitana, sua dotazione						
Un Cap:ᵗᵒ 2 Ten.ᵗⁱ e due Alfieri con loro rispettivi Soldi totale	116.	52.	11	111.	17.	0
1 Cappellano	11.	95.	0	11.	68.	0
1 Padrone	14.	94.	0	14.	59.	3
1 Sotto Padrone	4.	0.	0	3.	90.	8
1 Chirurgo Maggiore	17.	92.	0	17.	51.	2
1 Piloto Reale	23.	90.	0	23.	34.	10
1 Secondo Piloto	10.	75.	0	10.	50.	8
3 Consiglieri a cad.º al Mese doc.ᵗⁱ 8.96	26.	88.	0	25.	17.	9
1 Comito Reale	14.	94.	0	14.	59.	3
1 Comito di Mezzo	8.	96.	0	8.	75.	7
1 Sotto Comito	6.	0.	0	5.	86.	4
2 Compagni di Comito con doc.ᵗⁱ 4 a cad.º il mese	8.	0.	0	7.	81.	4
4 Un Falegname, Un Calafato, un Remolaio ed un Bottaro ogn'uno con doc.ᵗⁱ 7.17.2 il mese cad.º	28.	68.	8	28.	3.	4
4 Garzoni per detti Maestri ogn'uno con doc.ᵗⁱ 1.20 il mese	4.	80.	0	4.	69.	0
4 Un Falegname, un Calafato, un Remolaio, ed un Bottaro con doc.ᵗⁱ 5.9.7. il mese cad.º	23.	90.	4	23.	34.	8
1 Lagozzino con doc.ᵗⁱ 12.55. il mese	12.	55.	0	12.	25.	9
1 Sotto Lagozzino con doc.ᵗⁱ 6.86. il mese	6.	86.	0	6.	70.	0
6 Compagni di Lagozzino con doc.ᵗⁱ 5.8. il mese cad.º	30.	48.	0	29.	77.	0
1 Maestro di Musica	16.	30.	0	15.	92.	0
3 Un Barberotto, un Pagnolaio, ed un Dispensiere cad.º con doc.ᵗⁱ 4 il mese	12.	0.	0	11.	72.	0
8 Timonieri ad ogn'uno doc.ᵗⁱ 4.50 il mese	36.	0.	0	35.	16.	0
4 Marinai Pennnesi ogn'uno con doc:ᵗⁱ 4 il mese	16.	0.	0	15.	62.	8
14 Marinai effettivi ogn'uno con doc.ᵗⁱ 4 il mese	56.	0.	0	54.	69.	4
1 Padrone di Felucca	5.	97.	0	5.	83.	8
8 Marinai per la med:ᵐᵃ con doc.ᵗⁱ 3.58.7 il mese cad.º	28.	68.	8	28.	2.	0
8 Proelli ragazzi ogn'uno con doc:ᵗⁱ 1.80 il mese cad.º	14.	40.	0	14.	6.	0
Aumento della Navigazione						
28 Marinai di Proa cad.º con doc:ᵗⁱ 4 il mese	112.	0.	0	109.	29.	4
Totale	576.	28.	3	560.	70.	4

Siegue il Piano della Marina

	Soldo di Regolam.[to]			Liquido d'Invalidi		
	D.	G.	C.	D.	G.	C.
Galea Padrona						
1 Cap.[no] 1 Ten.[te] é 2 Alfieri con suo rispettivo Soldo	92.	63.	6	88.	36.	7
1 Cappellano	11.	95.	3	11.	68.	5
1 Padrone	14.	94.	1	14.	59.	3
1 Sotto Padrone	4.	0.	0	3.	90.	8
1 Chirurgo	17.	92.11		17.	51.	2
1 Piloto	17.	92.11		17.	51.	2
1 Secondo Piloto	10.	75.	9	10.	50.	8
2 Consiglieri, ogn'uno con docti [docati] 7.12.2 il mese	14.	34.	4	14.	1.	8
1 Comito	10.	75.	9	10.	50.	8
1 Comito di mezzo	6.	57.	0	6.	41.	9
1 Sotto Comito	5.	38.	0	5.	25.	6
2 Compagni di Comito con doc.[ti] 4 il mese ogn'uno	8.	0.	0	7.	80.	0
4 Falegname, un Calafato, un Remaiolo un Bottaro con doc.[ti] 5.97.7 il mese	23.	90.	4	23.	44.	8
4 Garzoni come alla Captania con doc.[ti] 1.20 il mese	4.	80.	0	4.	69.	0
1 Lagozzino	11.	35.	0	11.	8.	7
1 Sotto Lagozzino	6.	57.	0	6.	41.	9
5 Compagni di Lagozzino con doc.[ti] 5.8. il mese	25.	40.	0	24.	80.10	
3 Barberotto, Pagnolaio, é Dispensiere con doc.[ti] 4	12.	0.	0	11.	72.	0
6 Timonieri ogn'uno con doc.[ti] 4.50 il mese	27.	0.	0	26.	37.	0
4 Marinai Pennesi ogn'uno con doc.[ti] 4.8 il mese	16.	20.	0	15.	62.	8
12 Marinai effettivi con doc.[ti] 4 il mese	48.	0.	0	46.	88.	0
6 Marinai di Proa ogn'uno con doc.[ti] 1.80 il mese.	10.	80.	0	10.	55.	0
Aumento della Navigazione						
24 Marinai di Proa con doc.[ti] 4 cad.[o] il mese	96.	0.	0	83.	76.	0
Totale	487.	22.	0	473.	44.	0

Siegue il Piano della Marina

	Soldo di Regolam.[to]			Liquido d'Invalidi		
	D.	G.	C.	D.	G.	C.
Galea Sinsiglia						
1 Capitano 1 Ten:[te] due Alfieri come alla Padrona	92.	63.	6	88.	36.	7
1 Cappellano	11.	95.	3	11.	68.	5
1 Padrone	14.	94.	1	14.	59.	3
1 Sotto Padrone	4.	0.	0	3.	90.	8
1 Chirurgo	17.	92.	11	17.	51.	2
1 Piloto	14.	94.	1	14.	59.	3
1 Secondo Piloto	9.	56.	3	9.	35.	0
2 Consiglieri con doc.[ti] 6.57.0 cad.° il mese	13.	14.	0	12.	83.	6
1 Comito	8.	96.	5	8.	75.	7
1 Comito di mezzo	6.	0.	0	5.	86.	0
1 Sotto Comito	5.	8.	0	4.	96.	2
4 Maestri come alla Prona [Padrona] con doc.[ti] 5.97.7 cad.°	23.	80.	4	23.	34.	4
4 Garzoni come alla d.[ta] con doc.[ti] 1.20 cad.°	4.	80.	0	4.	69.	0
1 Lagozzino	10.	75.	9	10.	50.	8
1 Sotto Lagozzino	6.	27.	6	6.	12.	11
4 Compagni di lagozzino con d.[ti] 5.8 cad.°	20.	32.	0	19.	84.	8
3 Barbesotto, Pagnolaio, é Dispensiere con doc.[ti] 4 cad.°	12.	0.	0	11.	72.	0
5 Timonieri cad.° con doc.[ti] 4.50	22.	50.	0	21.	97.	6
4 Marinai Pennesi con cad.° doc.[ti] 4	16.	0.	0	15.	62.	8
12 Marinai effettivi cad.° con doc.[ti] 4	48.	0.	0	46.	87.	0
6 D:[ti] di Proa con doc.[ti] 1.80 cad.°	10.	80.	0	10.	55.	0
1 Compagno di Comito	4.	0.	0	3.	90.	8
	298.	40.	0	245.	44.	8
Aumento della Navigazione						
20 Marinai di Proa cad.° con docati 4	80.	0.	0	78.	13.	4
	378.	40.	0	323.	58.	0
Galea Polmonara						
1 Padrone	11.	95.	3	11.	68.	5
1 Comito	5.	97.	7	5.	83.	8
1 Sotto Comito	3.	88.	0	3.	79.	0
1 Lagozzino	6.	27.	6	6.	12.	11
1 Sottò Lagozzino	5.	8.	0	4.	96.	2
3 Proelli ad ogn'uno docati 1.80	5.	40.	0	5.	27.	6
Totale	38.	56.	4	37.	67.	8

Siegue il Piano della Marina

	Soldo di Regolam.ᵗᵒ			Liquido d'Invalidi		
	D.	G.	C.	D.	G.	C.
Nave, sua dotazione						
Officiali quelli si stimeranno necessario	«	«	«	«	«	«
1 Scrivano	14.	94.	4	14.	59.	3
1 Cappellano	11.	95.	3	11.	68.	5
1 Chirurgo	14.	94.	4	14.	59.	3
1 Aggiutante di Chirurgo	7.	76.	11	7.	66.	10
1 Piloto d'Altura	14.	94.	4	14.	59.	3
1 Secondo Piloto	11.	95.	3	11.	68.	5
1 Pilotino	7.	17.	2	7.	0.	10
1 Contra Maestro	10.	75.	9	10.	50.	8
1 Secondo Contra Maestro	9.	56.	3	9.	35.	0
1 Guardiano	8.	96.	5	8.	75.	7
1 Secondo Guardiano	7.	17.	2	7.	0.	10
1 Maestro di Stipa	5.	97.	7	5.	83.	8
1 Falegname	7.	17.	2	7.	0.	10
1 Aggiutante di Falegname	5.	37.	10	5.	25.	4
1 Calafato	7.	17.	2	7.	0.	10
1 Aggiutante del d.º	5.	37.	10	5.	25.	4
3 Bottaro Maestro di Vele ed Armajolo con d.ⁱ 5.37.10	16.	13.	6	15.	76.	0
1 Dispensiere	4.	78.	1	4.	67.	0
20 Marina, Artiglieri di mare cad.º con d.ᵗⁱ 4.78.1	95.	61.	8	93.	40.	0
Aumento della Navigazione						
1 Muzzo	5.	97.	7	5.	83.	8
1 Capo di Lancia	5.	37.	10	5.	25.	4
2 Un Lanternaio, é Cuoco ogn'uno con d:ᵗⁱ 5.97.7	11.	95.	2	11.	34.	0
40 Artiglieri di mare cad.º con d.ᵗⁱ 4.78.1	191.	23.	4	186.	80.	0
120 Marinai cad.º con d:ᵗⁱ 3.58.7	431.	32.	0	423.	90.	0
62 Aggiutanti de Marinai con d:ᵗⁱ 2.39	148.	10.	0	144.	77.	0
12 Scopatori con d.ᵗⁱ 1.49.4	17.	92.	0	17.	40.	0
	1079.	61.	5	1056.	93.	4

Siegue il Piano della Marina

	Soldo di Regolam.^{to}			Liquido d'Invalidi		
	D.	G.	C.	D.	G.	C.
Fregata sua dotazione						
Officiali quelli si stimeranno necessarj						
1 Scrivano	14.	94.	1	14.	59.	3
1 Cappellano	11.	95.	3	11.	68.	5
1 Chirurgo	14.	94.	1	14.	59.	3
1 Aggiutante di Chirurgo	7.	76.	11	7.	66.	10
1 Contra Maestro	10.	75.	9	10.	50.	8
1 Secondo Contra maestro	9.	56.	3	9.	35.	0
1 Guardiano	8.	96.	5	8.	75.	7
1 Secondo Guardiano	7.	17.	2	7.	0.	10
1 Mastro Falegname	7.	17.	2	7.	0.	10
1 Calafato	7.	17.	2	7.	0.	10
1 Dispensiere	4.	78.	1	4.	67.	0
20 Artiglieri di mare ogn'uno a d.^{ti} 4.78.1. il mese	95.	61.	8	93.	40.	0
Aumento nella Navigazione						
1 Piloto d'Altura	14.	94.	1	14.	59.	3
1 Secondo Piloto	11.	95.	3	11.	68.	5
1 Pilotino	7.	17.	2	7.	0.	10
1 Maestro di Stipa	5.	97.	7	5.	83.	8
2 Aggiutanti di Falegname ed altro di Calafato a d.^{ti} 5.37.10	10.	75.	8	10.	50.	8
3 Bottaio. Maestro de Vele, ed Armajolo con d.^{ti} 5.37.10	16.	3.	6	15.	71.	0
1 Muzzo	5.	97.	7	5.	83.	8
1 Capo di Lancia	5.	37.	10	5.	25.	4
2 Lanternaio e' Cuoco con d.^{ti} 4.78.1 cad.º	11.	56.	2	11.	34.	0
30 Artiglieri di Mare cad.º con d:^{ti} 4.78.1	143.	12.	6	140.	16.	0
90 Marinai cad.º con d:^{ti} 3.58.1	322.	27.	6	318.	82.	6
25 Aggiutanti Marinai cad.º con d.^{ti} 2.39.0	59.	75.	0	58.	37.	6
6 Scopatori con d.^{ti} 1.49.4 cad.º	8.	94.	0	8.	52.	6
	823.	83.	10	809.	88.	10

Siegue il Piano della Marina

	Soldo di Regolam.^{to}			Liquido d'Invalidi		
	D.	G.	C.	D.	G.	C.
Sciabecco, sua dotazione						
Officiali quelli si stimeranno necessarj						
1 Scrivano	11.	95.	3	11.	68.	5
1 Cappellano	11.	95.	3	11.	68.	5
1 Chirurgo	11.	95.	3	11.	68.	5
1 Piloto	12.	45.	0	12.	16.	0
1 Secondo Piloto	8.	0.	0	7.	81.	4
1 Guardiano	8.	96.	5	8.	75.	7
1 Contra Maestro	10.	75.	9	10.	50.	8
1 Calafato	7.	17.	2	7.	0.	10
1 Falegname	5.	97.	7	5.	83.	8
2 Lanternaio, ed Armajolo ogn'uno con doc.^{ti} 5 il mese	10.	0.	0	9.	76.	8
4 Timonieri ogn'uno con doc.^{ti} 5 il mese	20.	0.	0	19.	53.	4
18 Marinai di Proa con doc.^{ti} 5 il mese cad.°	90.	0.	0	87.	90.	0
	209.	17.	8	194.	33.	4
Aumento della Navigazione						
120 Marinai ogn'uno con doc.^{ti} 04 il mese	480.	0.	0	468.	80.	0
6 Scopatori ogn'uno con doc:^{ti} 2.50. il mese	15.	0.	0	14.	65.	0
	704.	17.	8	677.	78.	4
Galeota sua dotazione						
Officiali come sopra						
1 Scrivano	11.	96.	5	11.	75.	7
1 Cappellano	11.	95.	3	11.	68.	5
1 Piloto	9.	0.	0	8.	79.	0
1 Capo di Proa	7.	0.	0	6.	83.	4
2 Timonieri con doc.^{ti} 5 il mese cad.°	10.	0.	0	9.	76.	8
2 Spaldieri con doc.^{ti} 5 il mese cad.°	10.	0.	0	9.	76.	8
2 Alboranti con doc:^{ti} 5 il mese cad.°	10.	0.	0	9.	76.	8
	69.	91.	8	68.	26.	4
Aumento della Navigazione						
80 Marinai ogn'uno con doc.^{ti} 4 il mese	320.	0.	0	312.	26.	0
2 Marinai di Proa ogn'uno con doc.^{ti} 2.50 il mese	5.	0.	0	4.	88.	4
	394.	91.	8	385.	40.	8

Siegue il Piano della Marina

	Soldo di Regolam.ᵗᵒ			Liquido d'Invalidi		
	D.	G.	C.	D.	G.	C.
Battaglione Questo Battaglione si compone della Piana maggiore, é di dieci compagnie delle quali cinque sono de' Vascelli, é le altre cinque delle Galée, composte ciascuna di esse del numero, é classi degl'Individui che appresso si dimostrano.						
Piana Maggiore						
Comandante	59.	76.	6	57.	0.	11
Sargente magg.ᵉ	44.	82.	5	42.	75.	9
Aggiutante magg.ᵉ	14.	94.	1	14.	25.	3
Secondo Aggiutante	11.	95.	3	11.	40.	3
Totale	131.	48.	3	125.	42.	2
Nota Che all'Aggiutante Magg.ʳᵉ di questo Battaglione se li pagano dall - Tesoreria Gen.ˡᵉ la gratificaz:ⁿᵉ di Docati 63 al mese	5.	25.	0	"	"	"
l'anno per l'affitto di Casa benché abbia sua abitazione nella Darsena	136.	73.	3	125.	42.	2
Officiali di Compagnia						
Capitano, come Tenente di nave ó Galea	23.	90.	7	22.	80.	5
Tenente, come Alfiere di Nave o Galea	14.	94.	1	14.	25.	3
Alfiere, come Alfiere di Fregata	11.	95.	3	11.	40.	3
Totale	187.	53.	2	173.	18.	1

Siegue il Battaglione della Marina

Individui di Sargente	Totale avere secondo l'ordin.^{ra}	Separazione		Massetta e Liquido d'Invalidi
		Gran massa	Massetta	
Piana Maggiore	D. G. C.	D. G. C.	D. G. C.	D. G. C.
Tamburro Magg:^{re} una Compagnia	5. 6. 3	1. 5. 6	4. 0. 9	3.91. 5
4 Sargenti ogn'uno con	5. 6. 3	1. 5. 6	4. 0. 9	3.91. 5
6 Caporali con	3.79. 8	0.84. 4	2.95. 4	2.88. 6
12 Granadieri con	3.16. 4	0.84. 4	2.32. 0	2.26. 6
1 Tamburrino con	3.79. 8	0.84. 4	2.95. 4	2.88. 6
1 Piffero con	3.79. 8	0.84. 4	2.95. 4	2.88. 6
76 Soldati con	2.98. 3	0.84. 4	2.10.11	2. 6. 6

Nota

Che in ciascuna Compagnia delle Galée vi a la differenza di un Caporale di meno, e d'un Soldato di piu	Avere			
	Di ciascuna Compag:^{a}		di tutto il Battagl:^{ne}	
	effettivo	Liquido d'Inv:^{lidi}	effettivo	Liquido d'Invalidi
	D. G. C.	D. G. C.	D. G. C.	D. G. C.
Gratificazioni				
Per le reclute alla rag.^{ne} di grani 28.1. per ogni Piazza	25.27. 6	24.68. 7	252.75. 0	246.85. 3
Per le Piazze sopra numerarie a rag.^{ne} di una p Compagnia	2.10.11	2. 6. 0	21. 9. 2	20.89.11

Nota

Che questo Battaglione non gode Gratificazione d'Armi perche le perceve dal Magazzino del Castel Novo di questa Capitale.

Siegue il Piano della Marina

	Soldo di Ordinanza	Liquido degl'Invalidi e M.te delle Vedove
	D. G. C.	D. G. C.
Brigata degl'Artiglieri Officiali		
Comandante attualm.te come Cap.no di Vascello	50.80. 0	48.45. 9
Tenente attualm:te come Alfiere di Vascello	14.94. 1	14.25. 3
Alfiere come di Fregata	11.95. 3	11.40. 3
Aggiutante lo stesso	11.95. 3	11.40. 3
Individui di Sargente		

		Separazione		Massetta e Liquido d'Inval.di
		Gran massa	Mazzetta	
	D. G. C.	D. G. C.	D. G. C.	D. G. C.
8 Sargenti ciascuno con	10.75. 9	0.96. 0	9.79. 9	9.56.11
8 Primi Caporali cias.o con	9.56. 3	0.93. 2	8.63. 1	8.43. 0
8 Secondi Caporali cias.o con	7.17. 2	0.86. 2	6.31. 0	6.16. 4
1 Tamburrino con	7.17.12	0.86. 2	6.31. 0	6.16. 4
75 Artiglieri ciasc.o con	6.27. 6	0.82. 3	5.45. 3	5.32. 7
25 Aggiutanti ciasc.o con	5.24. 5	0.82. 3	5.42. 2	5.31.11

Gratificazione di Uomini

Per la Gratificazione de' Uomini alla rag:ne di grana 17.11 per piazza si considerano a d.a Brigata completa	Effettiva	Liquido degl'Invalidi
	D. G. C.	D. G. C.
	12.75. 5	12.45. 8

Nota

Per le Armi si somministrano dagl'Reali Magazzini non gode questa Brigata Gratificazione alcuna con questo titolo.

Siegue il Piano della Marina

	Numero delle Razioni
Gratificazione di mezza Per ragion di Gratificaz:ᵉ di mezza si considerano giornalm:ᵗᵉ durante il viaggio, a ciasc.º Capit:ⁿᵒ di qualsivoglia Bastimento, che tiene il Comando, di grana 45 p ogni Officiale di Guerra della rispettiva dotaz:ⁿᵉ Commissario, Scrivano, Cappellano, é per le Guardie Marine il solo giornale avere di essi.	
Razioni d'Armata che si considerano in viaggio Al Capo di Squadra A Ciascun Capitano di Vascello o Galea A Ciascun Capit.º o Officiale Comand:ᵗᵉ di Fregata o Galeotta A qualsivoglia Officiale, o Individuo della dotaz:ⁿᵉ	 12 – 6 – 3 – 1 –
Nota Che alla Truppa ed Artiglieri della Marina sebbene se li somministra la Raz:ⁿᵉ d'Armata s'intende d'iscontarla indistintam:ᵗᵉ p ciasc.ª di quelle che riceverebbero li 12 Maravedis moneta di Vellon.	
Altra Al Capo Squadra D. Pasquale Borras come Ispett.ʳᵉ del Battaglione della Marina se li accordò il dì 26 Luglio 1760 una Gratificazione di doc:ᵗⁱ cinquanta l'anno dalla Tesoreria Genle [Generale] per il consumo delle Scrittorie, é manutenz:ⁿᵉ d'un Segretario.	

Ristretto Generale che manifesta il Prodotto annuo
che si ritrae da' Corpi del R.¹ Erario de' Regni di Napoli, Sicilia,
é Presidii di Toscana. E dimostra tutti gli Esiti per la Truppa,
che gli Politici di ciascheduna Tesoreria[32]

---

[32] PRO, SP93\22, 204-220. Questo documento viene spedito da Hamilton il 25.9.1766 con il numero 2 e il titolo «Annual Government Expences of the Kingdom of the Two Sicilies».

(*segue*) **Ristretto Generale**

	Provincie	Rend.ᵗᵃ Lorda Docati Grana	Pesi Doc.ᵗⁱ Grana	Fruttato Netto Doc.ᵗⁱ Grana	Total
Nota Le obligazioni di queste Provincie vengono indivi- dualmᵗᵉ dimostra- te negl'Esiti Poli- tici del Regno di Napoli, che però gli Pesi che si sono dedotti so- no la rendita de' Corpi ricomprati dalla Giunta di ri- compra ch'oltre li Docati 110070.75. che tiene di ren- dita in dette Pro- vincie hà altri ef- fetti, ch'uniti com- pongono l'annual rendita di Docati 141006.	Provincia di Terra di Lavoro per imposizioni ord.ᵉ, straord.ᵉ Contado di Molise Principato Citra Principato Ultra Capitanata Basilicata Bari Otranta Calabria Citra Calabria Ultra Abruzzo Citra Abruzzo Ultra	} 121489.24. 43306.92. 103801.22. 64740.10. 89067.69. 118160.68. 165959.53. 150727.82. 142165.20. 184523.47. 76238.02. 146127.42.	3093.70. 11104.12. 2812. ". 7508.25. 12218.54. 17716.23. 21520.45. 8070.80. 14588.59. 4562.67. 6875.40.	121489.24. 40213.22. 92697.10. 61928.10. 81559.44. 105942.14. 148243.30. 129207.37. 134094.40. 169934.88. 71675.35. 139252.02.	⌐ 1296236.56
		1406307.31.	110070.75.	1296236.56.	
	Valimenti Principe di Civitella in Roma Principe di Melfi	1000. ". 1291.11.	....	1000. ". 1291.11.	⊢ 2291.11.
Nota Le dette annue Somme vengono pagate sino al- l'estinz.ᵉ del debi- to di detti Percet- tori.	**Debitori** Dal Percettore di Terra di lavoro per estinz.ᵉ del debito di Cariello Dal Su Percettore di Bari	3000. "} 3000. ".	....	3000. " 3000. "	⊢ 6000. ".
	Somma				1304527.67.

(segue) Ristretto Generale

		Rend.ᵗᵃ Lorda Docati Grana	Pesi Docati Grana	Fruttat.ᵒ Netto Docati Grana	Total
	Somma Retroscritta				1304527.67
Nota Il Peso di disterrati sopra é Sali de' 4 Fundaci é incluso nella sua rispettiva classe.	**Arrendamenti** Quello del Tabacco in aff.ᵒ	371200. ".	111204.49.	259995.51.	
	Grana 28$\frac{1}{2}$ de' Sali de' 4 fundaci	158650. ".	7310. ".	151340. ".	
	Sali di Mare di Calabria per coacervaz.ᵉ	36253.32.	23813.50.	12439.82.	
	Grana 82$\frac{1}{2}$ a tomola de' detti Sali	22075. ".	....	22075. ".	
	Sali de' Monti di Calabria	36940.12.	26662.38.	10277.74.	
	Grana 82$\frac{1}{2}$ a tomola in detti Sali per coacervazione	24719.70.	1309.49.	23410.21.	
	Sali d'Otranto, e' Basilicata	54683.64.	53749.64.	934. ".	
	Grana 82$\frac{1}{2}$ a tomola in detti Sali	31965. ".	2850. ".	29115. ".	
	Sali di Puglia per coacervazione da Giugno 1754 a Maggio 1758	116717.01.	98627.21.	18089.80.	
	Grana 82$\frac{1}{2}$ a tomola in detti Sali per coacervazione	55721.83.	770.83.	54951. ".	
	Sali d'Abruzzo giusto il fruttato dell'ultim'anno a mano de' Cons:ⁿⁱ	55653.50.	48539.49.	7114.01.	
	Grana 82$\frac{1}{2}$ a d.ⁱ Sali in affitto	43850. ".	8000. ".	35850. ".	
Essendosi S.M.C. degnata accordare la grazia a due Arrendamenti de' Sali d'Otranto ed Abruzzo che in vece di considerarse il peso di rot.ᵃ 33 fusse considerato rot.ᵃ 48, queste fa che la rendita di detti Arrendamenti si va a perdere il primo in Doc.	Sete di Terra di Lavoro	19025. ".	....	19025."	} 940067.78$\frac{1}{3}$
	Sete di Calabria per coacervazione da Giugno 1755 a Maggio 1759	207573.01.	151885.01	55688. ".	
	Salinitri, é Polvere	50000. ".	30000. ".	20000. ".	
	Grana 23 a oncia della Regia Dogana di Napoli per coacervazione	92415.40.	80827.40.	11588. ".	
	Manne del Regno e' Calabria	42664.50.	19221.50.	23443. "	
	Regj Censali per coacervazione da Sett:ʳᵉ 1755 a tutt'Ag.ᵗᵒ 1759	47239.48.	19358.48.	27881. ".	

(*segue*) **Ristretto Generale**

		Rend.ᵗᵃ Lorda Docati Grana	Pesi Docati Grana	Fruttat.º Netto Docati Grana	Total
934. ed il 2.ᵈᵒ in Doc. 7114.01. a qual motivo dette due somme non vengono considerate nel total del Netto.	Ferri per coacervaz.ᵉ da 23 Ott:ʳᵉ 1754 a tutti li 22 Ott:ʳᵉ 1758	167976.44.	150041.44.	17935. ".	
	Ferri. é Dogane di Calabria é fondaco di Marateo per coacervazione	126146.92.	101949.54.	24197.38.	
	Peso é mezzo, a peso coacervaz.ᵉ da 7:ᵇʳᵉ 1753. per Ag:ᵗᵒ 1758	23217.13²/₃	6593.21¹/₃	16623.92¹/₃	
	Regia Zecca de Pesi, é misure	7635. ".	5402.20.	2232.80.	
	Carte da Giocare	15000. ".	12000. ".	3000. ".	
	Docato a Soma d'Oglio di Calabria p coacerv.ᵉ	19240. ".	740. ".	18500. ".	
	Idem de gli Abruzzi	2884. ".	84. ".	2800. ".	
	Idem di Principato Citra	918. ".	18. ".	900. ".	
	Idem di Bari, Capitanata, Otranto, e Basilicata	37202.26.	1773.67.	35428.59.	
	Tornesi 3 a libra di Cera, é Carlini 10 é 12¹/₂ a Cant.º di Zuccaro	19230. ".	230. ".	19000. ".	
	Primi tornesi 3 a peso di Calce	8705. ".	18. ".	8687. ".	
	Secondi 3 tornesi Idem	7250. ".	180. ".	7070. ".	
	Carlini 10 a Cant.º di Sapone di Bari	533.12.	57.12.	476. ".	
		1903284.38.	963216.60¹/₃	940067.78¹/₃	
	Somma				2244595.45¹/₃

(segue) Ristretto Generale

		Rend.ᵗᵃ Lorda Docati Grana	Pesi Docati Grana	Fruttato Netto Docati Grana	Total
	Somma Retroscritta				2244595.45¹/₃
	Partite d'Arrendamenti				
	Quelle che stavano assegnate al G. Almirante	6396. ".	....	6396. ".	
	Quelle che furon dell'Elettor Palatino	392.84.	....	392.84.	
	Partite sopra l'Erbaggi di Foggia	2094.74	....	2094.74	⎰ 162907.02
	Partite Devolute	1023.44	....	1023.44.	⎱
	Dote di Cassa Militare sopra diversi Arrendamenti	300000. ".	147000. ".	153000. ".	
		309907.02.	147000. ".	162907.02.	
Nota Le obligazioni della Dogana di Foggia si sono descritte nel Esito Politico di Napoli.	**Dogane** Dogana di Napoli per coacerv.ᵉ dal 17 Ag.ᵗᵒ 1755 a 16 Ag.ᵗᵒ 1759	547568.96.	335686.29.	211882.67.	
	Dogana di Foggia Corpi certi coacervati per anni due = 256454.71 Corpi incerti idem = 96054.43	352509.14.	....	352509.14.	
	Doganella di Abruzzo per coacervaz.ᵉ	11391.85.	1238.61.	10153.24	⎰ 589966.53
	Dogana di Puglia	136260.35.	121132.35.	15128. ".	⎱
La Spesa che porta la Dogana Comitile di Mola eccede in Docati 226.36 di piu dell'utile.	Dogana Baronale di Molfetta	3547.14.	3027.30.	519.84.	
	Dogana Comitile di Mola	1723.70.	1950.06.		
				590192.89.	
	Bassam.ᵗᵒ sop.ᵃ d.ᵃ ultima parti:ᵃ			226.30.	
		1053001.14.	463034.61.	589966.53.	
	Dritti				
	Da quelli dell'Officio del Gran Almirante	260. ".	....	260. ".	
	Dal Jus Signi della R.ᴵ Cammera di S. Chiara in affitto	1500. ".	3.	1497. ".	

(*segue*) **Ristretto Generale**

		Rend.^{tà} Lorda Docati Grana	Pesi Docati Grana	Fruttato Netto Docati Grana	Total
Nota Questo diritto de' Secretari ed altri Individui si stima abbia avanzare per esser aumentati i Soldi de' Tribunali ed altri. Altra Non vi e compreso il Jus Signi delle Reg:^e Delegazioni che dà di rendita netta annui Doc:^{ti} 120 in circa per trovarsi da S.M.C. conceduto.	Diritti della R.^l Cam.^a di S. Chiara Mandati di Cancelleria é Protonotariato per coacervazione	14000. ".	1477. ".	12523. ".	
	Dritti de Secretarii, Officiali di Secret.^{ria} é Portieri incorporati alla Regia Corte	4471.50.	....	4471.50.	⎱ 71715.69
	Jus Sentenzia Idem	10600. ".	600. ".	10000. ".	
	Dirittti del Jus Tapeti del Gran Cammerario	1200. ".	....	1200. ".	
	Quelli delle Declaratorie. Cristalli, é Vitelle	13680.78.	....	13680.78.	
	Jus Salmarum é frutto di Tratte Sciolte à carico de' Portolani	5600. ".	....	5600. "	
	Dritti del 2 per 100 sopra i Sciabecchi	17654.35.	355. 9.	17298.41.	
	Da Dritti di Rilevi, é Quindemi	5500. ".	....	5500. ".	
		74466.63.	2750.94.	71715.69.	
	Somma				3069184.69¹/₃

(segue) Ristretto Generale

		Rend.ᵗⁱ Lorda Docati Grana	Pesi Doc:ⁿ Grana	Fruttato Netto Docati Grana	Total
	Somma Retroscritta				3069184.69¹/₃
Nota Non si e portato il fruttato della tratta de' Grani, Vettovaglie per essere proibita.	**Tratte**				
	Tratte di Seccamenti per coacervazione	6909. ".	....	6909. ".	
	Idem delle Sete	10000. ".	....	10000. ".	
	Idem di Pasta é Legorizia	2037.66.	....	2037.66.	
	Tratte Minute	270.73.	....	270.73.	
	Idem di Vini, é Botti Vacanti per coacervaz.ᵉ	21729.91.	7729.91.	14000. ".	
	Tratte Sciolte di Calabria Citra per coacerv:ᵉ	2130. ".	....	2130. ".	
	Idem di Calabria Ultra	3070.73.	....	3070.73.	
	Tratte di Semmola, e' Pasta Lavorata per coacervazione	3815. ".	315. ".	3500. "	} 58597.12
	Idem di Terra di Lavoro, é Contado di Molise	1430. ".	230. ".	1200. ".	
	Tratte di Seccamenti di Reggio per coacerv:ᵉ	1567.50.	67.50.	1500. ".	
	Tratte di Legname di Principato Citra per coacervazione	3376.29.	876.29.	2500. ".	
	Tratte Sciolte di Principato Citra	624. ".	24. ".	600. ".	
	Tratte di Seccarie di Capitanata, Bari, Otranto é Basilicata	11350. ".	471. ".	10879. ".	
		68310.82.	9713.70.	58597.12.	
Nota Dalla Vendita d'Ufici non si e portato Utile perche in caso di vacanze devonsi conferire a coloro che tengon le grazie é concessioni di S.M.C.	**Corpi Diversi** Dall'Officio di Montiere Magg:ʳᵉ	8000. ".	1370.45.	6629.55.	
	Officio di Corriero Maggiore per coacervaz.ᵉ	117000. ".	42000. ".	75000. ".	
	Dall'Officio della Mastrodattia della Regia Sila in aff.ᵒ	162. ".	....	162. ".	
	Da quello di Capitano della Grassa di Terra di Lavoro	2139.82.	....	2139.82.	
	Dalla Regia Impresa della Beneficciata	233698.51.	....	233698.51.	

(*segue*) **Ristretto Generale**

		Rend.ᵗᵃ Lorda Docati Grana	Pesi Docati Grana	Fruttato Netto Docati Grana	Total
	Dall'Officio di Capitano della Grassa in Abruzzo	7356.34.	1630.74.	5725.60.	
	Dall'Officio del Proto-medicato in aff.°	18301. ".	....	18301. ".	
	Dalla Fida delle quattro Provincie Soggette ad allistamento di Animali grossi in aff.°	47115. ".	1198.23.	45916.77.	
			433772.67.	46199.42.	387573.25.
	Somma				3127781.81$^1/_3$

(segue) Ristretto Generale

		Rend.ª Lorda Docati Grana	Pesi Docati Grana	Fruttato Netto Docati Grana	Total
	Somma Retroscritta	433772.68.	46199.42.	387573.25.	3127781.81$^1/_3$
	Dagli Affitti di Case é Censi della Reg.ª Corte	91.60.	....	91.60.	
	Dal Contestabile Colonna perfide del suo Gregge	400. ".	....	400. ".	
	Dal Donativo dell'annui Docati 15000 ed avanzi sopra le Grana 37 é $^1/_2$ a tom.º di Sale	74062.26.	6144.40.	67917.86.	
	Dalle Risulte del Reg.ᵉ Cedolario	4000. ".	....	4000. ".	
	Da Peci bianche é negre della Regia Sila	2800. ".	1000. ".	1800. ".	
Nota Le Gabelle adette alle fortificazioni di Capoa danno l'annual rendita di Docati 3000 i quali sono assegnati a Creditori.	Da Tavole, é Travi della Regia Sila	5. ".	....	5. ".	468292.23
	Dalla Bagliva, é granetteria della Regia Sila di Cosenza, é neviere di Calabria	4607. ".	....	4607. ".	
	Dalla nuova miniera del Vitriolo in affitto	448. ".	....	448. ".	
	Dalla Gabella del Palo, é frasca di Barletta	145.81.	62.08.	83.73.	
Nota Gli affitti de Doganieri ed altri portano la Spesa più dell'Introito in Docati 67.61. a qual motivo si e bassato.	Dagli Affitti de' Doganieri di Lecce, Ancoraggio di San Cataldo, é Bagliva di Lecce	618.49.	686.10.		
	Bassamento Sop.ª d.ª ultima partita			466926.44. 67.61.	
	Restano per			466858.83.	
	Dalla Corritura di Capo di Monte	1100. ".	326.60.	773.40.	
	Dalle Peschiere di Taranto in affitto	660. ".	....	660. ".	
		522710.83.	54418.60.	468292.23	
	Total Rend.ª Netta del Regno di Napoli Docati				3596074.4$^1/_3$

(segue) Ristretto Generale

	Rend.ᵃ Lorda Docati Grana	Pesi Doc.ᵗⁱ Grana	Fruttato N.° Docati Grana	Total	Rend.ᵃ di ciascun Regno
Somma Retros:ᵗᵃ del Reg:ⁿᵒ di Napoli					3596074.4¹/₃
Regno di Sicilia **Corpi certi é Fissi**					
Tande, é Donativi Regj	443699.11.	120987.40.	322711.71.		
Ribassa il 5 per 100 ridotta al 4	4526.56.	....	4526.56.		
Donativo delle Case di Apposiento	3437.50.	413.50.	3024. ".		
Peculio Frumentario della Città di Messina	9000. ".	....	9000. "	} 343614.27.	
Officio del Prefetto delle Poste	6449.10.	3990. ".	2459.10.		
Corpi di Cenzi d'acqua Saldi de' Molini é Saline	463.30....		463.30.		
In vece della Gabella della Neve di Siracusa	1200. ".	....	1200. ".		
Contribuzione sopra il feudo di Casibili in Siracusa	109.60.	....	109.60.		
Contribuzione dovuta dalla Città di Trapani	120. ".	....	120. ".		
	469005.17.	125390.90.	343614.27.		
C. Certi é Variabili					
Bolla dalla S.S. Cruciata	101349.35.	18269.36.	83079.99.		
Diritta di Decima feudale	14687.25.	1097.28.	13589.97.		
Diritto del Tarì di possessione allodiale	4967.73.	264. ".	4703.73	384346.01.	
Apalto del Tabacco	223437.70.	10473.50.	212964.20.		
Regia Dogana di Palermo	101655.10.	31646.98.	70008.12.		
	446097.13.	61751.12.	384346.01.		
Dogane del Reg:ᵒ					
Di Messina	52516.47.	7183.40.	45333.07.		
Di Trapani	2506.76.	57.60.	2449.16.		
Di Catania	3204.68.	....	3204.68.		
Marzola, Alcamo, é Castell'ammare	1723.53.	72.33.	1651.20.		
Di Mazzara	365.56.	....	365.56.		
Di Siracusa	3971.53.	....	3971.53	} 68150.36.	
Di Agosta	3576. ".	91.20.	3484.80.		
Di Cefalù ed altri	2830.07.	76.80.	2753.27.		
Di Termini	2265.92.	75.72.	2190.20.		

(*segue*) Ristretto Generale

	Rend.ª Lorda Docati Grana	Pesi Doc:ʳⁱ Grana	Fruttato N.° Docati Grana	Total	Rend.ª di ciascun Regno
Di Castro Gioanni Di Terranova	687.69. 2059.20.	....	687.69. 2059.20.		
	75707.41.	7557.05.	68150.36.		
Somma				796110.64.	3596074.04¹/₃

(segue) Ristretto Generale

	Rend.ª Lorda Doc:ᵗⁱ Grana	Pesi Doc:ⁿ Grana	Fruttato netto Doc:ᵗⁱ Grana	Total	Rend.ª di ciascun Regno
Somme Retroscritte				796110.64.	3596074.04$^1/_3$
Tratte di Vett.º					
Di Sicli e Vittoria	14023.42.	939. ".	13084.42.		
Di Sciacca	285. ".	....	285. ".		
Di Noto inclusa la Bestiame	2637.04.	84.96.	2552. 8.		
Di Catania, Acireale, ed altri	1222.30.	2.52.	1219.78	} 23992. 3	
Di Mascali per Vino	6226.69.	70.92.	6155.77.		
Da diverse Marine, é Scari a minuto	700.99.	6.01.	694.98.		
	25095.44.	1103.41.	23992. 3.		
Avanzi delle Dogane e Tratte soggette alla Cassa del 5 per 100. **Reggie Dogane**					
Dogana di Monte S. Giuliano	114.26.	102.56.	11.70.		
Dogana di Sciacca dedotti Li quinti	1419.95.	900.81.	519.14.		
Dogana di Taurmina	1138.69.	771.60.	367. 9.		
Dogana di Lentini é Car-lentini	1308.53.	1305.78.	2.75	} 979.22.	
Dogana di Castro nuovo	897.60.	840. ".	57.60.		
Dogana di Patti	87.69.	66.75.	20.94.		
	4966.72.	3987.50.	979.22.		
Tratte di Vett.º					
Tratte di Mazzara	996. ".	994.10.	1.90.		
Tratte di Melazzo	436.60.	174.38.	262.22.		
Tratte di Trapana, Marzala, Alcamo, é Castello venere	2551.20.	2100.23.	450.97.	} 764.45.	
Tratte di Ferro, ed Acciaio di Mazzara	967.36.	918. ".	49.36.		
	4951.16.	4186.71.	764.45.		
Somme				821846.34.	3596074. 4$^1/_3$

(segue) Ristretto Generale

	Rend.ª Lorda Docati Grana	Pesi Doc:ti Grana	Fruttato netto Doc:ti Grana	Total	Rend.ª di ciascun Regno
Somme Retroscritte				821846.34.	3596074. 4¹/₃
Introiti del num.º 9 delle Gabelle di Messina, ed altre 3 dipendenti dalle medeme. Gabelle					
Dalla Gabella di Carlini 2. per Soma di Vino é musto	2750.64.	1953.24.	797.40.		
Da quella di Grana 15 per Cafiso d'Oglio	4043.40.	533.82.	3309.58.		
Dalla Gabella di un Carlino per oncia sopra il puzzo di cose salate	1702.77.	116. 4.	1586.73.		
Da quella di un tornese per rot.ª di carne	3062.73.	839.48.	2223.25.		
Dalla Gabella di un Grano per tarì del prezzo de' Pesci	2579.41.	192.87.	2386.54.		
Dalla Gabella di tornesi due per rot.ª di Neve	2630.55.	153. 5.	2477.50.		
Dalla Gabella di Carlini otto per Salma d'orzo	1290.79.	555.49.	735.30	} 18995.68.	
Dalla Gabella di tornesi due per rotole di Sapone	1115.64.	21.55.	1094. 9.		
Dalla Gabella di un Carlino per Libra di Seta tinta	3868.48.	142.77.	3275.71.		
Dalla Gabella dell'orzo de' Casali	42.48.	....	42.48.		
Dalla Gabella di Carlini quattro per Salma di Musto, é grana 15 per Cafiso d'Oglio del territorio di Gualdieri	451.51.	73.41.	378.10.		
Dalla Gabella di Grana 18 per Libra di Seta di detto territorio di Gualdierio	39. ".	....	39.".		
	23577.40.	4581.72.	18995.68.		
Somme				840842. 2	3596074. 4¹/₃

(segue) Ristretto Generale

		Rend.ª Lorda Docati Grana	Pesi Doc:ʳⁱ Grana	Frutt.ᵒ netto Doc:ʳⁱ Grana	Total	Rend.ª di ciascun Regno
	Somme Retroscritte				840842. 2	3596074. 4¹/₃
	Varj Introiti					
	Dalle Tratte di Grano, orzo, é Legume per fuori Regno	175421.17.	6645.51.	168775.66.		
	Del piccol'uno sopra l'estraz.ᶜ de' frumenti come sop.ª olim dell'Ill. Duca di Reitano	125.35.	....	125.35.		
	Dalla Tratta d'Oglio	11041.74.	....	11041.74.		
	Dagli Avanzi dell'Officio di Maestro Portolano, ed Amministratore de' Caricatori del Regno	49184. 3.	31034.62.	18149.41.		
	Dal R.ˡ Dritto della mezz'annata	7795.89.	548.77.	7247.12.		
	Dalle Regalie	563.83.	....	563.83.		
	Dalla firma de' Biglietti del Viceré	668.93.	....	668.93.		
	Dal Sugello del Gran Cancelliere	1723. 1.	....	1723. 1.		
	Dallo Scudo di Carlini 12 de' Commissari esecutivi	97. 1	....	97. 1.		
	Dalla Chianca de' Poveri	1076.55.	12.69.	1063.86.		
	Dalla Gabella delle Carte di Gioco di Palermo é Valdemazara	2009. ".	80.28.	1928.72.		
	Idem di Messina, Valdemone é Valdemolo	121.67.	" .99.	120.68.		
Nota	Dalla Gabella del Pesce Spada ne' mari di Messina	718. 7.	30.80.	687.27.		
Il fruttato netto del nuovo dazio dell'Estraz.ⁿᵉ della Seta di Palermo e' Messina in annui doc:ʳⁱ 36986:06. non si è portato per esser il medesimo asse-	Idem ne mari di Calabria	145.50.	6.54.	138.96.		
	Dal Porto franco, Lazaretto, é Sanità di Messina	2686.55.	1925.22.	761.33.		
	Gabella della Testa degl'animali	1966.78.	1966. ".	" .78.		

(segue) Ristretto Generale

		Rend.ª Lorda Docati Grana	Pesi Docati Grana	Frutt.ª netto Docati Grana	Total	Rend.ª di ciascun Regno
gnato cioè Docati 18000 al Senato di Messina p sodisfare i Creditori dello stesso Dazio é li restanti D. 18986:06 si arrogano in Supplim.ᵗᵒ della Spesa della negoziazione del Sale.	Gabella uno per quintale di Zuccaro in Regno	78.80.	....	78.80.		
	Idem Polizie d'Armi in Messina	100.80.	3.65.	97.15.		
	Detta nel Regno	4752.53.	439.75.	4312.78.		
	Capitania d'armi in Mazara	275. ".	....	275. ".		
	Dritto di Peso, é misura, ed arte della Seta di Catania	903.27.	....	903.27.		
	Diversi effetti minuti del Regno	892.31.	246.22.	646. 9.		
	Diverse Gabelle di Seta ed Oglio	2678.18.	120. ".	2558.18.		
	Dalla franchizia de Messinesi	225.76.	55.58.	170.18.		
	Dagli effetti confiscati a detti	1885.50.	557.25.	1328.25.		
	Effetti incorporati per conto de' Fiscali di persone Bandite	1060.97.	282. ".	778.97.		
		268198.20.	43955.87.	224242.33.		
	Somme				840842. 2	3596074 $4^1/_3$

(segue) Ristretto Generale

	Rend.ª Lorda Doc:ti Grana	Pesi Doc:ti Grana	Frutt.° netto Doc:ti Grana	Total	Rend.ª di ciascun Regno
Somme Retroscritte	268198.20.	43955.87.	224242.33.	840842. 2.	3596074.4¹/₃
Effetti di Debitori di Corte	465.91.	....	465.91.		
Dagl'Effetti degli Ospedali Militari di Palermo é Messina	2934.93.	574.70.	2360.23.		
Dalla falta del Caricatore dell'Alicata	320.77.	....	320.77.		
Dritti d'Ancoraggi, Falangagi, é Lanternaggi	509.31.	....	509.31.		
Dogana de Messinesi é Genovesi	752.77.	....	752.77.	} 239428.90.	
Dal nuovo affitto delle Dogane di Catania, Acireale, ed altro	2788.18.	2176.80.	611.38.		
Dal nuovo Dazio di grana 5 e per ogni Salma di Frutti, orzi, é legumi é Duplicato dritto di ancoraggi per lo nuovo porto di Girgenti	6188.65.	....	6188.65.		
Nuovo Dazio de' Bastim:ti che danno Carena nel Porto di Messina	114.95.	53.80.	61.15.		
Dal G. Almirante del Regno	4201.40.	285. ".	3916.40.		
	286475. 7.	47046.17.	239428.90.		
Introiti Straordinarj					
Donativo Straord:° novenale di once 18 m	67174.48.	....	67174.48.		
Donativo d'once 15 m p una Solta pagabile in 4 anni	36840.75.	....	36840.75.		
Per li contrabanni é componendo del Regno	205.69.	....	205.69.		
Introito della mesata Ecclesiast:ca	300. ".	....	300. ".	} 108144.20.	
Introiti dell'Offici vendibili al presente vacanti	730.84.	....	730.84.		
Franchizia della Neve	701.33.	....	701.33.		
Dell'once 1020.11.12 dovute dalla Città di Messina	300. ".	....	300. ".		

(segue) **Ristretto Generale**

	Rend.ª Lorda Docati Grana	Pesi Docati Grana	Frutt.° netto Docati Grana	Total	Rend.ª di ciascun Regno
Franchizie degl'Ecclesiast:ᶜⁱ Gabella del vino a minuto	19.11. 1872. ".	....	19.11. 1872. ".		
	108144.20.	....	108144.20.		
Total Rend.ᵗᵃ del Regno di Sicilia				1188415.12.	1188415.12.
Nota Si previene che nelle descritte rendite del Regno di Sicilia vi mancano cosi i corpi che s'amministrano separatam:ᵗᵉ come le seguenti Tonnare.					
S'amministrano separatamente	La Contea di Mascali Impresa del Sale Beneficiata di Napoli Regie Miniere Compagnia del Commercio La Tonnara 3 fontane in Mazara 120 Raisi culmo o sia monte in Catania 72 Di Salica in Melazzo 72 Di Brucola 108				
	Somma				4784489.16¹/₃

(segue) Ristretto Generale

	Doc:ti Grana	Rend.a annua Doc:ti Grana	Rend.a di ciascun Regno Doc:ti Grana
Somma Retroscritta			4784489.16¹/₃
Presidij di Toscana **Corpi** Li dodeci Banditi che s'affittano per pascolo		8600. ".	
Le Gabelle del Carbone, ancoraggi vendita di Sali d'Orbitello, Portecole, é Talamone		3400. ".	
Tratte di Grano		3650. ".	
Vendita di Grano		2900. ".	
Affitto delle Tonnare		1100. ".	
Il Cenzo della Peschiera di Nassa		44.80.	
Le Fide d'animali forastieri di S. Stefano		135. ".	
L'Orti di S. Stefano		86. ".	
Il Magazzino della Tagliata		73.50.	
Il passaggio del zolfo		82.32.	
Il Molino delle Candele		15. ".	
La Gabella de' Patroni Forastieri, che fanno negozio in Tolone		115. ".	
Il Macchiatico di Carboni, é Cavare Calce		160. ".	
Total Rendita Lorda		20361.62.	
Pesi Soldi a gli Officiali delle Rendite Portolani, Procacci é Guardie	1542.37.		
Spese di Porto di Lettere ed affitti di Magazzeni	78.60.		
Total de' Pesi	1620.97.	1620.97.	
		18740.65.	18740.65¹/₃
Total Rendita Netta de' Regni di Napoli Sicilia, e' Presidii di Toscana Docati			4803229.81¹/₃

(segue) Ristretto Generale
Unione delle rendite de' Corpi di Napoli, Sicilia, é Presidij di Toscana

	Rend.a Lorda Doc:ti Grana	Pesi Doc:ti Grana	Frutt.o netto Doc:ti Grana
Regno di Napoli **Corpi**			
Le Dodeci Provincie	1406307.31.	110070.75.	1296236.56.
Valimenti	2291.11	....	2291.11.
Debitori	6000. "	....	6000. ".
Arrendamenti	1903284.38$^2/_3$	963216.60$^1/_3$	940067.78$^1/_3$
Partite d'Arrendamenti	309907.02.	147000. "	162907.02.
Dogane	1053001.14.	463034.61.	589966.53.
Dritti	74466.63.	2750.94.	71715.69.
Tratte	68310.82.	9713.70.	58597.12.
Corpi Diversi	522710.83.	54418.60.	468292.23.
	5346279.24$^2/_3$	1750205.20.	3596074.4$^1/_3$
Regno di Sicilia **Corpi**			
Corpi Certi é Fissi 469005.17. 125390.90. 343614.27.			
Corpi ed eventuali 446097.13. 61751.12. 384346. 1.			
Dogane Regie 75707.41. 7557. 5. 68150.36.			
Tratte di Vettovaglie 25095.44. 1103.41. 23992. 3.			
Corpi Soggetti alla tassa del 5 per 100	} 1444019.70.	255604.58.	1188415.12.
Dogane 4966.72. 3987.50. 979.22.			
Tratte di Vettovaglie 4951.16. 4186.71. 764.45.			
Gabelle de' Messinesi 23577.40. 4581.72. 18995.68.			
Vari Introiti 286475. 7. 47046.17. 239428.90.			
Introiti Straordinari 108144.20. .... 108144.20.			
1444019.70. 255604.58. 1188415.12.			
Presidi di Toscana Corpi Reali	20361.62.	1620.97.	18740.65.
Total della Rend:ta Lorda, é Pesi	6810660.56.	2007430.75.	
Fruttato Netto in un anno			4803229.81$^1/_3$

Sieguono gli Esiti cosi
appartenenti a tutta la Truppa
et aderenti di essa
destinata in Napoli, Sicilia
é Presidii di Toscana
come gli Esiti Politici dipendenti
dalle Tesorerie di detti Regni.

Ferdinando IV.
Rè 1760.

(*segue*) Ristretto Generale

			Esiti Totali Docati Grana
Somma Retroscritta			2776497, 4
Affitti di Case per uso de' Militari			
Nel Regno di Napoli		1068,28	
In quello di Sicilia		3483,27	14421,55
Ne' Presidii di Toscana		160	
		14421,55	
Fabriche Militari			
In questa Città di Napoli é Regno		39275,54	
Ne' Presidi di Toscana		13380	
Nel Regno di Sicilia		14543	70522,42
Utenzilli é piccoli residii de' Quartieri di questa Capitale é Regno		2864,28	
Assentista d'Impeciatura		460,60	
		70522,42	
Spese per L'Artiglieria			
In Napoli	31560		
Per compra d'Armi	5130,75	37770,75	
Polizia d'Armi	1080		
In Sicilia		2971,37	
Presidii di Toscana		388	
		41133,12	
Varie Spese Militari **Napoli**			
Fondo de' Lucri		2052	
Trasporti é Noleggi		6176,23	
Capotti delle Sentinelle		1343,45	
Capotti alla Marina per uso de' Disterrati		260	
Vestu.° de' Schiavi, che travagliano nello Stato di Caserta		488,40	
Sortia per gli Individui dell'Artiglieria		318	
Vistiti, é Letti, che si brugiano per esser morti Etici Militari		110	
Passaggio d'Individui di Cavall:ª a Guar.ª del Corpo		130	
Supullettili, ed Utenzili Sacri		166	
Pio Monte delle Vedove Militari		1899,54	
Monte di S. Barbara		408,65	
Alle Vedove de' Militari Officiali ut sup.ª all'anno in circa		257,80	22617,46
Letti diferenti		570,14	
		14180,21	

(*segue*) **Ristretto Generale**

			Esiti Totali *Docati Grana*
Presidi di Toscana Per L'Abono dell'Oncie, che si paga per la Guarniz.ᵉ di Longone Filuche del Dispaccio d'Orbitello Filuche di Longone	1620 1764,26 1764,26 5148,52	5148,52	
Sicilia Assegnamenti Militari diversi Assegnazioni o sian Salari diversi Idem	1960,12 1328,61 3288,73	3288,73	
		22617	
Somma			2925191,59

Ripartimento della Marina

			Esiti Totali *Docati Grana*
Somma Retroscritta			2925191,59
Soldi fissi Gratificaz:ⁿⁱ é Penzioni Liquidi Officio di Marina Audienza di Marina Prima Paria Arsenale Ospedale Brig.ᵃ di Guar.ᵃ Marina impegati nell'Accad.ᵃ Com.ᵉ Sarg.ᵉ Mag.ᵉ é Aiut.ᵉ del Batt:ᵉ di Marina Com.ᵉ ed Off.ˡⁱ della Classe della Brig.ᵃ d'Art:ᵃ di Marina Off.ˡⁱ di Guerra della Classe di Galere Off.ˡⁱ di Guerra della Classe delle Navi	10504,21,6 7195,98 1050,45 1676,47 2908,20 1259,88 1644,27 1600,65 1050,41 6057,57 12885,50,0 47813,59,6	47813,59,6	
Tripulaz:ⁿⁱ fisse in tutto l'anno delle 4 Galere della Polmonara, é Feluca della Capitania escl:ˢⁱ gli Offic:ˡⁱ di Guerra Galera Patrona Galera S. Gennaro Galera S. Antonio Galera Polmonara	5182,92 3557,76 3353,64 3353,64 582,96 16030,92	16030,92	

(segue) **Ristretto Generale**

			Esiti Totali Docati Grana
Tripulaz.:ni Fisse in tutto l'anno delle 4 Navi escl.si gli Officiali di Guerra			478516,25
Nave S. Filippo	3149,35,6		
Fregata S. Carlo	3149,35,6	12597,42	
S. Amalia	3149,35,6		
Concezzione	3149,35,6		
	12597,42		
Tripulaz.:ni fisse de' Sciabecchi escl.si gli Off.li di Guerra			
Sciabecco S. Gennaro	2411,48,9		
S. Pascale	2341,46,6		
S. Luigi	2341,46,6	14118,81,3	
S. Antonio	2341,46,6		
S. Gabriele	2341,46,6		
S. Ferdinando	2341,41,6		
	14118,81,3		
Tripulaz.:ni fisse in tutto l'anno delle 4 Galeotte, esclusi gli Officiali di Guerra			
Galeotta S. Gius:e	960,15,3		
S. Antonio	918,57	3494,5,3	
S. Francesco	807,66,6		
S. Rosolia	807,66,6		
	3494,5,3		
Lancia Reale Secondo Sta dotata al pres.e	1048,29		
Figli d'Off.li di Mare nel Conserv.o del Reto	98		
Invalidi é Giubilati	3256,56		
Vedove ed altri che godono Penz:ni nella Marina	1688,78		
mezzo soldo che si paga alle famiglie degli Off.li che sono schiavi in Algieri	1780,94		
	7872,57		
Soldi e' Gratificaz:i delle Reali Squadre nelle compagne			
Galere 6 Mesi	5263,17		
Navi 6 Mesi	11208,76		
Sciabecchi 7 Mesi	24506,39	52661,58	
Galeotti 6 Mesi	11683,20		
	52661,52		
Gratificaz.i di Reclute é gramassa del Batt.e Brig.a di Gua Mar.a Artig.a		50138,72	
Soldi a condannati é Presi		200,4	
Mercedi é Penz.ni che si pagano per la marina		558,50	
Gasti di Maestranza ed altri per lo R.l Serv.o é Gasti di Assentisti		273030,10	
Somme			3403707,84

(segue) Ristretto Generale

			Esiti Totali Docati Grana
Somma Retroscritta			3405707,84
Esiti Politici del Regno di Napoli - Casa R.^{le} Seg.^r é Officine R.^{li}			
Casa Reale	480000		
Secretaria di Stato del Carico del Sig.^r March.^e Tanucci	18092,4		
Quella del Dispaccio di Guerra é Marina	13027,68		
Quella del Dispaccio d'Azienda é Commercio	17291,92		
Quella di Grazia é Giustizia ed Ecclesiastica	15040,32		
Secretaria di S.M.	6868,19	574723,33	
Secretaria della Sopraindenza Gen.^{le}	1564		
Secretaria della Cam.^a Reale di Sta Chiara	3376		
Regia Scrivania di Razione	7335,72		
Tesoreria é ...	4456,54		
R.^l Officina della Rota de' Conti	4807		
R.^l Tesoreria Generale	2866,92		
	574723,33		
Tribunali			
Sacro R.^l Conseglio	42008		
Reg.^a Cam.^a della Summaria	33917,36		
Tribunale della G.C. della Vicaria	23808		
Tribunale Misto	2200		
Magistrato del Commercio	1800	108409,68	
Tribunale del Protomedicato	1050		
Tribunale del G. Almirante del Regno	705		
Tribunale dell'Udienza Generale	2422,32		
Uditori di Provincia Giubilati	500		
	108409,68		
Soldi Sciolti compresovi i Sei Ingegneri Camerali		7564	
Cappella Reale			
Individui della detta Cappella Reale	2412		
Musici della Cappella Reale	6045	8457	
	8457		
Spese Diverse			
Usciero Mag.^{re} é Portieri di Camera del Real Palazzo	2019,30		
R.^l Scuderia	18123,39		
R.^l Fabrica d'Arazzi, e' Lavoratorio di pietre dure	5706		
Ambasciatori, é Ministri di S.M. nelle Corte Straniere e...	103384,16		
Spese Straordinarie degl'Ambasciatori		161521,55	
Ministri nelle Corte Straniere compresovi quelle del Ministro nella Corte di Costantinopoli	58137,39		
Lettori de' Regi Publici Studi	7000		
Torrieri nella Provincia di Terra di Lavoro	1932,50		
Chirurgi Giubilati de' Regimenti	191,10		
Somma	204943,84	699154,1	3403707,84

(segue) **Ristretto Generale**

				Esiti Totali Docati Grana
Somme Retroscritte		204943,84	699454,1	3403707,84
Penzioni Limosini, é Mercedi	59046,48			
Id: per mantenim.^{to} di diversi in Monastero	5586,52			
Id: ne Collegij, é Seminari	1915,12			
Mercedi concedute a' Parenti di quelli che morirono alla Coccagna, 16 Mag.º 1734	263,35			
Mercedi é Limosini concedute dalle gloriose memorie delli Rè Catt:^{ci} D. Filippo V., é Carlo II	198	70995,45		
Limosini, Sussidii caritativi, ed aiuti di Costa regolati Secondo il 1759	18132,48			
Limosine che si distribuiscano per mano del Sig.^r D. Ant.º del Rio nella natività e' Pasqua di Resurezzione	3786			
Spese secrete del R.^l Servizio		1497,36		
Razioni di Marina, che si somministrano alle Vedove, Orfani, é pupili per gli alcanzi di quelli che morirono nelle Galere della Squad.ª in tempo de' Rè Catt:^{ci} D. Filippo V. e' Carlo II		704		
Agl'Invalidi del Montone		190,8[]		
Achinea		15021,97		
Crediti di Giustizia		1646,97		
Cenzi sopra ol R.^l Palazzo di Napoli, Capo di Monte, Portici, é Bosco degl'Astroni		275,73		
Affitti de' Territori per pascolo della R.^l Razze, cacci, é Ganado di S.M.		1949,18		
Affitte di Case, che di R.^l Conto si pagano agl'Individui, che van servendo S.M. in Portici é Caserta		13961,55		
Spese di Processioni del SS. Sacramento del Venerdi Santo, é S. Antonio di Padova		1462,90		
Limosine di Casa per li monumenti della S. Sant.ª		175,25		
Teatro di S. Carlo		439,19		
Spese per la fiera che si fà avanti il R.^l Palazzo		1650		
Pane é Medicam:^{ti} che si somministrano alli Poveri Carcerati della Vicaria é S. Giacomo		9390		
All'Università di Portici é Resina per la proibizione de' Giochi		95		
Spese per le R.^{li} fabriche d'Arazzi, pietre dure é R.^l Accademia del Disegno		3897,29		
Agl'Ingegnieri Comon^{li} per la cose Straord:^e		2220,62		
Spese per le R.^{li} Minieri di questi Regni		254		
Diete delle Ministri		1331,37		
Spese per la Cappella di Caserta		2107		
Notaro della Regia Corte		500		

(*segue*) **Ristretto Generale**

				Esiti Totali Docati Grana
Spese per Gioje del Servizio di S.M.		10000		
Gratificaz.: a diversi Prorazionali ed altri Individui della Cam.ᵃ della Summaria		2024,66		
Diversi altre gratificazioni		729		
Spese di Libri é Carta per le Secret.ᵉ é Officine R.ˡⁱ		535,34,6		
Spese Straord.ᵉ per uso della Secretaria		203, 9		
Somme		357683,17	699154,1	8403707,84

(*segue*) **Ristretto Generale**

				Esiti Totali Docati Grana
Somme Retroscritte		337683,17	699154, 1	3403707,84
Diversi Pagamenti		3205,79	361388,96	
Doti delle Cammariste		500		
		361388,96		
Fabriche				
Per quella del R.ˡ Albergo de' Poveri		12000		
Quella di Caserta, é R.ˡ Acquedotto		192000		
R.ˡ Fabrica di Portici, é Capodimonte in ogn'anno ci	D.62959			
Per la Cavalleriza di Portici	8000	76114,80		
Per l'Escavazione dell'Antichità é Fabriche di Portici	5155,80		289023,29	
Diversi Partitarii di Fabrica, é Legname e Ferramenti, ed altro ch'occorre al Castello Capuano		1217,67		
Per trasporto di Legname del R.ˡ Palazzo		2690,82		
Per la costruzione del Ponte d'Eboli		5000		
		289023,29		

(segue) Ristretto Generale

				Esiti Totali Docati Grana
Spese Straordinarie Per Somministraz.ᵉ di Pane, é medicamenti alli Carcerati poveri de' Tribunali delle Provincie di questo Regno, é loro assistenza di Medici, é Chirurgi in difetto de' proventi fiscali, si forma prudenzial conto, a tenore di q.ˡ sp.º l'anno passato		4000		
Per costruzione, ed accomodi di Torre Ponti é Strade del Regno di Napoli per transiti delle Truppe; gratificazioni a Subalterni de' Tribunali in tali casi, ed in altre commissioni bandiere de' Castelli. Piazze, é del Regimento di R.ˡ guardie Italiane, per la differenza dell'Erba, che si somministra alla Cavalleria, é Dragoni nella Primavera, di quello si disconta a' Regimenti sud.ᵉ per ragion di Paglia, ed orzo, per regalo di corrieri, per taglio, é trasporti di Legname per l'Artiglieria di Terra, per l'importo de' Letti di riposto, per lo più che importano i vestuarii de' disterrati da quello, che se le disconta, per la mezza paga che si corrisponde agli Oficiali di Marina, che si ritrovano Schiavi in Algieri delle due Ribellate Galere, ed in fine per ogn'altro ch[e] poss'occorre, Se li considera per lo meno annui		50000	} 5400	
Total Esiti Politici di Napoli			1403566,26	
Esiti delle Provin.ᶜⁱᵉ é Dogana di Foggia. *Provincia di Terra di Lavoro.* Per mantenimento d'Off:ˡⁱ ed altro di d.ᵃ Provincia		800		
Somme		800	1403566,26	3403707,84

(segue) Ristretto Generale

				Esiti Totali Docati Grana
Somme Retroscritte		800	1403566,26	3403707,84
Al Commiss.° é Squadra di Campagna		5529		
Spese Straord.ᵉ delle Razze di Cardito		3050		
Guard.ᵉ Situate nelle Torre in mancanza dell'Invalidi		126		
Per Affitto delle Difese per Serviz.° delle R.ˡ Piazze de' Cavalli		3252		
Assegnam.ᵗⁱ a Diversi		1555,50		
Totale		14312,72		
Contado di Molise				
Al Mag.ᶜᵒ Deputato de' Lagni	1218,72			
Per dritto d'Esaz.ᵉ é conduzione	1188,43			
Totale	2407,15	2407,15		
Principato Citra				
Al Tribunale dell'Udienza	2906			
Comp.ᵃ di Campagna	7515			
Mercedi é Limosine	561,25			
Torrieri	3733			
Cap:ⁿᵒ del Porto di Salerno	209,80			
Intendente di Persano	1677			
Partitati di Strade	2222			
Munizioni delle Torre	135,48			
Al Percettore	1170			
Totale	20129,53	20129,53		
Principato Ultra				
Al Tribunale dell'Udienza	2762			
Comp.ᵃ di Campagna	5880			
Alla Tesoreria delle Regie Strade	831,94			
Partitari di Strade	3593,60			
Al Regio Percettore	754,66			
Totale	13822,20	13822,20		
Capitanata				
Al Tribunale dell'Udienza	2888			
Comp.ᵃ di Campagna	8010			
Regie Strade	3225,23			
Panetteria	545,9			
Fiscali	240			
Torrieri	667,50			
Al Percettore	1082,13			
Totale	16657,95	16657,95		
Somme		67329,33	1403566,26	3403707,84

(segue) Ristretto Generale

				Esiti Totali Docati Grana
Somme Retroscritte		67329,33	1403566,26	3403707,84
Basilicata				
Al Tribunale dell'Udienza	2712			
Alla Comp.ª di Campagna	4632			
Sopragu.ᵉ é Torrieri	472,50			
Munizioni per le Torre	70			
Al Percettore	1667,96			
Limosina alla Zitella di Paula	18			
Totale	9572,46	9572,46		
Bari				
Al Tribunale dell'Udienza	2775,34			
Al Maestro di Giustizia, é suo Ajut:ᵉ	87,96			
Comp.ª di Campagna	2873,40			
Alli Cavallari, Sentinelle é Torrieri per la Custodia delle Torri Mar:ᵐⁱ	10854,57			
Al Percettore	4479,98			
Totale	21071,25	21071,25		
Lecce				
Al Tribunale dell'Udienza	2766			
Comp.ª di Campagna	3621			
Castello di Lecce	112,80			
Torrieri	1527,50			
Pane che si somministra alli 42 Giannizeri é Saldo de' due Capi che si ritrovano in Brindisi	375,60			
Mercedi	472			
Assegnamenti	608,38			
Marinari della feluca del forte di Mare di Brindisi	270			
Barghiglia del Porto di Taranto	372			
Castelli Seu Torri	316,80			
Torre di Villanova	198			
Al Percettore	2256,91			
Totale	12896,99	12896,99		
Calabria Citra				
Al Tribunale dell'Udienza	3089			
Compagnia di Campagna	5700			
Torrieri Proprietari	1487,50			
Artiglieri, é Sopraguardie	270			
Munizioni delle Torri	25			
All'Ingegniere del Palazzo Presidiale	108			
Al Percettore	2589,27			
Totale	13268,77	13268,77		
Somme		124138,80	1403566,26	3403707,84

(segue) Ristretto Generale

				Esiti Totali Docati Grana
Somme Retroscritte		124138,80	1403566,26	3403707,84
Calabria Ultra				
Al Tribunale dell'Udienza	2898			
Comp.ª di Campagna	5205			
Sopragu.ᵉ é Torrieri	2897,50			
Regia Giunta delle Strade	3386,53			
Porto di Cotroni	8248			
Mercedi	97			
Al Percettore	5020,94			
Totale	27752,97	27752,97		
Abruzzo Citra				
Al Tribunale dell'Udienza	2724			
Al Governatore di Chieti	120			
Comp.ª di Camp.ª	3287,95			
Sopragu.ᵉ e' Torrieri	352,50			
Mercedi	180			
Pianta delle Strade	1524,47			
Al Percettore	1360			
Totale	9548,92	9548,92		
Abruzzo Ultra				
Al Tribunale dell'Udienza d'Aquila	2630			
Alla Comp.ª di Campagna d.ª Udienza	6228			
Udienza di Teramo	2232			
Alla Comp.ª di Campagna di d.ª Udienza	6243,60			
Torrieri, é Sopraguardie	425			
Giunta de Strade é Ponti	4766,46			
Al Giudice ass.º giubilato Tarciolo	600			
Al Percettore	2273,74			
Al Contestabile Colonna per la fortezza di Palliano	5000			
Penzioni sopra l'Officio della Grassa	4425,80			
Totale	34824,60	34824,60		
Esiti delle Dodeci Provincie		196265,29		
Dogana di Foggia				
All'Individui del Tribunale	3218			
Comp.ª di Campagna	2925			
Per soldo di diversi Individui	856,60			
Limosine	107,50			
Crediti di Giustizia	418,30			
Al Principe é Principessa Borbone	730,33			
Per prezzo di Carta ed altro	39			
Somme	8274,63	196265,29	1403566,26	3403707,84

(segue) Ristretto Generale

				Esiti Totali Docati Grana
Somme Retroscritte	8274,63	67329,33	1403566,26	3403707,84
A Diversi Padroni d'Erbaggi che se ne serve la Reg.ª Corte	6946,23			
Proprietari dell'Offici di Cavallari	1350			
Consegnatari é Padroni D'Erbaggi sopra detta Dogana	39181,60			
Al Subalterno che in ogn'anno si destina alla Fiera di Gravina ed Altamura	29,12		272603,07	
Mercedi	56			
Limosina di Laura a diversi Luoghi Pii	16020,72			
Al D.ʳ Fisico, ed al Chirurgo fiscale	42			
Per Pane de' Carcerati, compleanni ed Affit- to del Palazzo Doganale	920			
Spese Straordinarie	3497,48			
	76337,78	76337,78		
Total Esito Politico del Regno di Napoli			1676169,33	1676169,33
Esiti Politici del Regno di Sicilia				
Al Vice Rè	18000			
Giunta di Sicilia in Napoli	7688,18	34942,18		
Diversi Officiali nella R.ˡ Secret:ª di Napoli	1010			
Secretaria di Stato é Guerra in Sicilia	8244			
Tribunali				
Quello de Regia Corte	4252,20			
Quello del Patrimonio	14973,30	21019,50		
Consistoro	1261,20			
Udienza Generale	532,80			
Officii				
Di Conservatore	2682			
Protonotario del Regno	522	4258,20		
R.ˡ Cancelleria	270			
Secreto del Regno	784,20			
Spese Diversi				
Salarii Diversi	8562,60			
A Diversi Impiegati nel R.ˡ Palazzo di Palermo	461,40			
Ministro Sopraintendente ed Officiali della R.ˡ Azienda in Messina	942			
Somma	9966	60219,88		5679877,17

(segue) Ristretto Generale

			Esiti Totali Docati Grana
Somme Retroscritte	9966	60219,88	5079877,17
Diversi Impiegati nel R.¹ Palazzo di Messina	126		
Doganieri ed altri diversi destinate nelle Città di quel Regno	2291,72,6		
Assegnatari della Regia Corte	23334, 5,6		
Mercedi é Limosine annuali comprese ancora li Doc:ᵗⁱ 863, é grana 56,6 pagati una sol volta	3665, 9,6		
Assegnam:ᵗⁱ particolari vitalizi fatti da S.M.C.	25841,31		
Gratificaz:ⁱ a diversi Individui del Tribunale del Real Patrim.º compresovi D. 1623 liberati in virtù di R.¹ ordine	2427		
Spesa di Carta, é Libri per servizio della Secret:ᵃ é tribunale del Patrimonio	3481,77,6		
Spese di Fabriche	9016,25		222501,99,6
Spese di Festini ed Illuminazioni	4533,86		
Id: per la Compagnia del Commercio	2429,94		
Id: per le Miniere di Noara, é fiume di Nisi	28283,52		
Per la Limpiezza, é fabrica della Città di Messina	936		
Per lo Porto della Marina di Girgenti	26475,16		
Spese per conto é Serv.º della Reg.ᵃ Corte	3424,87,6		
Al Convento di S.ᵗᵃ Restituta in Messina	1200		
Assegnamenti sopra l'Introiti di Spogli, é Sedi vacanti ed ora sopra il R.¹ Erario	14848,74		
Total Esiti Politici del Regno di Sicilia	162282,11,6	162282,11,6	
Esiti Politici de' Pres:ⁱⁱ di Toscana			
Scrivonia di Razioni	450		
Veditoria	670		
Pagadoria	450		
Torrieri	291		
Comite, ed Algozini di Longone	264		
Corrieri	344,40		
Penzioni	1080		9101,85
Cancelliere della Salute in Longone	36		
Spese Straordinarie	400		
Gratificazione é Limosine	600		
Politura de' Fossi	290		
Sboscazione per Conto di S.M.	1911,45		
Tribunale della Giustizia	1224		
Manutenzione de' Viveri di riposto	1091		
Total Esiti Politici di Presidi di Toscana	9101,85	9101,85	
Total Esiti de' Regni di Napoli, Sicilia, e' Presidi di Toscana			5311481, 1,6

(segue) Ristretto Generale
Unione Gen.^le di tutti gli Esiti, ed Introiti de' Regni di Napoli, Sicilia, é Presidii di Toscana

			Docati Grana
Introiti			
Del Regno di Napoli			3596074, 4,4
Da quello di Sicilia			1188415,12
Da Presidii di Toscana			18740,65
			4803229,81,4
Esiti			
Per mantenimento della Truppa di Terra	2925191,59		
Per la Squadra di Mare	478516,25		
Esiti Militari	3403707,84	3403707,84	5311481, 1,6
Esiti Politici del Regno di Napoli	1403566,26		
Nelle Prov:^e e' Dogana di Foggia	272603, 7		
	1676169,33		
Regno di Sicilia	222501,99,6		
Presidii di Toscana	9101,85		
Esiti Politici	1907773,17,6	1907773,17,6	
Total Esiti		5311481,1,6	
Si resta in discoverto per gl'Esiti piu dell'Introiti in Docati			508251,20,2

Consumazione che si fa in ogn'anno nella Città di Napoli

Animali Vaccini é Bovini			
Vacche é Bovi	Numero	17488	
Annecchie		2527	
Vitelle mostrate		2074	n° 24335
Vitelle di Sorrento		1671	
Bufale		575	
		24335	
Animali Porcini			
Un'anno per l'altro Numero			n° 22316
Ed avertirsi ch'oltre d'animali come sop.^a Maccellati in d.^a Città vi Entra in ogni 7:^na nella med.^a molta Carne morta da vari luoghi cioè da Sorrento, Massa, Vico, Secondo gl'anni, é maggiorm.^te nel Carnevale.			
Animali Peccorini			
In circa 5 mila la Settimana, é nella 7.na Santa 25 mila			n° 270000
Ed avertirsi che in questo numero non vi sono compresi ni Pecore ni Capre, Maccellati nelle Chianche de' Castelli.			

(segue) Ristretto Generale
Consumazione che si fa in ogn'anno nella Città di Napoli

Farina che si consuma in un anno			
Mercato Tomola	Tomola	320000	
Panezzatura		300000	
Posti		230000	
Fiore Cant.ª 60 M.ª che o R 40 a tom.ª	Sono	150000	tomola 1680000
Maccaronari		140000	
Tarallari		40000	
Monisteri, luoghi Pij é particolari		500000	
	Tomola	1680000	
Oglio un'anno per l'altro In ogn'anno si consuma della Città, ma anche dalle Cisterne é si vuole commettere da Cittadini per loro Conto, Stara di R 10¹/₃ ogni R 33 Oncie	Stara numero	500000	
Formaggio di Regno ed Extra Formaggio di ogni qualità, Latticini é Salato	Cantara	40000	
Baccala é Stoccofi Di tal Genere se ne manda qualche porz.ᵉ alli Casali é luoghi del Regno Circa Cant.ᵉ di R 100 l'uno	Cant.ª	20000	
Sarache Di tal Genere parim:ᵗᵉ se ne manda qualche porz.ᵉ alli Casali é luoghi del Regno, Botte	Botte	10000	
Anriche Di tal Genere anche se ne manda alli Casali é luoghi del Regno Botte	Botte	5000	
Tonina, e Tarantella Di tal Genere se ne manda alli Casali é nel Regno. Cant.ª di R 100 Cant.ª	Cant.ª	8000	
Vino a pagam.º ed in franchizie Un'anno p l'altro Botte	Botte	100000	
Ova 30 Milioni non compresi quelli che vengono donate su li quali non vi è dazio, é quelli che si mang.ᵉ in Napoli	Numero	30000000	
Galline, Pollanchi, Piccioni, Papari, Galli d'India In d.º Genere oltre gl'Uccelli circa un milione e 400 Mi.ª l'anno	Numero	1400000	
Neve In tutto l'anno Cant.ª 26 m.ª	Cant.ª	26000	
Oltre le sud:ᵉ Vettovaglie, vi è il Zuccaro di ogni qualità, Canella, Pepe, Garofoli, Noci, Muscata, Vino ed Oglio forestiero.			

To the Earl of Shelburne[34]   **Naples March 10.**th **1766**

My Lord

I have the honor of enclosing to Your Lordship a State of the
Population of the Kingdom of Naples, and of the Birthes and Deaths
from the year 1765 to 1766. which I have reason to think is genuine
except with regard to the Clergy which is undoubtedly one third more
numerous than is here represented, I have the honor to be.

My Lord

Your Lordship's
most obedient and
most humble Servant
W:m Hamilton

[34] PRO,SP93\23,39-41; dispaccio ricevuto il 4.4.1767.

State of the Population of the Kingdom of Naples with the number of Souls in the Dioceses of each Parish from the year 1765 to 1766

Provinces	Males	Females	Males born.	Females born.	Priests	Friars	Nuns	Total	Dead
Naples City	154387	152749	7639	6670	3849	4951	6850	337095	8039
Naples Dioceses	57218	52312	2356	2192	913	363	92	115446	3333
Terra di Lavoro	290839	271011	12078	11763	7953	4266	3788	601698	18628
Salerno	171461	175645	8848	8258	8138	2808	2071	377229	12143
Matera	122768	127176	6945	6202	3579	2010	1010	269690	8802
Montefuscoli	133010	134889	7124	6684	3771	1164	255	286897	8032
Lucera	149949	150918	8273	8027	3459	1702	920	323248	9492
Trani	110109	112751	6057	5553	4358	2649	2715	244192	7930
Lecce	112481	126587	5691	5061	4725	3298	1711	259554	11451
Cosenza	122897	130051	7037	6103	3579	2171	555	272393	10622
Catanzaro	182307	195040	12415	10394	6385	2980	1151	410672	17676
Chieti	74492	72732	3580	3620	1052	846	617	156939	5285
Teramo	53932	53825	3072	2704	1586	802	352	116273	3532
Aquila	85546	84705	3759	3759	2595	667	741	181772	7656
	1821396.	1840391.	94874.	86990.	55942.	30677.	22828.	3953098.	132621.

Males	1821396
Born	94874
Priests	55942
Friars	30677
Total	2002889
Females	1840391
Born	86990
Nuns	22828
Total	1950209

Males	2002889
Females	1950209
Males surpass	52680
Males born	94874
Females born	86990
Total of the Born	181864
Total of the Dead	132621
The born surpass	49243

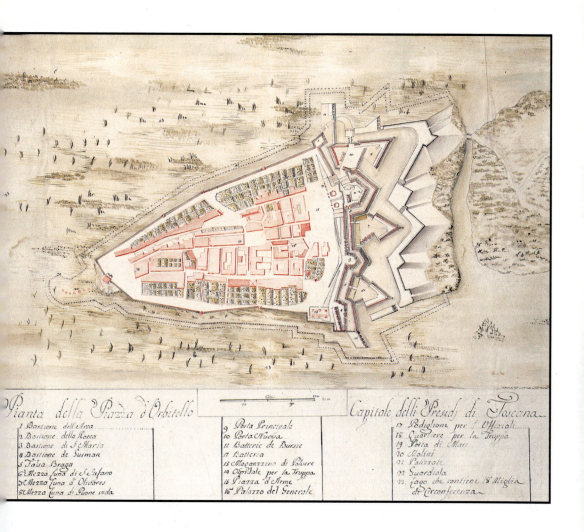

Pianta della Piazza d'Orbetello   Capitale delli Presidj di Toscana

1 Bastione dell'Arca	9 Porta Principale	17 Padiglione per l'Uffiziali
2 Bastione della Rocca	10 Porta Nuova	18 Quartiere per la Truppa
3 Bastione di S. Maria	11 Batterie de Burste	19 Porta di Mare
4 Bastione de Susman	12 Batteria	20 Molini
5 Falsa Braga	13 Magazzino di Polvere	21 Palizzate
6 Mezza Luna di S. Stefano	14 Ospedale per la Truppa	22 Guardiola
7 Mezza Luna d'Olivares	15 Piazza d'Arme	23 Lago che contiene 18 Miglia
8 Mezza Luna di Buone vista	16 Palazzo del Generale	di Circonferenza

Fig. 4. Pianta di Orbetello, 1765 (PRO, MPF26)

Fig. 5. Pianta di Porto Ercole, 1765 (PRO,MPF28)

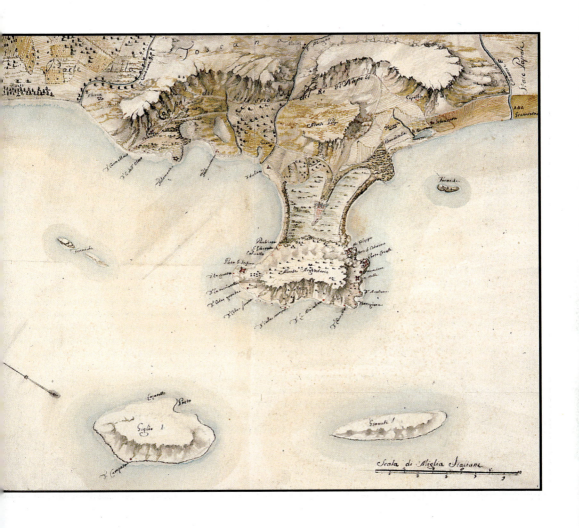

Fig. 6. Carta geografica del territorio di Porto Ercole, 1765 (PRO,MPF29)

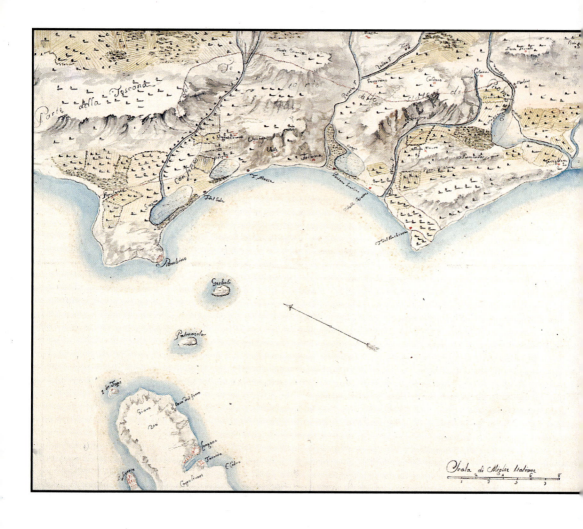

Fig. 7. Carta geografica del territorio dei Principi di Piombino, 1765 (PRO,MPF30)

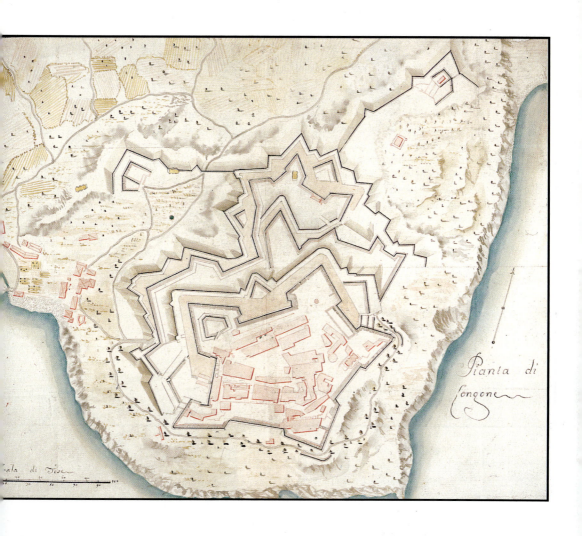

Fig. 8. Pianta di Porto Longone, 1765 (PRO,MPF32)

Fig. 9. Pianta della Piazza di Porto Longone, 1766 (PRO,SP93\22,9)

Fig. 10. Carta geografica dell'Isola d'Elba, 1765 (PRO, MPF33)

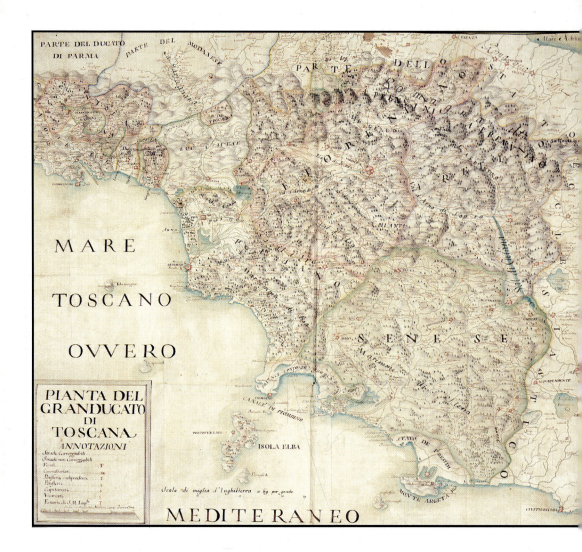

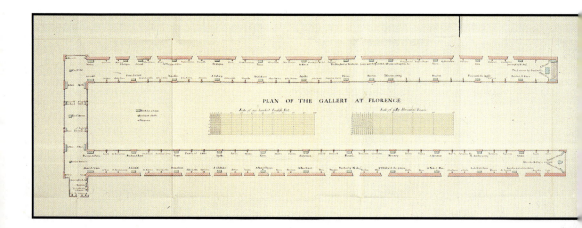

Fig. 11. Carta geografica del Granducato di Toscana, 1768 (RLW,IB-6a)

Fig. 12. Pianta della Galleria degli Uffizi di Firenze, 1768 (RLW,IB-6a)

LA TOSCANA
DI HORACE MANN

A DESCRIPTION OF TUSCANY
WITH AN ACCOUNT OF THE REVENUE
OF THE GREATDUTCHY
MADE BY THE KINGS COMMAND
BY SIR HORATIO MANN
HIS MAJESTY'S
ENVOY EXTRAORDINARY
AT THE COURT OF FLORENCE
MDCCLXVIII[1]

[1] RLW,IB-6a.

The Situation and Boundaries
of the Dutchy of Tuscany

The Great Dutchy of Tuscany is situated between Lombardy and the Roman State on the Medeterranean Sea, and makes at present about two thirds of the Ancient Hetruria; which extended itself from the river *Magra*, the confine of the State of Genoa, to the Tyber.

It is necessary to distinguish what is properly called the Great Dutchy from other detatched districts to the North-West on the confines of Genoa, and a few small Islands of the Medeterranean, or Tuscan Sea.

Tho'; Tuscany from the inequality of its confines is very irregular, nevertheless after the the modern corrections and measurements of the best Geographers it may be reckoned about 3600. square Miles. It extends itself for a tract of an hundred miles from the confines of the Ecclesiastical State on the South-West to the State of Lucca, and to the East-Nor-East reducing itself to a point called *Sasso di Simone* enters into the Legation of *Urbino*. This point of its confines is twentyfour miles distant from the Adriatick, and Eighty seven from the Medeterranean or Tuscan Sea and Leghorn, which forms the greatest breadth of the Great Dutchy.

To the East from the said point of *Sasso di Simone* to the Tuscan Sea, the boundary with the Ecclesiastical State is almost a strait line of eighty miles, and by the Post road, Rome is .79. miles distant from the confines.

On the part of the North-West from the same point of *Sasso Simone* to the State of Lucca for a tract of .90. miles the Boundary is very irregular and penetrates into the Ecclesiastical State; to the North-East it approaches within seventeen miles of the Adriatick.

To the North it is twentythree miles distant from Bologna, and in a part to the North-West it confines with the Dutchy of Modena. The little Republick of Lucca lays to the North-West on the Tuscan Sea.

From the confines of the Ecclesiastical State on the Sea coast near *Monte Argentaro* to the *Filigare*, the Boundary towards the State of Bologna, that is to say, from South to North, it is one hundred and twenty seven miles, as the Mathematician Le Maire has dimonstrated, and that makes the greatest length of the Great Dutchy.

On the different parts of the confines there are several small Imperial Fiefs which are not dependant upon Tuscany, but acknowledge the Imperial Commissary *pro tempore*.

The Soil in General

Tuscany for the most part is montainous and stony consequently not very fertile particularly the parts farthest from the Sea, excepting some tracts at the bottoms of the Vallies. There are besides great tracts of Woods, of uncultivated lands and stony Mountains.

The Appennines and the other Mountains make it subject to frequent storms of hail, to a devastation by the Torrents, to sudden frosts and to Dews out of season, so that the Harvests of all sorts are very uncertain, seldom plentiful excepting in the Littoral parts.

The Olives and other Plants in the Mountainous parts seldom live above five years, many even are killed every year in diverse parts by the congealed damps from the Rivers.

In the Summer on the contrary, excepting among the Appennines, the Soil is parched by the Sun, so that there is very little pasture for Cattle; but the Air is generally good. The Winds are at all times irregular and the Winter are much colder than the height of the Pole denotes, which at Florence is forty three degrees, and forty six minutes. This is manifest in all the littoral parts, comprehending even the plain of Pisa for twenty or thirty miles in breadth from the shore, where the Climate is so soft in the Winter, that it seldom snows or freezes.

These parts are very fertile and the harvest more certain, but the great fertility itself makes the Air bad in the parts called *Maremme*, or parts adjacent to the Sea, which from the ancient causes wanting Inhabitants, the Shore is incombered with thick underwoods, and the Marshes formed by the sand which the Sea throws up, stop the course of the small rivers which have been quite neglected; so that the only part of Tuscany which is tollerably well peopled, and cultivated, is that which is the most inland,

and of these, the Vallies along the river *Arno* are most peopled; tho'
excepting some tracts in the State of *Sienna* and the *Maremme*, there is
no part of Tuscany totally desert. The littoral part abounds in large
Game, but no wild Beasts are found in any part of Tuscany.

The Political division of the Great Dutchy

The Great Dutchy of Tuscany is composed of what the Republick
possessed when it became a Monarchy, in the year .1530. and of other
Acquisitions made since as

In the State of Sienna

The said State in the year	1557	Scansano	1615.
Pitigliano and Sorano	1608	Santa Fiora	1633.
Castellottieri	1616	Castiglione della Pescaja	1559.
Porto Ferraio in the Island of Elba			1557.

In the Luniggiana

Pontremoli in the Luniggiana in the year			1650.
Filattiera	1549	Lussolo Ricò; Lisana	1574.
Corlaga	1550	Terra Rossa	1517.
Foccasigillina	1546	Groppoli	1578.

Division of the State that belonged
to the Republick, called the old State

In the beginning the extent was very small, then *Fiesoli* was added to
it in the year .1176. from which time its Territory began to extend itself
by receiving the neighbouring Towns and Boroughs, either by submission,
Capitulation or agreement; so that from that Epoca which is the most
ancient of which there is any certain or authentick account, to the fall of
the Republick. The Regesters make mention of Ninety seven Capitulations
or submissions, or of acquisitions obtained by Art leaving to the places
thus acquired their own Laws, and in this manner was formed that part
which is called the Florentine district joyned to the ancient Territory.

The Republick sent their Citizens to govern those places, which are
still called *Potestà*; in some places however they are now changed, and
they have the titles either of Vicars, Captains of Justice, Commissaries

or Governours. These Ministers who in their jurisdiction subdivide the Old State or the district of Florence are at present .109. in number, some of whom have both Civil and Criminal jurisdiction, others have only the first, and in these places the criminal jurisdiction forms a political division different from that of Civil power; and those Jurisdictions or Governments are distributed without any regard to the first division of the Country or district of the Cities and places acquired. There is likewise another political Division which regards the contributions of the Communities, so that there are three essential political Divisions.

The first, the district which regards the origin of the acquisition and distinguishes the original Subjects from those who have been added.

The second regards the distribution of the Government for Justice.

The third regards the connection or union of diverse Communities for their common expences.

From all which, great confusion arises wherefore in the following description it has been thought better to avoid this division and to adopt another more clear and obvious.

The natural Division of the Country

A true Idea of the country cannot be acquired by the minute Political division of it; it is therefore necessary to consider it as divided by its own Valleys.

The great Chain of the Appennines, Mountains which run through all Italy, pass by the upper part of the Great Dutchy, which therefore is divided in such a manner that there remains a small part of those Mountains to the Nor-East, the waters from which, run into the Adriatick. This part is called the upper *Romagna* and is really out of Tuscany.

In all the lower part the waters from the Appennines tend towards the Tuscan Sea and the lateral Branchings from them divide Tuscany into Small Valleys; tho' in three points those Hills reach down to the Sea; viz: at *Leghorn*, *Piombino* and *Orbetello*.

The four principal Rivers of Tuscany empty themselves into that Sea and are the *Serchio*, *Arno*, *Cecina* and *Ombrone*; but the *Serchio* entering into the farthest Valley of the *Arno* and being proper a confluent of it must be described with the Course of that River.

The description of the true and natural division made by the Valleys shall be given as in the following Index.

The Table or Index, of the Contents of this Book

The Situation and Boundaries of the Dutchy of Tuscany N.ʳ 1.
The Soil in general 2.
The Political division of the Great Dutchy 3.
Division of the State that belonged to the Republick,
    called the Old State 4.
The Natural division of the Country 5.
The Appennines in Tuscany and their declivities 9.
Inhabitants, Faculties and Population 12.
The Mountains of Pistoja and the district of Barga 13.
The Romagna 15.
The Casentino 16.
The Valley of Mugello 17.

Of the other Valleys between the Appennines and the Sea, about the river *Arno* and the rivers that run into it.

Of the Valley of Chiana 18.
Valdarno di Sopra or the upper Valley of *Arno* 20.
The Valley of Florence 21.
Towns and Villages on the right hand side of the river *Arno*
    and what is most remarkable 23.
The Villages and what is most remarkable in the Valley
    of Florence on the left side of the *Arno* 26.
The Valley of *Ema* 26.
The *Valdarno di Sotto* or the lower Valley of *Arno* 28.
Towns and Villages on the left of the *Arno* 28.
Villages on the right of the River 29.
The *Val* or Valley of *Nievole* 29.
Chianti 31.
The Valley of *Pesa* and other lesser Valleys 32.
The Valley of *Elsa* 33.
Villages upon the declivity to the right hand side 33
The district of *Pisa* the fifth and the last Valley of the *Arno* 34.
The Mountain of Pisa 36.
The *Valdera* or the Valley of *Era*, which must be considered
    as a part of the Pisan 40.
The *Colline di Pisa* or Hills of Pisa, and *Monte Nero* down
    to the Sea 41.

Of the plain of Pisa, and first of the Marsh of *Bientina*
   and its Valley   42.

The plain of Pisa on the right hand of the river *Arno*   43.

The Citty of Pisa   46.

Government and Magistrates   49.

The Citty of Leghorn   52.

The course of the river *Cecina*, and of the Sea-coast of Pisa
   and Volterra   59.

The Citty of Volterra   60.

Of the Soil of the Volterrana   60.

Of the course of the river *Ombrone*, its Valleys and the
   Maremme or Sea-coasts of the new State of Sienna   63.

Political division   63.

The Citty of Sienna   64.

The upper Province   66.

Of the lower Province   67.

Of the small Islands of the Tuscan Sea and other detatched
   Possessions of the Great Duke of Tuscany   69.

Of the Citty of Florence   73.

Some general Observations   80.

Tribunals of Justice   81.

Goods exported and imported   88.

Offices and their Product not included in the general Farm   99.

The Expence for the Land forces and Navy   127.

The Yearly Revenue and Expences of the Dutchy of Tuscany   160.

The Order of S:t Stephen   157.

The Great Duke's Houshold   161.

The Appennines in Tuscany and their declivities

This chain of mountains extends itself from the river *Serchio* to *Sasso di Simone* and occupies all the northern part of Tuscany above the river *Arno* and the Cities of Arezzo, Florence and Pistoja, all three placed in a line (see the Map A. B.)[2] which divides the old State and fixes the length of this chain of Mountains that passes from East to West almost in a strait line.

The mountain called *Falterona* (the source of the river *Arno*) is in the

[2] V. fig. 11.

middle of this tract and is the highest point in Italy excepting the mountains of Modena and *Pietra Pana* near the *Serchio*. The *Casentino* is a Vally towards the East through which the *Arno* runs to Arezzo and there turning to the West passes through the upper *Valdarno* into the Vally of Florence leaving to the left the long Valley of the *Chiane*. Beyond the *Casentino* towards the East to the confine, and to the City of *Borgo San Sepulchro* are the springs and the first narrow vallies of the Tyber which takes its rise in Tuscany about twenty miles distant from the head of *Arno*.

On the opposite part of the *Falterona* towards the East is the Vally of the *Mugello* which is as large as the *Casentino*. The river *Sieve* runs from East to West and coming to the foot of the mountain *Falterona* bends towards the South, and being confined between the Mountains runs into the *Arno*.

The whole tract of the Appennines to the confines of Modena, which is Northward of *Pistoja* is called the Mountains of *Pistoja* and finally reaching the river *Serchio*, the Western confine of the Great Dutchy in the Appennines where the small Territory of *Barga* occupies a part of the steep Mountains of the *Garfagnana* and of the Modanese.

From the height of the Mountains and the narrowness of the Vallies the Country is exposed to frequent storms of irregular wind, hail and heavy rains. The North wind during the winter is very severe, the snow remains upon the mountains in those parts two ot three months and even four upon that called the *Falterona* and at the western confines of *Barga* the snow remains from the month of September to June. There the Summer is cool, as it is in general among the Appennines, the harvest is much later, and the Sun never burns up the grass as in the southern parts of Tuscany.

The high mountains are almost all Stone and Sand with some stratum of turf, and in other parts various fine marbles are found, the quarries of which being too difficult of access have been quite neglected. The declivities of these mountains were formerly in many parts woody, but the woods having either been burnt or cut down and the Earth loosened by cultivation, a great part of it has been carried off by the water. The Soil in general in this part is not very fertile nor will produce corn every year, and without manure scarce renders five for one.

The Rivers which have little water in the Summer are ruinous torrents at other Seasons and do great damage by overflowing the low grounds.

The Appennines in many parts however are covered with wood,

particularly the Mountains of *Pistoja* and the *Casentino* and in general they produce Oaks and Holm-oaks and lesser oaks for fire, large Chesnut-trees for fruit and lesser for Stakes. On the higher parts of some of these mountains there are woods of Firr-trees, which however are maintained by art, cutting and replanting them at certain periods of time.

All the timber in general tho:' fit for all uses is less compact than that of Northern Climates.

In all these parts the grass is low and thin, Cattle therefore is not abundant. There are few Dairy-houses and both the milk butter and cheese are not sufficient for the consumption of the Inhabitants.

Sheep are smaller here than in other parts of Tuscany and the Wool is bad.

The richest Proprietors of Cattle in the Appennines, even the Prince himself, the Convents and others send their Flocks to winter in the *Maremme* or lands adjacent to the Sea where the Climate is warmer and the pasture always green, and free to every body. In the Spring they are again drove back to the Appennines, but upon the whole the profit on Cattle is very small.

The Appennines, wherever the situation will permit, are cultivated in the same manner as the other Meridional Vallies. Upon the hillocks the land is divided by hedges and is plowed every year, and sowed alternatively with Corn or Oats. There are likewise rows of Vines which are kept low and supported by Stakes, not by small Poplars as in other parts, the wine tho:' not considerable in quantity is nevertheless good.

In some parts of the *Casentino* and the *Mugello* which are covered from the North-wind there are Olive-trees, but the fruit is small and seldom produces a sufficient quantity of Oyl to defray the expence of cultivation. Figs and other fruit grow there. The wild Mulberry-trees produce leaves three times a year for the Silk-worms. The quantity of silk in these parts is not considerable, but good in its kind, particularly in the Province of Mugello.

The Lands or Farms are divided into such portions as are capable of maintaining the labouring families that cultivate them. Each family one with another is computed at five persons; each Farm has a small habitation and a Stable. There families are nor Tenants as in other Countries and hardly ever are proprietors of the land they cultivate, it being the general custom all over Tuscany to divide the whole product of the land excepting the Mulberry-leaves which solely belong to the Master, between the original Owner and them. He may dismiss them when he pleases; the nature of this agreement is extreemly bad and exposes the Proprietors of the lands to constant cheats and little robberies of the husbandmen who are always necessitous, and who besides the Tax laid on the land, pay a personal one to the Prince, and are obliged to take of him a certain quantity of Salt. The distance of the possessions in these parts from the Capital, deprives the Owners of many small profits from Greens and Summer fruits, so that upon the whole the Proprietors of lands among the Appennines seldom clear more than one and a half p Cent, excluding however the Woods.

Inhabitants, Faculties and Population

The Inhabitants in general are healthy, strong and long lived, of low stature but have more ingenuity and industry than those of the plains, and in spite of their poverty are seldom guilty of great crimes. The Women soon fall off and shew the infirmities of age, they labour hard in the fields as men do. Few of the Sex even young are handsome excepting those who inhabit the mountains of *Pistoja* and the mountains near the river *Serchio*, where their chief food are Chesnuts and water, they likewise dress different from the rest. In other parts the inhabitants eat coarsemesling, or bread made of a small quantity of Wheat mixed with Vetches, Beans and Rye; the rest of their nourishment consists of herbs, dried apples and some times by a way of treat, of a hard sort of Cheese. The most substantial of them eat meat once a Month and drink water only tinged with wine, reserving the wine for time of greater fatigue, the harvest in Summer.

The diclivities of these Mountains that are cultivated are spread here and there with small habitations not far from each other.

In the Valleys there are many Villages, the most considerable are in *Casentino*, *Mugello* and *Romagna*. Here the Artisans of all sort live, and the Women spin wool, hemp and flax, of which a little trafick is carried on in fixt Markets once a week and at Fairs in more distant places, once or twice a year.

All the Inhabitants of the Appennines and adjacent places are cloathed with the Manufactures of the Country and furnish the *Romagna* in the Ecclesiastical State with them.

In the Summer the Silk from the silk-worm's bags is drawn out by the women, which likewise forms a little traffick, but it is not permitted to weave the silk in the Country.

Various political reasons obstruct the forming many families of a middle state, which however makes the riches of a Country. There are many laws prejudicial even to the internal Commerce of the State, and the most severe, regard the product of the Earth.

In the whole extant of the Appennines that has been described, may be reckoned about the one half of the Inhabitants of Tuscany.

In the last war in Germany, in less than two years, above four thousand inhabitants of the Appennines were taken away or fled to the Popes State, to avoid being inlisted.

The Mountains of Pistoja and the District of Barga

Having given a general idea of the Tuscan Appennines it is necessary here to add a particular discription of its Valleys. It has been observed that the whole tract of Mountain above *Pistoja* to the North is called the Mountain of *Pistoja*.

The whole irregular tract of high Mountains on the West separates the Dutchy of Tuscany from the Republick of *Lucca*, and towards the North, the District of *Bologna*, and by a point enters into that of *Modena*. The Confines on that part are upon the summit of the Appennine and descend at a small distance from thence towards *Lombardy*, and this whole tract is a declivity to the South, from whence the rapid Rivers divide the Country below into deep Valleys.

The *Lima* which comes from the Confines of *Parma* bends to the West into the State of *Lucca* and empties itself into the *Serchio*.

The River *Pescia* runs into the Valley of *Nievole*.

The *Ombrone* descends at *Pistoja* into the Valley of Florence and behind the summit of the above mentioned Mountain the *Reno* takes its source and falls into the *Po* at *Bologna*.

The nature of this place is cold, the Winter long and severe and the Summer cool. The Soil between the rocks is fertile, but the greatest part covered with Wood: on the summits however there is pasturage for Cattle; the rest of the declivity is covered with Chestnut-trees. The Inhabitants for the most part are Shepherds and Colliers of Charcoal, The former in the winter drive their Cattle into the *Maremme*. The habitations are low like huts covered with Slate, the tops of which are acute to bear the Snow. The Women are generally fair and are imployed in carding wool which is brought to Florence, whither one day in the year they come to a popular festival at night.

The principal product of this tract of Mountain is Cattle, wood, charcoal and small-coal, but chiefly Chesnuts, of the flower of which made into a sort of bread the Inhabitants chiefly subsist upon. Quantities of chesnuts are sent into different parts of Tuscany, and abroad.

The Villages in the Valley of *Lima* are all near the road which leads to *Modena* by the high Mountain of Saint *Pellegrino* from whence the Sea is discovered.

A scheme is now on foot to make this road fit for carriages in order to carry on a Commerce between the Austrian *Lombardy* and *Leghorn* without passing by *Bologna*.

The Villages are *Bicchiere, Livonetta, Vizzanetto, Volata, Predale, S.ᵗ Marcello* the residence of a Judge, and which has two thousand inhabitants, *Strada, Cavinana*. This last is famous for the battle which was decisive for the liberty of Florence, where both the Prince of Orange, General of Charles the fifth, and Ferruccio General of the Florentines were killed.

In the Valley of *Pescia* are *Crespola, Calamecchia, Pontido, Sorana, Brano*, and *le Serre*.

In the Valley of *Ombrone* above *Pistoja* are *Belriguardo, Giacherini, Montebuono, Candiglia, Germipaja* and *S.ᵗ Felice*.

Then following the summit of the Appennine to the Confines of the Bolognese and the Imperial Fiefs, is *Samone, Piatrucce* and *Liviciana*, and on the other side of the top of the Appennine near the source of the *Reno* are *Moresca, Pinacce, Ponte Petri, S.ᵗ Pellegrino, Posole, Piteccio, Sambuca, Pavana, Treppio* and *Montebello*.

The District of *Barga* is near the Mountain of Pistoja, and to the West reaches to the *Serchio* not far from its source near the confines of *Modena*, and therefore must be considered as in the Valley of the *Garfagnana*. Here the Mountains open and form a Valley.

The cold is very great here, the snows deep and last from the beginning of October to the middle of June. There is no other grain but Rie and that in a small quantity. The Women and Children and those who do not go down to the *Maremme* with the Cattle are shut up by the snow in little huts where they are employed in making little implements of wood which they sell to the neighbouring Villages of the *Garfagnana*.

The whole district of *Barga* has four thousand Inhabitants. *Barga* itself has 2000; it is walled round, has a Provost, a Cathedral Church and some good buildings.

It submitted first to the *Lucchese*, was taken and retaken by the *Pisans* and about four hundred years ago became subject to the Florentines.

In this district is the rapid river *Corsonna*, which does great mischief.

Here is a quarry of beautiful hard marble called Jasper of *Barga*. The confines reach to the mountain called *Gragno* under which are deep caverns made or at least enlarged by the antient Ligurians who inhabited those mountains.

The Romagna

The upper Romagna, or that part of it which belongs to Tuscany, that is to say the declivity of the Appennine tending towards the Adriatick from the road to *Bologna* and the County of *Vernio*, and other small Imperial Fiefs on the confines, reaches to *Sasso di Simone* beyond the source of the River Tyber, and is fifty five miles in length.

The whole tract consists of steep mountains and narrow Valleys beyond the Provinces of the *Mugello* and *Casentino* to the Rivers *Santerno, Arnone, Romo, Savio* and others; it produces Chestnuts and wood for firing, some wine and Corn but no Oyl, and a small quantity of silk. The language along this whole tract is very different from that of the rest of Tuscany.

Its principal Villages are *Fierenzuola* near the river *Santerno* at the foot of the high Appennine called the *Giogo*. *Fierenzuola* was a small Fortress built in the time of the Republick at the bottom of a narrow Valley. Near this is *Pietra Mala* where exhalations arise from the Earth, the flames of which like Phosphorus are only visible in the dark. *Palazzuolo, Marradi, Modigliana, Castrocara* near which is *Terra del Sole* antiently a Fortress built on a point at the Confines; now it is a little Village and is three miles distant from the City of *Forli*.

The rest of the Appennine beyond the *Casentino* is much narrower and reaches to the Springs of the *Tyber, Bagno, Premilcore, S.:ta Sofia, Galeata* and lastly *Sasso di Simone*, all mountenous and produce Chesnuts which are the chief nourishment of the Inhabitants, and wood for firing.

The Inhabitants of the Romagna, tho' illiterate are very cunning.

Between the *Romagna* and the *Val di Chiana* behind the mountain of Arezzo are the first fertile Valleys of the *Tyber* which takes its rise in Tuscany and runs eleven miles to the Confines, near which is a small Town called *Borgo S.: Sepolcro*, and two Villages *La Pieve a S.: Stefano*, and Anghiari.

The Casentino

The *Casentino* is the first Valley of the River *Arno*, which river takes its rise from the high Mountain *Falterona* and is here only a rapid torrent, the whole Valley for the length of about seventeen miles that lays between the Appennines is woody and in some few parts only is cultivated; the soil of a mouldrimg stone and produces Chestnuts and Beech-trees. Every Farm has a portion of Chestnut-trees allotted it which serves for the nourishment of the husbandmen. There is very little wine or Oyl and few Mulbry-trees. For manure they burn the stubble and dryed grass; the Cattle that graze are driven to the *Maremme* in the Winter where the Climate is much softer. In this part of Tuscany they make excellent Hams. It produces likewise great quantities of wood for firing, and for small Masts which are sent by floats to Leghorn down the *Arno*. A Celebrated Hermitage called the *Camaldoli*, the principal Seat of that rigid Order is situated in the middle of the Woods here and has the Air of a small City. Those that devote themselves to this life, live alone in a total indolence, and never meet or speak but when they sing in the Choir, from whence each returns directly to his Cell. They only eat fish and herbs, are costantly dressed in wool and are deprived of all the amusements of life. This Monastery is very rich and by its institution professes hospitality, they daily distribute bread to all the poor in the neighbourhood who go for it. Upon an other high mountain not far distant is the famous Convent of the *Vernia* of Franciscans, who by their Institution possess nothing. Saint Francis the founder of all the Franciscan Orders lived here, all the Friers live by charity.

The Villages of the *Casentino* are *Porciano*, at the foot of the high Mountain *Falterona*, *Stia*, *Poppi* this has a Provost and Canons, and a Vicar for the whole *Casentino*, *Soci*, Bibbiena. The Inhabitants in general are lively and ingenious, and many learned Men have been born there.

The traffick is small and consists in a few woollen Manufactures and in straw hats which the Women and Children work as they walk along.

The Valleys Of the Mugello

This Province is a Valley of the River *Sieve* which runs into the *Arno* above Florence, it lays to the North of the Valley of Florence, is divided from the *Casentino* by the *Falterona* and is seventeen miles in length, It has the form of a great Amphitheater with a regular chain of little hills behind it.

It is well cultivated with Vines and other fruit-trees and in some places with Olives. The Inhabitants are more active than in most other parts, and the florentine Nobility possess the best part of it. Here is a rich Convent of the *Trappa* and upon the top of the high Mountain which divides the *Mugello* from the Valley of Florence is the famous hermitage of Mount *Senario* of Saint Philip Benizi.

Here are Woollen and course linnen Manufactures, Tanners and ordinary works in Iron.

The Villages are *Galiano*, *Barberino* and *S.ᵗ Piero a Sieve*. Upon a Hill in the middle of the *Mugello* there is a Fortress built by Cosmus the first callet *S.ᵗ Martino*, some Invalides only are now kept there.

Scarperia formerly a Fortress is now a Village walled in and is the Residence of a Vicar; some ordinary works in Iron are made there. *Borgo San Lorenzo*, *Ronta*, *Vicchio* formerly a Fortress, *Dicomano* and *San Godemo*.

Of the other Valleys between the Appennine and the Sea, About the River Arno, and the Rivers that fall into it. Of the Val di Chiana

This Valley was once a Marsh of twenty five miles long from North to South upon the Eastern confine of the Great Dutchy, there is now a large Canal which receives the water of the great Valley around and partly empties itself into *Arno*, and partly into a little river which goes to the *Tyber*. Those stagnating waters even in the time of the Romans occasioned great damage, but at present by the means of a Canal of upwards of fifty feet wide the ground is in a great measure drained, tho:' in the winter there remain still some marshes.

The *Chiana* is navigable for small flat Boats from *Chiusi* to a lock of *Arezzo* and in these parts there are bridges of wood across the Marsh, which are maintained by a toll paid by passengers.

The Valley of *Chiana* produces much Corn and Oats, but the carriage of forty miles to Florence by land encreases the price to more than what the same species are sold at in the Markets there.

The Wine is extreemly good, it produces Oyl all sorts of fruits and a great quantity of Silk, it abounds in Cattle, and a good Cheese is made here.

The Great Duke has considerable Estates here, and the Order of S:ᵗ Stephen possesses others, but the Inhabitants are poor.

The City od *Arezzo* an antient Hetrurian City is situated to the East not far from the River *Arno*, the Buildings both of the Gentry and the Convents are good, there is a large and fertile Plain between the Town and the *Arno*; the Corn sowed here renders fifteen or sixteen for one. This is the place which *Livy* speakes of under the denomination of the fertile fields of Hetruria.

The Mountains are not very high, the declivities of which are cultivated with Olive-trees and the higher parts with Chesnut-trees.

Arezzo for some time was a Republick, or was governed by its own Tyrants, who were its Bishops and made a considerable figure in the Wars between the Guelfs and Ghibellins 'till it was subdued by the Republick of Florence, and being now in decay does not make above eight thousand Inhabitants; the Nobility is very poor.

There are some coarse woollen Manufactures for the use of the Country people and of late years the Cloth for the troops in Tuscany is made here, which produces an advantage of twenty thousand Crowns yearly. Besides this they make works of Cotton, Gloves of the hair of Rabbets and Hares. Here are the ruins of an Amphitheater.

Arezzo has produced Men of letters, the famous Redi and the Poet Petrarca ware born there.

On the same side of the Valley is a town called *Castiglione Arettino*, between *Arezzo* and *Cortona*, it is situated upon an eminence, is walled round and has 2800 Inhabitants.

Upon a high hill on the same side is situated the Antient City of *Cortona* of Greecian Origin which to the East overlooks the famous Trasimenian Lake, which is out of Tuscany, the Confines on that side being two miles from the City, which is very steep and has few good buildings. It was once free but turbulent and became subject first to *Arezzo*, then to others, at last to Florence and now in its decay has three thousand Inhabitants, but the Nobility is very poor. There is still some learning among them, a renowned Accademy of Antiquarians exists here, they have a Museum and they publish their transactions at Rome.

Monte a San Savino has only one large Street in which there are a few good buildings and has 2400 Inhabitants. There are many Jews settled here.

Lucignano is situated on a Hill, the Inhabitants excepting some few families are all poor and not settled.

Fojano is lower, and tho:' situated on a hill, in the Summer is unwholesome by being too near the Marshes of the *Chiana*. It has about one thousand Inhabitants the most part fishermen and poor, there is however a Convent of Nuns and Friers.

Upon a hill not far off is the little City of *Montepulciano* famous for its wine. It has a Bishop and a Seminary. The City is steep and has two thousand Inhabitants, there are besides Nuns and Friers. The principal revenue of the inhabitants is from their wine which is in great reputation. At a small distance are the Baths of *Chianciano*.

To the South near the Confines is the City of *Chiusi* a little distant from the ruins of the ancient Hetrurian *Chiusis*, the walls of which still remain as well as the subterraneous buildings. Modern *Chiusi* is in the Plain, has few inhabitants and the air is unwholesome.

Valdarno di Sopra

This is the second Valley of the River *Arno*. It is twenty miles in length and bends a little from the East to the North, the plain is narrow, but it has many and extensive Hills on both sides the *Arno* which form plains at top, these are spacious, fertile and well peopled, they produce Olives, fruits, Vines and Mulberry-trees, Chesnuts and small Oaks on the hills. There are several natural curiosities under ground, tracts of petrified wood and Coal, of which latter no use is made as there is plenty of wood for firing and Charcoal which is made use of in the Kitchens.

There are tracts of land which are sown alternately with Corn and an Herb called *Capraggine* or Goat's-rue for manure, which the next year gives a Crop of twenty for one.

This Valley produces like all the others, Oyl, but in greater plenty, the silk is the best in Tuscany, the wines of different sorts are all good.

The Church has great possessions in this part, the rest excepting an Estate which the Great Duke has, belongs to the florentine Nobility. The little commerce that is carried on is the same as in the other Provinces, but this produces a greater quantity of Silk.

Part of this Province being subject to the overflowing of the river *Arno*, considerable publick works have been made to prevent it and a tax at the beginning of this Centry was laid upon the Inhabitants to pay the expence of them, the whole direction of which as well as of the works is under a publick Magistrate of Florence, but the expence falls so heavy on some of the poorer inhabitants that it exceeds the income of their lands, which however they are not allowed to abandon.

The principal Villages on the left side of the *Arno* are *Avane, Laterina* is walled round, has a Provost and Canons, *Levane* and *Levanella, Montevarchi* has 4000 Inhabitants is walled round, has a Provost and Canons, there are two Convents of Franciscan Friers, a Convent for Nuns and a distinct part for the Jews.

S.ᵗ Giovanni is walled round, has 1200 Inhabitants and two Convents for Nuns.

Figline is walled round, has 3000 Inhabitants, a Provost and Canons, Convents of Franciscans, Monks and Capuchins, and one for Nuns.

L'Incisa, where the Valley closes and the River runs through a narrow passage for twelve miles between the hills on the right hand of the *Arno*.

Terra nuova is in the plain and *Loro* on an eminence.

Castel Franco, is walled round, has 600 Inhabitants, an Abby and a Convent for Nuns. *Leccio, Faulla, Cancelli* all small Villages.

The Valley of Florence

This lays between those of *Valdarno di sopra* and *Valdarno di sotto* and is the third Valley through which the river *Arno* passes.

From the widening of the Mountains from whence this River descends to the other narrow pass of the *Golfolina* by which it goes into the Valley below, is a tract of twelve miles only, but towards *Pistoja* to the North-West, the plain continues quite to that City, by which it becomes twenty three miles long and includes the City of *Prato*. From North to South this Valley in the greatest breadth is not more than six miles.

This Valley is the best peopled and cultivated of any other in Tuscany or perhaps in Italy in proportion to its size; the whole plain is so full of Villas that from some places it almost appears a continued town. It is divided into small fields, either walled or hedged in, the Vines are planted in rows supported by small poles or canes, in the same field there are Olives and fruit-trees, and every year the grownd is sown with Corn or Oats; Artichokes and other garden stuff are mixed in the same spot according to the conveniency of it. This method tho:' not practised elsewhere is found necessary here, where the land is not fertile and the harvest uncertain, so that if one species fails another supplies the maintenance of the Husbandmen and their families, who notwithstanding the greatest industry are poor. The same field therefore produces Corn, Wine and Oyl, besides all other fruit-trees both for Winter and Summer, Roots of all kinds, turnips, french beans; Artichokes and other kinds of Garden stuff which coming at different times afford successivly a maintenance for the poor families that cultivate the land and who have only a limited spot allotted them. All the declivities of the hills are planted with Olives, to avoid the great heat of the Sun, they require great attention in pruning and cultivating so that by a common computation one with another they do not produce a profit of more than three half-pence or two pence English each tree per year.

The red wine is the most common, the best grows upon the hills, that in the plain is much weaker and what grows in the marshy ground is very bad. There are some hills and particular spots where the wine is of a distinct quality and much esteemed out of Tuscany, as that of *Carmignano*, *Artimino*, *Careggi*, *Mezzo Monte*, *Moscado* of *Castello*, *Verdea* and others, but in a small quantity.

The land likewise produces excellent Melons of all sorts and water-melons; but the largest and best of this sort grow in the plain of *Pistoja*. Wild Mulberry-trees grow on the sides of the high-ways and on the borders of the fields, they serve only for the the nourishment of the Silk-worms; the silk is drawn off in the Villages as well as in Florence, but can only be woven in the City.

The Gardens about the town produce Lemons, Citrons, Bergamots &c, of all which great quantities are sent into Lombardy for sale. The Citron, or *Cedrato* which is much esteemed was an accidental product of a Graft of an Orange on the Lemon-tree, but it is now propagated from its own species with great care, in Gardens, but must be covered in the Winter as the lemon-trees are, which chiefly grow in Pots but Civil and bitter Oranges and planted in the ground and remain uncovered in the Winter.

There are Dairies here and there in the Country and the Butter is good but the use of it tho:' much encreased of late is not general, and it is very dear.

The Cattle is small and under regulation of a Magistrate in Florence called the *Grascia*, which obliges the farmers to breed and bring them to market for the use of the Town.

The Game of almost the whole Valley is reserved, nevertheless some Pheasants, plenty of Partridges and Hares are sold in the markets, the latter are not much esteemed by the Italians and Rabbets which are strong and rank are chiefly bred for their skins, tho:' the German Soldiers and the Lorrainers eat them.

The declivities of the Mountains that surround this Valley are well cultivated, but the summits of them are for the most part naked; there are some small tracts of pasture and a few small Oaks for firing.

In the Plain all about Florence the Women and Girls are employed in making straw hats, great numbers of which are Yearly sent from Leghorn to England and from thence to the British Colonies in America, but of late years the number is much diminished.

Towns and Villages on the right hand side of the River *Arno* and what is most remarkable

The renowned Abby of *Vallombrosa* twenty miles distant from Florence is situated between the two Rivers *Sieve* and *Arno* upon the declivity of an high Mountain called the *Consuma* which stands in the middle of the *Casentino* between the *Valdarno* and the Valley of the *Sieve*. It stands in the middle of a wood of Firrs and Chesnuts, and supplies *Leghorn* with small Masts. The place is very poetical and is mentioned by Milton: the cold is very great and the snow lays there for many months in the year. This was the first foundation of the Monks of that Order, which is a sort of Benedictins; they possess a great extent of land and are, as a body, Counts of the Empire. They distribute bread to all who go there for it and receive and entertain all Strangers. A few years ago Potatoes were planted here by an Irish Frier and they produce great quantities tho:' they do not thrive in any other part of Tuscany.

Ponte a Sieve is a Village walled round.

All the little hills around are well cultivated with Olives and good fruits.

Following the course of the river *Arno* to the right towards Florence are *Remole*, *Le Falle*, *La Nave*, *Rovezzano*, *Varlungo* and upon the declivity of the Hill is *Settignano* the place of the birth of Michael Angiolo Buonaroti; here all the Stone-cutters live and there are quarries of stone at *Fiesole*, which furnishes Florence with stone both for building and Pavement.

Fiesole is situated upon a high Mountain and was an ancient Hetruscan City of which there are the ruins; at present it has a Bishop, a Cathedral Church and a Seminary. The whole declivity of the mountain is covered with houses.

In the Valley of *Mugnone* eight miles distant from Florence is a Villa belonging to the Great Duke called *Pratolino* proper for the hot months of the Summer.

The strait passage of the *Mugnone* divides the hill of *Fiesole* from the declivity of *Castello* and the high mountain *Morello*, all this declivity being to the South is warm in the Winter and so full of houses and Villas that at a distance it seems a Town.

Castello, *Careggi*, *Petraja* and *Topaja* are Villas belonging to the Great Duke, none of them are good; *Castello* is the largest but the *Petraja* is the best situated.

Sesto is a Village near, and at a small distance is the *Doccia* a Villa belonging to Marquis Ginori where he has a Manufacture of China and Earthen ware, which is the only one in Italy and is in great reputation. That Hill produces plenty of water, which in the time of the Romans was brought by an Aquaduct into the Plain, but the ancient aquaduct of six miles which was built on arches is almost utterly ruined.

Very near the City on the River side are *Le Cascine* or Dairy, a very pleasant place of meadows and walks cut through the Woods, there is much game, Pheasants, Hares &c: strictly reserved for the Great Duke's amusement.

There are several Villages in the marshy Plain as *Campi*, *Peretola* and *Brozzi*.

The City of *Prato* situated on the river *Bisenzio* ten miles from Florence has six thousand Inhabitants; there are Hospitals a publick Library and a Theater. It has a Seminary a Colledge of Jesuits and Monasteries of Friers and Nuns, besides a rich foundation for the maintenance of an Hospital and the distribution of some Dowries, the greatest part of which has been of late converted for the maintenance of Invalides. There are Manufactures of coarse woollen and Linnin Cloths which are sent out of the State, there is likewise a manufacture of Copper.

In the Valley of *Bisenzio* and upon that river is a Paper-mill which makes good paper.

The City of *Pistoja* twenty miles from Florence is at the extremity of the great Plain, (see the map on the line A.B.)[3] the Streets are large and the buildings are good, there is a good Theater, Convents of Friers and Nuns; but at present it has not more than seven thousand Inhabitants.

[3] V. fig. 11.

This was once a turbulent little Republick but soon became subject to Florence. From thence arose the two Sects of the White and Blacks, which were subdivisions of the Guelfs and Ghibellins, Parties that divided the whole Republick. There is still a Senate tho:' without the least authority. The Nobility is very ancient and illustrious but poor. The Inhabitants have genius but have the character of being turbulent.

Near the City is a famous Fabrick for Gun-Barrels which are sent all over Europe.

The Plain before Pistoja is well cultivated with Vines but it is subject to be overflown by a Torrent called *Ombrone*.

On the South and West the Valley of Florence is bounded by the small hills of *Artemino* and by the whole chain of hills from Pistoja to the *Arno*.

The Villages on this part from Pistoja to the *Arno* are *Serravalle* towards the *Val di Nievole*, *Vinacciano*, *Larciano*, *Ginestra*, *Comeana* and *Poggio a Cajano*, at this place is a large Villa built by the Medici, there is a Park and Game of all kinds. In the low lands near it there are plantations of Rice the only ones in Tuscany but the quality of the Rice is not so good as that of Lombardy or the Levant.

Carmignano a Village which gave birth to the famous Poet Berni, this Hill produces the excellent wine of that name.

Upon the summits of the Hills there are long tracts of Pines. Great part of these hills are enclosed by a wall of thirty four miles round and form the great Park of *Artemino*, in which there is a great deal of game totally reserved for the Prince, within the wall however private people have houses and lands which are much damaged by the Game.

The Villages and what is most remarkable in the Valley of Florence on the left side of the Arno

Opposite to *Ponte a Sieve* where the river *Arno* passes between the mountains before it opens itself in the plain is a Village called *Rosano*.

The whole Plain of *Ripoli* between the River and the Hills is five miles and is the road to *Arezzo*, is extremely well cultivated; there are many Villages. Here on a little Hill two miles from Florence is the Abby, Capital of the Order of Valombrosians, whre the General and the Superiours of that Order reside with great luxury.

On the road to *Arezzo* is the high Mountain called *Apparita* which is the finest point of view in Tuscany, it commands the whole Plain of twenty four miles to *Pistoja*, according to the greatest diameter as is marked A.B. on the Map here annexed[4].

Lappeggi is a Villa belonging to the Prince and is situated in the Mountains.

L'Impruneta between the small Rivers *Ema* and *Greve* is situated in a mountain, has a very rich Church adorned by the product of the great devotion to an ancient Image of the Virgin Mary there, which is never uncovered. Here is a Fair once a year which has been represented by a renowned print of Callotta, here is also a fabrick of great Urns, and Earthen Pots for Orange-trees which furnishes all Tuscany and other parts of Italy.

The Valley of Ema

Here is a large Convent of Carthusians richly endowed by the family of the Counts Acciajuoli.

Near the Gates of Florence on an Eminence is a Villa of the Great Duke called *Poggio Imperiale* where the Court resides. The small hills all about are covered with Country-houses. Near this is *Arcetri* famous for its wine called *Verdea*, here Galileo was relegated and died. On this side near the walls of the town are the quarries of the flat Stones or *Pietra forte* for the pavement of the Streets as likewise for the buildings, S.*t* *Gaggio* a Convent of Nuns; and *Galluzzo* a Village.

Along the river *Arno* to the left on the road to Pisa as far as the *Golfolina* is almost a continued chain of houses.

Pignone or *Navicelli* is a Village upon the river where Barks arrive from Leghorn and come no nearer the Town; all goods from thence brought up the river are landed here. These barks come up against the current and are drawn by men on the side of the river if the wind does not serve to make use of the Sails.

Here is a place for four miles along the river side opposite to the *Cascines* or Dairy planted and cut into Walks full of Game for the use of the Prince.

On the *Pisan* road is *Monte Olivato* on which there is a Convent, *Legnaja Ponte a Greve*. To the right on the declivity of the hills is *Scandicci* and lastly the Valley ends along the river on the *Pisan* road at *Ponte a Signa* which is a bridge over it. There is a Village called *Lastra*

[4] V. fig. 11.

a Signa which was formerly a Fortress. On the left side of the river
upon an eminence is another village called *Signa* likewise; it is well
cultivated and has many Villas about it.

At this Bridge opposite to the Hill of *Artemino* the Plain ends and
the River enters into the mouth of the *Golfolina* and by a great ditch
formed by the Hills it goes to *Monte Lupo*, and to the entrance of the
river *Pesa* from whence it runs for above three miles into the lower
Valdarno.

To the right the Hills of *Artemino* and of the Park are covered with
Pine trees and to the left of the *Golfolina* with small Oaks for firing and
Medlars. Here the renowned Castruccio who was at War with the
Florentines endeavoured to make a Dam to stop the course of the river
and drown them. Many Naturalists are of opinion that the waters
overflowing the Valley of Florence opened a passage here by which the
whole Plain was drained, and this Idea probably gave rise to the fabulous
tradition that this opening was made by Hercules.

The Hills on each side produce Stone which is worked there and
thrown down the steep declivity to the River, by which it is sento to
Pisa and other places. A new road to *Pisa* has a few years ago been made
along the River to avoid the inconvenience of the Mountains. There
stands the remains of an old Castle called *Malmantile* which gave occasion
to a noted burlesque Poem.

Villages on the *Pisan* road to the right are *Porto* and lower *Porto*,
Brucianese, *S.ᵗ Miniatello*, *Montelupo* a walled Village, to the right is a
fine Villa of the Duke Salviati called the *Selve* where Galileo lived for
a considerable time. Here the Mountains open into the lower Valley of
the *Arno*.

The *Valdarno di Sotto*, or the Lower Valley of the *Arno*

This Valley comprehends the whole tract of land to the entrance of
the *Valdera* to the left, where the Hills close again.

Many small rivers along this tract to the right run into the *Arno*, as
the *Gusciana* which receives the waters of the Lake of *Fucecchio* and of
the Valley of *Nievole*. But on the left side many more considerable
rivers fall into the *Arno*, as the river *Pesa*, *Ormo* and the *Elsa* the largest
of all; this river comes from the confines of the State of *Siena*.

This whole Valley is eighteen miles in length and more than three or
four in breadth, the Climate is softer than that of Florence as it is not

divided from the Sea by any high mountains as that of Florence is. It is in general more fertile than any other excepting the Valley of *Nievole* tho:' the cultivation is the same. The lands for the most part belong to the Florentine Nobility.

Towns and Villages on the left of the *Arno*

A little below *Montelupo* on the side of the River is a Villa belonging to the Great Duke called Ambrogiana built by Ferdinand the first, annexed to this Villa is a Convent of Spanish Franciscans of S:ᵗ Peter d'Alcantara erected by Cosmus the third who sent for the Friers in Spain, and they are maintained at the Court's expence.

Farther on towards *Pisa* is a walled Village called *Pontormo* on the river *Ormo*. *Empoli* is a large walled Village which has 5000 Inhabitants, here are Convents both of Friers and Nuns and a new Hospital built by a Physician of the place. There are some noble families, a little trade is carried on here.

Here the Conquerors of the Guelf Party proposed to settle after their celebrated victory at *Montaperti*, and designed to demolish Florence, but it was opposed by their renowned warrior Farinata.

Beyond the river *Elsa* on the top of a Hill is the City of *S:ᵗ Miniato al Tedesco* which for a short time was a Republick in allyance with the Pisans, at present it is in great decay and has only one thousand Inhabitants. Here is a Commissary for civil affairs, a Bishop and Seminary, and a few very poor Nobility.

On the same road to *Pisa* is an Abby of *S:ᵗ Romano*; la *Rotta* and upon the Hill near is the Village of *Montopoli*, *Collegoli*, and *Palaja*.

Villages on the right of the River

Capraja is opposite to *Montelupo* upon a rock and gives the title of Marquis to the family of Frescobaldi, *Lamporecchio* stands high; Vinci, the place of birth of Leonardo da Vinci a renowned painter, Architect and Poet.

Fucecchio is a rich Village well peopled situated upon a little eminence between the *Arno* and a lake which divides it from the two Valleys of *Valdarno* and *Val di Nievoli*, much trafick is carried on here.

In the Plain is a Village called *S:ᵗᵃ Croce* inhabited chiefly by Watermen. *Castelfranco*, the lower to distinguish it from another place of the same name. *Callone*; here is a Custom-house, at the bottom of this plain the *Gusciana* falls into the *Arno*, it is the drain of the lake of *Fucecchio* which at a great expence has been confined to a Channel to render that whole plain wholesome. Behind the Lake of Fucecchio in another Valley near is the lake of Bientina. All this part of the lower *Val d'Arno* is well peopled. The Villages are *Pozzo, Poggio, Adorno, Monte Calvoli* and on the river side *Casciana*.

The Val di Nievole

This valley is only a large opening of the lower *Valdarno*, to the right of the *Arno* in part marshy where the Plain, as it has been described, opens at *Fucecchio*. The chain of small hills before mentioned remains to the West and terminates that Valley and separates it both from the Lake of *Bientina* and from the Plain of *Pisa* and joins to the Appennines and the Mountains of *Lucca*. (See the Map.)[5].

To the East are the Mountains of the Park of *Artemino* joining with those which confine the *Arno* at the entrance of the *Golfolino*, a triangular tract of Hills that remains between the three Valleys, of Florence, the lower *Valdarno* and the Valley of *Nievole*.

These Mountains which are much lower than the Appennines are joined to them near *Pistoja* by one narrow hill called *Serravalle* which at once divides the Valley of *Nievole* from that of Florence.

This triangular Valley opens towards the North 'till it is stoped by the declivity of the Appennine that is to say the Mountain of *Pistoja* and with two angles, one to the West reaches the State of Lucca, and the other to the East, *Pistoja*. From the West corner runs the *Pescia di Collodi*, a ruinous torrent from the Appennine of *Lucca* and from the East corner flows the river *Nievole*, which gives the name to the whole Valley.

Between these two Rivers was another called *Pescia* through a long narrow Valley and divides the small Town of *Pescia*.

All these Rivers and other Torrents from all parts unite themselves as Rays to a Center in the middle of the Plain and there form a Lake of three miles in length, called the Lake of *Fucecchio*; which was a work of the Florentine Republick to drain a large marshy tract, by which means and by raising the ground great acquisitions of very fertile land were

---

[5] V. fig. 11.

made, among which is the Marquisat of *Bella Vista* of many square miles, which Cosmus the third sold to the family of Feroni rich Merchants whom he recalled from Holland and made Noble, the said has built here a large Villa; but the Lake being too narrow some times overflows, and tho:' the Air is rendered more wholesome, nevertheless the Inhabitants are subject to many epedemical disorders.

Upon the whole the *Val di Nievole* is the most fertile part of Tuscany and the land bears the greatest price, it breeds much Cattle.

This Valley is likewise the best peopled and has many Villages. The Mountains are covered with Chesnuts, the declivities are tilled and divided into Vinyards and Meadows.

The little City of *Pescia* which is ten miles from *Pistoja* and as much from *Lucca*, tho:' only one mile distant from the Confines of that State, is situated in the Plain at the end of the *Val di Nievole* at the foot of the Appennine, from whence the river *Pescia* which gives the name to the Town descends.

It was at times free, but for the most part was subject to Lucca or Florence. At present it has only 3000 Inhabitants. It has a Bishop, a Seminary and Convents of Friers and Nuns, there is likewise a Theater and a distinct meeting place for the Nobility, who are very poor.

Here are Paper-mills and once a year a great festival when the whole Town is illuminated with small lamps of Oyl.

There are several Villages near. *Uzzano, Buggiano, Colle, Massa, Cozzile* and *Cecoraccia*, and near the source of the river *Nievole Montecatini* which is walled round where many Springs of Mineral waters arise both, hot and cold, sulphureous and salt, they are various and incostant frequently changing their situation, they are esteemed by the Physicians, particularly that called *del Tettuccio* which is salted by a fossil Sea salt, about the springs of which many Sea plants grow, tho:' it is at so great a distance from the Sea. The water is warm and clear and forms a rivolet called the *Salsero* which runs into the river *Nievole*. This water *del Tettuccio* is made use of all over Italy for all disorders in the Bowels and Stomach and for Obstructions.

On the lateral declivity of the Mountains of the Park which close the Valley to the East from *Serravalle* to *Fucecchio* is *Monsumano* which produces good Marbles, *Monte Vetturini, Castel Martini, Terzo* and *Stabbia*.

On the other side of the Valley is a chain of low hills which close it to the West and seperates it from the Lake of *Bientina*.

Chianti

Is a tract of land between the upward Valley of *Arno* to the East, the Valley of Elsa to the West and the Confines of the State of *Siena* to the South, and is eighteen miles distant from the *Arno*.

The Valleys of this tract are very narrow and the Torrents from the hills very violent, the Soil is poor and cultivated with great fatigue; in many places the superficies is so strong a substance that it is necessary to break it in order to plant the Vines in the earth that is under it, so that for the most part the lands are divided into narrow strips supported in the steep descents by long dry walls of stone without mortar. There are however some small fertile spots, the whole district produces Olives, the Climate is not cold but subject to great winds; it produces but little silk and the Cattle from the badness of the pasture is small and lean; the lands therefore are of less value than in many other parts of Tuscany, and the Country people are poor; there are however some few families which contrary to what is practised in any other part, cultivate and live upon their own lands. The principal product of this Province is the wine which is the best in all Tuscany and is that which is sent to all parts of Europe.

The Villages are, *Greve, Vizzano, Volpaja, La Zambuca, S.t Donato, La Castellina, Pansano* and *Le Stinche*, a Village which has given its name to some Prisons in Florence where Debtors are confined. *Pietrafitta, Radda* the residence of a Judge, formerly a Fortress but now in a ruin. *Vangluagli, Pacchiado* and several others.

Ricasoli an ancient Imperial Fief, but now belongs to a Noble family of that name in Florence.

The Valley of *Pesa* and other lesser Valleys

The river *Pesa* as has been said rises in *Chianti* and runs into the *Arno* near *Montelupo*, this rapid little River runs eighteen miles almost in a strait line towards the North. The Valley of *Pesa* is full of small barren hills of Gravel, but produces wood for firing on the top of them, the Soil is bad and there are few habitations; there are however some Villages on the declivities of the hills, *Passignano, Fabbrica* and others, and crossing the Valley into the road towards *Rome* is *S.t Casciano* walled round and well peopled. *Tavernelle* from whence Pope Urban the eight, of the family Barberini came, which family is now settled in Rome. The whole Valley is very steril.

The Valley of Elsa

The river *Elsa* is the largest that runs into the *Arno*, it comes from the South from the confines of the State of *Siena* where it takes its rise between *Siena* and *Volterra*, its course to the *Arno* is 23 miles. On each side there is a ridge of Hills the Soil of which for the most part is clay. It is manifest from the number of Oyster-shells and the great quantity of calcined Fossils that this Valley was once covered by the Sea. The buildings here are made of bricks as there are no stones to be found among the clay. The Soil is rather fertile, it produces Vines and Olives, the Cattle is very good and pasture excellent. A sort of Cheese much esteemed all over Italy is made here, called *Marzolino*. This Valley is not well peopled, there are few Villages and the habitations are distant from each other.

For the whole length of this Valley the road from the lower *Valdarno* leads to *Siena* and joyns the road from *Pisa* to that towards *Rome*.

Villages upon the declivity to the right hand side

Poggibonsi, at the mouth of the river *Staggia* is a well peopled Village and the most ancient conquest of the Florentine Republick, the *Staggio* forms a very narrow Valley which abounds in wood and pasturage. *Monte Reggioni*, an ancient Castle surrounded with Towers, *Certaldo* a Village which has 2000 Inhabitants and is the place which gave birth to Boccacio. *Lucardo* is upon an eminence and is famous for the quality of the Lambs, and various sorts of Cheese. Following the course of the River is *Castel Firentino* antiently a strong Fortress and is now the most florid Village in the Valley of *Elsa*, it has 3000 Inhabitants, a Provost, Canons and many opulent Families of the Nobility had their origin here.

S:^ta Verdiano a female Saint in great reputation in Tuscany lived in a Cell here, over which there now stands a large Church.

The whole declivity on the left side towards the North and East continues from *Valdarno* to the Mountains of *Siena*, upon the two extremities stand the two little Towns of *S:^t Miniato al Tedesco* and *Colle*, near which is a Village called *Spugna* situated in the Plain near the *Elsa* where Paper-mills stand; the Paper made here is good and is sent out of the State with great profit.

Colle was anciently independent, at present it has 3000 Inhabitants, a Bishop, a Seminary but few good buildings.

Upon the top of the Mountain is *S.ᵗ Gimignano*, once a distinct Republick which by the extent of its walls and size of its buildings appears to have been considerable, tho:' at present it has but 800 Inhabitants.

Upon the road towards *Volterra* are the Villages, *Monte Miccioli*, *Ornajano* and Gambassi, which produced a famous Sculptor who was born blind.

Mont Ajone is upon the ridge of the hill, a walled Village that has 1000 Inhabitants, but very poor.

The District of Pisa, the fifth and last Valley of the *Arno*

The River from the little hills of the lower *Valdarno* enters immediately into this plain Valley which to the West is open to the Sea and into which it runs after a course of eighteen miles. To the North this plain is bounded by a single high Mountain which divides it from *Lucca*.

To the West this Valley is bounded by a chain of small hills called the *Colline* of *Pisa* which reach to the Sea on the South of the Port of Leghorn, where they terminate in the promontory of *Monte Nero*.

The Plain between the two declivities of the Mountains is about sixteen miles from North to South and still widens nearer the Sea. This whole tract of shore from *Pisa* is quite open to North-West and there passes beyond the river *Serchio* and the confines of the Great Dutchy, to the feet of the Mountains Apuani and of *Carrara*; which make part of the Appennines, the Universal Mountains of Italy.

This whole shore and particularly that near *Pisa* gradually, tho:' very slowly gains upon the Sea, both by the Earth that is brought down by the Rivers which with some difficulty runs into it and by the Sands which are continually thrown up by the frequent strong westerly winds. *Pisa* formerly was not above three miles from the Sea and the once renowned Pisan Port is now entirely buried in a wood near Leghorn.

These changes produced by nature have stagnated the drains of the water and consequently made the whole Plain damp and in many places Marshy. But a still greater change was made by art about the ninth Centry by turning the River *Serchio*, which formerly ran into the *Arno*, but now about three miles from *Pisa* turns to the West and from thence goes into the Sea.

On the right hand of the *Arno* the Plain towards the East surrounding the steep Mountains of *Pisa* widens into a large Valley which is rendered quite marshy by the waters of a great Lake called the Lake of *Bientina*.

The State of *Pisa* from several natural causes is the most rainy part of Tuscany excepting *Lucca*.

The Climate is very mild and even warm in the Winter, the Pasture always green and the Soil very fertil; upon the declivities of the hills there are plantations of Olive trees and other Fruit trees of all sorts. Even the Inhabitants are taller and stronger and the Women in general handsomer than in any other part of Tuscany, but the Men are much less industrious than the Florentins, and this Province which is one of the most important in all Tuscany is very deficient in its population.

The former Great Dukes perceiving the great advantage that might be drawn from it have frequently assisted it, but not with the vigour they might have done, and particularly in regard to the Political Government, at the head of which is a Commissary who resides there. The greatest part of the lands is possesed either by the Great Duke himself; by Friers, or by the Nobility of Florence.

By the above general Idea of the Province of Pisa it will be easyer to understand the description of the other parts of it, which are divided under the following Articles. **I.** The Mountain of *Pisa*. **II.** The *Valdera* which is considered as part of this Province. **III.** The small Hills called the *Colline di Pisa* which reach to Leghorn. **IV.** The Lake of *Bientina*. **V.** The Plains of *Pisa* and of Leghorn. **VI.** The City of *Pisa*. **VII.** The City and Port of Leghorn.

The Mountain of *Pisa*

Under that denomination is comprehended all the ridge of Mountains to the North which confines the Plain to the right of the *Arno*.

This Mountain has an oblique direction West and East and stands in the middle of the Plain of *Pisa* and the Valley of *Lucca* both which form one continued Plain which surrounds that mountain excepting only towards the East where they are devided by the Lake of *Bientina* which reaches to the foot of it. To the West it reaches to the River *Serchio* which there leaving the Valley of *Lucca* takes its course towards the *Arno*. Beyond the *Serchio* the lowest extremities of the Mountain joyn with the *Genovese Appennines* and the Mountain *Apuano* and with those that run through all Italy, leaving in this manner a very narrow Valley into which the Plain of *Pisa* insinuates itself, as if the *Serchio* had formed this opening and had here divided the Mountain of Pisa from the Appennine.

That Mountain is twelve miles in length and four wide growing narrow towards the West. (see the Map)[6].

It is surrounded by the waters of the *Serchio*, the *Arno*, the Lake of *Bientina* and the Canal of *Ripafratta*, which is navigable and joyns the *Serchio* with the *Arno* at Pisa. Another Canal called the *Sarezza* joyns the Lake of *Bientina* with the *Arno* into which it empties itself; and in the Plain of Lucca there is a communication between the *Bientina* and the *Serchio* by a Canal called *Oseri* (see the Map)[7] and the River *Rogio*, by which the waters of that Lake are regulated.

The Southern part of this Plain belongs to Tuscany and that to the North to Lucca.

The Summit of the Mountain is divided into many sharp points and it rises from an horisontal plain of a sandy Soil almost perpendicular, in some parts there are vast pieces detatched that remain half buried in the plain. In other high parts of the Mountain there are likewise vast rocks detatched like piramids, particularly near *Calci* one that is called the *Verrucola* upon the top of which that is almost inaccessible are the ruins of an ancient Fortress built by the Pisans. Here are many great natural Caverns, the most considerable is that called *None* which resembles a vast Temple and other lesser Grottos which the inhabitants make use of for Cellars. There are likewise many small fountains and natural Basons to receive the water which was formerly conveyed to the City by an Aqueduct, the ruins of which remain. At *Asciano* the waters are now collected and conveyed to Pisa by a noble Aqueduct of one thousand Arches: the water is in great repute as Medicinal and is sent all over Tuscany as well as abroad.

In that part of the mountain there are both hot mineral springs and cold steely waters of a spirituous volatile nature. The mountain itself consists of a hard white stone and of a bad white Marble which is made use of for buildings at Pisa where there are likewise some coloured Marbles; there is a Copper mine and some rock Cristal tho' in small pieces which are sold rough to the Genevrins. There are however tracts of fertile Soil, and the tops of the Mountains are covered with Pines; upon the declivities towards the South there are some small spots of

[6] V. fig. 11.
[7] *Ibidem.*

Oakes, Chesnuts and other trees, and towards the bottom great plantations of Olivers. The Torrents which come from thence are made use of for many Mills that are placed there called *Zambre*.

The inhabited Burroughs are all situated in the plain which surrounds the Mountain, which plain from *Bientina* extends to the River *Serchio*, two great Burroughs only, *Calci* and *Buti*, are out of the common road.

Buti is near the confines of *Lucca* situated at the end of a wooddy Valley, which, and the high rocks about it occasion almost constant fogs and frequent great rains, the Soil is very fertile, produces Wine; Grain, herbs and Fruit, the declivities of the Mountain to the North are covered with Chesnut-trees and to the South with Olives. Near *Buti* is a Burrough called *Vico Pisano*, the residence of a Magistrate called *Podestà*, it is surrounded by an old Wall and was formerly a Fortress belonging to Pisa. Towards the West there are the following Villages, *S.ᵗ John alla Vena*, upon the Arno, *Cucigliana*, *Lugliana* and *Uliveto*, here the road turns round the high rock called *Verucola*. Then opens the Valley of *Calci* which is the most spacious of all, here two large Torrents called *Zambre* unite, which in their course drive one hundred and thirty Mills.

Calci is all cultivated with thick plantations of Olive trees. There is likewise a Village called *Castel vecchio* and one smaller called the *Pieve* and in the same valley of Calci is situated a village called *Monte magro* which gave birth to Pope Eugene the third, the above places are well peopled, the Inhabitants robust and live well, the Women are handsome and dress in a peculiar antient manner; the Oyl is the best in Tuscany. Towards the East is the renowned and rich Convent of Carthusians, a stately building adorned with ancient and modern Marble. They possess a great extent of land, the little Island of *Gorgona* in the Tuscan Sea belongs likewise to them as to its product. Near that Convent is a rich Abby called *Nicosìa*.

At the entry of the Valley of *Calci* on the side of the *Arno* is the Village of *Caprona* where the *Zambra* runs into that River, which here leaves the Mountain; but following the ridge of it you find the Village *Agnano*, near which is *Asciano* where the springs of the water arise which is conveyed by an Aquaduct to Pisa; and at the foot of that mountain called S.ᵗ Julien are situated the famous Baths of Pisa, which consist of many hot springs, without any sensible mixture of Mineral. They are divided and distributed into several rooms and Baths. The Buildings which are spacious and very convenient were erected by the late Great-Duke Francis the second who converted to this use a Legacy

left by a private person for Religious purposes, and to give credit to
these waters he appointed a Physician, Surgeon and other assistants, and
besides the Publick buildings many private People have built houses
there which now form a Square. The Community has fixed a Commissary
there so that it is become a Village, with shops and other conveniences.
The Season for Bathing and drinking these waters is from the beginning
of May to November. Strangers and particularly the Genoese resort
there. The situation is very agreeable and the access to it commodious
both by land, and by a Canal from the town of Pisa, where this Canal
which passes by the Baths carries the water of the Serchio into the
Arno.

Following the ridge of the Mountain near a place called Caldaceoli
are the ruins of some ancient Baths and a Roman Aqueduct. From
thence you meet the Villages of *Corliano*, *Rigoli* and the Mills which are
situated one above another upon the steep declivity of the mountain
which formerly served to force the water into the above aqueduct.

Ripafratta which was formerly a fortified place of the Pisans is situated
upon the *Serchio* on the confines of the State of Lucca.

These are at present the principal Villages of the Pisan Mountain, but
in many places the ruins of Churches and the records of places which
are now arable ground are proofs that formerly the population was
much greater than at present. The Soil is not very fertil producing only
a small quantity of Corn, some fruits and bad wine; but there is plenty
of Chesnuts.

The most important product is that of Oyl which is little inferior to
that of *Provence* and one year with another the whole district produces
thirty thousand barrels. In the Valley of *Buti* ..12000. In that of Calci
..12000. and in other parts of the Mountain ..6000. the greatest part of
which is sent out of Tuscany, principally to England with much more
from the small hills of Pisa and the lower Valley of the *Arno* tho' not
by the Tuscans, for the Lucchese make a considerable Commerce of it
and send it abroad under the name of Lucca Oyl, which by this means
has acquired great reputation. Of late years the Olive-trees in Tuscany
are subject to worms and other disorders occasioned by blights that
destroy them. But the method of leaving and heaping the olives to
ferment and the negligence used in pressing them, make the Tuscan oyl
in general much inferior to what it might be; for if more care in gathering
them, and a better method in the whole progress of extracting it, were
practiced, it would be far better.

The *Valdera*

At the opening of the Valley of Pisa to the left of the river Arno, the river *Era* runs into it and is not lesser than the *Elza*.

It takes its rise from under the City of *Volterra* and through a long and narrow Valley runs almost paralel with the *Elza*. Two thirds of this Valley is uncultivated, the soil is chalky and clayey, there are few houses and those distant from each other. Nearer the *Arno* it opens into an oblong plain bounded by small semicircular hills. Those to the left of the *Era* joyn to the ridge of the Mountains from which the river *Sterza* and others run into it. In this spot the Valley of *Era* is a sandy soil with some stratums of gravel; in the most level part the earth is loose and deep, and great quantities of petrified shells are seen here, the river *Era*, the *Rogleo* and other Torrents often overflow these parts and do great damage, but in general the soil of the plain is more fertil and the inhabitants live well, they do not divide the product of the Land with the Proprietors as in most other parts but take leases and cultivate it upon their own account. The Mountainous part is covered with Oaks and small Chesnut-trees for stakes and hoops with which they furnish the whole plain of Pisa and Leghorn. Great quantities of Juniper-berries are collected here and shiped for England.

The wine of this Valley is excellent and will keep five years in the cool grottos that are dug in the soft stone. The mutton is remarkably good and is sent to all parts of Tuscany; the Oyl is likewise good and plenty but the Inhabitants are not industrious.

This whole Valley almost belongs to the Florentins and to some few Pisans. The Church has likewise considerable possessions here, particularly the Carthusians. There are few Villages and little traffick, and among the Inhabitants who are settled there none but two or three of the richest have above seven hundred Crowns p *Annum* that is, about £ 175. Sterling.

The Villages in the Valley d'*Era* on the right hand are *Treggiaja* and has .300 Inhabitants. *S.t Gervasio*.150., *Masti*.150., *Palaja*, the residence of the *Podestà*.800. *Portiro*.100. *Forcoli* 100. *Alica*.100. *Villa Saletta*.70. *Monte Forcoli*.200.

Those to the left are *Peccioli*, the residence of the *Podestà*.750. *Terricciola*.300. *Capo*.150. *Lojano* and *Lojanella*.250. *Solaja* and *Spedaletto*.100.

The Colline di Pisa and Monte Nero down to the Sea

The Valley *Era* as has been said opens itself in the plain of Pisa, and the small Hills called the Colline di Pisa widen from the *Era* towards the West and reach to Monte Nero. The Soil is the same as that of the Valley, the waters from those hills make vast great Channels in the gravel but render the plain more fertil.

The Villages are *Casciana* which has about .400 Inhabitants. *Lari* .550, here is a coarse wollen and linnen Manufacture. *Bagno a Acqua* has about an .100. settled inhabitants; here are springs of warm water tho' totally neglected, *Serafino*, *Crespina*, *Fanghia* and *Cappato* have about .600 inhabitants; there are other small Villages in the Valley formed by a torrent called *Tora* by which the ancient Roman Via Emilia passed to Pisa. There the Colline of Pisa finish, from them arise a chain of mountains which reaches to the Sea and borders the plain of Leghorn; towards the South is the Valley of the *Maremme* and to the West they hang over the Sea widening themselves into three Promontaries, *Mount Nero*, *Castiglionciello* and *Rosignano*. *Monte Nero* is of a dark green coarse Marble tending almost to black, such as most of the Mountains in Tuscany produce. The Merchants of Leghorn have little Country-houses on this hill and in the Valleys near it, particularly at *Valle Benedetta* and *Sambuca*, but the salt air from the Sea destroys most of the plants and fruit-trees.

Of the Plain of Pisa, and first of the Marsh of Bientina and its Valley

Having given a description of the Mountains which bound the wide Valley of Pisa on the sides, I proceed to discribe the plain that remains between them, of which a general idea has been given before at the beginning of this Chapter.

The Mountain of Pisa as has already been observed, to the right of the *Arno* towards the East does not reach to the little hills detached from the Appennines, which distinguish the lower Valley of Arno from the Valley of Nievole, but it leaves a space or Valley by which the plain of Pisa, winding northward and joyning to it, reaches those little hills and the Appennine, and is continued on with the Plain of Lucca.

In this circumference a large tract of low land is incumbered by the March of *Bientina*, the water of which lake stagnates on account of the great distance and the little declivity of a Canal which is navigable, called the *Serezza* which at a great expence not long ago was widened, tho' without any effect, so that all the plain of three miles between the Marsh and the river Arno is an unwholesome Fen.

At the foot of the little hills however there is rising ground which is dry, and in the plain there is a Village called *Bientina* which makes about .2000. Inhabitants.

The waters of the above mentioned Marsh cannot be drained into the *Serchio* by the Canal of communication called the *Rogio* which from that Marsh goes to the Citty of Lucca.

A great expence was made not long ago under pretence of draining that Marsh, but with a real intention of laying the Lucchese Territory under water, which was capriciously undertaken by the Lorrain Ministry in the time of the late Emperor or Duke Francis (tho' it was afterwards greatly disapproved of by him.) The above Ministry not reflecting that in the time of the Republick a like attempt was made, by which the whole Tuscan Army was near being drowned.

The Lake itself which in some parts is nine miles long and in others about four, belongs in part to the Republick of Lucca and in some Seasons it overflows many small Valleys, it is navigable and very deep in the middle and there is a floating Island; it produces great quantities of fish, the poor Inhabitants of those parts live entirely by fishing. The air in Summer is unwholesome, tho' the land all about is inhabited and cultivated; the greatest part of which is the private property of the Great Duke. This whole fertile tract is divided into four possessions, *Bientina* and *Vico Pisano* which are between the Arno and the Lake, on the other part upon the confines of Lucca the large possession of *Alto Pascio*, a place famous for the defeat which Castruccio formerly gave the Florentines. The product of these places is the same as that of the Valley of *Nievole*: but in general that part which belongs to the Lucchese, is more peopled, better cultivated and the air wholesomer.

The Plain of Pisa on the right hand of the River *Arno*

On this side, the Plain begins five miles distant from the City at the rock already described called the *Verrucola* upon the Arno; for to that point the River is bounded by the Mountain of Pisa for four miles from the plain of *Bientina*.

From the *Verruccola* downwards, the Mountain widens to the North and the River opening itself on the opposite shore a plain of near twelve miles from East to West leads to the Sea.

This Plain widens so much on the other side that the Mountain is near six miles distant from the town of Pisa at the Village of *Ripafratta*. Here that Mountain finishes and here is the mouth of the River *Serchio* which is very rapid and takes its course Southward leaving the City of Pisa, whither formerly it went and joined the Arno, but now it bends to the West and parallel to the Arno, tho' four miles distant, falls into the Sea.

The Plain distends itself towards the North beyond the *Serchio* above four miles to the Confines of Lucca and on that part it goes beyond that Territory between the Mountains and the Sea, and reaches to the river Magra on the Confines of the State of Genoa.

On the right hand between the Arno and the Serchio, tho' the latter does not now joyn with the other, there is a navigable Canal from the Serchio to Pisa across the Plain, and the Ditches which drain the lands here run under that Canal; but in general as the waters of the plain cannot be carried either into the Arno, or Serchio they have no other drain than a large Ditch called *Fiume morto* which runs into the Sea. But as with difficulty the waters are carried off, in some few spots the Country is wet and not well cultivated; but in others along the course of the Arno the land is fertile, and there are many Villages. Towards the *Serchio* there are likewise many; the largest of which are *Ponte a Serchio*, *Cavinaja*, *S.ᵗ Martino* and others. Towards the Sea at three miles distance from Pisa there is a possession belonging to the Great Duke called the *Cascine* one of the most agreable places in all Tuscany consisting in large Meadows bounded by Woods down to the Sea. This Wood is called *S.ᵗ Rossore* through which there are roads cut for the conveniency of hunting; there are many Deer, Stags and wild Boars. The Plain beyond the *Serchio* to the Confines is confined and bounded by the declivities of the Ligurian Mountains and the Sea, but this part of the plain is marshy, the borders of the Serchio only are dry and well cultivated. The Woods on the Sea coasts called *Migliarino* are marshy in many spots, occasioned by the sands which the Sea throws there and choaks up the waters. It was formerly proposed to cut the mountain and open a passage for the *Serchio* in order to fill up this large tract of land, and the undertaking with the consent of the Lucchese was begun, and about an 100 years ago a Dutchman named John Vandestreet purchased those lands of the Medici family and began to make ditches and Dykes as in Holland but the soil being too sandy and loose did not retain the waters; in short he died there, and now people go in a boat to read his Epitaph.

The Plain to the left of the Arno makes the greatest part of the Valley of *Era*, the River of this name is the only confluent that runs into the Arno on this part, all the other waters from the hills of Pisa either drain themselves slowly into the Sea by a large ditch and some smaller, and by the mouth of *Calambrone*; or they stagnate in the same plain between Pisa and Leghorn.

The Sea having retired has left the anciently renowned Pisan Port quite dry, and the Sea throwing up much sand prevents the waters running off. The road from Leghorn to Pisa goes through the wood where there is a navigable Canal across all these Marches.

Many natural causes make it impossible either to drain or fill up the low parts of this fertile plain, but at least by care and a considerable expence the progress of the evil may be stopped. This whole tract of Land belongs to the Prince, he has a Stud of horses here greatly esteemed and which furnishes yearly about fifty Coach-horses for the use of the Court; for the maintenance of which Stud the product of four very considerable possessions is assigned.

On the side of the River at the entrance of the Wood there is an ancient Church built in the eleventh Centry where the Sea arrived tho:' it is now retired for more than three miles. The middle of the plain is quite drained and very fertile.

The whole road from Pisa to Florence is well cultivated and inhabited. *Pontadera* is walled round and has .3000. inhabitants. Following the river there is a Village called *Cascina* walled in, it was formerly a Fortress of the Pisans and now .1000. inhabitants; from thence nearer Pisa are other lesser Villages, *Marciana*, *Zambra*, *Navacchio* and many others.

The Plain of Leghorn consists only of the space between the South Angle of Monte-Nero and the Sea, the land is dry and since the great population of Leghorn every spot is cultivated, but the air impregnated with Salt from the Sea hurts the Fruit-trees extremely, makes their leaves fall and often kills them. This air is so pernicious that it affects the buildings and makes the plastring moulder away. The Foreign Merchants setteled at Leghorn possess all the Gardens near the Town.

The City of Pisa

In the middle of this plain is situated the City of Pisa in .43. degrees and .42.minutes; the Arno runs through it and it is about six miles from the Sea. To the North, the Mountain of Pisa is near three miles distant from the Town. To the South as has been observed it is more extensive. In this situation Pisa is at present, which is very different from what it was formerly when the whole Town was built on the right side of the Arno into which the River Serchio then entered, so that the town was in an Angle between those two rivers and was accessable to Ships by the Arno which was then but two miles distant from the Sea and had a Port, called *Porto Pisano*.

The City of Pisa was certainly one of the most ancient Grecian Colonies, tho' the exact time of its foundation is dubious. It made a figure among the Etruscan Cities either free or confederate and often waged war at Sea with the Lugurians and under the Romans became a considerable Colony and was called in the time of the Emperors *Julia Ossequente*. In the time of Augustus it was adorned with Temples, a Forum, with Aqueducts and Statues, had an Arsenal for Shipping and was renowned for its works in Marble; many fragments of which and ancient inscriptions still remain and have been made use of in modern buildings. But of the ancient Roman buildings there are now only some remains of an Aqueduct.

In the decay of the Roman Empire Pisa maintained itself and tho' at the extinction of it in the West, it seems to have been ill treated by the barbarous Nations, nevertheless, from the advantage of its situation it soon recovered. In the tenth Century Pisa was well peopled and many strangers resorted thither as a place of Commerce, and when a Commonwealth they took *Volterra* with its territory and Sea Coasts.

But the Inhabitants being employed for the most part in expeditions at Sea they entered tho' late into the Croisades. They made a conquest of the Balerian Islands, had Corsica under their protection and possessed Sardigna and Amalfi. They made expeditions likewise into the Kingdom of Naples and Sicily in Africa, they let out their Ships and vyed with the Sicilians and the inhabitants of Amalfi; they were constant enemies of the Genoese by whom however in the year .1284. they were conquered in a Sea engagement at Meloria and never after recovered their former strength.

Their domestick history is full of tragical events and shews that their Government was always in the hands of foreign Tirants of the Ghibellin Faction, and after various Wars they at last were conquered by the Florentins who demolished great part of the City, so that most part of the inhabitants were dispersed and settled elsewhere, in so much that in the time of Cosmus the first that City being quite neglected and the Air bad, there did not remain more than .5000 people and it is only within two Centuries that the Great Dukes have in some measure retrieved it.

Tho' as yet Pisa does not fill the extent of its walls; the Town is an irregular oblong square of three quarters of a mile, the river Arno which runs through the middle of it bends in the town; on each side is a large and well built Street excepting which and one or two more the rest of the town is very ugly, and meanly built, and throughout the whole, as the Pisans were totally ignorant of the square, there is not one house with the regular straight angles. The Street are paved with broad stones on the sides only; the Soil being sandy easily yields, which is the reason that many of the buildings sink. Of the Roman works there remains the Cathedral Church, a very fine building of Marble of grecian Architecture of the eleventh Century the Gates of which are of Brass finely carved; both within and without there are many ancient Columns of Porphyry and Granite; there are good paintings on the walls of the best modern Masters in Italy, particularly in the Chappel of S:ᵗ Ranieri who is the Protector of the Town. The Emperor Henry the eighth was buried there, and without in a fine Sarcophagus lays the celebrated Countess Beatrice Mother of the Countess Matilda.

Near the Cathedral is the leaning Tower or Steeple built soon after; it is adorned with many rows of Columns quite to the top and ends with a little Turret. This Tower is a solid building of Marble of .154 feet high, the foundation of which having yielded it leans near fifteen feet. It is a very vulgar and gross mistake that it was built so on purpose.

Near this building is the Baptistery, a fine round temple adorned with many Pillars or Columns, and near it a large burying ground full of ancient and modern Sepulchers, the walls are painted in fresco by Jotto and other Painters of that Age, all these buildings are covered with lead.

Excepting these and a few other Churches there remain only two buildings made in the time of the Republick, one is the house of the Commissary, the other was the Palace of the Sovereign family of Gambacorti, which is now the Theater and Custom-house. All the other buildings are modern. There is an Arsenal formerly for the Gallies till they were broken up in the late Great Duke's time, the Turkish slaves are kept there and those condemned for crimes. There is a House called the *Casino*, as in many other Towns in Italy where the Nobility only resort, An University and a Colledge for Students, an Observatory, a Botanick Garden, the Church and Palace for the Knights of S:ᵗ Stephen who reside there, and a Palace of the Great Duke.

The greatest modern work is the Aqueduct of .999. Arches which brings water from the fountains of *Asciano* and the Mountains of Pisa for four miles across the whole Plain for the use of the City, both by publick fountains as well as others in private houses. This was a work of the Great Dukes Ferdinand the first and Cosmus the Second; the water is very beneficial to the health of the Inhabitants and is in such reputation that it is sent in flasks all over Italy.

Besides the buildings before mentioned there are .54. Churches in Pisa, Two Hospitals for the sick, and one for the Foundlings. Within the Town the number of the inhabitants amounts to near .17000. and within these ten years last past the Valley of Pisa is supposed to have encreased .10,000.

In general the Nobility of Pisa is not so numerous as in many other Cities of Tuscany and their revenues are very moderate, there is only one family that has .10,000 Crowns income and there are many who have less than .1000. The common People are poor occasioned by many political views which are obstacles to industry in Tuscany, and by the natural indolence occasioned by the Climate; nevertheless either from the fertility of the Country or some other cause one meets with no Pisan beggar, excepting in the time of extraordinary dearth.

Some manufactures have lately been introduced in Pisa, a refinery of Sugar and wax, and care has been taken to cultivate Lemons and other Plants of that kind which by the warmth of the Climate succeed better here than in other parts of Tuscany.

The Pisans are rather indolent, which may be attributed to the warmth of the Climate the Air of which is good in the Winter, so that consumptive people from all parts are sent thither to pass the Season; but that indisposition is not known among them. The Women in general and particularly the Country people are handsomer than elsewhere.

The finest show in all Tuscany is certainly the illumination of the town of Pisa which is performed every third year in honour of S:ᵗ Ranieri the tutelar Saint of the Town.

There is likewise another publick show once in three years like the ancient Olimpick Games, it is called the Battle of the Bridge and is performed by .320. men on each side devided into six Companies with proper distinctions in their dresses, which are commanded by the

Nobility as Officers. They make use of an instrument of wood called *Targone* and they wear helmets of iron; it lasts three quarters of an hour and is performed with the utmost fury and animosity. The origin of this Gothick festival is not known. The two parties, one of which is called of *S.ᵗᵃ Maria* the other *S.ᵗ Antonio* divide the Inhabitants even of the whole Country; the Women seriously take part in it, and the names of the Parties always subsist, and the Senate of Pisa registers the Victory. This festival draws many thousand spectators from all the neighbouring Towns and States, and consequently brings a considerable sum of money into Pisa.

Government and Magistrates

The present government of Pisa is entirely provincial. When it became subject to the Florentines, the first Magistrature called Priors, was left purely for form and still remains: they consist of six of the Nobility appointed by lot and they have little more to do now than to regulate the Battle of the Bridge. There are some other Magistrates, as the Annona, *la Grascia* (an office to provide meat and other provisions) but they are totally subordinate to the Government of Florence.

The most important and ancient Magistrate is called the *Ufizio de' fossi*. It inspects the continual reparation of the damages occasioned by the Waters in the Country, and divides the expence among all the Comunities, but the Great Duke appoints a Director who is not a Pisan. and in whom the sole authority resides. This Tribunal possesses land and large Woods of Pine-trees with the revenues of which the Salaries of the Architects, Bricklayers and many other people in constant pay, are supplied.

At present the Great Duke keeps a Commissary in Pisa. There is a Judge for criminal Causes, but he depends entirely on the Fiscal of Florence whither all Causes of any importance are carried.

There are other Establishements quite independant of the Town.

The Arch-Bishoprick of Pisa is the greatest and richest Ecclesiastical Dignity in Tuscany, it is worth .12000. Crowns p Annum. The Arch-Bishop is of right Legat of the Roman See and Primat of Corsica and Sardigna, where there are some Bishopricks Suffragan to this of Pisa. The Canons of the Cathedral have .500. Crowns p A:ᵐ each; they are all of the Nobility. There are fifty five Churches including the Parishes and those of the Convents. There are two Hospitals, one for the Sick the other for Foundlins; besides these there are sixteen Convents for Women, and nine for Men.

The Arch-Bishop is likewise Great Chancellor of the University which was instituted by the Republick of Pisa, and after many changes is now composed of forty eight Professors of almost all Sciences. The greatest Salary is .500. Crowns, they begin with .120. and every third year receive an augmentation of twenty Crowns, 'till they arrive at the above sum. This University has produced some great Men; about a third part of them now consists of Friers and Priests, but the Jesuits were never admitted. There is a Library and an Observatory with a good modern collection of Astronomical Instruments and of Experimental Philosophy, a Botanick Garden and a large Museum; most of these were established by the late Emperor Great Duke before whose time there were only the Botannick Garden and an Anatomical Theater.

The Professors have no authority in the University, which is governed by an Auditor appointed by the Great Duke, who commonly resides at Florence; there is besides a Provisor who must be in Pisa whilst the University is open.

At present there are between three and four hundred Scholars, two thirds of whom are for the Law and mostly Tuscans, who cannot exercise that Profession without taking their degrees there.

Besides that University there are four Colledges, one called the Sapienza for forty boys maintained by the Great Duke, another called the Colledge of Ferdinand built by the Great Duke Ferdinand the first, likewise for forty who are maintained by the Comunities which name them. The Colledge of Ricci founded by a private Legacy for the maintenance of four only of Monte Pulciano. Another founded by a Bishop for Piedmontese Scholars only.

The University is open from November to all May and the Students ought to stay there at least four years. They had formerly great priviledges, the University being considered as a body apart totally independent of the Government of Pisa and directly under the protection of the Prince who gives the Professorships and names the Scholars.

The maintenance of the University is provided for by a tax on all the Church lands in the State, which tax is collected by a Secular Magistrate in Florence, by the consent of Pope Pius the fifth to Cosmus the first who established the University on this footing.

There is likewise an other Body in Pisa which forms a Tribunal apart independant of the Government of that City; which is the Convent of the Knights of S:ᵗ Stephen of which mention shall be made in another place. This Order is established upon a Monastical footing; The Grand Prior of the Order resides there and forms a Chapter. The young Knights, who perform their Caravans on board the Ships, are maintained here. There is likewise a Regiment of Dragoons totally dependant on the Military Body.

And lastly there is a Tribunal of great importance fixed at Pisa called the *Sea Consuls* a Florentine Tribunal for all Mercantile and Maritim Causes, totally dependant on the Prince.

The exaction of almost all the taxes is made by the dependants of the Farmers of the Revenues. The greatest part of the expences of the Community are administred by the Office before mentioned called *De' Fossi*; All other taxes are exacted by the Tribunals of Florence, so that the Community of Pisa has no influence either in the Civil, Criminal or Political Government of the City, which depends entirely upon Florence; this is a great obstacle to the wealth and prosperity of this Province which undoubtedly is the most fertile part of Tuscany, and the City by the advantage of its situation is capable of great improvements and with proper encouragements might become one of the most considerable Cities in Italy.

The City of Leghorn

Before the Great Dukes of Tuscany built this City there was from the most early times a Village of Fishermen called by that name, which was no more than a Southern access to the ancient and renowned Port of Pisa, which is now at a considerable distance within land, the traces of which are visible, in the Wood near the entrance of *Calambrone*. The ancient Port of Pisa must have been a large Bay which by degrees grew lesser and lesser tho:' it was in some manner made use of 'till the 14:ᵗʰ Century during the wars of which, all the Towers and buildings of the Pisans were destroyed.

The Village and Port of Leghorn were in the hands of the Genoese who sold it to the Florentins in the year 1422 for the Sum of one hundred thousand Sequins. The Florentins immediately began to build Gallies and granted privileges for a trade to the Levant, and erected the large octagon Tower of marble called *Marzocca* upon a rock at a small distance from the Port. But the Republick neglecting Leghorn in a few years it was quite dispeopled; the Genoese however repented their having parted with so important a Port and besieged it, tho' in vain; but it passed under the Dominion of the French and was afterwards restored to Duke Alexander *de' Medici*, and after various revolutions the Genoese again became Masters of it 'till the time of the Great Duke Cosmus the first who in exchange for it yielded them the City of *Sarzana* upon the Confines of that State about 200 years ago. That Prince declared it a Free Port, principally in favour of the Portuguese and induced many Greeks to settle there. But his Successor Francis began to build the City which his Successor Ferdinand the first continued, and with the assistance of the best Architects of that Age; among others of Jaigo Jones an Englishman, fortified it and extended its district, and established a regular form of Government, and in a more ample manner in the year 1593 by the means of a public Patent invited the Merchants of all Nations to reside there granting them great Privileges in regard to Commerce, and a free exercise of whatever Religion. From that time Leghorn began to grow considerable as there was then no other Free-Port in the Mediterranean, Merchants of all Nations resorted thither.

This was the greatest action of the Great Dukes of Medici, and to this tho' then unforeseen, Tuscany owes the advantage of having its own Sovereign within the State, and of not becoming a Province of the House of Austria, of which there was great danger on the extinction of the family of Medici, had not the great Commercing Powers and one may say the English alone stipulated by Treaty, that Tuscany should not be united to the Austrian Dominions or to the Empire, the better to secure the liberty of Commerce and the influence of that Nation which from the superiority of their Factory there has always had a particular interest in the maintenance of the freedom of the Commerce of it. Ferdinand the second added a vast deal to Leghorn and encreased his Gallies having then views of conquering Ciprus and making other acquisitions. A Suburb was begun in the late Great Duke's time, but still remains imperfect.

Leghorn is situated .43..30 Latitude, and .11..20 East Longitude, upon the Sea, and forms an irregular heptagon; it is surrounded by fortifications but is not above two thousand four hundred feet diameter, consequently, as the population is great, the houses are very high and many families live under the same roof; the Streets are all straight and well paved. There are Piaches round the principal Square in which the Cathedral Church stands, which is very large and handsomely built. The North part of the Town is divided by navigable Canals with Magazines on each side for goods, this part is called new Venice.

There are thirteen Churches many of which belong to the Greeks, Armenians and other Sects, and without the walls there are the burying grounds of the Nations of a different Religion.

The whole circuit to the Sea is covered by five Royal Bastions, there is a Fortress and many Batteries of Cannons for the defence of the Mole and Port, but tho:' all the works are plentifully furnished with Artillery, the town of Leghorn could not be defended by land nor make any considerable defence by Sea were it besieged by a Fleet.

At the entrance of the Mole there is a rock on which there is a fine Light-house and here there was formerly a design to make a new Port deeper than the other which daily fills, notwithstanding the constant care and great expence to empty it, so that in time this will be quite necessary.

Between the Town and the Port there is a *Darsena* or wet Dock for repairing ships and farther in there is another for Gallies, beyond which there is a large space surrounded by Magazines where Lighters are built, tho' not under cover. Without the walls in the formost *Darsina* is a noble Statue of *Bronzo*, a kind of Corinthian-brass of the Great Duke Ferdinand the first, with four Colossean Statues of Turkish Slaves chained to the pedestal, work of the famous Sculpter John di Bolonia.

Merchant-men only, for want of depth can ride in the Port; Men of war lie at Anchor in the road, where all Ships under Quarantain are obliged to remain. There are two *Lazzarettos* with Physicians and Surgeons and all other Officers for the proper regulation of them, where the most inviolable rigour is practiced both in regard to the people on board, and the goods from suspected places, according to the Patent which they produce or the circumstances which have happened in the Voyage, which the Masters of the Vessels assert upon oath, and which in case of lying or falsifying their Patents, or even of breaking their Quarantain are liable to the punishment of death*.

Leghorn at present has about 35,000 established Inhabitants, tho' distinction must be made between the Natives of the place who are

---

* NB... An accurate account of the method and rules observed in a *Lazzaretto* with Drafts of those at Leghorn and Ancona was, by his Majesty's Commands, sent to England by Sir Horace Mann in the year 1752 to the Earl of Holderness then Secretary of State for the Southern department, which may be found in that Office.

Subjects of the Great Duke and the foreign Merchants, who under the
Protection of the Great Duke and the Sanction of the Privileges before
mentioned, reside there; the principal are the English, Dutch and Flemish,
but the Jews are more numerous than any. There are Turks, Levantines,
some few French, Venetians, Genoese, Corsicans, Greeks, Armeneans,
Neapolitans. The Consuls are, the English, French, Spanish, Dutch,
Neapolitan, Sweden, Venetian, Sardignian, Genovese and Ragusin; there
is likewise an Agent of Malta, and very frequently a renegade Ambassador
from one or other of the Regencies of Barbary.

In particular cases or when the Government has occasion to consult
the principal bodies of Merchants, they chuse and appoint Deputies.

The most numerous as well as the most opulent body of Merchants
however are the Jews; but they are frequently considered as Subjects,
tho' they ought to enjoy the privileges of the free Port, but not having
any Foreign Prince of their own to apply to, they are frequently forced
to submit to the Great Duke's orders, and are tiranized in many shapes
by the Governours of Leghorn who privately extort money and presents
from them.

The English Body of Merchants after the Jews is the most numerous
and the richest, and is the most respected of all.

There is a perfect toleration in matters of Religion which is one of
the principal Articles of the privileges granted in the year 1593 before
mentioned. Every Nation has a Church or Chappel and their Ministers
to officiate, but notwithstanding this, the Roman Catholick Priests
frequently endeavour to debauch the Children of those of a different
Religion, many instances of which happen among the Jews and lately a
very remarkable one in regard to the Daughters of the Widow Gravier;
but being English she was at last rescued from the hands of the Priests,
the Tuscan Government fearing the resentment of the King with which
it was threatened; and being apprehensive that many would quit Leghorn,
as one considerable family had done on that account.

The Governour is appointed by the Great Duke and it is the principal
and most lucrative employment he has to dispose of; he commands both
in Civil and Military affairs and is at present a Major General. He has
an Auditor for the Civil and Criminal Causes and a Tribunal composed
of other Officers for the government of the City.

There is a Captain of the Port who has the inspection of every thing
that relates to Ships and the rules to be observed there.

A few years ago a Chamber of Commerce was created at Leghorn, at which the Governour presides, but all their proceedings and resolutions are referred to the Council of State at Florence.

There is a Custom-house. The Tariff of all Goods both imported and exported is according to the rules of a Free-Port and is rather an aknowledgement to the Prince than a Duty on such Goods. But it is granted by all the Merchants there that the Trade of Leghorn decays greatly. A Tax of ten p C:ᵗ is paid by all the Propriators of houses there, which makes a part of the Great Duke's revenues, as will appear from the general account of it hereto annexed.

The chief Commerce of Leghorn is by commissions and arises from the advantageous situation of the Port, which makes it a convenient Magazine for all Italy. Vessels of all Nations consequently resort there, both to bring Goods, or to load there for foreign parts, either the product of Tuscany or such as are deposited there from other parts of Italy for exportation.

Among the principal Causes of the decay of trade there is that of other Free-Ports being opened in the neighbourhood, as *Nice*, *Ancona* and *Civita Vecchia* where all possible facilities are practised to induce foreign Merchants to send their Goods directly thither, which Goods were formerly purchased at Leghorn and sent from thence.

Naples too has made some regulations of late to draw Commerce there, and a few years ago took advantage of the peace which the late Great Duke made with the Regencies of Barbary, by subjecting all Effects (by Sea only) from Leghorn, to a Quarentain, which at once destroyed all the commerce carried on by small Vessels; as they became more exposed to the depredations of those Barbary Vessels, and tho' the Quarantain before mentioned has been taken off, nevertheless Trade having been once diviated seldom returns into its ancient Channel.

Another cause of the decay of trade arises from the Revenues of Tuscany being farmed out, which gives occasion to more rigour being practised by the Farmers of them than before, who only attend to the present profit.

The freedom of the Port of Leghorn and the Privileges granted to it in the year 1593 by the family of Medici were then voluntary and liable to be revoked at the pleasure of his Successors, but they are since become obligatory and Conditional between the principal Powers of Europe by the Treaty of London in the year 1718, to which the Great Duke Francis the Second acceeded in 1736 by his Act of Cession made at Vienna, and that Act is an essential Article in the Treaty of Vienna in 1738, by which it is expressly stipulated that in confirmation of the above mentioned Treaty of London Leghorn should remain a Free-Port upon the foot it then was, and those Treaties have since been confirmed by that of Aix la Chapelle in 1748 and by that of Paris of 1763.

The Garrison of Leghorn has hitherto consisted of two Regiments of Foot and a Battalion of Gunners, besides which there is a guard of Light-Horse to patrole on the Seashore.

All the Officers who belong to the Marine of Tuscany, such as it is, reside constantly at Leghorn.

The Gallies which were kept there were reformed and broken up by the late Great Duke who then purchased three old Men of War in England with a design of undertaking a great project on the Coasts of Cormandel in the year 1745, which being discovered by the Court of England was prevented being carried into execution.

Besides two of the above mentioned Ships which still remain, tho' almost quite unfit to put to Sea, there are two Snows which sometimes cruize at a certain distance from the Port to exact respect from the Genoese and Corsican Vessels which on many occasions have committed irregularities in these Seas.

The Peace which the late Great Duke made with the Regencies of Barbary was with a view of obliging all the neighbouring States that were at War with those Power to make use of Tuscan Vessels for transporting their Effects with safety, as Neutral Vessels, and by that means the Tuscan Ministers flattered themselves with the hopes of establishing and employing a considerable number of small Vessels, but as it might easily be forseen, it produced a quite contrary effect, for not only the neighbouring States strictly forbad their Subjects to make use of Tuscan Colours, but some of those Powers subjected all Tuscan Vessels, as well as others proceeding from Leghorn, to a Quarantain, under pretence of their having frequent communication with the Barbary Corsairs or Privateers, which are always subject to it; and those Corsairs themselves seeing the abuse that was made of the Tuscan Colours by protecting the Vessels and Effects belonging to other States, with whom they were at War, soon broke the Peace with them, so that in every point the views of the Tuscan Ministers were frustrated. and as it has been observed before, Trade itself from this period took another Channel, greatly to the lasting prejudice of the Port of Leghorn.

Upon the whole, from the Confines of Lucca to those of the Roman State the Coasts of Tuscany are uninhabited; the whole Fishery both of

Tunny fish and all others for the daily consumption of the State is carried on by Genoese or Neapolitans, but none ever came to fix their habitations in the new Suburbs that were began at Leghorn with that view.

The total want of Sailors or of people proper to be employed at Sea must ever be an insurmountable obstacle to any undertakings of a maritim nature; there are only a few Boatmen and large Barges that some times venture out to a small distance, tho' these Barges are almost solely employed to bring goods up the River *Arno* from Leghorn to Florence. The Manufactures of Leghorn are few excepting the small trades for the use of the Town which are carried on by people either from other parts of Tuscany or from abroad; the Fabrick as it is called, or cutting and working the Coral, which is fished for about Corsica by the Neapolitans and others, is totally in the hands of the Jews att Leghorn and is a very lucrative trade; the greatest part of it is sent to England and from thence to the East-Indies.

The great population contributes to make the place wholesome, tho' there is a great deal of marshy ground near, and that the water for the use of the Inhabitants is not good, being preserved in Cisterns; so that the most opulent get the water from Pisa.

The Manners and Customs of the Merchants are the same as in all populated Ports; there is great Luxary and vanity in dress and Equipages, so that very few trading houses at present make any considerable fortunes there as formerly.

The course of the River Cecina
and the Sea-coast of Pisa and Volterra

After having given a description of all the Vallies of the River *Arno* and of those that run into it, there remains the two other principal Rivers of Tuscany the *Cecina* and the *Ombrone*.

The River *Cecina* is very rapid and the course of it about *30* Miles; it rises on the Confines of the State of *Siena* among the mountains towards the East, near which is situated the City of *Volterra*. To the left runs the chain of Mountains as far as Popalonia which forms that promontory of Italy where the Dutchy of *Piombino* is situated, opposit to the Island of Elba.

This part of Tuscany which forms a triangle is between the State of Siena to the left, and that of Pisa to the right and occupies all the space of the shore of near *30* miles of plain under *Monte Nero* and *Piombino*; the River Cecina and other Torrents empty themselves here into the Sea.

Volterra

The City of Volterra still exists and by the great extent of its ancient Hetrurian walls appears to have been one of the largest of the ancient Cities of Tuscany. Innumerable pieces of antiquity of Alabaster and of *Terra-cotta* with basso relievos and hetrurian Characters are found here. In the Mountain there are many ancient Sepulchers and subterranean rooms adorned with hetrurian paintings. By the extent of its walls and the fame of its power, it may be supposed to have had .100,000 Inhabitants. According to Strabone, its Territory reached to the Sea and confined with the Territories of *Fiesoli*, Pisa and other ancient Tuscan Cities that were ruined. Modern Volterra was very different, but still supposed to be free, situated between Pisa, Sienna and Florence, tho' stronger than the latter it first became subject to the Pisans and after various events was conquered by the Florentines in the year .1472. and having been twice afflicted by the Plague at present it is almost unpeopled not having more than four thousand Inhabitants. There is a Tower which at present serves as a Prison for the State Prisoners sent from Florence, and the City serves frequently as a relegation for people who have committed lesser crimes.

Of the Soil of the Volterrana

The Country in general is little inhabited and not so well cultivated as it might be, the Soil is fertile abounds in Pastures and Woods, and produces Vines and Olives, the Air of the Mountainous part is healthy.

This part of the Country abounds in minerals, the principal is the Salt with which all Tuscany is furnished, and is produced from many salt springs near the City, from which the best salt is made only by boiling it. The product of this belongs to the Prince, and makes one of the principal branches of his revenue; it is sold to his Subjects at near an hundred times more than what it stands him in, and the product of it is appropriated to pay the interest of the publick funds or debts of the State.

There is another profitable production here of Allum, which formerly produced a great deal but of late years has been neglected. There are likewise many Mines of Sulpher, and many lakes both hot and cold which produce Sulpher, tho' not so pure as that of the Mines, but much easierly got at. There are other productions of less importance, as Chalk, Stones of various sorts and rock Cristal, Agats, Jaspers and Alabaster, which is at present the most plenty; it is soft and worked at Turner's Wheel and is capable of Sculpture; Vessels of all shapes are made of it and are much esteem'd abroad as ornaments, many of them are sent to England. There are many other productions which are however meer Curiosities, as Copper Vitriol, Quick Silver, Fossil Coal, great Lakes of hot water, as well as cold, Mineral and Medicinal waters.

There are few Villages, but many ruins; the only one that remains is called the *Pomarancie* which has about .1000 Inhabitants. There remains likewise a Fortress called *Rocca-Sillana* which was built by the Soldiers of Silla. The greatest part is wooddy and uninhabited to the Sea shore, it is bounded towards the land by the declivities of the Mountains, by *Campiglia* and the Promontory of *Piombino* as far as *Castiglioncello* and to the Promontory of *Monte nero* of Leghorn. All these lands were formerly divided as in Lombardy into Fiefs, of which some still exist, particularly that of the ancient family of Gherardesca. These small Fiefs retain their rights and prerogatives as the Imperial Fiefs in Italy. Those that have fallen to the great Dukes, or that have been erected by them have mostly been given to the Nobility of Florence; the chief are *Castagneto, Sassetta, Monte Verde, Bolgheri, Castello, Monte Scudajo, Ripertella, Castellino, La Gherardesca, Donaratico, Donaratichino*, and la *Cecina*.

This great extent of Country is rendered uninhabitable by being marshy, the waters stagnating for want of declivity to run into the Sea, which constantly throws up a bank of Sand. This renders the whole Country around damp and unwholesome, and excepting a few small Villages the whole is wooddy and uncultivated.

But in some parts of these *Maremme* or lands towards the Sea there are pasture grounds, whither the Cattle of all sorts are drove to graize in the Winter; in grounds for the most part belonging to no distinct Owner, or to the Prince, or to the Community. The Country itself produces no Cattle or any other Animals than wild Boars and Buffalos, a sort of wild Ox, which live in Marshes almost covered with water, and feed only on marshy herbs; Animals well known in America by the name of Buffs.

In the late Great Duke's time a considerable district in these parts was well cultivated and the air made wholesome by the great industry and activity of a private Gentleman, Marquis Ginori then one of the Members of the Regency and afterwards Governour of Leghorn, who purchased of the Great Duke the Fief of *Cecina*, *Bibbona*, *Riperbella*, *Guardittallo* and *Casale* for the Sum of .72,400 Crowns, the extent of which was very great but the Land was marshy and uncultivated, nevertheless in twelve years that he was possessed of it he not only built a large Castle upon the Sea, but made Cisterns for fresh water, erected many habitations in the form of a Village for Fishermen, drained many bogs and cultivated large tracts of the land; attempted to introduce some Manufactures and to settle a Coral Fishery. He granted many privileges and exemptions to those who settled there and every thing had the best appearance of success, but being at open variance with Count Richecourt a Lorrain and then Prime Minister, he raised a jealousy in the mind of the Great Duke that this Settlement might even be prejudicial to the Port of Leghorn, by which he obliged Marquis Ginori to give it up again, refunding to him the Original Sum he had paid for it and the expences he had been at for improvements. Immediately all the Inhabitants who had settled there went away and now both the buildings and every thing else are again gone to ruin.

Of the course of the River Ombrone its Vallies and the *Marremme* or Sea-coasts of the new State of *Sienna*

In the political division of the Great Dutchy it has been observed that that which was called the new State is the part which lays to the South-east and formed the Republick of Sienna, which became subject to Cosmus the first Duke of Florence, who received the Investiture of it in the year .1557 from Philip the 2d King of Spain and by the conditions then stipulated it was always considered as independent of the Old State of the Republick of Florence in point of its Magistrates, tho' it is equally dependent on the Great Duke as to the Laws.

At present there are annexed to it the four Counties of *Pitigliano*, *Sorano*, *Castellottieri*, and *Scansano*, as also S.ᵗ *Ajora* and the Marquisat of *Castiglione della Pescaja*, all purchased at different times by the Great Dukes and which may Geographically be considered as incorporated into the State of Sienna, which is circumscribed by the natural bounds and course of the *Ombrone* and the Rivers that run into it.

Two thirds of the Coast of the State of Sienna is occupied by the

Principality of *Piombino* which forms a Bay in the Sea to the Lake of *Castiglione* and on the other part towards the confines of the Ecclesiastical State, to the *Presidj* of Tuscany and *Orbetello* which the King of Spain reserved to himself; the district of which extends about .26. Miles on the Coast.

Political Division

The State of Sienna that belonged to that Republick is subdivided into ten *Capitanati*, Eighteen *Potestarie* and Six *Vicariati* all miserable little employments exerted by the Nobility of Sienna, drawn by lot every six months. It has under its Jurisdiction the Cities of *Pienza*, *Massa*, *Grosseto*, *Montalcino* and *Chiusi*. The present Great Duke has hopes of improving that part of the Coast which for the reasons before alledged is unpeopled and unwholesome, and has therefore divided the whole State of Sienna into two parts, detatching the lower part or the *Maremme*, that is to say the four *Capitanati*, *Grosseto*, *Massa*, *Sovana* and *Arcidosso* with some other detatched acquisitions, and has again subdivided this part in eight new *Potesterie* or little governments.

The City of *Sienna*

Sienna the Capital of this Province is situated almost in the middle of the Great Dutchy, but of its own State it is near the North Confines upon the road to Rome at .43..20 degrees Lat: and .12..30 Long: The Walls are four miles in circumference, the City is of a triangular form, the Streets, which are paved with bricks edgeways, are for the most parts neither wide or level, this latter circumstance proceeds from the irregularity of the Hill on which it stands; the houses are likewise of brick and not plastered over, There are however several publick Edifices and Churches built of various marbles and much adorned, there is a great Concave *Piazza* or Square in form of a Shell, where all publick Feasts and Shows are exhibited. The Elevated situation of the City renders the air pure and cool in the Summer and it is supposed, contributes to the extraordinary vivacity of the Inhabitants. It has produced several Popes and Cardinals, and many great Professors in Drawing and Painting, of which there are many excellent performances in the Churches as well as in private Houses. The Inhabitants dispute the preference in point of the Italian Language with the Florentines, but the best and most numerous Authors have decided in favour of the Florentins as to the Language, tho' not to the pronounciation.

The Origin of Sienna is very uncertain, some pretend it arose from a Roman Colony, however it appears from history that in the .II.ᵗʰ Century Sienna was independent like the other Cities of Tuscany and that it maintained that independency between the Guelfs and Ghibellins, two Parties which devided Tuscany, and siding chiefly with the latter were spectators of the Route of the Guelfs by which Florence was on the point of being ruined. Sienna had its Tyrants too 'till the year .1555. when it surrendered to the Arms of the Emperor Charles the fifth and of the Duke of Florence Cosmus the first, in the War of Henry the .2.ᵈ and was afterwards with the whole State given by Philip the .2.ᵈ as a Fief to that Cosmus who became the first Great Duke of Tuscany.

In the height of the prosperity of Sienna in the .13.Century it is said to have had an .100,000. Inhabitants, but by the distruction of *Massa*, the desolation of the *Marremme* and above all by the universal Plague in .1348, the State of Sienna is supposed to have lost near Eighty thousand Souls.

In the year .1612. the whole State of Sienna had only .117,173 Inhabitants and Seventy eight years after they were reduced to .109,640. At present they do not amount to an .100,000, and the City itself has only .16,109 Inhabitants. There are nine Convents within the Walls and seven without, and twentyfour Monasteries for Women. The head Magistrate instead of a Governour is named by the Great Duke but has no other title than Auditor General; the shaddow of a Republick is still kept up by a certain Magistrature which when assembled represents the ancient dress and other useless forms, but without any authority.

The annual subaltern Magistrates in different parts of the State are either nominated by the Great Duke or drawn by lot. There is an University and an Establishment for about twenty Professors; the Acts of this Accademy are printed. There is likewise a small Botanick-garden.

Besides the above mentioned Accademy there are two Colledges one called that of *Tolomei* for the Nobility only and for the most part Strangers, this is in the hands of the Jesuits: the other called S:ᵗ George in which both Citizens and the Nobility are received; this is under the direction of the Arch-Bishop. There are likewise other assignments for the Education of a certain number of Lads and a Legacy left by a Bastard for the education of twelve Bastards. There are three Conservatories for poor boys and another for Girls who are instructed in different handicrafts: and two publick Hospitals, one of which provides for natural Children for which it has a fund originally appropriated as likewise for the Marriage portions for the Girls.

All the posts of Dignity in the Government and in the Magistrates are occupied by that Class which in the time of the Republick was called Citizens but now composes the Nobility; they preside in all the Magistrates and publick Offices. Of this rank of Nobility there are an hundred and eighty four Families out of which there are not more than twenty six whose income passes one thousand Crowns, (about £ 250 Sterling) but notwithstanding their poverty the prejudice of Custom is so great that they do not apply to any business or industry; but in the lower rank some arts are cultivated there, as painting and drawing; the Handicrafts are likewise in good reputation and besides what is necessary for the consumption of the Town, several sorts of Manufactures are sent abroad to great advantage. The chief of which are plain Silks and even a little Velvet, some Cloth, silk Ribbons and some coarse Blankets. &c.

The upper Province

This part which is Northermost and the farthest inland makes about one half of the State of Sienna, and extends itself for about fifty miles from *Chianti* to *Chiusi* and the river *Chiana*, and towards the Confines of the Ecclesiastical State it extends almost half the course of the river *Ombrone*. This is geographically subdivided into the Valley of *Chiana*, *Montagna*, *Montagnuola* and *Val d'Arbia*, which latter is quite unpeopled; the others are very plentiful.

Among the small Cities of this Province the principal one is *Chiusi* which has been described in the Chapter of the *Val di Chiana*. Among the Hillocks and near *Montepulciano* is situated *Pienza*, which is a poor place consisting of a few houses, but was raised to the rank of a City out of vanity by the Pope Pius the .2.ᵈ of the family of Piccolòmini who was born there. To the South of that is situated upon a hill *Montalcino*, which was formerly free but submitted to Sienna and with that State became subject to the Florentines.

Of the lower Province

This Province, as it has been observed in the Political division of the State of Sienna, comprehends all the lower and Maritime parts of it,

which from the confines of the old State to that of the Church makes
.54. Miles, and in all is about .1600. square miles; the remaining couse
of the river *Ombrone* down to the Sea and the small rivers *Brune*,
Albegna, *Fiora* and *Cornia* run through it. The Soil is fertile by nature,
but on account of the bad Air it is not peopled, and this is the state of
the greatest part of this new and lower Province and of all that is called
the *Maremme* of Sienna (which is much worse than the *Maremma* of
Pisa) and it comprehends the whole tract of land on the Sea Coasts
which is divided by a row of high Mountains from the rest of the State
of Sienna, and is then subdivided by small hills which form little Vallies,
as it is common in Tuscany; but on the right hand of the *Ombrone*
opens the vast plain of *Grosseto* which terminates in a Wood of twelve
miles down to the Sea and to the Confines of *Piombino*, the small
Village of *Castiglione* and the great Marsh called the Lake of *Castiglione*
formerly *Lago-Poile* renowned for the Villas of the Romans. This great
Marsh is the cause of the unhealthiness of the Air of the whole Country
about. Besides this great Lake or Marsh there are in the *Maremme* about
twenty five lesser Marshes and many standing waters, which render the
Country uncultivable and the great number of insects naturally occasions
infection, so that the Air in Summer is so bad that the few Inhabitants
are obliged to remove in the hot Months to the Mountains with all their
Cattle and the most part of those few, who for the sake of great wages,
remain to cut down the little Corn that grows there dye of Agues and
Obstructions. For besides the unwholesome Air, the Water is very bad
and for want of Cottages, Barns, and Houses, the people are exposed to
the open Air, or at best sleep under portable Huts. But the Air begins
to be wholesome in November and continues so till May, during which
Months people return there from the Mountains and may be reckoned
about .15000 including those of the distant Villages and ruinous habitations, with the Shepherds from the Appennines which drive the Herds
and Flocks there to graze in those Months: of large Cattle there may be
in all .46000. and of the small, as Sheep, Goats and Hogs about .300,000.
for which a small tax is paid to the Prince, but it does not suffice to
defray the necessary charges. There are few other taxes raised in this
poor tho:' extensive Province; the whole does not exceed .150,000 Livers
(about £ .5625. Ster:) notwithstanding in the last mensuration it was
computed to be .140,000. *Moggia* (pretty near an English Acre) of which
about 3200 are cultivated with Vines and Olives, 19200 with Corn, the
rest is Wooddy producing a few Chestnut trees and vast plenty of Oaks,

but the latter have hitherto produced nothing; at present some regulations are made for the sale of the Timber on the shore and it is calculated that above a Million of trees may be cut down without prejudicing the Woods in general and that one with another each tree is worth a Crown. At the same time by thining the Woods the Air will become better.

The method of peopleing the *Maremme* is the favourite scheme of this Government but it affords very little prospect of success. The same project was undertaken in the late Great Duke's time by the persuasion of the Lorainese, who being wholy ignorant of the nature of the Country induced a Colony of about .3000. people to come from Lorrain and part of Germany to cultivate this Land, promising them great advantage but all these poor deluded people in a very few years perished, for want of proper assistance, excepting five and twenty who are still living.

In the time of the Great Duke Cosmus the .3.^{d} another smaller Colony of Greeks of *Laconia* which were drove by the Turks from the *Peloponese* perished likewise here, From which examples the present Great Duke will soon perceive the illusion and will be obliged to desist from an attempt much superior to the force of a Great Duke of Tuscany; not but that he may make considerable improvements in those parts, by proper regulations and exemption of taxes, by making some roads for the conveyance of timber to the Sea and in short by allowing a free exportation of all the productions.

The City of Grosseto is considered as the Capital, it is situated in a Plain between the River *Ombrone* and the Lake of Castiglione; it is poorly fortified, has a Governour and a small Garrison, who in the Summer has leave to absent himself, as most of the Inhabitants do on account of the bad Air, and in the Winter it has about .2000. people.

Towards the West between the mountains is the City of Massa which formerly was a Republick and had .25,000. Inhabitants, it became subject to the Senese and now has not above .300. Inhabitants, the Air is bad in Summer so that the Bishop and most others retire to the Mountains.

There are some inconsiderable Villages as *Sovana*, *Pitigliano* and others upon the Mountains, the only one on the shore is *Castiglione della Pescaja* at the mouth of the Lake. The Shore is guarded by a few weak Towers, excepting one called the *Trappola* which is strong.

The Inhabitants of this part and particularly of Grosseto are persuaded that they cannot live long, which makes them in general very indolent.

Of the two ancient Hetrurian Cities *Salumia* and *Rosselle* there remain only the ruins.

In this part of Tuscany in particular the best *Manna* in Italy is produced; it is the Juice of wild Ash and Elm trees and is got by making incisions in them in the Summer, about .140,000 P:ᵈ weight is laid aside yearly, a small part of it is in long peices which is most esteemed, but that depends upon the Season and other causes, the greatest part of it is sent to England and brings in about .210,000 Livers yearly, that is near .8000 Pounds Sterling.

Of the small Islands of the Tuscan Sea and other detatched Possessions of the Great Duke of Tuscany

Having given a general description of Tuscany there remains that of some distinct and detatched Possessions towards the North upon the Sea Coast and of some small Islands of the Tuscan Sea belonging to this Dutchy which in the last Century held for a very short time the City of Bona in Africa and some other acquisitions in the *Archipellago*. Those which belong to Tuscany at present are as follow.

I.ˢᵗ *Pietra Santa* with its whole district. 2.ᵈ *Pontremoli* in the *Lunigiana* and *Fivizana* with all its territory and some other small Fiefs. 3.ᵈ *Porto Ferrajo* in the Island of *Elba*. 4.ᵗʰ The *Gorgona* a very small Island, that of *Giglio* and some other Rocks not inhabited.

Pietra Santa with all its district became subject to the Republick in the year .1484. It is a large and well built Town with a Fortress and is situated on a Mountain between the State of Lucca and the little Dutchy of *Massa di Carrara* about two miles distant from the Sea. The territory belonging to it which runs into the State of Lucca upon the Coast, is not above five miles, but towards the land it is about twelve miles. The Mountain immediately behind *Pietra Santa* is well cultivated and covered with Olive trees, which is the principal production; this Mountain defends it from the North wind which renders it a very agreeable habitation in the Winter, but in the Summer the Inhabitants remove to the Mountains to avoid the pestiferous Air from the Plain and Shore below, which by the Sea sand that is thrown up is full of Marshes and covered with thick Woods. In the Winter *Pietra Santa* has about .3000 Inhabitants; there is some small trade Oyl and Marble from the Mountains of *Seravezza* which is a Village a little higher up. There are likewise Mines of Iron with Forges, and others of Silver which were attempted to be worked a few years ago under the direction of an Englishman, Colonel Mill who

is in the Great Duke's service, but it did [not] answer, tho' formerly the
Great Dukes of Medici have coined money with the Silver from thence.
The whole district is very ill peopled for the reasons before mentioned;
the Mountains are horrid and there are only a few detatched huts for
Shepherds, Miners and those employed in digging Marble.

Pontremoli with its Territory in the *Luniggiana* is situated near the
river *Magra* on the confines of the Genoese State and was purchased by
the Great Duke Ferdinand the 2.^{d} in the year .1650. and annexed to
Fivizzana which was an acquisition made by the Florentine Republick
in .1477. with all its district and about twelve little Villages. The family
of *Malaspina* now divided into several Branches possesses considerable
Fiefs here, having purchased them of the former Great Dukes to which
has since been added the Fief of *Terra Rossa*.

All this and other acquisitions form an irregular State which occupies
the most part of the mountanous Province of the *Luniggiana* and of the
high and cold Apuan Mountains; towards the North it confines with
Modena and Parma, and to the South with the Dutchy of Massa, to the
West with the State of Genoa, to which State the Coast belongs. There
are many other smaller Fiefs belonging to the Counts of Malaspina who
were anciently Masters of the whole Province of Luniggiana. At *Pontremoli* which is considered as the Capital resides a Governour and it
has about .5000 Inhabitants among whom are several Noble Families.

Fivizana is situated in the Mountains and has about half the number
of Inhabitants, the rest are small Boroughs and Hamlets dispersed about
the Mountains.

There is a little Vally of *Zeri* with three little Boroughs the Inhabitants
of which are distinguished by an extraordinary Robustness and large
stature of Body as well as by their Rustick simplicity, they are by habitual
custom implacable Enemies of the Genoese and have on several occasions
committed hostilities against them.

Porto Ferrajo in the Island of Elba. This Island is the largest to the
South of Leghorn, it has two Ports or rather Gulfs both very large and
commodious; Porto Longone belongs to the Spaniards, and *Porto Ferrajo*
to the Great Duke with a small district about it which was acquired by
the Great Duke Cosmus the Ist in the year 1557 by treaty with Philip
the 2^d King of Spain, usurped by him from the Prince of *Piombino* who

is Master of the rest of the Island and of the Borough of *Rio* towards the North East point where are the celebrated Iron Mines and Medicinal Springs. The Iron rough as it is extracted from the Mines is transported into Tuscany where it is worked and cast by the Subjects of the Great Duke. *Porto Ferrajo* (formerly called *Cosmopoli* from Cosmus the I.st who acquired and restored it) is at present a City containing about .4000. Inhabitants, is tollerably well fortified and has a military Governour and a proper Garrison, an Arsenal for ships of War and the Port is so convenient that in the last War two line of battle Ships of our Fleet were careened there, which enabled one of them to take afterwards the *Foudroyant* a french Second rate Man of War of 84 Guns. The City is on an eminence near the mouth of the Port which serves as a Mole and is washed on two sides of the Sea.

The Gulf is near forty miles square, the entrance three miles wide and from eight to fourteen English feet deep; the Westerly winds sometimes occasion almost a Storm within the Port. The small district which the Great Duke possesses produces very little, but in the Gulf there is a great Tunny fishery, in which foreign fishermen are employed; the fish is salted and sent abroad, the whole is farmed out as may be seen in the general Income of the Dutchy.

The other Islands

Near the Elba to the East is the Desert Island of *Pianosa* which the Duke of *Piombino* pretends is his, it is no more than a Meadow in the Sea. In the Channel of *Piombino* between the Elba and the Continent are three little desert Islands or rather Rocks, *Palmarola*, *Toggi* and *Troja*.

Opposite to Leghorn is the Island of Gorgona a high Mountain, small Vessels go there, it belongs to the Carthusians of Pisa and it is famous for the Anchovies which are caught and pickled there and produce a very considerable income; they keep an Agent there and a few Soldiers belonging to the Great Duke.

The *Capraja* which is fourteen miles in circumference and is inhabited by Fishermen; it was an ancient dependance of Corsica and has long been in the hands of the Genoese, from whom the Corsicans have taken it, in 1767.

The *Formiche*, Rocks to the East... *Monte Cristo* a desert Island, wooddy full of Goats, and other wild Animals, Vessels however go there to take in water. The little Island of *Giglio* is opposite to *Monte Argentario*, it belongs to the Great Duke and is very near the land, it has three hundred poor Inhabitants; there is a Tower and a few Soldiers. There are other Rocks and small Islands, but not inhabited.

Of the City of Florence

Florence is the Capital City of Tuscany and the usual Residence of the Great Dukes. Before the great plague in the fourteenth Century it had more than an 100,000. Inhabitants, but at present has only .76,000. The river Arno runs through it and divides the City in two parts, but the right side is much the largest. On the left the Walls are built on a little hill, at the foot of which stands the Palace of the Great Duke and the Gardens belonging to it. Florence has the Epithet of *Bella*, which probably must have been given it, by comparing it with the lesser Cities of Italy, tho' to speak the truth, there are very few Streets either handsome, straight or airy, and few good Palaces; there is however some elegance in the ornaments of them and even of the Citizen's houses.

The Streets are paved with very large flat stones well joyned together and are always clean.

Florence having given birth to Buonarotti, Brunaleschi, Ammannati and many other renowned Architects it is no wonder that there should be many buildings of noble Architecture. The most magnificent is that of the Cathedral Church the outside walls of which are incrusted with black and white Marble, and the great Cupola, or Dome is among the largest in the World. The Steeple is detached from it and is a beautifull work of Giotto. This vast building was erected in the time of the Republick, by the Company of Woollen-drapers, when that Manufacture in Florence exceeded all others, then known. The Baptistery is an ancient octagon building of Marble, detached from it which has three Gates of Brass of wonderful fine workmanship in *Basso rilievo* or imbossed work. The other most renowned buildings are the Library of S:ᵗ Laurence, the publick Offices over which is the famous Gallery, the Palace of Pitti, now the residence of the Great Duke, full of fine paintings, drawings and Statues. The Medici Palace, now belonging to the family of Riccardi; those of the Duke Strozzi, Marquis Capponi and other modern buildings. Some are adorned with good paintings on the outsides, there are many very good Statues exposed in the publick Streets. The Churches and many private houses possess productions of the greatest Masters both of

Sculpture and painting as Buonaroti, Donatello, Cellini Gian di Bologna and many other excellent Sculpters, and in paintings the works of Andrea del Sarto, of the two Alleri's called Bronzino, Giovanni da S:ᵗ Giovanni and many others of the renowned Florentine School; but at present both these Arts are in a total decay. The great collection made by the Family of Medici of every thing that is excellent in Sculpture Painting, Bronzi, Medals, Carvings and Cammeos as well as Antiquities of all sorts, are collected in the renowned Gallery of Florence, which engages Foreigners to stay there a considerable time.

The History of Florence to the .12.ᵗʰ Century is almost all fabulous, it appears however that it was distinct from the Roman Colony of *Fiesoli*. It was among the first Cities of Italy that began to make a figure as free, nor ever was supposed to acceed to the famous Treaty of Costanza. The first enterprize the Populace undertook was of a domestick concern, to drive the leading people into the Country and in process of time supporting themselves by industry and trade, they subdued all the neighbouring Cities and Villages, tho' the Florentines, always at variance among themselves, neither knew how to govern or to remain peaceable; Civil Wars naturally followed and they were divided for several Ages into two parties called Guelfs and Ghibellins, which occasioned much bloodshed and reduced the City almost to the point of being demolished by the Ghibellins.

The History of Florence is not in itself at all more interesting than that of the other Cities, but it had more elegant writers, as well as Poets and learned men, in proportion to the smallness of the Country, than any other part of Italy, tho' the very excellent were few; but the beauty of the Florentine language which was imitated all over Italy, has greatly contributed to the preeminence their writers obtained. There is however a natural ingenuity and vivacity in the people. Florence has produced a most excellent original Poet, Danti, and the greatest Mathematician of his time, Galileo, Buonaroti a renowned Architect, John di Bologna, a native of that City, was received and educated here, and many other inventors or promoters of the fine Arts, which were greatly protected and encouraged by the Medici family then private Citizen but very rich, who gave refuge to the Greeks that were driven from Constantinople. There were many other opulent Citizens as the trade of the Mediterranean in the .13.ᵗʰ Century constituted Florence among the rich Cities of Italy as Venice and Genoa, but the illustrious family of Medici was always the most powerful in Florence. This family had sixteen Banks in different parts of Italy and furnished vast Sums of money to the principal Princes of Europe. But the Florentins like the other Italians knew little of the Art of Government, they oppressed each other, 'till at last the Medici party grew so powerful that the others were forced to submit, and in fact the Republick finished in the year .1530. when the Pope Clement the .7.th who was of the family of Medici, with the assistance of the Arms of Charles the fifth established the Sovereignty of his family in the person of Alexander to whom succeeded Cosmus the first, who acquired the title of Great Duke, and after him Francis y^e.1.st, Ferdinand y^e.1.st Cosmus y^e.2.^d Ferdinand y^e.2.^d Cosmus y^e.3.^d John Castone, the last of that Family to whom succeeded Francis y^e.2.^d Duke of Lorrain, afterwards Emperor and Father of Peter Leopold the present Great Duke. So that after a Monarchy of .230. years, and being governed as a Province for .24. years more, the genius of the people seems quite altered from what it was formerly, they only presume a certain perspicasity, but are not anxious for the welfare of their Country; are depressed in spirit, fearful and indolent, and both in them and in the Nobility the education and Customs are bad, and consequently there is a total decay of all the fine Arts. Trade too is much fallen, tho' in each Profession there may be one or two good workmen. The Silk manufacture however for plain silks is in good reputation and employs many in Florence, particularly the Women who weave. The woollen manufacture is greatly decayed, tho' the present Government flatters itself to be able to restore it to its former lustre.

The City in .1343. was losely divided into four Quarters and the Inhabitants were distinguished under the Denomination of Citizens and Plebeans nor are these orders totally disused, at least in form, tho' in the Monarchy which succeeded to the Republick a rank of Nobility was introduced, which till then had been quite excluded, and the principal of the Citizens were raised to this new rank. The Citizens however have only a right of Voting both active and passive and to enjoy the honours of the Magistrature for which they pay a particular tax, called *la Decima*; and by ancient custom the inhabitants of the four quarters of the City are subdivided under sixteen Ensigns.

In the year .1280 when the spirit of Democracy prevailed all the Citizens were obliged to register themselves under some trade (as the Companies in the City of London) without which they could not enjoy the right of Citizen. As the number of Citizens was very great and many were dispersed in the Country about, this Body was represented by a Council of .200. which still subsists tho' it has at present only the form, and only meets to admit new Citizens and to confer certain offices by lot; nevertheless it represents the Body of the City, and gives the oath of Allegiance to the new Great Dukes. From this Council were formerly extracted forty eight Citizens who are called Senators by whose means the Great Dukes publish their Laws.

From this Body of Senators is composed every three months by turns a Magistrature called *il Magistrato Supremo*, which for a time was a Council of State, but is now a publick Magistrate for Civil Causes.

The Laws of the City and Country about, are very numerous, as almost every Town and Village or Borough that was conquered had their own; but the principal body of Laws was formed in the year .1415. and is called *Constituto Fiorentino*, which is still in force; besides which the Statutes and detatched Laws added by the Republick and by the Great Dukes are very numerous, but the Roman Law has been observed in Tuscany to which have been added the Customs and Feudal rights even of the Fiefs that have been given by the Great Dukes themselves, and finally the Canon Laws of Rome have force in Tuscany.

The late Great Duke transfered the Supreme Authority of all the different bodies of Magistrates to three new Councils, one of Regency or State, another of War and a third of Finances; the two latter were dependent on the first. Besides those supreme Councils there are three Classes of Magistrates .I.st For Justice .2.d For the Finances .3.d for Government.

In the first is comprehended a Tribunal called the *Ruota* or Rotation of Judges for Civil Causes. The Mercanzia (of which elsewhere). Seven Magistrates for seven Arts or Trades, subordinate to the Mercanzia. The Accademy of Drawing and the Act of Publick Notaries. The Magistrate for Pupils. The University and Florentine Accademy. The Conservators of the Laws for Criminal Cases; the Magistrate called *gli Otto*. Tribunal for Ecclesiastical Causes; The Arch-Bishop has one, the Nuncio another. The Inquisition; this tribunal was formerly upon the same iniquitous footing as at Rome, Spain and Portugal, but the late Great Duke reformed it, so that the Accuser or Delator must be publick and confronted with the person accused, and there are always present at the meetings some Minister appointed by the Great Duke without whose consent no resolution can be taken. The Jews likewise have a separate Tribunal of Justice.

In the second Class for the Finances are comprehended *La Decima* or the Tithe. The Ecclesiastical Tithe. The *Monti* or publick Funds, and these have many subordinate Magistrates. The *Parte*, a publick Office for the inspection of the Streets, Bridges and Highways. The Great Ducal Chamber erected by the Lorrain Government upon which many small Magistrates depend. From all these Tribunals for the Finances there is no appeal.

The third Class for the Government, comprehends the Health Office. The *Abondanza* or the *Annona*. The *Grascia* for Cattle, Markets &c. A Deputation to inspect the Wool & Silk, and the Manufactures of them. The Publick Prisons and the Congregation for the Poor. The Patrimony or Funds for diverse Pious uses, as that of the Cathedral Church &c. and the Monasteries for Nuns. The Magistrate called *dei Nove* or nine Conservators of the Florentine Territory, which regulates the Communities and takes cognisance of what concerns the Country about.

Of the Ranks

At the Change of the Republick to a Principality the Nobility was supposed by tacit consent to be in the richest Citizens, nor was there any other distinction excepting some Feudal title to a few; but the late Great Duke distinguished the Ranks. The Families that had enjoyed the first honours of their Country for more than two hundred years were called Patricians. Those families which had not enjoyed them so long were deemed the second Rank of Nobility, to which a third may now be added, composed of those whom the late Great Duke created Noble by Patent; but these do not enjoy the same honours at Court as the two other Classes do.

All the principal employments are given to the Nobility only, and they may exert the liberal Arts.

There are at present in Florence .336 Families of the rank of the Nobility, and Eighty more of those who were created so by the late Great Duke by Patent.

In general the Nobility is not rich, of the whole number there may be twelve or fourteen families whose incomes exceed twelve thousand Crowns yearly; between thirty and forty of more than five thousand, many of between two and three thousand, and about one hundred and forty of one thousand and under, not to mention the very poor.

There is an Arch-Bishop of Florence and forty Canons, all of the Nobility, of the Cathedral Church who have each .300. Crowns, but about six or seven of these Prebendaries, have from .600. to .1000. Crowns yearly by *Jus Patronatus*.

There are likewise five other Collegiate Churches with inferior Canons. Two Provosts. Forty eight Parishes. Six Convents of Monks. Five of Austin Friers. Three of Carmelites. Two of Dominicans. Six Franciscans. One of Serviti. Two of Minimi. Eight of *Cherici Regolari*, as Jesuits, Philippins &c. Forty five Convents of Nuns, and five houses of retreat for married women or Maidens without Vows, called *Suore*.

NB. Upon the whole, all the Ecclesiastick and Nuns in Tuscany out of the City of Florence, are not more than three in a hundred, but within the City they have near four in an hundred... There are also five Houses for Correction. Six Hospitals the principal of which has .50,000. Crowns income, that is about £ .12500 Ster: Three Hospitals for Pilgrims. Ten Accademies. Four publick Libraries, and many others belonging to Convents of Friers and private families, but open for publick use. A Botannick Garden and diverse publick Schools. Five Theaters. Two Fortresses one to the right, situated upon a Hill above the Garden of the Palace: That to the left is larger and is situated in a Plain, both are well stocked with Artillery; in the latter there is a Foundery for Cannon and a great Arsenal. Both these Fortresses were built by the Family of Medici more for their own security against their Subjects, than to defend them from any Foreign Enemy.

Some General Observations

By the Situation of the Dutchy of Tuscany bounded, excepting to the West, by high Hills, it is subject at all Seasons to sudden Storms and Blasts which frequently destroy the Crops of all sorts at the time of their maturity; these Storms are commonly local and affect a particular tract of Land at a time. But besides this danger, the State even in the most fertile Seasons does not produce a sufficient quantity of Corn for the consumption of the whole year; by a moderate computation one year with another it does not exceed the Consumption of two thirds of the Year, tho' the common and labouring People of the whole District of *Pistoja* and of that long tract of Mountains chiefly live upon Chesnuts. The same may be said of the Oyl which is seldom sufficient for the consumption of the Year, in which cases it is supplied with the Oyl of *Corsica* and other Parts. For three Years past the Sum of a Million of

Crowns or £ 250,000 Ster: has ben sent out of the Country each year for these two Articles. The Wine too sometimes fails and supplies are got from either Corsica, France or Spain.

Besides the above heavy articles of expences there was one still more considerable which was that of the money sent out of the State to the late Emperor during whose reign of twenty eight Years the Sum of seventeen Millions of Crowns or £ .4,250,000 Sterling, was remitted to him to Vienna.

The Silk produced in Tuscany yearly, is about 200,000 PP w:ᵗ which being worked is reduced to about 160,000 PP. of which fifty or Sixty thousand PP w:ᵗ in diverse sorts of manufactures are yearly sent to Germany; about ten thousan PP w:ᵗ are consumed in Tuscany, and the remainder exported by Sea to England, Holland and other Parts.

By an accurate calculation of eleven years past, it appears that seven hundred Cases of Straw-hats each containing thirty Dozen have yearly been sent to England; they are sold in Leghorn at one piece of Eight and a half, about Six and Six-pence English p Dozen.

Besides these, about eight hundred Barrels of Chip-hats have likewise been sent to England yearly, each containing Eighty dozen; the best are sold at Leghorn for ten Pauls and a half, or Five and three-pence English, the dozen. The ordinary ones , at three Pauls, or one and six-pence Ster:

The quantity of each sort was much more considerable formerly, but for several Years it has been declining, and the great Duty that was laid upon them by Act of Parliament last March must reduce this branch of Export to nothing, which will be very sensibly felt in Tuscany, as it is computed that near .20,000 People chiefly Women and Children were employed in it.

Tribunals of Justice. The method of proceeding in the Tribunals of Justice in Criminal Cases

All Crimes are punished by the Tribunals either Secular or Ecclesiastical, the latter are the Inquisition (called the Holy Office) and that of the Arch-Bishop, nor is there any other Court of Justice; as the Bishops alone inflict small punishements only on Priests for correction, but are assisted by the Secular power.

The power of the Inquisition, which formerly was as terrible and

odious as in most other parts, was reduced and established in the year
1745, by agreement with the Court of Rome, upon the footting of that
of Vinice.

The Office of the Inquisition at Florence which till then was solely
in the hands of the Priests was removed to a Building erected on purpose,
in which there are Prisons and a *Bargello*. Two other Inquisitions are
settled at *Pisa* and *Sienna*.

That Office as in other Catholick Countries, where it is admitted,
takes cognisance of all Crimes against Religion, and even of suspicion;
prohibits Books and chastises all Ecclesiasticks who abuse their Function;
and imposes an obligation under pain of excommunication to denounce
Criminals; but to prevent any injustice the Government appoints three
Secular Ministers which, or at least one of them must assist at all their
meetings tho' as Witnesses only; nevertheless they can break up the
Session or by their absence prevent their assembling. All Sentences must
be subscribed by them to make them valid, tho' in some Cases the name
of the Person accused is concealed from them. But the Inquisitor himself
has authority to absolve small Crimes that are spontaneously confessed
to him.

In Florence the Pope's Nuncio, the Arch-Bishop and the Inquisitor,
are the Judges, they have four Counsellors, and there are likewise other
Secular Ministers.

At *Pisa* and *Sienna* the Arch-Bishops and the Inquisitors are Judges
with three Counsellors and two Secular Assistants on the part of the
Government; and about the Country there are Vicars which receive
accusations with the assistance of a Secular Deputy: but in cases the
Accuser must appear.

The Arch-Bishop's Court takes cognisance only of accusations against
the Priests which are subordinate to him; he has Prisons and Bailifs
appropriated to it but proceeds with the same form as is practised in
other Secular Courts.

Besides those described, there are two other Tribunal of Justice; the
Criminal and Civil.

For Criminal Causes there is a Tribunal called the *Otto* the care of
which is under the *Bargello* with the title of Captain, under whom there
is an Actuary, a Lieutenant with four Corporals and a great number of
Spies and secret Informers. There are several sorts of Prisons both publick
and private and many kinds of Torture.

There are four Chancellors to receive accusations. One for Robberies;

Another for Murder and all riots; Another for crimes committed in the Country; And a fourth who is superiour to the other three, and has the title of *Chancellor Maggiore*.

The Process being formed by one of the above Chancellors it is referred to an Assessor and afterwards to the head Secretary of that Tribunal who remits it to the Auditor Fiscal who is the Superior of all.

Upon the consultive opinion of the Assessor and Secretary with the opinion of the Fiscal which is decisive, depends the result whether the Accusation is to be received, and in such a case, what sort of punishment is to be inflicted on the Criminal. But as his personal Confession of the Crime is required, in case of refusal, they proceed to extort it by Torture.

When the examination is formed, the Person accused is admitted to make his answer, and a limited time is allowed him to plead Innocence, and if the petitions for liberty, on giving Bail to appear when called, it is granted; but if the Crime is of a nature to be chastised by Corporal punishment; he is not set at liberty, but must make his defence in Prison.

Any one sentenced to death cannot be removed from the condemned-hole till few hours before the execution, and then is conducted on foot to the Gallows attended by the *Bargello* and a Company of People which out of devotion accompany him thither.

In the Country there are Commissaries and other Officers with different titles (subordinate to the Tribunals in Florence) which take cognisance of Causes of like nature, and remit them to Florence to the Auditor Fiscal from whom they receive instructions how to proceed in regard to the Condemnation and the nature of the punishment.

There are other Prisons in Florence called the *Stinche*, where Debtors and those condemned to the Gallies, or to be employed in publick works for life or during the pleasure of the Prince, are confined.

Secular Criminal Causes

Criminal Causes are devided in the Tribumals before described of which as it has been obseved [sic] the jurisdiction is confused and in some cases contradictory, so that Criminal accusations may be carried on in many Places.

In Florence smal Suits are decided pectorally by the Magistrature called the *Otto*, or by the sole person of the Auditor Fiscal; but in all

Cases of Robbery, riots by night &c: every body is obliged to enter the accusation within a few hours after in the Books of that Tribunal.

In all the principal Cities there are Fiscals, and in the Country Criminal Judges, to whom all Criminal Causes are referred.

In general likewise in Florence, a small number only of Lawyers for Criminal Cases, which are appointed and have Salaries for that purpose, can carry on Processes of that kind; nor has any body a right to be present, so that the Prosecutor himself is Judge, he examines the Witness in private and carryes on the whole Process without any assistance but the subaltern Ministers who depend upon him.

The Fiscal revises, or at least gives his approbation of the Processes of Crimes committed in the whole State; and the Chief Tribunal of all called the *Consulta* (already mentioned) being properly the Council of the Sovereign, revises the Causes in last resort, and is the Tribunal of Favour.

The manner and forms of carrying on a Process is not at all changed from the ancient and barbarous methods practised in former times, by long and cruel Torments, as the drawing the Criminal up by his arms behind with a Cord. The *Capra*, which is a sharp piece of wood cut in the form of a Saddle, upon which he is seated with weights at his feet to gravetate his body, or by lighted Matches tied between his fingers and other Torments both long and painful, to extort a Confession from him. Both the Accuser and the witnesses are concealed, and all means are made use of to embroil him.

Secret accusations are received and it is sufficient that the *Bargello* alone be the Accuser, and many Spies of all ranks are kept in pay.

The *Bargello* and the *Sbirri* are reckoned infamous, as are all those employed by him; so that even those of the lowest Rank think it a dishonour to have any affinity or connection with them.

But when the Process is formed the Criminal may defend himself, that is there is an Advocate, called the Advocate of the Poor appointed and payed by the Prince.

Not long ago however a Law was made, by which the Confession of the Criminal was declared to be no longer necessary, but that he might be condemned by the proofs and the Witnesses produced against him.

No time is limited for a Process, and it often happens that the People accused finish their lives in Prison.

As in all Despotick Governments the Sovereign by his private Will and pleasure can, not only pardon, but also totally absolve or Condemn, so the Great Duke can hasten or retard any Process and is Master of the life and effects of his Subjects, nor is there any fundamental Law or Constitution of the State which he acknowledges, nor any Body of People invested with authority to make a representation to him; from hence it arrises that many disputes are privately accomodated by orders from the Prince: so that notwithstanding the great appearance of severity in the old Laws it most commonly happens that Crimes are pardoned by the Prince or slightly punished, as it is plain, for not one in many years past, has been punished with death.

By fines or other compensation the punishment may be avoided or lessened, and this abuse is become a Law.

There are many Classes of People who have privileges by various titles and even by the Laws of the Country which cannot be summoned by any Tribunal without delays and a particular permission of the Prince, as Senators and all the Knights of the Order of S:ᵗ Stephen who acknowledge no other Tribunal than their own.

The Menial family of the Great Duke have in appearance, for any irregularities, distinct Prisons, tho' in some Cases he has permitted that some should be punished by the common Officers of justice.

The Church receives all Delinquents but it depends upon the Will of the Priest or the Superiour who presides there to give them any room or cover; but he cannot refuse to let the Criminal remain on consecrated ground, of which every Church has a certain portion; from which, the *Bargello* practises all arts and Stratagems to draw them. But the Process is nevertheless carryed on against him, he is even condemned without being heard as Contumacious. But if the Crime be of such a nature that the Church does not grant the *Azilum* the Court of Rome is informed of it and permits that the Criminal should be taken from thence by the Officers of Justice.

In this situation as every thing is regulated Arbitrarily, the great tranquility which reigns in this Country must be more attributed to the peaceable Character of the People, who very seldom commit any great Crimes, as Murder or other Acts of Cruelty.

Of the Civil Causes

Civil Causes are carried to great lengths by the confusion or multiplicity of the Tribunals as it has been already observed.

In any Cause however small it is necessary to make many Acts of form before diverse Tribunals which are attended with such an expence as sometimes absorbs the value of the Object contended for, so that it behoves people to consider whether it is not better to abandon it. And even the Tribunals appropriated for the Poor are merely for appearance.

The Acts above mentioned do not produce any decision, for the Cause itself is pleaded before the Judges or Auditors of the *Ruota* and in the Tribunals by the Advocates or Lawyers and Procurators or Atturneys, in private Sessions, that are appointed on purpose; in some of which the Advocates of the Contrary Party are admitted. But each Party draws up writings which, either manuscript or printed, are communicated to the Judges, who either by art or some other motive can prolong a Suit for many years. If the Party concerned is not satisfied with the Sentence, he may appeal to a second and a third hearing, after which the final Sentence is given unless the Prince grants a revision.

There are Procurators whose business it is to state the facts clearly, and Advocates who explain the points of Law when necessary.

Many of the principal Causes by the consent of both Parties are carried on privately before Judges chosen by the Parties themselves, but with the approbation however of the Government which ratifies and publishes the Sentence.

It has been already mentioned what Laws are practised in the Tribunals of Florence the Common Roman Law; the Canon or Papal Law and the Municipal Laws of the Country made in the time of the Republick; the Statutes of other Cities and the Edicts of the Great Dukes.

The great confusion that arises from such a diversity of Laws is such that it is almost impossible for any body to understand them clearly. Many of them are fallen into disuse, besides which, the practise is common not to remain strictly attatched to the letter of the Law, but to proceed by conjecture in the interpretation of the Intention of it; in the liberty of which however there are no other bounds than common practise or the Authority of Decisions of other similar Cases.

Nobody can carry a Cause to any Tribunal out of the State.

In regard to Civil Debts, the method of exacting the payment of them is very dilatory, and the Debters have many Refuges to avoid the payment as has been observed before.

The Debter is first cited and then must be touched by the hand of a *Birro* or Baily, after which the Law allows him twenty four hours to appear. He may take refuge with the Effects he carrys with him in a Church, Convent or in the Palaces of the Prince where the *Sbirri* cannot approach. An Insolvent Debter is kept for life in Prison at the pleasure of his Creditors who however must maintain him there. But in fact, both Debters and even fraudulent Bankrupts are commonly treated with great indulgence which encreases many iniquitous proceedings.

The lawful Interest of Money, is now encreased to five p C.ᵗ.

Goods exported and Imported

Species of Goods exported from Leghorn to England and other Parts; both of the growth of this Country and of others

Those that are not of the growth of Tuscany are marked with an F:

NB. Those of the growth of the State in some Articles do not suffice, so they purchase the same kind elsewhere.

Raw Silk. Tho' Counterband, means are found to send some out of the Country		Carpets	F
		Chesnuts	
Silk manufactured		Drugs	F
Crapes		Gums	F
Coral wrought		Hemp	F
Oyl		*Grana gialla*	F
Wine		Irios-root	
Straw hats		Lemons	
Chip hats		Maccherunes	
Argal or Tartar of wine Vessels		Marble and Alabaster	
Allum from the Pope's State	F	Orange-flower-water	
Anchoves		Olives	
Almonds		*Potsolana*. Earth	F
Capers		Potashes	F
Liquorish	F	Gall nuts	
Cantharides	F	Parmesan Cheese	F
Manna		Rags	
Kid Skins		Safflow	F
Juniper berries		Sulpher	F
Anniseeds	F	Hard Soap ·	
Box-wood	F	Raisins	F
Brimstone in rolls		Currands	F
Cotton from Levant	F	Figgs	
Yarn		Spunges	F
Camel's and Goat's hair	F	Sena	F
Valonea	F	Verdegreese	F

Species of Goods imported from
his Majesty's Dominions into Leghorn

All sorts of woollen Manufactures tho' Cloths and some other Sorts are Counterband in Florence, nevertheless they are introduced by stealth.

Wheat	Salted Salmon
Salt butter	East India Goods
Cheese	Drugs
Beer	Pepper
Tanned and dried Hides	Cacao
Lead and Lead Ore	Braziletto
Tin	Log-wood
Hats	Lignum Vitae
Paper	Mahogany Planks
Books	Snake-root
Copperess	Coffee
Red lead	Salsaparillia
Litherage	Bees-wax
Oyl of Vitriol	Pitch
Epsom Salts	Tar
Iron hoops	Turpentine
Iron Guns for Ships	Jesuits Bark
Ship Anchors	Reubarb
Hard Ware of all sorts	Belzvir
Baccala	Gumlack
Pilchards	Sticklack
Red Herrings	Indigo
White Herrings	America Goods
Sugar	Tobacco
Cocheneal	Different Package for goods
Irish Linnen	Painter's Colours
Canvas	Cordage
Clocks	Earthen Ware
Watches	China Ware
Garnats	Wool
Grind Stones	Pewter
Hemp	Rum

Quills   Train Oyl
Manufactured Silks   Tea
Pipe Staves

DEMONSTRATION

**of the natural productions and manifactures
of Tuscany that were exported in the year 1757.
(besides what was sent out clandestinely)
Which may serve in general for other years there
being very little difference from one year to one other**

	Medicinal waters	Barrils	169.
	Sweete or distilled waters from Herbs and flowers	Pounds	2060.
Agrumi	Lemons and oranges	Pounds	115096.
Fruit.	Ditto	N:°	14293.
	Citrons for sweetmeats	P:ᵈW.	5978.
	Citrons	N:°	1871.
	Starch or powder	Pounds.	318.
	Aniseeds	P:ᵈˢW.	4293.
Cattle	Oxen for slaughter	N:°	1797.
	Heffers	N:°	2474.
	Cows	N:°	785.
	Wild mares	N:°	71.
	Bufalos	N:°	171.
	Asses	N:°	99.
	Hogs	N:°	4322.
	Sheep	N:°	13573.
	Lambs and young goats	N:°	25434
	Deer	N:°	150.
	Wild Boar	N:°	11.
	Old linning	P:ᵈW:ᵗ	1770.
	Cheese of various sorts	P:ᵈW:ᵗ	51618.
	Hemp	P:ᵈW:ᵗ	610.
	Human hair	P:ᵈW:ᵗ	90.

Straw and chip-hats of various Sorts	N:°	329979.
Bever hats	N:°	18545.
Char coal	Loads	7.
Salt meet	P:ᵈW:ᵗ	25235.
Paper	P:ᵈW.	460373.
Ditto	Reams	7432.
Cartoons	N:°	1200.
Chessnuts and flower of chessnuts:	Bushels:	25297.
Ashes for Soap	P:ᵈW:ᵗ	250.
Wax rough and worked	P:ᵈW:ᵗ	7259.
Sealing wax	P:ᵈW:ᵗ	60.
Choccolate	P:ᵈW:ᵗ	15460.
Juniper berries	Bushels.	24311.
Worked coral	P:ᵈW:ᵗ	451.
Fiddle Strings	P:ᵈW:ᵗ	260.
Coriander-seed	Bushels.	18.
Beast-horns and Shavings	P:ᵈW:ᵗ	14478.
Swet-meats and Confits	P:ᵈW:ᵗ	2084.
Dressed horse-hair	P:ᵈW:ᵗ	95.
Tanned hides	P:ᵈW:ᵗ	41303.
Various Sorts of herbs and beans	P:ᵈW:ᵗ	3000.
Hay	Loads.	2777.
Esca or dryed musherooms for tinder	P:ᵈW:ᵗ	210.
Various sorts of Essences, valued,	livres	2000.
Hair cloaths	P:ᵈW:ᵗ	300.
Iron rough and manifactured	P:ᵈW:ᵗ	38400.
Iron lamps	N:°	2028.
Artificial flowers both of Silkworms bags and feathers valued	livres	5174.

Fruit	Fresh fruit	Loads.	2021.
	Dryed nuts	Bushels	406.
	Dryed plumbs	P:ᵈW:ᵗ	256.
	Almonds	P:ᵈW:ᵗ	2775.
	Spanish pepper	P:ᵈW:ᵗ	700.
	Fennel	P:ᵈW:ᵗ	550.
	Fresh grapes	Loads	254.
	Fresh musherooms, both fresh and dryed and Salted	P:ᵈW:ᵗ	3800.

Olives fresh and dryed	Bushels	75.
Dryed figs	P:dW:t	3780.
Ropes	P:dW:t	11440.
Gold Lace and fringes	P:dW:t	5.
Plaster of Paris	P:dW:t	2700.
Irios roots	P:dW:t	109346.
Sea-rushes Ecc	P:dW:t	97650.
rush-baskets and rush-ropes	N:°	7457.
Saggina-brooms	N:°	75334.

Corn	Corn	Bushels	138423.
and	Oats	Bushels	69963.
Oats.	Various greens	Bushels	3190.
	Millet	Bushels	179.
	Farro	Bushels	379.
	Ditto cleansed	Bushels	450.
	Mostard-Seed	P:dW:t	200.
	Corn-flower and Oat-flower	Bushels	179835.
	Bran	Bushels	7705.
	Dry and fresh pastery	P:dW:t	4229.

Tartar	P:dW:t	325677.
Guado on herb for diers	P:dW:t	36680.
Wool rough and dressed	P:dW:t	2280.
Bricks, mortar and other materials for building	horseloads.	12505.

Timber.	Fir-trees in beams	Cart-loads.	297.
	Timber worked	Loads	360½
	Timber worked in beams, tables Ecc valued	Livres	30356.
	Ditto	Cart-loads.	229.
	Cork	P:dW:t	760.
	Fire-wood	Cart-loads.	547.
	Small wood	Loads.	841.
	Straw chairs	N:°	831.
	Chairs of wallnut-tree, and various works in wood Ecc.	Num.s	2876.

Printed books	P.:dW.:t	19543.
Line	P.:dW.:t	356.
Manna	P.:dW.:t	67517.
Various medicines	P.:dW.:t	7279.
Various mercery ware, as works in cupper, Shoes and gloves, *ombrellos* Lanthorns Ecc Ecc	P.:dW.:t	20142.
Ditto Shoes, Ombrellos and gloves and Lanthorns,	Numeros and Pairs	4856.
Honey	P.:dW.:t	24693.
Mirte	Loads	171.
Fresh garden-herbs	Loads	433.
Dryed Ognons and Garlick	Loads.	272.
Oil	Barrils	38876.
Woollen wearing Cloaths ready made	N.:°	489.

Woolling stuffs.	*Mezzalana, Panni Agnellini, Lendinelle Prato*-cloth, *Mollettone, Bigetti, Peluzzi, Rascette, Panni-rovesci, Bianchette, Panni-casenti, Calissi Droghetti, Panni da Spalle, Panni-accordellati, Bajette, Castorini, Perpignani, Superfine cloth, fratesco, rovescio, rascione, perpignano Stamettato Saie Scotte, Coperte* Ecc	
	pieces.	1586.
	Ditto. by measure Braces.	137541.

Skins.	Hides of all sorts fresh, dryed and tanned N.:°	16511.
	Ditto P.:dW.:t	148165.
	Parchment P.:dW.:t	1843.
	Hair of different animals P.:dW.:t	7431.
	Various Plants N.:°	637.

Stones.	Alabaster P.:dW.:t	1660.
	Diverse Sorts of marbles rough and worked Cart-loads.	24.
	for Mill-Stones and paving Loads.	2383.
	Marble worked valued Livres	200.
	Mill-Stones Num.°	7.

Pinenuts - called - *Pinocchi*	P:ᵈW:ᵗ	10295.
Tobaco-pipes	Cases.	13600.
Various works in painting, valued	Livr.	4247
Gun-powder	P:ᵈW:ᵗ	1890
Pomatums of all sorts	P:ᵈW:ᵗ	259.
Thread	P:ᵈW:ᵗ	440.
Liquorish	P:ᵈW:ᵗ	75.
Bull-rush for mats	P:ᵈW:ᵗ	7000.
Ditto	Num.°	2228.
hard Soap	P:ᵈW:ᵗ	51015.
Scorzonera root	P:ᵈW:ᵗ	300.
Tallow, and tallow-candels	P:ᵈW:ᵗ	511185.
Various Seeds	Bushels.	170.
Ditto	P:ᵈW:ᵗ	2987.

Silk.	All Sorts of work of Silk	P:ᵈW:ᵗ	97624$^{1}/_{2}$
	Ditto valued	Livres	5940.
	Silk Stockings	Pairs	152.
	Oyl cloth	P:ᵈW:ᵗ	15559.
	Cases for Silk	Braces.	768.
	Snuff	P:ᵈW:ᵗ	10882.
	Linnen cloths	P:ᵈW:ᵗ	66849.
	handkerchiefs	N:°	5484.
	Potters earth and Samd	Loads.	109.
	Earth for briks. Ecc	P:ᵈW:ᵗ	73200.

NB. The China and earthen ware manifactured in Tuscany is exempt from all duty of export. and is at present the only manifacture of the kind in Italy.

All Sorts of manifactures of Silk and Thread Ecc. Ecc	P:ᵈW:ᵗ	9069.
Ditto	Braces.	172.
Ditto	Pieces.	120.

Earthen ware	Loads.	1381.
Drinking glasses and flasks. Ecc	P:ᵈW:ᵗ	300.
Ditto	Loads	7.
Ditto flasks	Num:°	149376.
Wine	Barrils.	234826.
Various fouls	Pairs.	15498.
Eggs	Num:°	47652.
Sulpher	P:ᵈW:ᵗ	1009000.

All these Species pay a great duty of exportation, and even from one part of the Dutchy to an other.

Offices and their Produce, which are not included in the General Farm

The *Monti* as they are called in Tuscany mean the Publick Funds erected at different times and consist of the Publick Debts contracted in the time of the Republick and encreased by the Great Dukes on various occasions either of their own Wars, or for Contributions sent into Germany or for other motives under various titles or pretences, and finally after many changes and reductions were reduced to the sum of Eighty six Million nine hundred and seventy two thousand two hundred and ninety one Livers or £ .3261460..S.18..D.3 Ster. and divided into so many shares or Actions of .700 Livers, or an .100.Crowns each, with an interest some of .3¹/₂ others at .3. p C:ᵗ These Actions like the Stocks in other Countries vary in their price, at present those of 3¹/₂ interest sell at .749 Livers, those of .3. at 693 Livers. The present Prince buys up all that are to be sold.

This Bank or Office is called the *Monte Commune*, or the General Fund and is composed as in the time of the Republick of three different Tribunals at each of which a Magistrate presides with power to judge some Civil causes. Those Magistrates in the time of the Republick were presidents of the Publick Treasury before it was converted into a Bank or Stock, therefore this Magistrate has still great Authority, and interferes in many affairs relating to the Publick, receives maney Taxes and pays many publick expences.

Income and expences of this Bank

	Income			Paid out.		
	Livers	Sdi	Den:	Livers	Sdi	Den:
The fixed Taxes that are paid into this tribunal amount to	172134	5	–			
Sums issued from thence						
Allowances for some publick festivals, Fairs, Fire-Office and the Maintenance of the Wild-beasts				26501	16	–
Publick Charities and other Religious expences				23095	9	3
Commendaries annually paid to some Knights of the Order of St:ᵗ Stephen, charged on this Bank				30744	–	–
Salaries to the Judges of the Tribunal called the *Ruota Fiorentina* for all Civil Causes. The expence of the Publick Charity Schools, the Salaries to the Officers of other Magistrates and diverse other expences				117159	2	7
That part of the Interest of the National Debt which id paid by this Bank, is				2221931	4	8
Sum total paid				2419431	12	6

NB. The deficiency is supplyed by other Funds.

Monte di Pietà

That is, a Bank erected in the time of the Republick with a Fund to lend money to private people, then without interest on receiving Pledges. This Fund encreased by first Duke Alexander who for that purpose borrowed a large Sum of money at .5. p C:ᵗ which Sum was afterwards considered as a debt of the Publick and was divided into Actions or Stocks of an .100. Crowns each, which likewise bore an Interest of .5. p C:ᵗ. This the succeding Great Dukes did not maintain, but reduced the Interest by degrees to .1¹/₂. p C:ᵗ which totally destroyed the credit of that Bank so that the Actions were reduced to less than half the original value.

But of late the Governement being desirous to unite all the *Monti* or publick Funds together under one Office raised this Stock to its original value with an Interest of .3. p C:ᵗ. But in order that the Government might not in effect lose by this alteration it was necessary to lesson the number of these Actions which were in such discredit, so as to raise the value of those that remained to their original price of an .100 Crowns, which was done by obliging the Proprietors to pay into that Stock the deficiency of each Action.

This Office or Bank however is distinct from that called the General Bank, and the Actions bear an Interest of .3. p C:ᵗ and are sold at 693 Livers.

This Fund continues for the same use for which it was erected that is, it has the inspection as Administrator of three Offices in the City of Florence which give money on Pledges but with this alteration at present, that an Interest of .5. p C:ᵗ is deduced on those Pledges and they are kept for the term of three Years only, at the end of which all the Pledges that are not redeemed are sold by publick Auction.

Income and Expences of this Bank

Income		Paid out.	
Sums paid into this Bank	Livers	Sums issued from hence	Livers
The Interest of Actions purchased by this Bank	32312 – –	For the maintanance of three publick Offices to receive the Pledges, and other subaltern places for the greater convenience of the people	39239 – –
Profit on the Pledges	53725 – –		
Profit which this Tribunal receives from the Printing House in Florence, and by a Tax on the publick Bakeing Houses appropriated to this Bank	6020 – –	Salaries to the Ministers and for the maintenance of this Tribunal	24052 – –
By a Tax on the Houses at Leghorn	75719 – –	A Commendary for one Knight of S:ᵗ Stephen pro tempore charged on this Bank	472 – –
By various other Taxes	19948 – –	The Interest of the Actions paid by this Bank	720951 – –
Sum	187724	Sum	784714

The Flower office

Is purely for what relates to a Tax which the Great Duke Cosmus the first laid on flower, tho:' Corn ungrounded pays nothing. This Tax is only paid in the walled Towns at the Gates, in other parts it is imposed as a Capitation on all the Subjects tho:' very irregularly and with many exemptions, and is collected by Cashiers.

Other Taxes which were collected by this Office are not mentioned here as under the present Government they are comprised in the General Farm.

Income and Expences of this Office

Sums paid into this Office	Livers	Sums issued from hence	Livers
Arise from the above mentioned Tax or Capitatation	946332.	Salaries to the Officers and maintenance of the Office, with many other small expences	6020.
From the deductions on the Salaries of the Officers employed	250.	A Commendary for a Knight of S:t Stephen charged on this Office	5250.
Sum	946582	Sum	11270

Decime Granducali or Tithes

Imposed on the Lands of a comsiderable part of the State which in the whole amounts to ten p C:t.

This Tax was laid in the year .1494. by the Republick and was afterwards encreased by Cosmus the first at the time that he abolished an insupportable arbitrary tax on industry. This tith is only paid by those who are of the rank of Citizens, so established by the Republick, at which time there was no rank of Nobility; and it is paid antecipately by those who desire to enjoy the temporary Magistratures of the Cities and the small Governments in the Country which are drawn by lot.

A Law was made by the late Government that none should enjoy the right of a Citizen excepting those who payed at least eight Florins as Tithes, and those who were Citizens at the time that the Law was made pay six florins, all others were unjustly excluded.

Those who are not of that Class pay another more easy tax on immoveables which shall be mentioned in another place.

The Ecclesiasticks pay a separate tax but the but [sic] the immoveable acquisitions which have been made by them since the year .1515. pay the same tax as the Citizens.

The Great Duke Cosmus the first erected a civil Tribunal in this Office and an administration of Oeconomy with a separate Fund distinct from the *Monte Comune* or general fund as it has been said before was the ancient Treasury of the Republick.

Income and Expences of this Office

Sums paid into this Office	Livers	Sums issued from hence	Livers
Arise from the above mentio-ned Taxes	405594.	Salaries to Officers and other expences	15344.
By a stopage on the Salaries of the Officers employed	297.	Gifts to Hospitalls and other Charitable expences	962.
Sum	405891	Sum	16306

Tax on the Possessions of the Clergy both in Land and on Church Beneficies exacted formerly by Bulls obtain'd from the Pope at different times and renewed every five years, but made permanent in the time of the Great Duke Cosmus the first by a Bull obtain'd of Pius the fourth who was desirous of being looked upon as of the Medici family; Cardinals only are exempted from this Tax, nor do they pay any thing for the Benefices they may hold in Tuscany. The Tax which is ten p C.t was regolated according to the Interest of money at that time (1525) and was appropriated as at present for the maintenance of the Universities of Pisa and Florence, and for the Florentine Academy.

Income and Expences of this Office

Sums paid into this Office	Livers	Sums issued from hence	Livers
From the Taxes mentioned Stopage on the Salaries of the people employed in this Office and on the pay of the Professors of the Universities	105000 5381	The maintenance of the University of Pisa the Salaries of the Professors &c The maintenance of that of Florence The Florentine Academy Salaries to people employed and other small expences A Commendary for a Knight of S.ᵗ Stephen charged on this Office	82950. 17850. 800. 4473. 1750.
Sum	110381	Sum	107823

General Post-office

For the carriage of Letters and the direction of the *Procaccia* or weekly Carriers and Couriers the Authority of which Office extends itself all over Tuscany.

Income and Expences of this Office

Sums paid into this Office	Livers	Sums issued from hence	Livers
By the profit arising from the postage of Letters *communibus Annis* and the Tax on the *Procacci* By the retention on the Salaries	194670 1064	Salaries to Officers and the maintenance of three Post-offices at Florence, Pisa and Leghorn Expences for the Secretary of the State's Office, and Estaffettes A Commendary for a Knigh of S.ᵗ Stephen charged on this Office	27510. 14000. 3500.
Sum	195734	Sum	45010

Abbondanza

This is a Tribunal and at the same time a publick Office with a Jurisdiction and the administration as a distinct Fund; and under pretence of maintaining a sufficient quantity of Corn for the use of the publick it regulates the whole commerce of Corn. It presides over all the Bakeing-houses and regulates from day to day the weight and quantity of the Bread, the price of which is variable.

This Office negociates on its own account and for the purchase of Corn borrows money at Interest, has authority to compel all Bakers to buy Corn of them at the price they chuse to fix. This Office likewise regulates the price of all the Corn that is exposed to sale (tho:' not fixed by any Law) by the price at which their own Corn is sold in the Market. The authority of this Office does not extend farther than the Cities of Florence and Pisa and a small part of the *Old State*.

This Office had its origin in the time of the Republick from a private Company of rich Merchants which engrossed the whole commerce of Corn and this monopoly was transformed into a publick office continuing the same system prejudicial to commerce and burthensome to the People who are frequently obliged to pay dear for their bread even in time of great plenty. During the space of almost five Centries this Office has undergone frequent changes by frauds and Bankrupcies, but neither these nor the natural inconvenience arising from its institution have been sufficient to procure its abolishment.

Income and Expences of this Office

	Livers		Livers
The product of the interest on some publick Actions	1725.	For the Interest of money borrowed	7158.
On some immoveable posses-sions	1553.	Salaries to Ministers and the expences of the Office	25690.
By various Taxes	4692.		
By farming the best sort of white bread, and a Tax on the Ovens of Florence	68625.		
Profit on buying and selling Corn *communibus annis*	79636.		
Sum	156231	Sum	32848

Grascia

That is an Office or Tribunal with a Stock and has a Jurisdiction like that of the Office called *Abbondanza*.

This Office regulates the providing of Cattle for the Slauther-houses of the City, and obliges the Farmers within a certain distance to breed Cattle for that use, Regulates the commerce of Oyl particularly of that for the consumption of the Country which is loaden with many taxes; it trafficks on its own Stock and heaps great quantities in Magazines prohibiting under severe penalties any private people to keep any. It had power to make perquisition in their houses to take an account of the product of their lands, and obliges those who sell Oyl by retail to purchase it of them at their own price.

In general this Office regulates the daily price of Meat, Oyl, Fish and all sorts of *Macheroni* in the Markets of Florence.

This Tribunal takes cognisance of the transgressions of false weights, inspects the good quality of provisions, regulates the wages of the Servants of Shops and Stalls both in the City and at a certain distance from thence.

Income and Expences of this Office

Sums paid into this Office	Livers	Sums issued from hence	Livers
From various Taxes	44822.	Salaries and maintenance of the Office	16889.
The product of Stocks and effects belonging to this Office	11718.	A Commendary for a Knight of St Stephen charged on this	
Profit by negociating calculated one year with another	5950.	Office .	1050.
Stopage on the Salaries	805.		
Sum	63295	Sum	17939

I Nove

The name of a Magistrate erected by the Great Duke Cosmus the first in the Year 1559 by suppressing two ancient Magistrates of the Republick one of which received the Taxes of the places near the Town; the other took cognisance of the publick privilages and of the Interest of those who possessed Fiefs &c. both which functions are now united under this Magistrate, which likewise receives the Tiths in the Country, a tax which has been established instead of all others.

All the Chancellors of the Communities are subordinate to this Tribunal as well as the provincial Magistrates which represent those Communities, and it administers all the possessions that belong to them, supervises the Funds or Banks that lend money on Pledges such as those of Florence. All publick Societies out of Florence refer their deliberations to this Tribunal which interferes likewise in all their transactions, and has the disposal of the Sums collected for publick use from the Communities.

It takes cognisance of all disputes about the confines for which it has a distinct Officer, whose sentence is refered to the Secretary of the *Prerogative* and to the Prince who orders the execution of his decisions by the means of the Magistrate.

It being likewise a Tribunal of Justice it decides causes by its own authority, but with the assistance of Lawyers for such as require it.

Income and Expences of this Office

Sums paid into this Office	Livers	Sums issued from hence	Livers
From diverse Taxes	451753	For the maintenance of the Highways	116301.
By the Tiths on lands near the Citty possessed by those who are not Citizens	59271	For a Commendary of the Order of S:ᵗ Stephen charged on this Office	7840.
From money deposited which this Tribunal receives from the Communities of the Ancient State for their expences and from the Directors of the Districts of Florence and Pisa	79635	Charities and other Religious expences	1001.
By the retention on the Salaries of the Ministers and Officers	30998	For the maintenance of the Scholars in the Colledge established at Pisa by Ferdinand the Iˢᵗ which are sent thither by the diverse Communities	9800.
By the Taxes paid to this Office for the maintenance of the buildings of some of the Tribunals	907	Paid yearly to the Inhabitants of *Prato* for Dowries by Legacies of private People the Principal of which was deposited in this Office	50382.

(*segue*) **Income and Expences of this Office**

Sums paid into this Office	Livers	Sums issued from hence	Livers
		The maintenance of the Guards at the River of *Seravezza* for the preservation of the Game	924.
		Salaries of the *Sbirri* (Balies) Bargelli of the Country and Commissaries	100335.
		Salaries and maintenance of this Office and of other Tribunals, and many other small expences	78402.
		Salaries to the Clerks of the Office to inspect the publick buildings	561.
		For the maintenance of many Publick Buildings	16065.
		For other small expences for those Buildings	1169.
Sum	622564	Sum	382780.

Captains of the Guelf Faction

In the time of the Republick there were two powerful Factions called Guelfs and Ghibellins, the latter being driven out for the second time in the year 1267, the Guelf Faction remained so powerful as to confiscate and divide the Lands and effects which belonged to their Enemies the Ghibellins, who were then considered as Rebels; the affair was remitted to the decision of Pope Clement the fourth and to Charles of Brisar who had great weight in the Republick and had contributed to their exile.

Their Lands and Effects were divided into three parts, one of which was subdivided for the use of private people of the Guelf Party, one to the *Fisco* and the third to the whole Guelf Party; from which time it is probable that the Magistrate took its rise having ever after had legal authority to preside over the Confiscations; wherefore for its great wealth and the arbitrary power which this Tribunal could exert it became one of the most respectable.

The fisrt Duke Alexander joyned to this another Magistrate called the *Massai di Camera* which took cognisance of all the pecuniary condemnations and had the care of the Publick writings.

His Successor the Great Duke Cosmus the first added to it another Magistrate called *Uficiali di Terre* by which was meant the Officers of the High-ways whose duty it was to judge of all disputes relating to the Streets, High-ways, Houses &c. He likewise added another called *gli Uficiali de' Fiumi* or Officers of the Rivers, which regulated every thing, that related to the Rivers of the whole State and administered the incorporated Lands of other Rebels of the Republick.

After the union of the above Magistrates the whole goes at present under the name of *Capitani della Parte* and for abreviation is called *La Parte* and is the richest of all the Magistrates. The gift of many Ecclesiatical Benefices got by confiscations and which were approved of by the Pope Leo the tenth resides in them, and these make the greatest part of the Benefices which the Great Dukes confer.

La Parte takes cognisance of all Causes relating to confiscations tho.' the confiscated Effects at present fall to the Fisco.

It takes cognisance of all causes relating to Buildings, both Publick and Private, of the Rivers, and in fine of every thing, that relates to the possessions of the Prince or Royalties, the selling of Timber which can serve for a military use either by Sea or Land.

This Magistrate exerts likewise the Office of the Roman Edile regolating all the publick and private Feasts or Shows, and even furnishes many of the former, takes care of the Streets and possesses the publick Markets, which it lets out to Shop-keepers, marks all weights and measures, and inspects every thing that relates to the City; its authority, likewise extends to the Country and over the Roads, Bridges and other expences that are paid for by other Magistrates, and by that means it interferes in their Jurisdiction.

La Parte has authority over all Architects and Builders, arbitrarily orders any works which may be supposed for the publick utility, tho:' prejudicial to private people whom it obliges even to pay for them.

Income and Expences of this Office

Sums paid into this Office	Livers	Sums issued from hence	Livers
Divirse Taxes	36391 –	Towards the maintenance and cleansing the Streets &c	8693.
Interest on Stocks belonging to this Office	8884 –	Diverse other expences for the maintenance of the Buildings, Salaries to Officers &c	43407.
By a Tax on Mills	12882 –	Publick Charities &c	3809.
Retention of the pay of Officers employed	2930 –	Towards the maintenance of the pavement of the Court Stables	1221.
		A Commendary for a Knight of S:t Stephen charged on this Office	5950.
Sum	61087	Sum	63080.

Il Fisco

This is a Tribunal without a Magistracy and was erected in the time of the Republick, but like all the others was transformed by Cosmus the Ist who only left its name and form.

That Prince created a Magistrate with the title of *Procuratore Fiscale* who is now Auditor Fiscale with full authority to examine into every thing where this Tribunal can have any interest and has a place in all the Magistratures of the old State, and in the Tribunal called the *Consulta* for the affairs of *Siena*, and has an immediate-executive power.

At present the Auditor Fiscal performs likewise the office of Governour of the City in Criminal affairs, decides of his own authority many small Causes, inflicts punishments, imprisons, visits every month the publick Prisons and invigilates over the tranquility of the City, revises all criminal Causes and gives his vote; all the Executors of justice in the districts of Florence and Pisa are dependant on him, and he gives the Investiture to the Feuditaries of the Great Dutchy. This Magistrate is likewise joyned with another called the Procurator of the private patrimony of the Prince and is called Lieutenant Fiscal.

Income and Expences of this Office

Sums paid into this Office	Livers	Sums issued from hence	Livers.
Diverse Taxes	71427	Salaries to all the Officers of this Tribunal and of others, to the Sea Consuls at Pisa, to the Magistrates of the Tribunal called *degl'Otto, di Balia*, of the *Pratica segreta* to the Assessor of the Supreme Magistrature &c	
By Confiscations and by Effects devolved to the Fisco for want of Heirs	7124		
By the retention on the Salaries of the Officers of this Tribunal	3261		59034.
		Fixed Charities and other religious expences	2573.
		A Commendary for a Knight of S.t Stephen	2345.
		To Bailiffs and under Officers of justice	18580.
Sum	81812	Sum	82532

Tribunal called *dei Pupilli*

This Tribunal was erected in the year 1393 and takes charge of the Effects belonging to Minors, Orphans, Widdows, weak People and those disordered in their senses, and it has a distinct Fund. It appoints Tutors to the Prodigal by commission of the Tribunal called the Supreme Magistrature, which alone can suspend their administration, has authority to sell by publick Auction the Effects belonging to those under their Tutelage, which manner of Sale is not permitted to any excepting to the *Monte di Pietà* for Pledges as has been explained under that Article.

Income and Expences of this Office

Sums paid into this Office	Livers	Sums issued from hence	Livers.
Various Taxes	7142	Salaries to Officers employed	7117.
Interest from Actions in the Funds	661	A Commendary for a Knight of S.t Stephen	420.
Stoppage on the Salaries of people employed	243		
Sum	8046	Sum	7537

The Colledge of Judges and Publick Notaries

This is a very ancient Magistrature and has the direction of all Notaries and Attorneys who receive from it their authority to act.

Sums paid into this Office	Livers	Sums issued from hence	Livers
From various Taxes	7887	Monthly Salaries	8879.
Interest from Actions in the		Religious expences	1262.
Funds	3012	A Commendary for a Knight	
From the stoppage on Salaries	347	of S.ᵗ Stephen	362.
Sum	11246	Sum	10503

Arte della Seta

Is a Tribunal of unknown origin in the time of the Republick which had its peculiar Laws ever since the year 1335. This Tribunal presides over all Silk Manufactures and all Silver-smiths and fixes the value of Gold and Silver. In this Tribunal are registered all Bills of Exchange that are protested, and has under its direction the Foundling Hospital of Florence towards the maintenance of which the overplus of this Tribunal is assigned.

There are three Magistratures the 1.ˢᵗ Of six Consuls and a Counsellor at Law for civil Causes. 2.ᵈ That of six Conservators. 3.ᵈ That of a Congregation of Deputies which was established in the year .1600. Besides which there is an Officer called Purveyor, to whom the Fiscal serves as Counsellor in all Criminal Causes that come before this Tribunal.

For works in Gold and Silver there are four Revisors, and for the Foundling Hospital there are four Inspectors; tho' that Hospital has its own Commissary and Director.

Income	Livers	Expences	Livers
From Taxes	27170	For Religious ceremonies	11297.
The interest of its own		Salaries to Officers employed	11353.
Possessions	406		
Deduction on Salaries	507		
Sum	28083	Sum	22650

The Office of Trade

This Tribunal was erected by the Republick in the year .1309, it takes cognisance of all Mercantile disputes and keeps registers of all publick writings relating to the different bodies of Merchants; takes cognisance of Civil Debts and judges of Bankrupcies. It maintains a Judge, many Notaries, Attorneys, and other Officers of Justice.

Income	Livers	Expences	Livers
From diverse Taxes	5890	Salaries to people employed	7885.
Deduction on Salaries	384	Charities	238.
Sum	6274	Sum	8123

Arte della Lana, or The Woollen Manufacture

Forms a Magistrature a part and was formerly one of the principal funds of wealth of the Republick; this Art was introduced into Florence in the year .1100. by a Sect of Milanese called *Umiliati*; and in the year .1290. four Citizens were created Magistrates and Consuls with four workmen who formed a body which had a legislative power over this Manufacture, and to judge all Causes belonging to it.

By the means of taxes which they imposed and by Legacies left to it this Tribunal became so rich as to be able to erect great Edifices about the City and to found Ecclesiatical Benefices and Pensions for thirteen Canons and for .32. Chaplains of the Cathedral Church, and to establish a fund for the maintenance of that Church.

In the year .1493 the authority in Criminal Causes was taken from it and a Magistrate was added for Civil Causes.

In the year .1506 a new Magistrate was created with the title of Conservators of the Art, and they are renewed every third year, and tho'; by the great alteration of Commerce in Europe the Woollen Manufacture in Florence was considerably lessened, nevertheless a third Magistrate was created in the year .1603 under the denomination of Deputies of the Woollen and Silk Manufactures. The former is at present in the greatest decay.

Income and Expences of this Office

Money paid into this Office	Livers	Sums issued from hence	Livers
From various taxes	17897	A Commendary for a Knight of S.t Stephen	1400.
The income of what it possesses	9262	Charities and other Religious expences	6761.
Retentions on Salaries	708	Salaries to People employed	20112.
Sum	27867	Sum	28273

An Office for the maintenance of the Cathedral Church called Saint Mary of the Flower

This is a Congregation of Supervisors of the Building and works of that Church, established in the year .1331 by the Consuls of the Woollen Manufacture who built that Church at their own expence. The Congregation in .1392 was composed of Citizens only with an authority independant on any other Tribunal of the Republick.

All the Clergy belonging to that Church are subordinate to that Congregation. It provides the Prebendaries for twelve Canons who were formerly nominated by the Magistrates of the Woollen Manufacture but are at present nominated by the Great Duke, and it provides for sixty three Chaplains.

They possess great tracts of Woods of Firrs and Beech-trees in the Appennines which were confiscated by the Florentines from the Counts of *Modigliana* and *Poppi* who were little Tyrants and Masters of those Mountains, but it is not permitted to that Congregation to sell those Firrs and Beech-trees neither at Leghorn or Pisa not to prejudice the sale of those that belong to the Great Duke.

To the Publick Archive a small Tax is paid for every Will as likewise for authentick copies of them, all which is paid into the Congregation of this Church.

Income and Expences of this Office

Sums paid into this Office	Livers	Sums issued from hence	Livers
From its possessions in lands &c	26552	A Commendary for a Knight of S:ᵗ Stephen	3500.
Taxes	28420	Maintenance of the Church men and Building	31012.
Stoppages	206	Diverse Salaries	7346.
Sum	55178	Sum	41858

Arte de' Mercatanti

This Office was formerly a private Society of Merchants who dressed and perfected the Cloths which came rough from France, which Commerce was afterwards prohibited by the Office of the Woollen Manufacture, and at last was converted about the year .1339 into a Tribunal which presides over the Mint, takes care of the revenues of the publick Baptestery, of an Hospital &c.

Income	Livers	Expences	Livers
From various taxes	14135	A Commendary for a Knight of S:ᵗ Stephen	700.
The product of what it possesses	26327	For Religious expences	25475.
Retentions on Salaries	53	Salaries &c	9338.
Sum	40515	Sum	35513

Arte del Cambio

Or the Office of Exchange, is an ancient Tribunal erected in the time of the Republick, but now become useless having consumed its funds in the last War of the Republick in the year .1530. and in the building the publick Offices by order of the Great Duke Cosmus the .I.ˢᵗ nevertheless it still subsists, administers some Legacies and regulates the Hospital of S:ᵗ Mathew.

Income	Livers	Expences	Livers
The product of its own funds	5967	Religious expences	2640.
Retentions on Salaries	20	Salaries	3327.
Sum	5987	Sum	5967

Arte de' Fabbricanti

A Magistrate which was established in the year .1340 and presides over thirty two Classes of Artificers as Joyners, Smiths, Bricklayers &c. It likewise presides over the Brokers for the Sale of small Cattle and judges of all Causes belonging to them.

The same Ministers serve likewise another Magistrate called the Art of Flax-Dressors which was established likewise in the year .1340, and this Magistrate presides over the Dealers in Linnen, Taylors &c. and appoints people to judge of the quality of the Wine that is sold publickly and of the measures of the Barrels.

Income	Livers	Expences	Livers
From possessions	4281	For a Commendary of S:ᵗ	
Taxes	5930	Stephen	2240.
Retentions on Salaries	275	Religious expences	1803.
		Salaries and other small	
		expences	7219.
Sum	10486	Sum	11262

Arte de' Medici e Speziali or the Body of Physicians and Apothicaries

This is a Tribunal erected by the Republick after the year .1200, it presides over all Medicinal Arts, and inspects all Apothicary's shops.

The Colledge of twelve Physicians assembles here, among whom the Court Physician always intervenes, and they give licences to practice that profession.

Income	Livers	Expences	Livers
From their Professions	4427	Religious expences	2706
Taxes	4261	Salaries and other expences	7832
From the exclusive priviledge			
of selling all Mineral waters	203		
Retentions on Salaries	354		
Sum	9245	Sum	10538

The Art of Tanners

Is a Tribunal like the others established in the time of the Republick, and when the use of Skins diminished it was by the Great Dukes united with other Magistrates of the Mecanick Arts. It presides over those who work on hides an skins, and of late distributes rewards to those who excell in this branch.

Income and Expences of this Office

Sums paid into this Office	Livers	Sums issued from hence	Livers
From possessions	1320	A Commendary of S.ᵗ Stephen	700.
Taxes	23324	Charities	42.
Retentions on Salaries	331	Salaries and other expences	7061.
Sum	24975	Sum	7803

Captains of Or San Michele

They were originally Presidents of a Company of devout people Adorers of an Image of a Madonna which was kept in a magnificent Lodge that was built in the year .1337. with a spacious building over it for a publick Granary, in process of time those Presidents became a Magistrature with authority to render valid the obligations made by Minors and Women. The Lodge was converted into a Church and was adorned with fine Statues at the expence of the Magistrates of diverse Arts, and enriched by the publick Treasure so that it maintains at present a numerous Clergy. The upper part of the building is now become the publick Archive, all Wills, Contracts and publick Instruments are deposited there, proper Officers and Keepers attend and authentick Copies are given when required.

Income and Expences of this Office

Sums paid into this Office	Livers	Sums issued from hence	Livers
From its own possessions	12379	Religious charges	8059.
Taxes	210	Salaries and other expences	3993.
Retentions on Salaries	115		
Sum	12704	Sum	12052

The Office for the private possessions of the Great Duke

The private Patrimony of the first Great Duke from the beginning of his Sovereignty acquired all the priviledges and Rights annexed to Royal possessions, had a seperate and independant Tribunal, a Judge and a Secretary.

The administration after various changes, for some time being under a single Director, and some time directed by a Congregation, is at present under one Director and one Supervisor, with an Ingeneer, an Accountant and other subaltern Officers.

The Tribunal is at present united to that called the Great Ducal Chamber, which was established by the Lorrain Government, but all affairs of Oeconomy depend upon the Council of Finances, which presides over all the Incomes and all the Rights of the Great Duke, which Council was likewise established by the Lorrain Government.

Income and Expences of this Office

Sums paid into this Office	Livers	Sums issued from hence	Livers
From Lands farmed out Mills, Creeks &c	692364	For a Commendary of S:ᵗ Stephen	2100.
From Effects not farmed	90443	The Roll of Effects farmed out	48086.
From Woods in the Maremme which wood is sold to the Genoese one year with another for	42000	Interest on money for Effects bought but not paid for and of other debts	3644.
Other annual incomes assigned for the use of the Stud of horses of the Great Duke which are kept at Coltano in the plain of *Pisa*	12527	Pious Legacies, Chapels, Charities and other assignements to Jesuits, Nuns, Priests, Friers and portions for Girls	19486.
		Salaries to the Officers and Clerks, and maintenance of the Office	18403.
		For the Stud at Coltano from the Effects assigned for it. (see the Income)	12527.
Sum	837334	Sum	104246

NB. The private Patrimony of the Great Duke was lessened by the Late Emperor his father by the Sale to the Court of Rome of all the Lands Situated in the State of Urbino formerly belonging to the house of *Rovere* and inherited by the family of *Medici* which annually produced near 4500 Pounds Sterling yearly for which the Court of Rome paid 5.50000. Crowns or about 147,250. £: Ster.

Depositeria Generale.
The General Depositary, Exchequer, or Great Ducal Treasury

This Office was established by the Great Duke Cosmus the Ist in lieu (as has been alredy remarked) of the *Monte Comune*, or Common Bank, which was the Treasury of the Republick.

This General Exchequer had formerly a Senator at the head of it called the *Depositario* who presided likewise over all the other Treasure Cases and intervened whenever the publick revenues were administered; He overlooked the Custom-Houses of all the State, and the Taxes that are received at the Gates of Florence. But the Lorrain Government gave the Custom-House and Taxes in Farm and abolished the Charge of Depositary.

Income	Florentine Livers
From the General Farm, Yearly	7,000,000 – –.
From all the other Funds of the Tribunals afore described	1,275,191 – –.
From Pontremoli	3,500 – –.
From Monte Sansavino	1,407 – –.
From the Fief of Terra-Rossa	1,400 – –.
From the Farm of the Tunny fishery at Porto Ferraio	8,400 – –.
From the Farm of the small Wollen Caps	240 – –.
From the Permission to carry Arms	31,500 – –.
From the Retention on Sallaries	42,000 – –.
From the private Patrimony of the Great Duke	560,000 – –.
From the Communities of the whole State for the health Guards	15,122 – –.
From the Commend of the Order of S:^{t} Stephen farmed out to the General Farmers	17,990 – –.
From the said General Farm, paid yearly to the Cathedral Church and that of S:^{to} Spirito	8,614 – –.
From the Farm of the Lottery	351,400 – –.
From the Farm of the Iron purchased from the Prince of Piombino	116,100 – –.
From the Farm of the Gun-powder	7,447 – –.
From the Cities of Sienna, Arezzo and Cortona	229,061 – –.
Sum total	9,669,372 – –.
Deduct the Expences	4,586,552 – –.
Remains	5,082,820 – –.

Expences	Florentine Livers.
For the Military, Artillery and Fortifications; the Marine and Life-Guard	2,478,674 – –.
For the Expence of Gun-Powder	7,447 – –.
For Health-Guards	15,122 – –.
For Salaries and Pensions of some of the Tribunals	14,261 – –.
For the maintenance of the Spanish Friers of the *Ambrogiana*	7,000 – –.
For part of the Salaries of the Court	1,624,000 – –.
For Salaries of the under Officers of Justice	77,664 – –.
For Ministers at foreign Courts, in part	126,000 – –.
For some Commends of the Order of S.ʳ Stephen	10,290 – –.
For the maintenance of part of the Students of the University of Pisa	9,100 – –.
For the Interest of the price of the Fief of *Scansano*, left unpaid	15,981 – –.
For Pious Legacies and Charities	22,687 – –.
For Salaries of the Officers of this Tribunal	12,950 – –.
For the Commend before mentioned paid by the General Farmers	17,990 – –.
To the Cathedral and S.ʳ Spirito for the Sum before mentioned received from the General Farm	8,614 – –.
For the Interest of Money long ago borrowed for the Iron works of the *Magona*	58,618 – –.
For a Commend that was formerly paid by the Magona	1,050 – –.
For Legacies of the Princess Violante late Great Princess of Tuscany	9,022 – –.
For Legacies of the late Electress	30,882 – –.
For the Expences of the Great Huntsman	39,200 – –.
Sum	4,586,552 – –.

The Whole Expence for the Land Forces
and Navy of Tuscany

The Whole Amount of the Maintenance of the Troops in Tuscany
for the Year 1765 & of the Marine[8]

N:°		Flor.ⁿ S. D. Livres	Flor.ⁿ S. D. Livres	£: S:ᵃ D:ˢ Sterling
1°	Pay of the Generals, Governous, Commissaries & others Imployed in the Military Service; see the particulars		179587. 3. 6.	6734.10.
2°	*The Noble Guard* Pay, &c Cloathing, Equipage Forage, Bedding, Wood, Light &c	57554.10. " 10118. 2. " 22408.11. 8.	90081. 3. 8.	3378. "10¹/₂.
	First Regiment Pay deducting that of the General, which is included in the first Article Cloathing Allowance for Bread, Wood, Oyl & Candles Other Expences	252761.15. " 51870.16. 8¹/₃ 103742. 7. 6²/₃ 7714.15. "	416089.14. 3.	15603. 7. 3³/₄
	Second Regiment Pay including that of the Colonel Cloathing Allowance for Bread, Wood, Light &c Other Expences	267233.15. " 51870.16. 3¹/₃ 103742. 7. 6²/₃ 7714.15. "	430561.14. 3.	16146. 2. 3.
3°	*Third Regiment*		430561.14. 3	16146. 2. 3.
4°	*Regiment of Dragoons* Pay Cloathing Portion of Forage Allowance of Bread, Wood & Oyl. Bedding Other Expences	66522. 5. " 15182.15. 9. 41993. 5. " 15020. 9. 4¹/₂ 2229.10. 6. 2391. " "	143339. 5. 7¹/₂	5375. 4. 3.

[8] Nel documento originale tutti i valori in sterline, qui in grassetto, sono scritti in rosso.

(segue) The Whole Expence

N:°		Flor.ⁿ S. D. Livres	Flor.ⁿ S. D. Livres	£: S:ᵈ D:ᵈ Sterling
5°	*Batt:ⁿ of Artillery* Pay Cloathing Allowance for Bread, Wood, Oyl &c Other Expences	74520. " " 4362.11. 2. 4122.18. 7²/₃ 1120. 4. "	84125. 3. 9²/₃	3154.13. 9.
6°	*Body of Ingeneers*		14880. " "	558. " "
7°	*Company of Grosseto* Pay Cloathing Allow:ᶜᵉ of Bread, Wood, Oyl Other Expences	55019.15. " 3308.13. 4. 4029. 5. 10¹/₂ 3811. 9. "	66169. 3. 2¹/₂	2481. 6. 9.
8°	*Invalids in the Fortresses* Pay Cloathing Bedding and other Expences	71704. 5. " 5099. 2. 2. 5817.16. "	82621. 3. 2.	3098. 5. 9.
			1,938016. 5. 8²/₃	72675.13. 3³/₄

(segue) The Whole Expence

		Flor:ⁿ Livres S. D.	£: Sterling S. D.
	Brought over	1,938016. 5. 8$^2/_3$	72675.13. 3$^3/_4$
9°	A Guard for the Coasts	16572. " "	621. 9. "
10°	Officers imployed in the Arsenals & in the Offices of Artillery	17132. " "	642. 9. "
11°	Allowance to the Officers for House Rent	6942. " "	260. 6. 6.
12°	Suppliment to the Officers Pay &c	6580. " "	246.15. "
13°	Military Pensions	96633. " "	3623.14. 9.
14°	The Whole Amount of the Maritime Expence	180992.10. "	6787. 4. 6.
15.	An Annual Assignment lately made by the Emperor for the Maintenance of the Fortifications, Casting of Cannon, & Balls, Muskets & all other Works under the Direction of the Office of Artillery	180000. " "	6750. " "
	Total Sum	2,442867.15. 8$^2/_3$	91607.12. –$^3/_4$
16.	Besides which there is a Guard consisting of 1015. Men under the direction of the Magistrates of the Health Solely for that use & paid by the Communities, the Expence of which amounts to 238631:Livres 8^S 4^D		

NB: 26. Florentine Livres & $^2/_3$ make one Pound Sterling, or a Florentine Livre is equivalent to 9. Pence Sterling.

Extract
Of the Amount of the Annual Pay
of the Generals & others Officers imployed in the Garrisons, Fortresses, and Towers in Tuscany

		Flor:^{n} Livres. S:^{s} D:^{s}
Florence	Major General Gondrecourt	14472. " "
	Major General Count de la Tour	14472. " "
	The Chief Commissary of War	3000. " "
	Commissary Stölzlin	5880. " "
	Commissary Testori	3600. " "
	First Officer	2160. " "
	Secretary	1260. " "
	First Clerk	1260. " "
	Second Clerk	1260. " "
	Third Clerk	840. " "
	Fourth Clerk	540. " "
	Three Keepers of the Magazines	1584. " "
	Revisor of the Military Accounts	4550. " "
	Auditor General & his Assistant	3840. " "
	Chaplain of the Fortress of Belveder	316. " "
	Assistant	160. " "
	Chief Writer at the Gates 840. £ and eight Assistants at 720. Livres each	6600. " "
	First Serjeant of the Keys 672. & 14. others at 420. Livres each with the proportion of a years Cloathing	6632.17. 6.
	Band of Hoboysts ten at 648. each the proportion of a years Cloathing and Bedding	7023.18. 4.
	Carry over	79450.15.10.

(*segue*) **Extract**

		Flor:ⁿ Livres. S:ˢ D:ˢ
	Brought over	79450.15.10.
Leghorne	Governour Major General del Monte	14472. " "
	Major	3360. " "
	Military Secretary	1176. " "
	Two Captains of the Gates	3240. " "
	Two Adjutants	2160. " "
	Chaplain of the old Fortress	320. " "
	Keepers of the Prisons	1128. " "
	Keeper of the Mole	840. " "
	Keeper of the Tower of Lantignano	504. " "
	Keeper of the Tower of the Isle of Gorgona	420. " "
	A Chaplain	336. " "
	Keeper of the Tower of Marzocco	672. " "
	Keeper of the Tower of Calafuria	504. " "
	Keeper of the Tower Vada	420. " "
	= Castiglioncello	420. " "
	A Chaplain	252. " "
	Keeper of the Tower S:ᵗ Salvador	420. " "
	Keeper of the Tower S:ᵗ Vincent	420. " "
	A Chaplain	180. " "
	Torre Nuova	180. " "
	The Expence of 42. Soldiers in the above Towers with the additional pay for the time of bad air	9913. 15 "
	Total Leghorne 41337.15. ".	
Portoferraio	Governour Colonel Villeneuve	5040. " "
	Major	2100. " "
	Adjutant	720. " "
	Captain of the Port	360. " "
	Master of the Dispatch Vessel	160. " "
	Keeper of the Tower del Volterraio	504. " "
	A Chaplain	144. " "
	Keeper of the Tower of Linguella	504. " "
	Total Portoferraio 9532. ". ".	
	Carry forward	130320.10.10.

(*segue*) **Extract**

			Flor:ⁿ Livres. S:ˢ D:ˢ
	Brought forward		130320.10.10.
Grosseto	Governour Colonel Corny		5040. " "
	Major		1440. " "
	Chaplain		204. " "
	Physician, Surgeon, & Doctor for the Hospital		960. " "
	Swen Light Horse to Guard the Coast		3822. " "
	Keeper of the Tower of Castglione		480. " "
	Keeper of the Tower Rocchetta		336. " "
	Keeper of the Tower of Collelungo		336. " "
	Keeper of the Tower of Caladiforno		504. " "
	Keeper of the Tower Troia		336. " "
	Keeper of the Tower Cala Galera		336. " "
	Keeper of the Tower of Trappola		336. " "
	Total of Grosseto	14130.	
Island of Giglio	Governour Captain Berti		1680. " "
	Chaplain		180. " "
	Keeper of the Tower of Campese		504. " "
	Chaplain		210. " "
	Keeper of the Tower of Porto		336. " "
	Total of Giglio	2910.	
	A Company of Militia consisting of 20. Men with the proportion of their Cloathing for a year, imployed on the Coasts		5419. 4. 7.
Pisa	Commandant Major Roussillon		2160. " "
	Keeper of the Tower of Bocca d'Arno		420. " "
	Phisician		144. " "
	Chaplain		252. " "
	Total Pisa	2976.	
	Carry over		155755.15. 5.

(*segue*) **Extract**

		Flor:n Livres. S:s D:s
	Brought over	155755.15. 5.
Siena	Commander Cap:n de Guillermin	2160. " "
	Chaplain	288. " "
Pistoia	Governour Colonel o'Kelly paid out of the Civil List	
	Chaplain of the Fortress	120. " "
Monte Carlo	Commander, Lieutenan Colonel	1404. " "
Volterra	Commander a Major	4000. " "
	Adjutant of the Fortress	504. " "
	Chaplain	252. " "
	Keeper of the Prison	186. " "
	A Small Garrison of 24 Men with the proportion' of Cloathing &c. &c	4837. 8. 1.
	Total of Volterra 9779. 8. 1.	
Terra del Sole	Commander, a Major	1512. " "
Pietrasanta	Keeper of the Tower del Salto alla Cervia	840. " "
	Six Soldiers at 336 Livres each	2016. " "
	Keeper of the Tower of Cinquale	480. " "
	Keeper of the Tower of Motrone & a Soldier	732. " "
San Martino	Commander Major Champlon	2160. " "
	Chaplain	180. " "
Pontremoli	Governour Colonel Dumesnil, Paid by the Civil List	
Arezzo	Commander Major Ferra	2160. " "
	Sum Total	179587. 3. 6.

Extract
of the Annual Expence of the Noble Guard

	Flor:ⁿ Livres. S:ˢ D:ˢ
Captain Commander	6000. " "
Lieutenant	4000. " "
Guidon	2000. " "
Chaplain	756. " "
Surgeon Major	900. " "
His Allowance for Bedding, Wood, Light &c	97. 9. 7.
Marechal de Logis at 2. £. 1.2 pʳ day	949. " "
His Allowance, as above	97. 9. 7.
Brigadier at 2. £. 5 pʳ day	821. 5. "
His Allowance, as above	97. 9. 7.
Under Brigadier at 2. £. pʳ day	730. " "
His Allowance, as above	97. 9. 7.
Harbinger at 2. £ pʳ day	370. " "
His Allowance as above	97. 9. 7.
50. Gentlemen called Gardes Nobles at 1. £ 15. pʳ day	31937.10. ".
Allowance for Bedding, Wood, Light &c	2757.12. "
1. Kittle Drum at 1. £. 15. & Allowance as above	693.17.10.
4. Trumpets at 1. £. 15. & Allowance, as above.	2775.11.11.
Barber, Farrier, Porter, & Hors braker	1580.16. "
11. Servants at 1. £. each, with Allowance as above	4272. 8. "
Forrage for the Officers	2847. " "
Forrage for the Company	13548.16. "
Shoeing the Horses at 22. £. each Horse-with Medecins &c	1276. " "
Rent for Quarters Allowed to the Lieutenant and Surgeon	380. " "
Small Expences	520. " "
The Proportion of the Annual Expences for Cloathing, Furnitures &c	10118. 2. "
Annual Sum Total	90081. 3. 8

The Rich Uniform, which is yellow turned up with black & laced with Silver is renewed every five years, The plain Uniform lasts two years & half, The Cloak, Boots & Horse Furniture ten years, so that by an exact Calculation of the whole, the Annual proportion of that Expence amounts to 10118:ᴸⁱᵛʳᵉˢ 2:ˢ.

This rich uniform has lately been altered by the present Great Duke to Scarlet coats and light blue waist coats and breeches richly laced with silver.

The Commander and Brigadiers are imbroidered.

Extract
Of the Annual Expence of Three Regiments of Foot,
Each consisting of l'*Etat Major* & 12.
Companies of Rank & file & two Companies
of Grenadiers of 100. Men each

	Flor:^{n} Livres. S:^{s} D:^{s}
1. The Colonel	7000. " "
1. Lieutenant Colonel	5000. " "
1. Major	4000. " "
1. Quarter Master	1500. " "
1. Auditor	1440. " "
6. Ensignes at 600. £: each	3660. " "
1. Chaplain	900. " "
1. Adjutant	648. " "
1. Surgeon Major	1500. " "
1. Surgeon of Battalion	738. 7. "
6. Six Ordinary Surgeons at 612. £: each and an Allowance for Wood, Light &c^a	3782. 2. "
1. (Prososso)	900. " "
1. Head Drummer, with Cloathing, Bed &c^a	330. 2. 7
6. Under Sergeants with Cloathing, Beds &c &c	1980.15. 5.
29.	33319. 7. "
Company of Grenadiers.	
1. Captain	2160. " "
1. Lieutenant	1080. " "
1. Second Lieutenant	900. " "
1. Serjeant at 16.^{s} with Cloathing, Bed &c^a	430.14. 6.
1. Harbinger at 15. Detto	412. 9. 6.
4. Corporals at 11. Detto	1306.19. 3.
4. Drummers at 8^1/$_2$. Detto	1103.19. 3.
87. Grenadiers at 7. Detto	21280. 3. 1
Total for one Company of Grenadiers	28674. 5. 7.

(segue) Extract

	Flor:ⁿ Livres. S:ˢ D:ˢ
Company of Rank & file.	
1. Captain	2160. " "
1. Lieutenant	1080. " "
1. Second Lieutenant	900. " "
1. Serjeant at 16ˢ. pʳ day, with Cloathings &cᵃ	421. 7. 6.
1. Harbinger at 15. pʳ day Ditto	403. 2. 6.
4. Corporals at 11. pʳ day Ditto	1275.19. 8.
3. Drummers at 8.$\frac{1}{2}$ Ditto	818.19. 5.
8. Under Corporals at 8.$\frac{1}{2}$ Ditto	2140. 3.11.
80. Rank & file at 6.$\frac{1}{2}$ Ditto	18481.18. 7.
100. One Company of Rank & file	27681.11. 7.
29. Total of the *Etat Major*	33319. 7. "
200. **Grenadiers in two Companies**	57348.11. 3.
1200. **Rank & file in twelve Companies**	332179. 1. "
1429.	422846.19. 3.
Ordinary Expences allowed to the Quarter Master and Harbingers	756. " "
Additional Beds for the Married Soldiers	458.15. "
For Keeping the Regiment compleat and Enlisting 200. Recruits	2500. " "
To supply the loss of the Uniforms by Deserters and those who dye	3000. " "
Allowance for the Sick & other Expences	1000. " "
The whole Expence of one Regiment of Foot	430561.14. 3.

Extract
of the Annual Expence of the Regiment of Dragoons
consisting of l'*Etat Major* & of three Companies
each of 78. men, 50 of whom are Mounted & 15. on foot,
the Expence of the Horses not included, being furnished from
the Emperor's Stud

	Flor:ⁿ Livres. S:ˢ D:ˢ
1. Colonel	4640. " "
1. Major	5000. " "
1. Quarter Master	720. " "
1. Auditor	1440. " "
1. Chaplain	810. " "
1. Adjutant	810. " "
3. Surgeons at 612 £. each	1836. " "
Total de l'*Etat Major*	18256. " "
A Company	
1. Captain	2600. " "
1. Lieutenant	1260. " "
1. Under Lieutenant	942. " "
1. Serjeant	501.14. 3.
1. Harbinger	381.14. 3.
5. Corporals at 15.ˢ p.ʳ day, with Cloathing &c	1714.10.10.
1. Drummer at 9.ˢ p.ʳ day Ditto	238. 4. 7.
2. Saddler & Farrier at 7.¹/₂ p.ʳ day Ditto	412. 1. 4
50. Dragoons mounted at 7.¹/₂ p.ʳ day Ditto	10301.13. 4.
15. Ditto on Foot at 7. p.ʳ day Ditto	2797.10. "
Total of one Company	21149. 8. 7.

(*segue*) **Extract**

	Flor:ⁿ Livres. S:ˢ D:ˢ
Whole Expence	
The *Etat Major*, as before	18256. " "
234. Men in Three Companies, as Ditto	63449. " 9.
Forrage for the Officers Horses	4215.15. "
Ditto for the Regiment	37777.10. ".
Allowance for Bread, Wood, & Light	15020. 9. 4.
Bedding	2229.10. 6.
Office Expences	276. " "
Enlisting money	450. " "
Additional Uniforms to Supply those lost by Desertion	500. " "
Horse Breakers	365. " "
Expence of Sick	800. " "
Sum Total of the Regiment of Dragoons.	143339. 5. 7.

Extract
of the Annual Expence of the Battallion
of Artillery composed of two Companies

	Flor:[n] Livres. S:[s] D:[s]
1. Colonel	8400. " "
1. Major	4200. " "
1. Adjutant	1080. " "
1. Surgeon Major	960. " "
1. Second Surgeon	738. " "
The two Companies	
2. Captains at 210 Livres p.[r] Month each	5040. " "
2. Lieutenants at 105. £ p.[r] Month each	2520. " "
2. Under Lieutenants at 90. £. each	2160. " "
2. Serjeants at 45. £. with Cloathing &c[a]	1189.12. 5.
2. Under Serjeants at 35. £. Ditto	949.12. 5.
2. Harbingers at 30 £. Ditto	829.12. 8.
8. Corporals at 30. £. Ditto	3263.15.10.
2. Drummers at 20. £. Ditto	563.10. 9.
12. Under Corporal at 25. £. Ditto	4117. 2.10.
83. Gunners at 22. £. Ditto	25488.17.11.
83. Assistant Gunners at 18. £. Ditto	21504. 4.11.
	83005. 9. 9.
Allowance for the Gunners who are Married	
for additional Bedding &c[a]	220. " "
Allowance to the Harbingers of 2. £. p.[r] Month	48. " "
To supply the loss of Uniforms by Desertion	252. " "
Extraordinary Expences	600. " "
Total Expence of the Battalion of Artillery	84125. 9. 9.

Extract
of the Annual Expence
of the Body of Ingeneers

	Flor:^{n} Livres. S:^{s} D:^{s}
The Pay of the Colonel & Major is comprised in the Battalion of Artillery.	
2. Captains at 210 £ per Month each	5040. " "
2. Lieutenants 105. £ per Month each	2520. " "
2. Sub Lieutenants 90.£	2160. " "
1. Mathematick Master	1080. " "
1. Drawing Master	720. " "
1. First Conductor	840. " "
2. Other Conductors at 60. £ p^r Month each	1440. " "
1. (Picchiere)	600. " "
2. Cadets at 20. £. p^r Month each	480. " "
14. **Total Expence of a Body of Ingeneers**	14880. " "

Extract
of the Annual Expence of a Company
that remains in Garrison at Grosseto

	Flor:^{n} Livres. S:^{s} D:^{s}
1. Captain	2160. " "
1. Captain Lieutenant	1440. " "
4. Lieutenants at 90. £: p^r Month each	4320. " "
4. Sub Lieutenants	2880. " "
2. Serjeants at 1. £. p^r day each with Cloathing &c	817. 3.10.
2. Under Serjeants at 15. S:^{s}. Ditto	634.13.10.
1. Harbinger at 15. S:^{s}. Ditto	317. 6.11.
12. Corporals at 15. S:^{s}. Ditto	3764.19. 1.
4. Drummers at 12. S:^{s}. Ditto	1058. 8. 4.
12. Under Corporals at 12. S:^{s}. Ditto	3147.13. 1.
178. Common Men at 11. S:^{s}. Ditto	41817. 9. 1.
221.	62357.14. 2.
Allowance to the Harbinger	36. " "
Additional Beds for the Married Men	275. 5. "
Additional pay for the time of the bad air from the 1.st of July, to all October	2960. 4. "
Loss of Cloathing by Desertors	340. " "
Hospital	200. " "
Total Expence of a Company of Grosseto	66169. 3. 2.

Extract
of the Annual Expence of the Under Officers
& Invalids distributed in the Small Fortress & Towers

	Flor:ⁿ Livres. S:ˢ D:ˢ
153. At Pisa. 57. At Siena. 56. At Pistoia. 25. At Terra del Sole. 25. At Monte Carlo. 31. At Pontremoli. 32. At San Martino. 40. At Arezzo. 27. At Volterra.	
446. Of whom 69. (Bassi Uffiziali) at 10$^{s.1}/_2$ p.ʳ Day For Cloathing 12. Livres 6. 10. each 337. Invalids at 8. S.$^{s1}/_2$ p.ʳ Day For Cloathing 11. Livres 5. 4. each Beds for all. at 9. Livres 3. 6. p.ʳ Annum Extraordinary Expences for Sick &c&cᵃ	13222. 2. 6. 851.11. 6. 58482. 2. 6. 4247.10. 8. 4917.16. " 900. " "
Total Expence of Invalids imployed in the Fortresses	82621. 3. 2.

Extract
of the Annual Maintenance of a Horse Guard
for the Coasts of Rosignano and Campiglia

	Flor:ⁿ Livres. S:ˢ D:ˢ
1. Officer at 81. Livres per Month	972. " "
2. Corporals at 38. Livres per Month each	912. " "
36. Common Men at 34. per Month each	14688. " "
39. **Total of a Guard at Rosignano**	16572. " "

Extract
of the Annual Pay of People imployed
in the Arsenals and Offices belonging to the Artillery

		Flor:ⁿ Livres. S:ˢ D:ˢ
Florence	Secretary	1080. " "
	Cashier	1080. " "
	Keeper of the Magazines	1080. " "
	Head Clerk	720. " "
	Under Clerk & Inspector of the Quarters	480. " "
	Copier & Assistant to the Secretary	480. " "
	Founder	336. " "
	Ingraver	336. " "
2	Furbishers of the Arms	924. " "
2	Keepers of the Armory	840. " "
	Keeper of the Secretary's Office	336. " "
	Keeper of S:ᵗ Miniato	80. " "
		7772. " "
Leghorne	Keeper of the Magazins	1080. " "
	First Clerk	840. " "
	Second Clerk	600. " "
	Copier	600. " . "
	Cleanser of the Mole	588. " "
	Keeper of the Secretary's Office	336. " "
	Keeper of the Magazins	840. " "
Portoferraio	First Clerk	480. " "
	Second Clerk & Inspector of Quarters	420. " "
	Keepers of the Magazins	720. " "
Grosseto	Clerk	360. " "
Pisa	Keeper of the Magazins	360. " "
Siena	Ditto	360. " "
Volterra	Ditto	288. " "
Pistoia	Ditto	288. " "
Arezzo	Ditto	288. " "
Terra del Sole	Ditto	288. " "
San Martino	Ditto	288. " "
Monte Carlo	Ditto	168. " "
Pontremoli	Ditto	168. " "
	Total of People imployed in the Arsenals	17132. " "

Extract
of sums allowed for House Rent to Officers
& others not provided for at Quarters

	Flor:ⁿ Livres. S:ˢ D:ˢ
1. Major General	700. " "
1. Director General of the Artillery	560. " "
1. First Commissary of War	490. " "
1. His Secretary	105. " "
4. Clerks of the Commissary's Office 105. £ each	420. " "
Rent of the Office	257. " "
1. Auditor General	280. " "
1. Clerk of the Auditor	105. " "
1. Military Secretary	105. " "
1. Head Clerk of the Gates of Florence	105. " "
1. Adjutant at Florence	84. " "
1. Controllor of the Military Accounts	350. " "
1. Secretary of the Office of Artillery at Florence	105. " "
1. Cashier Ditto	105. " "
1. Lieutenant Ingeneer in Florence	105. " "
1. First Clerk of the Artillery Office	84. " "
1. Surgeon Major	105. " "
2. Clerks of the Artillery Office at Portoferraio	168. " "
1. Governour of Grosseto	560. " "
1. Keeper of the Magazins at Grosseto	84. " "
1. Colonel of Dragons at Pisa	560. " "
1. Major Ditto Ditto	350. " "
2. Quarter Master Ditto	210. " "
2. Surgeons Ditto	105. " "
2. Captains Ditto	420. " "
4. Subaltern Officers Ditto	420. " "
Total House Rent to Officers	6942. " "

Extract
of additional Pay allowed to Some Foreign Officers of the three Regiment of Foot in the Shape of Pensions

		Flor:ⁿ Livres. S:ˢ D:ˢ
First Regiment	Lieutenant Colonel	580. " "
	Quarter Master	300. " "
	Auditor General	180. " "
	Captain Mangeon	540. " "
	Captain de Vincent	540. " "
	Lieutenant Klitscher	180. " "
	First Drummer	204. " "
Third Regiment	Captain Petit	540. " "
	Captain Fournier	540. " "
	Captain Mainhart	540. " "
	Lieutenant Prieto	180. " "
	Lieutenant Longre	180. " "
	Lieutenant Montero	180. " "
Dragoons	Auditor	1080. " "
	Other Officers of the Artillery	816. " "
	Total of the additional Pay	6580. " "

The Monthly Military Pensions to Officers actually in Service, to Others dismissed, & to the Widows, & Children of the Officers deceased, amount in all per Month 8052. Livres 15.ˢ:

Per Annum Flor:n Livres. S:ˢ D:ˢ

96633. 15. "

The whole Expence of the Maintenance of the Marine consisting of two Ships of War of 40. Guns & two Snows, by an account Stated & approved for the year 1765

	Flor:ⁿ Livres S. D.		£: Sterling S. D.
For the Maintenance of one of the above Ships of 40. Guns & the two Snows fitted out for the Sea for 3. Months at the rate of Livres 12261. 10:ˢ· pʳ Month, as by the accounts Marked **A. &, B.**	36784.10.	"	1379. 8. 6³/₄
For the same Vessels for nine months disarmed in Port at Livres 5427. pʳ Month as by the Account Marked **C**	48843. "	"	1831.11. 9.
An Augmentation of Sailors for nine month as Marked **C**	13365. "	"	501. 4. 3.
For the maintenance of the other Ship of 40. Guns the whole year in Port, being unfit for the Sea at the rate of £ 1214. pʳ Month, as by account **D**	14568. "	"	546. 6. "
For the Pay of the Commander in Chief, the Commissary &c, as by account **E**	26640. "	"	999. " "
For the Sick	1000. "	"	37.10. "
For the Expence of Wood, Light &c	4000. "	"	150. " "
For the Expence of Careening, Refitting &c	18000. "	"	675. " "
For Tackling & other necessaries, about	25000. "	"	937.10. "
	188200.10.	"	7057.10. 6³/₄
Deduction from the pay of the sailors for some months in the year	7208.10.	"	270. 6. "
	180992.10.	"	6787. 4. 6³/₄

NB. The Hull of a Frigate lately built at Leghorne has been purchased by the Emperor for pezze, 11000, & is to be fitted out. Allowing the builder, 300, pezze for 15, years for its maintenance.

A. Demonstration of the Monthly Expence of the Maintenance of a Ship of War, with the pay of the Officers

N:°		Flor:ⁿ Livres. S:ˢ D:ˢ
1.	A Knight of S:ᵗ Stephen no pay	
1.	Captain of the Ship	324. " "
2.	Lieutenants (:Foreigners:) at 130. £. each	260. " "
1.	Ditto Knight of S:ᵗ Stephen	70.
4.	Ditto Caravanists without pay	
1.	Chaplain Capuchin	14. " "
1.	Honorary Lieutenant to instruct the Knights	130. " "
1.	Surgeon	100. " "
1.	Clerk	80. " "
1.	Master of the Vessel	100. " "
1.	Chief Mate	60. " "
1.	Second Mate	50. " "
1.	Corker	65. " "
1.	Corker's Mate	35. " "
1.	First Gunner	60. " "
1.	Boatswain	60. " "
1.	Boatswain's Mate	35. " "
1.	Sail Maker	60. " "
1.	Furbisher of the Arms	33. " "
1.	Cockson of the Barge	33. " "
1.	Cook	30. " "
1.	Purser	30. " "
1.	Ditto for the Captain	30. " "
1.	Captain's Cook	30. " "
28.		1689 " "
25.	Sailors of the first Class at 30 £. p:ʳ Month each	750. " "
25.	Ditto of the second Class at 25. £ Ditto	625. " "
4.	Cabin Boys at 10. £ Ditto	40. " "
82.	Carry over montly pay	3104. " "

(segue) Demonstration

		Flor:ⁿ Livres. S:ˢ D:ˢ
Men 82.	Brought forward the Montly pay	3104. " "
12.	Gunners belonging to the Land Troops & payd with them	
80.	Soldiers belonging to the Land Troops and paid with them	
2.	Servants Ditto	
176.	Daily Allowance of Provvisions for them, deducting a part of that for the Troops which is returned to the Purser by the Commissary of war	2801. " "
	Allowance for the Table of the Knights of S:ᵗ Stephen, the Captain of the Ship, four Lieutenants, & the Chaplain	400. " "
£: Sterling 236.8.6.	Total Montly Expence for a Ship of War	6305. " "
£: Sterling: 233.7.6.	Total Montly Expence of 2. Snows, as by Account **B**	5956.10. "
		12261.10. "
£: Sterling. 1379.8.6.³/₄	Total for 3. Months Flor:ⁿ Livres 36784. 10. ".	

B. Demonstration of the Monthly maintenance
of a Snow fit for the sea

N.º		Flor.ⁿ Livres. S.ˢ D.ˢ
1.	The Commander (a Foreigner:) his pay p.ʳ Month	130. " "
1.	Lieutenant	70. " "
2.	Knights of S.ᵗ Stephen no pay	
1.	Chaplain	14. " "
1.	Clerk	50. " "
1.	Surgeon	100. " "
1.	Master of the Vessel	100. " "
1.	Mate	60. " "
1.	Corker	50. " "
1.	Boatswain	45. " "
1.	first Gunner	60. " "
1.	Boatswain's Mate	35. " "
1.	Cook of the Ship	30. " "
1.	Purser Ditto	30. " "
1.	Captain's Cook	30. " "
1.	Purser Ditto	30. " "
17.		834. " "
10.	Sailers of the first Class - at 30 Livres p.ʳ Month each	300. " "
10.	Ditto of the second Class - at 25. Livres	250. " "
2.	Cabin Boys at 10	20. " "
6.	Gunners } Payd with the Land Troops	
35.	Soldiers	
80.	Daily Allowance for their Provisions at 15.ˢ p.ʳ day, deducting the Share that is repaid by the Land Troops	1293. " "
	Additional Allowance for the Table of the Knights of S.ᵗ Stephen	190. " "
	Monthly Expence for one Snow	2887. " "
	Ditto for the other Snow	2887. " "
	Pay to a Lieutenant to Serve on board either occasionally	182.10. "
	£: Sterling. S.ˢ D.ˢ	
	223. 7. 6. The Montly Expence of two Snows	5956.10. "

C. Demonstration of the Maintenance of a Ship
of war and two Snows for nine months disarmed in Port

N:°		Flor:ⁿ Livres. S:ˢ D:ˢ
1.	Captain of the Ship p.ʳ Month	324. " "
2.	Captains of the Snows p.ʳ Month	232. " "
7.	Lieutenants	790. " "
1.	Surgeon for the Ship on Duty	100. " "
2.	Ditto for the Snows at half pay	100. " "
1.	Clerk for the Ship	80. " "
2.	Ditto for the Snows	100. " "
1.	Master on Duty	100. " "
2.	Ditto on half pay	100. " "
3.	Mates on half pay	90. " "
1.	Carpenter for the Ship	65. " "
2.	Ditto for the Snows	100. " "
1.	Boatswain for the Ship	60. " "
2.	Ditto for the Snows	90. " "
1.	First Gunner on full pay	60. " "
2.	Ditto at half pay	60. " "
1.	Furbisher of the Arms	33. " "
1.	Master of the Sails & Rigging	60. " "
1.	Master of the Boat	33. " "
3.	Pursers	90. " "
3.	Cooks	90. " "
12.	Sailers of the first Class	360. " "
18.	Ditto of the second Class	450. " "
70.		3567. " "
	Allowance of Provision with the Table for the Officers p.ʳ Month	1860. " "
		5427. " "

		Flor:ⁿ Livres	£: Sterling. S: D:
	The whole Expence for 9. Months	48843	1831.11. 9.
	An augmentation of 30. Sailers	13365	501. 4. 3.

D. Demonstration of the Monthly Expence
of a Ship disarmed in Port

N:°		Flor:ⁿ Livres. S:ˢ D:ˢ
	People to Guard the Ship	
1.	Carpenter	65. " "
1.	Boatswain	60. " "
2.	Sailers of the first Class	60. " "
2.	Ditto of the second Class	50. " "
2.	Mates	20. " "
1.	The Captain	324. " "
1.	Chaplain a Capuchin	14. " "
1.	Clerk	80. " "
1.	Smith	33. " "
1.	Master of the Boat	33. " "
1.	Master of the Sails & Regging	60. " "
14.	Allowance for daily Provvisions for the above	315. " "
	Surgeon at half pay	50. " "
	Master of the Vessel at half pay	50. " "
	The Expence of one Month	1214. " "

£: Sterling. S: D:	Flor:ⁿ Livres	
546. 6. " For the whole year	14568.	

E. The yearly pay of the Commander
in Chief and others

	Flor:ⁿ Livres. S:ˢ D:ˢ
The Commander in Chief M:ʳ Acton, English,	18000. " "
Head Commissary M:ʳ Lowther, English,	6000. " "
Keeper of the Magazins	1680. " "
Secretary and Cashier	960. " "
£: Sterling. 999... Flor:ⁿ Livres 26640. ". ". Extraordinary Expences	3600. " "
£: Sterling. 1184. ". ".	30240. " "

The Order of S.t Stephen

This Order which is called Sacred and military was founded in the year .1561. by the Great Duke Cosmus the I:st with the consent of Pope Pius the 4:th upon the model of that of Malta with the obligation of wageing War against the Turks. They are considered as monks of Camaldoli tho' they may marry.

The revenues of this Order consist in some possessions originally taken from the monks but for the most part in lands and money of private families now extinct, which founded commendums: and in pensions assigned on the publick tribunals and cases of the State, of all which the Great Duke as Grand Master disposes, excepting only those in the families still existing, in which they are hereditary and frequently even for more than one in the same family.

The number of the Knights including the great officers is at present about 700.

The residence of the Order is at Pisa where the Chapter is held every third year. The Cross is red of the shape of that of Malta with a red ribbond worn about the neck by the Great Officers, and at the button-hole by the common Knights.

The Order has a capital that produces 70,000 crowns yearly, of which 12,000. are assigned for the marine and 4,000. are appropriated for the Salaries and appointments of the under Officers of the Order, and from part of the remainder the Great Duke assigns the commendums to the Knights most of which are very Small.

There are likewise Nuns of this Order called *Cavalieresse*.

The general account of the yearly revenue
and the expences of the present Great Duke

INCOME	Florent:ᵉ livres
Income from Tuscany	
The fixt annual Rent of the General farm, the principal branches of which are Tobacco, Salt, the tax on all contracts, on marriage portions, Stamp on paper and Cards, the tax on all provisions and other branches of commerce, the farm of the publik Lottery, the manifactures of iron and gun-powder, and the farm of the Tunny-fishery &cc	7,578,876.
From a vast number of other small taxes upon the product of industry and the necessaries of Life, upon Lands, agriculture, and a Poll-tax, not comprised in the above mentioned General farm	3,025,770.
From lands and tenements both of the private Patrimony of the Great Duke & of diverse Tribunals and publick chests	895,193.
From the profit of trade carried on, on account of the publik	145,534.
From the interest of actions in the publick funds possessed by some publick offices, not including those which have been lately purchased by the Prince	44,869.
From confiscations, that is the fruit from the hant of heirs &cc	7,124.
From draw-books on all the Salaries of all the tribunals and universities	48,529.
From Sums deposited by the comunities in the country to defray certain publick expences	79,636.
From the Order of the knights of S:ᵗ Stephen, for the Sea-service	84,000.
The whole income from Tuscany	11,909,470.
Personal income	
From Vienna for the interest of a 1,200,000, florins which Sum the pres:ᵗ Emperor took from Tuscany as belonging to him after his father's death, for which he is to pay four per C:ᵗ during yᵉ Gr:ᵗ D:ˢ Life	160,000.
From Vienna as a Cadet of the House of Austria	140,000.
From Vienna for the interest of the Great Dutchesses fortune w:ᶜʰ was 800,000. dollars at four per C:ᵗ makes	193,200.
Total	12,402,670.

(segue) The general account

EXPENCES	Florent:ᵉ livres
Expences for Tuscany	
For the interest of the publick stocks	3,028,283.
For the military, the Sea-service, Gard noble, artillery and fortifications	2,501,243.
For the appointments of the officers & whole expence of the pres:ᵗ Court	2,100,000.
For legacies to private people left by the Medici's family	39,904.
Appointments to Ministers and agents abroad	126,000.
For several commendaries of the Order of S:ᵗ Stephen	99,653.
For many religious expences, portions to young women, masses chappels and charities besides the maintenance of sev:ᵃˡ Convents	180,522.
To Officers of Justice, judges and others, & maintenance of the tranquillity of the City and country, and the publick buildings &ce	118,915.
For the maintenance of the High-roads	116,301.
Expences for the Secretary of State's office	14,000.
Publik expences in festivals for the city of Florence &cc	51,260.
For Salaries to the Clerks of certain offices and tribunals &cc	693,689.
For the administration of the money deposited by the Comunities in the country and pious legacies	50,382.
For the maintenance of the Universities and Students	120,500.
For certain Sums deposited in Some of the publ:ᵏ chests	381,367.
Total expences for Tuscany	9,632,019
Personal expences not as Great Duke	
Legacies and pensions which the late Emperor his father left to diverse people at Vienna &ce which are Supposed to amount yearly to	475,000
Total	10,107,019

	Florentine livres	Pound Ster:ˢ S: d:
The whole income	12,402,670.	465,100. 2. 3.
The whole expence	10,107,019.	379,013. 4. 3.
Remains clear	2,295,661.	86,087. –. –.

The Great Duke's Household

Steward called here Maggior Domo
Maggiore Count Rensenberg.
      Principal Officers in his department, and under his dependance.
Marquis Corsi Great-Huntsman.
Marquis Riccardi Master of the Wardrobe.
Senator Gianni Maggior Domo of the Palace.
      Gentlemen in Ordinary.
Chevalier Pecci.
Colonel O'Kelly.
General Corny.
Two Secretaries of the Court, appropriated for the Department of the
    Maggior Domo Maggiore.
Treasurer of the Household, Monseur Martin.
      An Assistant.
Four Professors in Divinity and Mathematicks.
Curat of the Court.
Almoner.
A Director of the Chappels of the Court.
Six Chaplains.
Four Quiristers.
A Keeper of the Church-Plate & Vestments.
Two assistents.
A Composer of Musick and many Performers on diverse Instruments.
Two Keepers of the Palace Library and two Assistents.
Three family Physicians with their Assistents.
Three Surgeons and their Assistents.
Two Cabinet Couriers.
The Department of the Great Huntsman Marquis Corsi.
A Secretary. A Supraintendant of the Park at Pisa.
Two chief Huntsmen at *Volterra* and *Campiglia*.
A Pay Master.
A Surveyor of the accounts.
A Keeper of the Menagery in the Palace Garden. An Assistent.
A Keeper of Wild Beasts; besides many Huntsmen, Guards of the Game
    and others employed in this branch.
The Department of the Keeper of the Great Wardrobe Marquis Riccardi.
A Director of the Wardrobe. Two Book-Keepers, many Clerks and
    other Assistents.

An under Wardrobe Keeper at the Palace Pitti, a Substitute and many Upholdsterers.

Fourteen under Wardrobe Keepers of the Palaces in the different Towns and Villas.

    The Gallery.

An Antiquarian.

A Director of the works made there.

Keeper of the Gallery, with many Assistents and Servants.

Forty six head Workmen, as Ingravers, Bronsits &c.

The Department of the Maggior Domo of the Palace Senator Gianni.

A Controller of the Kitchen, & Vice Controller.

Two Accountants.

A Keeper of the Plate & six Assistents.

Keeper of the Linnen & three Assistents.

Two head Butlers & three Assistents.

Chief Caterer with many Assistents.

Head Clerk of the Kitchen.

Two Master Cooks, & six under Cooks.

Seven Scullions.

A Pastry Cook, & an Aid.

A Chief Cook for Roasting & an Aid.

An Inspector of the Cellars & three Assistents.

A Chief Confectioner. An other for the Ice with many Assistents for each.

A Keeper of the Magazins for firing with many Assistents and Porters.

A Guard for fire and Lamp lighter.

An Inspector of all the Servants.

    The Department of the Buildings and Gardens.

Count Rensenberg Director.

A Secretary for this department.

A Clerk.

A Cashier.

An Ingeneer.

Three Architects.

Sixteen under Officers employed in this Branch.

    Great Chamberlain.

Duke Salviati

Sixty Gentlemen of the Bed-Chamber two of which only, are constantly upon duty for Week; they are composed of Foreigners as well as of the Nobility of the Country. They have certain privileges at Court but no Salary.

Two Confessors, both Jesuits.

Three private Secretaries.

A Body Physician, and Surgeon.

A Secretary for that department.

Six Valets de Chambre.

Two Fourriers.

Two Grooms of the Chamber.

Three Door keepers.

An under Wardrobe keeper.

An Apothicary.

The Department of the Master of the Horse

Prince Corsini Grand Prior of Malta.

Nine Pages.

A Governour of the Pages.

A Preceptor.

An under Preceptor.

A Chief Equerry and director of the Manage.

A Controller.

Two Assistents.

Three Equerries of the Manage.

A Surveyor.

Two Assistents.

An Equerry of the Stirrup.

Two Overseers of the Coaches and Carriages.

Three Dispensors of the Forage.

Two Hunters.

A Chief workman for the Coaches

Nine Assistents.

A Chief Farrier & seven Assistents.

Ten Workmen of diverse sorts.

Twenty six Footmen.

Six Running Footmen.

Six High-Dukes.

Two Porters of the Palace.

Two Horse-men one of which always preceeds the Great Duke's or Great Dutchesses Coach.

Two Body Coachmen for the Town.

One for the Country.
One Postillion.
Five Coachmen for Sets of Horses.
Seven Postillions.
Seven Grooms for the Sets.
Twenty four other Grooms.
Thirty three Conductors of Mules.
A Superintendent of the Stud at Pisa.
A Purveyor.
Two Masters of that Manage.
Twenty eight Grooms, Postillions, Horse-Breakers &c.
    The Manage at Sienna.
A Master of the Manage.
A Master of the Stables.
Three Grooms.

The Great Dutchesses Houshold

Grand Master, Duke Strozzi.
Grande Maitresse the Countess of Thurn.
Eleven Ladies of Honour (these have no Sallary, but the Great Dutchess
    makes each of them a present every Year of a piece of rich Stuff for
    the Petticoat of the Court-Dress).
The Mistress of the Chambers.
Four Dressers.
A Master-Maker & Keeper of the Robes.
Two Women of the Chamber.
Four Valets de Chambre.
Two Grooms of the Chamber.
Three Door Keepers.

The Young Princesses Attendents

Her Great Mistress, the Marchioness Albizzi.
A Mistress of the Chambers.
Two Women of the Bed-Chamber.
A Keeper of the Wardrobe.
Two Grooms of the Chamber.

	Eterodossi								Somma totale
	Acatolici				Ebrei				
ae	Famiglie	Maritati	Maschi	Femmine	Famiglie	Maritati	Maschi	Femmine	
7	7	2	24	1	179	368	397	423	223115
3	–	–	–	–	2	6	4	2	66252
7	–	–	–	–	5	4	8	1	86495
4	–	–	–	–	–	–	–	–	49409
)	–	–	–	–	–	–	–	–	12430
)	–	–	–	–	–	–	–	–	14924
5	**74**	64	206	54	**1464**	2457	3847	3877	99744
5	–	–	–	–	**63**	104	86	108	38621
–	–	–	–	–	**36**	77	38	29	13554
7	–	–	–	–	9	24	21	26	6617
)	–	–	–	–	–	–	–	–	7318
3	–	–	–	–	–	–	–	–	17026
)	–	–	–	–	**31**	51	45	34	96097
)	–	–	–	–	3	5	2	3	17038
3	–	–	–	–	–	–	–	–	17787
)	–	–	–	–	–	–	–	–	7330
)	–	–	–	–	4	2	7	–	7235
3	–	–	–	–	–	–	–	–	42457
3	–	–	–	–	–	–	–	–	30478
4	–	–	–	–	–	–	–	–	6182
)	–	–	–	–	–	–	–	–	10580
7	–	–	–	–	–	–	–	–	34847
4	–	–	–	–	–	–	–	–	1836
–	–	–	–	–	–	–	–	–	694
5	–	–	–	–	–	–	–	–	10744
–	–	–	–	–	–	–	–	–	2735
2	–	–	–	–	–	–	–	–	4936
–	–	–	–	–	–	–	–	–	2566
–	–	–	–	–	–	–	–	–	293
–	–	–	–	–	–	–	–	–	298
3	–	–	–	–	9	10	9	10	1469
–	–	–	–	–	–	–	–	–	648
–	–	–	–	–	–	–	–	–	3559
2	–	–	–	–	–	–	–	–	1780
–	–	–	–	–	–	–	–	–	6058
–	–	–	–	–	–	–	–	–	911
)	**81**	66	230	55	**1805**	3114	4464	4513	945063

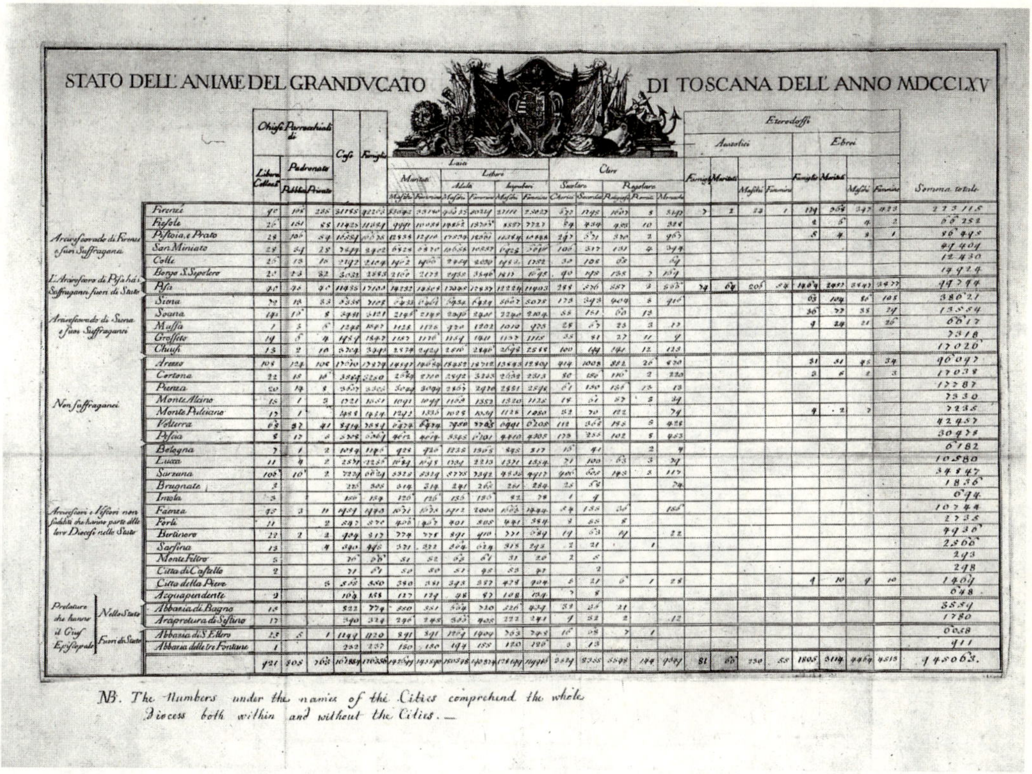

STATO DELL'ANIME DEL GRANDVCATO DI TOSCANA DELL'ANNO MDCCLXV

		Chiese Parrocchiali di			Case	Famiglie	Laici						Clero					Eterodossi								Somma totale
		Libera Collaz.	Padronato				Maritati		Liberi				Secolare		Regolare			Acattolici				Ebrei				
									Adulti		Impuberi							Famiglie	Maritati			Famiglie	Maritati			
			Pubblico	Privato			Maschi	Femmine	Maschi	Femmine	Maschi	Femmine	Cherici	Sacerdoti	Religiosi	Romiti	Monache			Maschi	Femmine			Maschi	Femmine	
Arcivescovado di Firenze e suoi Suffraganei	Firenze	90	105	235	31185	42263	33692	33160	40535	20214	27111	25023	577	1295	1607	3	3149	7	2	22	1	129	364	347	423	223115
	Fiesole	26	151	85	11425	11891	9991	10084	14862	13703	8887	7727	64	434	485	10	324					4	6	4	2	66252
	Pistoia, e Prato	28	106	54	16554	16078	12338	12410	17839	16061	16364	10888	297	571	320	2	963					5	4	3	1	96495
	San Miniato	28	54	28	7499	8902	6828	6870	10656	10857	6925	5610	106	317	131	4	394									47404
	Colle	25	13	16	2192	2104	1902	1900	2459	2030	1932	1782	30	108	65		69									12430
	Borgo S. Sepolcro	20	23	32	3032	2883	2100	2123	2932	3346	1817	1695	90	198	138	7	159									14924
L'Arcivescovo di Pisa hà i Suffraganei fuori di Stato	Pisa	70	75	70	11435	17103	14232	18804	17046	17837	12224	11403	288	576	887	3	663	74	64	206	54	1409	2457	3447	3477	99794
Arcivescovado di Siena e suoi Suffraganei	Siena	78	18	33	8338	7105	6432	6461	5934	6429	5067	5078	173	393	404	6	416					63	104	86	105	38021
	Soana	141	15	8	3941	3121	2196	2149	2296	2401	2240	2104	55	151	60	13						36	77	35	29	13554
	Massa	7	3	6	1248	1047	1128	1126	920	1202	1010	973	28	67	23	3	17					9	24	21	26	6617
	Grosseto	19	5	4	1959	1847	1157	1176	1159	1411	1137	1115	35	81	27	11	9									7318
	Chiusi	13	2	10	3709	3493	2374	2429	2516	2846	2698	2518	100	199	191	12	123									17020
Non suffraganei	Arezzo	108	124	108	17610	17879	14597	14659	18482	18712	13898	12807	414	1008	882	26	470					31	31	45	34	90097
	Cortona	22	18	16	3864	3250	2689	2710	2892	3283	2632	2313	80	156	110	2	220					3	6	2	3	17038
	Pienza	20	14	8	3657	3363	3099	3099	2867	2910	2851	2596	61	150	136	13	13									17787
	Monte Alcino	15	1	3	1721	1851	1091	1099	1169	1352	1320	1128	18	61	87	3	39									7330
	Monte Pulciano	17	1		1488	1414	1292	1335	1028	1039	1128	1080	52	70	122		79					4	2	7		7238
	Volterra	68	37	41	8419	7884	6474	6494	7950	7765	6991	6205	112	365	185	5	426									42457
	Pescia	5	17	6	5308	6069	4612	4619	5345	6201	4410	4305	173	255	102	5	453									30978
Arcivescovi e Vescovi non sudditi che hanno parte delle loro Diocesi nello Stato	Bologna	7	1	2	1039	1176	928	926	1235	1365	895	817	15	41		2	4									6182
	Lucca	11	4	2	2531	2235	1639	1698	1734	2213	1371	1354	71	100	63	3	39									10580
	Sarzana	105	10	2	7229	6629	5328	5319	5775	7392	4535	4917	406	605	193	3	117									34847
	Brugnate	3			275	305	314	314	241	262	261	254	25	58			74									1836
	Imola	3			150	159	126	126	135	130	82	78	1	9												694
	Faenza	45	3	11	1957	1978	1671	1678	1912	2000	1663	1444	54	138	36		186									10744
	Forlì	11		2	547	576	406	407	401	505	441	384	8	55	8											2735
	Bertinoro	22	2	2	909	817	774	775	891	910	771	689	19	63	19		22									4930
	Sarsina	13		4	540	496	371	372	504	629	318	293	2	21		1										2506
	Monte Feltro	5			70	66	51	52	63	61	31	26	2	5												293
	Città di Castello	2			71	61	50	50	51	48	53	47		2												298
	Città della Pieve			5	565	550	380	381	393	387	478	404	6	21	6	1	28					4	10	4	10	1409
	Acquapendente	9			104	188	127	129	98	87	108	134	7	8												648
Prelature che hanno il Giur. Episcopale — Nello Stato	Abbadia di Bagno	15			522	779	550	551	664	710	526	434	31	25	21											3559
	Arcipretura di Sestino	17			340	324	296	245	363	405	272	241	9	32	2		12									1780
Fuori di Stato	Abbadia di S. Ellero	25	5	1	1149	1120	891	891	1269	1404	763	745	16	68	7	1										6058
	Abbadia delle tre Fontane	1			232	237	180	180	194	155	170	126	3	13												911
		921	805	763	167889	170356	142649	143890	160548	140874	128649	119965	3529	8355	5548	144	4347	81	66	230	55	1805	3114	4464	4515	945063.

NB. The Numbers under the names of the Cities comprehend the whole Diocess both within and without the Cities. —

Fig. 13. "Stato delle anime del Granducato di Toscana dell'anno 1765" (RLW,IB-6a)

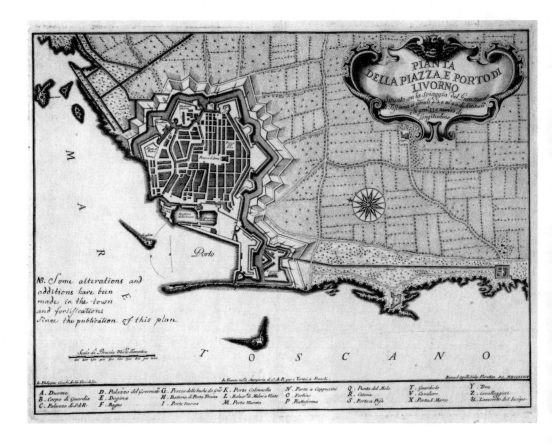

Fig. 14. "Pianta della Piazza e Porto di Livorno", 1734 (RLW,IB-6a)

Fig. 15. "Pianta della città di Firenze", 1755 (RLW,IB-6a)

LA RELAZIONE SU VENEZIA E DOMINI DI JOHN MURRAY

To the Right Honble The Earl of Halifax[1]   Venice, 3.^d May 1765

My Lord,

I shall now have the Honour to give your Lordships an Account of the Dominions of this Republick, in which it may be proper to begin with the Territory called the *Dogado*, or *Duchy* of Venice, being the most considerable, as including the Metropolis. It extends itself along the Shore from the Mouth of the River Lisonzo on the North to that of the Adige on the South, and comprehends, besides the Towns along that Coast, the Islands of the *Lagune* of Venice and Marano, and all that part which lies towards the Coast of the Gulph from Cavarsere to Grado. It is supposed to have gained upon the Sea by the Mud, Sand and Stones that have been continually pouring into it by the Rivers Adige, Brenta, Baciglione, Piave, Livenza, Tajamento and Lisonzo. It's Length is computed to be about 80 Miles, and it's Breath 10, or 12.

The principal Islands belonging to the Dogado are the following, viz. Giudecca,, Murano, Burano, Mazorbo, Torcello, Caorle, Grado, Le Vignole, I tre Porti, St Erasmo, Lido, Palestrina, Chioggia, Brondolo & Loredo. The most considerable Towns of that Territory are the following, viz. Venice, Murano, Torcello, Caorle, Marano, Grado, Malamocco, Chioggia, Brondolo, Loredo, Gambarara, Fusina and Malghera.

The City of Venice is computed to be about 8 Miles in Circumference, and is very close built; it's peculiar Situation, surrounded with Water, 4 or 5 Miles distant from the nearest part of the Continent, and composed of 140 small Islands divided by Canals, is so well known that it is needless to enlarge upon it. I shall have occasion to speak of it under the Article of Fortifications.

[1] PRO,SP99\70, 35-40; dispaccio ricevuto il 17.5.1765.

The *Giudecca*, formerly called *Spinalonga* from it's Shape, had it's Name from being inhabited by Jews, who now have their Quarter in Venice; it is a narrow Island, about a Mile long, separated from Venice or the South-West by a Canal about the Breath of the Thames at London, it is itself composed of several small Islands united by Bridges. It is very populous, has many Gardens and nine Churches, most of which belong to Convents, and only one Parish Church.

Murano is an Island near a Mile distant from Venice on the North Side, about three Miles in Circuit. It is divided into four Parishes, and contains about 9000 Inhabitants, who have some extraordinary Privileges on account of the great Glass-Manufactures which are established there. One Privilege is that of coining every year in the Mint of Venice Silver Pieces, called *Osella*, about the Value of 21.^{d} with the Arms of the Doge, the *Podestà* and *Camerlingo* on one Side & on the Reverse a Cock with a Viper in his Beak, which is the Device of the Community. Another Privilege of the Glass workers of that Island is, that if a Noble Venetian marries one of their Daughters, the Children by such a Marriage are all Noble Venetians. It is governed by a *Podestà*, who is always a Noble Venetian. The Bishop of Torcello has his Residence there.

Burano is smaller than the foregoing Island, but very populous, five Miles distant from Venice to the North: it has one Parish Church, three Nunneries and an Hospital. The Men are chiefly Fishermen, and the Women are employed in making Lace particularly the fine Venetian Point. Near it lies

Mazorbo, composed of three small Islands, united by wooden Bridges. It had formerly five Parishes; now it has only two, a Priory & four Nunneries. The Inhabitants are chiefly Fishermen and Gardeners.

Torcello; a city more ancient than Venice, formerly great & populous; it is a Bishop's See, five Miles distant in the *Laguna* to the Eastward of Venice. The Cathedral was built in the beginning of the 11.th Century. The Unwholesomeness of the Air has obliged most of the Inhabitants to forsake the Island which is worth seeing for it's Antiquities & pleasant Gardens. There are many Churches and Convents.

Caorle is another ill-inhabited Town by reason of it's unwholesome Air; it stands on the Island of the same Name near the Confines of Friuli, about four Miles distant from the River Lemene & about twenty North East of Venice; It is the Name of a small Bishoprick under the Patriarch of Venice, & now belongs to that See. It is governed by a Podestà.

Grado stands on an Island in the Gulph of Venice of the same Name, near the Borders of the Territory of Friuli, but in the Dogado of Venice, to which State it is subject. It is near the Continent 10 Miles South from Aquileia & 40 North-East from Venice. It was built by the Aquileians after Attila had destroyed their City, & was for some Time the Seat of the Patriarch; but he returning to Aquileia, after it was rebuilt, the People set up a Patriarch of their own; but in the year 1455 Pope Nicolas V. translated him to Venice, where the Patriarchate of Grado has continued ever since: it has a Bishop & a Podestà.

Marano is a Fortress on the Coast of Friuli, surrounded partly by the Waters of the Adriatick & partly by Marshes: it is governed by a Patrician with the Title of Proveditore.

Le Vignole, i Tre Porti & *S.ᵗ Erasmo* are a Cluster of Islands to the N.E. of Venice; the latter of them is about a Mile from it, & all of them together may be upwards of 20 Miles in circumference. They are entirely laid out in Vineyards & Kitchen Gardens, & plentifully supply Venice with their Products, as do several other Islands in the Lagune with theirs of the same kind. Very near to S.ᵗ Erasmo to the Southward lies

Lido, an Island a Mile to the East of Venice, 5 Miles long & about 1/4 of a Mile broad, cultivated chiefly with Vineyards & Kitchen Gardens, as is next to it

Palestrina, an Island ten Miles in Length, but narrow as the former.

Malamocco is a small, but populous City upon the Island of Lido 5 Miles from Venice: it was the Residence of the Doges in the early Times. It is the chief Port of Venice, most Ships entering between the Islands of Lido & Palestrina, which Entrance is called *Porto di Malamocco*. This, and the Entrance at the other End of the Island, called *Porto di Lido*, or, *de' due Castelli*, being the most frequented, are defended with Fortifications. Many of the Inhabitants of Malamocco are Sailors & Pilots, and most of them talk English from serving the English Ships, which enter this Port, & lie there, very few of them coming up to Venice.

Chioggia, or *Chiozza*, is a City about 20 Miles from Venice on the Island of the same Name, which is separated from Palestrina by a Channel, called *Porto di Chioggia*, & communicates with the Continent by a Bridge. It has a good Haven guarded by a Castle. It is a Town of Trade & Navigation, & has a Podestà & a Bishop. Separated from this by a Canal called *Porto di Brondolo*, lies

Brondolo, an Island formed by the Rivers Adige & Tartaro: it was formerly a famous City, & had a good Port, but was destroyed in the War of Chioggia with the Genoese. These Islands form a Rampart against the Sea in a kind of half Oval; & six Breaches, or Openings among them are the only Passages that lead to Venice from the Adriatick, & are called *Porto di Brondolo, Porto di Chioggia, Porto di Malamocco, Porto di Lido,* or *Porto de due Castelli, Porto di Sant'Erasmo,* & *Porto de' Tre Porti.*

There are besides, near twenty small Islands interspersed around Venice, which are a great Ornament to it: almost all of these have Convents upon them. They are the following, viz.

San Giorgio Maggiore, an Island a Mile in circummference, opposite to the Doge's Palace & S.ᵗ Mark's Place, divided from the North End of the Giudecca by a Channel in the Laguna, which leads to Malamocco. There is a fine Church, built on a Plan of Palladio, & a very large & handsome Convent (richly endowed) given to the Benedictin Order by Doge Tribuno Memmo in the year 982. Some of the Monks are Noble Venetians. The rest of the Island is laid out in pleasant Gardens. Not far from this is the Island called

La Grazia from it's Church, dedicated to *Santa Maria delle Grazie,* belonging to a Nunnery of Capuchins, famous for the Austerity of their Order. At a small Distance from this lies the Island of

San Clemente, possessed by *Camaldole* Hermits of *Monte Corona,* who live in separate Cottages in their Vineyard, and have an handsome Church. Beyond this is the Island commonly called

San Spirito, formerly belonging to the Regular Canons of *Santo Spirito,* who being suppressed in 1670, it was given by the Senate to a religious Order of Franciscans, called *Padri Minori Osservanti,* who fled from Candia, when it was taken by the Turks. Their Church is a good Building of Sansovino, & their Gardens are pleasant. Foreign Ambassadors are received at this Island by a Deputation of the Senate & thence conducted to make their publick Entry in Venice.

Sant'Elena, commonly called *Santa Lena.* Here is a Monastery of Olivetans. The Church was built by Sansovino. On this Island are 34 Ovens erected by the State, for baking of Biscuit for the Troops, & others in it's Service. Near this to the Northward is the Island of

Certosa. Here is a large Monastery of Carthusians of the Order of S.ᵗ Bernard of Siena surrounded by very spacious & pleasant Gardens & an high Terras Walk of lofty Almond Trees. The Church is dedicated to S.ᵗ Andrew. The Island may be near two Miles in Circumference.

San Giorgio in Alega, is an Island half-way between Venice & Fusina. The Church & Monastery were built in 1228 by Benedictins, who were succeeded by Canons of the Congregation of S.ᵗ George, instituted in

1404, & suppressed by Clement IX. in 1664, at present it is inhabited by barefooted Carmelites. This Place is celebrated for the long Residence of S.ᵗ Lorenzo Giustiniani, first Patriarch of Venice; whose Cell is still preserved entire, & shewn there. He was of the Order of the Congregation of S.ᵗ George; in which Time this Convent was adorned with handsome Buildings & a very good Library, which were consumed by Fire in 1717. One Picture only, out of many, was preserved; it is a very fine one of the Crucifixion by Donato Venetiano. The Church & the Monastery were rebuilt by the Carmelites.

S. Angelo di Concordia, an Island not far distant from the foregoing, was in the year 1060 inhabited by Friars, and afterwards by Nuns; but being deserted on account of the Inconvenience of it's Situation & Unwholesomeness of the Air, the Republick established a Manufacture of Gunpowder there; from whence the Island took the Name of *S. Angelo della Polvere*; but the Works were destroyed by Lightning in the year 1589.

San Secondo lies about half a mile from Venice in the Way to Mestre: it is inhabited by Dominicans, called *Padri Domenicani Osservanti*. The Convent was built in 1034 by the noble Venetian Family of Baffo, & occupied by Benedictin Nuns; but in 1534 it was granted to the Dominicans. To the Eastward of this & between Venice & Murano is situated the Island of

San Cristoforo della Pace, inhabited by Hermits, called *Padri Eremitani di S. Agostino*. The Church & Monastery were built towards the middle of the 15.ᵗʰ Century by one Simon of that Order; to whom it was given by the Senate in recompence for having negociated & concluded the Peace between the Republick & Francis Sforza Duke of Milan. In an Angle of the Monastery are the Arms of the Republick & of Sforza, bound together with a Chain, intimating the Firmness of the Union established by that Peace.

San Michele, called *San Michele di Murano*, stands between the forementioned Island & Murano, a pleasant Island, possessed by Camaldole Monks, who have an handsome Church, a good Convent & an excellent Library, in which they preserve a very large Map of the World, drawn on Parchment with a Pen & coloured by a Lay-Brother, in honour of whom Medals struck in Bronze with his Effigy & this Inscription. "Frater Maurus S. Michaelis Morianensis de Venetijs, Ordinis Camaldulensis, Cosmographus incomparabilis." To the S.E. of this are several small Islands, among which is

San Francisco del Diserto, inhabited by Franciscans, called *Padri Ri-*

formati di S. Francesco. The Church is dedicated to S.ᵗ Francis, who, they say, returning from Syria, came to this Island, built himself a little Hut & an Oratory with his own hands in the year 1220, which are still kept up, & dwelt there some Time.

San Giacopo di Paludo formerly belonged to Orso Badoar, who gave it to Giovanni Tron, who built a Church & an Hospital there. It was inhabited by Cistercian Nuns till the year 1427, who left it on account of it's disagreeable and distant Situation. Then it was granted to the Franciscans that are called *Frati Minori*; now only one Priest dwells there.

San Nicolò del Lido is a Monastery of Benedictins near the *Porto de' due Castelli*, & said to be erected by Doge Domenico Contarini, who was buried there in the year 1044. The Doge hears Mass in that Church on Ascension Day, when he goes in the *Bucentoro* to perform the Ceremony of espousing the Adriatick.

Poveglia is a small Island near Malamocco: it was formerly fortified; but it was dismantled by Order of the State in the Time of the War of Chioggia. It's Inhabitants were then removed to Venice, & settled in the Parish of S.ᵗ Agnes, where their Descendants continue. There is an handsome Church on the Island, tho' but few Inhabitants. The *Abate Cavalier Giustiniani*, famous in the Republick of Letters, lived in this Island.

San Lazzero is an Island, where there was formerly an Hospital, which being removed to the Hospital of the *Mendicanti* in Venice called also S.ᵗ Lazzero, the Island was granted to some Dominicans, who fled from Candia. Now there is a Monastery & Seminary of Armenians, who have repaired the old Church, & handsomely rebuilt the Monastery. Children are sent hither from the farthest Parts of Armenia for Education under these Monks, who have lately published several Books in their Language. Near this Island & not far from Lido, lies another, called

Il Lazzeretto Vecchio. There is a noble Building, erected by the State in the year 1423 on account of the Plague. It is used for the Performance of Quarantine of Persons and Goods, & very commodìous for that purpose: it is governed by a *Prior* under the Direction of the Magistrates of Health, as is another Island, called

Il Lazzaretto Nuovo, five miles from Venice to the Northward. The Edifice was erected by the State in the year 1648. There are an hundred Rooms, & spacious Places for airing of Merchandize, & a Vineyard, walled round The Whole at a Distance appears a very large Castle. Here they put People & Goods into Quarantine, that come from Places most suspected.

San Servolo lies not far from the Lazzeretto Vecchio. This Island has been the Residence of several Orders of Friars & Nuns; & now it is inhabited by Lay Brothers of the Congregation of *S. Giovanni di Dio*, who exercise themselves in Surgery for the Benefit of poor Soldiers & Mad People, and have their Priests for the Administration of their Sacraments, &c. The Emperor Otho III. landed in this Island, when he came from the Abby of Pomposa, towards the End of the 10.th Century, & went to Venice. In the year 1647 above 200 Nuns were brought from Candia & placed in this Island, & tho' they were of different Orders, Benedictins, Franciscans, Dominicans, &c. they are said to have lived all together in the utmost Harmony, observing in the same Convent the Rules of their respective Orders.

These Islands are distinctly laid down in some Maps of the Lagune of Venice.

Loredo, commonly called Lorèo, is a very ancient Castle, situated in a marshy Territory upon a Canal, which extends from the Adige to the Po. It is about five Miles from the Sea, & chiefly famous for the Sturgeon Fishery.

Gambarare is a large Town upon the Continent along the Banks of the Brenta, about twelve Miles distant from Venice. It is very popolous, is governed by a Podestà, & has many pleasant and fine Country Seats of Noble Venetians.

Fusina is a small Place at the Mouth of the Brenta, five Miles from Venice on the Way to Padua.

Malghera is a Village about the same Distance from Venice, on the Bank of a Canal that leads from the Laguna to Mestre on the Way to Treviso.

There are no other Places in the Dogado, that are reckoned worth Notice.

I am afraid I shall have tired your Lordship much with this very dry and uninteresting Account of the *Dogado*. In my next Letter I shall proceed to describe the Dominions of the Republick in the *Terra Ferma*.

I have the Honour to be with the greatest regard and Esteem

My Lord
    Your Lordships
    most obedient
    Humble Servant
    John Murray

To the Right Honble the Earl of Halifax²   Venice, 17th May 1765

My Lord,

The Countries possessed by the Republick of Venice are usually divided into three principal Parts, The *Terra Ferma*, *Dalmatia* with Part of *Albania*, and *The Levant*.

Under the Name of *Terra Ferma* is comprehended all that Tract of Country, which, possessed by the Republick in Italy, borders on the North upon the Country of the Grisons, the Tirol and Carinthia; on the South upon the Duchies of Mantua and Ferrara, on the West upon that of Milan, and on the East upon Carniola and the Gulph of Venice. It extends from East to West for the Space of about 180 Miles in Length, and 100 in Breadth towards the East, but hardly 50 towards the West. Its Shape is so very irregular, that, to conceive it well, it is absolutely necessary to have recourse to Maps. This Tract of Country formed in good part one of the principal Portions of the Kingdom of the Lombards; from whence it took the Name of Lombardy. At present it is divided into five Parts, which are, The *Venetian Lombardy*, The *Dogado*, The *Marca Trivigiana*, The *Venetian Friul* and *Istria*.

The *Venetian Lombardy* is divided into eight Provinces, or Territories, viz. The *Cremasco, Bresciano, Riviera di Salò, Bergamasco, Veronese, Vicentino, Padouano,* & *Polesine di Rovigo.*

The *Cremasco* is bounded on the North by the Brescian, on the East by the Cremonese, and on the South and the West by other Parts of the State of Milan. It's Length is about fifteen Miles from North to South, and it's Breadth seven from East to West. The City of Crema, from which this Territory takes it's Name, stands on the River Serio, in a pleasant and very fruitful Plain. It is about twenty Miles S.W. of Brescia, and as many N.W. of Cremona. It is not very large, but well built, fortified and well inhabited. The Cremasco is very fertile and well cultivated; it is watered by the Rivers Oglio and Communa, and many Rivulets, abounding with good Fish. The Country produces Corn, Hay and Fruit in Plenty and is famous in Italy for it's fine Flax. There are 54 populous Towns, or large Villages, amongst which: Montodine, Stanengo, Camisano, Tescore, Vajano, Bagnole and Madegnano are reckoned the principal. This Territory is joined to the other States of the Republick

---

² PRO,SP99\70, 41-45v; dispaccio ricevuto il 1.6.1765.

only by a large Road for several Miles. It formerly belonged to the Cremonese, but was surrendred to the Venetians in the year 1449. It is governed by a Podestà, who resides in Crema.

The *Bresciano* is bounded on the North by the Trentino, the Valtellina and the Grisons, on the East by the Veronese and the Duchy of Mantua; on the South by that Duchy and the Cremonese, and on the West by the Bergamasco. It is about 100 Miles long from North to South, and about 55 broad from East to West. It is divided into 5 principal Parts, which are Val Camonica, Val Trompia, Val Sabbia, the Riviera and the Territory. It is watered by the Lakes of Iseo, formerly called Sebinus, and that of Garda, formerly called Benacus, and by the Rivers Oglio, Chesio, Naviglio, Mella and Garza. The Country is fuller of Hills and Vallies than any other Part of Lombardy, and the Soil is exceedingly rich and fertile. The Inhabitants are courageous, intrepid and given to Arms. Besides Brescia, which gives the Name to this Country, the chief Places are, Breno, Tavernole, Gardone, Rocca d'Anfo, Sabbio, Iseo, and the four Fortresses of Lovato, Orzi-Novi, Asola and Pontevico.

The City of *Brescia*, one of the principal & richest in Lombardy, lies in a Plain at the Bottom of some Hills upon the Rivers Mella and Garza, which run thro' it. It is three Miles in circumference and very populous. The Bresciano is governed by two Noble Venetians, the one with the Title of *Podestà*, who properly commands in the City, the other, with that of *Capitaneo*, who has the Government of the Country. There is another Noble Venetian with the Title of *Castellano*, and the Council of the City is composed of 500 of it's Nobles. The Brescians are reckoned liberal, sincere, Lovers of Strangers and firm in their Resolutions and Undertakings, and to have a particular Genius for the Sciences.

Breno, the chief Town of Val Camonica, is the Residence of a Brescian Gentleman, who has the Title of Captain. Here the Magistrates of the whole Vally use to meet. This Vally is 50 Miles long and 10 broad. It is almost surrounded with high Mountains. It abounds with Mines of Iron & Copper. Beautiful Marble of various Sorts & Colours is found there, and Granate and Rock-Chrystal. The Country is very populous, tho' the Soil is barren, the Traffick with Wool and Iron procuring Plenty to it's Inhabitants; who are reputed the most ancient and noble of all the Brescian State.

Tavernole is a good Town, and the principal one of Val Trompia. The Country is strong by it's Situation and very mountainous: it is about 50 Miles long, but is very narrow. The Mella, which has it's Source in this Vally, waters it and renders it tolerably fertile. To it's Iron Mines the Opulence of the City of Brescia is attributed. It appears by some small Plates of Metal found in Zenano, a Town of this Vally, that in the year of Christ 27, the Dignity of Master of the Smiths of Val Trompia was sustained by a Citizen of the Colony of Brescia, named C. Silius Aviola, a Man of so great Fame and Authority, that he was chosen for Patron and Protector by four Cities in Africa, subject to Rome, which sent their Deputies to him as far as Brescia. The Inhabitants of this Vally are numerous, and their chief, and almost sole Occupation is working the Iron, tho' their Sheep produce excellent Wool.

Gardone is also a good Town in the same Vally, where they make Gun-barrels that are highly esteemed. It's Inhabitants are often employed in that Work for the Service of the Arsenal of Venice.

Rocca d'Anfo is a Fortress in Val Sabbia upon the Top of a steep and craggy Mountain, having on one side the Rocks of the Mountain, & on the other the Precipice of the Lake Idrio. A Venetian Noble resides here with the Title of Proveditore.

Sabbio is a Town which gives Name to Val Sabbia, a Vally 30 Miles long, and 10 broad in some Parts. The River Chesio runs thro' the middle of it, and forms the Lake of Idrio. It has large & fertile Plains. There are many Forges, in which a good Part of the Iron of Val Trompia is wrought. It's industrious Inhabitants employ themselves likewise in making of Cloth.

Iseo is a Town situated upon a Lake, to which it gives it's Name. This Place is observable for it's Antiquity. The Lake is 15 Miles long and 3 broad. The River Oglio has it's Rise in it.

In each of the 4 Fortresses abovementioned there resides a Noble Venetian, either with the Title of Proveditore, or Castellan, who has the Care of the military Government of the Place; and for the Civil each has a Noble of Brescia for Podestà.

There are likewise the following Towns, which are full of Inhabitants, and may be compared to small Cities; Chiari, Palazzuolo, Rovato, Quinzano, Pontolio, Pompiano, Montechiaro, Gottalengo, Ghedi, Gambara, Castrezzato, Calvisano, Bagolino, and Virola Nuova, and 90 Villages of 1000, and some of them 2000 Inhabitants.

The *Riviera di Salo* is a noble part of the Brescian Territory. It is called *Riviera*, because this pleasant Tract of Country lies upon the Banks of the famous Lake of Garda. This District, which is usually divided into the *Riviera alta*, and *Riviera bassa*, is greatly favoured by Nature. It extends 40 Miles in Length. The Soil is most fruitful, and is sheltered from the North Winds by the neighbouring Mountains; insomuch that the Tract from Gargagno to Salò may justly be called a continual Garden of Olives, Pomegranates, Vines, Citrons, Oranges, Lemons and other Fruits, interspersed for many Miles together with neat *stuckoed* Houses, and Yards for bleeching of Thread, and at nearly equal Distances little Peninsulas that run into the Lake, with fine Palaces & Gardens upon them, particularly one that the Duke of Modena sold to a rich Merchant of Brescia; it affords altogether one of the most enchanting Views I ever saw. This Territory is divided into six Parts, called *Quadre*, and into 36 Communities, whose Deputies form the entire Assembly of the Riviera. Each of these Quadre bears the Name of one of the principal Towns of this Tract, Gargnano, Maderno, Salò, Montagna, Valtenese, and Campagna; but the chief among these, and which may be called the Capital of the Country, is *Salò*, a large Town, originally a Castle, situated near the Bottom of a Bay, formed by the Lake. It is a well-built, rich, trading Town. There resides a Noble Venetian with the Title of Proveditore and Captain, (subordinate to the Governors of Brescia) who commands the whole Riviera. There is, besides, a Noble Brescian with the Title of Podestà, who presides in the Civil, as the Proveditore does in the criminal and military Government.

Limone is another good Town, not far from the Confines of Trent and the Veronese.

Toscolano is a large Town, famous for a great Manufacture of Paper.

Desenzano is a great trading Town, which serves as a Sort of Granary to the whole Country.

It is needless to speak of the other Towns that are dispersed in this part of the Brescian Territory.

Brescia was a free State in the 12.th Century, and in the 14.th it was governed by the Visconti, Duke of Milan, but the Venetians in a War with the Duke Filippo Maria Visconti, conquered Brescia in the year 1426, the Citizens of which willingly submitted, and it has been under the Dominion of the Republick ever since.

The *Bergamasco* borders on the South and West upon the Duchy of Milan, upon the Bresciano on the East, and upon the Valtelline on the North. This Territory is very populous, rich and fruitful; tho' not equally, being stony and mountainous in many Parts: but the singular Industry of it's indefatigable Inhabitants has attained to render fertile the very

barren Rocks, transporting the Soil with unusual Art from the neighbouring Plains, and covering with it the bare Stone of the Mountains,
which by such Means become cultivated, & produce an advantageous
Recompence to their Labour. It is watered by several Rivers, among
which are the Serio, Brembo and Morgola, which descend from the
Alps, and divide themselves into a thousand Rivulets, every where wa-
tering the Country, which produces Oil, Wine and Fruits in Abundance.
It being hilly, particularly in the Neighbourhood of Bergamo, is divided
into several Vallies, the largest of which are Val Brembana and Val
Seriana, so called from the Rivers Brembo and Serio. Each of these
Vallies extends for the Space of thirty Miles. The others are the Vally of
San Martino, fifteen Miles long, and those of Calepio, Clusone and
Sclave. They reckon 260 Towns and Villages in these Vallies. The City
of Bergamo is the principal of the Territory, to which it gives Name.
The other Places worthy of Observation are Alzà, Clusone, Calepio and
Gandino.

Bergamo stands upon a little Mountain at the Foot of the Alps between Milan & Brescia. It occupies a Space of about seven Miles, including
the Suburbs, which are five, and is partly built upon the Declivity of the
Mountain. It is governed by a Venetian Nobleman with the Title of
Podestà, as the Territory is by another with that of Captain. The City
has besides, a Council and Power to chuse it's Citizens to all Offices in
it & in the Territory. The Bishop of Bergamo has the Title of Count.
He is a Noble Venetian, as are the Bishops of all the Sees in the Venetian
State that are considerable.

Alzà, or *Alzate*, is a town in Val Seria, that may be compared to a
good City. It is populous and well built, and is one of the principal
Towns in this District.

Clusone is the chief Town of Val Seriana. A Venetian Noble resides
there for the Administration of Justice.

Calepio is the chief Town of the Vally of Calepio, a good Castle, and
a Fief of the Counts of that Name.

Gandino is a large Town of Val Seriana, equal to many Cities in
Trade and Riches.

They reckon 360 Towns and Villages in the whole Province.

In the year 1427 the Bergamascans desiring to put an end to many
Changes of Princes, and to the many Tumults and dreadful Calamities,
which they had undergone, resolved to follow the Example of the Brescians, & throw themselves into the Arms of the Republick of Venice;

which they did with so much Satisfaction and Joy of all Degrees, that the Council of Bergamo decreed a Reward to him who carried the Standard of S.ᵗ Mark into the City. In this manner the City and Territory of Bergamo became subject to the Ventian Dominion, and they have always remained faithful to the Republick.

I have the Honour to be with the greatest Regard and Esteem

My Lord
Your Lordships
most obedient
Humble Servant
John Murray

To the Right Honble. the Earl of Halifax[3]   Venice, 31.th May 1765

My Lord,

The Veronese Territory extends from South-East to North-West upwards of 60. Miles, amd about 40 from East to West. On the North it borders upon the Tirol and Trentine, on the East upon the Vicentine and Padouan, on the South upon the Duchy of Mantoua, and on the West upon the Brescian. This fine Tract of Country may be divided into three Parts: the first, which extends itself towards the District of Padoua for the Space of 30 Miles, is plain and very fruitful; the second, which spreads towards the North, is rough and mountainous, but nevertheless, fertile & well cultivated; the third, which is along the Road that leads from Padoua to Verona, is a sandy and stony Soil. The Mincio and the Adige are it's principal Rivers, and the Lake of Garda is comprehended in it's District. Corn, Wine and Oil abound in the Veronese State, and the Fruit is much esteemed, particularly the Peaches for their large Size, as well as delicate Flavour. There are likewise Quarries of fine Marble of various Colours. They reckon 306 Towns and Villages, and the principal Cities and Towns are Verona, Peschiera, Legnago, Garda and Soave.

Verona is situated upon the Adige, which runs thro' the middle of it. It is near seven Miles in Circumference, including the Castle. It is undoubtedly one of the finest Cities in Italy, both on account of it's Situation and Ornaments. It has, besides the famous Roman Amphitheatre, several other Remains of Antiquity, many fine Palaces and publick Edifices by Michiele San Michiele. I could from my own Knowledge give a more extensive Description of this, as well as of many other Places in the Venetian State; but as several Authors have entered into minute Descriptions, I confine myself rather to general ones, not to be too prolix, or take up too much of your Lordship's Time.

Legnago is a Fortress, on the Adige at the Confines of the Padouan State about 27 Miles from Verona towards Ferrara, governed by a Noble Venetian Proveditore.

Peschiera is a Fortress on the Lake of Garda on the Eastern part, where the Mincio runs out of it. It is about a Mile in Circumference. A Venetian Nobleman resides there with the Title of Proveditore.

[3] PRO,SP99\70, 47-50v; dispaccio ricevuto il 17.6.1765.

Garda is a Town with a Castle, 16 Miles from Verona and gives Name to the famous Lake on which it stands. Tho' many of the Towns and the Places situated on this Lake belong to the Brescian State, and some to the Bishoprick of Trent, yet all it's Waters are subject to the District of Verona. This Lake extends itself from Riva in the Territory of Trent on the North to Peschiera on the South for the Space of 35 Miles and is 14 Miles broad from Salò to Garda, but is much narrower to the Northward. From Peschiera along the Eastern Side of the Lake are several Towns and Villages in the Veronese State. The Water of this Lake is perfectly clear, and of such a Depth in the Middle, that the neighbouring Inhabitants pretend to say, that it is not fathomable. It is stored with great Plenty of Fish, particularly two different Species that I never met with any where else, the one called *Carpioni*, the other *Sardelle*, which entirely resembles an Herring in Shape, Taste and Scales, and is in the early Season as large as the Herring caught in the Month of June in S.ᵗ George's Channel, and in the latter Season as poor as those caught at Yarmouth, and they go in Shoals as the Herrings do. It would be worthy the Observation of the curious to account how this Lake could be stocked with this Salt-water-Fish, more particularly as it is a Fish not known either in the Mediterranean, or Adriatick, and that dies the Moment it is taken out of the Water.

Soave is a large, rich, populous, trading Town, not far from Verona, situated in a very pleasant and fertile Country.

There are many other large and good Towns in the Veronese State, amongst which are Borghetto, Cerea and Scala, called by the Name of the Island of Scala.

This State has been under the Dominion of the Republick of Venice ever since the year 1405. It became entirely a free State in the 12.ᵗʰ Century, and formed itself into a Republick; but in 1404 Francesco of Carrara made himself Master of the City of Verona, and a few Months after, a War breaking out between him and the Republick of Venice, the latter soon conquered a good part of the Veronese Territory, and laid Siege to Verona, the Citizens of which abhorring the Tyranny of the Carrarese, surrendred the City upon honourable Conditions to the Venetians; and Giacopo of Carrara, the Son of Francesco, secretly made his Escape from Verona; but falling into the Hands of the Venetian Troops, he was carried Prisoner to Venice; in consequence of which the Forts of Verona and the other Places of the Veronese District were yielded up, and the whole became subject to the Republick of Venice.

The *Vicentine* Territory borders upon the Trentine on the North, upon the Trivigiano and Padouano on the East and the South, and upon the Veronese on the West. This Province, which extends 40 Miles in Length, and 30 in Breadth, is equal in Fertility to the foregoing, if it does not exceed them. It's Plains are exceedingly rich and fruitful, and its Hills are delightful. Both the one and the other, besides great Plenty of Corn, produce every where excellent Grapes, of which various Sorts of Wine are made that are much esteemed in the Venetian State. The Rerone, Bacchiglione, Agno, Astico, Tesina and other Rivers and Torrents water the internal Parts of the Country. The Brenta and Fiume nuovo, or Guà, water two sides of the Territory. The Astico is famous for excellent red Trout.

The principal Towns and Places of this Territory are Vicenza, Marostica, Lonigo and the Sette Comuni.

Vicenza is very pleasantly situated in the Centre of it's Territory, and is watered by the Rerone and Bacchiglione. It is four Miles in Circumference, and is particularly admired for several publick and many private Edifices by Palladio. The Nobility of the City divided into two Councils, called the greater and the less, have a Share in the Government. They have likewise by a special Privilege a Magistracy called *Consolato*, composed of 12 Citizens, 4 of which are Doctors. This Magistracy judges in some criminal Causes without Appeal; tho' the publick Authority resides in two Noble Venetians, the one a *Podestà*, the other a *Capitano*, who in the Name of the Republick govern the City and the Territory.

Marostica is a rich and populous Town near the Mountains, 3 Miles from Bassano, in a very fertile Country. Two Miles from this Town, or Castle, as it is called, which was built by the Family of Scala, is the Lake Piola, whose Waters are said to ebb and flow regularly, as the *Lagune* of Venice, which are properly a part of the Adriatick Sea.

Lonigo is a very ancient Town, or Castle, as it is called, situated upon very pleasant Hills on the Frontiers of Este. It is the Residence of a Podestà.

The *Sette Comuni* are seven Villages, or Parishes in a very beautiful Country amongst the barren and almost inaccessible Mountains that divide the Vicentine State from the County of Tirol. The principal of them is Asiago; the others are Enego, Foza, Roviana, Lusiana, Gallio and Rozzo. They govern themselves in common, directed by a Chief, called *Capitano*, and have their Assemblies annually. They are for the most part Shepherds by profession and live upon their Flocks, which are very numerous. In certain Seasons of the Year they come down from their Mountains, and dividing themselves into many Companies they go to feed their Flocks in the Plains of the Padouano, Trivigiano and other States, imitating in this the ancient Scythians and the modern Tartars. In the Summer they return to their Mountains, where from the Strength of the Situation, and their warlike and fierce Disposition, they fear no Enemy. After the famous Defeat of the Cimbri by Marius in the Plains of Verona, some Remains of that Nation are said to have settled in the Veronese, Vicentine and Trentine States. In the Mountains of the Veronese, bordering on the Vicentine State, there are twelve Villages, where they speak the same Language with these *Sette Comuni*, which is a Mixture of the Saxon and Danish; and it is very remarkable, that they should have preserved their Language for so long a Time. The *Sette Comuni* grow a large Quantity of Tobacco, which they smuggle down into the low Countries. They never permit Bailiffs, or any Officers of Justice to enter their Country: by which means they have carried on this Counterband Trade for a long Time in a sort of Defiance to Government; insomuch that the last year the Farmers of the Tobacco found it necessary to buy all the Tobacco they grow, at an advanced Price.

Cologna, on the Frontiers of the Padouan and Veronese States, was formerly reckoned in the Vicentine Territory, but it is now governed separately by a Podestà. It is a fine, rich and populous Town with a Castle, fifteen Miles from Vicenza.

At Tretto and Recoaro, Villages amongst the Mountains towards the Bishopricks of Trent, there are Silver Mines, which were formerly wrought, but are not at present.

There are two Sorts of Mineral Earths found in the Vicentine State, the one of which is very proper for varnishing of earthen Ware, and the other, for working of Glass.

The famous Mineral Waters of Valdagno & Recoaro are much resorted to for their medicinal Virtues, are of great Service particularly in Disorders in the Stomach and Bowels, and are of the Quality of the Spa Waters.

There are several other considerable Towns in the Vicentine State, as *Tiene*, a good Town not far from Vicenza, which gives Name to a noble Family, and to S.ᵗ Gaetano Tiene, Founder of a religious Order called Teatini; *Arzignano*, a large, populous, trading Town on the Confines of the Veronese; also *Schio*, *Montecchio Maggiore* and Costoggia, or Costoza. The two latter are much noted for their Quarries of Marble. There are besides, above 150 Villages.

Vicenza had been a free State for several Centuries; but being governed by the Family of Visconte, Dukes of Milan, in the year 1404 it was besieged by Francesco III. of Carrara, and ready to surrender, when Giacopo da Verme, in the Name of the Duchess Dowager of Duke Giovan Maria Visconte, made a Cession of it to the Republick of Venice; in virtue of which on the 25.th of April in the same year 250 Venetian Archers, led by Giacope da Tiene found means to enter the besieged City, and immediately set up the Standard of S.t Mark. Then they dispatched a Trumpet to the Carrarese to notify to him, that Vicenza no longer belonged to the Visconti, his Enemies, but to the Republick of Venice. He, not regarding the Change, was preparing to give a general Assault, when he received a Letter from the Senate, intimating to him to raise the Siege and go about his Business. He was forced to obey, and he retreated with Indignation to Padoua; and from that Time the Vicentine State has been under the Dominion of this Republick.

I have the Honour to be with the greatest Regard and Esteem

My Lord

Your Lordshpis
most obedient
Humble Servant
John Murray

To the Right Honble The Earl of Halifax[4]   Venice, 14.th June 1765

My Lord,

The Padouan State is bounded on the North by the Trevisan, on the East by the Dogado, on the South by the Polesine, and on the West by the Vicentine. It is 35 Miles in Length and 30 in Breadth. From it's excessive Fertility and good Situation this Tract of the Country obtained the Title of the Garden of Italy; and it well deserves it: for the Fruitfulness of it's Soil, the Beauty of it's Hills, and the Coolness and Wholsomeness of it's Waters are perhaps not equalled any where. It has so great Plenty of Corn and Grain of all Sorts, that it can supply other Countries. It is observed, that there is not a Town, or Village in the whole Territory above five Miles distant from a Lake, a River, or a Brooke. There are very numerous Flocks of Sheep, which produce Wool for Cloth and other considerable Manufactures, and the Country supplies Venice with Plenty of good Fruit. The Brenta, Bacchiglione and the Adige are the principal Rivers of the Padouan State, in which are reckoned 347 Villages and Towns. The chief of them are Padoua, Castel Baldo, Montagnana, Este, Monselice, Pieve di Sacco, Campo San Piero, Cittadella, Mirano, Oriago, La Mira, Il Dolo, Arquà, and Abano.

Padoua, the Capital of the State, to which it gives Name, is situated in a very pleasant and fruitful Plain, and is watered by the Brenta and Bacchiglione, which run thro' the City, and procure very great Advantage to it by Navigation and Mills, and would much greater, if it were not so near the Metropolis, and so much oppressed under the Eye of the Nobility, which has reduced that fine City almost to Depopulation. It is about seven Miles in Circumference, and surrounded with Ramparts & Walls, which were erected by this Republick in the' year 1520, and cost immense Sums. There are other Walls very ancient and guarded with Towers, in the internal Part of the City, which surrounded that Part, which may be called the old City, before it became so populous as to require a much larger Circuit. The Air is so pure and healthful, that the Physicians of Venice and other Places frenquently advise their Patients to repair to it in great and dangerous Illnesses. The Town is

[4] PRO,SP99\70, 54-58v; dispaccio ricevuto il 28.6.1765. Sul retro, fra parentesi, è scritto: «Continuation of the Account of the Venetian Dominions & c.ª».

well built and has many fine Edifices both publick and private. The
Town Hall is a very noble Building with an arched Roof covered with
Lead: it is 256 Foot long, and 86 broad. In the year 1755 a violent Storm
of Wind took off it's Roof, and did other Damage to it, but it has been
since repaired. There is a good Palace for the Schools of the University
of Padoua, which was once so famous; but the Number of Students
there is much diminished from what it was formerly, perhaps occasioned
by the Increase of Universities in other Parts of Italy. Amongst the
Churches the most remarkable are those of S.ᵗ Anthony & Santa Giustina,
the former for it's vast Size in Gothick Architecture, & it's Riches by
innumerable Offerings to the Saint; the latter, also for it's Bigness, but
more for it's elegant Style of Architecture, being esteemed one of the
most beautiful Temples in Italy. It belongs to an exceeding rich
Monastery of Benedictins, whose Revenues are said to be upwards of
eleven Thousand Pounds a Year. The Nobility of Padova is numerous
and ancient. They have a Share in the Government of the City, and
form a Council, which sends Judges, Vicars and other civil Officers to
different Parts of the Territory. The City and State of Padova are
governed by two Noble Venetians, the one called, *Podestà*, the other,
Capitaneo; but for two or three Years past no Venetian Nobleman, out
of the many that have been chosen, would accept of either of those
Employment on account of the great Expence. Some were excused upon
pleading their Inability, and others have paid the Fine: a sure Mark, that
the Honours of this Government are not so much sought after, as
formerly. During the Vacancy it is governed by a Noble Venetian with
the Title of Proveditore, who has a Salary. At length they have chosen
a Podestà, who with great Difficulty has been prevailed upon to accept
it, and enters into Office in November.

Castel Baldo is a Town on the Southern Frontiers of the Territory,
and is governed by a Podestà sent from the great Council at Venice. In
the year 1282 the Padouani built a Fort there to defend themselves
against the Incursions of the Veronese. The Country around this Place
is so rich and fertile, that they make Hay four times a Year. Not far
distant from this is.

Montagnana, a fine Town, walled round, and also the Residence of
a Podestà. Wheat, Hemp, Flax, Silk and Wool are produced in great
Abundance in this Neighbourhood.

Este, is called a Castle, is 15 Miles distant from Padoua, situated in
a most delightful and fertile Part of the Euganean Hills, surrounded with

ancient Walls, and governed by a Podestà. It is a well built Town, and supposed to have occupied formerly a Space of four Miles in Circumference, and to have suffered extremely in the Irruptions of Attila. The Most Serene Family of Este took it's Name from this Place. The Beauty and Pleasantness of it's Situation amongst those Hills, covered with Gardens, Monasteries, Churches, Palaces, interspersed with Woods and Lakes, in a very fine Climate & fertile Soil, are scarcely to be conceived.

Monselice is another large Town amongst those Hills, a great Canal leads to it from Este, and it has an easy Communication with Padova by another Canal. It has ancient Walls, and there was formerly a very strong Fort, of which hardly any Appearance remains. There are very good Grapes and other Fruits in great Quantities in the Country around. The Town is very populous, and governed by a Podestà.

Pieve di Sacco was formerly a strong Place, guarded with Towers and a wide Ditch. Now it is an open Town, and has some fine Palaces of Noble Venetians, who pass a few Months of the Year there. It's Territory abounds with Corn, Wine and Flax. There is an Arch Priest and a Chapter of Cannons, richly endowed by Milone, a Bishop of Padova. The Bishop of Padova takes the Title of Count of Pieve di Sacco.

Campo San Piero, ten Miles North of Padoua, upon the little River Piovego, is the Residence of a Podestà. It was formerly surrounded with Walls, Towers & a Ditch.

Cittadella is a very large Town upon the River Brenta between Vicenza and Trivigi, 16. Miles distant from Padova. It is enclosed with Walls and Towers in the ancient Manner. It was built by the Padovani in the XIII. Century. The Republick of Venice formerly gave it to Roberto Sanseverino, a brave Commander in it's Service; and afterwards to Pandolfo Malatesta in Exchange for the City of Rimini. Now it is united to the other States of the Republick, and is governed by a Podestà.

Mirano is a populous Town on the Banks of the Musone. There are some fine and pleasant Country Seats. Formerly there was a Fortress, built by Filippo da Peraga in the year 1325. There resides a civil Magistrate, called a Vicar, who is a Padouan Nobleman.

Oriago is a small, but pleasant Town on the Banks of the Brenta, a few Miles distant from the *Lagune*.

La Mira and *Il Dolo* are large and populous Towns upon the Brenta about the Midway between Fusina and Padova, where there are many fine and pleasant Seats of Noble Venetians.

Arquà is a Village situated among the Euganean Hills, famous for the long Residence of the Poet Francesco Petrarca. His House still remains there, adorned with many elegant Inscriptions.

Abano is a Village on the South of the Euganean Hills, six Miles from Padova, famous for it's hot Springs, Baths and Muds. Those Waters are used both for bathing and drinking; and the Muds effect great Cures in Rheumatic and other Pains, by being applied to the diseased Parts. These hot Springs issue out in numberless Places for an Extent of about three Miles in a fertile & cultivated Soil, and send forth a Steam and Smell of Sulphur.

Padoua was a free Republican State in the XII. Century. In the year 1318 Giacopo of Carrara found means to induce the General Council of Padova to chuse a perpetual Governour in his Person, and the Government passed to his Descendants: but in the year 1405 the Governour Francesco Novello of Carrara, forgetful of the Benefits he had received from the Republick of Venice, rashly invaded the Polesine of Rovigo, which then belonged to it, putting all to Fire and Sword. He was several times repulsed with Loss by the Venetians, who at last attacked the City of Padoua, which being afflicted with Pestilence & Famine, opened it's Gates to the Venetian Army in the night of the 17.th of November in that Year, and voluntarily surrendred to it. The Power of the Carrarese Family being thus extinct, the whole Padouan State became subject to the Venetian Republick, remained faithful to it, and enjoyed more Tranquility and Happiness under it's Dominion, than it had done under it's former Governours. But the great Misfortune attending this State is owing to their having surrendred themselves without Capitulation; by which means the Church and the Venetian Nobles have possessed themselves of more than two Thirds of the Province, which are a continual Oppression upon the Nobility of the Country.

The *Polesine* of *Rovigo*, so called perhaps from the word *Peninsula*, is a Tract of Country surrounded almost by the Adige and the Po, just where those Rivers divide into several Branches, and afterwards disembogue themselves into the Adriatick Sea. It borders upon the Padouan State on the North, upon the *Dogado* of Venice on the East, upon the Duchy of Ferrara on the South, and upon the Veronese on the West. It is about 50 Miles in Length and 18 in Breadth. It is a flat Country without any Hills and so low, that in many Places, the Bottom of the Adige is higher than the adjacent Lands; so that it is forced to be guarded by Banks from Inundations of the Rivers; by which nevertheless, it often suffers much. There are also many Canals and Drains for carrying off the Water. The Country produces great Quantities of Wheat and all Sorts of Grain and Flax; and they have very great Plenty of Cattle, Sheep & Silk Worms, and are remarkable for their Breed of Horses, with which they supply the greatest Part of the State. The principal Places are Rovigo, Adria, Lendinara and La Badia.

Rovigo is the Capital City; it has twenty Churches, and is walled round. A Branch of the Adige passes thro' it. It is governed by a Noble Venetian with the Title of Podestà, Captain and Proveditore of the Polesine. The Country around is fertile, and there are many good and magnificent Buildings both within and without the City, in which there are many noble, rich and ancient Families. The Bishop of Adria resides there.

Adria is a very ancient City about twelve Miles to the East of Rovigo. It was formerly upon the Sea, and had a good Harbour in Pliny's Time, but the Land having since gained upon the Sea, and this City being now situated amongst Marshes, it retains little of it's ancient Splendour. Remains of the most remote Antiquity have been discovered there, and it is not improbable, that the Adriatick Sea might take it's Name from it.

Lendinara, so called from the very ancient and noble Family of Lendinara of Verona, which possessed it before and after the X. Century. Afterwards it belonged to the Marquises of Este, then to the Community of Padova, and to the Carraresi. At length it came under the Dominion of this Republick. Now it is a good Town, looks like a City, and is governed by a Noble Venetian with the Title of Podestà. It is watered by the Adige, and it's Territory is very fertile.

La Badia, a considerable and populous Town, so called from an Abby, instituted there and richly endowed in the X. Century by a Marquis Amelrigo, or Almerigo (supposed to be of the ancient Marquises of Tuscany) which was afterwards and is still called Santa Maria della Vangadizza. In ancient Times here was a Chain across the Adige, and all Vessels were obliged to pay a Toll to the Monastery for a free Passage.

In the ancient Times the Polesine was a part of the Esarchate of Ravenna, like the other Places and Cities in that Tract of Country, which in the Decline of the Roman Empire was governed by a Greek Magistrate with the Title of Esarch. About the year 1160 Rovigo with other Castles was granted by the Emperor Otho I. for the Portion of his Daughter, given in Marriage to Albertazzo Marquis of Este. The whole Polesine was afterwards in the Family of Este, and about the year 1400 the Marquis Nicolo III. of Este mortgaged it for five years to the

Republick of Venice for 50,000 Ducats, in which Time Francesco of Carrara attacked the Polesine, as abovementioned, and persuaded his Son-in-law the Marquis Nicolo III. to break with the Republick, and retake the Polesine by Force of Arms, without restoring the Sum it was mortgaged for: but the Republick kept possession of it till the Year 1437, and then restored it to the Marquis, by whom & his Successors it was enjoyed till the year 1482, at which Time a War breaking out between Ercole of Este, Duke of Ferrara, and the Republick of Venice, the latter by Force of Arms took possession first of Adria, then of Rovigo, Lendinara and the Badia, and by the Peace concluded in the 1483 this fertile Tract of Country was entirely ceded to the Republick.

I have the Honour to be with the greatest Regard and Esteem

My Lord
Your Lordships
most obedient
Humble Servant
John Murray

To the Right Honble The Earl of Halifax[5]   Venice, 28th June 1765

My Lord,

The *Marca Trivigiana* was formerly much larger, than at present: it is supposed to have extended from the Tagliamento to the Adige: now it is considered as comprehending the *Trivigiano*, the *Bellunese* and the *Feltrino*.

The *Trivigiano* borders on the East upon the Friuli; from which it is separated by the River Livenza and by the *Dogado*; on the West upon the Vicentino and the Padouano; on the North upon the Feltrino and Bellunese; and on the South upon the Padouano and the Dogado. This Province extends in Length about 40 Miles, and in Breadth 35, and is very fertile. It's principal Rivers are the Livenza, the Piave & the Sile. It's chief Places are Trivigi, Asolo, Bassano, Castelfranco, Ceneda, Conegliano, Mestre, Motta, Novale, Oderzo, Portobuffolè, Serravalle, the County of Cesana, the County of Collalto and San Salvadore, Cordignano, S. Donato di Piave, Mel, or Zumelle, San Paolo and Valmarino.

Trivigi, or Trevigi, commonly called *Treviso*, the Capital City, is situated in a plesant Plain; the little River Botteniga, and several Canals, called Cagnani, pass thro' it, and the Sile runs on one Side of it; which being navigable for large Barges to Venice, is of great Advantage to it. It is about three Miles in Circumference, and surrounded with strong Walls, with Ramparts and very wide Ditches with running Water. Both this City and Country are remarkable for the Abundance and Clearness of running Waters. They reckon above 60 Water mills in Treviso, and upwards of 230 in it's District, which are employed in Works of Silk and Wool, Iron, Copper and Paper, and in grinding of Colours and Tobacco, as well as Corn in vast Quantities which supply the City of Venice and the Islands around with Flour. There are several very ancient and good Buildings in Treviso, and some magnificent Palaces. The Inhabitants are divided into two Classes; the first is composed of Nobles, comprised in a College, derived from the ancient School, called *Scuola de' Militi*, of which the Podestà is the Head. It comprehends likewise many ancient Noble Venetian Families. The 2.^d Class is composed of

[5] PRO,SP99\70, 73-79; dispaccio ricevuto il 15.7.1765. Sul retro, fra parentesi, è scritto: «Continuation of the Account of the Venetian Dominions & c.ª».

four Orders, Doctors of Law and Physick, which form a very ancient College; Publick Notaries, also united in a College; Citizens, or Inhabitants; established for some Time; who follow no Trade, and lastly Shopkeepers and Mechanicks. The great Council consists of 112. Members, half of them Nobles, and half of the other Orders, elected by Proveditores of their respective Rank. A Noble Venetian is President; who sustaining the Offices of *Podestà* and *Capitaneo*, is supreme Governour of the City for the Republick of Venice, which sends also two other Nobles with the Title of *Camerlinghi*, who take Account of the publick Money. The City has it's own Laws, which were compiled very anciently, and are well preserved in Codes of Parchment. Some of them were formed by the City; and they were confirmed in the year 1339 by the Republick of Venice. They extend not only to the City and Territory of Treviso, but to the whole Province.

Asolo, a very ancient City, situated upon pleasant Hills, 20. Miles distant from Treviso, 25 from Padova and about 35 from Venice, has many Remains of Roman Antiquities, particularly an Aqueduct, vaulted thro' the Rock for a great Way in the Bowels of the Hill with immense Labour and Expence. Having shaken off the Yoke of the Scaligers, it voluntarily submitted to the Venetian Dominion in the year 1337. It has various Privileges and particular Customs. Both the City and it's large Territory are governed by a Noble Venetian with the Title of Podestà, who judges equally in civil and criminal Cases only with a Liberty of Appeal to the Magistrates of Venice. In the year 1489 this City and it's District were granted in Sovereignty by the Republick to Catherine Cornaro, Widow of Giacopo Lusignano, King of Cyprus. She retired to this pleasant Region, took the Title of Lady of Asolo, and kept her Court there. She administred Justice by a Podestà, entitled the Royal Podestà. She had also an Auditor General, a Treasurer, a Secretary and other Ministers suitable to her Royal Majesty. The Fears of the Wars made her retire to Venice in the beginning of the next Century, where she died in 1511. The City is surrounded with old Walls, and has a large old Castle, which was the Residence of that Queen. There are large & populous Suburbs. There is a Council of Nobles, which has the Election of Employments, the oeconomical Government of the City and the Inspection of that Territory. There is also a College of Notaries. It's Territory is equally fertile and delightful, is adorned with noble Palaces, and extends Westward to within a Mile of Bassano, and Eastward to the Piave. It's large Villages, or Towns of Crespano, Cavo, Casteleucco, and

Paderno, are very populous. Divers Castles, dispersed among those Hills, were Fiefs of noble Families, rewarded by the German Emperors, which are now for the most part extinct. Among them was the celebrated Family of Romano, from which issued the cruel Ezzelino, and which possessed several other Castles besides that of Romano. One of the strongest of them was that of San Zenone, where his Brother Alberico was taken Prisoner by the League. There are only wretched Remains of it now, and a Tower, which serves for a Bellfry.

Bassano is a City very pleasantly situated upon the Brenta, just after it descends from the Mountains, 25 Miles from Trivigi. It is governed by a Noble Venetian with the Title of *Podestà* and *Capitano*; and the Council of the Citizens has the Privilege of judging civil Causes alternately with the Governor. It belonged for a great while to the Family of Onara, to which it was given by the Emperor Otho III. in the year 996, and from which descended the famous Ezzelino da Romano. In the Peace concluded between the Padouani and Trivigiani on one side and Cane della Scala on the other, it was ceded to Scaliger. Afterwards the Carraresi had it; from whom it passed in 1401 under the Venetian Dominion. There is a famous Wooden Bridge built by Palladio, and since rebuilt upon the same Plan by one Terracina, one of the most wonderful Geniuses in Mechanicks, perhaps in Europe.

Castel-franco is situated in a large Plain towards the Confines of the Padouan, 15 Miles from Trivigi and ten from Bassano. It was built on the Banks of the Musone in 1199 by the City of Trivigi (which in those Times governed itself as a Republick) for the Defence of it's Frontiers against the Padovani, purchasing Lands with the publick Money, and giving them in Fief to Nobles and Plebeans, who would go to dwell there, upon condition of keeping Horses and Arms, they formed a fine Colony, to which, on account of it's Freedom, they gave the Name of Castel-franco. The Distinction of *Nobili* and *Popolari* is still preserved, and the former only have the Employments of Jurisdiction. There is a College of Nobles and another of Notaries, as at Trivigi. In 1328 it was separated from the City of Trivigi to pass with Asolo under the Dominion of the King of Bohemia; and falling ten years after under that of the Venetians, tho' for a short Time, it was by a Decree of the Great Council entirely separated from Trivigi, tho' it was a Colony of it. It suffered various Changes afterwards under divers Princes, and in 1388 it returned to the Dominion of Venice, which sends a Noble to govern it with the Title of Podestà. It's Territory, which is very fertile in Corn, is a Square of about eight Miles on each Side, and has eight and twenty Villages and some fine Palaces.

Ceneda is a City and a Bishop's See, situated at the Foot of the Mountains beyond the Piave, six Miles from Conegliano and 20 from Trivigi. It contains many good Buildings, among which is the Cathedral, lately erected. It's Bishops formerly governed it, and they have still temporal Jurisdiction there, and are besides, Counts of Tarzo, a large and populous Town three Miles from thence. The Civil Government of the City is in it's Council, composed of three Sorts of Persons, which deputes the Magistrates, and distributes the Employments. The spiritual Care of the Bishoprick, besides it's own comprises the Territories of Seravalle, Conegliano, Oderzo, la Motta, Portobuffaletto and the Districts of Valmarino, Cesana, Collalto, Melle and some Places in the Friul. Towards the South it has a delightful and fertile Country. On the East there is a Castle, which stands above & commands the City.

Conegliano is a very pleasant Place with the Title of City, situated upon the Montegano between the Piave and the Livenza, partly on a Hill and partly in a Plain, which extends itself on the South into a most fertile Country. On the Top of the Hill there is a Rock, guarded with a double Wall, which was looked upon as very strong before the Use of Artillery. The City is governed by a Noble Venetian with the Titles of *Podestà* and *Capitaneo*, and has particular Privileges. The Nobles, who form it's Council, which presides in oeconomical Affairs, are capable of being admitted into the Order of Malta. Conegliano in former Ages was sometimes free, and sometimes governed by the Trivigiani, who kept a Podestà and Consuls there. In the year 1329 it fell under the Power of the Scaligers; but shaking off their yoke in a few years, it voluntarily embraced the Venetian Dominion in 1337.

Mestre is a large Town near the Lagune, six Miles from Venice. Formerly it belonged in full Jurisdiction to the Bishoprick of Trivigi, as some other Places of the Trivigiano, and had a Castle, which was burnt in 1514 by the Imperialists in the Time of the League of Cambray. A Noble Venetian governs the Town and it's District with the Title of *Podestà* and *Capitaneo*. It has a good Territory abounding with Corn and Wine.

Motta is a populous Town with a Castle situated on the Banks of the Rivers Montegano and Livenza, near the Confines of Friul. In the year 1199 it was ceded by Bianchino Caminese to the Community of Trivigi. Thence it passed to the Venetians, and was afterwards possessed by the

Carraresi, and by the Emperor; and at length returned in 1511 to the Republick of Venice, which sends a Noble to govern it with the Title of Podestà.

Novale is a Town with a Castle, towards the Frontiers of the Padovano, not far from Mestre, and twelve Miles from Trivigi. It belonged a great while to the Family of Tempesta. It was possessed for some Time by Ezzelino, and by the Scaligers. Afterwards the Venetians took the Care and Custody of it, and for greater Security sent a Captain to guard it in 1359. Now it is governed by a Podestà, who is a Noble Venetian. It is surrounded by 13 good Villages, which form it's District, very fertile in Corn and Wine.

Oderzo is a City upon the River Montegano, between the Livenza and the Piave, in a fine Plain, 15 Miles distant from the Sea and from the Mountains, and about the same Distance from Trivigi and Pordenone, and twelve from Conegliano and Sacile. It is well built, and it's Territory, which comprehends a good many Villages, abounds with Corn and Wine. It is governed by a Noble Venetian Podestà, and the Citizens hold Offices for the oeconomical Direction of the Place, which are dispensed by it's Council. Oderzo was long under the Power of the Trivigiani. The Venetians obtained it with the rest of the Trivigiano in the Year 1339.

Portobufaletto is a Town with a Castle, 20 Miles from Trivigi, on the Confines of Friul. It was formerly subject to the Counts of Porzia and of Brugnara, to the Bishop of Ceneda and to the Caminesi. The Trivigiani also governed there. Now it is governed by a Noble Venetian with the Title of Podestà, and has 20 Villages in it's District.

Seravalle is a City very pleasantly situated a Mile to the North of Ceneda. It takes it's Name from being built at the Entrance of a Vally, not far from the little Mountains of S.ᵗ Anthony & S.ᵗ Augusta. It draws great Advantage from the small River Meschio, which serves many Iron Works. The Steel, tempered with those Waters, is esteemed the finest possible. The illustrious and powerful Family of Camino resided there long time. The Trivigiani likewise held it for some Time with absolute Power, and sent a Captain for the Custody of it. Now a Noble Venetian governs it with the Title of Podestà, together with a Council of it's Nobles.

The County of *Cesana* is 32. Miles North of Trivigi. It has been governed with full Jurisdiction from the XII. Century by the three Families of Vergeria, Muzia and Colle; from which descend all the Families now called Cesana from the Fief, dispersed in Asolo, Serravalle and other Places. It contains 7 Villages, and is fertile in Corn and Pasturage.

The County of *Collalto* is a very ancient Fief of the Noble Family of the Trevisan State, Counts of that Name received into the Nobility of Venice in 1303. It comprehends no small Tract of Country, bordering on the South upon the Piave, on the West upon the Rimonta, upon the County of Valmarino on the North, and upon the Territory of Conegliano on the East. Besides the Castle of Collalto, 15 Miles from Treviso, in which resides a Vicar for the Counts; it has the other of San Salvadore, noble and delightful by it's Situation and Buildings, and particularly the Residence of the Counts, who keep a Vicar there with separate Jurisdiction from that of Collato. The third Castle is that of Santa Lucia. There are besides, seven Villages, in which the Counts exercise absolute Jurisdiction with singular and uncommon Privileges. This Family dates it's Origin from the Marquises of Brandeburg, and is now divided into two Branches one of which flourishes in Germany.

Cordignano, once a Fief of the Bishop of Ceneda, borders upon the Friuli and the Serravallese, and comprises a Castle of this Name, with five Villages and a populous Town, called San Cassano of Meschio, where resides with the Title of Podestà the Governour of the County, placed there by the Family of Rangona, which in the year 1454 had it in Fief from the Republick of Venice, granted to Count Guido, it's General. This noble Family is near to become extinct and the Fief devolves to the Senate.

San Donato, to the East of Trivigi beyond the Piave, was erected into a County in the year 1531, in Favour of Angiolo Trevisano, a Noble Venetian, and his Descendants. It branched out afterwards into the two Noble Families of Correr and Contarini, which now possess it.

Mel, formerly called Zumelle, 30 Miles from Trivigi, near the Bellunese, was once possessed by the Bishops of Ceneda and Belluno, then by the Caminesi, of whom the Trivigiani purchased half of it in 1188. In 1422 the Republick of Venice invested it in Giorgio Giorgi, one of it's Nobles, from whom one Moiety of it passed into the Family of Loredano, and now it is in that of Gritti. It has 19 Villages besides the Castle upon a Hill, a small, but well built and populous Place, with the Piave running beneath. There resides the Vicar of the Count, who has entire Jurisdiction.

San Paolo is a Castle 12 Miles beyond Trivigi, between the Piave and the Montegano, mid-way between Conegliano and Oderzo. In 1452 the

Venetians gave it in Fief Noble to Cristoforo Tolentino, their General, who not having Issue male, obtained of the Senate to transmit it to his two Daughters and their Descendants, if they married Noble Venetians, which they did, and it was accordingly divided between the Noble Families of Pasqualigo and Gabrieli, in which last the whole, being reunited, now remains.

Valmarino, or *Valdimarino*, so called from being held in Fief by Marino Faliero, to whom the Venetians first gave it. It is 20 Miles from Trivigi. It belongs now to the Family of Brandolino, made Noble Venetians, Brandolino da Bagnacavallo having been invested with it by the Republick in 1436 for singular Services. This County borders upon the Trivigiano on the South, upon the Bellunese on the East, upon the Feltrino on the West, and upon the County of Mel on the North. The Castle is upon a Hill, magnificently rebuilt in the place of Cisone. This was built in 1194 by the Trivigiani for a Check upon the Cenedesi and Coneglianesi, from whom it is not far distant. It has a District of sixteen Villages.

There are other Places, which were formerly Castles of powerful Families, and which are now large Villages, which might deserve mention, if the Description of this Province were not already too long and minute. Such are *Quer*, 24 Miles from Trivigi, a populous, trading Town, *Valdobbiadene*, *Montebelluna*, *Vidore* and *Pieve di Soligo*, considerable for their Wine, or for their Silk, or Woolen Manufactures. The latter is a large, populous Town, belonging partly to the City of Trivigi, and partly to the County of Valmarino.

I have the Honour to be with the greatest Regard and Esteem.

My Lord

    Your Lordships
    most obedient
    Humble Servant
    John Murray

To the Right Honble The Earl of Halifax[6]   Venice, 12.th July 1765

My Lord,

The *Bellunese*, Part of the modern *Marca Trivigiana*, borders on the North upon the Cadorino and Bishoprick of Bressanone, on the East upon the Friuli; upon the County of Valdimarino and Mel on the South, and upon the Feltrino and Tirolese on the West. This Country, which is surrounded by Mountains, enjoys the purest Air, and abounds with Game. It's chief Product, besides a sufficient Quantity of Corn, Wine and all sorts of Fruit, consists in Herds of Cattle & Pasturage; and as the Mountains are covered with very large Woods, there is great Traffick of Wood and Timber, which are sent to Venice. Amongst these Woods the most remarkable for it's Extent and Beauty of the Trees is that of *Remi of St Mark*, also called the Wood of *Cansei*, situated towards the East; and separating the Bellunese from the Friul. It is about 16 Miles long. This & a fine Wood in the Trivigiano, called the Wood of Montello, nine Miles long, and famous for excellent Oak, supply the Arsenal of Venice with great Plenty of Timber and with Masts for the Ships and Galleys. As the Oak in all the Woods is reserved by the Republick for the Use of their Arsenal, they have a Keeper in each with the Title of Captain, and a sufficient Number of Deputies; and besides, in the Wood of Montello there preside three Senators with the Title of *Proveditori*, with civil Authority, who make an annual Visitation in person. The Territory is well peopled, & there are many Villages.

Belluno, or *Cividal di Belluno*, is an ancient City, and the Capital of the Country, situated upon a Hill, watered on one side by the River Ardo, and on the other by the Piave. It has a very pleasant Suburb, called the *Campedello*. In the middle of the City is a Square adorned with many handsome Buildings, as the Palace of the Governor, of noble and excellent Architecture, built of Stones curiously wrought in Rilievo, the old Palace, the Bishop's, the Cathedral of very great Beauty, and near it an high Steeple, all the outside of which is of fine Marble of the Country. There are other Buildings in good Taste in the City, many Churches and Convents, and many Fountains of the clearest Water, which is conducted for near a Mile by a very large Arch, erected

[6] PRO,SP99\70, 82-88v; dispaccio ricevuto il 26.7.1765.

over a Vally. There are three Hospitals for the Poor and Infirm, and a Bank, called *Monte di Pietà*, instituted in the ancient Times, where they lend Money upon Pawns at very low Interest, as they have in Treviso and atmost all the great Towns of the State of the Republick, intended for the Benefit of the poorer Sort of People. The City, which is not large, but is well peopled, is governed in Temporals by a Noble Venetian with the Titles of *Podestà* and *Capitaneo*, and in Spirituals by it's Bishop. The Council of the City has the Administration of publick Affairs and is composed of Noble Families only. There is besides, a College of Lawyers. There are some good Towns in this Territory, as

Longarone, ten Miles from the City, a well built Town, and of very great Traffick in Wood and Timber;

Zoldo; a Town among the Mountains, where there are Mines of Iron and Lead. This Place, together with many Villages, forms a District, called a *Capitanato*, governed by a Gentleman, sent by the Council of Belluno, which sends another Captain to

Agordo, a much larger Town, noted for it's rich Mines of Copper; and for it's great Traffick of Sulphur and Vitriol, as well as for the Abundance of Cattle. It is 15 Miles above Belluno: the Roads that lead to it are very rocky, but it is situated in a pleasant Plain, & is an Archdeaconry.

Castello is famous for the Quarries of Stone near it; &

Capo di Ponte, for a very high Bridge over the Piave.

Censenighe and *Castello d'Agordino* are also among the principal Towns, and

Rocca di Pietore, or *Rocca Bruna*, is a District of 30 Miles in Circumference, under the Jurisdiction of the Council of Belluno, which sends one of it's Members annually, as a Captain, to govern it. It was given to that Council by John Galeazzo Visconte, Duke of Milan, in the year 1392, as a Reward for Services done him by the Bellunese.

Belluno belonged formerly to the Romans, but about the year 800 it begun to enjoy it's Liberty, and was governed by Consuls and other Magistrates of it's own, & by it's Bishop, with the Title of Count, which he still retains. Ezzelino da Romano, who had made himself Master of the Marca Trivigiana, laid Siege to Belluno in 1248, which bravely defended itself for the 1.ˢᵗ year, but in the 2.ᵈ was forced to yield to that Tyrant, who kept it till his Death, which happened in 1259, when it regained it's Liberty. About the year 1267 the Bishop Adalgerio, not being able to defend himself against his Enemies, called in Gherardo da Camino, who was made Captain General of Belluno and Feltre. The Family of Camino held that Office in Belluno for many years. It had afterwards different Masters, and in 1388 it was possessed by John Galeazzo Visconte, Duke of Milan, whose Children held it after him for some Time; but the Bellunese, desirous to provide for their own Security in the Time of the Disturbances occasioned by the Guelphish and Ghibelline Factions, submitted themselves to the Republick of Venice, and voluntarily surrendered their City to Antonio Moro, Proveditore of the Venetian Army in the year 1404. It was afterwards taken by the Emperor Sigismund; but it returned to the Venetians in 1420; under whose Government it has remained ever since, except the year 1509 and the two following, when it was taken by the Emperor Maximilian, and retaken by the Venetians, in the Time of the League of Cambray.

The *Feltrino* borders on the East upon the Trivigiano, from which it is divided by the Piave; on the North upon the Bellunese; on the West upon the Vicentine and the Bishoprick of Trent, and on the South upon the Trivigiano and Bassanese. It is fertile in Corn, and abounds in Pasturage, Cattle and Sheep, and still more in Game. There is great Traffick in Wood, particularly Deal Boards and Beams, and of the Larch Tree, which I have seen as fresh and solid, as when first cut down, in the pulling down of old Houses of near 400 years standing. It is principally carried on at Fonzaso, a large Village on the River Cismone, which falls into the Brenta; and on the East, by the River Cordevole, which discharges itself into the Piave. They make up their Deal and Beams into great Rafts, and send them down the Piave, (which passes a long Tract of Country) in a very few Hours to Venice. The Quantity is so considerable, that it supplies all the Necessaries of the State, and a great deal for Exportation.

Feltre, which gives Name to the Territory, was a City of Rhetia, as were Belluno and Trent according to Pliny. It is situated on the Declivity of a very high Mountain, called Tomadego, which covers it on the South, and makes the Winter the longer and colder. It is between the small Rivers of Asonna and Colmeda, which run into the Piave a little lower. Notwithstanding it's Situation, the Streets are broad and well paved; and it has spacious and commodious Suburbs in the Plain. The Cathedral is a good modern Structure. There are several Convents and Hospitals, and some good Buildings, an handsome Square, a College of Doctors and Notaries, and a good Bank, called *Monte di Pietà*. It is governed by a Venetian Nobleman with the Titles of *Podestà* and *Capitaneo*. The City Council consists of the Nobles only, who have their Offices of Jurisdiction, and some Governments, called *Capitaneati* and *Proveditoreati*, upon the Confines of the Austrian State. There is a Bishop, whose spiritual Jurisdiction extends into the Austrian State.

The City of Feltre has been subject to the Venetian Dominion ever since the year 1404, when by a voluntary Surrender, stipulated between Bartolomeo Nani on the part of the Republick, and Vettor Muffoni on that of the Nobles and People of Feltre, it passed from the Dominion of the Dukes of Milan to that of Venice.

In the year 1315 Treviso shook off the yoke of the Emperor, by whose Vicars it had been governed, and recovering it's ancient Jurisdiction, which extended to the Cities of Coneda, Oderzo, Asolo and several other Towns and Castles, assumed the Form of a free and perfect Republick. They reformed their Laws and compiled a Body of Statutes, which remain in the Original. They reestablished the Mint and struck Coin with this Inscription, *Tarvisium Civitas*, in token of Liberty. But apprehending, that they should one time or other be overpowered by the Attemps of their Enemy *Cane dalla Scala*, Lord of Verona, they resolved in the year 1318 to put themselves under the Protection of the Emperor Frederick of Austria, who accepted the Offer, and sent the Count of Gorizia to govern their City with the Title of Imperial Vicar. Nevertheless the Power of Scaliger encreased so much, that he compelled them to sign a solemn Capitulation, in consequence of which on the 18.th of July 1332 he made a pompous Entry into the City of Treviso, and took possession of it. He enjoyed it but four Days; for he died on the 22.[d] of the same Month. Alberto and Mastino, his Nephews, inherited the large Dominions of Scaliger, and were soon acknowledged by the Trivigiani; to whom they confirmed the ancient Jurisdiction over Ceneda, Conegliano and other Places and Castles of their Territory. However, the Coneglianesi taking the Opportunity of some Differences, arisen between the Venetians and the Scaligers, and being discontented with the Government of the latter, voluntarily surrendred themselves to the Venetian Republick in 1337, as I mentioned in the Account of Conegliano. The Trivigiani, tho' wearied and oppressed by the severe Government of the Scaligers, would not violate their Fidelity, but anxiously waited a favourable Opportunity to throw themselves into the Arms of the

Venetians, who were always good Neighbours to them. This offered by the Peace concluded in 1339 between the Republick of Venice and the Scaligers, by which it was settled, that Trivigi, Feltre, Belluno, Bassano and Castelfranco should be for ever united to the Venetian Dominion, to which they also made a full Surrender of themselves five years afterwards; and the whole District was reduced to the Form of a Province with particular Governors in the other Cities and principal Places.

Having now finished the Account of the *Marca Trivigiana*, I proceed to the *Venetian Friuli*.

The Province of *Friuli*, the Forum Julij of the Romans, called the Province of *Aquileia*, and also *Patria del Friuli*, was denominated from the famous City of Aquileia, which was the Capital of it; and it is commonly called *Patria del Friuli*, because a Region, or Province was called *Patria* by the Geographers and Historians of the Middle Age; which Name has by long Use remained to this Province.

The *Friuli* comprehends Part of the Region of the ancient *Veneti*, and all that of the ancient *Carni*, who possessed the adjacent Country of the Alps, and extended themselves likewise to the Plain, whence Aquileia is placed by some in *Venezia*, and by others in the Country of the Carni; the Confines of Provinces having been very confused and undetermined in ancient Times, we see *Veneti*, *Carni* and *Istri* mentioned indiscriminately; and this Country, under different Names and with different Confines, has been subject to the Romans, Goths, Lombards, Franks, Germans, and lastly to the Patriarchs, from whom the greatest Part of it passed to the Venetians. It's Territory is formed at present, not only by the vast Plain, which extends from the River Livenza to the Adriatick Sea, but also by those Hills and Mountains, which encompass it on the West, North and East, formerly called *Alpi Noriche*, *Alpi Carniche*, and *Alpi Giulie*, by which it forms a sort of vast and beautiful Theatre. It is computed to be above 260 Miles in Circumference, including the District of Carnia along the River Tagliamento, and that of Cadore along the Piave. The *Patria del Friuli* has now for Confines on the West the Trivigiano and Bellunese; on the North, Part of the Tyrol and Carinthia, on the East Carniola and Carso, and on the South the Adriatick Sea, or Lagune of Venice. There are many Rivers in this Country, the principal of which are the Livenza, Tagliamento, Turro, commonly called Torre, and Lisonzo. By the Declivity of the Country there are some Torrents, which by their Impetuosity are ruinous to the adjacent Parts. The Friuli enjoys universally a temperate and healthful Air. It is a beautiful Country, sufficiently fertile, and plentiful in all Kinds of Provisions. The Fruits are very good, and also their Wines, of various Sorts, according to the Soil. The neighbouring People of Germany take a great deal of their Wine. The Dialect of the Country is singular and curious and by many thought soft, pleasant & emphatical. The Pronunciation has some Likeness to the French, and there are many Words of the ancient Provincial Language, and of the Greek, Latin, German and other Nations. The whole Country is under the Dominion of this Republick, except the two Counties of Gorizia and Gradisca, which belong to the House of Austria.

In the Venetian Friul there are three principal Bodies of Men, the Parliament, the City of Udine, and the Country. The Parliament is composed of Prelates, *Nobili Castellani*, which are Governors of Places, and *Comunità*, or Commonalty; the City of Udine, of Citizens noble and plebean; The Country consists of upwards of 800 Villages. It has eight Syndicks, who are chosen in presence of the Governor by the Nuncios of the Villages, and have the Direction of oeconomical Affairs. The Parliament assembles in Udine once a year for the Election of it's Deputies, and for other Matters that occur. This Body represents the whole Country.

The chief Places of the Venetian Friuli are Udine, Cividale, Portogruaro, Palma Nuova, Pordenone, Sacile, Gemona, Venzone, Tolmezzo, San Daniele, San Vito, Merano, Monfalcone; to which may be added some of the Parishes and principal Castles, as Fagagna, Aviano, Caneva, Meduna, Codroipo, Colloredo, Ponteba, Osopo, Porcia, Polcenigo, Spilimbergo, Valvasone, Latisana and the Pieve di Cadore.

Udine, the Metropolis of the Province, is situated in the middle of it, and is watered by two ancient Canals, drawn from the River Turro, which serve for the Benefit of a great Number of Mills. The City is surrounded with high Walls five Miles in Circumference. It is the Residence of the Governor of the Country, a Noble Venetian with the Title of *Luogotente*, and of the Archibishop of Udine, who has temporal Jurisdiction over several Towns in the Country. Under the Government of the Patriarchs this City exercised full Jurisdiction both in civil and criminal Causes, and is still in possession of Part of it within it's Walls and in nine Villages, which are particularly subject to it. For the Exercise of which Jurisdiction the Council of the City chuses annually four noble Citizens, who with the Title of *Giudici Astanti* give Sentence in civil and criminal Causes, from which there lies an Appeal to the *Luogotenente*. The great Council of the City, which is composed of 150 noble Citizens, and of 80 Plebeans, chuses all the Magistrates, and all the most important Charges: the smaller ones are chosen by the lesser Council, which is called the Convocation. This is formed of the new and old Deputies, and of an Addition of others to the Number of twenty: to which there lies an Appeal from the Sentences of the Deputies. These *Deputies* compose the chief and most conspicuous Magistracy of the City, and are seven in Number: six of which are Nobles, two of whom must be Doctors, and the seventh is a Plebean Citizen. They meet every day for the principal Affairs of the City, the Management of it's Revenues, the Maintenance of it's Privileges, and the Examination of Matters relative to the supreme Dominion; for which the City keeps one of it's Nobles at Venice in Quality of Nuncio, who receives & answers twice a Week the Letters of those Magistrates concerning Affairs that occur. They have also Authority to settle the Prices of Provisions.

There is a Magistracy of Health, which is composed of eight Citizens of Udine, chosen out of the 150 Nobles of the great Council. They exercise their Jurisdiction subordinately to the *Luogotenente*, using continually the utmost Vigilance to preserve the Health of the Province, and to prevent those Misfortunes, which formerly several times almost depopulated the City and the Country.

There are three *Proveditori a' Confini*, chosen by the Senate out of a greater Number of Nobles of Udine. They act sometimes alone with the Commissaries of the neighbouring Princes, and sometimes with a Senator of Venice over them.

There is also a Magistracy composed of three noble Citizens and a Notary, called *Giurati del Comune*; who are to maintain good Order in what is bought and sold, to inspect the Administration of the Customs for preventing Frauds, and to be vigilant for the proper Regulation of Contracts, and for the Promotion of commutative Justice.

There is a College of Lawyers and another of Notaries, a large Seminary for the Clergy, an Academy of Sciences, and a Bank, or *Monte di Pietà*.

The City is well furnished with Palaces and good publick and private Buildings: the Churches are handsome, and magnificent, the Streets spacious and the Squares large. The Palace of the *Luogotenente*, called the Castle, being built upon the Ruins of an old Castle upon a Hill, is very magnificent. The Palace of the Patriarch Archibishop of Udine, called the Patriarchate, is also very noble. Strangers admire the great Number of fine Palaces and private Edifices, and the Beauty of the City in general, as well as the Abundance and Cheapness of Provisions and Conveniences.

I beg leave to defer the Description of the rest of the Friul to another Letter, as I fear your Lordship will think this already too long.

I have the Honour to be with the greatest Regard and Esteem.

My Lord
Your Lordships
most obedient
Humble Servant
John Murray

To the Right Honble Henry Seymour Conway[7]   Venice, 26.th July 1765

Sir,

Cividale del Friuli is an ancient City about 8 Miles North East of Udine, It was a Roman Colony, and was called *Forum Julij* from Julius Caesar. Gilulfo, the first Duke of Friul, chose this City for his Residence, and it was that of all the Lombard Dukes, his Succesors, till the Time of Charlemagne. In the Time of the Lombards and Franks and for some Time after, it was also the Residence of the Patriarchs, who were then called *Patriarchi Forogiuliesi*. There is still a Dean and Chapter of about 40 Canons, who have a very fine Church, built in the place of the old one, which was destroyed by an Earthquake in 1511. Besides their extensive spiritual Jurisdiction, they have temporal over six Villages. On the Feast of the Epiphany the Dean assists at high Mass, dressed in his Ecclesiastical Robes, with an Helmet on his Head and a Sword in his Hand, as Marks of the spiritual and temporal Jurisdiction of the Chapter. There is a very ancient and numerous Nobility, and there are many Churches and Palaces in proportion to the Bigness of the City, which is only about two Miles round. The Abbess of a Nunnery, founded there in the reign of Didier, King of the Lombards, has Jurisdiction over some Villages. There are several Roman Inscriptions, and other Remains of Antiquity. There is a very fine Stone Bridge over the River Natisone, which divides the City into two Parts. It is governed by a Noble Venetian with the Title of Podestà. This was the Place of the Birth of Paul the Deacon, Author of the History of the Lombards and other Works.

Porto Gruaro is a small City 20 Miles from Udine towards the South-West. It has good Buildings, and is watered by the Lemene. The Merchandise that comes from Germany, and many Products of Friul are embarked there for Venice. It is little more than a Mile in circumference and the Air being very bad, it is but thinly peopled. The Bishop of *Concordia*, a City in Ruins, not a Mile distant, resides there with his Chapter of Canons. A Noble Venetian governs it with the Title of Podestà.

Palma, or *Palma Nuova* is a City about 10 Miles S.E. of Udine. It was fortified by the Venetians near the End of the 16.th Century, to

---

[7] PRO,SP99\70, 99-104; dispaccio ricevuto il 12.8.1765.

defend the Province against any Insults of the Turks, or Attempts of the Austrians. Here the Huns & other barbarous Nations entred Italy, and the Turks, when they made Irruptions as far as Treviso. In an open Place in the middle of the City there is a Standard upon a triple-faced Well, from whence there are Views to the three Gates of the Town, and thro' six Streets, which traverse it. The Governor, who is a Noble Venetian, has the Title of General.

Pordenone is a City about 25 Miles to the Westward of Udine. The River Naone, now called Noncello, passes by it, and the Meduna is a few Miles to the East of it. In the ancient Imperial Patents, when it was subject to the Archdukes of Austria, it is called *Civitas et Respublica Portus Naonis*. It is a pleasant, healthy and populous Place; the Country is fertile, and there is a continual Traffick with Venice by the River Noncello, which falls into the Meduna. There are many Springs of Water that produces plenty of good Fish, and there are several Copper-Works and Paper-Mills. The City is governed by a Noble Venetian with the Titles of *Proveditore* and *Capitano*, and by it's own Laws, separately from the rest of the Province.

Sacile is an ancient great Town on the Frontiers of the Friuli towards the Marca Trivigiana. The Livenza passes thro' the middle of it. It's Territory is fruitful in Corn and Wine. It has a Noble Venetian for Governor with the Titles of *Podestà* and *Capitano*, and there is a Council, which chuses two *Proveditors*, who have a share in the civil Government.

Gemona is another large old Town, situated upon a Hill 15.Miles Northward of Udine, on the great Road that leads into Germany. There are many noble Families. The principal Church is magnificent, and has an Archpriest, who is one of the first of the Province in Dignity and Revenues. The Country about it is fertile. Three Miles distant from this Town is

Venzone, a Town surrounded with high Mountains, and watered by two Rivers, the Tagliamento & Venzonesca. It has the Advantage of being a Passage for Merchandise out of Germany, and enjoys many Privileges.

Tolmezzo is 7 Miles above Venzone, situated in a Valley surrounded with Mountains. It is the Capital Town of *Carnia*, which, divided into four Valleys, and full of Villages, forms a little Province. It is very near the Tagliamento and the Bute. There are above 150 Villages in Carnia, subject to the Jurisdiction of Tolmezzo, whose Council chuses Judges for the four Quarters of Carnia. There was a Castle (now in Ruins) which commanded the Town, and was the Residence of the ancient Patriarchs themselves sometimes, and of their Stewards.

San Daniele is situated 12 Miles to the West of Udine, upon a high Hill towards the Mountains, & forms a fine Propsect from the Plain. It is well peopled & one of the chief Marts for Corn. It was given by the Republick to the Patriarchs in the 15.ᵗʰ Century.

San Vito is situated in the middle of a fine Plain near the Tagliamento about 18 Miles from Udine. It has handsome Streets and Buildings, and a Church magnificently rebuilt by Cardinal Dolfino. This Town was likewise given to the Patriarchs, who nominate a Gentleman of the Place with the Title of *Capitano* to represent them.

Marano is a Fortress situated at the *Lagune*, 20 Miles from Udine, called the *Lagune* of *Marano*. It was strong by Nature and Art, and was sometimes possessed by the Venetians, and sometimes by the Austrians. The Republick sends a Noble to govern it with the Title of *Proveditor*, but it is scarcely inhabited except by a few Fishermen, the Air being rendred unwholesome by the Marshes, which are contiguous to it.

Monfalcone is to the Eastward of the Lisonzo in the County of *Carso*, 24 Miles distant from Udine, at the Foot of the Mountains of the Ancient *Japidia*, now called the Mountains of *Carso*; upon one of which there is a Fort, called the Fort of Monfalcone. The Town is governed by a Noble Venetian with the Title of Podestà, and another Noble Venetian has the Command of the Fort with the Title of *Castellano*. It has a Territory fertile in Corn and Wine, which are partly sent to Venice from the neighbouring Ports. The famous River Timavus is only 2 Miles from it.

Fagagna, 4 Miles from S. Daniel, and 7 from Udine, is the principal Town of a small County, or District, and has several Villages under it's Jurisdiction. The Council of the Community chuses Judges, from whom there lies an Appeal to the *Luogotenente* of Udine.

Aviano is a Town with an old Castle upon a Hill at the Foot of the Mountain called Monte Cavallo. about 30 Miles West of Udine. It is one of the Communities, and as such has a Vote in the Parliament. It has five Villages subject to it. It's Jurisdiction is now in the Noble Venetian family of Gabrielli, which keeps a *Capitano* there, who admnisters Justice to the whole District under Liberty of Appeal to the *Luogotenente* of the Province.

Caneva is also one of the Communities of Friul, which enter into the Parliament. It is situated to the West near the Trivigiano. Formerly it was subject to Sacile, which is near it; but in 1550 it was separated from it, and had a Noble Venetian appointed for it's Podestà, whom it contributes to maintain. The Castle is upon a Hill, and is inhabited by the Podestà and his Officers. The Town is chiefly inhabited by poor People; and has five Villages under it. The Wines of this District are in high Repute.

Meduna is a small Town upon the River of the same Name near it's Confluence with the Livenza, 28 Miles from Udine. It has also a Vote in Parliament, as a Community, and several Villages under it's Jurisdiction, which is exercised by many Judges, who are Nobles.

Codroipo is a small Town on the Post Road from Venice to Germany a few Miles from S. Daniel. Near it is a Village called *Persereano*, noted for a magnificent Palace and very large Gardens belonging to the Noble Venetian Family of Manini.

Colloredo is a Castle a few Miles distant from Udine, from whence the Counts of *Valso*, who afterwards took the Title od Counts of *Colloredo* and *Molso*, are descended.

Ponteba is a large Town on the Frontiers of Carinthia. The River *Fella*, which divides the Venetian State from the Austrian, runs thro' the Town, and that part of it, which is on the Venetian side, is called *Ponteba Veneta*, and that on the other, *Ponteba Imperiale*. They communicate by a Bridge, half of which belongs to the one, and half to the other Power, distinguished by the Arms of each. It is remarkable, that tho' these Places are so near each other, the different Character of each People is preserved in the Language, Customs and Manner of building. It is a Town of some Trade, and the Merchandise passes thro' it from Germany. There are many Cascades between this Place and Venzone; but this is one of the best Passes of the Alps. A few Miles below it there is a considerable Fort called the *Chiusa*, situated upon the Fella, and one of the important Places for the Defence of the Venetian Confines.

Osopo is a Fortress situated at a difficult Pass of the Northern Mountains of Friul towards Germany. It is one of many Fiefs, which the Noble Venetian Family of Savorgnano possesses in the Friul.

Porcia is a Castle near Pordenone. It is a small Place, but handsome, and one of the Fiefs of the Counts of *Porcia*, a very ancient Family in the Friul.

Polcenigo is a populous Town with a Castle near the Mountains at the Head of the River Livenza, belonging to the Counts of *Polcenigo*.

Spilimbergo is a large, trading, populous Town with a Castle, situated upon the Banks of the Tagliamento about 12 Miles West of Udine, It is a Fief of the Counts of *Spilimbergo*, as is

Valvasone of the Counts of *Valvasone* advantageously situated by the same River about eight Miles lower.

Latisana is a populous, trading Town, particularly in Wood, situated upon the same River near the Sea.

The *Cadorino*, or *Cadore* is the most Northern District in Italy, belonging to the Republick of Venice. It borders upon the Tyrol and the Alps on the West and North, upon the Friuli on the East, and upon the Bellunese on the South. It is divided into nine Hundreds. It was formerly subject to the Patriarchs of Aquileia; but it has belonged to the Republick ever since the year 1420. It is about 75 Miles in Circumference, & it's Inhabitants enjoy the singular Privilege of being exempted from all Taxes, which was granted to them by the Senate as a Reward for their Fidelity about the Beginning of the 16.th Century in the Time of the League of Cambray.

The principal Place of the whole District is called the *Pieve of Cadore*, a large Town to the West of the Piave, which divides the Country into two Parts. It is 18 Miles above Bellune. There resides a Chief, called *Capitano*, for the Administration of Justice; but there lies an Appeal from his Decisions to the *Luogotenente* of Udine, or the *Podestà* of Treviso. The Painter Titian was born here in the year 1477, who died of the Plague at Venice in the year 1576.

I can't conclude the Account of the Friul without saying something of *Aquileia*. You know, Sir, that it was founded by the Romans, who settled a Colony there. It is situated at a small Distance to the West of the Lisonzo, and about three Miles from the *Lagune* towards Grado. The little River *Natissa* waters it, and leads by a deep Canal to the Lagune; but the Romans, not content with that, opened another towards the West, called *Anfora*, which goes to the Waters of Marano in astraight Line, ten Miles long. Udine and four other Places were given to the Patriarch Rodoaldo by the Emperor Otho II. about the year 983, which is the Beginning of the temporal Sovereignty of the Patriarchs of *Aquileia*: and about the year 1077 the Emperor Henry IV. gave to Patriarch Sigeardo all the Friuli and Istria, which Donation was solemnly confirmed by Otho IV. and Frederic II. *Aquileia* being deserted on account of it's bad Air, the Patriarchs, become Sovereigns, thought of chusing a more healthy Habitation; and Patriarch Bertoldo removed his Court, Mint and Tribunals to Udine about the year 1218. At present they don't reckon above 30 or 40 poor Houses in the whole City, chiefly of Fishermen; for it is become uninhabitable by the Ruins that cover it, and by the very unwholesome Air. It would perhaps be quite forsaken, if it were not for the Patriarchal Church, which remains and is officiated by a few Priests.

About the year 1410 Sigismund, King of the Romans, discontented with the Venetians for being in possession of the Trivigiano, and for the Acquisistion of Zara, sold by King Ladislaus, sent a Body of Hungarian Troops into Italy; which being entred into the Friuli, when the Patriarchate was vacant, required the City of Udine to acknowledge Sigismund for their Prince; and to take an Oath of Allegiance to him. The Udinese represented to Count Ortemburg, who directed the Affairs of Sigismund in the Friul, that they could not swear Allegiance to any one, considering the League they had with the Venetians; but they implored of His Majesty an absolute Peace, or a good Truce. The Count would only allow them ten Days to deliberate; the Result of which was, that they were forced to submit to Sigismund, and to receive such a Patriarch, as he should approve. C.ᵗ Ortemburg sent a Vicegerent into the City, and a little Time after, *Lewis* of *Tec* was chosen Patriarch by the Chapter of Aquileia to the Satisfaction of Sigismund.

The Hungarians having seized upon almost all the Friul without much Resistance, advanced towards the Trivigiano; but the Venetians sent an Army in 1413, which beat them and put a Stop to their farther Progress. Sigismund came in person into the Friul, took some Places, and obliged the Citizens of Udine to give him a great Sum of Money, tho' the Patriarch went out to intercede for them: but he thought fit to make a Truce with the Venetians for five years; at the Expiration of which the Troops of the Patriarch and of the Feudataries that were his Friends, insulting the Venetian Territories & their Allies, and it being reported, that a Body of Hungarians was marching to the Friul, the Republick sent a good Army in 1419, which soon took most of the Places beyond the Tagliamento, and Cividale surrendred to it. The Patriarch set out for Hungary to hasten the Succours; but the Venetian Army marching to Udine, 11 Citizens were sent as Hostages to the Camp, and 6 Deputies to Venice. The City surrendred to the Venetian General Filippo Arceli, and Proveditor Marco Bragadino, and the Deputies were well received by the Senate at Venice, & obtained a Confirmation of all the Rights and Privileges of their City. The Patriarch See having thus lost the Dominion of the Friuli, and made some vain Attempts with the Hungarian

Troops to recover it, went to the Council at Basle, where he ended his Days. At the Solicitation of the Republick, which desired one of it's Subjects for Patriarch, Pope Martin V. chose for Successor to See Lewis Mezzarota, a Padouan, in the year 1439, with whom was made the famous Convention in 1445, by which he voluntarily ceded the Sovereignty of the Friul to the Republick of Venice, which had been so many years in possession of it by Force of Arms.

The Spirituality of Aquileia belongs to the Archbishoprick of Udine, which by a Grant of the Senate is alternately in the Noble Venetian Families of Gradenigo and Delfino.

I have the Honour to be with the greatest Regard and Esteem

Sir

Your most obedient
and most humble Servant
John Murray

To the Right Honble Henry Seymour Conway[8]   Venice, 9.th Augt 1765

Sir,

Having given you an Account of the Dominions of the Republick of Venice in the *Friuli*, I proceed to those in *Istria*, which Province is in the Form of a Peninsula, being encompassed on three sides by the Gulph of Trieste, the Adriatick Sea and the Gulph of Quarner; on the fourth it borders upon Carniola and Morlachia, from which it is separated by the Mountains of the *Vena*, which are a Part of the Alps. It's Length from N.W. to S.E. may be about sixty Miles, and it's Breadth in some Parts forty. Some make it 122 Miles in Length, which it may be along the Sea Coasts. The Whole of this Country belongs to the Republick, if we exclude the Port and Territory, or Principality of *Trieste*, which some place in *Istria*, but others more properly in the Country of *Carso*, which is now reckoned a part of the Duchy of *Carniola*, tho' formerly it belonged to the *Friuli*. *Pedena*, *Pisin*, *Cosliac* and a few other Places on the Eastern Part of this Country belong indeed to the House of Austria, but they are not so properly reckoned in *Istria* as in the *Lower Carniola*. The principal Products of this Country are Salt, Oil and Wine, in which it abounds, but the Soil is not fertile in Corn. The Air in general is thought to be unwholesome, and the Country on that account thinly inhabited. The chief Places along the Coast are Muglia, Capo d'Istria, Isola, Pirano, Umago, Città Nuova, Parenzo, Orsera, Rovigno, Pola, Albona and Fianona. There are other Places, which are not remarkable, but which have Noble Venetian Governors with the Title of *Podestà*, *Capitanio*, or *Proveditore*, as Grifignana, Valle, Dignano, Raspo, Montona, Buggie, Portole, San Lorenzo, Pietra Pelosa, &c.

Muglia, or *Muggia* is a Town upon the Eastern Side of a Bay of the same Name, five Miles East of *Trieste*. It has two Towers at the Entrance of it's Harbour, and above the Town there is a Castle, from which they give Notice by a Signal to the People in the Town of all the Vessels that enter the Port. It submitted voluntarily to the Venetians in the year 1420. It is governed by a Noble Venetian with the Title of *Podestà*.

Capo d'Istria is the Capital City. It is situated on a small Island, or Rock in the Gulph of Trieste; from which Town it is about ten Miles

[8] PRO,SP99\70, 115-120; dispaccio ricevuto il 23.8.1765.

distant to the South of the River *Risano*, which the Ancients called *Formio*. It communicates with the Continent by a long Stone Bridge, in the Middle of which is an old Castle called *Castel Leone*. This Island, or Rock was anciently called *Ægida*, as is supposed, from it's being in the Form of a Shield. The Sclavonians are said to have changed it's Name to that of *Copra*, or *Copraria*. The Town was exposed to the Ravages of the Northern Nations, notwithstanding the Advantage of it's Situation. The Emperor Justin I. rebuilt it, from whom it took the Name of *Justinopolis*, which it kept, till the Venetians took it by Siege in the year 932. They gave it the Name of *Capo d'Istria*, as the Capital of the Province. The Circumference of it's old Walls is about two Miles; some say, three. It is adorned with good Buildings, and has forty Churches besides the Cathedral. This is of an ancient Structure, with three Naves supported by eighteen Pillars of fine Marble; and it has been partly rebuilt with greater Magnificence. There are several other fine Churches. The Town Hall is an ancient Building. They affirm, that it was a Temple of *Pallas*, and that the Figure which represents Justice, placed in the Front between the two Towers, was the Statue of that Goddess. There is a fine Monument of the ancient Power of the City in an Aqueduct, which extends two Miles upon the Continent to a Place, where there is a very good Spring. The Water is conducted by subterraneous Channels of Stone work to the Sea Shore at a Place called the *Colonna*, and from thence in wooden Pipes under the Sea to the Town. This City affords a beautiful Prospect from without, several Parts of it standing upon Pieces of rising Ground of different Heights. The Air is temperate and healthy, and the Sea furnishes the Town with great Plenty of Fish. A Range of Mountains on each Side, covered with Olive-trees, affords a great Quantity of Oil, and the Vineyards in the Neighbourhood produce 20000 Measures of good Wine, but it's greatest Revenue arises from the Salt-pans. There are sixty Villages in it's Territory. There resides a Noble Venetian, who is the Chief of the whole Province, with the Titles of *Podestà* and *Capitano*. In the year 1584 two Councillors, Noble Venetians, were joined to him with Authority to judge upon Appeal the Sentences of all the other Governors of the Province, and of some others of the Islands of Cherso, Ossero and Quarner. There is also a Council of the Nobles of the Country, which has always preserved it's ancient Splendour, and it enjoys, besides it's municipal Laws, other Privileges of Governments and Fiefs.

After the Decline of the Roman Empire Capodistria governed itself as a Republick; but the Province being afterwards possessed by Charlemagne, he subjected it to a Marquess or Count, who had his Residence in this City. It was a long Time subject to the Patriarchs of Aquileia, tho' it governed itself at the same time by it's own Laws in the Form of a Republick, and sent it's Citizens to govern the Places and Towns of the Province. In 1278 it voluntarily submitted to the Dominion of the Republick of Venice, and Ranieri Morosini was sent as the first *Podestà* to govern it in the Name of the Republick. In 1380 it fell into the Hands of the Genoese, tho' for a short Time; and it was afterwards sacked and burnt by them, not being defended by good Walls; but in 1478 the Walls were compleated by the Senate at the Request of the Citizens.

Isola, anciently called *Alieto*, is a Town built upon a Rock five Miles S.W. of Capodistria. Formerly it had a Communication with the Continent by a Bridge; but now it is entirely joined to it. It is encompassed on the Land side with old Walls. It has a small Territory of some Villages, very fertile in Vineyards and Olive-trees. It is governed by a Noble Venetian with the Title of Podestà. The People value themselves upon their Nobility, and their Fidelity to the Republick of Venice ever since the year 1283, and enjoy considerable Privileges.

Pirano is a very populous Town about fourteen Miles S.W. of Capodistria, situated in a small Peninsula, formed by the Gulph *Largone*. on the South and that of Trieste on the North. The Air is very good. There are two safe Harbours; one of which is guarded against the Violence of the Winds by a strong Mole. They have a good deal of Navigation, and their Sailors are reckoned very expert. The Place submitted itself to the Republick of Venice in the year 1283, and it is governed by a Noble Venetian with the Title of Podestà.

Umago is a Town situated between the Gulph *Largone* and the Mouth of the River *Quieto*. It has a good Harbour, but the Air being unwholesome, the Place is thinly inhabited and little frequented. There resides a Noble Venetian with the Title of Podestà.

Città Nuova is situated near the Mouth of the *Quieto*. It is supposed to have been built of the Ruins of the City of *Æmonia*, which was destroyed by the Hungarians. It is a Bishop's See, but is very little inhabited on account of the bad Air. They don't reckon much above an hundred Families in it; and those, of poor Fishermen: but it is governed by a Noble Venetian *Podestà*.

Parenzo is a small City situated in a Peninsula, opposite to the Island of *San Nicolò*, between the Mouths of the Rivers *Quieto* and *Lemo*. It has a good Harbour; formed by several small Islands, the principal of which is San Nicolò, a Mile and half in Circumference, where there is a good Monastery of Benedictins and an high round Tower, which formerly served for a Light-house to the Port; where there live many Sailors for seven Months in the year, as all Venetian Vessels, sailing towards Venice, are obliged to take one for a Pilot. This City was formerly well peopled, and suffering much by the Hostilities of the People of *Narenta*, it put itself voluntarily under the Dominion of the Republick of Venice in the year 1267, to which it had paid Tribute from the Time of Doge Pietro Orseolo II. about the year 998, to be defended against the Corsairs of Narenta. In 1354 it was so much damaged by the Genoese, that it has not been able to recover it's ancient Splendour. However, in 1670 it begun to be repeopled, and now there is a good Number of Inhabitants, who are chiefly Descendants of those of *Candia*, to whom the Republick gave Habitations and Lands in Parenzo and it's Territory after the Loss of that Island. The Bishoprick of Parenzo is by some thought more ancient than that of Capodistria. The Cathedral is noble, and there are some other good Buildings. There are several Remains of Roman Antiquity. It is governed by a Noble Venetian with the Title of Podestà, and has several Places under it, which contain about 3000 Inhabitants. It has a Council, which chuses two Judges, who administer Justice in conjuction with the Podestà.

Orsera is a Town situated a little to the North of the Mouth of the *Lemo*, and East of the Island of *Conversera*. It is said to have few Inhabitants on account of the bad Air.

Rovigno is a populous Town not far South of the River *Lemo*, five Miles from Orsera. It stands upon a small Island, and with it's Castle is a Mile in circumference. The Island communicates with the Continent by a Stone Bridge. It has a safe Harbour, shut in by the Rock of *Santa Catterina*; but only Barges & small Vessels enter it, Ships go into the Port of *Figarola*, a Mile distant. The Situation of the Place makes fresh Water scarce; but there is great Plenty of Oil & Wine, and in it's Territory there are Quarries of fine Stone for building. It is governed by a Noble Venetian with the Title of Podestà, who has another populous Place under his Jurisdiction, called *Villa di Rovigno*. Rovigno submitted to the Republick of Venice in the year 1330. It is a Town of great Navigation, and amongst the Sailors are many Pilots.

Pola is a very ancient City, situated at the Bottom of a small Bay on the Southern Coast of Istria, 100 Miles distant from Venice. This Bay forms a very safe Harbour, two Miles long, and 600 Paces wide at it's Entrance. It is covered on the West by some Rocks, called *the Brioni*, which shelter it from all Winds. It is remarkable, that at one of the Extremities of this Bay, there is a Spring of fresh Water only 20 Paces from the Sea. The Tunny fish and Lobsters are in great Abundance in this Part of the Adriatick. The City is surrounded by old Walls, which were double on the Land side. It was once a Republick, as appears by an Inscription on the Base of a Statue of the Emperor Severus, where it is called *Respublica Polensis*. In the last Age the Venetians built a Citadel in the Town with four Bastions, but left it imperfect. The Dome, or Cathedral was erected upon the Ruins of an Heathen Temple, as appears by many Fragments of antique Marble. It is an episcopal See, but the Bishop seldom resides there on account of the bad Air; and for the same Reason the Place is thin of Inhabitants. It is governed by a Noble Venetian with the Title of *Count* and *Proveditor* of *Pola*, who also commands the Territory, which is composed of several Villages. The Country is partly plain and partly mountainous, and covered with Olive-trees and Woods, generally plentiful in Game, especially wild Boars and Hares, and there is great Abundance of Sea Fowl in the Winter. The Soil would not be unfertile, if it were sufficiently cultivated, which is not for want of Inhabitants, supposed to be driven away by the unwholesome Air. In one of the abovementioned Rocks of *Brioni* there is a Quarry of good Marble, a Church and some Houses, which are under the Jurisdiction of the Noble Venetian Family of Corner. The Roman Antiquities at Pola are so well known, and have been so well described by *Palladio* and others, that it is needless for me to say much about them. The principal ones are, a Sort of Triumphal Arch, or *Mausoleum*, called *Porta dorata*, two Temples and the Amphitheatre. The 1.ˢᵗ is not far from the Entrance into the City. It is of fine Corinthian Architecture, and appears from Inscriptions upon it to have been erected in Honour of one *Sergius Lepidus* by his Wife. The two Temples are in the Market place of the City, of the Corinthian Order, and not large. One of them is so united with the Governor's Palace, that it is hardly to be seen; but an English Architect lately got Leave to open the Foundations and discover the Dimensions of it. The other is entire, excepting the Roof, which has been consumed by Fire. It's Length within is 26 Foot, and it's Breadth 20. It has four Columns in the Front 26 Foot and half high, and eight on the Sides. By an Inscription upon it it was dedicated to Rome and Augustus Cesar. The Amphitheatre is about 200 Paces without the Walls of the present City. It is believed to have been anciently in the Centre of the City, and to have been erected shortly after the Reign of Augustus; but neither the Founder, or Architect is known. It is of an oval Figure, whose longest Diameter is 336 Foot, & shortest 292. It is of the Tuscan Order with well-wrought Ornaments, and the whole is divided into two Rows of 72 Arches, one above the other, and into a third Row of square Windows exactly over the Arches. The Columns of the first Row are 16 Foot high, and those of the 2.ᵈ a small matter less. Nothing remains of the inner Parts. At present it is full of Earth, perhaps brought thither by the Rains from the neighbouring Mountains; but the Outside is the most perfect of any Amphitheatre in the World.

The Harbour of Pola is well formed by Nature for the Tunny Fishery. They let down a very large and strong Net from one of the abovementioned Rocks into the Sea, towards which the Tunny Fish are wont to approach in Shoals in the Months of August and September. They are watched by a Person mounted upon a Pole on the Rock; and upon the Signal given by him, the Fishermen spread another Net from a Boat, and so enclose the Fish between the two Nets and take them. They say the Tunny Fish at Pola seldom exceed 600 lb in Weight; but that they grow in a few Months from a small Egg to the Length of several Foot, don't live above two years, and sometimes grow so fat, as to die of it. The Bishop has always the tenth Part of all the Fish caught, and when they take a great Number, they give away some for Joy to the Spectators. Pola and several other Places took an Oath of Fidelity to this Republick, & put themselves under it's Protection against the Hostilities of the People of *Narenta*, in the Time of Doge Pietro Orseolo II. in the year 998; and Pola voluntarily submitted again to the Venetian Dominion in the year 1329, having been for some Time before under that of the Patriarch of *Aquileia*.

Albona is a Town upon the Coast of the Gulph of *Quarner*, five Miles East of the Mouth of the River *Arsa*, at the Foot of the Mountains of the *Vena*. It is of small Consideration, but governed by a Noble Venetian Podestà.

Fianona is a Town situated upon a Promontory in the Gulph of *Quarner* about 7 Miles from Albona. It has a Port, but little Navigation, having very few Inhabitants. These two Towns are near the abovementioned Places that belong to the House of Austria. Fianona is about 12 Miles from *Fiume*, which the Germans call S.ᵗ Veit.

There are, besides, a great many Villages and Fiefs of Nobles of

Capodistria and other Places in the Province, with the Names of Counties and Marquisates. Some Parts of the Country are fertile in Corn, but in general it is mountainous; and abounds in Woods, but has few Rivers. The Language in general is the Venetian; but in many parts of the Country they understand & speak the Sclavonian, or Illyrican. The People of the Cities & Towns are very civilized, but the Boors are fierce and rough. The Istrians are reckoned to make good Sailors and Marines.

I have the Honour to be with the greatest Regard and Esteem

Sir

Your most obedient
Humble Servant
John Murray

To the Right Honble Henry Seymour Conway[9]   Venice, 23.^d Aug.st 1765

Sir,

Having had the Honour to give a description of the Dominions of this Republick, called the *Dogado* and the *Terra Ferma*, I come now to those in the Provinces of *Dalmatia* and *Albania*.

Dalmatia, or *Dalmazia*, as the Italians call it, is a Part of the ancient *Illyricum*. It was formerly larger than at present; but I shall not trouble you with explaining it's ancient Limits: it's modern ones are the River *Drino*, commonly called *Bojana*, on the East, *Bosnia* on the North, *Croatia* on the West, and the *Adriatick* Sea on the South. It's Length is computed at 380 Miles; but it's Breadth in those Parts, which are possessed by this Republick on the Continent, is not above 35. The House of Austria possesses a Tract of this Country on the West, called *Morlachia*, and the Territory of *Fiume*; the small Republick of *Ragusi*, which is tributary to the Turks, is included in it: the Turks are in possession of the Duchy of *St Saba*, *Kelmo* and *Erzegovina*, which Tract borders upon the Territory of *Clissa*, the State of Ragusi, Albania and Bosnia. The rest of the Country which is by much the greatest Part, belongs to this Republick. In general it is not fertile, or well peopled. It abounds in Woods and Forests; it's Mountains are steep and craggy, and it's Rivers are not large, or numerous: but the Sea supplies the Wants of the Country in many Parts by plentiful Fisheries, commodious Harbours and great Facility of Navigation. The chief Products are Oil, Wine, salted Fish, Cattle, Sheep, Fruit, and Wood for Fewel. The Inhabitants are stout; courageous and frugal. The Republick is provided with it's best Soldiers from this Country, which is divided into the following Counties, or Districts, viz. Zara, Sebenico, Traù, Spalato, Liesina, Nona, the Frontier Places, and the Island of Quarner.

The County of Zara has few Towns of Note, but several considerable Islands belonging to it and is very well cultivated.

Zara is the Capital City, the Metropolis of the whole Province and an Archibishop's See. It was a Roman Colony, and it appears by an Inscription to have been walled round by Augustus, and by another Inscription, to have been of much larger Extent than it is at present. It is situated in a Peninsula, which is now entirely separated from the

---

[9] PRO,SP99\70, 125-129; dispaccio ricevuto il 7.9.1765.

Continent by Ditches, the Venetians having fortified it and it's present Circumference is by some computed to be two Miles by others only 1330 Paces. It's Latitude is 44 Degrees, and it's Distance from Venice 180 Miles. There are many Remains of magnificent ancient Buildings, both within and without the City, and there are the Ruins of an Aqueduct, which extended thirty Miles into the Country, and which appears by an Inscription to have been made by Order of Trajan. The *Proveditor General* of all the Venetian Dalmatia and Albania, who is a Senator, has his Residence in this City, which is governed by another Noble Venetian with the Title of Count; another Noble Venetian resides there with the Title of *Capitano*, who commands the Garrison, and a fourth has the Titles of *Camerlingo* and *Castellano*. The Palaces of the Governors are very noble Buildings; the Churches are reckoned fine, and there are several Hospitals, Seminaries and Convents. There is a very safe and good Harbour to the North of the Town. At 16 Miles Distance is *Zara vecchia*, a place of little Consideration at present.

The inhabited Islands and Rocks (as the Italians call very small Islands) belonging to the County of Zara, are, towards the West, the Rocks of *Selve, Luibo, Scarda, Melada dell'Asino*, and other smaller ones, called the *Pettini*. The Rock of *Selve*, called by the Sclavonians *Silba*, has a large Village with above 600 Inhabitants, chiefly Sailors. The Country, which is not very fertile in Corn and Wine, is cultivated by Women, who are so strong and courageous, as to be thought sufficient for the Defence of the Town against Corsairs, there being some Towers and Forts. This Island is four Miles in Circumference, and the Sea supplies it with great Plenty of good Fish.

Luibo, by the Sclavonians called Oilb, is quite plain; it has a populous Village, divided into two Parts, is well cultivated and abounds in Pasturage.

Scarda is famous for it's convenient Harbours.

Melada, or *Meleta*, is much larger than the others. The Sclavonians call it *Mulat*. It extends in Length from East to West about ten Miles and is two Miles and an half broad. It has a Town of the same Name at the East End of it. These Islands form three Channels called *Meleta*, *Zopuntello* and *Bergoglie*.

Towards the East, almost opposite to the City, are the two Islands of *Uglian* and *Pasman*, both fertile and well cultivated.

Uglian, formerly called *Lissa*, is thirty Miles in Circumference, has twelve Villages and many pleasant Country Houses, belonging to the Nobility of the City. There is a good old Castle upon the Summit of a high Rock. Towards the North are many small Islands; upon two of which are Lazzerettos, the great and the small one with a good Convent of Franciscans. Upon another there is a fine Palace of the Archibishop.

Pasman is separated from Uglian by a Channel called *Chuchglizza*. It extends towards the South East sixty Miles in Length, and has eight good Villages among which is that of *Pasman* in the Middle of the Island, which abounds with Oil and Wine. There are two Convents and many pleasant Country Seats of Nobles and Citizens. Beyond these are many small Islands, some of them inhabited and some not.

Sale, commonly called *Isola grossa*, is near seventy Miles long. It has a good Town, which gives Name to the Island, situated upon the small Lake of *Comna*, well known for it's plentiful Fisheries, and for the Trade of Fish, salted upon it's Banks. There are eight good Villages, besides many scattered Houses all over the Country.

The Coronata is an Island about forty Miles long, separated from the foregoing by a Channel to the Eastward. It has only one Town, called *Torretta*, and abounds in Pasturage; as do the Islands of *Suth*, or *Zanchio*, fourteen Miles in Circumference, and *Dagna*, which is very small, to the South of the former, and *Smoquizza* and *Pougliana* to the East of it. There are about sixty small Islands, which surround the abovementioned, some of them cultivated, & some desert. They are of little Importance; but all these Islands together form a great many Harbours, and render the Navigation very convenient.

The County of Sebenico is contiguous to that of Zara to the East. The City of *Sebenico*, which is the Capital, and gives Name to the County, is above forty Miles distant from Zara. It is situated upon a Hill to the East of the Mouth of the River *Kerka*, anciently called *Titius*, and is fortified. It is not large, but well peopled; and the Country about it is very well cultivated. It has a spacious Harbour, formed by the River. The Cathedral is a noble Structure of good Marble, and next to it is the Bishop's Palace. The Governor is a Noble Venetian with the Titles of *Count* and *Captain*. Sebenico passed from the Dominion of the Kings of Hungary to that of the Republick of Venice in the year 1327. The City of *Scardona* is situated upon the Right of the River Kerka, about twelve Miles from Sebenico, near the Lake, formerly called *Scardona*, now *Proclian*. It has been a Place of Importance, but it is now only remarkable for it's being a Bishop's See. *Aurana*, or *Urana*, situated upon a Lake of the same Name 16 Miles from Sebenico towards Zara, is famous for it's ancient Fortifications and for a rich Commandry of Knights Templars, erected by Andrew II.

King of Hungary, and given to Ponzio, Grand Master of the Order, in 1217, and Viceroy of Dalmatia & Croatia. Urana has been taken and retaken several times by the Venetians and Turks; but in 1684 it was reunited to the Venetian Dominion with the neighbouring Town of *Carin*.

Amongst the Islands belonging to this County the most remarkable is that of *St Nicolò*, which is joined to the Continent by Art, and takes it's Name from a Fort erected upon it, which guards the Port, & is commanded by a Noble Venetian with the Title of *Castellano*. Near this is the Island of *Morter*, 16 Miles in Circumference. It has 4 large Villages, and is fruitful in Oil and Wine. There are Ruins of an old Castle.

Provichie is a small Island 5 Miles from Sebenico, full of good Country Houses, and Cottages of Husbandmen, who cultivate it to perfection.

Zuri, or *Azuri*, is 16 Miles in Circumference, remarkable for a plentiful Fishery of a small, good Fish, called *Sardella*, and more so for that of Coral, which abounds upon it's Shoars. The principal Village is in the Middle of the Island with a fine Country round it.

Caprano is about 5 Miles from Sebenico, and only 4 Miles in Circuit, quite level, and has a Village of the same Name, with 3000 People, chiefly employed in the Fishery of the Tunny and other large Fish. In the Middle of the Gulph, 50 or 60 Miles from Dalmatia and Italy, is the Rock of *Pomo*, in Shape of a Pyramid. There is only one Hut upon it, where Hawks build their Nests. Hawkers go thither in the Autumn to take the Hawks, which are reckoned of the best Breed and are reserved for the *Captain of the Gulph*, a Noble Venetian Sea-Commander. There are several other Islands of little Importance, which belong to the County of Sebenico.

The County of Traù is very small. The City of *Traù*, which is the Capital of it, and one of the principal Cities of Dalmatia, is situated in a Peninsula, or rather an Island, being separated from the Continent by a Channel, which *John Lucius* has proved to be a Work of Art, not of Nature, as some supposed it. A Part of the Town stands upon the Continent, and is called *Città vecchia*. The Cathedral and some other Churches and the Dwellings of the Bishop and Clergy are reckoned tolerably good. The City was fortified in the last Century. It is governed by a Noble Venetian with the Title of *Count*, and by it's own ancient Laws and has a Council of Nobles, which chuses Judges and Deputies, who have a Share in the Administration of Justice. This City is famous for the Birth of *John Lucius*, Author of the History of Dalmatia, and for a Manuscript, found there in the last Age, containing a Fragment of *Petronius Arbiter*, entitled *Supper of Trimalcion*, which caused so great

a Controversy amongst the Learned. Traù voluntarily put itself under
the Venetian Dominion in 998, and was afterwards taken by the Saracens,
by the Emperors of the East, and by the Kings of Hungary, and retaken
by the Venetians, who have been in quiet possession of it from the year
1420. There is a Communication by a Bridge between the Town of Traù
and the Island of *Bua*, where there is a Suburb. This Island is ten Miles
in Circumference, & being divided into two Promontories, forms a Bay
large enough to contain a great Number of Ships. Half of this Island
belongs to the County of *Spalato*. There are several small Islands of little
Importance, belonging to the County of Traù.

The County of Spalato, more commonly called *Spalatro*, lies next to
that of Traù, and the City of Spalato, which is the Capital, is about 12
Miles from that of Traù, and 400 from Venice. It is situated at the
Bottom of a Bay, not far from the Mouth of the River *Cetina*. It has a
large and good Port in Form of an Half Moon, but not entirely sheltered
from the S. and S.W. Winds. Upon the Shoar, near the Walls of the
Town, is a good Lazzeretto for performing Quarantine. The City is
about as large as Sebenico, that is, a Mile in Circumference, but it has
four Suburbs, and is more populous. The Caravans from Turky bring
the Merchandise to be shipped at this Port for Venice. The Archibishop
of Spalato is Primate of Dalmatia and Croatia. The Town is fortified
both towards the Sea and the Land. The Country about it is very fine.
The Dome, or Cathedral, was a Temple in the midst of Dioclesian's
Palace, the Walls of which are very entire, and form a Square that takes
up two Thirds of the City, with a Gate in the Middle of each side.
Three of those Gates are still standing. All the Parts of the City within
these Walls are full of Arches and ancient Ruins. There are the Remains
of a Portico between this Palace and another Wall, pierced with many
Windows, from whence there is a View of the Sea. It is needless for me
to take up your Time with a particular Description of these famous
Antiquities, as M.ʳ Adams has taken so much Pains about them. There
are many handsome Churches. Provisions are exceedingly plentiful and
cheap there, particularly Hares and Partridges, as well as Butchers Meat.
Spalato is governed by a Noble Venetian with the Title of *Count*. About
six Miles from Spalato are the Ruins of the ancient maritime City of
Salona, which is supposed to have been nine Miles in Circumference,
and the Residence of the ancient Kings of Illyricum. When the Romans
took it, they sent a Colony thither, which was called *Martia, Julia*. It
was so remarkable for a delicate Sort of Trout, that Dioclesian, who was

a Native of Salona, cut a Canal from the River *Jadera*, now called *Salona*, to his Palace, to convey them fresh. They are still in the same Repute. At present there is only one Church and a few Houses at Salona.

Almost opposite to Spalato, on the other Side of the River *Cetina*, or rather upon the little Gulph formed by it's Waters at their Entrance into the Adriatick, stands the City of *Almissa*, about forty Miles from Salona, and near the Foot of the Mountains, called *Primorie*. It was infamous for Piracies in the 13.th and 14,[th] Centuries, which provoked the People of Traù, assisted by the Venetians, to besiege it. They took it, pillaged and ruined it to such a degree, that it has never been able to recover itself since.

A few Miles from Almissa along the Coast, upon a Point of Land, is situated the City of *Macarsea*. It has a good Harbour, and is an episcopal See, but not populous; however, being a Port of some Importance, it is guarded by a Noble Venetian, who resides there with the Title of *Proveditor*.

Towards the State of *Ragusi*, upon a little Island, formed by the River *Narenta* near it's Mouth, is a Fort, called *Opus*, which was erected by the Venetians in the year 1684. It serves for a Barrier against the neighbouring Country of Erzegovina, belonging to the Turks.

Near this Island upon the Continent are the Ruins of the ancient City of *Narenta*, once the Rival of the Venetian Power. It has a Valley for it's Territory 30 Miles long; which is overflowed by the River for some Months in the year, and thence becomes very fertile.

Amongst the Islands belonging to this County, are reckoned that of *Solta*, formerly called *Olynta* with two Villages, and Part of the Island of *Bua*, with four good Villages, and several other small Islands.

The Island of *Brazza* is separated from the County of Spalato by a Channel, called the Channel of *Brazza*. It is eighty Miles in Circumference, has twelve Villages about 3000 Inhabitants and several commodious Harbours. The Soil is stony, but fertile in Grapes and other Fruits, and abounds in Woods and Pasturage. This Island has a Noble Venetian for it's Governor with the Title of *Count*.

I beg Leave to defer the Description of the rest of Dalmatia to another Letter, and I have the Honour to be with the greatest Regard and Esteem

Sir

Your most obedient
and most Humble Servant
John Murray

To the Right Honble Henry Seymour Conway[10]   Venice, 6.th Septr 1765

Sir,

The County, or District of *Liesina* consists in several Islands, of which it is itself the principal. The Sclavonians call it *Huar*. It lies in the inner Part of the Gulph of *Narenta*, 8 Miles distant from the Continent, and near the Islands of *Brazza*, *Lissa* and *Curzola*, & the Peninsula of *Sabioncello*. It's Length is 50 Miles, it's greatest Breadth 16, & it's Circumference 130. The City of *Liesina*, which gives Name to the Island, and is a Bishop's See, occupies a good Part of the Plain of the Island and is situated between two Mountains, the one to the East with a Suburb upon it of near 700 Stone Houses; the other has a Fort on it's Summit with a thick Wall, encompassed with craggy Rocks. It guards and commands the whole City, in which are several good Churches, and the Governor's Palace is a noble Building, adorned with Towers, from which there is a View of the whole Island. There are many Remains of ancient Buildings of Marble, of Statues & Mosaic Pavements and Wells of fresh Water, dispersed over the Island. The Heaps of Ruins, discovered in one Part, give room to suspect that there was formerly a considerable City. The Country abounds with Oil, Saffron and Honey, and Wine to the Quantity of 5000 Hogsheads. They reckon 18 Towns in the Island, the smallest, of 40, and three of the largest, of 500 Houses each, many of them large, and many fine Churches, which are looked upon as Proofs of the Riches and Piety of the People. The Fishery upon the Coasts of this Island has contributed much to their Riches. They reckoned formerly 180 fishing Vessels. The Fishery is rendred very convenient by the many Gulphs and Bays. The Fish are in great Abundance and the Winds that blow in the Seas of Apulia, Albania and Dalmatia, are supposed to oblige them to retire to this part, which is more quiet. The Shoars are so high and steep, that if there were not some Harbours, it would be impossible to land. The Inhabitants are strong and active, & so remarkably sober, that they are said to think it a Crime to drink Wine without Water. Amongst the Products of this Island two are remarkable, Rosemary, which everywhere covers the plain Parts, and an excellent Kind of small Figs, the former in Extract and Conserve, and the latter dried are exported in great Quantities. The principal Harbour is very commodious

---

[10] PRO,SP99\70, 137-142; dispaccio ricevuto il 25.9.1765.

and much frequented. It is defended by a fine Mole for the Convenience of the Venetian Squadrons, which often go thither. The Republick sends two Nobles to the Government of this Country, one with the Titles of *Proveditor.* & *Count*, the other with those of *Camerlingo* and *Castellano*, who presides over the publick Money, and commands the Fort. The Doge Pietro Orseolo II. in his famous Expedition towards the End of the 10.th Century subdued with difficulty the fierce Inhabitants of this Island, and demolished their City, which has been rebuilt, but remains without Walls. They were afterwards forced to change Masters several times, but in the year 1280 they voluntarily returned to the Venetian Dominion.

Lissa, or *Issa*, is an Island belonging to this County, famous for the Fishery of two Sorts of small Fish, *Sardelle* and Anchovies. The Inhabitants are chiefly Fishermen, who take and salt a great Quantity of the *Sardelle*, which is exported to other Countries. It's Soil is fertile in good Vines. The Principal Places are *Banda grande, Banda picciola, S. Nicolò, S. Vito.* & *Madonna di Campo grande*. The Harbour of S.ʳ George, on the Northern Coast, is large and safe. The smaller Islands of *Busi* and *S.ʳ Andrea*, near Issa, and those of S. Clemente and Forca at the West End of Liesina belong to this County.

Curzola, formerly called *Corcyra nigra*, or *Melena*, and by John Lucius *Scheria*, is a large Island very near Issa on one side, and nearer on the other to the Peninsula of Sabioncello in the State of Ragusi. Tho' it be governed by a Noble Venetian with the Titles of *Count* and *Proveditor*, independantly of Liesina, it is proper to describe it here on account of it's Situation. Some have thought it was called *nigra* from it's shady Forests with plenty of Timber fit for building Ships, in which the Inhabitants employ themselves with great Profit. It abounds likewise in Vineyards, and they barter Wine for Corn, the Soil not producing enough for four Months in the year. The Island is by some called 40 Miles in Length from East to West, but by others only 25, and 90 in Circumference, with 5000 Inhabitants. Besides a City and a good Town, there are several large Villages, among which *Lombarda, Zarnova, Rapnata, Kzara, Smoquiza* and *Blatta* are the principal. It has good Harbours, all large enough for numerous Fleets. The best is called *Porto Bagna*, three Miles from the City, and another, called *Valle grande*, is only a few Paces from it towards the East. There is another of the same Name six Miles from the City towards the West, with good Buildings for the Convenience of the People of Blatta. The 14.ᵗʰ Haven, called *Bufalo*, has two Mouths, formed by a little Island, called the *Madonna*, inhabited by Friars. The City, which is of an oblong Figure, is situated at the End of the Island, separated from the State of Ragusi by a Channel only 5 miles broad in that part. It is fortified in the old manner. The Cathedral is reckoned magnificent with Marble and other Ornaments. The Diocese of the Bishop does not extend beyond the Island; in which are many good Churches and several Convents, one of Franciscan Friars, said to be the handsomest in all Dalmatia. The Governor's Palace, which is one of the best in the Province, the Bishop's, and several other good Buildings, are all of Marble, as is almost all the City, which enjoys singular Privileges, & is furnished with good Artillery and Militia of the Country, commanded by the Nobles, to whose known Fidelity the Republick trusts the Custody and Safety of the whole Island. Many of the Nobles are of very ancient Families. The Air is universally healthy. The Products of the Island are Wine, salted Fish, Oil, Pitch and Timber for Ship-building, in which many of the People are continually employed.

The little neighbouring Island of *Torcola*, or *Tortuli*, six Miles distant from Liesina, is dependent upon Curzola. It has a good Valley on the Northern Part.

After the Decline of the Roman Empire Curzola governed itself by it's own Laws. Then it was subdued by Doge Pietro Orseolo II. towards the End of the 10.th Century. It was afterwards subject to various Changes, having had the Genoese and others for it's Sovereigns, till *Popone Giorgi* made himself Master of it in 1129 with Forces raised at his own Expence. The Possession of it was confirmed to him by this Republick, and it remained long in his Posterity. Peace being made between the King of Hungary and the Republick in 1358, Curzola was given to Ragusi. It returned to the Venetian Dominion in 1420, and has remained under it ever since.

The County of *Nona* is the most Western part of the Continent in Dalmatia, possessed by the Venetians. The City of *Nona* is situated upon a small Gulph of the same Name, by which it is almost surrounded. It is 12 Miles distant from Zara, of a round Form & about a Mile in Circumference. It is opposite to the Island of *Pago*, which is 4 Miles West of it, and it is joined to the Continent by two Bridges, called the upper & the lower, to which two Gates of the City correspond; the 3.^d is next to the Mole for the Reception of Vessels. The Country around is fertile. The City and County are governed by a Noble Venetian, with the Title of *Count*. The Community is divided into Nobles and common People. Nona is a Bishop's See. It's Territory begins at the neighbouring Island of *Pontadura*, which abounds with Vipers, and has a populous Village of the same Name. It is separated from the Continent by a narrow Streight called *Pretezolo*. *Brevilacqua*, or rather *Prinlabra*, is a fertile little Island of this County. *Zaton* is a Village not far from it in a very pleasant Country. It has an old, strong Tower for it's Security. At a small distance from this is *Porto Slavina*; by corruption called *Schiavina*, where is a very ancient Church, dedicated to *Santa Slavina*; from which the Port took it's Name. *Petrizane*, or *Glipauci*, Cosmosello & *S. Bartolomeo* are Villages not far from the Sea Shoar, called the three Castles. Near these are the spacious Plains of Diclo and *Boccagnazzo*, the Wood of *Gobrizza* and the Lake of *Wgnacovo-Blatto*. The fortified Town of *Novigradi* is situated upon a narrow Gulph, by some called a Lake, 30 Miles long, not far distant from Nona. Some think it the ancient *Argiruntum*, which others suppose to have been *Obroazzo*, a Town not very large, a few Miles distant from thence. Novigradi is governed by a Noble Venetian with the Title of *Proveditor*.

The Frontier Towns of the Venetian Dalmatia are these following, *Knin*, *Sing*, *Imoschi*, *Clissa*, four Fortresses; *Dernis*, a Fort; *Verlicca*, *Vergoraz*, *Duare*, *Perussich* and Bencovaz, which are Forts built for the most part with Towers and Walls in the ancient manner, and serve rather for a Retreat for the People from the Incursions of the Turks, than for a good Defence of the Territory.

Knin, or *Klin*, is situated upon a Hill near River *Cherea* among the Mountains that divide *Bosnia* from *Dalmatia*. It was the Head of a County in the 14.th & 15.th Centuries. Among the Mountains near Knin there is one of extraordinary Height, called *Monpolizza*, which gives Name to an adjacent Valley full of good Villages, & extending as far as Spalato. A Noble Venetian governs the Fortress with the Title of Proveditor.

Sing is situated by the River *Cetina*. It was built by the Turks for the Defence of their Confines in Opposition to *Clissa*. In the year 1686 it was besieged by the Venetians and taken by Assault. With it the neighbouring Country, for an Extent of 30 Miles, came under the Venetian Dominion. It is governed by a Noble Venetian with the Title of *Proveditor*, as is

Imoschi, a Place known in the last Wars in Dalmatia, but otherwise of little Note.

Clissa is situated upon the Top of a steep Hill, six Miles Northward from *Salona*. It was formerly the Capital of a County. It was confirmed to the Venetians by the Peace of *Candia*, and it is governed by one of their Nobles with the Title of *Proveditor*.

Dernis, or *Dernisch*, is a walled Town with some Towers and a Fort, situated upon a Hill near the River Cicola, which falls into the *Kerka*, some Miles above Sebenico. This Place, like the others, has followed the Fortune of the Wars in Dalmatia, but in 1684 it was taken by the Venetian General, and united to the Dominions of the Republick, as was *Duare*, a triangular walled Town with strong Towers, situated between *Almissa* and *Imoschi*.

The Islands of *Quarner* are five, namely Cherso, Ossero, Veglia, Arbe and Pago, lying in the Gulph of that Name, which extends 100 Miles from the Eastern Coast of *Istria* to the County of *Nona*. It abounds with many Sorts of Fish, particularly the Tunny, Mackrel and *Sardelle*. After the Fall of the Roman Empire these Islands governed themselves by their own Laws under the Protection of the Kings of Hungary, till the latter, oppressed by the Tyranny of the Turks, could no longer defend them; and then they voluntarily submitted to the Dominion of Venice.

Cherso and *Ossero* anciently formed one Island, called *Absyrtos*, and when divided into two by a Channel, made for the Convenience of Navigation, they were called *Absyrtides*. Afterwards the larger was called *Cherso*, *Crepsa* or *Crexa*, & the smaller, *Ossero*. The Channel is called *Cavanella*, and is said to be only 5 or 6 Paces wide. There is a Drawbridge over it for a Passage from the one Island to the other. Cherso is separated from the Continent of Istria on the West by a Channel, called *Farisino*. It has the Islands of Veglia and Arbe on the North, Pago on the East, and on the South of it's Eastern Part it has the Island of Ossero and several smaller ones. It is long and narrow and in Circumference 150 Miles. It is almost divided into two unequal Parts by a Narrow Gulph, at the bottom of which stands the City of *Cherso*, encompassed with good Walls and Towers in the ancient Manner, a Mile in Circumference. It has a little Harbour and 2500 Inhabitants. This Island enjoys a good Air, is mountainous, but has no remarkable Mountains, and the Soil is stony. It abounds in Woods, and has no Rivers, but several Springs of good Fresh Water. There is a Lake about 7 Miles round, with Plenty of Fish; but the Water is not good. A great Quantity of Wood is carried from this Island to Venice. It's other chief

Products are Wool, Oil and Wine, and there is excellent Honey, but not Corn enough for a third part of the Inhabitants.

The City of *Ossero* which gives Name to the Island, is situated upon the Channel that forms the two Islands, surrounded with good Walls not a Mile in Circumference; and defended by a Castle on the Side next the Channel. It is an episcopal See; but almost destitute of People by reason of the unwholesome Air in that part of the Island, which some impute to Mount Ossero, which stops the Current of Air, and others, to the great Quantity of stinking Weeds that grow in the Parts adjacent. In other Parts of it there are many Villages, and two Towns, called *Lessino*, which are all well peopled. There are several good Harbours, and small Islands belonging to it. Like the other, it abounds in Woods, has numerous Flocks of Sheep, good Honey and plentiful Fisheries. It is 20 Miles long, but narrow. Those two Islands are governed by a Noble Venetian with the Titles of *Count* and *Captain*, and contain about 8000 Inhabitants, including the small Islands near them. They submitted to the Republick in the year 1410.

Veglia by the Sclavonians called *Kark*, lies between *Cherso* and the Coast of *Morlachia*, being separated from the latter by the Channel of *Montagna*, a few Leagues wide. It is 100 Miles in Circumference, and the finest and the most populous of all the Islands of Quarner. It abounds in Wood, Wine and Silk, and has an excellent Breed of little Horses. The City of *Veglia* is situated upon the Southern Coast. It is about a Mile in Circumference, and has a Bishop. There are several Towns and many Villages in the Island, which has about 14000 Inhabitants. The Venetians have been in quiet possession of it from the year 1480, and it had been under their Dominion for several Centuries before. They send a Noble to govern it with the Title of *Proveditor*, and another with those of *Camerlingo* and *Castellano* to have the Care of the Revenues, and the Command of a Fort that guards the Harbour of the City.

Arbe, by the Sclavonians called *Rab*, lies to the East of Veglia, has the Island of Cherso on the South, & is separated from *Croatia* by a narrow Channel on the North. It is not above 20 Miles long and 3 broad towards the Ends, and 8 in the Middle. There are the Ruins of two ancient Cities. There are two large Woods, the one 5 Miles long. The Republick gets Ship-Timber from thence. There is a Quarry of fine, white Marble with red and yellow Spots. The Island is divided into 4 pleasant and fruitful Valleys. The City, which has the Name of the Island, is situated upon a Promontory, is about three Quarters of a Mile in Circumference, and an episcopal See. It has a good Harbour, the Mouth of which is made so narrow, as to allow only one Ship to enter at a time. There are very numerous Flocks of Sheep in the mountainous Parts of the Island, which yields Corn and Oil sufficient for its Inhabitants, and Wine and Salt for Exportation, also a good deal of Silk. The Sea affords them Tunny and Mackrel for Traffick. There are 7 or 8 Ports. The Island is governed by a Noble Venetian with the Titles of *Count* and *Captain* it has a Council of Nobles & several Privileges, and some adjacent small Islands under it's Iurisdiction, and contains 3000 Inhabitants.

Pago, by the Sclavonians called *Pagh*, lies Eastward of Arbe, is separated from Morlachia by a Channel 3 Miles wide, and from Nona by one of 4, and is 70 Miles in Circumference. The Soil is barren as to yield Corn enough only for three Months, and Wine for six for it's Inhabitants. In the year 1442 the Senate erected a Castle in the middle of the Island half a Mile in Circumference, which is called *Pagp*. Near it are many Salt-pans belonging to private People, who are obliged to contribute to the Republick three Quarters of the Salt, which amounts to a very great Quantity, & are allowed to carry the Remainder to Obroazzo for Traffick. There are but eight Villages in the whole Island, and the Number of Inhabitants is not sufficient to cultivate it, being only 4000, supposed to be occasioned by the extreme Cold of the North Winds, to which the Island is exposed. It is governed by a Noble Venetian with the Title of *Count*, and another Noble has the Care of the Revenues with the Title of *Camerlingo*. Some say this Island submitted to the Republick in the year 1346, and others, not till 1420.

I have the Honour to be with the greatest Regard and Esteem

Sir

Your most obedient
Humble Servant
John Murray

To the Right Honble Henry Seymour Conway[11]   Venice, 20.th Sepr 1765

Sir,

The Venetian Albania comprehends that Part of the Province of Albania, which is usually called Bocche di Cattaro, and some other Places adjacent. The State of Ragusi, and the Herzegovina, which belongs to the Turks, divide the Part of Dalmatia, already described, from this, and separate this entirely from the other States of the Republick of Venice. It lies upon the Sea-Coast, and more particularly upon the Coasts of a Gulph, or Bay, which is narrow at it's Entrance, and afterwards dilates itself into a large Compass in the interior Parts. It was formerly called Sinus Rhisonicus, perhaps from Risano, which is a Town upon it's Coast; and now it is called the Mouths, or the Channel, and the Gulph, of Cattaro. It's Shapes approaches to a Circle.

All this Tract is contiguous to the Turkish Dominions on the Land Side, except on one Part which Joins to the State of Ragusi. The principal Places are Cattaro, Castel-Nuovo, Perasto, Risano, Perzagno, Budua with it's Territory, and those of Popori, Maini and Pastrovichi. On the Back of this Tract is the Country, called Montenegro, or of the Bucagini, People, who living amongst very barren Mountains, acknowledge no Superior, tho' the Turks call them their Subjects.

Cattaro is a City placed at the Extremity of the Channel of it's Name, at the Foot of the Mountains, and near the Country of the Montenegrini, or Bucagini. It is strong by Nature and by Art, & has a Castle above it. A Noble Venetian governs the City and the Places adjacent with the Title of Proveditor Extraordinary, and another Noble Venetian, with the Titles of Rettore and Proveditore, administers Justice according to the ancient Laws of the City, which enjoys many Privileges, and it's Nobility is reckoned at least as ancient as any in Dalmatia. There is a Council of the Citizens, which acts with the Governors in publick Affairs, and elects some inferior Magistrates. A third Noble Venetian resides there with the Titles of Camerlingo and Capitanio. Cattaro is a very ancient episcopal See. The Inhabitants are reckoned very brave. There are sixteen or seventeen Villages in it's Territory. It has an Harbour at the Bottom of the Gulph, and has been under the Dominion of this Republick ever since the year 1420.

[11] PRO,SP99\70, 147-152; dispaccio ricevuto il 7.10.1765.

Castel-Nuovo is a fortified Town, situated upon the Declivity of a Mountain upon a Neck of Land that covers the Mouth of the Gulph on the side of Ragusi. It has a Castle, called *Salimanega*, built upon some Rocks, and is governed by a Noble Venetian with the Title of *Proveditor*. Some have placed it as the Capital of the neighbouring Province of *Herzegovina*. It was founded by Tuardko, king of Bosnia, in the year 1373. Afterwards it fell into the Hands of the Turks, from whom it was taken by the Spaniards in 1538, but was retaken the next year by the Corsair Barbarossa. It is ten Miles West of Cattaro, six from Risano and twenty from Budua. It was taken by the Venetians in 1687, and was confirmed to them by the Peace with the Turks, concluded at Carlowitz in 1699.

Perasto is a large and populous Town N.W. of Cattaro upon the Coast of the same Channel. It is full of brave Soldiers and stout Mariners. It's Territory consists of some small Villages and two little Islands in the Channel of Cattaro. The Country abounds with good Pastures and Flocks of Sheep. On the Side of the Mountain, towards the North, there is a Castle, which covers the Town, provided with a Garrison, where a *Perastin* resides with the Title of *Castellano*, of the Order of the *Community*. These People, who are very ancient, always lived free. They were known formerly by the Name of *Pertani*. At present they are divided into two Classes, called the *Comunità* and the *Università*, the *Community*, or Corporation of the Town, and the *Universality*, or whole Body of the People. In the 14.th Century they gave themselves to the Republick of Venice, which granted them great Privileges, that above all, of having their own Chiefs and Governors, chosen out of their Corporation, and they guard the Standard in the Venetian Armies.

Risano and *Perzagno* are two other Towns upon the Coasts of this Gulph on opposite Sides, that have now Nothing remarkable. Risano was formerly a considerable Port, but has been ruined by the Turks. There are four little Islands, or Rocks, as they are called, besides those abovementioned, in this Gulph, of no Consideration; one of them, 400 Paces round, called *Scoglio de' Rondini*, from the innumerable Quantity of Swallows, that breed in the Rocks, might, if fortified be a sufficient Guard to the Entrance of the Gulph.

Budua is the last Place of Note in the Venetian Dominions towards the Turkish Confines, situated upon the Coast of the Adriatick, ten Miles from *Antivari*. It is thought to have been formerly surrounded by the Sea, and afterwards united to the Continent for the Convenience of it's Inhabitants. The Town is small. The Harbour is not entirely safe. The Entrance of it is almost shut up by a Rock. The Habitations of the Turks are very near the Town. The Republick keeps a good Garrison there, and sends a Noble to govern the Place with the Title of *Podestà*. The Buduans distinguish themselves by their Valour and their Obedience to their Sovereign; and in consequence are favoured with many Privileges. The Territory of this City joins to those of the *Maini* and *Popori*.

The small Territory of the *Pastrovichi* lies along the Coast between *Budua* and *Antivari*, which City now belongs to the Turks. These People are brave, and faithful Subjects. Their poor Habitations are chiefly placed, in a curious, odd Manner, upon the Points of craggy Rocks, that stand in great Numbers, like Pyramids, and are almost joined to the Continent.

Towards the End of the 10.th Century the People of Dalmatia, more especially the maritime Cities and Towns, oppressed by the Insults, Violences and Depredations of the *Narentans*, and not assisted by the Emperors, obtained Leave of their Sovereigns to have Recourse to the Venetians, who could not otherwise receive them. They implored Assistance of the Republick, which having been much offended by the *Narentans*, declared War against them for the Defence of the People of Istria and Dalmatia, and the necessary Protection of it's own Commerce: and in the year 998 the Doge Pietro Orseolo II. undertook with a Fleet his famous Expedition, in which he subdued the People of *Narenta*, obliged them to make Satisfaction for Damages, to burn all their Vessels, and to engage not to go out a cruising any more, and reduced them to such a Degree, that there is little, or no mention made of them afterwards. Besides *Parenzo*, *Pola* and other Places in Istria, as I mentioned in a former Letter, *Zara*, *Traù*, *Spalato*, and several other Places received and embraced the Doge, as their Deliverer, and voluntarily put themselves under the Venetian Dominion, and he reduced all the rest of the Coast of Dalmatia and the Islands adjacent, and appointed Governors to each Place, as Ragusi, Spalatro, Traù, Sebenico, Belgrado, &c. and it was publichly decreed, that he and his Successors should take the Title of Doge of Venice and Dalmatia. These Territories remained sixty years under the Dominion of the Republick, which afterwards lost and recovered them at different times; but not to trouble you, Sir, with entering into the Particulars of their History, I proceed to give you an Account of the last Division of the Venetian Dominions, which is called the *Venetian Levant*, and comprehends the principal Islands of the *Ionian .Sea*, some smaller ones near them, and some few Places upon the Continent. The principal Islands are Corfù, Santa Maura, Cefalonia, Zante, Cerigo and Cerigoto.

Corfù, by the Ancients called *Phœacia* and *Corcyra*, lies in the 40.th Degree of North Latitude, a little beyond the Entrance of the Gulph of Venice, along a Channel two Miles wide, which separates it from the Coast of *Chimera* in *Epirus*, or the *Lower Albania*. From it's Situation it has been called the Key of the Gulph, and it being of so very great Importance, the Turks have often exerted their utmost Efforts to make themselves Masters of it, but always in vain. It's greatest Length from N.W. to S.E. is 75. Miles, it's Breadth 30, and Circumference 180. The whole Island is divided into four Parts, called *Balìe*, named *Oros*, *Agirù*, *Mezzo* and *Alefchimo*. The 1.st is 40 Miles in Circumferemce and contains 25 Towns, or Villages. In this Part is *Casopo*, formerly called *Cassiope*, a City famous for the Temple of *Jupiter Cassius*; and according to some Historians it was in later Times an episcopal Cathedral. The Ruins of this Temple are remaining, and amongst them is a Spring of clear Water. There is a Church, built with part of those Ruins, called *Santa Maria di Casopo*; and near it there is a good Harbour, called *Porto di Casopo*.

The Province of Agirù is very fertile in all the Necessaries of Life, and has ten Villages. Here was a City, called Agirù, which was destroyed by the Saracens. Near it, at Cape *Palacrum*, the Emperor Michael Comnenus built a strong Castle upon the Top of a Mountain, and called it *Angelo-Castro*, and it is now called *Castel Sant'Angelo*, where there resides a Governor, chosen by the Council of Corfù.

The Province of *Mezzo* lies in the Middle of the Island, and is 60 Miles in Circumference. It contains the City of Corfù and 30 Villages. In a Peninsula near it was the famous City of *Chrysopolis*, of which the Ruins only now remain. There were two Harbours; one of which is now full of Shoals, and abounds with Fish; it is called *Lago Calichiopulo*.

The District of *Alefchimo* has many Villages. Here is the large Town of *Potamò*, so called from a Canal which divides it into two Parts. A great Number of rich Families dwell in it. Here was also the ancient, episcopal City of *Gardichi*, about two Miles from the Sea. It still preserves some Marks of it's Greatness. Not far from it is a rapid Rivulet with several Mills upon it. There is but one River in the whole Island. It is called *Messongi*. The chief Capes, or Promontories are *Sidari*, *Santa Catterina*, *Capo Barbaro*, *Ponta Alefchimo*, *Capo Bianco*, and *Ponta*

Gardichi. This Island enjoys so soft and temperate an Air, that the Winters appear like Spring. It abounds with Salt-pans, Vines, Olives, Citrons, Lemons, Figs & other Fruits; and it was formerly stiled the Garden of Greece. It supplies Venice with great Quantities of Oil and Salt.

The City of *Corfù*, which is the Capital of the Island, is situated upon the Promontory, called *Capo Sidari*, about the middle of the Eastern Side, at the Extremity of which is placed the *Fortezza Vecchia*. (upon the Points of two craggy Rocks) which may be called another City, separate from it. It's Form is almost triangular. It's longest Side is towards the Land: the other two Sides are washed by the Sea. The Fortifications that surround it have been sufficient Bulwarks against the numerous Forces of the Turks, and they obliged them to raise the last memorable Siege, in the year 1716, with very great Loss. The Senate erected a Statue of Marble in the *Fortezza Vecchia* the same year to *Marshal Schulemburg* for his brave Defence of the Place. Upon the Base there is this Inscription, "Mathiæ Johanni Comiti a Schulemburgio summo terrestrium copiarum Præfecto Christianæ Reipublicæ in Corcyræ Obsidione fortissimo Assertori, adhuc viventi, Senatus Anno 1716." The Senate also made him a Present of a Sword enriched with Jewels and a Pension of 5000 Ducats. The principal Fortifications consist of the *Fortezza Vecchia* abovementioned, the *Fortezza Nuova*, which defends the City on the Land Side, erected upon the Mountain of S.ᵗ Mark, the Castle of S.ᵗ Angelo, which has been deemed impregnable, and the *Castello della Campagna*, situated on an Eminence and fortified in every part. The Cathedral is a noble Edifice, erected in the year 1670 by the Archbishop Carlo Labbia, a Noble Venetian. It is the only Parish Church, but there are several good Churches belonging to Convents, and the Metropolitan Church of the Greeks, dedicated to S.ᵗ Spiridion, is very handsome and adorned with rich Lamps of Silver and one of Gold, for which a Gentleman of Corfù left by Will 5000 Venetian Zecchins. Besides the Governor's Palace and the Quarters for the numerous Garrison, there are many other handsome Buildings. Many Noble Venetians reside at Corfù, who are the Governors of the City and the Island, and Commanders of the Ships of War and Galleys, which always guard the Port. The Venetian Men of War and Galleys have always Noble Venetian Commanders. The highest Office is filled by an experienced Senator with the Title of *Proveditor Generale da Mare*, who is supreme Governor of all the States, possessed by the Republick in the Levant. All the other Commanders, both by Sea and

Land, are subordinate to him. Amongst the Noble Venetians, who govern the City and administer Justice, are the *Bailo, Proveditore e Capitanio*, two *Councillors, Capitan Grande della Fortezza Nuova*, and *Castellano del Castello della Campagna*. The Inhabitants are chiefly Greeks, and the Language is the modern Greek; but there are very few, or none, who don't speak Italian likewise. The Greek Clergy of the Island are governed by a Protopapà, chosen by the Council and Clergy of the City.

There are four little Islands near Corfù and dependent upon it, called Fanari, or Fanu, San Dimitri, Paxò & Antipaxò.

Fanari, or *Fanu*, lies about 15 Miles N.W. of Corfù & 50 from Cape S.ʳ Mary, or Otranto. It is 9 Miles in Circumference, has very fruitful Plains and about 500 Inhabitants.

San Dimitri is a small Island, in which is the *Lazzeretto* with some other Offices for the Use of the City of Corfù.

Paxò lies 5 Miles S.E. of Corfù and 12 from the Continent. It is 25 Miles in Circumference, and has a good Harbour on the N.W, called *S. Nicolò*, defended by a Rock at the Entrance. The Soil is very fertile in Pasturage, and on the Eastern Part there is a fruitful Plain with Vines & all Sorts of Fruit-trees. From W. to S.W. is the Valley of S.ʳ Andrew, on the Coast of which the Galleys go and lie at Anchor.

Antopaxò is fruitful, but uninhabited, & therefore is cultivated by the Inhabitants of *Paxò*. Between these two Islands the Sea is very deep, and in the Channel that divides them from the Continent there is a dangerous Shoal. Tho' a good Part of the Soil of these Islands be rough & stony, yet they yeild good Wine, Oil & Almonds in Abundance. It is said, that neither Vipers, or other venemous Animals breed in these Islands, & if carried thither, they die; & that poisonous Herbs don't grow there. Besides these Islands, there is one in the Channel of Corfù, called *Scivota*, 6 Miles in Circumference, with a Church dedicated to S. Nicolò; & near *Fanari* lies *Merlera*, 3 Miles in Circumference; very fertile & pleasant. There are several smaller Islands inhabited, & that of the *Madonna*, with the Harbour of the *Gomenizze*, and *Parga*, which is on the Continent, with the adjacent Islands, or Rocks; all which are under the Jurisdiction of Corfù. The Harbour of the *Gomenizze* opens upon the Shoar of the Channel of Corfù on the Continent of *Epirus*, opposite to the Island, where the little River *Calama* disembogues itself into the Sea between *Bastia*. & *Margariti*. It is 18 Miles from Corfù. This Harbour extends three Miles & an Half in Length from N. to S. & 3 in Breadth from E.

to W. The Island of the *Madonna* lies at it's Mouth, only 30 Paces from the Continent, & has a little Church of the *Madonna*. The Fort of *Parga* is situated upon some Rocks, washed by the Channel of Corfù, 7 Miles from *Antipaxò*. & 8 from *Capo-Bianco* of *Alefchimo*. A Nobleman of Corfù governs it for the Republick, which in suspicious Times keeps a good Garrison there.

After the Decline of the Roman Empire Corfù fell into the Hands of the Kings of Naples; but during the Troubles of that Kingdom the *Corfioti* took the Opportunity to put themselves into a State of perfect Liberty and Independance. They lived so for some Time; but afterwards finding themselves under a Necessity to be protected and defended, they gave themselves to the Republick of Venice in the year 1327; as it is said; but *Marmora*, their Historian, affirms, that this Event happened in the year 1386, on the 10.th of May; and observing, that those of the Greek & Latin Church make a solemn annual Procession in Corfù upon that Day in Memory of the Fact, he confirms the Date by authentick Extracts from their Archives. The Keys of the City were delivered to the Venetian General in the Church of Sr Francis, to which the Representatives of the Republick go every year to commemorate so joyful an Event. In the year 1401 Ladislaus, King of Naples, ceded to the Republick of Venice all his Right to Corfù for the Sum of thirty Thousand Ducats.

I have the Honour to be with the greatest Regard and Esteem

Sir

Your most obedient
Humble Servant
John Murray

To the Right Honble Henry Seymour Conway[12]   Venice, 4.th Octr 1765

Sir,

The Island of *Santa Maura*, the *Leucade*, or *Leucadia*, and *Neritis* of the Ancients, takes it's modern Name from a Monastery, instituted there to that Saint; but the modern Greeks still call it *Leucada*. It lies about 40 Miles N.E. of Corfù, upon the Coast of the *Lower Albania*, at the North Entrance of the Streight that divides *Cefalonia* from the Continent. It's Figure approaches to that of a Triangle with two Sides equal, and it is about 40 Miles in Circumference. It was anciently a Peninsula upon the Continent of *Arcanania*. Then a Channel was made across the Isthmus, and it became an Island. In progress of Time the Channel was filled up by Sands, driven by the Winds, and it was reunited to the Continent; but the Channel was opened again, whether by Art, or Nature, is not certainly known, and reduced it a second time to an Island; from which there is a Passage to the Continent by means of some Bridges laid over several Channels, which have been formed by some small Parts of the old Ground that remain. The principal City of the Island is situated at one of it's Extremities very near the Continent. It is also called *Santa Maura*, and is guarded by a good Citadel and a numerous Garrison. It is but 12 Miles distant from the Gulph of *Ambracia*, now called the Gulph of *Larta*, near which was the famous City of *Actium*. A Noble Venetian with the Title of *Proveditore* governs the City and the whole Island. The Figure of the City is an irregular Pentagon, flanked with five Towers, and encompassed with Walls by the Republick about the year 1475. Towards the East there is a Promontory, or rather a Bank of Sand, which runs out into the Sea, and forms an Harbour, called *Demata*, large enough to contain a good Number of great Ships. But what renders this Part most remarkable is a famous Aqueduct of Stone, by which the Water is brought from the Continent for the Supply of all the Inhabitants. That Part of it, which is carried over the Sea, is supported by 570 Arches, erected upon those Heaps of Earth abovementioned, where the Bridges are laid. It is three Foot wide, and built in the Manner of the Roman Aqueducts. Some of the Arches that support it, are so wide, as to leave a free Passage to the small Boats of the Greeks, called *Monoxili*. There are about thirty Villages, and all

---

[12] PRO,SP99\70, 162-167; dispaccio ricevuto il 21.10.1765.

the Inhabitants of the Island are Greeks. It's chief Product is Salt, which is gathered in great Quantity in it's large Salt-pans; and it is fertile enough in Corn and Pasturage, in Citrons, Oranges, Almonds and Grapes. The Climate is temperate and healthy, and the Inhabitants are Lovers of Trade and Navigation.

In the year 1479 the Inhabitants gave this Island upon certain Terms to the Turks, from whom the Venetian General took it very soon after by Siege; but the Senate restored it to the Turks at the Peace. Afterwards it became a Nest of infamous Corsairs and Pirates; wherefore in the year 1684 the Captain General Francesco Morosini, afterwards Doge, invested it with a powerful Fleet, and reduced it in a few Days. He found there 80 Pieces of Cannon, and 200 Christian Slaves, who were immediately set at Liberty. It has been ever since under the Venetian Dominion.

Cefalonia, anciently called *Melœna*. & *Cephalenia*, lies in the 39.th Degree of Latitude, about 12 Miles from Santa Maura, and 24 from the Continent. It is 190 Miles in Circumference, and it's greatest Breadth is scarcely 40. It's Figure approaches to that of a Triangle. It's most acute Angle, towards the North, is called *Capo Guiscardo*, or *Capo-Capra*, from which to *Val d'Alessandria*, towards the Middle of the Island, with the Island of Theachi, is formed a Channel, called *Canale Guiscardo*, from 3 to 5 Miles wide, and about 20 long. The other acute Angle, on the South, called *Punta di Scala*, with *Punta Schinari* of the Island of *Zante*, forms a Channel, called the Channel of Zante, terrible for it's frequent Storms. The Island has good Anchorage on many parts of it's Coasts, as *Val di Guiscardo*, *Val d'Asso*, *Val d'Alessandria*, and *Porto Argostoli*; and the two latter are capable of receiving the largest Fleets. The whole Island is divided into seven *Pertinenze* or Territorj; as they are called, viz. *Argostoli*, *Lixuri*, *Fineo*, *Erisso*, *Pillaro*, *Samo* and *Lucato*, which contain many good and populous Villages, the smallest, of 50 Houses. Great Numbers of Springs make the Island very pleasant; and there are two very deep Lakes, from which the Water issues so copiously, as to turn 150 Mills. There are besides, 30 Windmills. The Island abounds with Herds of Cattle, Flocks of Sheep, and Goats. In the Summer it very seldom rains, and the Dews fall only in the Month of June. In the hot Season they sleep safely in the open·Air. In the Winter, which is like a perpetual Spring, there is great Thunder and Lightning, and in all Seasons they are subject to Earthquakes; for which Reason the Walls of their Houses are built of great Thickness. The Vines are pruned four times a year, and produce vast Quantities of small Grapes, which, dried, are called *Uve passe*, or Currants, and others, of which they make Muscadine, or sweet Wine they call *Moscato* and *Moscatello*, from both which they reap great Profit. The Island is also fertile in Olive-trees and Citrons, Lemons and Oranges grow in the Fields without any Cultivation, very large, and of delicate Flavour. The whole Island is very mountainous.

There were anciently four Cities in this Island, called *Palis*, *Same*, *Crane*, and *Cooni*. The first was destroyed by an Earthquake; of the second and third the Ruins only remain. The fourth has taken the Name of the Island, and is situated upon an Hill about three Miles from the Sea towards Capo Scala. It is well peopled, and has many rich Nobles, who compose the Council of the Community. Cefalonia and Zante form one episcopal See, and the Bishop resides at Zante. The Greek Church is governed by an Archpriest, chosen by the Governor of the Island, who is a Noble Venetian with the Title of *Proveditore*. The Port, or rather Bay of Argostoli, lies on the Southern Part of the Island, not far from the City of *Cefalonia*. It is divided into two Parts, and surrounded almost on every Side by Mountains. It is 30 Miles in Circumference, and very safe. Near the Mouth of this Harbour is a large Village, called Luxuri, where several rich Currant Merchants live.

On the Western Side of the Northern Part of the Island is the strong Fortress of *Asso*, situated upon a very high, steep, craggy Hill in a small Peninsula, the Isthmus of which is not above 20 Foot wide. It has a small Harbour, which is much incommoded by Stones and Sand, which fall from the Mountains in rainy Weather.

Theachi, or *Thiachi*, called also *little Cefalonia*, is under the Jurisdiction of Cefalonia, and said to be 50 Miles in Circumference. Strabo and Pliny call it *Ithaca*, and the modern Inhabitants think it the ancient *Ithaca*, and regard with Admiration and Delight some Ruins, as Remains of the Palace of Penelope, whose Memory they revere for her Chastity; and it is the common Opinion, but M. Spon believes it to be the ancient *Dulichium*, and that the ancient Ithaca is a little Island, or Rock, 8 Miles distant, now called *Itaco*. It is affirmed there were anciently two Cities; Plutarch mentions one called *Alalcomene*: at present there are only some Villages, the principal of which are *Vathi*, *Annoi* and *Oxoi*, and about 15000 Inhabitants. The Harbour, called *Vathi*, is very safe and good and capable of receiving several Fleets. Those of *Gidachi* and *Sarachinico* are as good, but smaller. The rest are but indifferent. The Inhabitants are Greeks, and are fond of Agriculture, Trade and Navigation. They are governed by a Magistrate with the Title of *Capitano*, chosen by the Citizens of Cefalonia out of their own Body, and approved of by the *Proveditore*, who is obliged to visit this Island every year in the Month of March, to decide in a short Time the Differences and Suits of those Subjects.

Cefalonia was taken by Siege from the Turks by the Venetians in the year 1500, and has been under their Dominion ever since.

The Island of *Zante*, anciently and by the modern Greeks called *Zacynthos*, lies in 38 Degrees of Latitude, about 15 Miles South of Cefalonia, and as far from the Coast of the *Morea*. It is about 60 Miles in Circumference, and in general very fertile. There is a fine Plain about 18 Miles in Circumference, well cultivated, except for three Miles, where it is commonly overflown in the Winter, & yields Pasture for Cattle in the Summer. The Mountains, that surround this Plain, are cultivated on the Inside, but are rocky and uncultivated on the Back parts towards the Sea. The great product is Currants. They make Oil and Wine, and have a little Wax and Honey. All the Oil, as in the other Islands, except what is consumed by the Inhabitants, must be sent to Venice; the other Commodities may be exported to all foreign Markets. The Corn that grows in the Island is sufficient only for about four Months in the year for the Inhabitants. The City, which bears the Name of the Island, is situated upon the Eastern Coast, without Walls, and is about a Mile and half long, and the broadest Part is only a Quarter of a Mile. There is an irregular Fortress a Mile distant, on the Top of a Clay Mountain, badly furnished with Artillery. The Houses are built of Free Stone, and low on account of the frequent Earthquakes. The Harbour is very good, and safe to those who are acquainted with it. There is another good Harbour, called *Porto Chieri*, but not entirely sheltered from N.E. Winds. They reckon 50 Villages in the Island, and only one River, but several fine Springs of fresh Water, from one of which at the Foot of a Mountain, 100 Paces from the Sea, issues Pitch, which rises like Stars, a Finger's Breadth, on the Top of the Water, and when the Water is drawn off, the Pitch subsides to the Bottom. It is of a stronger Smell than common Pitch. The Spring yields about 100 Barrels of Pitch in a year. The Island is governed by three Noble Venetians, the first; called *Proveditore*; the other two, *Councillors*; all three changed every two years. They judge in civil and criminal Affairs; but there lies an Appeal from their Sentences to the *Proveditor Generale da Mare*, who resides at Corfù. In Subordination to them the civil Government is managed by several Magistracies, formed by the *Community* of the City, which is always composed of 90 Families, called Citizens. A Mile from Zante there is a very pleasant and fruitful Island about a Mile long, with a Greek Monastery.

About 40 Miles South of Zante, and 30 from the *Morea*, lie the two Islands, called *Strivali*, the *Strophades* of the Ancients. They are very flat, and the largest is not above four Miles in Circuit. They have a good Harbour and very fruitful Plains, that produce a vast Quantity of Grapes, of which they make very good Wine. There are very fine Springs of fresh Water, in which are seen floating, Leaves of Plane-trees, tho' that Tree does not grow in those Islands; wherefore they are thought to be carried in Channels under the Sea from the Morea, which abounds with Plane-trees. These Islands are only inhabited by Greek Monks of the Order of S.ᵗ Basil. Not to be exposed to the Violences of Corsairs, they have their Convents walled round and furnished with Artillery.

In the year 1571 the Turks made a Descent in Zante; destroyed the Vines and burnt the Suburb, but abandoned their Enterprize without attacking the Citadel. Since that Time the Venetians have been in quiet Possession of the Island.

The Island of *Cerigo*, the *Cythera* of the Ancients, lies at the Entrance of the *Arcipelago*, in the Latitude of 36¹/₂, between *Capo S.ᵗ Angelo* of the *Morea*, 8 Miles on the North, and *Capo Spada* of *Candia*, about 40 on the South. It is about 60 Miles in Circumference; and surrounded with craggy Rocks on it's Coasts. There were anciently more than one City, and other populous Places, as *Cythera*, *Sedro* and *Carierno*; but at present there are only some Remains of the first, towards the Western Coast, which shew it's former Greatness. Now it is called *Paleopoli*. When the Island was better peopled and cultivated, it might be delightful, as the Poets have described it; but the Soil is for the most part stony, and yields little Corn. The Pastures however, are very fine and plentiful, and the Mutton is excellent and extremely cheap. The Wines and the Oil are reckoned very good, tho' the Quantity is small. Game & Fowl, especially Turtles and Quails, are in so great Abundance that they are little valued. There are many wild Asses, out of the Heads of which a Stone is taken, that is reckoned a powerful Remedy for the Sciatica and Falling Sickness and to facilitate the Birth of Children.

There are several Harbours, as *Porto-Dolfino*, on the South, small and unsafe, being exposed to the South Winds; and *Porto Tine*; or *San Nicolò*, on the North, which is large and commodious. Near it are the Ruins of an Arsenal, formerly called *Scandea*. Two Miles from *Porto-*

Dolfino there is a Fortress upon an high Rock, where a Noble Venetian resides with the Titles of *Proveditore* and *Castellano*. Upon the Declivity is the City or Town of *Cerigo*, with good Walls and convenient Habitations. It is a Bishop's See, and there are several Churches, and some Greek Monasteries dispersed about the Island. The Inhabitants are chiefly Greeks. This Government sometimes sends Malefactors and disorderly Persons to Cerigo, where they are kept to hard Labour.

Cerigoto, formerly called *Ægyla*, and *Æglia*, lies near half way between Cerigo and *Capo-Spada* of *Candia*. It is uninhabited, as is the little Island, or Rock, *de' Cervi*, formerly called *Teganussa*, situated between *Porto-Rampini* and *Capo S.ᵗ Angelo*; and also the *Dragoniere*, which is a Rock with a good Port, out of which Ships can sail with any Wind. There are some other little Islands, or Rocks near *Cerigo*, but they are all together of no Consideration.

Cerigo was dependent upon the *Morea* in the Time of the Greek Emperors, till it was surrendred by the Despots to the Republick of Venice; which has maintained possession of it against the Efforts of the Turks to take it, who valued it much for it's Situation; and by the Treaty of Passarowitz in 1718, the Sovereignty of it together with Cerigoto was secured to the Republick, of which those Islands are now the farthest Dominions in the Levant.

I have the Honour to be with the greatest Regard and Esteem

Sir

Your most obedient
and most humble Servant
John Murray

To the Right Hon.ble Henry Seymour Conway[13]   Venice, 18.th Oct.r 1765

Sir,

Having begun with a Description of the *Dogado* in the Account, which I have had the Honour to give of the Dominions of this Republick, in that which I am now to proceed to, of its Fortifications, I shall in like manner mention first those in that Territory.

Venice has no Walls, or Fortifications, and owes it's perfect Security from the Attacks of an Enemy entirely to it's Situation which I just took notice of on my first Separate Letter, dated the 3.d of May last. The Arsenal only, which is situated on the North Side of the Town next to the *Lagune*, and said to be three Miles in Circumference, is enclosed with a very high Wall with Towers on two Sides, where a Guard, or Watch is kept in the Night. The Distance of the City from the *Terra Ferma* excludes it from being attacked on that Side. The outermost Islands of the *Lagune*, as I observed in the abovementioned Letter, form a Rampart, or Bulwark against the Sea in a Kind of Half Oval, & the Breaches or Openings between them let in the Waters of the Sea, which form the *Lagune* themselves; as all that Space, which is included between those Islands and the *Terra Ferma*, is called. The general Depth of the Water in the *Lagune* at the Spring Tides is about four Foot, and at the Neap Tides, about three. At Ebb they are in general empty, and appear marshy Land; but the Soil is a thick Mud, too deep for Man, or Beast to pass: so that it would be impossible for the smallest Boat to come to Venice at that Time, and for a Vessel that draws above four Foot Water, to pass the *Lagune* at any Time (except in extraordinary high Tides, caused by S.E. Winds) were it not for the Canals that have been dug across them with immense Labour and Expence, for Boats and Vessels to pass. The Course of these Canals is found by Posts, that are placed on their Banks at different Distances; and there are very large Engines continually employed in taking the Mud out of them. At the Ports, called *Porto de' Tre Porti* and *Porto di Sant'Erasmo*, on the Northern Part of the Lagune, the Water is so shallow, that only Small Craft can pass, & the Canals, leading from them to Venice are so winding, that Ships could hardly sail along them, if they were broad and deep enough. The Port, called *Porto di Lido*, or *Porto de' due Castelli*, a Mile distant

[13] PRO,SP99\70, 174-182v; dispaccio ricevuto il 20.11.1765.

from Venice, has not above 8 or 9 Foot Depth of Water; so that only small Vessels can enter; and on the Outside there are winding Shoals, which form a narrow, difficult and dangerous Passage to the Port. This is guarded by a Fort on the Northern Side, upon the Island of S.ᵗ Erasmo, called *Castello di Sant'Andrea*, which has a good Battery of heavy Artillery, planted upon a Rampart, faced with Stone, and not many Foot above the Level of the Water; so that no Frigats of an Enemy could enter by Force, unless they were able to silence the Batteries of this Castle, There was formerly another Castle upon the opposite Extremity of the Island of *Lido*, and a very large Fortress with many Bastions, but very long Curtains, all faced with Stone towards the Sea and the Mouth of the Harbour: but these have been long disarmed and neglected, and are quite fallen to Ruin. There are still very good Barracks for 4000 Soldiers, and they are generally filled with Troops, which pass between the *Terra Ferma* and Dalmatia. The Port of *Malamocco*, which, as I observed, is the most frequented, has about 14 Foot of Water, and is guarded by a Fort, situated upon the North End of the Island of *Palestrina*, like that of S.ᵗ Andrea. When any of the Venetian Men of War of the Line are to pass this Port; they are forced to take out their Guns and go without Ballast, for want of sufficient Depth of Water. The Port of *Chiozza* has about 15 Foot of Water, but they suffer no Ships to enter it, except in case of Necessity. It is defended by a good strong Fort, or Castle, which is an Hexagon, well furnished with Artillery. Tho' it is surrounded by the Sea, there is an inexhaustible Well of fine fresh Water in it. If Ships were allowed to enter this Port, they could not possibly go forward to Venice, the Canals that lead to it being too narrow and too shallow. The Port of *Brondolo*, formerly very good, is now almost stopped up. There was a Fort erected at the Mouth of it towards the Middle of the last Century, which is neglected and useless. There is a Port, called *Porto del Lido Maggiore*, in the Northern Part of the *Lagune*; seldom mentioned, being no Port for Ships, very long, narrow and winding, with very shallow Water. But supposing any Ships of War should demolish the Batteries and enter the Ports of *Lido*. & *Malamocco*; if the Venetians only took up the Posts, which mark the Course of the Canals, which are all winding, it would be extremely difficult for the Enemy's Ships to advance, and they would be always in the utmost Danger of running aground. Besides, the Canals are cut near several Islands, most of which now have Convents upon them, and might be fortified with Artillery for the Annoyance of an Enemy, as the Island of Poveglia, near Malamocco, was formerly.

Bergamo and *Crema* are the two Frontier Places belonging to the Republick in the *Terra Ferma* towards Milan, from which City they are distant about 24 Miles each. *Bergamo* is situated at the Foot of the Mountains upon the Ridge of a Hill that hangs towards the East, which forms a sort of natural Defence on both sides. Above, and about 20 Paces to the West, is the little Castle, almost quite ruinous, of no Extent and very accessible. Below there is an easy Ascent to the Front, which the Place makes towards the East. The Whole being but indifferently fortified, and no Care taken of the Fortifications for many years back, makes it a Place of little or no Defence before a regular Army. The Suburb at a little Distance below is large, more beautiful, and contains more People than the Town above.

Crema lies in the Plain towards the *Po*, about 30 Miles South of Bergamo, and a few Miles East of *Lodi*. It does not deserve the Name of a Fortification. The Ramparts of Earth; & the Ditches filled up make it a Place of no Defence at all, having been neglected Time out of Mind. Both these Places lie about 8 or 10 Miles beyond the *Oglio*; which River coming from the Lake of *Iseo*, separates the Province of *Brescia* from that of *Bergamo* upon the West, and from that of *Cremona* upon the South. Within a Mile of this River upon the Brescian Side stands *Orzi Nuovi*, 12 Miles East of *Crema*. It's Figure is almost a Square with 7 Bastions, & a Ravelin in place of the 8.th , which covers one of it's Gates. The 4 Bastions that cover the Angles of the Square are very small, which makes them very defective, being hardly able to contain two Pieces of Cannon each. It is however in better Order than the other two Places already mentioned, and with less Expence might be made a stronger Place than either, tho' it's Walls are raised too high for a Place situated in a Plain. Fifteen Miles farther down, upon the left Bank of the *Oglio*, is the Castle of *Ponte-Vico*, opposite to *Cremona*, from which it is distant ten Miles. It is but very small, and so ruinous, that it is not to be named as a Place of Strength, any more than *Asola*, which stands upon the left Side of the *Chiese* about 12 or 14 Miles East of *Ponte-Vico* towards Mantoua, from which it is not above 12 Miles distant. It is surrounded by an old Spanish Wall with small round Towers, the Ditch almost filled up, and no Counterscarp, as much neglected as *Ponte-Vico*, and like it may be looked upon as of no Consequence, as well as *Lonato*, which I mentioned as the 4.th Fortress in the Brescian State, situated about 3 Miles distance from Desenzano, the Lake of *Garda* and the Frontiers of Mantova, and about the Mid way between *Brescia* and *Peschiera*.

Brescia, situated almost in the middle of it's Province with respect to East and West, lies like *Bergamo* at the Foot of the Mountains of the *Tyrol*. (which cover towards the North the Venetian Territory) East of *Bergamo* 30 Miles, West of *Peschiera* 23 Miles, and North of *Crema* 28, between the small Rivers of *Mella* and *Naviglio*. The Ramparts of the Town are solid and faced with Stone; yet it can't be looked upon as a Place of any Strength; the first Construction being bad. The Curtains are long and the Bastions small, which is universally the Case in all the Venetian Fortifications in Italy; besides few or no Outworks to cover the Body of the Place; nor any Care taken to keep the Works, long ago erected, in Order. There is scarce a Covered Way to any of them; which is likewise the Case at Brescia; besides it's Ramparts being mostly commanded from two Eminences above the Town, called *San Gaetano* & *San Gotardo*; from which two Eminences the most of the Works may be either *enfilés*, or *vus de revers*. The Castle, tho' little, is not so much exposed to the Enfilade of those two Eminences, tho' nearer to them. It is placed upon an Eminence above the Town, which it entirely commands, one of the Polygons facing down upon it. It has had some exterior Reparations about 18, or 20 years ago; but the interior Part of it is rather a Heap of old Walls than lodging Places for the Garrison, or Places for their Magazines: So that a very short Fire of Artillery would reduce it within to an Heap of Rubbish. The *Brescian*. State touches the *Veronese* for a Tract of about 4 Miles only, being separated from each other above by the Lake of *Garda*, and below by a Part of the *Mantouan*, which comes up within a few Miles of the Lake. About 23 Miles to the East of *Brescia* lies *Peschiera*, at the Foot of the Lake of *Garda*, where the *Mincio* comes out of it, and which falls into the *Po* 10 Miles below Mantoua, after having formed an Inundation round that Place, in which it's greatest Strength consists.

Peschiera is a large, irregular Pentagon, with 3 of it's Bastions upon the right and 2 upon the left Side of the *Mincio*, which in coming out of the Lake waters the capital Ditches. The greatest Part of the River runs thro' the Town, furnishing a little Harbour for 2 or 3 small Galliots, which command the Navigation of the Lake; the Banks all round belonging to the Republick, except a very small Part of the upper End of the Lake quite amongst the Mountains. By means of this Lake a

Communication with the Place in time of a Siege may be kept open, till the Approaches come very near the Place as also a Communication by Water betwixt the two Provinces of *Brescia* and *Verona*. The Situation of *Peschiera* is low, and commanded from the rising Grounds on both Sides. That Part of it, which lies upon the right Side of the River, is more covered by Outworks than any of the rest of the Places mentioned; and tho' the Ground gradually rises from the capital Ditch outwards, yet several uncommon Advantages might be drawn from such a Situation by an able Engineer, as M. Vauban has made appear in fortifying the Citadel of Valenciennes. There are several counter Galleries under the Works of this Part of Peschiera, which might be laid very deep under the Covered Way at it's salient Angles. Upon the Left of the Mincio the Place is not covered at all by any Outworks, and is commanded by a little narrow Eminence, which lies within a short Musket-shot of the Ramparts; but it might be occupied without great Expence, and covered by the Waters from the Lake. *Peschiera* might certainly become a Place of great Consequence, were *Mantoua* belonging to the Republick, as the *Mincio* would then form the best Barrier she could have towards the West, from the Head of the Lake of *Garda* to the *Po*. As it is, *Peschiera*, tho' put in good Order, must remain of less Consequence, since *Mantoua* furnishes a free Entry into the Heart of the Province of *Verona*, and to the River Adige. But the Place that might be made the most formidable of any in Lombardy with least Expence, is *Sermione*, a Peninsula at the Bottom of the Lake about 4 Miles from Peschiera. This Peninsula is large enough to contain Barracks for a great Garrison, Arsenal and Maga-zines for Ammunition and Provisions, out of the Reach of Cannon. The narrow Neck that joins it to the Land, might be cut in two or three Places, with a small Work behind each *Coupure*. The Front of the Penin-sula behind might be enlarged on each Side, and being high, would command all the Outworks. The Advantage of this Place is, that it might be defended by a very small Garrison, and may contain a con-siderable Body of Troops. Just at the Foot of the Mount *Tibaldo*, upon the Side of the same Lake 23 Miles above Peschiera, and 5 Miles from the Frontiers of the Bishoprick of Trent, is the Castle of *Malsesine*, still more neglected than any of the rest, of no manner of Resistance, but is a safe Port upon the Lake, coming from and going to the Bishoprick of Trent, the Lake there being sometimes very rough.

The next Places belonging to the Republick are along the *Adige*. *Croara* and *Chiusa* are the highest up, being situated in that Pass of the

Mountains of the *Tyrol*, thro' which the *Adige* falls into the little Valley above *Verona*, the great Road thro' the *Tyrol* into *Italy* being for several Miles along the Side of that River. *Croara* is the farthest up, on the right Side of the River, which washes it's Wall, and it is so ruinous, that from a little Plain on the opposite Side it might be made an Heap of Rubbish in two Hours by a few Pieces of Cannon. *Chiusa*, three Miles farther down, stands upon the left Side of the *Adige* in a very narrow Pass betwixt a high Mountain and the River. It is inaccessible on both Sides. The Road that leads to it from below and from above, is very straight, and tho' it be extremely little, it might be easily put in a Condition to stop the March of an Army for some Time, if there were but fifty resolute Fellows in it. It is at present in very bad Order, the Walls hardly sticking together. There are several other Descents from the Mountains of the Tyrol into the Venetian Lombardy, but all of them very narrow and difficult.

The *Adige* continues it's Course thro' the small Plain with the Mountains of the Tyrol on it's Left, and a pretty high Eminence upon it's Right, towards *Verona*, 12 Miles farther down, dividing that City in two Parts, which are rejoined by three Bridges within the Town, besides a fourth, which communicates from *Castel Vecchio* in the upper Part of the Town to the Foot of the little Plain abovementioned. From thence it runs thro' *Legnago*, and then passing by *Castel-Baldo* and *La Badia* in the *Polesine*, discharges itself into the Gulph at *Porto d'Adige*, Being a more considerable River than any of the forementioned, it forms a Kind of Barrier on that Side to the rest of the Republick behind it, tho' a very insufficient one, the River being by no means so considerable, as to make it's Passage difficult to a superior Army; and the more, as there is no Place of Strength upon it, but *Legnago*, from *Verona* at the Foot of the Mountains, to it's *Embouchure* at *Porto d'Adige*.

I shall not be tedious upon *Verona*, as it is known to most People that travel into Italy. It is the largest and most populous Town of all the Venetian Lombardy; and it's Situation upon both Sides of the Adige makes it the properest Place belonging to the Republick, either for covering a beaten Army, or a Body of Troops that are not strong enough to face the Enemy in the open Field. The Chicane, that such a Place affords, is obvious to an Officer, if the Enemy is not superior enough to shut up the Garrison by a Contravallation, a Thing very difficult, and which would require a vast Army, if there were a Body but of 25000 Men in it; as the Place is extremely large, and joins to an Eminence, that rises very considerably towards the North, and is not very accessible in several Places. Above the Town, upon the Declivity of this Eminence, is placed the Castle of *San Felice*, about 500 Yards distant; to which it is joined only by a high Stone Wall on each Side, with small round Towers to flank it, forming a Part of the *Enceinte* of the Place. Those two mentioned Walls would hardly be of any Defence at all against Cannon; but the Approach to them being somewhat difficult, it is not easy to bear upon them, but at a pretty good Distance. And as the Town below projects on each Side, it forms a Kind of Flank on each Side to the lower Part of these two Walls, which enclose the Ground betwixt the Castle of *San Felice* and the Town, and makes these a little less inconsiderable. The whole Town below lies upon the Plain, and is surrounded by a Rampart faced by a Wall of an old Construction, and flanked by small Bastions and round Towers at double Distance from each other. For the most part the Ground round it is a stony Gravel, covered with a thin Surface of Earth; which makes the regular Approaches by Trenches both dangerous and tedious; And upon the whole, it is not to be called a Fortification; nor is it to be defended against a regular Army without a great Number of Troops within; which makes even a Hedge formidable to those that attack it. But as is already said, it is the only Place in the *Terra Ferma*, for covering a beaten Army, or a Corps of Troops that are not too much inferior to the Enemy.

Legnago lies upon the *Adige* about 27 Miles below *Verona*. It is a Place of six Bastions, three upon each Side of the River. The Bastions are small, and the Curtains between them very long. There is likewise a very small Ravelin before each Curtain, which does not half cover it. The two Sides of the Place are joined together, by a wooden Bridge: but the River is so large, and the Place so little, that not only the Bridge, but both Sides of the Place within are clearly discovered from the Field upon each Side of the River, both above and below; so that the Bridge may be soon ruined by the Enemy's Cannon, and the Place *battue de revers*. However, *Legnago* and *Orzi-Nuovi* are in less Disorder than any other Places in the *Terra Ferma*.

Behind the Adige, towards Venice, are no Places of any Strength. *Vicenza*, *Padova* and *Treviso* are the three principal Towns. They are enclosed with a Rampart *revêlu*, flanked with small Bastions and round Bulwarks promiscuously mixed at great Distances from each other; but all in extreme bad Order; as there is no Care at present taken of any Place in the *Terra Ferma*; the Revetements of the Ramparts falling daily to Ruin, the Parapets in a great many Places sunk almost to a Level with the Ramparts; which is the Case in the three last named Places: their Ditches very much filled up, no Covered Way or detached Works, even before their Gates.

Vicenza is about 30 Miles Eastward of *Verona*, and *Treviso* about 35 East of *Vicenza*. They are separate from each other by the *Brenta*, which passes thro' Padova, about 20 Miles near South of Vicenza, lying quite in the Plain, and the River washing a Part of it's Wall after passing thro' the Town.

Bassano, *Cittadella* and *Castel Franco* are hardly to be named as Fortifications. From these Places to *Palma Nuova*. I know of no Fortifications at all.

Palma Nuova is the only Frontier Place towards the East, opposite to *Gorizia*, from which it is distant about 10 Miles. It is the only regular Nonagon, or Place of nine Bastions in Europe. It was constructed in former Time to guard against the Irruptions of the Turks into Italy from that Quarter; but no Care has been taken of it ever since: so that it is very much in the same Condition with the other Fortifications. It stands in a large Plain, commanded by no Eminences about it. The Soil around it is much the same with that of Verona, and it might be made a very good Place, if it were well watered, which it is not.

I have the Honour to be with the greatest Regard and Esteem

Sir

Your most obedient
and most humble Servant
John Murray

To the Right Honble Henry Seymour Conway[14] Venice, 19.th March 1766

Sir,

I have now the Honour to send you by a private Person, who has promised to convey it to your Hands with Safety, an Account of the State of the Fortifications of this Republick in Dalmatia, Albania and the Levant, which I think much preferable to any other Description that I could possibly procure of them.

I shall begin with a Description of the Defects of *Zara*, on which I shall expatiate more fully, not because it is the most defective, but to refer myself to this Description, in passing to the other Places, that have like Defects, to avoid Repetitions.

Zara is a Peninsula surrounded by the Sea, only united to the Continent by a narrow Front, which renders it subject to be attacked by the Enemy. It is defended on that part, besides the Capital Enclosure, by a Hornwork with it's Ravelin in face of the Curtain.

Tho' Zara may be looked upon, from it's Situation and Defence, as one of the strongest Places of the Republick, it is not without considerable Defects, as well as Nature, as Art. The first is the Narrowness of the Bay, which forms the Port. This indeed covers the City on the N.E and hinders it from being stormed, but does not secure it from being ruined and burnt by the Enemy's Artillery; which, is planted beyond the Port, from that Situation might enfilade, and batter *de revers*. Part of the Fortifications of the Front, liable to the Attack. The late Marshal Count Schulemburg suggested the Remedy for this Defect, which is to keep the Enemy at a Distance from that Part.

Another Defect is the not having taken the Advantage of the stony Situation in the Front of the Hornwork (upon which they must necessarily come to the Attack of the Place) by carrying away all the Earth from the Foot of the Glacis to the Distance of a Musket-Shot from the Covert-Way, by so doing taking away from the Besiegers the Means of advancing by Sap, and obliging them to transport upon their Backs from other Places the Earth, necessary to cover them, a Labour difficult in itself, and being to be performed under the Fire of the Artillery from the Ramparts, and the Musketry from the Covert Way, causes great Delay, Fatigue and Risk, particularly to the Turks, who do not

---

[14] PRO,SP99\70, 246-281; dispaccio inviato "by private Hand" e ricevuto il 25.5.1766.

advance but behind Mountains of Earth. The Siege of Fort S.ᵗ Philip in Minorca evidently shewed the Advantages of an exterior stony Situation and without Earth. The French were obliged for that Reason to batter the Place for ten Weeks with a numerous Artillery, without ever daring to make Approaches; and the Weakness of the Garrison only, gave Room for the general Assault they risked with all their Forces, which they certainly would not have attempted against a stronger Garrison.

To these two external Defects some internal ones are united, that is, in the Fortifications.

The Covert Way of the Ravelin has been filled up, because it was enfiladed. This takes away the Communication between the Right and the Left Part of it, besides the Loss of the Fire of the Musketry, which hinders the Approaches of the Besiegers more than that of the Cannon of the Rampart. Experience in Defences very well shews the Advantages of the Covert Way; the Attack of which is the most bloody to the Besiegers, and gains the most Time for the Besieged; and also makes appear, that without it it is impossible to make a great Sally, because they risk the losing all the Detachments that compose it. So that the Besiegers not fearing Sallies, advance their Works much more assiduously without Risk, or Fear; and, with half the Troops that would be necessary, if there were a Covert Way, guard their Trenches and protect their Workmen. To confirm it's Utility Examples are not wanting. At *Maastricht* in 1748 the French made their Parallel the second Night of the Siege at the Foot of the Glacis towards the *Lower Meuse*; and tho' the Place was not very strong, and attacked by the whole French Army, commanded by the Marshal Count Saxe and Löwendahl, with 400 Pieces of Artillery, and Ammunition in proportion, they were not Masters of the Covert Way the 19.ᵗʰ Day of the Siege, when the Preliminaries arrived, and that principally from the continued Fire of it's Musketry. A single Assault of the Covert Way at *Namur* cost King William above 2000 Men; and in 1708 the Allies lost 5000, before they got possession of that of *Lille*. The Covert Way is certainly one of the strongest Defences, and indispensably necessary tho' much neglected in the greatest part of the Fortifications of this State.

To compensate in part for the Want of the Covert Way, Sig.ʳ Antonio Erizzo very judiciously erected a Gallery with Battlements at the Saliant Angle of the Ditch of the Ravelin, which it would have been well to have continued in the whole Counterscarp from the Right to the

Left, this being one of the most valid Defences of the Ditch; not being expos'd to the Enemy's Artillery.

The Caponiere in the Ravelin along the Capital from the small Entrenchment in it's Gorge, as far as the Saliant Angle, cannot be approved of. Instead of being an Advantage, it is an Impedim.ᵗ since it can't dispute with the Enemy his lodging himself in the Angle of it, it's Fire being lateral; and it occupies the Plain of the Ravelin, in a manner that they can't make an advantageous Disposition for the Defence of the Breach: besides, that it may be easily overcome towards the Saliant Angle, and, united with it, accelerate much the Loss of the Ravelin. The two Flanks in the Ditch under it's Gorge will fall under the Power of the Assailants, as soon as they are Masters of the Ravelin.

There is a *Fausse Braye*, which is not only an useless, but a prejudicial Work; useless, because being low, and under the Level of the Counterscarp, it could not augment the Defences of the Place, except when the Enemy would attempt the Passage of the Ditch; at which Time it would be already abandoned because the Face above it, battered in Breach, will have buried it under it's Ruins: it is prejudicial, because it facilitates the forming the Ascent to the Breach, serving as a Step to mount to the Assault. Supposing even what is impossible, that the Defenders might stay there till the Moment of the Assault, the Artillery of the opposite Flank, which is the principal Defence of the Ditch and of the Breach, must absolutely cease it's Fire, not to make the Defenders of the *Fausse Braye* run the same Risk as the Aggressors, tho' the Assault were given by Day; and much less could this be avoided, if it were given, as usual, by Night. So that the *Fausse Braye* is prejudicial, not for this Reason only; it being easy to comprehend, that it is much more advantageous in the Time or the Passage of the Ditch and the Assault of the Breach, to be able to serve themselves freely with the Artillery of the Flank, than to have a *Fausse Braye*, out of Defence, because covered by the Breach already made, and abandoned by the Defenders so much the sooner, for not having Room, or being able to stay there for it's Defence:

This is said of the Portion of *Fausse Bray* under the Faces of the Bastions, and not of that in Front of the Curtain and Flanks, called by the French, *Tenaille of the Ditch*, a very advantageous Work, and which encreases by another Flank the Defence of the Breach and the Ditch.

The Flanks of the two Half Bastions of the Hornwork, like those of the Body of the Place, are very short, and the *Orillons* that cover them are uselessly large, common Defects of all ancient Fortifications, as the

Engineers of those Times thought it sufficient to have two, or three Pieces of Artillery in their Flanks.

The Advantage the Cavaliers, placed at the Extremity of the Curtain of this Hornwork, give by commanding the Country, is balanced by the Damage they would cause to the Place, serving for a strong Lodgement to the Enemy against it, by commanding it and battering it in Breach, when he has made himself Master of them, since the numerous Artillery, now a days carried to Sieges, renders them useless; so that they are justly to be deemed prejudicial, rather than advantageous.

The Quarters, or Caserms, should never be erected in the Outworks, but on the contrary, in the most retired Places; the Outworks being the first taken, the Lodging for the Garrison is lost. They are more exposed to the Enemy's Batteries, and therefore easily demolished; besides the Incumbrance; and Hindrance from making the Dispositions for a good Defence, they serve for a very convenient Retreat to the Enemy in their Ruins: whereas, if they were in the most remote Parts of the Body of the Place, they would not be exposed to the Enemy's Batteries, and the Part of the Garrison, whose Turn it is to repose, might there securely recover their Strength after their Watches and Fatigues, till the last Day of the Siege.

Much more is so great a Quantity of Powder to be condemned in an Outwork, where it is a certain Maxim, that there ought to be no more, than is necessary for it's Defence.

As soon as the Hornwork were taken, one of the Faces of the Bastion, called Grimani, would be attacked indispensably, to make themselves Masters of the Body of the Place, which are exposed to the very Foot to the Fire of the two Cavaliers above mentioned of the Hornwork, the Glacis that surrounds them being very low, which, if raised, would not only cover the said Faces, but would deepen the Ditch, and afford Ground to make subterraneous Works, with Furnaces & Fougasses to the Front of the Hornwork.

The Cavaliers that are upon the Ramparts of the Body of the Place; which might be very useful, because not prejudicial to the Defence, with the Advantage of commanding the Country around, are entirely neglected and out of Form. The four that look to the Situation beyond the Port, would keep the Enemy's Batteries at a Distance, and make him slow and circumspect in approaching.

In this, as well as in all the other Places, where the Ramparts are lined, the Lining goes to the Top of the Parapet, a very great Expence, and considerable Damage, seeing the Fragments of the Wall, made by the Shot of the Enemy's. Artillery, wound a much greater Number of People, than the Balls themselves. Whereas, a Parapet of solid Earth does not do so much Mischief since the Balls only make a Hole in it of the Bigness of their Caliber, and the little Earth they raise has not Force to hurt any one.

The Embrasures lined are still more blameable, circumscribing the Shot of each Piece to a certain Space, only seen from the Embrasure, & discovering to the Besiegers the Situation of the Cannon: and the repairing them is very difficult, since the Pegs, with which the *Saucissons* are fastened in Parapets of Earth, can't enter the Lining of Stone or Brick. Therefore Parapets of solid Earth without Embrasures are preferable; since with them the Artillery is planted *en Barbe* in the Beginning of a Siege, the better to discover the Country; and they can at any time soon lower the Platforms & cut the Embrasures, directing them to the Enemy's Batteries. If this had been practised in all the Fortresses of the State, it would have been a great Advantage to the publick Treasury, and the Works would not have been prejudicial.

The Entrance into the City on the Land side deserves serious Reflection, as well as the Gates to the Sea. The first, which passes along the Wing of the Hornwork, is very ill situated, and only defended by the Face of the Bastion *Citadella*, which is exposed to the Foot to the Fire of the Besiegers from the first Day of the Attack: So that it's Artillery may be easily dismounted, and with a simple Blind across the Way the Enemy covers himself perfectly to set on the Miner at the Wing of the Hornwork, and easily get Possession of it. Besides, it opens the Counterscarp, and so forms an easy Descent for the Besiegers in the most dangerous Part. The little Fort abovementioned, erected at the Saliant Angle of the Half Bastion of the Right of the Hornwork, covers it in part. Without it the Place would be more exposed, & easily overcome by an Enemy who observed this Defect.

The Gate, called *Porta delle Becearie*, will be the most necessary of all in Time of a Siege, as there will be no going near the *Porta di Marina*, or that of *San Grisogono*, being entirely exposed, & commanded by the Enemy, not being covered by the Works, proposed beyond the Port. So that every thing that enters, or goes out of the City in that Time (besides the Fascines, Gabions, Pickets, and *Saucissons* that occur for the Day, which may be sufficiently provided from the Islands of Pasman & Uglian) must pass by the *Porta delle Beccarie*; and there being no Mole, it is difficult to embark, or land the smallest Thing.

Zara is well provided with Artillery; the greatest part of which, however, is not of the desirable Caliber. All Nations at present make use of 24 Pounders to ruin the Defences, dismount the Enemy's Batteries, make Breaches & split Walls, those of a larger Caliber being slow, and difficult to manage in proportion, & their Effect does not compensate the Expence in making use of them; and those of a less are proportionably inefficacious. These, however, I would not entirely exclude; for tho' they are not proper for the Uses abovementioned, they may be of Service in a Siege and in the Field.

The Number of Mortars for throwing Bombs and Stones is not proportioned to that of the Cannon tho' very necessary Pieces of Artillery.

Sebenico, situated upon a Bay, where the River Kerka discharges itself, about 50 Miles from *Zara*, cannot be looked upon as a Place of War in the State it is at present, being of no Defence in itself, and only somewhat covered by the two Forts, *Baron* and *San Giovanni*, or *Badessa*, placed upon two Eminences above the City, which were never finished, or much neglected after being erected. Fort *San Nicolò*, formed for the Defence of the Entrance of the Bay, is even something ruined.

Dernis, about 22 Miles above Sebenico, has scarcely at present any Vestiges of a Fort, or at all worth regarding, in case it were to be fortified.

A good Quarter for Cavalry, only half built there, reduces the Cavalry to the Necessity of lodging in miserable Huts; and likewise at Koscevo, 8 Miles distant; so that the Officers, Soldiers and Horses are hardly sheltered from the Rain.

At the Frontier, towards the triple Confine, is the Fortress of *Knin*, which having many of the Defects, common to the greatest Part of Places situated upon Eminences, I shall give an Ample Account of it, that it may serve for others like it.

This is erected on the Top of a Mountain, the most accessible Part of which is opposite to an Hill, called *Spaar*, from which the Castle was battered, when it was taken. This is also the Part, by which they ascend by a Road from the Town, situated at the Foot of the Mountain, up to the Gate of the Castle. The Road is covered in some places from the Sight of the Rampart by old Walls and Houses, which may serve for Lodgement to the Enemy, and facilitate the Ascent to the Castle; instead of discovering (which it ought to do) as much as possible the Declivity of the Mountain. There is no Ditch with a Drawbridge, or other Work to be overcome for arriving at the Gate. The March is free to it, and the

Flank of the Bastion *Pisani*, in which it is placed, being too high to scour the Road that leads to it, can give no Disturbance to the Besiegers.

The Church occupies much of the little Ground there is at entring from the Gate, which only could afford the Besieged Room to make a Disposition for a good Defence on that Part, which is one of the most suspicious in the whole Enclosure. The Back that rises in the Middle of the Castle from S.W. to N. makes it narrow, but covers both Sides from being battered *de revers*.

The Walls (as generally in Castles placed upon Eminence) are too high and too thin with Parapets with Embrasures. No Endeavours are used to make the Hill inaccessible by blowing up the Rock, where it facilitates the Ascent to the Foot of the Wall.

The thin Parapets with Battlements are very bad. *Knin* being upon an Eminence, 5 or 6 Foot Thickness of Wall would form a sufficient Parapet, as the Shot coming from below will be weak, if from a great Distance, and oblique from a small one. There should be no Holes, or Battlements for small Shot, except some in a part of the Wall that can't be flanked, and that is accessible to the Foot; and even there Granadoes and Stones are a better Defence, than those few, uncertain Musket Shot that can be fired thro' Holes, or Battlements; especially in the Night, the usual Time for Assaults.

Good Casemates are wanting in *Knin*, not only for the Powder, Stores and Provisions, but also for the Repose of the Garrison, secure from the Enemy's Artillery, which the handsome Quarters are not, being of simple Walls and soon ruined.

Above all it is necessary to have many Cisterns, well preserved, that may contain the greatest Quantity of Water possible. there is only one in all Dalmatia, at *Clissa*, in good Condition, but so small, that before the End of the usual Drought in Summer, Water is commonly wanting there.

This Castle only occupies half the Eminence, upon which it is placed, terminating in the narrowest part of it, called *Spirone*, where it is separated from the other Half, called *S.ᵗ Salvatore*, by a Cut made on purpose at the Foot of the Wall of *Spirone*. This Part of the Castle of *Knin* is not only the weakest, but the most difficult to be fortified. The Part of *San Salvatore*, which is out of the Enclosure, is very inconvenient to the Castle; and tho' it has a narrow Front, resembling a Racket with the Handle turned to *Spirone*, widens a little behind in such a Manner, that a Battery of ten or twelve Pieces of Cannon might be pointed there, which would certainly prevail over *Spirone* and the two Batteries upon it, which have only seven Pieces of Artillery each. Besides which another Battery of four Pieces may be planted quite near *Spirone* without being seen by any Cannon of the Castle; while the two Batteries upon *Spirone* are so high, that their Cannon cannot possibly be pointed to this Place, so low: So that this single Battery well served may do much Mischief to Spirone itself, and to the two Batteries above.

No Sally can be made from the Part of *Spirone*, not seen, or flanked by any other Part of the Castle. so that the Enemy may easily employ a Miner there as soon as he is Master of *San Salvatore*.

The Ground of *Jubbaz* beyond the *Kerka*, being as high as the Castle, gives an Opportunity to the Besiegers to batter it in Flank, where it is not much prepared to resist. When a Breach is made, it is impossible indeed to mount to the Assault, on account of the Height and Inaccessibleness of the Mountain, and the Depth of the River between; but they may enfilade *Spirone*, view it *de revers*, and ruin it, so much the more, as the Wall of the Right behind the two Batteries above it, which looks to the Plain of *Stermizza*, is much elevated; & That of the Left, which looks to Jubbaz, is so low and thin, that from Jubazz is discovered to the Foot the Reverse of the Parapet of the Wall of the Right, against which there is a Quarter, covered with Tiles, which occupies entirely that narrow Ground, and may be presently reduced to Rubbish. It would be very advantageous, if this were casemated, and erected in such a Manner as to serve for a Platform to the Ramparts of the Right and Left.

Spirone therefore for all the abovementioned Reasons is the weakest Part of the whole Enclosure of *Knin*, and the most difficult to be repaired: so that by this part the Place might soon be reduced, if it were attacked only with a moderate Artillery and a good Engineer.

Those Disorders might indeed be remedied in some Measure; but it will always remain defective. There is only one single and principal Remedy, which might not be very expensive, considering the Advantages to be drawn from it; since *Knin* would become almost impregnable to a Turkish Army, and much more formidable and dangerous than it is at present, if such an Army thought of leaving it behind it without reducing it. It is certain however, that even in it's present Condition it is the best Place in *Dalmatia*, and the Money spent in repairing it was well employed and with Oeconomy.

Amongst the Artillery of *Knin* there are but two Mortars, Pieces very proper for Fortresses, placed upon an Eminence; because the Cannon can't hurt the Enemy lodged at the Foot of the Mountain, or Muskets, when he is in the Houses; but with Mortars he is much hurt, throwing upon him Bombs and Stones with a very small Charge of Powder. Cochorns for double & triple Granadoes, and Pattereroes are of very great Service.

Muskets are wanting in this Fortress, Arms so necessary for the great Number of Battlements, which are almost half disarmed; and few of the Carriages are in a Condition to serve; which renders the Artillery useless. Bombs, Granadoes and Balls, so necessary in Fortresses, are very scarce at *Knin*. There were only 1398 Balls of 14 lb for 33 Pieces of Artillery of the same Caliber; and Engineers require 1000 Charges for each Piece in a Place that would defend itself well.

The Air of this Fortress is unhealthy from the Stagnation of the Waters.

At *Verlica* there is a little ruined Castle between *Knin* and *Sing*, about 19 Miles distant from the former and 21 from the latter.

Sing is situated three Miles from the River *Cettina* in the Extremity of the Plain at the Foot of the Mountains. The Castle is erected upon a little Rock, which rises from the Back of an Hill; near the Foot of the Mountain *Vissoza*, called San Salvatore for some Time past. It seems to have been built at different Times. The Part toward the East, which is the highest, was occupied first. Nature made it very strong towards the N., E. and S.W. the Rock being almost perpendicular, tho' little elevated on the part of the S.W. by the Declivity of the Mountain there. And afterward they encompassed the rest of the Hill to cover the Face of the fisrt Erection towards the W. which was the weakest, not being defended by Nature, as the rest.

These Places are much more defective than those made at one Time. This is the Case of Sing, which has been enlarged two or three times. It begun with a little Castle upon the Top of the Rock: it was extended afterwards downward towards the S.W. in different times; & finding it still defective towards the W., because the Part of the Mountain without the Fortification gave sufficient Room to attack that, already constructed, they remedied it by enclosing the whole Mountain, not much favoured by Nature, or Art.

The Eminences toward the N. surmount the Castle the farther they are off; but they do not command it on account of the Declivity of the Hill on the opposite Side; upon which the Castle is placed.

The ruinous State of it's Enclosures and of it's Lodgings puts it's Defects out of question: since without waiting for Enemies Batteries, they will fall of themselves; and the Repair of them would only hide their Weakness, making them appear what they will not be. There is no trusting to such Walls. In Fortresses there is need of what can stand against Artillery; therefore they ought to be demolished to the very Rock, and this modelled in another manner.

The Side towards the S. is engrafted with old Houses, exposed to the Enemy's Artillery, which would reduce them to an Heap of Rubbish in two or three Days. They may be Cause of the Surrender of the Fortress, tho' the Enclosure be not overcome; since, serving for the Repository of the military Stores and Provisions, and also for the Lodging of the Garrison, the latter will remain without Cover, and the former will be buried under the Ruins. They ought absolutely to build only casemated Quarter in these Castles, as well for the Lodging of the Garrison, as for the Munitions and Stores necessary for it's Defence. The Noble Venetian Governors ought to have their Palaces in the Towns, and be more content to have a good Casemate in case of a Siege, than a fine Lodging, liable to be destroyed, in a Castle.

All these Castles have some Advantage from Nature which it is necessary to know how to make the best of, and to supply the Defects of by Art; and *Sing* much requires this Attention, which by it's Situation is rendred one of the most important Posts in Dalmatia, being in a Place, thro' which the Turks might enter with more Ease, to descend to the Coast of the Province, of which I shall speak more amply in the Sequel.

The Expences of fortifying it would be greater than those of *Knin*. The Situation is more inconvenient and the Operations are greater; but the Oeconomy, which spared the Money for *Knin*, still exists. Half the Lime is already prepared; the Stones will be got at the Foot of the Wall, blowing up the outw.^{d} part of the Rock to form the Defence; the Subjects will be ready to transport what is necessary, and the Wood will cost little. Every thing facilitates the Undertaking, and the Government setting People to work in the Fortifications, as well of this, as the other Places in Dalmatia, would only spend a Quarter of the Sum, which they would cost to every other Sovereign in Europe.

At the Foot of the Hill, on the S. stands the Town, which grows larger and more populous; in the midst of which upon a little Elevation of Stone, there is a small Fort, called *Poggiata*. If this were made, as it easily might be, fit to protect the Town, it would likewise serve to render the Attack of the Castle more difficult on that Side.

I shall say nothing of the Quarter for the Cavalry, abandoned for many years, which reduces it to the Necessity of lodging in miserable Huts of Ozier Twigs, not sheltered from the Rain, and subject to be burnt.

For a Place without Defence, as Sing, there is a great deal of Artillery, and very little, if it were renewed.

The vast Plain between *Sing* and *Trille*, seven Miles wide, is most of it overflown by the *Cettina*, which has not a free Course, passing thro' a rocky Bed, where they made a great Dam of Stones to carry the Water to a Mill of very small Income, and of so great Prejudice.

Between *Sing* and *Spalatro*, 15 Miles distant from the first, and 7 from the last, is the Fortress of *Clissa*, advantageously situated to cover all the Coast from the Mouth of the *Cettina* to the other Side of *Traù*. Placed as it is, upon the Top of a little Mountain of Stone in the Valley that separates the Mountains of *Primorie Traurine* from those of *Mossor*, perfectly well shuts up the only good Passage, that leads from the Frontier into the territories of *Spalatro* & *Traù*, being only liable to be attacked on the W. which looks to the Ground, called *Campo Santo*, where the Enemy may plant his Batteries. To defend it against this Attack a Caponiere was formed with a Covert Way at the Front, and the Counterscarp raised with Earth, brought on purpose from another Place, which does not cover the Caponiere from the Enemy's Artillery, placed upon *Campo Santo*; but it covers the exterior Ground of the Fortress from the Fire of the Caponiere. Except a blind Fondness for the Caponieres, I can find no Motive that could persuade them to plant one upon the Back of a Mountain, exposed to the Enemy's Cannon, and that for an Outwork in the only Place, where the Castle can be attacked with Artillery. They shewed very little Knowledge too of the Utility of the Covert Way, carrying the Earth to the Top of a Mountain to form it, where the bare Stone is the best Defence; when at *Zara* and *Corfù* they filled them up, where they might be so useful.

In case of a Siege at *Clissa* the Consequence will be, that with twenty Cannon Shot the Caponiere will be ruined, and the Earth, brought to form the Covert Way, will serve to cover the Besiegers; which they never could have done, if this had not been brought to their Advantage. Some thing therefore is required more solid, and more adapted to cover the Entry into the Fortress on that part, rendring it by that means one of the strongest Places of it's Kind.

I refer myself with regard to it's Internal, & the Things necessary for it's Defence, to what I said of *Knin* and *Sing*.

To the Situation of Spalato a valid Fortification cannot be adapted, being commanded by Eminences on one Side and the other, particularly toward the W. by Mount *Marian*, which stands above the City. Fort *Grippi*, which might cover it toward the E., is a Work of Nothing. If with the Money spent in the Fortifications of *Spalato* and Fort *Grippi*, a well-conceived Line had been formed between the two Seas, with three or four Redoubts, or Detached Bastions, supporting the Right beyond Fort *Botteselle*, which looks to the Sea that passes between the Coast and the Island of Brazza; and the Left to that little Bay, in which the River *Salona* discharges itself; in this manner they would have kept the Enemy at a Distance, effectually covered *Spalato*, and have taken in a good Tract of Ground to work in, and to receive all the Inhabitants of the Coast with their Effects.

I hope there will not be this Necessity, and certainly there will not, if *Sing* and *Clissa* be kept up. As long as those two Places maintain themselves, the Turks cannot pass to the Siege of *Spalato*; & if it's empty Bulwark were finished, even as it is at present, it would be secured from every other Insult.

The Situation of *Spalato* would in my Opinion be the most proper and convenient for establishing the Arsenal and general Magazine of Dalmatia, this Place being the most in the Center, and the most populous, and also the most fertile of all the Coast. It is at hand for all the Frontier Places, and the best covered. If *Sing* be reestablished, little is required for making the Road good by *Clissa* to *Sing*, and from this those on the Right and Left are passable. The Lazzaretto would be proper for these Magazines, making another without the City, which would be more suitable, and putting the Powder into Fort *Grippi*.

In the manner that *Clissa* shuts up the only good Road that leads into the Territories of *Spalato* and *Traù*, *Duare* does the same thing to that which leads to *Almissa* and *Macarsca*. The Post of *Duare*, separated from the Community of *Pogliza* only by the *Cettina*, is naturally very strong, being on the Top of a Rock, called *Staregrat*, high and craggy, between 250 and 300 geometrical Paces long, which goes between the *Cettina*, (whose Banks are of Stone, very high and steep) and the Foot of Mount *Osoja*, which unites itself to the *Biocova*, and forms that Chain of high and impassable Mountains, which go from *Duare* to *Narenta*, called the Mountains of *Primorie*, that is *Primorie Macarane*. The Roads coming from Turky become more dangerous, the nearer they approach to the Castle; which adds Strength to this Post. The

Castle itself is bad and of no Defence, if the Artillery could be brought near it. It is a little Triangle of Wall without Platform, and not flanked; which seems to have been built by the Turks to defend themselves against the People of the Coast, and not against those of the Country around, hanging in such a manner on the part of the N.E. that the opposite Sides are seen *de revers* from the Bottom of the Plain. It might therefore be better situated to defend the Passage of each Part, without being enfiladed, or seen *de revers*. This is the only Passage of the Turkish Caravans, which formerly went to *Almissa*, and now go to *Macarsca*. So that it is a Post of Consequence, and ought not to be left in Oblivion. It will not indeed be the first attacked in case of a War with the Turks, being a little retired, having *Sing* on the Left, *Vergoraz* on the Right, and *Imoschi* in Front.

About 22 Miles distant from *Duare* towards the *Erzegovina*, 40 from *Sing* and 28 from *Vergoraz*, is the Castle of *Imoschi*, situated upon the Declivity, which the Ground makes towards the Plain, called *Moscopoglie*, about a Mile from it. It is very small and enclosed, except on the part of the Plain, by a deep Cavity, called *Iessero*, which separates it from the Eminences, which on the N.E, N. and N.W. command it within a Musket Shot. It's Walls on the part of the Eminences are so low, and those towards the Plain, so high, just as if it were intended, that they should be seen *de revers* to the Foot; & besides, they are ruinous and falling. Of the low Enclosure, which shut up the Castle on the Part of the Plain, where it is not surrounded by the Cavity, there are scarcely any Vestiges. The only Thing in good Condition is the Tower, called *Toppanà* at the Angle toward the S.W. which was reestablished; but it was elevated as high as the rest of the Wall; so that it remains quite exposed, to be battered *de revers*, and the two Pieces of Cannon, planted on it can't offend the Enemy, not being able to direct their Shot so low.

Tho' this Castle thro' the Defects of it's Construction and it's Ruin, and from it's Smallness, be not in a State of any Defence, nor could at any time be made very strong, or formidable, it might be made an advanced Post to be maintained, to cover a considerable Population, and make Head against the Enemy almost a whole Campaign, giving Time to assemble the Forces to repel him, besides being a very proper Passage into the *Erzegovina*, if they were in a Condition to carry the War thither; Reasons not to abandon, or neglect it, it being a Rule without Exception, to keep a powerful Enemy as far off as possible.

Vergoraz, a Mile distant from the Confine, is situated at the Foot of the high Mountain, called *Nottachit*, on the Top of a little Hill, well elevated, betwixt the narrow Bottom of *Unina*. & the Plain of *Rostoc*, 23 Miles distant from *Melcovitz*, a Village at the Confine above the River *Narenta*. It covers the Coast between the Mouth of this River & *Macarsca*, not being above 14 or 15 Miles from the Sea, & maintains the Communication between the Country of *Narenta* & the upper Part of *Dalmatia* towards *Duare*, *Sing* & *Knin*. The Castle is very small, the whole Summit of the Rock not being taken in, as the Part least elevated remains out of the Enclosure, only with a Tower at it's Extremity about 60 Paces distant from the Castle. The Walls, both of the one and the other, are in the same State with those of *Sing* and Imoschi. If this Castle were repaired, and the lower Part of the Rock enclosed; which would not require great Expence, *Vergoraz* would be rendred almost impregnable, and besides having Room enough to build Magazines for warlike Stores and Provisions, and even Cisterns, if the Circumstances required it, might contain a numerous Garrison, and a small Number only may defend it.

The Country of *Narenta* is the least covered of all *Dalmatia*, both by Nature and Art, and the most exposed to be invaded in case of a Rupture with the Porte. It remains quite open to the Sea by that great Plain, which is on each side the River below *Metcovitz*, where the *Narenta* enters the Territories of the Republick, which, tho' 20 Miles long, and 12 broad in some places has two Thirds of it marshy, as the *Narenta* not having a Bed sufficient to contain all the Waters that come from the Eminences in the Winter time, overflows the said Plain.

This River branches into three at Fort *Opus*, and discharges itself into the Sea ten Miles lower by five different Mouths, which are less deep the nearer they come to the Sea. I don't pretend to determine the Advantage the Navigation of it would be of to the Turks, if they were in possession of it, or the Detriment it would cause to this State, but I am persuaded, it is no difficult Thing for them to take possession of it at the first Rupture, and to maintain it, it being now navigable as far as *Metcovitz*.

The Situation of Fort *Opus* is very advantageous, and capable of receiving a good Fortification. The River, which there separates, washes two Sides of it, and the Front is covered by a vast Marsh. In so advantageous a Post Nothing was erected but a very small Crown-work, of which the Trace is scarcely to be found; and the Angle at which the River separates, is so damaged by the Waters, that if it be not soon repaired, the Damage will shortly become much greater.

In fortifying this strong Situation there would be the Advantage of not incurring much Expence, little Wall being requisite; since the Ground is very proper for erecting solid and consistent Ramparts & Parapets: Besides, the neighbouring River much facilitates the Transport of every thing that could occur for it's Reestablishment.

The Tower of *Norino*, situated at the Angle, formed by the River with the Waters that come from *Vido*, may advantageously cover Fort *Opus*, serving for an advanced Post to it, as there is no coming to the Fort without passing in Sight of the Tower.

Metcovitz being a Situation more proper than the two above mentioned, for securing the Country, facilitating the Entry into the *Erzegovina*, & covering the Retreat, a Castle might be built upon the Rock above the Village, and render it very strong, if, besides treble the Expence that occurs for the Reestablishment of Fort *Opus* and *Norin*, there were not the Regard to giving Jealousy to the Turks by erecting a new Fortress in view of *Ciclut*, which was demolished by Agreement.

Having hitherto treated in particular of each Place in *Dalmatia*, representing it's State and Defects, I will say Something of the natural Strength of the Country; and of yᵉ Connection which the said Places have with one another.

Dalmatia is covered by the Sea, which washes it's Coast from *Smerdan* at the Extremity of the Territory of *Narenta* to the Island of *Pago*. The Channel of *Morlacca* and the Mountains of the same Name, with the River *Zarmagna* at their Foot, separate it from the Austrian State, and secure it indifferently from the Sea to the triple Confine near Stermiza. It is separated from *Bossina*, by a Chain of high Mountains, which beginning at *Stermiza* go to *Sasuina* about 70 Miles in Length. It will take five Hours to cross them on foot. The Roads are many, straight & winding, by which one may enter into this State, and three only are the principal ones, because the best (but not passable with Carts and Artillery without much Time and infinite Expence) one thro' *Bossanschirt* near *Stermiza*, the second thro' *Oniste* in the Valley of *Glavas* and the third thro' the *Proloc*, opposite to *Sing*, which is the most frequented, being the Passage of the Caravans coming from *Libeno*, which rest at *Sing* in going to and returning from *Spalato*.

From *Sasuina* from 25 to 28 Miles the Frontiers are not so difficult. The Mountains that separate this State from the *Erzegovina*, are lower, the Roads better, and may be more easily repaired for transporting the Artillery, Ammunition and Baggage of an Army. Two of these Roads lead from *Bossina* to the Passage of *Cettina* at *Trigl*, uniting at *Sasuina* with another, which descends from the *Erzegovina*, by which the Artillery was brought the last time *Sing* was besieged.

About 16 Miles on each side of *Vergoraz* the Mountains of the Frontier are less penetrable, and beyond, toward the River *Narenta* they are much lower; so that along the River there is a Road very passable, which descends from *Mostar*, Capital of the *Erzegovina*, by *Ciclut* and *Metcovitz* to Fort *Opus*. The rest of the Territory of *Narenta* beyond the Plain, returning to the Sea, that is, from *Metcovitz* to *Dobragne* in the Angle of the Confine, and from thence to *Smerdan*, the Frontier is less accessible.

There is a second Elevation of the Mountains, opposite to those which separate this State from *Bossina* leaving betwixt them a large and fertile Valley. Upon these Eminences the Turks erected the Castles of Knin, *Verlica* and *Sing*, which now serve to protect the Valley at their Foot, and to cover the Country behind to the Sea, forming a sort of Barrier between the triple Confine and the Mountains of *Mossor*.

They begun to reestablish this Barrier with the Repair of *Knin*, but That is nothing without renewing *Sing* and securing the Communication between these two Frontier Places.

The Situation of *Sing* makes me look upon it as the most ticklish Place in *Dalmatia*, and That which merits most the publick Attention. In it many of the principal Roads of the Country meet. It is the Defence of the two easiest and most frequented Passes from *Turky* into *Dalmatia*; the first crossing the Cettina at *Han*, three Miles beyond the Place, and the other at *Trigl* seven Miles distant. Besides, it covers all that part of the Province between the *Cettina* and the *Kerka* to the Sea, since *Verlica* is little to be considered as a Frontier Place, but only to facilitate the Communication with *Knin*. If the War were in Dalmatia, it would not be possible to approach to *Clissa*, *Verlica* and *Knin* with a Train of Artillery without being Master of *Sing*: So that this will necessarily be the first Place attacked by the Turks, being able to arrive there more easily than at any of the others; since Imoschi, as it is at present, will cost them but a few Shot; and as I said, I look upon it only as an advanced Post, which however, ought not to be neglected. The Reestablishment of *Sing* therefore appears the most necessary Work, & for the abovementioned Reasons the most pressing; and also the securing it's Communication with *Knin* by the Repair of *Verlica*, of small Expence, or by erecting a good Redoubt three Miles distant from it upon a little

Hill, called *Kiemo*, at the Foot of Mount *Kossiach*, opposite to *Glavasch*, where one of the Roads that descend from Bossina crosses the principal one that passes between *Sing* and *Knin*.

It would be desirable for the Security of the said Communication, to direct the principal Road by *Verlica*, or *Kiemo* to *Koscevo* (from which Place to *Knin* it is very good) to pass the Bridge under the Castle, being by that means covered from the Inundation of the *Kerka*. Passing now beyond the Inundation near the Mill, two Miles above *Knin*, it remains much exposed by being near the Confine, and going thro' a Country full of Woods.

I am not ignorant, that the Thought of the late Marshal Count Schulemburg (for whom I shall always have perfect Veneration) was, to demolish & abandon *Knin*, *Verlica*, *Sing* and *Imoschi*, and to withdraw the Barrier to *Clissa* and *Dernis*, fortifying the Passage of the *Kerka* at *Roncislap*. The Marshal certainly had his Reasons for such an Opinion. The Country he would abandon was not so populous at that Time, nor were it's Value and Advantages known, as at present, in finding there brave Recruits both for Sea and Land-Forces. And that Project was oeconomical, sparing Money and Troops, very seducing Motives especially at a Time, when the Treasury was weary with the Expences of an heavy War. But if he could see that vast Extent of Country, now become so fertile, and so peopled with Inhabitants, equally fond of their Sovereign, and useful to him, and *Knin* already prepared, I am firmly persuaded he would not hesitate a moment to recommend with me the Compleating the Work, Reestablishing Sing and Securing the Communication with Knin, to keep off a powerful Enemy, a Maxim of War without Exception.

I am far from disapproving this Thought of rendring valid the two Posts of *Clissa* and *Dernis*. The first is already almost in good Condition, and a small Fort at *Dernis* will serve to secure Sebenico better, and the rest of the Coast, preserving the Communication of it and the Territory of *Zara* with the Frontier Places, and also, united with *Clissa*, serve for a second Barrier, if by Misfortune Part of the first should be overcome.

This however, is not what is most pressing. The Reestablishment of *Sing* is the most important, since praeserving *Sing* and *Knin*, besides the Advantages shewn, there is another most essential one, that the Enemy can never winter in the State, or even find sufficient Subsistance there in the Summer, without getting Provisions from *Bossina* and the *Erzegovina* by the abovementioned difficult Roads: and these two Places being reestablished, furnished and defended, as is requisite, I am persuaded the Turk cannot make themselves Masters of either of them in one Season.

After *Sing* the Country of *Narenta* most deserves the publick Attention in my Opinion; being open to an hostile Irruption by many Roads from the *Erzegovina*, the Preservation of it is not indifferent, and the Expence is little to repair it.

Vergoraz is so strong by Nature, that every little Repair would render it impregnable, except by Famine. It contributes much to cover that Part of the Coast between *Macarsca* and *Narenta*, and maintains a Communication betwixt this Territory and the rest of the Province, protecting the Entry into the *Erzegovina* and a Retreat from that Province by the Plain of *Rostoc*.

The Post of *Duare* is of great Consequence, covering immediately *Macarsca* and *Almissa*. It's Situation is very strong, but the Castle not being much in itself, I should think it of Advantage to remove it 40, or 50 Paces from Mount *Osojo*, placing it on the Summit of the Mountain that goes to the *Cettina*, with a different Figure from what it has at present; but this after the other more important Works.

The Repair of all the abovementioned Places, for the entire Security of the Province, would be but of a moderate Expence, for the Reasons given in speaking of *Sing* and Fort *Opus*. When they are reestablished and well provided, the Republick may be very easy with regard to *Dalmatia* in case of a War with the Turks.

I can't finish these military Observations upon *Dalmatia* without making mention of the universal Negligence in preserving the Woods, or rather destroying them, tho' indispensably necessary in every Country to the Life of Man. Almost all the Province produces them naturally; and in former Times such was the great Quantity of Wood of all Kinds, that besides supplying the Buildings of the Country, they could furnish Foreigners; at present they are obliged to get Wood from *Bossina* and the *Erzegovina*, as well for publick as private Edifices.

There is a very small Quantity of Muskets in the Arsenals in Dalmatia, and a great Disproportion betwixt the Pieces and the Number of Balls and Bombs of the same Caliber. The greatest Part of the other Stores are of small Value, and many of them entirely useless. Madriers, so necessary for the Use of the Platforms for the Artillery, and Palisades for the Covert Way, are not to be found in any Place.

Having Nothing more to say of *Dalmatia*, I pass on to the Province of the *Venetian Albania*.

Nature contributed much to *Cattaro*. The City being almost of a triangular Figure, one of it's Sides is covered by the Mountain, and another by the Sea; and these unite, forming an Angle at the Gate of *Gordichio*. The third, which looks to the North, extended between the Bastion *S.ᵗ Antonio*, which is at the Foot of the Mountain, and the Sea, is only furnished with a Rampart about 200 Paces long. This Side therefore is the only one, by which *Cattaro* can be regularly attacked, the Ground opposite to it, betwixt the Mountain and the Sea, being very practicable for the Besiegers, and competently large and fit for making their Works. However, the great Difficulty they will have will be the transporting their Artillery and Munitions, necessary for such an Undertaking. And certainly it will not be so easy, if they have not the Superiority at Sea; since the Transporting it from *Buclua* and the Post of *Trinità*, being also obliged to pass the Channel afterward to carry it to the Place, seems an Operation of much Time and full of great Difficulties: and to bring it by any of those Roads, that descend from the high Mountains of *Montenegro*, seems to have something of Impossibility. But if an intelligent Enemy can conduct, either by Sea, or Land a moderate Quantity of Artillery and Munitions opposite to the Gate *Fumiera*, the Siege of *Cattaro*, as it is at present, without being flanked on this Side, and being much enfiladed, will be finished in fifteen Days in the good Season.

The Weakness of this Side cannot be remedied by Outworks, as was projected, because they could not be solid and durable, the Ground being frequently overflown, and great Quantities of Stones brought upon it by the Waters from the Mountains and Torrents, but by fortifying well the Capital Enclosure, making use of the Advantages Nature has given it; which well improved will render this Side of *Cattaro* between the Sea and the Mountain the strongest Part of the whole Enclosure.

This Repair however will be useless, if it be not accompanied with rendering the Enclosure upon the Mountain secure from Insults.

The Mountain that covers the City towards the East, is very high and steep, reducing itself to a very narrow Summit from the Castle at the S.E. Angle to the Part above the Bastion *Sant'Antonio* at N.E. The Valley *Spigliari* separates the Mountain of *Cattaro* from the Mountains of *Montenegro*, which are much higher, and encompass it on the Part of the E. and S.E; notwithstanding which, the City is entirely covered from these Mountains beyond the Valley, by the Summit abovementioned, upon which is erected the Wall that encloses the Place on that Part, very high and far from the City; and it is also very difficult to go up thither.

This Wall is in a bad Order in many Places, and worse flanked, a Defect common to Fortresses, situated upon the Top of a Mountain. The Flanks may be omitted, where the Rock is inaccessible; but where the Enemy can arrive at the Foot of the Wall, it is necessary to have some flanking Fire, tho' it were only of a single Piece of Cannon; making also the Wall very solid in these Places, and in such a Manner as to guard against a Surprise, furnishing these Posts with Granadoes and little Mortars, called Coehorns, with some *Pierriers*: since the Discharges that can be made thro' the Embrasures, however they be pointed donward in a solid Parapet, cannot arrive at the Foot of the Wall; and the Parapets, called *Piombatoj*, are not fit to resist an Hour against Artillery at a moderate Distance.

From the Bastion Sant'Antonio, at the Foot of the Mountain, to the Post *Contarini*, the Foot of the Wall, which however, in itself is very weak and ready to fall, appears almost inaccessible. From the Post *Contarini* to the Saliant Angle of the Castle the Foot of the Wall is accesible in many Places, particularly to the People of the Country, who climb incredibly; and many times they attempted to scale the Wall to steal the Cattle that feed upon the Mountain within the Enclosure. This might be better flanked with a little Labour and Expence. At the Posts *Contarini* and *Soranzo*, and a third in the Middle between *Soranzo* and the Castle, where Thunder damaged the Wall, Room might be found for a Piece or two in each Post, which might scour the Wall from the Bottom to the Top; since the Descent from the Summit of the Mountain from S.W. to N. is too great to be able to scour the Wall from Top to Bottom. Thus those three Posts will be sufficient to flank all the ticklish Places from the Castle to the Post *Contarini*.

A very deep Precipice defends the Castle on the Southern Side, and likewise to the Part above the Post *San Stefano*, from which afterwards they may approach by various Places to the Foot of the Wall near the Gate *Gordichio*.

A great Defect in this part of the Enclosure of of [sic] Cattaro, which is upon the Mountain, is, there not being good Communication along the Wall from one Post to another. On the contrary, in many Places it is very difficult and dangerous, especially by Night, there being Stairs, where two Men can scarcely pass one another, and not without great Hazard of their Lives if they fall.

I think it needless to make use of Arguments to persuade to render this Part of the Enclosure upon the Mountains secure from Surprises and *Coups de main*. Without being Engineers, every one may see, that Posts so far from the City and from the Garrison, and likewise so difficult to come at, must give much Uneasiness in time of a Siege, and being in an inconvenient Situation, there must be treble the Number of Men in each Post to guard it and particularly for wanting easy and quick Communication, which hinders a speedy Succour in case of Need.

The Castle, which is the Place the farthest off, is small and not furnished with Casemates, which are so necessary to preserve warlike Stores and Provisions, and to put a *Corps de Reserve* under Cover. This Corps is indispensably necessary in time of a Siege to succour speedily the Posts that are most distant from the City.

The two Cisterns are ruined, and so small, that they can scarcely contain Water for those of the Castle and the neighbouring Posts. What Disturbance would it be in time of a Siege and in the Heat of Summer, to be forced to carry up the Water from below?

Upon the Declivity of the Mountain towards the City, there are many Places proper for planting Artillery to command the two Plains opposite to the Gates *Fumiera* and *Gordichio*, if the Attack were in the Plain. These are the more advantageous, as the Besiegers, endeavouring to dismount them, do not damage the Ramparts, or the City.

The new Deposit of Powder above the Gate *Gordichio*, is a little exposed, and appears in a damp Situation. The Stone Staircase, formed to go up to it, is quite ill contrived: first, it is very steep, secondly, seen from the Plain under the Gate; when one might be made near the Rampart, covered, large and easy, giving it a winding Shape, and with much less Expence.

It will be necessary too at the Gate *Gordichio* to make some Work, tho' the Sea washing the Foot of the Rock, which is very steep there, gives little to fear on that Part.

Mortars, *Pierriers* and Coehorns are wanting, Artillery the most proper in these Situations; in regard to which I refer myself to what I said in treating of *Knin*.

In fine, *Cattaro*, from a Place damaged and weak, might be made, tho' of an odd Situation, strong and formidable to any that would attack it.

It is an embarassing thing to speak of *Castel Nuovo*. On one side the Loss of it might be followed with very bad Consequences for *Cattaro*, rendering the Enemy Master of the Coast from the Mouth of the Channel to the Streight of the Chain; by which the Communication will be taken away by Sea, and the Road above *Castel Nuovo* will be rendred of little

Use and unsafe; wherefore this is not a Post to be neglected. On the other hand, besides that it's Walls are much damaged by Time, and from the Ground having given way under the Foundations, these are ill flanked, and the Situation is not advantageous, being commanded by Eminences. The Spanish Fortress, however, would cover it a little on the part of those Eminences, if it were tolerably repaired; but there always remains for an easy and convenient Attack along the Sea Shore, a Situation hidden from the Sight of that Fortress.

The only good and passable Road, and that which descends from the *Erzegovina*, passes by *Sutturina*, and below the City along the Sea Shore, leaving the Spanish Fortress on the Left above the Eminence. There are some others, which uniting at *Camina*, lead to the City, 4 or 5 Miles distant, leaving the said Fortress on the Right; but these are impassable with Carriages; besides a straight Pass between *Camina* and *Castel-Nuovo*, called Giurizia Uliza, where a small Number of resolute Fellows might stop a whole Army: So that the Artillery for a Siege must come by *Suturina*, and going up the Eminences on the Left, descend towards the Lazzeretto, to arrive at the Place of the Attack, which, as I said, is not seen from the Spanish Fortress; from which Place the City was taken by the Venetian Army. Reflecting therefore upon all this, and principally upon the disadvantageous Situation, it's Construction and also the ruinous Condition of it's Enclosures, I am of opinion, that it is not reasonable to spend in the Repair of a Place that will always be defective. However, if it's Preservation were thought of Consequence, it might be covered by occupying judiciously the Eminences, which are advantageously situated for making a good Defence, and hindring the Transport of the Artillery for the Attack of the City.

There being no other Fortresses in the *Venetian Albania*, I proceed to treat of those the Republick possesses in the *Levant*, and I observe first with regard to *Corfù*, the Bulwark of Italy against the Turks, that the Repairs done to that Place, and the Works added after the last Siege, have certainly encreased it's Strength and a strong Garrison, well provided, might make a good Resistance against the Turks, little instructed in the Attack and Defence of Places. But it would not be so, if it were attacked by an able and experienced Officer with a powerful Force by Sea and Land, provided with good Engineers and a sufficient Train of Artillery. The exterior Ground is easy to move, and consequently proper for making the Approaches; and upon the Hills, dispersed here and there, Batteries may be erected, and small Forts to guard the Trenches.

I shall examine the different Works of Corfù, exposing the most remarkable Defects, without entering into too minute a Detail.

The Defects of that Place are of three differnt Kinds. The first proceed from the Irregularity of it's Situation; the second, from the Imperfection of the Art at the Time of the Erection of some of it's Works; and the others, from the Inexperience of the Engineers who gave the Plans of them.

I shall not speak of that Part of the Enclosure, which is surrounded by the Sea. A good Wall with a Platform and Parapet is sufficient in Places that can be come near to. It is true, that even in this it is wanting for a good way on both Sides of the Gate *Spilea*. To be more intelligible I shall divide the other Works which compose the Fronts of Corfù towards the Land, into five; viz.

1. The Old Fortress.
2. The New Fortress.
3. The Capital Enclosure, from the Left of the New Fortress, as far as the Sea.
4. The Works situated in Front at the Capital Enclosure from *Scarpone* likewise to the Sea.
5. The Detached Works upon the Mountains *Abram* and *San Salvatore*, with Fort *San Rocco* between them.

The Old Fortress may be considered as the Citadel of Corfù, and might be made a good Retreat for a Garrison, wasted by a long Siege, to make there a good Defence, or an honourable Capitulation, if it were not succoured.

It may also serve for an Arsenal & general Magazine for all the Levant; but for this Use it ought to be differently constructed within.

The Front toward the City, the only Place that can be attacked by Land, is well constructed, considering the Time of it's being erected; but some small Correction would be wanting to put it in a Condition to make a better Resistance against the Attacks of the present Time.

The Amendments made to the New Fortress since the last Siege, are good, and this little Eminence is very well occupied with it's Castle; but it's Flanks may be put in better Order, and the *Scarpone*, which appears not finished, has need of some Regulation.

The Capital Enclosure, which was erected in the year 1596, is not exempt from the Defects, common to Places constructed at that Time. The Walls high and discovered from the Country, are liable to be ruined by the Enemy's Cannon at the Beginning of the Siege. They may even make a Breach in them any where at the same time that they are working to make themselves Masters of the Outworks; whereas in Works covered with Earth, they can't batter the Walls in Breach, till they be Masters of the Covert Way, and lodged and well fortified upon the Counterscarp, to be able to plant Batteries there safely, first against the Outworks, and then against the Body of the Place, as soon as these detached Works are taken; an Operation difficult and slow, and to be performed immediately under the Fire of the Walls, which are yet untouched, & besides this a raking Fire, always more murdering than that which falls from the Top to the Bottom.

The Another Defect of the Capital Rampart is, that the Flamks are short; which was customary in those Times. The Engineers were content with two Pieces in their Flanks, to scour the Ditch and defend the Face of the opposite Bastion. The *Traitor*, which is the Piece nearest to the *Orillons*, was thought sufficient to defend the Breach: so that it would be no difficult thing, or cost many Men (the Defences of this Wall being ruined) to form a Traverse, or Epaulement in the Ditch, in spite of the Fire of the Flank, and set on the Miner; which was done in the Sequel, encouraged by it's Weakness, which was half overcome by the Loss of one single Piece, where there was but one Flank.

The Mountains *Abram* and *San Salvatore* cover a Part of the exterior Situation from the Sight of the Artillery of the Place, and command the greatest Part of it's Works. These are Defects of the Situation, as the two others abovementioned are those of the Age, in which the Capital Enclosure was erected.

The two Objects of erecting Detached Works are, the keeping the Enemy at a distance, and the covering better the Capital Enclosure. Neither the one, or the other End was obtained by the Outworks erected at Corfù after the taking of Candia (which is the fourth Part I proposed to speak of) not the first, because those Works can't hinder the Enemy from lodging himself the first Night upon the Mountains of *Abram* and *San Salvatore*, and soon forming a Line of Communication between them, which may serve him for a first Parallel, to go out of with some Approaches: So that with the Erection of these Works the Enemy is not kept at a distance. Neither do they at all cover the Place, which may be battered from them to the Foot of the Wall from the Beginning of the Siege. Thus the two chief Advantages of Outworks are lost; and certainly they can never be attained without lowering considerably *Abram* and

San Salvatore, and transporting the Materials to raise the Counterscarp and the new Works; an Article necessary to justify the Project, and much more, as being lower, as they advance towards these two Eminences, they are more commanded and enfiladed. But so little Regard was had to This, that the Capital Ditch was formed extraordinarily large to bring these Works the nearer the Eminences; and they have corrected this Error by another much greater, & very expensive, that is, by erecting a new *Fausse Braye* at the Foot of the Capital Rampart; which is much more out of reason at *Corfù* than at *Zara*, since by these means half the Flanks, which are very backward, don't discover the Capital Ditch, for the Defence of which they were intended: but they may very well kill with the Artillery those who are to defend the *Fausse Braye*. Besides which, the Capital Ramparts at Corfù being higher than those of the Hornwork at *Zara*, a Breach made in them will be more difficult to mount and more easy to defend, if the *Fausse Braye* did not render it's Ascent more convenient and shorter. For the rest I refer myself to what I said of *Fausses Brayes* in speaking of those of *Zara*. In conclusion, without lowering the two Eminences the Project of these Works cannot be justified.

Let us examine the Plan of their Construction. It is composed of a Detached Bastion and two Ravelins, enveloped and bound together with a Work they call *Counter Fausse Braye*, which unites on the part of the Sea with an irregular Hornwork, too small to defend itself well. The greatest Part of these Works is commanded, or enfiladed by one or other of the two Eminences, and the Covert Way being also enfiladed, to remedy it they have taken it way by filling it up, which on the same Principles they should have done to the rest of the Works But leaving the Works with their Defects, they should also have left the Covert Way, and endeavoured to guard it as much as possible against Enfilades. The Remedy is worse than the Disease: it is like cutting off the Feet for want of Shoes.

At these Works, except the two Faces of the Half Bastions of the Front of the Hornwork, are not flanked; for I don't call a Work flanked, when That, which ought to flank, is more exposed to the Enemy's Artillery, than that which is to be defended. The Faces of the Half-Moon, or Detached Bastion *Grimani*, are not flanked at all, and That which defends the Faces of the Ravelins *Grimani* and *Cornèr*, is much more exposed and liable to be sooner ruined, than the Faces themselves that are to be flanked.

All this Chain of Works is full of Subterraneans without Order and without Reason, as in Effect all the other Works of Corfù are. Half of them are superfluous, above a Quarter hurtful, and the rest of little Advantage; The Subterraneans that are essential, and necessary for the Defence of the Place, are neglected; as the Galleries are, under the Covert Way with Battlements toward the Ditch, which effectually defend it, and never can be ruined by the Enemy's Artillery. Some of these Subterraneans pass from the Capital Ditch to the Ditch of the Outworks; and others descend from these Works to their Ditch. All these subterraneous Apertures render the Defences of the Works very dangerous, when the Enemy is bold & enterprising, particularly when he is lodged upon the Glacis.

To these Apertures may be united the two great Entries into the City on the Land side. The Counterscarp is cut by them: the first Ditch is entred, the advanced Works are crossed by Apertures made under them, and the Capital Ditch is passed. So that from the external Part of the Glacis one enters the City by a continued Plane, whereas in crossing the Ditches upon Bridges, one has to pass two or three Drawbridges at each Gate; the Counterscarp and detached Works would be without Apertures, and the Gate of the Capital Enclosure 12 or 15 Foot above the Plane of the Ditch, a thing practised in all the Fortresses I have seen, before I came to *Zara*.

In all these works there are many useless Chicanes, which embarass, and which will be ruined and abandoned, before there be Occasion to make use of them, as thin Walls with Battlements, Coffers, Caponieres and such like Works.

The Way of the Rounds is likewise useless and hurtful, serving only to wound the Besieged with it's Fractures to encrease the Ruins in the Ditch, and the Expence of constructing and preserving it, and to straighten the Space of the Work within; since without these useless Walls the Parapets might be advanced a Step, which is no small Advantage in a little Work.

In some Places the Walls are fallen, which was attributed to their having been erected in unstable Ground rather than to the ill Execution.

The Defects therefore of these Works, erected after the taking of Candia, proceed from the bad Situation and the little Knowledge of the Engineers, who formed the Project and gave the Plan of them; tho' I don't know, whether the Execution was according to the Plan, or whether the Defects proceeded from having swerved from it.

I proceed to the 5.th Part, which relates to the Works upon the Mounts

Abram and *San Salvatore*, raised since the last Siege. The Works I have
been speaking of being commanded and enfiladed by those Mounts,
could not produce the Effects proposed, or augment the Defence of the
Place in proportion to the Expence of erecting them. Marshal Schulem-
burg was very sensible of it, and therefore before the last Siege he
occupied those Eminences, and after it advised the Fortifying of them.
The Engineer should have advised the lowering Mount Abram 15 or 20
Foot more, giving it a Declivity toward the E. that it's Works might
have been the better seen *de revers*, and not only commanded by the
New Fortress, but by the *Scarpone*; and from the greatest Part of the
Capital Enclosure; and for the same Reason, the giving a Declivity to
Mount *San Salvatore* toward the N.E. by E. before tracing out any
Work, either upon the one, or the other of these two Eminences. He
would then have better answered the Intention of the Marshal; the Works
would have been less exposed to the Enemy, been under Cover from
Shot *à Ricochet*, and entirely seen from the Body of the Place; and
perhaps the Plan would have been more comfortable to the Rules of
Art; whereas they are at present so irregular, that the Manner of
denominating the Works that compose it, can scarcely be found.

Mount *Abram* being too high with regard to the other Works, might
at least have drawn some Advantage from it's Height for it's own
Defence, if instead of transporting the Earth for making a Glacis before
the whole Front, they had laid the Stone bare to deprive the Enemy of
the Means of covering himself in his Approaches; and then they might
have taken the Advantage of it's naked Figure to render it inaccessible
in the Place most exposed to the Attack.

The first Work placed upon *Abram* appears to me of the Figure of
a Detached Bastion, which can never flank itself. This Bastion is cut
with an Entrenchment in form of an Hornwork, so small, that it seems
rather the Model of a Work, than the Work itself: In conclusion, it is
so hacked for too many Chicanes, that it is deprived by them of the
ordinary Defence of a simple Bastion, in which they can act freely; since
when the Enemy makes himself Master of the Rampart of a Work, the
little Chicanes within are a small matter; besides, that the Caponieres
above ground are ruined before the Enemy comes to the Assault of a
Work. Their Fire is always weak and little kept up, and not to compare
with that of a Parapet. But I do not condemn good Entrenchments in
the Gorges of spacious Works; on the contrary, these don't hinder acting,
and they give Courage to those who defend the Breach, making them

wait for the Assault with more Firmness. Nor do I blame the Chicanes that can be preserved untouched till the Time of the Assault, without embarassing the Operations of the Defenders of the Work.

The Cover-Face, or Envelope, which encompasses this Bastion, is as defective as the Bastion itself, because full of little Works, ill ordered and ill contrived. It is little, or not at all flanked; and to remedy this they have formed two Caponieres at each entring Angle, level with the Ditch. These Caponieres weaken the Wall immediately above it's Foundation; and two or three Pieces of Cannon at the Saliant Angle in Front are sufficient to make them fall in less than 24 Hours. But the Besiegers have no need to wait for Cannon, when they are once descended into the Ditch. They have only to march directly to these Caponieres in the Night, stop up their Embrasures, or silence their Fire with one superior to that the People in the Caponieres can make, at the same time they apply the Petard to the Gate, which does not require a Quarter of an Hour. All this may be done without Risk, because the entring Angles where these Caponieres are placed, are not seen from any part of the Work; and the Enemy is under Cover from any other Fire, than what can come out of the Caponieres themselves, which being taken in this manner, the Work above may be considered as lost, and they have the Entrance open into the Capital Ditch.

This Envelope is as full of Caponieres above, as below. The two in the Saliant Angle to rake the Interior of the Platform of the Work, are extravagant. These Saliant Angles being the most exposed, are always the first attacked, and the first taken by the Enemy; consequently they have occasion to be flanked and defended by a Fire more retired and covered, and not to be occupied with Caponieres for the Defence of what is more internal and less exposed than them: Besides, that these Caponieres occupy the Situation most proper for the Musketry, which should make an incessant Fire to retard the Approaches of the Enemy, and defend the Saliant Angle of the Covert Way in Front, which is the most exposed and always the first taken by the Besiegers.

The Glacis in front of the whole Front *Abram*, which cost so much Labour and Expence, is formed in a Manner, that in some Places the People in the Covert Way to defend the Glacis, don't discover above two or three Paces of it immediately before them. The rest to the Foot is hidden from their Fire; a Defect that renders the Covert Way of no Use in these Places.

The Lunettes *Maybome* on the Left of Mount *Abram*, is judiciously placed; but it's Value is diminished much by the Caponiere, erected in it's Capital, and the Way of the Rounds without, which embarasses and straightens this little Work within. Another Defect still greater is, the Glacis so raised, that the Artillery of the Lunette cannot rake it, or see the Field beyond it: so that the Enemy may arrive at the Covert Way along the Left Side, without being seen from the Lunette, or from any other Place of Mount *Abram*. The Ramparts high and discovered, are defective, but those which discover Nothing without are still more so; but it is Time to pass to Mount *San Salvatore*.

The Work erected there, is so whimsical and so irregular, that one can scarcely find a Denomination for the Parts that compose it. I am apt to believe, that the first Intention was not to enlarge the Works to the Greatness they are now; which might be one of the Reasons of their Deformity.

The first Work has some Resemblance to an Hornwork with an Entrenchment at the Right of it's Gorge, too much elevated, since it covers the Internal of the Right Bastion from the Fire of the Body of the Place. All detached Works should be entirely discovered from some other behind. I don't know, why the Engineer, who formed the Plan of the first Work, gave it so winding a Figure with so many Faces and Angles, ill, or not at all flanked; when the Ground permitted the adapting to it a Work, simple, regular and flanked in every part.

The Work that covers the Left Bastion is as deformed as the first.

There is an Envelope that encompasses the whole from one Extremity to the other, with a Ditch before it without a Covert Way. The Envelope is furnished at the four Saliant Angles with four Bonnets, each with a double Caponiere to defend the Platform of the Work within, as at Mount *Abram*. All these Works are very strait, and likewise their Ditches; which has so united and shut up the one upon the other, that there is no Possibility of acting in any of them; nor can they be defended. They are parallel the one to the other; so that those which are before can't be flanked by those behind. I shall therefore examine them separately.

There is no Covert Way in Mount *S. Salvatore*, tho' no subject to be enfiladed and the first Work the Besiegers meet is a very narrow *Avant-Fosse* of little Depth, lined towards the Field, and of Earth toward the Place: So that the Besieged are deprived of the Means of making Sallies, tho' small; and if the Besiegers thought fit, they might leap in, the Lining of the Ditch not being above 9 or 10 Foot high.

The Envelope behind the Ditch being directly parallel to the Works

behind, can't be flanked for 3 or 4 Paces at each Entring Angle: So that
the Enemy may post himself in all these Entring Angles of the Envelope
without being seen. The Remedy they made to this Defect was, to form
in each of the four Entring Angles, level with the Ditch, a double
Caponiere with Battlements, under the Envelope, and four other such at
the Saliant Angles of the Counterscarp under the Glacis; which being
without a Covert Way, and having a great Declivity toward the Field,
the Miner has only to set on 7 or 8 Paces before the Saliant Angle, and
go strait forward, to be under these Caponieres, and in condition to
blow them up. Those of the Entring Angles may be treated as I said in
speaking of the Envelope of Mount *Abram*, and with more Ease, because
the Envelope of *San Salvatore* is not lined before, as that of Abram is,
and the Ditch is shallower.

These Caponieres being taken, there are in them good vaulted Passages, which lead into the Capital Ditch. Besides these four, there are four
others under the Bonnets of the Saliant Angles of the Envelope, and
seven great vaulted Branches, which have their Entrance in the Capital
Ditch, & passing under the Envelope and the Avant-Fosse, advance
under the Glacis.

The Declivity of the Glacis makes it easy for the Miner to find the
exterior Part of these seven Branches, by which he may also make himself
Master of the Part under the Envelope, these Branches leading him
thither immediately. One may well imagine, that the Defendants will
not remain long above them, after the Besiegers are Masters of the
subterraneous Works.

The Enemy being in possession of the Envelope in one or other of
the Ways above mentioned, or by open Force, making his Approaches
above ground, the principal Work with it's Cover-Face, not being flanked
by any thing at the Place most exposed, will make no great Resistance.
It is easy to comprehend, that the Works, which can contain only a
small Number of Men for their Defence, and which have their Ditches
so narrow, and their Walls weak and not flanked, will be soon reduced
by Force under the Power of the Enemy. Besides, that there is another
Way shorter, since there are two good Passages from the Envelope under
the abovementioned Cover-Face, and from thence one under the Left
Bastion of the Capital Work.

These Passages, where they traverse the Ditch, are covered by
Caponieres; so that they may pass from one Work under the other by
Day, without fearing the least Fire from the Rampart. I can never

conceive, that these Caponieres were placed for the Defence of the Ditch, because the Enemy cannot penetrate into it before he is Master of the Envelope, and then he is Master of the exterior Extremities of the Caponieres: So that these three serve only for Safe Conducts underground from one Work to the other.

Besides all these, there is a spacious Subterranean under the Gorge of the Bastion abovementioned, which passes from one Ditch to the other; & another which goes in the middle of the Work, entring under the Half of the Curtain, and going out of it's Gorge.

Any Man, charged with the Defences of *San Salvatore*, must tremble at seeing the Plan of these Subterraneans, tho' the Works aboveground were well disposed and in good Order.

The Subterraneans of the Works, erected after the taking of Candia, are about the same Stile. There are no Doors in any place, or even Hinges to hang them. I believe the Number of those requisite to shut all the Subterraneans of Corfù in case of a Siege, will exceed three Hundred, which cannot be made so expeditiously, with their Locks, Keys, Bolts, Hinges and Hooks to hang them.

The Works situated at the Bottom between the Gorge of *San Salvatore* and the Foot of the Glacis, are at least superfluous. They cannot flatter themselves to defend themselves in these, after the Enemy is Master of Mount *San Salvatore*; and then they serve to the Enemy to cover himself and carry on his Approaches; and particularly the Entrenchment at the Foot of the Glacis, which is parallel to the Place. This is a Lodgement dry and solid for the Besiegers, which will well protect their Approaches toward the Covert Way, and will guard them agaist the Sallies of the Besieged. And on the contrary, if the Entrenchment were not there, the Enemy would only find a low & watery Ground, and would be obliged to form there solid Parapets to cover him against the Fire of the Place, and that in sight of all the Artillery and Musketry of the advanced Works and the Covert Way. Some of these Works, contrived to hinder Mount *San Salvatores* being taken at the Gorge, seem entirely superfluous; because, if *San Salvatore* had only at it's Gorge a Wall of 15 Foot, and the Gate secured, who would fear an Enemy that had to come with Ladders to attempt an impracticable Scalade of this Wall under the Fire of all the Artillery and Musketry of the Place; since there are other Ways easy to take this Work without risking much?

A Work was necessary to shut the little Aperture between Mount *San Salvatore* and the Sea; but a Work simple and a little more advanced,

would have served better for this than the two small Lunettes, and the
enfiladed Works which cover them. All the rest of the Ground from the
Gorge of S. *Salvatore* to the Pallisade of the Capital Cover Way, would
be better plain and entirely discovered by all the Works of the Place.

Hitherto I have said nothing of the weakest Parts of the Mounts
Abram and *San Salvatore*. Notwithstanding the abovementioned Defects
of those two Forts, they have an Advantage, that guards a great Part of
their Fronts from the Attack of the Enemy; at least till one of them be
forced, I mean the Proximity of one Fort to the Other, which is about
300 Paces; & tho' this Advantage might be better improved, it is still
sufficient to hinder a prudent Engineer from advancing between two
Fires, by attacking *Abram*, or S. *Salvatore* at this part of their Fronts,
where his Approaches may be enfiladed, or seen *de revers* from the
other Front. It is therefore evident, that an Engineer, who understands his
Business, will attack one of these two Forts at a Place, where he will not
be exposed to the Fire of the other; that is, *Abram* at it's Right, and *San
Salvatore* at it's Left; and fatally these are just the weakest Parts of them.

The Suburb *Manduchio* goes to the Foot of Mount *Abram*, and has
the Sea on it's Right. From thence they can ascend directly to within
two or three Paces of the Covert Way in front of the small Half Redoubt
of the Envelope, without being seen from any Part of the Fortification
of *Corfù*. One may judge what Resistance this Half Redoubt will make,
of eight or nine Paces within, and not at all flanked. I have spoken of
the Envelope and the Bastion covered by it; so I shall pass to the Suburb
Castrades, placed on the Left, and advanced to the Glacis of the Envelope
that covers the small Lunettes, and which occupies the little Plain, which
is between the Left of Mount *San Salvatore* and the Sea.

The Enemy has nothing to do at the Beginning of the Siege, but to
chuse the most convenient Place of that Part of Mount *San Salvatore*,
which looks to the Sea, to set on the Miner. He may do it at more
Places at once without being hindred by a Cannon, or Musket-Shot
from any Place. This Suburb covers him from the Fire of the Place,
from that of the Lunettes and the Envelope; and Fort *San Salvatore* is
constructed in a manner that it can see Nothing from that Part, and
consequently hinder Nothing.

The Ground the best occupied, and the Works the best disposed
become very weak, when they suffer Suburbs to be built to their Glacis.
The Besiegers erect their Batteries there without being seen, and they
discover them only when they are ready to fire. These Villages serve for

a Tail to their Trenches, and they march out of them the first Day of the Siege. Whereas, when the Ground is plain, and seen from all the Fire of the Place, to come to that Situation, they often spend a Month, or six Weeks. It is an Error to believe themselves Masters to demolish these Suburbs before the Place be invested. There are Thousands of Examples to the contrary; and there are likewise Examples, that the Detachments charged with such Demolitions were very ill treated and taken Prisoners. It is not sufficient to pull down the Houses, if they don't take away the Materials. The Ruins would always serve to cover the Enemy, going out of them with his Trenches. Besides which, those who have seen a Place invested, have likewise seen, that the Garrison on those Occasions has commonly four times as many Operations to make, as it can execute; which will certainly happen at Corfù, if that Place be ever threatened with a Siege. These Sorts of Demolitions are always put off to the last moment, and sometimes it is too late to execute them: which happened at Tournay in the year 1745. Great Britain owes the Loss of Minorca to her Compassion for some poor People, whom she permitted to build the Suburb S.ᵗ Philip so near the Place, tho' three times farther off, than that of Castrades from the Works of Corfù. Besides the Suburbs of Castrades and Manduchio, they have begun another between Fort Abram and San Rocco, which encreases daily.

The little Fort of San Rocco is very well situated to maintain the Communication between the two Forts, but it's Faces are not flanked. It is strait within, and one or two Casemates would have been better than the great Quarter raised in it's Gorge, which cost much more to the Publick.

The Island, or Rock of Vido, situated upon the Right of the City, 500 Paces distant from the Post San Marco, and a little more than 600 from the Foot of Mount Abram, is a dangerous Place, if the Enemy arrive with a Fleet, before That of the Republick be in a Condition to oppose it. I don't doubt but Marshal Schulemburg represented to the Senate the dismal Consequences of the Loss of this Island at the Opening of a Siege, and that what I shall say on this point will be only a Repetition of what he said.

If the Enemy be in possession at this Island at the Beginning of a Siege, the Fleet that is to cover Corfù can't come near it on the North Side, where everything necessary for the Defence of that Place, must be landed. From this Island they could incommode and torment the City and the Garrison extremely thro' the whole Course of the Siege, and with a large

Train of Artillery the one and the other may be ruined. From thence they may batter *de revers* and enfilade many Works of the Place, and principally those which are low between the New Fortress and the Sea.

The Possession of the Island of *Vido* by the Enemy, would oblige the Garrison to keep stronger Guards at all the Posts in Front, apprehending some Enterprise from that part, and would deprive the Place of the Supply of green Wood, which grows in this Island a Thing so necessary in the Course of the Siege to make Palisades to the Covert Way, and Fascines, *Saucissons*, Gabions and Pickets for the Repair of the Parapets and Embrasures.

In such an Occasion the Towers of the Wall, which are represented in the Model of *Corfù* in the Arsenal of Venice, don't appear to me sufficient to guard the Island of *Vido* from a Landing on it. The Broadsides of five or six large Ships succesively, would reduce them to an Heap of Rubbish one after another in a few Hours. Then the Landing is made without Opposition, and the whole Island must fall into the Hands of the Enemy. Three or four Redoubts level with the Ground, with their Ditches and solid Parapets, would be more Proper in my Opinion to preserve the Possession of it. The Cannon of the Ships could never hurt them, because they would only see two or three Foot of a Parapet of Earth from 16 to 18 Foot thick; and if the Enemy found Means to land, which he could not do without the Loss of much Blood, he can never take any of these Redoubts with a *Coup de Main*. He must land the large Cannon to batter them, lodge himself and open Trenches, which will be enfiladed, or battered *de revers* from some other of these Redoubts.

That which ought to be placed on the Point of the Island toward the West, will certainly be the most expensive, as it must be the largest and most solid, not only because most exposed, and must flank the greatest Part of the Shore of the Island, but because it will contribute to hinder the Besiegers from attacking Fort *Abram* on it's Right, as they will be exposed *de revers* to the Fire of this Redoubt, which will be about 650 Paces distant.

There are few Places, where I have seen finer and more numerous Artillery than at *Corfù*. Above Half of it is furnished with new Carriages. It is however, to be desired, that the Caliber of some Pieces of the Cannon should be more conformable to those used now for the French and Dutch, who have made more Sieges for seventy years, than all the rest of Europe together; for the Dutch conducted all the Sieges made by the Allies in Flanders from 1688 to 1712.

At *Corfù* there is Cannon of seventeen different Calibers. Besides the Uselessness of some of these Pieces, this Multiplicity of Sorts must cause great Confusion in the Magazines especially in time of Action.

Cannon of 100, 120 and 200 lb. Ball are entirely unknown at present in the Attack and the Defence of Places. They must be of an enormous Weight; besides, they could never be charged with their just Portion of Powder, which is two Thirds of the Weight of their Ball. I know they are chambered, as Mortars, to contain only one Fourth of their Charge: but what Effect can this produce? They will not carry the Ball an Eighth Part of the common Distance, and the heavy Cannon in a Place is to ruin the Enemy's Batteries, dismount his Artillery, and pass across his Trenches; and the first Batteries of the Besiegers are commonly between 3 and 400 Paces distant; and these Pieces will scarcely carry their Shot so far in their greatest Elevation: and consequently they will be weak and very uncertain because at random tho' they were managed by the best Cannoneers.

I shall say nothing of the Slowness, with which such heavy Pieces must be managed; which gives small Advantage in whatever Situation they are placed and particularly in the Flanks, where there is need of a brisk and continued Fire, when the Enemy comes to the Assault. In fine, I would desire, that the seven Pieces of the abovementioned Bores should be changed into Mortars of 150, 100 and 50. They have Metal enough to make four or five of each Sort. A sufficient Quantity of this Kind of Artillery is wanting at *Corfù* (as in the other Places) which will do good Service in case of a Siege.

Six Thousand Muskets of Reserve, well conditioned, and of a little larger Bore than those of the Infantry, will be absolutely necessary for the Garrison. In time of a Siege each Man at the Palisades ought to have two besides his own, to keep up a continued Fire upon the Enemy's Sap, when it comes near the Foot of the Glacis. There will be need of some besides, to arm the People of the Country and the Recruits. There are only a Thousand Muskets in the whole Arsenal.

Corfù is well provided with warlike Stores; the Powder is in immense Quantity, and this the Part most subject to be damaged by Time.

It remains for me to say something of the Caserms, or Quarters of the Garrison, which are not the best disposed in their Internal, either for the Convenience of the Soldiers, or the preserving good Order. They are entirely open, and the Men can go out and in at pleasure Night and Day. Where there is a great Garrison and a populous City, the Quarters of the Soldiers ought to be like Cloysters, with a Guard and a Centinel at the Gates: So that the Companies, after the beating of the Retreat, being visited within by their Officers, the Gates ought to be shut, and no one suffered to go out till the next Morning, when they are opened in presence of the Officer of the Guard. Discipline requires this, and good Policy demands it.

Cleanliness is a great Preservative of Health, and absolutely necessary in Quarters, where so many People are put together, most of whom are naturally slovenly and lazy in this respect. The common Places and Shores for throwing Dirt, are as necessary in Caserms, as the Beds and Food for the Soldiers. Near the Quarters of *Corfù* they go above the Shoes in Filth: the Ramparts are covered with it, more especially near the Gates and the Guard Houses; because there are no common Places in any Part; Every one accomodates himself where he pleases, even near the Centinels, without being disturbed. This Filthiness is not only at *Corfù*; it is more or less in all the Places I have visited; tho' Nothing is more hurtful, especially at a time when the Dysentery comes amongst the Garrison, or the Town.

Every Place that has a large Garrison and a numerous Population and which from it's natural Situation is not provided with good Water, will be subject to a Want of this inestimable Element in great Droughts, if the necessary Measures be not taken beforehand to prevent this Evil. For which Reason, besides publick Cisterns, I think it would not be imprudent, or hard, to oblige every Citizen, or other Person who built a new House at Corfù, Zara, or *Spalato*, to make a Cistern in it, at least large enough for those who inhabit it.

Without the Port of *Guino* the Turks will have great Difficulty to land their heavy Artillery near the Place, and still more to transport it, if they be obliged to land it at some Distance: wherefore this Situation, which is about six Miles beyond *Corfù*, deserves a little Reflection.

I shall be very short upon the Fortress of *Butrinto*, situated in the Kingdom of Epirus, near the Entrance of the Channel of Corfù, about 12 Miles North of it. It is of no Resistance against Cannon; but besides furnishing in time of Peace much Subsistance to Corfù, it serves to protect the Fishery in the Lake of *Butrinto*, and for an Advanced Post to give Notice of the Motions of the Turks toward the Place, where they embarked the last time they attacked *Corfù*; and this is the Reason, why it seems a Post of some Consideration.

Upon the same Coast, about 15 Miles beyond the Channel of *Corfù* towards the Island of *Leucada*, commonly called *Santa Maura*, is the

Castle of *Parga*, situated upon a Rock, surrounded by the Sea, except in a small Front, which joins it to the Continent, and which might easily be made inaccessible. There is a Sort of Port, formed by some lower Rocks, near the Castle on the S.E. which serves to facilitate the Communication between *Corfù* and *Santa Maura*.

The Island of *Leucada* is about 60 Miles distant from the Mouth of the Channel of *Corfù* to the S.E. The only strong Place in it is *Santa Maura*, situated toward the Middle of a very narrow Peninsula, which unites itself to the Island at one Extremity near Cape *San Zuanne*. The Sea washes the Peninsula on one side, and the *Lagune* separate it from the Continent and the Island on the other; and a Bridge about a Mile long, very narrow and in bad Condition, crossing the *Lagune* from the Vicinity of the Fortress, joins the Peninsula to the Land of *Mexachi*.

The two Fronts of the Fortress of *Santa Maura*, namely, that, washed by the Sea, and that toward the *Laguna*, having only need of a good Rampart with it's Parapet, it remains only to consider the other two Sides opposite to each part of the Peninsula, which are not in very good Order, especially That toward the West; from which Part in my Opinion the Fortress is more exposed to a regular Attack, the Enemy passing from *Xeromero* into the Island near the Salt-pans, where the Distance is not above 200 Paces; and from thence marching by the Plain of *Mexachi* to the Entrance of the Peninsula. For which Reason one or two Redoubts will not be ill situated in that Place, not only to hinder the Passage, but also to protect the Salt-pans.

On the other side every little Repair will secure the Fortress from *Coups de main*; a formal Attack not being to be feared from that part, the Enemy being to pass the *Lagune* in Sight of the Fortress with every thing necessary for a regular Attack; and besides, the Ground is very narrow on that part.

It was certainly of greater Consequence, & more useful to the Republick, when the Communication between the Sea and the Channel of *Santa Maura*, crossing the *Lagune* and the Ditch of the Fortress, was deep enough for the Passage of the Galleys and ordinary Vessels. Then they saved the dangerous Round of Cape *Ducato* in the Winter to pass to the Islands of *Cefalonia* and *Zante*, or even to go to load the Salt of the Salt-pans of *Santa Maura*. I don't pretend to determine, whether the Advantage of such a Channel would balance the Expence of opening it anew; but it's Value will certainly be enhanced considering the ruinous State of *Prevesa*, which is the Defence of the Entrance of the Gulph of

Arta, of which the Turks may make themselves Masters without any Difficulty upon the first Rupture; and in that case the Gulph of *Arta* would become a Nest of Pirates. *Sta Maura* is but six Miles distant from the Mouth of this Gulph, and would be the only Place that could put a Check to those Piracies.

Prevesa, as I said, is situated at the Mouth of the Gulph of *Arta*, and is a Sort of Line, rather than a Fortress raised after the Demolition of the old Stone Castle, that was erected lower down. This Line is simply of Earth with a very narrow Ditch. Formerly it was no great thing and at present it is not sufficient to hinder the Entrance on all sides, even to the Beasts: and yet the being Master of the Ingress and Egress of this Gulph is not indifferent; and the Situation is one of the most desirable to be fortified according to the Rules of Art: but the Territory of the Republick in this Gulph is too small to answer a great Expence there.

Voniza is placed at the Right Bank of the same Gulph, about 25 Miles distant from it's Mouth. It's territory is very small, and entirely detached from that of *Prevesa*. It is encompassed on one side by the Gulph, and on the other by the Country of *Xeromero*. The Hill on which the Castle is placed, is high enough, but not very steep in the greatest part of it's Circuit, to trust to it without the Assistance of Art, in which they were not very profuse, constructing the Enclosure of this Castle of a simple Wall without being flanked, sufficient however, to make a pretty good Resistance to the Attacks of that Time. Almost Half of the Hill is encompassed by the Waters of the Gulph and of the *Lagune*, and the rest by a large Plain commanded by the Castle. The whole Internal of it is in a ruinous Condition; and it is sufficient to say, that it is uninhabited, because all the Lodgings are fallen, and the Church only is standing: So that some Quarter is necessary for the Garrison, and some Repairs to the Walls; since neither it's Situation is so advantageous, or the Extent of the Territory such, as to merit a greater Expence at present.

Thus I have represented the true State of the Fortress of *Corfù* and that of the others, erected in the Province of the Levant.

I have the Honour to be with the greatest Regard and Esteem

Sir

Your most obedient
Humble Servant
John Murray

To the Right Honble Henry Seymour Conway[15]   Venice, 29.th March 1766

Sir,

I am now come to a part of my Task, the most difficult that can be imagined, to give you an Account of the Venetian Forces, which I am persuaded no one Man in the whole Republick is capable of doing, not even the *Savio alla Scrittura* himself. To give you an Idea only of the Impossibility: The Establishment upon the last Regulation was 14000. Men. I am very well informed, that they have not 8000 Effective, and they pay above 20000: nay, last year they paid 21000 odd Hundred. To explain this Paradox, if possible: the Method is, that the Noble Generals of the Levant, of Dalmatia and of Palma, send in the Lists of the Numbers to the *Savio alla Scrittura*, who carries them with the Amount of their Pay, to the *Savio Cassiere*, and he issues the Money without farther Examination. Therefore, Sir, as I imagine this Information is to remain as a Record, to be examined occasionally, I have procured the present projected Plan, which the Senate has determined to put in execution, as there is a Decree for that Purpose; so that you will be able to see beforehand what their Troops are to consist of, when put upon a regular Footing. I fatigued a long while to have given you a particular Detail of the Army, as it stands at present, but to no purpose. All I could make out with any Satisfaction to myself was, that they had nineteen Regiments of Italian Infantry, ten of Dalmatians, Albanians, &c, one of the Renegade Turks, which is now to be incorporated with the Dalmatians; two Regiments of Croats of eight Troops each, one of Dragoons of eight Troops, and one of Horse of six Troops. They have besides the Regulars, 18,000 *Cernide*; or Militia, who, when assembled together, which is not above six Days in the year, have the Pay of a Soldier; and also 12,000, of what they call *Giovani di Rispetto*, which are unmarried Men, who have not the entire Privileges, or *Douceurs* of the Militia, till they are incorporated with that Body.

---

[15] PRO,SP99\70, 286-301; dispaccio inviato «By Monnot», cioè tramite qualcuno di nome Monnot, e ricevuto l'11.4.1766.

Monthly and yearly Charge of a Regiment of Infantry & a Company of Marines, upon the Foot proposed, serving in Italy, or Beyondsea

A Regiment of Infantry	In Italy Livres.	Beyondsea Livres.	In Italy		Beyondsea	
			Monthly Pay.	Yearly Pay.	Montly Pay.	Yearly Pay.
			Duc. L. S.	Duc. L. S.	Duc. L. S.	Duc. L. S.
1 Colonel, per Month at	684.	484.	110. ". ".	1320. ". ".	78. ". 8.	936. 4.16.
1 Lieutenant Colonel,	372.	264.	60. ". ".	720. ". ".	45. 5. ".	549. 4. 4.
2 Majors, each at	310.	220.	100. ". ".	1200. ". ".	70. 6. ".	851. 3.16.
1 Adjutant	93.	66.	15. ". ".	180. ". ".	10. 4. ".	127. 4. 2.
1 Surgeon Major	93.	66.	15. ". ".	180. ". ".	10. 4. ".	127. 4. 2.
1 Chaplain	30.	22.	4. 5. 4.	58. ". 8.	3. 3. 8.	42. 3.12.
1 Drum Major	49.12^{ε}	35.	8. ". ".	96. ". ".	5. 4. ".	67. 4.12.
1 Armourer	30.	22.	4. 5. 4.	58. ". 8.	3. 3. 8.	42. 3.12.
1 Gum Mounter	30.	22.	4. 5. 4.	58. ". 8.	3. 3. 8.	42. 3.12.
4 Captains, each at	248.	176.	560. ". ".	6720. ". ".	397. 2.12.	4769. ". 4.
8 Lieutenants, each at	117.16^{ε}	83.12^{ε}	342. ". ".	4104. ". ".	242. 3. 8.	2910. 3. 12.
18 Ensigns, each at	93.	66.	270. ". ".	3240. ". ".	189. 4. ".	2268. 2. 8.
36 Serjeants, each at	49.12^{ε}	35.	288. ". ".	3456. ". ".	203. 1. 8.	2436. 4. 8.
72 Corporals, each at	40.6	28.14^{ε}	468. ". ".	5616. ". ".	333. 1.16.	3999. 3. ".
35 Drummers, each at	30.	22.	169. 2. 4.	2032. 1.12.	125. 5. ".	1509. 4. 4.
1044 Bank & File, each at	30.	22.	5051. 3.16.	60619. 2. 4.	3704. 3. 4.	44454. 1. 4.
Addition for the Grenadiers Caps			21. 5.16.	263. 1. 8.	14. 1.14.	171. 1.10.
1247 Whole Force of the Regiment	Total		7493. 2. 12	89921. ". 4.	5442. 3. 6.	65289. 1. 8.
A Company of Marines						
1 Captain, per Month at	248.	176.	40. ". ".	480. ". ".	28. 2. 8.	340. 4 ".
1 Lieutenant at	1176.16^{ε}	83.12^{ε}	19. ". ".	228. ". ".	13. 3. ".	161. 5. ".
1 Under Lieutenant at	105.8	74.16	17. ". ".	204. ". ".	12. ". 8.	144. 4.16.
1 Ensignat	93.	66.	15. ". ".	180. ". ".	10. 4. ".	127. 4.12.
3 Sergeants, each at	49.12^{ε}	35.	24. ". ".	288. ". ".	16. 5.16.	203. 1. 8.
6 Corporals, each at	40.6	28.14^{ε}	39. ". ".	468. ". ".	27. 4.16.	333. 1.16.
2 Cannoneers, each at	40.6	28.14	13. ". ".	156. ". ".	9. 1.12.	111. ".12.
2 Drummers, each at	30.	22.	9. 4. 4.	116. ".16.	7. ".12.	85. 1. ".
94 Private Men, each at	30.	22.	454. 5. 4.	5458. ". 8.	333. 3. 8.	4002. 3.12.
Addition to the yearly Expence of each Comp.^{y} beyondsea the Value of a Sol a day Venetian Money to be given to each Soldier, Corporal & Cannoneer, & 2 to each Serjeant for 7 Months						186. 1.16.
111 Whole Force of a Comp.^{y}	Total		631. 3. 4.	7579. 1. 4.	459. 1. 4.	5696. 3.16.

Total of the Force & monthly & yearly Expence of the nine Regiments proposed, & of the thirty six Companies of Marines, computing the Expence according to the Provinces in which they serve

Whole Force.	Monthly Expence	Yearly Expence
	Ducats Livres Sols	Ducats Livres Sols
3741 Force of three Regiments, to serve in the Terra Ferma	22480. 1.12.	269763. ".12.
669 Force of six Companies of Marines, to serve in the Terra Ferma, with the Staff	3834. ".12.	46009. 1. ".
7482 Force of six Regiments, to serve beyondsea	32655. 1. 4.	391735. 2. 4.
3337 Force of thirty Companies of Marines, to serve Beyondsea, with their Staff	13906. 2. 4.	172464.5.".
15229 Total Force Total Expence	82745. 2. 4.	879972. ". ".

The Cavalry, consisting of four Regiments, divided into thirty Companies, that is, six Companies of Cuirassiers, eight of Dragoons, all Italian, and sixteen of Dalmatian Croats

	Scansi.	Troopers	Yearly Expence
		Rank & File.	Ducats Livres Sols
They are composed of And cost the Republick annually, reckoning their Expence according to the Value of the Money in the Province, where they serve, Current Ducats By the Project of General Graeme the four Regiments will be made equal, that is, each will be formed of 7 Companies, and in every Regiment there will be an Addition of an Adjutant, a Quarter Master, a Surgeon Major, a Jockey, a Master Sadler and a Farrier, with eight Men more, Rank and File for each Company. Those will therefore be composed of And will cost the Republick, reckoning two Regiments upon the Italian Establishment, and two upon that beyondsea, Current Ducats a Year So that the four Regiments of Cavalry, modelled according to the System proposed, will have each a little Staff, as above, a thing indispensably necessary, and will have 277 *Scansi* less, and 253 Men more in Rank and File, and the Surplus of the Expence, which the Republick would have, will amount to Current Ducats 2649.3.2.	469. 192.	811. 1064.	172059. 2. 8. 174708. 5.10.

Concerning the Artillery

Nothing can be more embarassing to me, than to speak with precision upon the State of the Artillery of the Most Serene Republick. It is a Chaos, a Labyrinth, so little resembling the Artillery of other Countries, that I comprehend nothing of it.

The Reports of their Ex.^{cies} the Proveditors General, and of those who have have [sic] been at the Head of this confused Multitude, will serve to give a faint Idea of the Disorder, and of the Ignorance which reigns in it, and of the heavy Expence which these People uselessly cost to the State. In the Manner they are constituted, it is almost impossible for them to have the least Principles of their Business, or an Idea of their Duty.

I will not tire your Ex.^{cy} here with a Detail of the Abuses, Disorders and Absurdities of these useless People. You desire to have my Opinion for the Composition of a regular Body of Artillery, that may be useful. Here it is, as short and clear, as I could form it in so little Time.

A Corps of Artillery is indispensably necessary in an Army destined to act against the Enemy. Nobody disputes it; so that the only Point is, to form one for this Use, proportioned to the Army of the Most Serene Republic, and without being of an eavy Charge: and this is what I shall have particularly in view. I will not speak of those that are employed only in the Custody of the Arsenals and Magazines, because they don't properly form a Part of the Corps of Military Artillery.

This Corps, in my opinion, might be composed in Time of Peace; of three Companies of 100 Men each, comprising the Officers, Under-Officers and Drummers.

Each Company ought to consist of a Captain, a Lieutenant, an Under-Lieutenant, three Serjeants, four Corporals, two Drummers, fourteen Bombardiers, twenty eight Cannoneers and forty six Musketeers.

The Officers, Under-Officers, Drummers & Musketeers to be paid upon the Foot of the Infantry, the Bombardiers at 36 Livres a Month in Italy, and 26 Livres & Sols beyondsea, and the Cannoneers at 33 £ in Italy, & 24[£].4^s beyondsea.

This Corps shall have a Staff, consisting only in a Lieutenant-Colonel, a Major and an Adjutant with the Rank of Under-Lieutenant. The first Serjeant of each Company may perform the Office of Quarter-master of his Company without departing from the proper Business of Serjeant.

Here follows the Table for this Corps, from which may be clearly

A List of an Artillery Company, with the Pay of each Man, serving in Italy, or beyondsea.						
	In Italy L. S.	Beyondsea L. S.	In Italy. A Month	In Italy. A Year	Beyondsea. A Month	Beyondsea. A Year.
			D. L. S.	D. L. S.	D. L. S.	D. L. S.
1 Captain, at p Month	248. "	176. "	40. ". "	480. ". "	28. 2. 8	340. 4. "
1 Lieutenant	117. 16	83. "	19. ". "	228. ". "	13. 3. "	161. 5. "
1 Under Lieutenant	93. "	66. "	15. ". "	180. ". "	10. 4. "	127. 4. 12
3 Serjeants, each at	49. 12	35. "	24. ". "	288. ". "	16. 5. 16	203. 1. 8
4 Corporals, each	40. 6	28. 14	26. ". "	312. ". ".	18. 2. 4	220. 1. 12
2 Drummers, each	30. "	22. "	9. 4. 4	116. ". 16	7. ". 12	85. 1. "
14 Bombardiers, each	36. "	26. 8	81. 1. 16	975. 3. "	59. 1. 16	711. 3. "
28 Cannoneers, each	33. "	24. 4	143. 5. 8	1726. 2. 16	109. 1. 16	1311. 3. "
46 Musketeers, each	30. "	22. "	224. 1. 4	2690. 2. "	164. 1. 12	1971. 0. 12
100 Force of a Company. Its Expence			582. ". 4	6984. 2. 8	427. 4. 12	5132. 5. 11
Abridgement for the whole Corps of Artillery.						
100 Force of a Company, & it's Expence on the Foot of Italy					582. ". 4	6984. 2. 8
200 Force of 2 Comp.ˢ & their Expence on the Foot of Beyondsea					855. 3. "	10265. 5. "
The Staff, calculated upon the Foot of Italy.						
1 Lieutenant Colonel at £ 362 p Month in Italy, & £ 264 beyondsea					60. ". "	720. ". "
1 Major at £ 310 p Month in Italy, £ 220 beyondsea					50. ". "	600. ". "
1 Adjutant at £ 93 p Month in Italy, & £ 66 beyondsea					15. ". "	180. ". "
303 The whole Force of the Corps. It's total Expence					1562. 3. 4	18750. 1. 4

seen the Individuals that compose it, their Pay, and the total Charge, as it is to be distributed in the three Provinces.

The Bombardiers ought to be the most expert Soldiers of the Company in the Mangement of every Kind of Artillery. They ought to know well how to traverse a Mortar, to suit the Charge of Powder to the Distance of the Object, to give it the necessary Elevation, that the Bomb may have the desired Effect; and to understand the Composition of the Fuse, which is to communicate the Fire to the Powder in the Bomb, as soon as it falls upon the Ground. All this being difficult for the common Men, the Knowledge of it belongs only to those who have had a long Practice, after having learnt the Rules that are to direct their Operations. However, it is not necessary, that these People should know how to demonstrate with mathematical Principles the Properties of a Parabola, or the Curve, which a Bomb, or Cannon Ball makes in the Air. Their Knowledge in the Business depends principally upon a long Practice and just Observations. For this Reason the Bombardiers in every Service have a greater Pay; and after them the Cannoneers, who ought to know readily every thing that belongs to the Management of the Cannon, to point them well to the Mark, to give them that little Elevation, necessary in proportion to the Distance of the Object to be battered and the Charge of Powder for the *Ricochets*, proportioned to the Distance. Then they ought to qualify themselves to be good Bombardiers, because the Vacancies of these are commonly filled from the Cannoneers. The Musketeers, like the Cannoneers, ought to know every thing belonging to the Management of the Artillery; but they are not considered as so expert as the Bombardiers and Cannoneers, because the Recruits of the Company are put amongst them.

All ought to be well instructed in the Construction of Batteries, with their Parapets, Embrasures and Platforms; to make Gabions, Fascines, *Saucissons* and Pickets; of which the Batteries are constructed, and of which Thousands are used in a Siege, both within and without the Place, when they can be had.

The ordinary Repartition of these Companies of Artillery, in my opinion, ought to be, one in Italy, one in Dalmatia and one at Corfù, where they may be very serviceable, and at the same time exercised, assigning a Period of Time for their proper Exchange.

The Government was well informed by Sig.ʳ Tartagna, of the Ignorance of the present Corps of Artillery, and of the Disorders of the Magazines in the *Terra Ferma*, Disorders, which turned his Head, and caused the Loss of a good Officer to the Republic. I saw those beyondsea. They don't yield to those in the *Terra Ferma*, either in the Disorder of every thing essential, or in the Ignorance of the Chiefs and Under-Chiefs, in what belongs to the Business of an Artillery Man.

The Reflection upon these Disorders, Abuses and almost universal Ignorance, drives me out of present Fear, offering here Advice to Government, which is, to unite all the Magazines of the *Terra Ferma* in one single Place, those of Dalmatia in another, and all those of the Levant in a third; being persuaded the most Serene Republic will spare much Money by this, and that every thing that shall fill it's Magazines and Arsenals will be in better Order, and better governed; since a regular Company of Artillery may have it's Quarter in every Province, where the Arsenal and Magazine shall be established. It has already the finest Arsenal in the World in Venice. Corfù is doubteless the properest Place to establish that of the Levant, and in my opinion Spalato is the most convenient Place to form that of Dalmatia and Albania, being not only the most central, but because, what they call the Lazaretto is large, filled with Buildings very proper for this Use, and is near the Place, where every thing is to be embarked and landed; as I had the Honour to represent in my Report of Dalmatia seven years ago.

By what I have said I don't mean to have carried to these Arsenals any other Things, than such as are worth the Expence of the Transport, since three Quarters of what the Heads and Keepers put in their Lists are not worth the Paper they are wrote upon.

Nor should the Artillery be transported thither, that is proper for the Defence of the Places; or the Bombs, or Balls of their Caliber; not only on account of the Expence of the Transport, but because That is not a Munition that is spoiled for want of a daily Care; and the sending them back is a costly and slow Work, and perhaps at a Time that the Urgency requires providing the Place with other Munitions necessary for it's Defence.

Upon this the Director of the Engineers ought to be consulted, and upon the Quantity and Quality of the Things necessary for the Fortresses, to be deposited in these Arsenals and Magazines; of which He is the principal Judge, and he ought to be commanded to visit them from time to time, to see that every thing be there, and in the Order it ought to be, and to make his Report of it to the *Savio alla Scrittura*.

I don't ask an Excuse of your Ex.^{cy} for this Digression concerning the Arsenals and Magazines, because I not only think it useful, but necessary; and because I see the different Branches of the military Profession often confounded one with another by military Men themselves, and much more by others.

But returning to the Subject of the Artillery, the whole Corps ought to be under the Orders of the Director of the Artillery; and the same Subordination ought to be there, as in all the other Parts of the Army. I have united a Lieutenant-Colonel and a Major to it, that the Corps may be the better exercised, and that there may be a superior Officer in every Province, who may be charged with, and responsible for the Magazines and Arsenals in the two Departments beyondsea.

The Corps ought to be well exercised twice a year in all the Business belonging to the Artillery. The best Way to succeeed in it with readiness, in my opinion, would be, to bring a foreign Company to the Service, which in a year's Time will form the other two, more than they would be in five without foreign Assistance, by giving them an Idea of their Business and their Duty; and it being in Garrison, where the Arsenal is established, and the Magazines of the Province, may be useful in keeping every thing there in good Order.

Your Ex.^{cy} will have observed by what I said, that I propose these three Companies of Artillery solely for the Land-Service, and that I have not said a word here for the Service of the Artillery in the Fleet.

This Service ought to be entirely separate from that of the Land, as in every Place: nor is all that belongs to the Land-Artillery to be embarked, but transport it to the Place, where it is to serve. The Land-Men can be of little Value in Action at Sea. On the contrary, the British Seamen in the last War, as they manage the Sea Artillery, have been seen to disembark and serve by Land in all the Expeditions in the East and West Indies, at Quebec and at Belleisle, and do signal Services in transporting the Artillery under the Fire of the Enemy from the Place of landing to the Batteries, where they served during the Sieges with extraordinary Bravery. It was always observed in that Country, & it deserves to be known in others, that the Sailors do Prodigies of Valour by Land, as soon as the Arms are put into their Hands, and that the Soldiers do only mean things at Sea, till they have been for some time seasoned to that Element.

I don't propose these Examples for Models here, because they are practised with success in my Country; but I think that what is agreeable to good Sense and Oeconomy, and at the same time compatible with the Constitution of the Most Serene Republic, ought never to be rejected for not having been practised before. And the Project of separating the two Services of Sea and Land, having been adopted by the Senate, nothing is more easy, than to teach readily a Part of each of the 36 Companies of Marines, proposed, to serve the Artillery on board; and This may be done as follows;

All the Officers, Under-Officers and thirty Soldiers a Company, shall be well instructed in the Management of the Artillery on board; which is so simple and short, that a few Weeks will be sufficient to give them the necessary Instructions upon it; and if they apply themselves to it, they will become expert with the daily Exercise on board in one Voyage, ot two, since the principal consists only in readily charging the Piece, in advancing it, in staying by it with Courage, and in firing it, as soon as the Vessel bears it's Broadside upon that of the Enemy, or upon the Object that is to be battered; and if the Most Serene Republic had three Companies of skillful Artillery-men established, as proposed above, Nothing would be more easy, than to give this Corps of Marine Artillery the necessary Instruction in a few Weeks; so that there would be forthwith a Number of 1080 Soldiers, besides the Officers and Under-Officers, which are 396, fit for the Service of the Artillery on board; and that without the Encrease of a Sol of Expence, & a Number, more than sufficient in Time of Peace, and even in Time of War, as in two Years the whole Corps will easily learn the Business of the Artillery in the Fleet.

This Idea guided me; when I proposed in my Report to the Most Serene Republic the Separation of the Sea Forces, from the Land; as likewise, when I advised four years ago in a Writing, to his Ex.cy Sig.r Alvise Tiepolo, then *Savio alla Scrittura*, the putting two good Artillery-men in every Company of Marines, to facilitate this Instruction, and that with instructing first a Quarter of this Corps, & afterwards the whole for the Service of the Artillery at Sea.

If the proposed Project of three Companies of regular Artillery be adopted, it will facilitate so much the more the Instruction of the Marines, and will form a Corps very well proportioned to the Land-Army; and the Charge of it will amount, as your Ex.cy will have seen in the Table, only to 18,750 Ducats, instead of 71050, which the Troop of useless Men costs the Republic annually, paid now more for Charity, than real Service, and of the Certainty of this your Ex.cy may be informed by the Intendant of the Artillery, who at my Request gave me the particular Detail of it, too long to be inserted here; and who is ready to produce the authentic Proofs of it; and his Writing upon this Article deserves to be seen by your Ex.cy. All this Expence of the Republic is without counting several other very useless Figures, and some only necessary in the Arsenals; and without reckoning the three Companies of Artillery-Men, Miners and Artists at Corfù; the Regulation of which is necessary to render them useful. I speak only of the Heads and Deputies and their Attendants, who have a regular Pay, and who, to the Number of 507, cost the Public 328418 Livres a year, and the 4128 Cannoneers & Bombardiers, dispersed in the Cities, for whom the State disburses 112101 Livres a year, only to consume a Quantity of Powder uselessly.

I will not enter into a Discourse of Things not purely military, as the Manufacture of Cordage and Powder, and the casting of Artillery; upon which I can be thought to give only imperfect Advice. However, I will repeat what I said with regard to the latter in my Report of the Levant; which will be very advantageous for regulating the different Bores of the Pieces that will be cast for the future, without giving the least Attention to certain fine Wits, who propose every day new Inventions, but to have them examined by the Directors of the Engineers and Artillery-men; since it is shameful to give into the Humours of Empyries so easily. In other Places People are undeceived of this Multiplicity of Bores, which only makes Confusion in the Service and in the Arsenals; and they only cast for the Land-Service Pieces of five or six different Bores. At Corfù, if I remember right, there are Pieces of 21 different Calibers, and some so enormous, that they can't bear more than half their Charge without bursting.

The Director of the Engineery, joined to that of the Artillery, is the properest Person to be consulted upon this, as the Artillery of a Siege is more properly the Sphere of the Head of the Engineery, than of any other. The Quality and Quantity of the Pieces of Artillery, the Munitions of War, and the Position of the Batteries belong entirely to the Engineer, who conducts the Siege, and the Execution belongs to the Artillery-men.

Nor do I say any thing of the Company of Artists of every Kind, kept upon a monthly, or yearly Pay; because this is out of any Capacity, however, if it were established upon a good Foot, I should not think it improper, as the Republic has need of them for the Works to be done in Dalmatia, Albania and the Levant, where there is not an Abundance of Artists of this Kind.

This is what the Shortness of the Time has permitted me to say upon a regular Corps of Artillery-men.

Concerning a Corps of Engineers

Having already spoken of the Infantry and Cavalry, I am to treat at present of the Engineery, an Article also of the greatest Importance to the Most Serene Republic, and Importance, which the Wisdom of the Government well comprehends, and particularly those who have seen, and who know the State, in which the greatest Part of the Fortresses are. And howmuchsoever I should have desired to be dispensed from meddling in the Affairs of the Enginery, for good Reasons well known to some of the Members of the Government, yet I could notwithstand the extreme Desire I have to see every thing that appertains to the military State, put upon a good Footing, and the particular Pleasure I should have to serve your Ex.^{cy} in so laudable a Work.

I will begin therefore with repeating what I have so often said, that an able Engineer, who by a long Experience has known, digesting the good Rules of the Theory, how to model them in a solid System (leaving the Chicanes and the scholastic Reasoning to Youth without Experience) is not only very necessary, but will be in the End a great Saving to the Republic; since soft Remedies have never had any Approbation. There is always something to do over again. They will not resist a strong Artillery well directed; and they who make use of them will always be deceived; and they will be sensible of it, when it is too late to remedy it.

But as such an Acquisition might not only require long Time, but be difficult to make, and the Success be dubious, it seems to me, that your Ex.^{cy} has great Reason to desire for the present to put a Corps of Enginery in regular Order, and to draw Advantage from the Subjects, which the Republic has actually in it's Service, and of which there are some not indifferent.

To this End, and to spare the public Money as much as possible, I will not propose for the present more than a Corps of twenty ordinary

List of the Number and Pay of the Officers, who are to compose the Corps of Engineers

	In Italy		Beyondsea	
	A Month	A Year	A Month	A Year
	D. L. S.	D. L. S.	D. L. S.	D. L. S.
1 Colonel at £ 632 a month in Italy, and £ 484 Beyondsea	110. ". "	1320. ". "	78. ". 8	936. 4. 16
2 Lieut. Colonels, each at £ 372 a Month in Italy, & £ 264 beyondsea	60. ". "	720. ". "	45. 5. "	594. 4. 4
1 Major at £ 310 a month in Italy, & £ 220 Beyondsea	50. ". "	600. ". "	35. 3. "	425. 5. "
3 Captains, each at £ 248 a Month in Italy, & £ 176 Beyondsea	40. ". "	480. ". "	28. 2. 8	340. 4. "
1 Capt. Lieut. at £ 155 a Month in Italy, & £ 110 Beyondsea	25. ". "	300. ". "	17. 4. 12	212. 5. 12
6 Lieutenants, each at £ 117.16 a Month in Italy, & £ 83.12 beyondsea	19. ". "	228. ". "	13. 3. "	161. 5. "
6 Ensigns, each at £ 93 a Month in Italy, & £ 66 beyondsea	15. ". "	180. ". "	10. 4. "	127. 4. 12
20 in all.				

(segue) List of the Number and Pay of the Officers

	In Italy		Beyondsea	
	A Month	A Year	A Month	A Year
	D. L. S.	D. L. S.	D. L. S.	D. L. S.
List of the Charge of this Corps, divided in the three Provinces, & also the Corps of Miners & Extraordinaries				
1 Colonel	110. ". "	1320. ". "		
1 Major	50. ". "	600. ". "		
1 Captain	40. ". "	480. ". "		
2 Lieutenants	38. ". "	456. ". "		
2 Ensigns	30. ". "	360. ". "		
7 in all. Charge in Italy	268. ". "	3216. ". "	268. ". "	3216. ". "
In Dalmatia				
1 Lieutenant Colonel	45. 5. "	594. 4. 4		
1 Captain	35. 3. "	425. 5. "		
1 Captain Lieutenant	17. 4. 12	212. 5. 12		
2 Lieutenants	26. 6. "	323. 3. 16		
2 Ensigns	21. 1. 16	253. 3. "		
7 in all. Charge in Dalmatia	147. 1. 16	1767. 3. "	147. 1. 16	1767. 3. "
In the Levant				
1 Lieutenant Colonel	45. 5. "	549. 4. 4		
1 Captain	35. 3. "	425. 5. "		
2 Lieutenants	26. 6. "	323. 3. 16		
2 Ensigns	21. 1. 16	255. 3. "		
6 in all. Charge in the Levant	129. 3. 8	1554. 3. 12	129. 3. 8	1554. 3. 12
Add the Increase for the Expence of Journeys, as below, amounting to			76. ". "	912. ". "
20 Whole Force of the Corps, and it's whole Charge			620. 5. 4	7450. ". 8
12 Extraordinaries at £ 49.12 a Month make			96. ". "	1152. ". "
1 Serjeant of the Miners at £ 49.12 a Month in Italy & £ 28 Beyondsea			8. ". "	96. ". "
1 Corporal of the Miners at £ 40.6 a Month in Italy, & £ 28 Beyondsea			6. 3. 2	78. ". "
30 Miners, each at £ 30 a Month in Italy, & £ 22 Beyondsea			145. 1. "	1741. 5. 16
64 In all, & the whole Charge of the Corps of Engineers, Extraordinaries and Miners			876. 3. 2	10518. ". "

Engineers, divided into three Classes. The first shall be composed of three Directors, or Provincial Engineers; and the first of these three shall have the Rank of Colonel, the two others that of Lieut. Colonel. The 2.ᵈ shall be composed of four, the first of whom shall have the Rank of Major, and the other three that of Captain. The 3.ᵈ Class shall be composed of a Captain Lieutenant & twelve Subalterns, i.e six Lieutenants and six Ensigns. Each of the said Officers shall have a Pay equal to that of the proposed Infantry.

A Third of each Class shall be distributed for the Service of the Terra Ferma, a Third for that of Dalmatia, and a Third for that of the Levant.

To this regular Corps of ordinary Engineers I should be of opinion to join twelve extraordinary with eight Ducats Pay a Month. Here follows the Table of what I have said above, that your Ex.ᶜʸ may see with a Cast of your Eye, the Pay, Number and Rank of the Officers of this Corps.

The whole Corps shall be subordinate to a Colonel, who ought to have the Inspection of all the Fortifications and Fabricks belonging to the Republic; nor should anything relating to them be established without first taking his Opinion; and the same Subordination shall be observed in this Corps from Rank to Rank, as in the rest of the Army.

The Three Directors are to have the particular Care of the Fortifications and public Fabricks, each in his own Department; but the two Lieut. Colonels are to make the Report of what passes in their Province to the Colonel, (who has the Superintendance of the whole) that he may represent to the *Savio alla Scrittura* the things that shall not have his Approbation.

The same Order shall be observed among the Officers of every Department towards their Director: and if by the chance any one received a Commission, which he was obliged to obey, he shall communicate it to his Director without delay, for the Reason abovementioned.

Your Ex.ᶜʸ will see, that I have put a Major at the Head of the 2.ᵈ Class, that he may supply the Place of the Director in case of Sickness, or of his being necessarily called somewhere else; and a Captain-Lieut. at the Head of the 3.ᵈ Class for the same Reason; who shall have an Augmentation of six Ducats a Month more than a Lieutenant.

By what I have just now said I don't intend, however, that these two Officers should be kept idle, in expectation of the Occasion to employ them; since the Major may serve as second in the Department of the Colonel, or in that of the Lieut. Colonels, if it be found necessary; and in like manner the Captain Lieutenant, but that in pressing Cases there

may be always a Reserve at hand; and so the Extraordinaries may supply
the Places of the absent, or sick Subalterns; though my principal Object
in advising the twelve Extraordinaries, is to have ready a Nursery of the
Youth that have given Marks of their Talents and of their Application,
to supply the Vacancies in the Corps of Engineers, and to encrease it in
case of need.

Half of this Class of Extraordinaries, or Supernumeraries, should be
taken out of the Cadets of the Regiments that have distinguished themselves by their Application; since those who have qualified themselves
for the Service at their own Expence, deserve at least as much Protection
from the Government, as those who have been educated by it. The rest
should be taken from those who have distinguished themselves in the
military School of Verona. Any more scrupulous and rigid Delicacy in
granting a Place among the Extraordinaries to others than those who
have distinguished themselves, is not sufficient; since with them the Corps
of Enginery is to be principally supplied with Officers, as well Engineers, as of Artillery; nor should they be excluded from entring into the
Regiments as Ensigns. They ought to be entirely under the Direction of
the Colonel, or, in his Absence, of that Engineer-Officer, who shall
direct the Affairs of Enginery. Verona might be the Place of the Union
of these Supernumeraries, for the Advantage of the Schoolmasters, and
the Largeness of the Garrison, proposed to be there. But those who
desire to serve as Voluntiers, or in the Regiments, or with the Engineers,
employed in some Work, or in the Artillery, should never be denied the
Permission; and the Commanders of these Corps should have Orders to
receive them and treat them well, giving Advice immediately of their
Arrival to the *Savio della Scrittura*, and granting them their Discharge,
when they desired it, first communicating, however, to his Ex.^cy such
Request, to have his Orders upon it. This will not cause the least Expence
more to the Governm.^t and then they who have a Genius for the Profession and a Desire to learn it, will soon be distinguished from those,
who prefer an effeminate, useless Life; as the Activity in Youth and a
Desire to learn, strong enough to make them sacrifice the present Ease,
is what ought to recommend them, and what forms the Soldier; and not
the Books in their Chamber, which often serve for a Pretext to cover
their Indolence. In a word, the Character, the military Genius, the Capacity & Application of this Youth will be more evidently demonstrated
by what I have said, than it can be by thirty scholastic Examinations; as
it is by the Proofs at present practised by the Officers; from which their

true Merit cannot appear; since a Man who has a good Memory, and can prattle, may learn all that is necessary to shine at these Trials, without having any other military Quality; which is distinguished by the Sentiments of an honest Man, by a prudent Conduct, and by a daily Application to his Duty. In Fact, the Trials practised are too puerile. When an Officer is come to a certain Age, his Character and his Actions ought to prevail, and not what he said, or did in the Half-hour of those Trials.

But to return to our Subject, the Commander, or Director ought to be obliged to give, when requested, and upon his Honour, an impartial Attestation of the Capacity, Conduct and Application of the young Voluntier, who has sereved under his Orders; which will serve to illustrate his Character the more.

Tho' I have distributed above the Officers in each Province, that ought to depend much upon the Works the Government shall cause to be executed in the different Departments; therefore I will say, that the Province, where little or no Work is done, ought to lend it's Officers to that, where Work is doing; however, without unfurnishing itself entirely; upon which the Colonel will always be able to give the best Advice; since Practice is what perfects the Officer and the Engineer, and gives him the last Hand, as I have often repeated. In such case the Corps of Supernumeraries is likewise ready. However, when any one of these shall be commanded, it shall be done with the Opinion of the Director of the Corps; in which case he is to be put upon the Footing of Ensign.

I will add, that the Corps of Engineers bring to circulate more than the others, some Consideration will be necessary with regard to this. The Directors being naturally Persons not the youngest, can't dispense themselves from having a Horse in the Stable for the Marches and daily Visits, besides the Journeys, therefore to abbreviate all these Accompts of Expence, it will be of more Oeconomy to the Public, to allow a certain Sum a Month each Individual for extraordinary Charges, as of Pens, Ink and Paper, mathematical Instruments, Expences of Journeys, &c. and that, in proportion to their Class. Ten Ducats a Month to each of the 1.st Class does not seem to me too much, five to those of the 2.^{d} and two those of the 3.^{d}

This is the Sketch of a Project for a small Corps of ordinary Engineers without much Expence, and which might be augmented in proportion to the Works to be done. It remains, however, to speak of two essential Articles, as it will be difficult in uniting this Corps, for Protection, or Favour not to have some Part. And first of all I will say, that if an impartial Choice be not made of honest Men, who have Capacity and Practice, above all for the 1.st Class, the best Project will fall of itself, and the Sovereign will be always ill served. If it can be, this 1.st Class should be composed of Persons, who have seen Fire in the Face of the Enemy in the Attacks and Defences of Places: and the 2.^{d} Class be made upon the same Model, or at least, of Persons, who have given Proofs of their Capacity and Application. In the second place ought to be considered the Quality of the other Officers, who are to compose the Tail of this Corps, who are to mount to the Head by degrees; since such as they shall be, such will be the whole Corps shortly. If a good Choice be made of the Youth, who are to rise in Time to the highest Degrees, the Corps will always remain sound, and useful to the Republic: but if bad Subjects be entred into it, the whole Corps will very soon be spoiled, and the Sovereign will not only be ill served, but may be led, even in the most essential Things, into Expences, useless and prejudicial to the Commonwealth.

It will naturally be the *Savio alla Scrittura*, who will have the greatest part in the Choice of the 3.^{d} Class and in that of the Extraordinaries; and if your Ex.^{cy} shall then fill that Post, I shall be very happy, knowing your Activity, Integrity and Zeal for the Good of your Country I am sure you will go out of it with Honour to yourself and Advantage to the Republic. For this Reason perhaps I have been a little prolix upon the Article of the Extraordinaries, or Supernumeraries; the Name is not material. In case your Ex.^{cy} should think it proper to adopt the Idea, the Government will have at hand a little Nursery of chosen Persons to fill not only the Vacancies of the Enginery, but also good part of the Infantry; and there will be more Facility of knowing their Merit, directed, as above. I fixed the Number of twelve, because it ought not to be too great, that it may not give a Facility of Introduction to a Mixture of good and bad, difficult to distinguish. The Youth of Merit ought not to languish in this Class, which would happen, if the Number were larger.

Your Ex.^{cy} will see by the Table, that the Expence of the Corps of ordinary Engineers amounts only to 7450 Ducats 8 Sols, a very moderate Sum, compared to the Advantages that may be had, if it be well chosen and well directed.

But before finishing, I ought to add, that a small Corps of Miners will not be superfluous. Four & twenty, or thirty will be sufficient with a Serjeant and a Corporal, not to let perish every Idea of this Trade. The Captain Lieut.-Engineer, or a Lieutenant, may have the Direction of it, the whole, however, dependent upon the Colonel-Engineer, who is the best Judge of the Capacity of the Officers of the Corps directed by him. This Corps of Miners shall be placed upon the Foot of the Infantry with regard to it's Pay, as is seen in the Table.

Upon various Articles of Saving

In sequel of the Matters laid before your Ex.^{cy} in my preceding Papers, I have attentively considered one by one the various Articles, which all together form no indifferent Weight upon the public Chest, with a view to obey the Commission, which calls upon me to suggest what Saving might be made, without offending the Regards due to the Service, or doing anything hard upon those, who feel the Benefit of it. But, to say the Truth, I still find myself much embarassed to determine my Sentiments upon a Commission, intricate in itself, and which turns on Arguments, some of which go out of my Inspection, as they either treat of Expences, that are an inevitable Weight, and indispensable Consequences of the Maintenance of an Army, or that are dependent upon the Maxims, Principles and Customs of the Republic. I see on one side, that the suggesting of Savings on some Kinds of the indicated Articles, is inconsistent with the Regards due to the military Service. I comprehend on the other, that it cannot but displease others, that I should advise some Oeconomy in any points that decide Nothing of the public Service, and that serve only to load the public Chest; it being natural, that those should complain, who by a certain long Custom reaped some Advantage from it. But, to say something, to satisfy your Ex.$^{cy's}$. Desire, I will divide my weak Reasoning according to the Nature of the Expences themselves, and I will shew you my poor way of thinking, rather than determine myself to a precise Counsel, which is reserved for the Virtue and Experience of your Ex.^{cy} who perfectly understands the Form and System of your Government.

Speaking then in the first place of the Expences, which the Donatives to the Recruits bring yearly to the public Chest, I will say, that tho' I am not well inclined, as your Ex.^{cy} knows, to the present Manner of recruiting, I cannot flatter you with a great Saving upon this Article, even tho' what I have proposed, took place, as it should be the principal Aim & Desire, as it was in all Ages, of every warlike Nation, that the Army be formed of Recruits of good Quality, i.e. robust young Men, well made, and without Vices, and that, from a View of saving, Men may not be introduced that may corrupt it. Nor do I think, that the least Saving should fall upon the Governors, Serjeant-Majors & Adjutants of the Cities, Castles and Fortresses in the States of the Republic. These are Posts, that ought to be looked upon a just Rewards to the Officers of different Ranks, that have served well; very slender Rewards indeed, and in small Number, in comparison of the Customs & Practice of every other Country in Europe. There are Governments in Holland with Appointments from 16 to 29/m Florins of that Country a year, and the Officers, named to them, enjoy them for Life. I don't speak of other Countries, where the Number is much greater, and the Salaries much higher, or do I propose them for Examples to be followed. Whatever the Recompences are, which the Officers receive, who are in the public Service, in their Destination to those Governments, I think the Republic should preserve them for the Comfort of old Officers, who, according to the new Plan, are to be excluded; so much the more, as the Officers, employed in the Regiments, should not be taken away from the Exercise of the Troops, a thing necessary above all in their first Formation.

Among Expences equally indispensable, I consider those, which the public Chest feels by beneficed Officers, by Captains of small Posts, Chaplains, Physicians and Surgeons for the Hospitals, if Abuse has not increased them; Abuse, which it is your Ex.$^{cy's}$ Province to take cognizance of, and of the Senate's Authority to correct. With regard to general Officers, having spoken fully of them in the Plan of a Project I offered, & in other Papers, I find it superfluous to add anything.

The Articles I have hitherto touched upon are those, upon which, in my poor opinion, there is no thinking of any Saving, except, as I said, in the Abuses that may be introduced in them, without offending the essential Regards due to the Service.

Descending to the other Articles, and taking them separately, I will say, that the Sum of Money, which goes out of the public Treasury on account of Fish, Bread, Biscuit and Gratifications, proceeds from Motives and Acts of Favour, Charity and Munificence; and the restraining, and even increasing of it depend upon the Votes of the Senate, Acts, which, examining them in themselves, I shall call purely gracious. But the plentiful Number of the Objects of those gracious Acts opens a much larger Field, and upon these I should think, referring myself to the Things already written, the Senate might fix an Object of Saving. Another not indifferent Saving, I should think might be drawn from a diligent Enquiry concerning those who are rewarded for Services, and upon Half-Pay;

being persuaded, that many Facilities are used; and their Number being thence encreased, the public Chest bears a greater Weight from them than formerly. Forming indeed the Corps of Enginery according to the Ways suggested by me, or That, which, by the Advice of your Ex.cy it might please the Authority of the Senate to establish, the annual Expence, which is suffered upon account of the Engineers, would be spared. Nor dare I speak of the military College of Verona, the Good and the Ill of it being well known to your Ex.cy. And if I reflect upon the Greek Company, which has subsisted uselessly from the year 1738, I see another Object of saving, if it be incorporated in the projected Corps of Marines. I don't speak of the Increases of armed Barges, of People with Salaries, of Conducts & Conductors of military People; because the Terms are unknown to me, and I don't know the Motives, from which the Senate incurred an Expence amounting to the considerable Sum of 34496 Ducats, and still continues to submit to it. Perhaps without offending the Regards due to the Service, some Saving might be made; but the Senate must determine upon it, as also with respect to the Brigantines, which, tho' reduced by the Decree of the 31.st Dec.r 1738, are since renewed to the former Number of six; and with relation to the 24 Galliots, I don't know, whether this Number be too great, or to decide, whether the Sum of Money that goes out of the Treasury for them, be balanced with the Service they render.

The Saving, which might be obtained by the Formation of the three Companies of Artillery proposed by me, would doubtless be no contemptible Object of Oeconomy, considering the Sum of 71050 Ducats, which the Chiefs, Under-Chiefs, Cannoneers and Bombardiers cost now, besides the three Companies of Corfù, as your Ex.cy will already have observed from the Paper before presented to you upon this Head. I well distinguish besides, that what I also proposed with respect to the honorary Guards of the public Representatives, would be an Article of Increase of Expence; but your Ex.cy may be pleased to remark, that my Suggestions upon this Point proceeded from the Supposition, that so prevalent a Custom will be maintained; not because I think the Dignity and Decorum of the Representatives consists in that, for in my opinion the public Chest might be eased of this Charge.

This is what I can refer to your Ex.cy. and if in treating of Questions upon Arguments, of which I don't know the Origin and Nature, your Ex.cy find me uncertain and dubious, you will excuse me. But I beg leave, before I finish, to say, speaking in general upon the Maintenance of the military Corps, that subtracting that Sum, which goes out of the public Chest for Acts of Favour, or public Condescensions, let the Expence, which it bears at present, be compared with that, which the Execution of the Plan, proposed by me, would incur, and the latter will be found less, and the Republic in my opinion would have a better Service, which I can freely affirm, supported also by the Credit, which the late Marshal Count Schulemburg justly acquired, who suggested separately and at different times the same Things, which I have proposed in one single Writing, and new in the Country. And if by chance the Expence of it were even increased, this would not be an Object to put in competition with the Service, which an Army put in good Order would render. I beg your Ex.^{cy} would pardon this Freedom, which flows from a true, passionate Zeal for the public Service.

The foregoing Proposals have been approved of by the Senate, and they hope they will soon be put in execution, with the Addition of a Regiment of Swiss, intended to be taken into the Service of the Republick.

If I remain here long enough, I intend to proceed to give you an Account of the other Articles relating to this Republick; the next of which is that of their Sea-Forces: but if I have not Time to procure Informations, sufficiently exact and particular, I think it will be better to leave the Prosecution of those Subjects to my Successor, than to trouble you only with general and very imperfect Relations.

I sent a preceding Separate Letter by Mr Dance, an English Gentleman, who sat out for England two days before this Messenger arrived.

I have the Honour to be with the greatest Regard and Esteem

Sir

Your most obedient
Humble Servant
John Murray

APPENDICE

Lo Stato della Chiesa

To the Earl of Shelburne[1]   Naples July 19.th 1768

My Lord,

I have now the honor of sending Your Lordship the following Notes, relative to the Ecclesiastical State, which I took during my stay at Rome last Winter, from the best information I was able to procure, as thinking that they might be of some little use. for His Majesty's service, which I shall ever have at heart. The hurry upon His Sicilian Majesty's Marriage has prevented my transmitting them to Your Lordship sooner.

Pope's Revenues

The Pope's Revenues amount to about Two Millions and a half of Roman Crowns, (*the Roman crown is valued at 105 French Sols*) All agree that His Expences exceed His income, more or less.

The Duties to which the Pope's Subjects are liable, are of two sorts, the one goes into His Treasury the other is allotted for the expences of the community.

Form of the Ancient Administration

Each Town, each Village, the smallest Hamlet, forms a Community which has a Council, composed of a certain number of its Inhabitants, who are obliged to watch the interests of that Society.

The Pope's Dominions are divided into so many little States; thus originally raised, themselves, the Duties required of them by their Prince, as well as those ncessary for their own particular Expences. The Shadow only of this Establishment exists at present. The Communities are still

---

[1] PRO,SP93\24, 110-124; dispaccio ricevuto il 12.8.1768. Questa relazione fu unviata da William Hamilton dopo un soggiorno a Roma.

subsisting but they can not act without the permission of the Office of Administration established at Rome. The tributes which they now pay are raised by contractors.

Nature of the Duties

The Duties lie upon diverse objects; upon Land, the grinding of corn, upon Meat, Wine and sundry merchandizes.

Land Tax

The Land Tax is laid according to a particular, very ancient Estimation, respecting the Quantity and Quality of the Land. Each Community has its particular Estimation. The Tax upon a piece of Land, formerly uncultivated, and on that account, very low, is increased in proportion to its improvement. When it is increased, it is always in proportion to the first Estimation, and it is diminished in the same manner.

In the Roman Territory (which extends about 40 miles round the Capital) the Land Tax is generally very low, because it does not belong to that part of the Revenue which goes into the Pope's Treasury, but is destined for the support of the High-ways and Bridges. This Tax has been lately increased, for one Year only the surplus is destined for the Pope's Treasury, to make up for the extraordinary expences, occasion'd him by the late scarcity of Grain. The rest of the Ecclesiastical State is exempt from this occasional increase of the Land Tax.

Upon the grinding of Corn

The Duty upon the grinding of the Corn is paid at the Mill. They bring a permission to grind such a quantity of Corn, which must never be less than half a Rube (the Rube of Grain yields in flower from 620 to 640 Roman Pounds, of 12 Ounces, according as the grain is more or less weighty.) An Officer weighs the Flower it produces, sets down the weight, and collects the duty before the flower is deliver'd. This duty is different in one place from another, it is from 4 to 6.^{ll} Tournois p.^{r} Rube, and by a new regulation Bakers pay less duty than other people.

Upon Meat

According to the price of Meat, they fix at Market the Tax upon each Beast. This Tax is not paid immediately; the Company of Butchers is responsible for the debts of each of its individuals, part of this Tax is paid with the fat of the beasts killed, each Butcher carries to one common

Magazine the fat of the Week, it is register'd and a deduction made accordingly, from his Tax debt; The Tallow Chandlers are obliged to purchase this fat from the Magazine, at a fixed price.

Price of Meat fixed

The price of Beef, Veal, Mutton, Lamb, and Pork is fixed, after that an Enumeration has been made of all the living Animals in the Roman State, and a register made out, specifying the number belonging to each individual, who is obliged to prove that he has offer'd them at Market; and in case any shou'd die by accident or sickness, he is obliged to produce the Skins to verify his assertion.

Price of Skins fixed

The price of the Skins, is likewise fixed, and a Butcher can not sell them to any but the Tanner allotted him as a Purchaser.

The Tax upon Meat is renew'd Annually, and is fixed at different Seasons, according to the nature of the Beasts. Out of Rome, Meat is always two fifths of a Sol cheaper than in the Town.

The Legates in their several Departments likewise fix the prices, observing the same rules as at Rome.

Wine

The Wine of the Roman Territory is Duty free, that which is the growth of other parts of the Pope's Dominions, is subject to a Tax of 20 Sols p.^{r} Barril, containing about 68 quarts. All foreign Wines pay $2^1/_2$ Sols p.^{r} Bottle; those which come in Cask pay near 50 p.^{r} Cent. upon their Valuation. One can not account for this difference, unless it is that the valuation is very moderate; it is however arbitrary & depends upon personal favour.

Remains of the Ancient Administration

In many places the Tax does not lie upon the object named, the Community having represented that another wou'd better bear it, and the Administration Office having consented to this alteration; this right of remonstrance is the only remains of the power, which these assembly's of citizens, anciently possessed.

The whole State is subject to a Duty upon Salt, it comes from Ostia on the Mediterranean, and Cervia on the Adriatick Sea; from these two Salt Works it is distributed throughout the Pope's Dominions. The price of Salt varies according to the distance of the carriage. There is no fraud in this article, for the Smuggler wou'd gain nothing 2 Sols p.^{r} Pound being it's highest price and One it's lowest.

Tobacco

It is not long since Tobacco was also farmed, a prodigious contraband was carried on in this article, and the expence of preventing or rather of diminishing it, swallow'd up the whole profits. The Pope allows now the free sale of Tobacco, has increased the price of Salt, and has added some other duties to the Custom House of Rome notwithstanding that these Augmentations produce more than the farm of Tobacco produced, The nation is better pleased, as the new Taxes are less vexatious.

Custom Houses

Some Towns have Custom-Houses; there are none on the Frontiers: they are destin'd for the Roman Territory only round which they form a Chain whatever enters the rest of the Pope's Dominions, is not subject to them. Merchandize destin'd for Rome, pays the duties at Rome, and that destined for other places in the Roman Territory pays on the Frontiers of that Territory.

Custom House of Rome

The Revenue of the Custom-House of Rome is considerable in spite of the enormous abuses that have been introduced. Every Cardinal, Great Officer, and Ambassador, is permitted to introduce a certain quantity of Merchandize duty free; they introduce more than treble that quantity; The commissioners are sensible of it, but dare not oppose in a Government, where the person they attack, may perhaps tomorrow be their Master, the relation or friend to the reigning Family.

Merchandize thus enter'd, and of course without the Custom House mark, cou'd be follow'd and siezed at a Merchants House, shou'd he carry it home, for which reason he leaves it in the House of the person free of Duty who has introduced it for him, till he can dispose of it. All Wrought Silks pay 22 p.^{r} C.^{t} of the Estimation; fine Cloths pay less than the course, by way of encouraging the Manufactures of the Country which are chiefly of course Cloths.

Besides these Revenues the Treasury possesses a quantity of Land, Ponds, Woods, and other Domains which are let out. It enjoy's the Farm of Alienations, those of the Posts, the Royal printing office and others.

Post's

The farm of the Post's yields into the Treasury above 46 thousand Crowns p.ʳ ann.ᵐ There is a great deal of franking; as I am informed, not more than a tenth part of the Letters, at most, pay duty. The Empire, France, Turin, Genoa, Naples, Venice and Florence, have their particular Posts, and receive their own Postage. A letter of a single sheet of paper, from any part of the Roman State, pays but one Sol, if this same sheet is divided into two, it pays two Sols, and so on for every augmentation, for which reason all such letters are cut open at the corners in the Post Office to discover how many sheets they contain. Packets that can pass through a certain aperture in the Post Office are taxed in the same manner as letters, as for others, if they are not directed to some one who is free of Duty, the Postage must be paid before hand, according to a settled Tariff. This Tariff is not rigorously adhered to, You may bargain with the person who farms the Posts; he abates willingly, having found that it turns to better account, for before he hit upon this expedient, very few packets paid any thing, means being generally found to direct them to persons free of Duty.

The Duties for the different Offices of the Community, (the only Tax from which Ecclesiasticks are exempt) serve for the maintenance of the Governor, the Physician, the Surgeon, the Secretary, the School-Master, and for the repairs of Bridges and Highways. The Physician and Surgeon are obliged to attend such members of the Community as call upon them, without fee or reward.

Contractors pay every 2 Months

Those who hold the different Farms, are obliged to pay every two Months the proportion of their Annual Contract, which payments are made directly into the Treasury.

Publick Paper

There are but two sorts of Paper carrying interest, that of the *Mount* and the *Vacables*, the first is what the french call a *Rente perpetuelle*, the latter a sort of *Rente Viagere*.

Interest of the Mount

The Treasury pays 3 p.ʳ Cent. interest at the Mount, one may indeed say it pay's less, for a share in the Mount which costs 127 or 130

Crowns produces but 3; in the beginning, a share cost only 100 Crowns and it is still reimbursed by Government upon that foot.

Shares in the Mount in great credit

Shares in the Mount are in such credit that they are much more sought after than Land. Fiefs produce 1 or 2 p.ʳ Cent they are greatly fallen, and indeed they rarely come to market, being almost all substituted in perpetuity into the great in Families.

The Sale of Shares in the Mount is much easier, it consists only in the Buyers getting himself register'd at the Bank in the place of the Seller.

Vacables

The *Vacables* are not the same sort of *Rentes Viageres* as those in France, the person on whose head this rent is placed may sell it to another, the new Purchaser enjoys it during his life upon the same conditions, he may in the like manner sell it again, so that this rent may become perpetual by passing thus from one to another; there are two rules however to be observed in order to make this rent valid, the first is that the Seller must not have pass'd his 63.ᵈ Year; the second that the Seller must live forty day's after the Sale; if these formalities are not observed the Sale is void and the Vacable extinct. For the more strict observance of these rules such Sales can not be made without the Pope's permission, who never refuses it unless the Seller is in immediate danger of death or labours under any dangerous illness.

Interest of the Vacables

The interest of the Vacables is not fixed. The Pope has assigned the revenue of the *Datteria* for the payment of this interest, and it varies according to the number of Expeditions from this Office. Since the concordat of the Court of Rome with that of Spain, since different Powers have required a great diminution in the price of the Bulls, the interest is much lower. Sixtus Quintus who first instituted Shares in the Mount and Vacables, destined the extinguished Shares of the latter as a sinking fund for the Shares in the Mount. The Popes have generally made other uses of them, Benedict XIV. alone applied them to the payment of the debts.

Another sort of Rente Viagere

There is another sort of *Rente viagere*, which is constituted upon the life of the person who receives the money, and dies with him. The interest is more or less according to the Age of the borrower, according to his wants, and according to the scarcity of Money; conditions which generally regulate the price of these Rents.

Sale of Land

Shares in the Mount being esteem'd the most solid funds, a Seller of Land is obliged before he can sell to deposit in Shares of the Mount a part of the purchase money, according to the will of the Purchaser, who takes this precaution to secure his money in case any Mortgages or substitutions shou'd afterwards be discover'd; this deposit of shares in the Mount, is perpetual. I have been told of some which have on this account been deposited 150 Years and can not be withdrawn, it is easy to conceive what difficulties this must throw in the way of family arrangements, and that this is one reason, why Land is cheap.

From the interest paid annually by the Treasury, the Principal of the Shares in the Mount is about 40 Million of Crown's.

Circulation of Species

Money is very scarce in the Ecclesiastical State, it contains no Mines, and Commerce does not flourish there. Many of the sources, from whence formerly so much money poured into Rome, are now dried up. It is difficult to ascertain the just quantity of Species, but it is plain that it is not great, as paper money circulates most at Rome, and as there is the greatest difficulty in getting the latter changed for the former.

Publick Banks Paper Money

At Rome there are two Publick Banks, which give their Bills for money; They have distributed many more Bills than they have money to answer, in short their Coffers are now in a manner empty, with respect to their debts; every body knows it, and yet Paper Money has not lost its credit. It must strike every one with astonishment, who has ever reflected upon the delicacy of Credit, to hear, (which is actually the case now at Rome) that a person carrying his Bill of 100 Crowns to the Bank, will receive for it in Species 8 or 10 Crowns at most and a fresh bill for the remainder; if he shou'd want more Money, he must send another person with another bill for the same person will never get money twice the same day. These little arts have been practiced at Rome several Years and yet they are not uneasy about this Paper Money, it is true that the Pope receives it in the same manner as he gives it. This sort of Money has not currency out of the Capital.

The Mint

One Year with another the Mint coins to the value of about Eight hundred Thousand Crowns; it is guilty of a great error in the Silver Coins of 10 and 30 Sols; The proportion which ought to be kept up between Gold and Silver, is not so in them, and indeed they all go out for gold.

Interest of Money fixed

Notwithstanding that there is but little Money in the Pope's States that Merchandize is not dear, because they have but little occasion for it, as they neither Trade nor improve Lands. The interest upon the Loan of Money is fixed by Government; to Merchants at 6 p.^{r} Cent, to particulars at 4, to Religious Societies at 3. Whoever informs of this Law having been broken is rewarded with part of the whole Sum which is confiscated; and it often happens that the Borrower is perfidious enough to accuse the person whom he has himself drawn into the scrape.

Informers much encouraged

New Edicts appear daily for the encouragement of Informers of every kind.

Edicts

The multiplicity of Edicts make an object of Commerce for the Farm of the Printing Office; Each Merchant and Tradesman is obliged to pay 10 Sols for every Edict, which has any relation to his profession, it must be fixed up in his Shop, and when it is worn out he must buy another. Every branch of the Law is obliged to print its pleadings at the Popes Printing Office, at about double the expence of printing them elsewhere.

Number of Looms

There are about 300 Looms set at Rome, for Stuffs, Cloths, Velvets, Taffety's, Camlets &c, but Foreign goods of this sort are cheaper and better. There are about 600 Looms for Ribands, Stockings, Gold and Silver Laces and Livery Lace, for which last article there is a great demand as the Romans deny themselves every thing in order to have a number of Livery Servants.

Bologna, Pezaro, Camerino, Perugia, and Terni have likewise Manu-factures of this sort; the rest of the Ecclesiastical State has few or none.

Journey mens Wages

A good journey man for these sort of Trades is paid 40 Sols a day, his Master furnishing him with tools of every sort, these wages are high if one did not consider that a journey man (who is obliged to be idle many stated Holidays of the Church, as well as those of the Confraternity to which he belongs) must aim at gaining enough the working days to subsist the idle ones; besides Hospitals, Charities, pious Foundations, are so multiplied at Rome that it is easy to subsist there, without working.

Established place for receiving goods in Pawn

There is an established Place for receiving Plate, Diamonds and other effects in Pawn, it is call'd the *Mount of Piety*; the interest required is 2 p.^{r} Cent, at the end of 18 Months, the Pawn, if not redeem'd, is forfeited; so that before the end of the term the pawn is generally redeem'd and deposited again as a fresh one. As this Office was in its first institution design'd for the relief of the poor, it cou'd require no interest for money lent upon Goods, if the Sum did not exceed 100 Crowns; that Sum is now reduced to 30 Crowns. The advantages the Office reaps, are in the 2 p.^{r} C.^{t} interest in the Sale of the unredeem'd Effects (for they are always pawn'd for a third less than their value) and in the loss of receipts given for pawns, for unless these receipts are produced the effects belong to the office. Notwithstanding so many advantages, this Establishment is ruin'd by diverse Abuses.

Extent of the Pope's States & number of inhabitants

The Popes States consist of about 8226 Square Leagues, and contain about Two Million of Inhabitants at most.

Upon the whole the affairs of this Country are very ill Administer'd, the two articles of Corn and Oil which seem to occupy the whole attention of Government, are always in danger of failing, which is not wonderfull, when one is acquainted with the shameful monopolies that are suffer'd here.

Publick Granary

The Publick Granary at Rome call'd the *Annona*, takes up Corn wherever it pleases and afterwards it fixes the price; it is this same office that gives the liberty of Exportation, which is otherwise, always prohibited. You must pay for such a permission.

Almost all the Roman Territory is Pasture Ground; tho' it wou'd be very good for ploughing the Proprietors chuse rather to leave it as it is, and find their account in so doing better than if they had Granaries of Corn which they often wou'd not be able to sell without Loss.

Magazine for Oil

The People are also obliged to sell their Oil to an appointed Office, which Office pays its own price for it and sells it again to Retailers at a price of its own fixing. This Oil is preserved in great reservoirs, in which they mix all sorts together, and of course it is always bad.

Ports of the Ecclesiastical States

There are but two good Ports into the Popes Dominions, *Civita Vecchia* an *Ancona*; the others are unsafe ridings and only fit for very small Vessels.

Civita Vecchia

Civitavecchia, anciently call'd Centum-Cella, is the work of Trajan, and is one of those monuments of the solid man of building of the Ancient Romans. This Port is safe and Good, there are two roads, the Eastern is the best, the entry and the Bason are not of the same depth: When the Vessel exceeds 200 Tons burthen, it is best to take a Pilot of the Country to enter this Harbour. There is no Anchorage for Ships of upwards of 40 Guns.

Ancona

They are at present working to improve the Port of Ancona, it will admit of Ships of the same burthen as that of Civita Vecchia.

Pope's Marine

The Popes Marine consists of 3 Gallies fit for Service and 2 that go to Sea no more, Two Frigates and some small Vessels for the Service of the Ports. Armaments are made by contract. The following were the Articles of the Contracts from the Year 1756 to 1760. When the Gallies were at Sea, the Treasury paid before hand to the Contractor every two Months 9150 Roman Crown's, when in Port no more than 5400 Crowns. For each of the 2 Gallies which never go to Sea the contractor received only 215 Crowns a Month. He received 100 Crowns a month for the small Vessels necessary for the Port Service.

Expenses of the Marine

When the two Frigates were armed the Contractor was paid every 2 Months 6300 Crowns, which upon the same footing for the whole Year wou'd amount to 37800 Crowns. When the Frigates were not at Sea the Contractor receiv'd no more than 1250 Crowns every two Months.

The Contractor was obliged to pay all expences and the Salaries of the Officers, Soldiers, and Sailors. These Salaries as well as the Rations are not at the disposition of the Contractor but are fixed by the Government.

When a Vessel is lost or suffers in action it is made good at the Expence of the Treasury.

If the Contractor has occasion for Timber he may cut it free of Costs in the Forests, which are the property of the States.

The Contractor is at liberty to chuse his own Men, but the number is limited both as to Officers and private Men.

Total of the Expence of the Pope's Marine

Allowing Eight Months of Armament and four Months rest, the Popes Marine costs 86213 Crowns. but with the Extraordinary Expences One Year with another the whole Expence of the Marine is, I am assured, at least 120 Thousand Crowns.

Number of Roman Vessels for Merchant Service

Of the Merchant Vessels for the Commerce of the Mediterranean there are about 20, ten of which are Tartans and ten Felucca's. The Tartans are employ'd in fishing and transporting corn, the Feluccas go up and down the Tyber with the Merchandize which the Ships bring to Civita Vecchia.

Insurance

In general the insurance as far as Leghorn and Genoa, is one per Cent, but it is increased when they are apprehensive of the Turks.

Number of British Vessels that come to Civita Vecchia

About 30 British Vessels come to the Port of Civita Vecchia every Year with Salt fish, Lead, Tin, Campeachy Wood, Sugar, Glass and China Wares, Russia and Irish Leathers, Camlets &c, they export only a small quantity of Vitriol, Their Freight is lower than that of the French and the insurance 2 p.^{r} Cent.

French Vessels

The greatest part of the French Vessels which come to Civita Vecchia are small Provincial Vessels. One Year with another there are about 60. They bring Sugar, Coffee, Cacao, Stock fish, Almonds, Snuff, Wines, Elbeuf and Abbeville Cloths, Laces, Earthen Ware &c. they export Alum, Wool, Timber for Building, Sulphur and Puzzolane. The insurance from Marseilles to Civita Vecchia is One per Cent.

Dutch Vessels

Seven or eight Dutch Ships bring Yearly into this Port all sorts of Spices, Drugs, Russia Leather, Iron fine Cloths, Tea, Cacao, Salt Butter, Cheese, Linnen and Snuff. They export nothing. The freight for Spices and Drugs is 10 Piastres and 8 Reals per Thousand, and 9 Piastres for Cloth and Linnen. The insurances are the same as those of the British.

Genoese Vessels

About 100 Genoese Vessels bring into this Port all sorts of preserved fruits, Oil, Velvets, pickled Mushrooms, Lemons, Rice, Spanish Snuff, Brazil Wood &c. They export corn (when the exportation is permitted), Wood for building and burning, Cheese and Salt Meat.

Neapolitan & Sicilian Vessels

About 300 Neapolitan Vessels come Yearly to this Port with all sorts of ripe and dried fruits, Oil, Wine Salted Thunny Fish, Anchovies, and Sardines, Rice, Sicilian Manufactures, Silks, Sweat Meats and Earthen Ware. They Export Charcoal, Paper, Honey and a little Alum. The insurance is One and a half p.^{r} Cent.

Tuscan Vessels

About 50 or 60 Tuscan Vessels bring Wax, Levant Coffee, Russia Leather, Caviar, Wine, Mineral Waters, Pitch, they export Cheese, Salt Meat and Alum.

Spanish Vessels

About Ten Spanish Vessels bring Wines, Skins, Matting, Gun Barrels and export Salt Meat.

Corsican and Maltese Vessels

Other Nations bordering upon the Mediterranean, as the Corsicans and Maltese bring fruits of their country to Civita Vecchia. Their Exportation is trifling.

The Venetians come only to Ancona.

Navigation of Ancona

There are in the Adriatick Sea many Vessels of Sixty Tons and upwards, with the Pope's Colours, they go only upon the Coasts of this Sea. the object of their Commerce is the transporting provisions, Wood for building and burning, Snuff, and dried fish. The highest freight of the most considerable Vessels does not exceed 100 Roman Crowns per Voyage. The insurance is 1 and $1^1/_2$ p.^{r} Cent according to the season of the Year and length of the Voyage.

Number of British Vessels at Ancona yearly

About 30 British Vessels come into the Port of Ancona Yearly with dried and salted fish, lead, Wood for dying, and manufactured goods.

French Vessels

About 10 French Vessels bring into this Port, Sugar Coffee and manufactured goods of their Country.

The insurance of a Vessel from a Port in England and a Port in France to Ancona is the Same.

Dutch Vessels

Three or four Dutch Vessels bring Drugs and Cloth here.

Danish Vessels

As many Danish bring dried fish from Norway.

Russian Vessels

Two or three Russia Vessels come to this Port also. Their Insurance is 3 or 4 per Cent.

Vessels from the Levant

About 50 Vessels from the Levant, of different burthens, bring Cotton and dried fruits. The insurance is from $1^1/_2$ to 3 per Cent, according to their Voyage and Colours.

The English, French, and Dutch Vessels load Corn in their return for Leghorn and Genoa, and Sulphur for their own Countries.

The principal Objects of Exportation, in the Popes States, are Wool Alum, Puzzolane and Timber for Building.

I have the honor to be

My Lord

Your Lordship's
most obedient and
most humble Servant
W:^m Hamilton

Il Regno di Sardegna

ABSTRACT of the King of Sardinia's Dominions, Revenues, Expenses, Armies, Debts, Ressources, &c[a] [1]

Extent of the Territory

		Length.	Breadth.
Sardinia	Eng.[sh] Miles	180	90.
Savoy		100	80.
Piedmont		150	100.
		430	270.

Whole Extent in English Square Miles 116,000:

[1] PRO,SP92\77, 165-173. Questo documento è allegato a un dispaccio spedito al Conte di Halifax da James Dutens, inviato straordinario per la Gran Bretagna presso la Corte piemontese (*Ibidem*, 162-163, Torino 23.2.1765).

State of the Revenue and Expenses
of His Sardinian Majesty for the Year 1762

Revenue	P. St.
Money found in the Sinking Fund at the End of 1761	23420.12. 7
Money remain:ᵍ to be paid by the Several Offices	91932.13. 8
Savoy	130239. 9.10
Turin	26756. 1. –
Asti	16510.17. 9
Alba	12100. 2. 5
Biella	6857. 3. –
Cuneo	20528.17. 8
Iorea	10162.10.10
Mondovi	17012.12. 5
Pignerolo	16191. 7. 7
Suza	8898.16. 7
Vercelli	10734.11. 4
Saluzzo	16217.17.11
Nizza	22132. 4.10
Oneglia	1079. 9.10
Casale	26728. 5. 6
Aqui	4958. 7.10
Alexandria	95550.13.10
Novara City	9067. –. 6
Novara County	10286. 7. 9
High Novarese, and Vigevenasco	11286.13.10
Aosta	2591. 9. 6
Salt pits	175351.12. 9
Tobacco and Spirits	69918.11. 4
Customs, Packing and other Duties	86967.19. 9
Stamp Paper	6315. 8. 8
Duties on Cattle and Hides	46327.16. 8
Gun Powder	5151. 4. 9
Forfeitures	1210. 2. 5
Card Tax	5628.13. –
Candle Tax	1218.14. 6
Tunnage and Duty on Wine	9939. –. 8
Reimbursem:ᵗ from the Pay of the Guards of the Gabels	48. –. –
Half p C.ᵗ on the Low Novarese	349.15. 6
Reimburm.ᵗ from the Stamp Register Cash	21. 4.10
Casuals	38914.12. 7
	£ 1,038,607. 5. 5

Expences	P. St.
Finances	290538. 6. 8
Army	395285. 7. 2
His Majesty's Household	76540.19. 4
Artillery	14336. 3. 8
Fortifications and Buildings	44033.14. 1
General Excise	161787. 3. 5
Casuals	28688.16. 5
Discharges or Mandates	2879.17. 3
Borrowed from the Sinking Fund	24516.17. 5
	£ 1,038,607. 5. 5

It often happens that the Expenses exceed the Revenues, in which Case, the Sinking Fund supplies that Deficiency, and an additional *Taille* is laid for the ensuing Year, to reimburse the Sinking Fund, which is appropriated to that Use, instead of Paying off the Debts with it, as the ordinary Taxes are not Sufficient for the Charges of the State.

Debts

The Debts are now 41 Millions of Livres (2,050,000 Sterling) borrowed upon the *Hôtel de Ville*.

They pay off no part of these Debts Annually; tho' there is a Sinking Fund established for this purpose; The Revenue of that Sinking Fund being appropriated to other Uses, as the ordinary Taxes would not be Sufficient for the necessary Charges of the State.

They diminish yearly the extraordinary Impost: it was 136000 Livres (6800 Sterling) in 1752, and is now but 29000 Livres (1450 Sterling).

The 41 Millions Debts are owed by the *Hotel de Ville* to Several private People, subjects to the King; and consist in *Actions* transferrable as our Funds are. The King pays the Interest of it 3 per cent for 2 Millions, 4 per cent for 3 other Millions, and the rest at 5 per cent.

The King owes besides this 2,500,000 Livres (125000 Sterling) to the *Hotel de Ville*, the Interest of which is paid, some at 4 and some at 5 per cent.

Amongst the Debts at the *Hotel de Ville* there now are for 162123 Livres (8106.3 Ster^s) Annuities.

There is also a *Tontine* of 354000 Livres (17700 Sterling) Capital, raised in 1734.

Ressources

The King, in a Case of Urgency, could not only increase the Taxes upon many Commodities, but also lay Others on many Articles exported out of His continental Dominions. The Articles on which the Tax could be increased are, Rice, Hemp, Wine, and Cattle, which pay very little.

The Organzines should not be taxed more than they already are.

The Cattle exported into the Genoese State pay yearly 730000 Livres (36500 Sterling).

Corn pays about 1 Sol a Bag for exportation, which is rather required in order to know the Quantity exported, than for the Sum it can produce.

They export Corn to Genoa 1,200,000, Emines a Year, the Emine is worth about 50 Sols, or 30.^{S} Sterl:^{g}

The continental Dominions of the King of Sardinia have produced in the Year 1760. 1.500,000, Bags of Corn. in 1761. 1,750,000 Bags, and in 1762, 2,000,000 Bags.

A large Revenue might be made, by laying a Duty on the Silk Manufactures of this Country, as Stuffs, Stockings &c^a, which pay no Duty for Exportation.

They might likewise put an additional Tax on the *Filatures*, especially now that they bring more than ever to their Owners. One of the most considerable Filaturiers of this Country has told me, that within six Months in the year 1763, the Price of Silk had raised above 30. per cent, the Organzines which sold in England 26 Shillings were then sold 37 Shillings a pound weight.

Armies

During the War of 1741. the Troops were 58,000 Men. The Reduction from 1748. to 1751 brought them to 27,000. Men.

The Standing Army now is 31,000 Men

Infantry	27600.
Cavalry	3400.

Population

The Population, according to the most authentick Accounts is 2,800,000 Souls, other Accounts make it much less, but this is supported by a very strong Argument taken from the Taxes which it is known that every Head pays in this country, and which agrees perfectly with the Revenues, for there are sure grounds upon which it is proved, that every Head pays yearly 7 Shillings and six pence to the King, which multiplied by 2,800,000. makes the just amount come very nearly to the Sums total given here of the Revenue, which is 1,038,607. and 2,800,000, multiplied by 7 Shillings and 6 pence come to 1,050,000 P.ds Sterling.

Money

This Country abounds with Money, and it is agreed by the People here who know most of this Matter, that there are for 2,300,000 Pounds Sterling, in Gold and Silver Species.

Observations

on some parts of the above Abstract.

Revenues

The ordinary Revenue of the Crown is about 1,038,000 Pounds Sterling per Ann.

In the Spring 1743, which was previous to the Treaty of Worms, it was computed at about 850,000 Streling; But the Extraordinary Taxes on account of the War, imposed in 1742, are not contained in that Calculation.

It arises from Crown Domains, a Land Tax, a Poll Tax, which is about 16S Pence Sterling per head, and from which Ecclesiasticks are exempted; Customs on Imports and Exports, Tolls on Commodities that pass through the King's Dominions, Royal Monopolies of Salt, Tobacco, Shot and Gunpowder, Glass, Cords & Lotteries. Cloths, and other Woolen Goods, Linen and Eatables, including Groceries, are the Articles of the Imports that produce the largest Sums to the Revenue. Of the Exports, Organzine Silk produces by far the most considerable Sum, and next to that, Horned Cattle, and after these, Hemp and Rice. The Salt-Tax is, next to the Land-Tax, one of the principal Branches of the Revenue. It's Form and Rate vary in different Provinces; It must be bought from the Royal Magazines only. The Method in almost all Districts is, that every Head of a Family is abliged to buy about $6^{1}/_{2}$ pound Weight yearly, for every Person in the Family above five years old; and a certain weight yearly for every head of horned Cattle, Sheep or Goat he has, and for every head of Swine he kills. The Price of this Quantity of Salt is not the same in all Provinces; In Piedmont and Savoy 'tis 3 pence a pound, in the County of Nice but 3 Farthings. In Piedmont, whatever Salt People want, besides the fixed Quantity, they may buy at 3 half pence a pound.

There are Excises on Beef, Mutton, Lamb, Kid and Pork, unless killed for private Use. On Ice, Brandy, Hides, Leather, Tallow, Candles and Stamp Paper.

The Excise on Beef, Mutton &c.[a] is in Turin not quite a half Penny a Pound, and in the other Parts of Piedmont 'tis just a Farthing per pound weight. The Excise on all Wine retailed in Piedmont (Turin excepted) is a Farthing a Quart; in Turin 'tis about a $^{1}/_{2}$ penny, besides a Toll of about a Farthing on every 3 Quarts, payable on Wine at it's entering into Turin.

There is also the Registry of Deeds, the Tax on the Jews, and the Revenue of Sardinia &c.[a]

Several of these Taxes do not affect all the Provinces, and several are higher on some than on Others.

This Difference has generally arisen from the different Methods by which they have been acquired, viz.[t] some by Conquest, some by Cession of their former Sovereigns, and some (as the County of Nice) by a voluntary Submission. Piedmont is not exempt from any Taxes, or intitled to any Diminutions of Taxes; and indeed it has the least Occasion, as it is that part of the State, which produces the most valuable Commodities, and in the greatest Abundance, and enjoys the Advantage of the Residence of the Court.

Particular Bodies of Men, as the Clergy, and University, are exempt from some Taxes, or entitled to a considerable Diminution of them. The Clergy, for instance, pay no Poll-Tax, nor any Taxes on Estates acquired by the Church before the Year 1620.

These Exemptions in favour of a Body of Men who profess Cœlibacy, are unfavourable to Population; but there is an Exemption, in this State, which directly favours it; which is, that all Parents who have Twelve Children alive at a time, are exempt, during life, from all State Taxes on their Estates, if acquired before the Birth of the Tenth

Child; and from all Duties on Commodities necessary for their own Family: But this Privilege does not exempt them, from paying Import Duty for such Kinds of Commoditiies, as are produced or manufactured in the State, if they prefer the having those which are foreign. To make up the Number of twelve Children, 'tis allowed to count those dead in military Service of the State, and Grand Children by any deceased Child.

Of the Crown Debts

The War of 1733, cost the State in extraordinary Taxes and Debts contracted, about a Million Sterling, and in the last War between two Millions and a half, and, three Millions were added to the publick Debts, notwithstanding the Sale of the Crown Lands, and other Crown Rents, very heavy extraordinary Taxes, and Subsidies from Great Britain.

It was computed some time in the first Year of the last War, that the total amount of the Crown Debt·was only 800,000 Sterling. At the End of that War it was said to be above three Millions Sterling.

The extraordinary Taxes, imposed during the War, were not abolished immediately after the Conclusion of it, but were several of them continued, tho' with gradual Abatements, and Applied to the Discharge of the Crown Debts.

The extraordinary Impost was reduced in 1752 from about 136,000 Livres (6800 Sterling) which was the highest Sum it had ever been at, to 93,000 Livres and was continued at that Sum every succeeding Year till 1759, when it was reduced to 68,000 Livres, (3400 Sterling) and in 1762 it was reduced to about 58000, Livres (2900 Sterling) and it is the only extraordinary Tax subsisting on account of the War.

Soon after the Peace of Aix-la-Chapelle, the Interest of the Crown Debt contracted during the last War to His Sardinian Majesty's Subjects, was reduced to 4. per cent. The Debts to Foreigners have been all paid, a trifling Sum excepted, and the Crown Debt was reduced in 1762, to about 2 Millions Sterling, of which part is at 3 per cent, but the greatest part at 4 per cent, and those 4 per cent Loans sell at 3 or 4 per cent above par.

Some part of the Crown Debts consist of Life Annuities, payable for Sums advanced for the Use of the Crown.

The punctuality with which the Interest on the Crown Loans, and the principal of Several of them has been paid, would probably facilitate to His Sardinian Majesty future Loans in Case of War.

Several Articles of Luxury are Still untaxed, as Coaches, Chairs, Servants, Plate &c.[a]

A Supply may perhaps be procured by obtaining the Pope's Consent to tax the Estates of Convents.

There is no poor Tax in His Sardinian Majesty's Dominions. Every Province has its Hospital, where the poor are maintained, partly by their own Work, and partly by voluntary Contributions.

Of the Extent & Population

The King of Sardinia's Dominions are in Extent equal to about a Sixth part of Great Britain and Ireland, and are in proportion to that Extent, rather more populous, if the commun Calculation of the Population of the British Isles, viz:[t] Eleven Millions, bejust. For the Number of His Sardinian Majesty's Subjects is about 2.800,000, if the Copies which are handed about of the Lists returned to the Government, and the concurrent Information received from many of the Country, may be depended upon.

Lists of their Number have been frequently made by Order of the Crown, in which have been distinguished the Age, Sex, Rank and Profession or Employment of each Person. Each Head of a Family gives to a Person appointed to receive it, such a List of his own Family, and is finable, if it be not exact.

As the Salt, and some other Taxes are personal, there is a Temptation to diminish the real Numbers, and I am well assured, that the whole Number is not in all Places returned to the Crown.

Such Lists were by printed Edicts ordered to be taken in January 1701. in September 1713, and in April 1754 and the *Intendente* of every Province has Lists of the Numbers of it frequently returned to him.

The Continental Dominions, Savoy excepted, contain 1,800000 of Inhabitants, and consequently are not so populous in proportion as England, if England contain, as it is generally said to do, 8,000,000; for they are to England in extent as 2 to 9.   .

Foscarini, Venetian Ambassador at Turin in 1742, and since Doge of Venice, in his Relation to the Senate in the Spring 1743, makes them a Million and half, since which time some Provinces have been acquired by the last War.

Of Sardinia

Sardinia is in Extent almost two fifths of His Sardi:ⁿ Majesty's Dominions, but does not contain much above one fifth of his Subjects, for there are but about 450000 Inhabitants in it, as appears by accounts which deserve the highest Credit: if so,'tis not quite half so populous as England.

Sardinia has not hitherto been of Advantage to the House of Savoy in any Proportion to its Extent.

There are no Sardinian Troops raised except one Regiment of about 200 Dragoons, before the War for the Austrian Succession, and then only One Battalion of 700 Men; and yet there are about 200,000 Males there, and the Sards are robust and very expert Marks men. The Regiment of Sardinian Dragoons is always Quartered in Sardinia; but the Regiment of Sardinian Infantry, which now is on the foot of 568. Men, is always quartered on the Continent. Four Battalions of Piedmontese, or foreign Infantry are usualy quartered in Sardinia, of which, two Battalions at Cagliary, and the other two at Algheri, Castil-Arragonese, & Sassari; all which Towns are walled, and have Citadels, but scarcely fit to sustain a regular Siege.

There are several good Harbours in Sardinia, as Cagliari, the Gulf of Palma, the Gulf of S.ᵗ Pietro &c.ᵃ

The Sardinians, who try, succeed well at rowing, but they have few Ships, and not one Vessel of Force, and they suffer the Neapolitans and Sicilians every year to enjoy a very profitable Coral Fishery on their Coasts, without sending out either men or boats for that purpose.

Each Boat employed in this Fishery, pays no other Duty than a few Shillings yearly to the King, call'd Anchorage.

There is a great Plenty of good Fish on the Sardinian Coasts; but the Sardinians only fish for them as far as necessary for their own Consumption, except for the Tunny, of which they take (and export considerably) at the Island of S.ᵗ Pietro, and on the Northern Coasts of Sardinia.

There are several Salt works, in which great Quantities of Salt are extracted from Sea Water, as near Cagliari, Orestagni &c. The King of Sardinia imports from thence about 20,000 Tuns Annually for the Use of his Continental Dominions. It is not the Quality fit for preserving Flesh or Fish.

Sardinia produces a great deal of good Wheat, chiefly in the extensive plains of the Southern part of it.

Sometimes 200000 ll. weight of it have been exported in a year to Genoa, Spain and other parts; The Piemontese say it is of too hard a Grain.

There is such abundance of Flesh meat, that 'tis common in Summer to find neglected in the Fields Carcases of horned Cattle, which have been killed for the Sake of their Hides. The Occasion of this neglect of their Flesh is, that it is at that time of the Year lean, dry and tasteless, as the Country afford no Grass in Summer, nor till about December.

Wine there is plenty of, and of a very strong Sort.

Scarce any Silk or Oil is made in Sardinia, though Experience has shewn it can produce both, and very good in their Kind.

The Sardinian Wool is almost as Coarse as the Piemontese. Woolen Stuffs are made in Sardinia, but of very ordinary Sort, some pretty good Serges excepted.

They dress Leather, but very ill, and in general, the few Manufactures they have, are in a very imperfect State.

There are many Mines in Sardinia, but none now wrought.

Some of the Western Parts of the Island, particularly towards the Sea Coast about Oristagni is very unhealthfull from the middle of June till the first Snows fall, which is seldom before the latter End of December, and yet Admiral Medley's Sailors, in the war for the Spanish Succession, are said not to have suffered from it, tho' they were there at that Season.

The Northern Parts of the Island, as about Sassary & Algheri, is the healthiest Part of it.

The whole Revenue of Sardinia amounts but about to 44000 Sterling per Ann. and it's Civil and Military Establishment cost about 30,000 Sterling, so that it produces but about 15,000 Sterling Yearly to the Turin Treasury. However, that is not the only Advantage the King finds in the possession of that Island. There are several very profitable Employments both in Church and State, which are in His Disposal. There are some of these He has not a Right of conferring on any but Natives of Sardinia.

Pope Benedict 13.th yielded to King Victor Amadeo the papal Pretensions of Nominating to the Sees and Abbies of Sardinia.

The King can grant Pensions on Ecclesiastical Benefices of Sardinia to none but Natives of Sardinia, & King Victor having violated this Privilege in favour of some Piemontese, and the Sardinians having made Remonstrances on this Grievance, He immediately revoked the Grants he had made.

Many of the most considerable Proprietors of Land in Sardinia are Nobles of Spain, and reside always in Spain.

The Sardinians have much greater Privileges and easier Taxes than the Piemontese, and are governed by Laws peculiar to themselves, which were enacted partly during the Government of the Sardinian Judges in the 14.th Century, and partly during their Subjection to the Kings of the House of Aragon. Very few alterations have been made in them by the House of Savoy.

The Laws enacted by the Judges in the 14.th Century are contained in a Book called the *Carta de Logu*, of which many Parts are now in force.

The Code published by King Philip the 4.th of Spain, for Sardinia, about the year 1636. is now observed in Sardinia, except in some few points, where it has been changed.

The political Division of Sardinia is into two Provinces or Cabos, viz:t the Cabo of Caller or Cagliari and Gallura, and the Cabo of Sacer or Sassari and Logudoro.

The House of Savoy has laid no extraordinary Impositions on Sardinia on account of War.

Sardinia paid a very few thousand Pounds to the present King, on his third Marriage.

State of the Revenue of the King of Sardinia in the year 1760 in English money (20 Piemont Livres being considered equal to one Pound Sterling)[2]

Principalities of States	Gabelle Generali under this head are comprehended, Customs. Dutys on Salt, Tobacco, Stamps, Gunpowder, Lead, Saltpetres etc.			Small Gabells under this head are comprehended Duty on Candles, paper, Hydes, Flesh etc.			Land Tax & Capitation		
Dutchy of Savoy	68,795	18	3	2,926	11	$3^1/_2$	50,538	6	$10^1/_2$
Principality of Piemont	317,937	18	$5^1/_4$	18,988	3	6	112,597	12	6
County of Nice	7,044	17	4	4,716	17		3,695	8	4
Principality of Oneiglia	716	4	$3^1/_4$	710		5			
Dutchy of Montferrat	26,430	10	$4^1/_2$						
Provinces of Alexandria & Lomelina	17,440	2	8	201	14	8	2,292	14	4
Province of Lower Novarese	21,683	12		1,485	17				
Province of Upper Novarese	12,685	14	5	7	13	4			
Province of Vigevanasco	4,763	11		324	12	6			
Province of Tortona	5,136	12	$7^1/_2$	255	18	4			
Pavesan beyond the Po	8,336	18	$7^1/_2$	354	6				
Dutchy of Aosta									
Lordship of the Valleys									
Lordship of Chateau Dauphin							409	3	3
Valley of Sesia in Dutchy of Aosta							13	3	
Addition upon Land Tax for payment of Intendants of Provinces							193	16	
Registering of Publick Acts (Savoy & Aosta excepted)									
Usual Overplus of Gabells & Customs									
Tax upon the Jews									
Casuals Revenues									
Other small branches of Revenue									
Revenue of Sardinia									
	490,972			29,971	14	$4^1/_2$	179,740	4	$3^1/_2$

Note. The Gross Revenue of Sardinia Amounts to £ 44,240 of which (after deducting £ 29,554 for the Charge of that Government) there remains of Net Revenue the sum here Stated.									

[2] PRO,SP109\87, 47-50. Sono documenti trovati a Windsor e donati al Public Record Office di Londra da Edoardo VII nel 1906. Sul retro: «Revenue and Expences, State of Forces, Imports and Exports of the Sardinian Dominions. Also Reverunes and Population of Italy - 1760».

(segue) State of the Revenue

Domaines			Revenue arising from the Sentences of the Courts of Justitie Registering of Publick Acts etc.			Free Gifts of different Provinces to buy off their Lande Tax & other Taxes etc.			Sume Total			
894	18		261	12	6				123,417	6	11	
3,770	10	8½	4,629	14	8				467,923	19	9¾	
317	17	10½	173	5		134	1	6	16,082	7	½	
86	9	2½	15	18	4	80		6	1,608	12	8¾	
180	6	6½	49	1		10,887	4	8	37,547	2	7	
147	12		76	13	2	21,414	9		41,573	5	10	
4	16	2½	10	3	4	16,407	2	8	39,591	11	2½	
						2,956	13	2½	15,650		11½	
						4,556	9		9,644	12	6	
100	1		5	4	8	6,339	18	2½	11,837	14	10	
						11,300	11	7½	19,991	16	3	
			200			3,333	6	8	3,533	6	8	
						3,398	5	2½	3,398	5	2½	
									409	3	3	
									13	3		
									193	16		
			10,000						10,000			
									100,000			
									895			
									2,121	12	6	
									2,567	2	8	
									14,686	3		
5,502	11	6½	15,421	12	8	80,808	2	3	£ 922,606	2	11½	Total of the Revenue

State of the Expences of the King of Sardinia in the year 1760. in English money[3]

Article 1.st	**Expence of the Royal Family**			
	The Houseold	73,500		
	The King's *menûs Plaisirs*, or Privy Purse	1,750		
	The Duke of Savoy's ditto	1,500		
	The Dutchess of Savoy's ditto	1,000		
	The Prince of Piemont's ditto	300		
	The Duke of Chablais ditto	400		
	Mesdames de Savoye ditto (£250 each)	750		
	Apanage to the Prince of Carignan	6,362	12	6
	Charities & Pious Works	2,278	13	5
	Pensions to the Servants of Madame Royale, Grandmother to His present Majesty	211	3	
		88,052	8	11
Article 2.^d	**Ministers & State Affairs**			
	Appointments of Ambassadors & other Ministers at foreign Courts	11,477	10	
	Secretarys of State, of War, of the Cabinet and of the Royal Archives	5,475		
	Counsellors of State, Chancellor, & Council of Memorials	1,000		
	Council of Sardinia	1,285		
		19,237	10	
Article 3.^d	**Justice & Police**			
	Senate of Savoy	2,606	16	5
	Senate of Turin	6,714	3	
	Senate of Nice	1,289	16	8
	Chambre des Comptes	5,000	13	
	State Prisons	325		
	Consolato, the Court for Mercantile & Marine Affairs	695		
	Council of Trade	725		
	Prefets, or, Judges of small Towns upon the Frontiers	55		
	Quarte delle Multe, or Expences for arresting or prosecuting Criminals	686	10	
	University of Turin	2,600		
	Royal Academy	287	10	
	Schools in the Provinces	3,327	15	
	Colleges in the Provinces	1,500		
		25,813	4	1
Article 4.th	**Pensions & Allowances**			
	Pensions to those who have rendered Service to the State	2,688	13	
	Giubilati, that is Pensions to those who have retired from Employments	1,515		
	Pensions to the Curates in the Valleys	814	13	6
	ditto to poor disabled Workmen of the Royal Manufactures	34	12	
		5,052	18	6

[3] PRO,SP109\87, 47v-48v.

(*segue*) State of the Expences

Article 5.th	**Finances**			
	Sallarys of the Principal Officers of the Finances	8,416	4	
	Expence of collections of the Gabells	131,814	17	6
	Expence of the Post Office	5,705		
	Allowances granted to Montferrat & Savoy, on acc.^t of Storms, Dearths & c.^a	750		
	Repairs in the Domaines	705		
	Expences of the Saltworks of Moûtiers & Conflans	2,144	4	11
	Expence of Publick Archives	345		
	Pious Legacys of the last Duke of Montferrat	24	1	4
	Exemptions from the Land Tax &c.^a	532	16	10½
	For the Surveying part of Savoy	48	6	8
	Annuities paid to various persons on different account; vizt for Cessions made by them to the Domaines for interest of money advanced by them for particular purposes &.^a &.^a	4,304	14	3
	Casual Expences in the Management of the Finances	15,989	1	6
		170,779	7	½
Article 6th	**Interest of the Publick Debts**			
	Interest of the Publick Debts (amounting in 1760. to £2,064,187.16.3 Sterling), part at three, part at four per Cent, & part on Life annuities paid out of the Revenue of the Gabells	127,531	13	5
Article 7.th	**Land Forces & other military Expences**			
	Maintenance & Pay of all the Forces (those in Sardinia excepted amounting in the year 1760. to 24,689. Infantry, 3,526. Cavalry and Dragoons, & to about 3,000. Invalids, Marines &c^a	379,134	12	5½
	Artillery (that in Sardinia excepted)	1,400		
	Fortifications &c.^a	50,712	16	2
	The King of Sardinia has usually three Galleys (one of which was lately condemned as unfit for Service) the annual Expence of them amounts to about	14,000		
	Total Expence in Military Affairs in 1760	445,247	8	7½
	Abstract of the Revenue & Expences in 1760			
	Revenue	922,686	2	11½

	Expences					
Article 1st	Expences of the Royal Family	88,052. 8.11				
2^d	Ministers & State Affairs	19,237.10.				
3^d	Justice & Police	25,813. 4. 1				
4th	Pensions & Allowances	5,052.10. 6				
	Total of what may be called the Civil List	138,156. 1. 6				
5th	Finances	170,779. 7.½				
6th	Interest of Publick Debts	127,531.13. 5				
	Total Expence in Civil Affairs	436,467. 1.11 ½				
7th	Land Forces & other Military Expences	445,247. 8. 7 ½	881,714	10	7	
	Revenue exceeds Expences		40,971	12	4½	

State of His Sardinian Majesty's Forces in the year 1760[4]

Infantry	Regiments	Battalions	N° of Men	Annual Pay in English money	Which in an average comes to pr. Man		
Nationals	9	15	8,431	56,160	6	13	2
German	3	6	3,145	25,882	8	4	8
Swiss	5	10	4,950	36,329	7	5	11½
Provincials	10	10	7,320	10,988	1	10	
Artillery	1	1	843	11,062	13	2	5
Total Infantry	28	42	24,689	£ 140,421			
Dragoons	5		2,218	43,200	19	9	6
Cavalry	2		994	21,409	21	10	9
Gardes du Corps		3 Troops	234	6,371	27	4	6
Total Cavalry	7	& 3 Troops	3,446	£ 70,980			
Total of Infantry and Cavalry	35		28,135	£ 211,401			

Note. Besides the abovementioned Forces, there are 2400 Invalids, 304 Marines, 280 Gardes Suisses, and 80 Gardes Chasses, making in all 3,064 Men. The abovementioned Corps, called **Provincials**, are reviewed twice a year in time of Peace, & receive about one fourth of the Pay of the National Troops; tho in time of War they are upon the same footing in every respect with the rest of the Army, & their Officers have at all times equal Rank with those of other Corps; each Provincial Regiment has in time of War, a Corps de Reserve belonging to it, consisting from One hundred to Six hundred & sometimes even to one thousand Men, which serves to compleat not only their own Regiments, but likewise the whole Army; The Private Men of the Provincials are enlisted for twelve years & if they continue in Service for twenty years, they are then entitled to their *Invalides*. In the War of 1742. The Infantry was augmented to fourty Seven Battalions making 34,950. Men & the Cavalry & Dragoons to 4,344 Men, these with 12,000 Provincials formed an army of 46,950. Foot, & 4,344 Horse in all 51,294 Men.
[4] PRO,SP109\87, 49.

State of the Imports and Exports of the King of Sardinia's Dominions in the year 1759

Imports	Value in English money			Exports	Value in English money		
Coffee	13,875			Cattle	110,011	3	
Horses 1540	16,320			Hemp	12,108		
Leather	7,031	2		Rice	11,507	7	
Salt Fish	1,442			Raw Silk to London			
Mules	729	10		£ 382,112			
Sugar	10,590			ditto to France			
Wearing Silks	9,909	14		309,420.16	691,532	16	
Foreign Wines	5,704						
Wrought Steel	12,434	3			£ 825,159	6	
Fine Woolen Cloths	18,356	16					
Course ditto	16,895						
Woolen Serges	4,909	3					
	£ 118,196	8					

State of the Revenues (in English money)
& of the Population of the several Dominions in Italy

States	Revenue in Pounds Sterling			Number of Inhabitants	
King of Sardinia's Dominions upon the Continent	908,000			1,700,000	*Note.* The Revenue of the two Sicilies is in reality the double of what it is here Stated at, tho the King of Naples does not receive above £ 900,000 a year, the remainder having been Mortgaged many years since to private persons by way of Interest on loans advanced by them for the Publick Service.
Island of Sardinia after deducting £ 29,554.6 For the Expence of Government there	14,686	3		360,000	
	922,686	3			
Naples	600,000				
Sicily	300,000			3,400,000	
	900,000				The Publick Debt of the Pope's State amounts at present (1760) to about fifteen millions Sterling, the annual Interest of which sum at $2^1/_2$ p^2 Cent is £ 375,000.
Ecclesiastical State	500,000			1,500,000	
Republick of Venice	1,000,000			2,500,000	
Republick of Genoa	200,000			400,000	
Milanese	335,000				The House of Austria enjoys, at this time, near one Sixth part of the whole Revenue of Italy.
Mantouan	65,000			600,000	
Total belonging to the Empress Queen	400,000				The Great Duke of Tuscany has about £ 24,000 Sterling p^r annum of private possessions exclusive of the Publick Revenue of that State; the Net Remittancies from Tuscany to Vienna (now in time of War) do not much exceed £ 105,000 a year.
Tuscany	300,000			800,000	
Total Austrian Dominions in Italy	700,000				
Modenese State	75,000			150,000	The Revenue of that part of the Plaisantin, which the King of Sardinia is now entited to, is reckoned about £ 18,000 Sterling.
Parma & Piacenza	60,000			120,000	
	£ 4,357,686	3		11,530,000	

Abbreviazioni contenute nei documenti

1.st = first
1st = first
2.do = secondo
2.^{d} = second
2.nd = second
2^{d} = second
2nd = second
3.^{d} = third
3rd = third
4.th = fourth
4th = fourth
7.th = seventh
7:^{na} = settimana
7:^{re} = Settembre
8.th = eighth
10.th = tenth
11.th = eleventh
12.th = twelfth
13.th = thirteenth
14.th = fourteenth
15.th = fifteenth
16.th = sixteenth
39.th
40.th = fourtieth
63.^{d} = sixty-third
& = and
&c. = et cetera
&c.^{a} = et cetera
'till = until
'tis = it is
A:^{m} = Annum
acc.^{t} = account
Accad.^{a} = Accademia

aff.^{o} = affitto
ag.^{ti} = aggiunti
Ag:^{to} = Agosto
Agost.^{ni} = Agostiniani
Agost:^{ne} = Agostiniane
Agostin:^{ni} = Agostiniani
Agostinia^{ni} = Agostiniani
Aiut.^{e} = Aiutante
Ajut:^{e} = Ajutante
Alab:^{ri} = Alabardieri
Allow:^{ce} = Allowance
Aman.^{tea} = Amantea
Ann. = Annum
ann.^{m} = annum
Anun.^{ziata} = Anunziata
Aqui^{la} = Aquila
Arpin.^{o} = Arpino
Art.^{a} = Artiglieria
Artig.^{a} = Artiglieria
As.^{to} = Asiento
Assegnam.^{ti} = Assegnamenti
attualm:^{te} = attualmente
Aug.^{t} = August
Bar.^{i} = Bari
Bar.^{letta} = Barletta
Bassam.^{to} = Bassamento
Bastim:^{ti} = Bastimenti
Batt.^{e} = Battaglione
Batt.^{ni} = Battaglioni
Batt:^{e} = Battaglione
Batt:^{n} = Battallion
Batta = Battista
Battagl:^{ne} = Battaglione

Brig.ª = Brigata

Brin.ᵈⁱˢⁱ = Brindisi

Bruscio.ˡᵃ = Brusciola

C. = Castello

C. = Cavalli

C. = Corpi

C.ᵗ = Cent

C.ᵗ = Count

C:ᵗ = Cent

cad.º = cadauno

Cam.ª = Camera

Camp.ª = Campagna

Can.ᶜⁱ = Canonici

Cant.ª = Cantara

Cant.º = Cantaro

Cap.ⁿᵃ = Capitanata

Cap.ⁿº = Capitano

Cap.º Pasˢᵃʳº = Capo Passaro

Cap:ⁿⁱ = Capitani

Cap:ⁿº = Capitano

Cap:ⁿ = Captain

Capit.ᵃⁿᵃᵗᵃ = Capitanata

Capit.º = Capitano

capit.º = capitano

capit:ⁿº = capitano

Capt = Captain

Car.ⁿᵉ = Carmine

Carmelit.ⁿⁱ = Carmelitani

Cate:ⁿᵃ = Caterina

Catt:ᶜⁱ Cattolici

Cava. = Cavalieri

Cavall.ª = Cavalleria

Cavall:ª = Cavalleria

ciasc.ª = ciascuna

ciasc.º = ciascuno

ciasched. = ciascheduno

Civ.ᵗᵃᵛ = Civitanova

coacerv.ᵉ = coacervazione

coacervaz.ᵉ = coacervazione

Com.ᵉ = Comandante

Commiss.º = Commissario

Comon.ˡⁱ = Comonali

Comp.ª = Compagnia

comp.º = compreso

Comp.ˢ = Companies

Comp.ʸ = Company

Compag:ª = Compagnia

Con.º = Conservatorio

Concez.ⁿᵉ = Concezione

Cong:ⁿᵉ = Congregazione

Congre:ⁿᵉ = Congregazione

Cons.º = Conservatorio

Cons:ʳⁱ = Consiglieri

Conserv.º = Conservatorio

Conserv:º = Conservatorio

Conservat.º = Conservatorio

Convent:ˡⁱ = Conventuali

Corp. = Corpo

Corrispond.ᵗᵉ = Corrispondente

Costantin.ˡⁱ = Costantinopoli

Costantin:ˡⁱ = Costantinopoli

Cot.ⁿᵉ = Cotrone

Crispin.º = Crispiniano

D = Denari

d = pence

D. = Don

D. = Ducati

D. = Ducats

d.ª = detta

D.ª = Detta

D.ª = Donna

d.ᵉ = dette

d.ⁱ = detti

d.º = detto

d.ᵗᵃ = detta

D: = Penny - Pence

D:ˢ = Pence

d:ᵗᵉ = dette

D:ᵗⁱ = Ducati

D:ᵗⁱ = Detti

ded: = deducono

deduz:ⁿᵉ = deduzione

Den: = Denari

disposiz:ⁿᵉ = disposizione

Disterr. = Disterrati

Doc. = Docati

Doc. = documento

Doc.^{ti} = Docati

doc.^{ti} = docati

Doc:^{ti} = Docati

doc:^{ti} = docati

Dom:^{ci} = Domenicani

Dom:^{co} = Domenico

Domen:^{ni} = Domenicani

Domenic:^{ni} = Domenicani

dotaz:^{ne} = dotazione

Drag:^{ni} = Dragoni

Duc. = Ducats

E. = East

ec = eccetera

Ec.^{cies} = Excellencies

Ec.^{cy} = Excellency

Ecc = Eccetera

Ecclesiast.^{ci} = Ecclesiastici

Ecclesiast:^{ca} = Ecclesiastica

Eng:^{sh} = English

Esaz.^{e} = Esazione

escl.^{si} = esclusi

estinz^{e} = estinzione

estraz.^{e} = estrazione

Estraz.^{ne} = Estrazione

Falc^{ne} = Falcone

Fant.^{a} = Fanteria

Fa^{no} Ma^{rtino} Le^{no} opp.^{oro} = ?

Flor.^{n} = Florentin

Florent^{e} = Florentine

Fran.^{co} = Francesco

Fran:^{co} = Francesco

Franc:^{co} = Francesco

Franc:^{ne} = Francescane

Franc:^{ni} Francescani

Frances.^{ne} = Francescane

Frances.^{ni} = Francescani

Francesc:^{ni} = Francescani

Frutt.^{o} = Fruttato

Fruttat.^{o} = Fruttato

G. = Gran

G. = Grana

G.C. = Gesù Cristo

G.C. = Gran Corte

Gall.^{poli} = Gallipoli

Gen.^{le} = Generale

Gen:^{le} = Generale

Giac.^{mo} = Giacomo

Giac.^{o} = Giacomo

Giac:^{o} = Giacomo

Gio: = Giovanni

Gius.^{e} = Giuseppe

Gius:^{e} = Giuseppe

Governm.^{t} = Government

Gr:^{t} D:^{s} = Great Duke's

Gratificaz.^{i} = Gratificazioni

Gratificaz.^{ni} = Gratificazioni

Gratificaz:^{i} = Gratificazioni

Gratificaz:^{ne} = Gratificazione

gratificaz:^{ne} = gratificazione

Grott.^{i} = Grotti

Gu.^{a} = Guardia

Gua = Guardia

Gua.^{a} = Guardia

Guar.^{a} = Guardia

Guard.^{a} = Guardia

Guard.^{e} = Guardie

Guarniz.^{e} = Guarnizione

Honble = Honourable

i.e. = id est - that is

I.st = first

I: = Isola

Id: = Idem

IIth = eleventh

Imp.^{l} = Imperial

imp.^{o} = importano

Impedim.^{t} = Impediment

Incur.^{abili} = Incurabili

indistintam:^{te} = indistintamente

individualm^{te} = individualmente

Inv:^{lidi} = Invalidi

Jan.^{ry} = January

L. = Livres - Lire
Lamp.de = Lampade
Lat: = Latitude
lb. = libbre - pounds
Lieut = Lieutenant
Livr. = Livres - Lire
ll. = livres - pounds
Long: Lomgitude
m = mila
M. Filip.ne = Monte Filippone
M.a = Maria
m.a = mila
M.la = Mila
M.r = Mister·
M.te = Monte
M.t = Mount
M:te = Monte
Madal.ni = Madaloni
Mag.co = Magnifico
mag.e = maggiore
Mag.e = Maggiore
Mag.o = Maggio
Mag.re = Maggiore
Mag:re = Maggiore
magg:re = maggiore
Magg:re = Maggiore
Man.fred = Manfredonia
Manfre.donia = Manfredonia
mang.e = mangiare?
Mantenim.to = Mantenimento
manutenz:ne = manutenzione
Mar.a = Marina
Mar.mi = Marittimi
March.e = Marchese
med.a = medesima
Med.mo = Medesimo
med:ma = medesima
Medicam.ti = Medicamenti
Mi.a = Mila
Mon.ce = Monache
Mon.ci = Monaci
Mon:ce = Monache

Mon:ci = Monaci
Mona.e = Monache
Mono.poli = Monopoli
Mons.r = Monsignor - Monsieur
Ms.o Por.co = Muso Porco
N. = North
N.E. = North East
N.W. = North West
N.o = Netto
n.o = numero
N.o = numero
N:o = Numero - Number
N:r = Number
Nap.oli = Napoli
Nazio = Nazioni?
NB = Nota Bene
Noc. Pag.ni = Nocera Pagani
Nov.r = November
num.o = numero
Num.s = Numeros - Numbers
No = numero - number
Off.li = Officiali
off:li = officiali
Offic. = Officiali
Offic.li = Officiali
Offici:li = Officiali
Orbit.llo = Orbitello
ord.e = ordinarie
ordin za = ordinanza
osserv:ti = osservanti
Otra nto = Otranto
Ott:bre = Ottobre
outw.d = outward
p = per
P. = Pence
P. = Piazza
P.P. = Padri
P.a = Porta
P.ds = Pounds
P.d = Pound
p.r = per
p.r C.t = per Cent

P$.^{ds}$ = Pounds
P$.^{d}$ = Pound
P$.^{d}$ W$.^{t}$ = Pound Weight
pagam$.^{o}$ = pagamento
parimen$.^{te}$ = parimente
parti$.^{a}$ = partita
Patrim$.^{o}$ = Patrimonio
Penz$.^{ni}$ = Penzioni
Pesc$.^{ra}$ = Pescara
Piaz. = Piazze
Piomb$.^{ino}$ = Piombino
Por: = Porto
porz$.^{e}$ = porzione
PP = Pounds
PP. = Padri
PP: = Padri
pr. = per
Pre. Pagh = Prezzo Paghe
pres$.^{e}$ = presente
Pres$.^{ii}$ = Presidii
pres$.^{t}$ = present
Provin$.^{cie}$ = Provincie
publ$.^{k}$ = publick
p^{r} = per
q$.^{el}$ = quel
R = Rotola
R$.^{li}$ = Reali
R$.^{l}$ = Real
R$.^{t}$ = Right
R$.^{le}$ = Reale
R$.^{li}$ = Reali
rag$.^{ne}$ = ragione
rag$.^{ne}$ = ragione
Raz$.^{ne}$ = Razione
Reg$.^{a}$ = Regia
Reg$.^{e}$ = Regie
Reg$.^{no}$ = Regno
Regg$.^{io}$ = Reggio
Regim$.^{ti}$ = Regimenti
rego$.^{li}$ = regolari
Regolam$.^{to}$ = Regolamento
Reg^{io} = Reggio - Regio

Reimbursem$.^{t}$ = Reimbursement
remain:[g] = remaining
Rend$.^{a}$ = Rendita
Rend$.^{ta}$ = Rendita
resp$.^{o}$ = respettivo
Retros$.^{ta}$ = Retroscritta
Riform$.^{ti}$ = Riformati
rot$.^{a}$ = rotola
S = Soldi
S. = San - Santo - Santa
S. = Shilling
S. = Soldi
S. = Sols
S. = South
S. = Sterling
S. Germ^{no} = S. Germano
S. Sant$.^{a}$ = Sua Santità
S.E. = South East
S.M. = Sua Maestà
S.M.C. = Sua Maestà Cattolica
S.S. = Santi
S.S. = Santissimo
S.S: = Santissimo - Santissima
S.S^{ma} = Santissima
S.W. = South West
S$.^{o}$ S$.^{o}$ = Spirito Santo
S$.^{ta}$ = Santa
S$.^{t}$ = Saint
S: = Shilling - Shillings
S$.^{a}$ = Santa
S$.^{s}$ = Shillings
S$.^{ta}$ = Santa
S$.^{to}$ Santo
S$.^{t}$ = Saint
Sardi$.^{n}$ = Sardinian
Sarg$.^{c}$ = Sargente
Sdi = Soldi
Secret$.^{e}$ = Secreterie
Secret$.^{ria}$ = Secretaria - Secreteria
Secret$.^{a}$ = Secreteria
Seg$.^{r}$ = Segreteria
Seg$.^{ria}$ = Segreteria

Sep.^{er} = September

separatam:^{te} = separatamente

Sept.^{r} = September

Serv.^{o} = Servizio

Serviz.^{o} = Servizio

sev:^{al} = several

Sh.^{g} = Shilling

shill.g = shilling

Shill.^{g} = Shilling

Sig.^{r} = Signor

Somministraz.^{e} = Somministrazione

sop.^{a} = sopra

sop:^{ti} = soprascritti

Sopragu.^{e} = Sopraguardie

Sp.^{a} = Sopra

sp.^{o} = speso

Spagn.li = Spagnoli

Squa = Squadroni

Squad.^{e} = Squadrone

Squad:^{ni} = Squadroni

SS = Santissima

SS.^{a} = Santissima

St. = Sterling

St.^{g} = Sterling

Ster. = Sterling

Ster.^{g} = Sterling

Ster: = Sterling

Sterl.^{g} = Sterling

straord.^{e} = straordinarie

Straord:^{e} = Straordinarie

straord:^{o} = straordinario

sud.^{e} = suddette

sud:^{e} = suddette

sup.^{a} = supra

Supplim.^{to} = Supplimento

T.^{ne} = Torrione

Talam.^{ne} = Talamone

Tar.^{to} = Taranto

Taran.^{to} = Taranto

Ten.^{te} = Tenente

Ten.^{ti} = Tenenti

Teormi.^{na} = Teormina

tho' = though

thro' = through

tom.^{a} = tomola

tom.^{o} = tomolo

Tra.^{ni} = Trani

Tripulaz:^{ni} = Tripulazioni

Vallon. = Valloni

Vest.^{o} = Vestuario

Vestu.^{o} = Vestuario

Vestua.= Vestuario

Vett.^{o} = Vettovagliamento

Vette. = Vettovagliamento?

Vies.^{ti} = Viesti

viz = that is

vizt = that is

w. = weight

W. = West

w:^{ch} = which

W:^{m} = William

w:^{t} = weight

W:^{t} = Weight

y.^{e} = the

y^e = the

œ = Pound Sterling - Livres

Indice delle figure

[in copertina] Vedute di Orbetello da terra e di Porto Ercole dal mare, 1765 (PRO,MPF27)

Fig. 1. "Numerazione Delli vary Generi di Comestibili che si consumano Per un anno nella Città di Napoli é Suoi Borghi", 1742? (PRO,SP93\21,77)

Fig. 2. "Anno 1742 - Numerazione della Gente Napoletana compresa la Città e Borghi colla Distinzione delle Parrocchie" (PRO,SP93\21,78)

Fig. 3. Pianta di una strada di Napoli (attuale Piazza de' Martiri), 1765 (PRO,MPF31)

Fig. 4. Pianta di Orbetello, 1765 (PRO,MPF26)

Fig. 5. Pianta di Porto Ercole, 1765 (PRO,MPF28)

Fig. 6. Carta geografica del territorio di Porto Ercole, 1765 (PRO,MPF29)

Fig. 7. Carta geografica del territorio dei Principi di Piombino, 1765 (PRO,MPF30)

Fig. 8. Pianta di Porto Longone, 1765 (PRO,MPF32)

Fig. 9. Pianta della Piazza di Porto Longone, 1766 (PRO,SP93\22,9)

Fig. 10. Carta geografica dell'Isola d'Elba (PRO,MPF33)

Fig. 11. Carta geografica del Granducato di Toscana, 1768 (RLW,IB-6a)

Fig. 12. Pianta della Galleria degli Uffizi di Firenze, 1768 (RLW,IB-6a)

Fig. 13. "Stato delle anime del Granducato di Toscana dell'anno 1765" (RLW,IB-6a)

Fig. 14. "Pianta della Piazza e Porto di Livorno", 1734 (RLW,IB-6a)

Fig. 15. "Pianta della città di Firenze", 1755 (RLW,IB-6a)

Indice analitico dei nomi e dei luoghi[*]

A(b)bondanza, 85, 92, 304, 325, 326
A(b)bruzzo, 125, 131, 134, 141, 155; Province of (provincia dell'), 140; Ultra, Provinces (province), 135
Abano, 397, 400; Baths (bagni), 400; Muds (fanghi), 400; Springs (sorgenti), 400
Abram, Mountain (monte), 488, 489, 492-495, 497, 498; Fort (forte), 498, 499
Absyrtides, Islands (isole), 442; v. anche Absyrtos; Cherso; Ossero
Absyrtos, Island (isola), 442; v. anche Absyrtides; Cherso; Ossero
Acarnania, 452
Acciaioli, Conti, 82; v. anche Acciajuoli
Acciajuoli, Counts (Conti), 260; v. anche Acciaioli
Actium, 452
Acton, commodoro, 52, 52n, 83, 95, 95n
Adalgerio, Bishop (vescovo), 411
Adam, Robert, architetto scozzese, 62, 62n, 63, 63n, 69, 69n, 73, 73n, 436
Adige, River (fiume), 143, 379, 381, 385, 392, 397, 400, 401, 403, 462-464; Porto d', 463
Adorno, 263
Adria, 401, 402
Adriatick, 140, 167, 239, 242, 250, 381-384, 393, 394, 400, 401, 414, 425, 429, 432, 437, 447, 529, 539; v. anche Adriatico
Adriatico 63, 65, 72v. anche Adriatick

Ægida, 426
Æglia, Island (isola), 457; v. anche Ægyla; Cerigoto
Ægyla, Island (isola), 457; v. anche Æglia; Cerigoto
Æmonia, 427
A(f)frica, 277, 297, 388; Coast of (costa della), 165; wax (cera), 145
Agilulfo, v. Gilulfo
Agirù, 448
Agnano, 270
Agno, River (fiume), 394
Agordo, 411
Agrigento, v. Girgento
Aix la Chapelle, Treaty of (trattato di), 287; Peace of (pace di), 547
Ajello, Raffaele, 17
Alalcomene, 454
Albania, 60, 63, 69, 72, 72n, 73n, 386, 432, 433, 438, 466, 510, 513; costa dell', 61; Lower (meridionale) 448, 452; Province of (provincia dell'), 445; veneziana, 21; v. anche Venetian Albania
Albegna, River (fiume), 295
Alberti, 22; conte, 81n
Albizzi, Marchioness (marchesa), 372
Albona, 425, 430
Alcamo, 136; wine of (vino di), 130
Alefchimo, 448; District of (distretto di), 448
Alerion, snow (piccolo vascello), 95
Alessandria, Val d', 453

[*] L'indice non include le tavole. I nomi in corsivo sono le forme antiche dei toponimi.

Alexander (Alessandro), de' Medici, Duca 283, 320, 329
Alexandria (Alessandria), 145; flax (cotone), 146, 147
Algeri, 95n
Algheri, 549, 550
Alica, 272
Alieto, 427; *v. anche* Isola
Allocati, Antonio, 41, 42n
Almerigo, 401; *v. anche* Amelrigo
Almissa, 437, 477, 478, 483
Alps (Alpi), 16, 175, 390, 421, 422, 425; Country of (paese delle), 414
Alto Pascio, 274
Altopascio, v. Alto Pascio
Alvise IV Mocenigo, ambasciatore veneziano, 52n
Amalfi, 277; Coast of (costa di), 126, 132, 167
Ambracia, Gulph of (golfo d'), 452; *v. anche* Arta, Larta
Ambrogiana, Villa, 262
Amburgo, 61
Amelrigo, Marquis (marchese), 401; *v. anche* Almerigo
America, 11, 40n, 83; 138, 290; British Colonies in (Colonie britanniche in), 257; sugars (zuccheri), 139; Settentrionale 31; *v. anche* North America
Amiens, 139
Ammannati, 300
Amsterdam, 139, 146
Ancona 21, 89, 167, 284n, 286, 536, 539; Port of (porto di), 536, 539
Andrea del Sarto, 301
Andrew II, King of Hungary (re d'Ungheria), 434, 435
Anfora, Canal (canale), 422
Angelo-Castro, 448; *v. anche* Castel Sant'Angelo; Saint Angelo, Castel of
Anghiari, 250
Annoi, 454
Annona, 280, 304, 535
Annunziata, *v.* Casa dell'Annunziata
Antinori, segretario di Sua Maestà Imperiale, 48n

Antipaxò, Island (isola), 450, 451
Antiquarians, Accademy of (Accademia degli Antiquari), 253
Antivari, 447
Appalto Generale, 85, 89, 91, 92, 93
Apparita, Mountain (monte), 259
Appennine(s) (Appennini), 240, 242-253, 263, 264, 267-269, 273, 295, 334; *v. anche* Appennino
Appennino, 81; *v. anche* Appennine(s)
Apuan, Mountains (monti), 298; *v. anche* Apuano
Apuano/i, (monte/i), 267, 268; *v. anche* Apuan
Apulia, 438; *v. anche* Puglia
Aquila, 125; saffrano d' (zafferano), 135; *v. anche* L'Aquila
Aquileia, 64, 381, 414, 422-424, 427, 430; Province of (provincia d'), 414
Aquilon, fregata, 57
Aragon, House of (casa degli), 550
Arbe, Island (isola), 442, 443, 444 *v. anche* Rab
Arbia, Val d', 294
Arceli, Filippo, General (generale), 423
Arcetri, 260
Archipellago, 297
Arcidosso, 292
Ardo, River (fiume), 410
Arezzo, 244, 245, 252, 253, 259; Mountain of (monte d'), 250
Argiruntum, 441; *v. anche* Novigradi
Argostoli, 453; Bay of (baia di), 454; Porto, 454
Arno, River (fiume), 241-245, 251-255, 257, 259-263, 265-278, 288, 300; Lower Valley of 243, 261, 267, 271, 273 *v. anche* Valdarno di Sotto; Upper Valley of, 243, 265; *v. anche* Valdarno di Sopra
Arnone, River (fiume), 250
Arpenino, 132
Arquà, 397, 399
Arsa, River (fiume), 430
Arta, Gulph of (golfo di), 503; *v. anche* Ambracia; Larta

Arte dei Fabbricanti, 92, 336
Arte dei Medici e Speziali, 92, 336
Arte dei Mercanti, 92, 335
Arte dei Conciatori, 92; v. anche Arte of Tanners
Arte del Cambio, 92, 335
Arte della Lana, 92, 333, 334
Arte della Seta, 92, 332
Arte of Tanners, 337; v. anche Arte dei Conciatori
Artemino, Park of (parco di), 259, 263; Hill(s), of (collina/e di), 259, 261; v. anche Artimino
Artimino, vino di 256; v. anche Artemino
Arzignano, 395
Asburgo, 9
Asciano 269, 270; Fountains of (fonti di), 279
Asiago, 394
Asola, Fortress (fortezza), 387, 460
Asolo, 403-405, 408, 413
Asonna, River (fiume), 12
Asso, Fortress of (fortezza d'), 454; Val d', 453
Astico, River (fiume), 394
Atene, 67
Atherton, Louise, 26
Atripalda, 132
Attila, 381, 399
Augusta (Germania), 144
Augusta (Italia), salt pits of (saline d'), 135
Augusto, v. Augustus
Augustus, 277, 429, 430, 432
Aurana, 434; v. anche Urana
Austria, 9, 13, 30, 45, 46n, 47; Archdukes of (Arciduchi d'), 419; casa di, 86; House of (casa d'), 135, 142, 283, 415, 425, 430, 432
Austrian Lombardy, 249; State (stato), 413, 480
Avellino, 125, 132
Aversa, 125; fiera di (anche fair of), 15, 124, 141, 153, 154, 171
Aviano, 415, 420

Aviola, C. Silius, 388
Alzà, 390
Azuri, Island (isola), 435; v. anche Zuri

Bac(ch)iglione, River (fiume), 379, 394, 397
Bacco, 58n
Badessa, Fort of (forte di), 471; v. anche San Giovanni, Fort
Badia, 402; v. anche La Badia
Badoar, Orso, 384
Baffo, Family of (famiglia dei), 383
Bagno a Acqua, 273
Bagno, 250
Bagnole, 386
Bagolino, 388
Balbiani, Ludovico, console austro-toscano a Napoli, 40, 41, 41n, 42
Baleari, v. Balerian Islands
Balerian Islands (isole), 277
Banda grande, 439; picciola, 439
Barbarossa, Corsair (corsaro), 446
Barbary Cruizers (anche Cruisers, Cruizers of the Barbarians)(corsari degli Stati Berberi), 130, 167, 168, 174, 287
Barberini, Family of (famiglia dei) 265
Barberino, 252
Barga, 249; Confines of (confini di), 245; Discrict of (distretto di), 243, 248, 249; Jasper of (diaspro di), 250; Territory of (territorio di), 245
Bargello, 307, 308, 310
Bari, 125, 134; Port of (porto di)125, 130; Harbour of (porto di), 167; Province of (provincia di), 133, 134, 140, 141, 154
Barletta, 128, 141, 166; fair of (fiera di), 154; Port of (porto di), 125, 141; salt pits of (saline), 135, 136
Barlow, Catherine 34n
Baron, Fort of (forte di), 471
Bassanese, 412
Bassano, 68, 394, 403-405, 414, 465
Bastia, 450
Beatrice, Countess (contessa), 278

Beccarie, Porta delle, 470; *v. anche* Becearie

Becearie, Porta delle, 470; *v. anche* Beccarie

Bedford, duca di, ministro plenipotenziario a Versailles, 9, 31

Belgrado, 447

Bella Vista, Marquisat (marchesato), 264

Belleisle, 511

Bellunese, 21, 60, 403, 408-412, 414, 422

Belluno, 68, 408, 410-412, 414

Belriguardo, 249

Belvedere, 134

Benacus, Lake (lago)387; *v. anche* Garda

Bencivenni-Pelli, Giuseppe, 77

Bencovaz, 441

Benedettini, *v.* Benedictins

Benedictins, 257, 382-385, 398, 428

Benedict (Benedetto) XIII, Pope (papa), 550

Benedict (Benedetto) XIV, Pope (papa), 532

Benigni, Paola 27

Benizi, Saint Philip 252

Berengo, Marino, 27

Bergamasco, 60, 386, 387, 389

Bergamo, 390, 391, 461; Fortifications of (fortificazioni di), 460; Province of (provincia di), 460

Bergoglie, Channel (canale), 433

Berni, poeta 259

Bertoldo, Patriarch 422

Berwick, *v.* Fitzjames, James

Bianchini, Ludovico, 52

Bibbiena, 251

Bibbona, 291

Bicchiere, 249

Bientina, 270, 274; Lake (lago), 263, 264, 268-270; Marsh (palude), 244, 273; Plain (pianura), 274

Biocova, 477

Bisceglia/e, Port of (porto di), 130; harbour of (porto di), 167

Bisenzio, River (fiume), 258; Valley of (valle del), 258

Bitonto, 132

Blatta, 439

Board of Trade, 32, 32n, 33, 34, 40, 40n, 87, 87n

Bocca(c)cio, 266

Boccagnazzo, 441

Boemia *v.* Bohemia

Bohemia (Boemia), 143; cristals (cristalli di), 139, 144, 145; King of (re di), 405

Bojana, River (fiume), 432; *v. anche* Drino

Bolgheri, 290

Bologna, 66, 79, 239, 248, 250, 535; Disrict of (distretto di), 248; State of (stato di), 240

Bolognese, 249

Bolzano, 143

Bona, 297

Borbone, 9, 10, 13, 16, 51, 175; *v. anche* Bourbon, House of

Borghetto, 393

Borgo Saint Sepolcro 250; *v. anche* Borgo San Sepulcro

Borgo San Sepulcro 245; *v. anche* Borgo Saint Sepolcro

Bosnia 432, 441; King of (re di), 446

Bossanschirt, 480

Bossina, 480-483

Botta Adorno, Antoniotto, maresciallo, marchese, 22n, 23, 89, 92

Botteniga, River (fiume), 403

Botteselle, Fort (forte), 477

Bouchard, Giuseppe 78

Bourbon, House of (casa dei), 16; *v. anche* Borbone

Bragadino, Marco, Proveditor (provveditore), 423

Brandeburg, Marquises of (marchesi di), 408

Brandolino da Bagnacavallo, 409

Brandolino, Family of (famiglia dei), 409

Brano, 249

Brasil (*anche* Brazil), drugs (spezie), 139, 146; sugar (zucchero), 139, 146

Brazza, Channel (canale), 437; Island (isola), 437, 438, 477

Brembana, Val, 390

Brembo, River (fiume), 390

Breno, 387

Brenta, River (fiume), 379, 385, 394, 397, 399, 405, 412, 465

Brescia, 386-390, 431, 461, 462; Province of (provincia di), 460, 461; nails and fire arms (chiodi e armi da fuoco), 140

Brescian (Bresciano), 386, 392; State (stato), 387, 393, 461; Territory (territorio), 388, 389; v. anche Bresciano

Bresciano, 60, 386, 387, 389; v. anche Brescian

Bressanone, Bishoprick of (vescovato di), 410

Brevilacqua, Island (isola), 441; v. anche Prinlabra

Brindesi, 141; v. anche Brindisi

Brindisi 125, 128, 130, 141, 154; Harbour of (porto di), 167; Mole of (molo di), 167; Port of (porto di), 125, 130; v. anche Brindesi

Brioni, Rocks (scogli), 429

Broggia, Carlo Antonio, 40, 41, 41n, 42, 42n, 43, 96n, 150

Brondolo, 379, 381, 459; porto, 381, 382

Brozzi, 258

Brucianese, 261

Brugnara, Count of (conte di), 407

Bruna, v. Brune

Brunaleschi, 300

Brune, River (fiume), 295

Brunelleschi, v. Brunaleschi

Brunias, Agostino, 63n

Bua, Island of (isola di), 436, 437

Bucagini, Country of the (paese dei), 445; v. anche Montenegro

Buckingham, Lord, 59

Buclua, 484

Budua, 445-447

Buggiano, 264

Buggie, 425

Buonaro(t)ti, 300, 301; v. anche Michelangelo

Burano, Island (isola), 379, 380

Büsching, Anton Friedric, 61

Busi, Island (isola), 439

But, v. Bute, River

Bute, conte di 9, 10; Lord, 40n, 58n, 62n, 66n

Bute, River (fiume), 419

Buti 270; Valley of (valle del), 271

Butrinto, Lake of (lago di), 501; Fortress (fortezza), 501

Cadore, Disctrict of (distretto di), 414, 422

Cadorino, 410, 422

Caesar, Julius, 418

Cagliari, 549, 551; v. anche Cagliary, Caller

Cagliary, 549; v. anche Cagliari, Caller

Cagnani, Canals (canali), 403

Ca(l)labria, 125, 126, 128, 130, 131, 134, 135, 140, 141, 145, 157; oils (olii di), 130; province of (provincia di), 140; salt mines (miniere di sale), 135

Calabria Citra, Coast of (costa della), 167; oils (olii di), 130; Provinces of (province della), 134

Calabria Ultra, 126

Calama, River (fiume), 450

Calambrone, River (fiume), 276, 282

Calamecchia 249

Calci, 269, 270, 271; Valley (valle), 270

Caldaceoli, 271

Calepio, 390; Vally of (valle del), 390

Calichiopulo, Lago, 448

Caller, Cabo of (provincia di Cagliari e Gallura), 551; v. anche Cagliari, Cagliary

Callone, 263; Custom House of (dogana di), 263

Callot, v. Callotta

Callotta, 260

Callura, 551

Calvisano, 388

Camaldole/i, hermitage (eremitaggio), 251, 382; monks of (monaci di), 366

Cambray, League of (Lega di), 406, 412, 422

Camera del Real Patrimonio, 129

Camina, 487

Camerino, 535

Caminese, Bianchino, 406

Camino, Family of (famiglia dei), 407; Gherardo da, 412

Camisano, 386

Cammarata, salt pits of (saline di), 135

Camonica, Val, 387

Campagna, 389

Campedello, 410

Campi, 258

Campiglia, 290, 369

Campo San Piero, 397, 399

Cancelli, 255

Candia, 382, 384, 385, 428, 456, 457, 489, 491, 496; Peace of (pace di), 442

Candiglia, 249

Caneva, 415, 420

Cansei, Wood of (bosco di), 410

Cantanzaro, 125, 126; v. anche Catanzaro

Caorle, 379, 380

Capace, district of (distretto di), 135

Capasso, Bartolomeo, 38, 55n

Capitana, galea, 52

Capitani della Parte, Magistrate (magistratura), 329

Capitani di Orsanmichele, 92; v. anche Captains of Or San Michele

Capitani di Parte Guelfa, 92

Capo, 272

Capo Barbaro, Promontory (promontorio), 448

Capo Bianco, Promontory (promontorio), 448, 451

Capo Capra 453; v. anche Capo Guiscardo

Capodistria, 426, 427, 428, 431; v. anche Capo d'Istria

Capo d'Istria, 68, 425, 426

Capo di Ponte, 411

Capo Guiscardo, Promontory (promontorio), 453; v. anche Capo Capra

Capo Saint Angelo, Promontory (promontorio), 456, 457

Capo Scala, Promontory (promontorio), 454

Capo Sidari, Promontory (promontorio), 449

Capo Spada, Promontory (promontorio), 456, 457

Cappato, 273

Capraia, v. Capraja

Capraja, 262, 299

Caprano, Island (isola), 435

Caprona, 270

Captains of Or San Michele 337; v. anche Capitani di Orsanmichele

Caracca, cacao di, 139

Caracciolo, Domenico, ambasciatore napoletano, 48, 48n

Careggi, 258; vino di, 256

Carin, 435

Carini, District of (distretto di), 135

Carinthia, 386, 414, 421

Carli, 89

Carlo di Borbone, 29n

Carlo Emanuele III, 41

Carlo III di Borbone, 47n, 50, 51, 52n; anche Don Carlos, 174

Carlo VI d'Asburgo, 96, 96n

Carlowitz, Peace of (pace di), 446

Carmelites (Carmelitani), 305, 383

Carmignano 259; wine of (vino di), 256

Carni, Country of (paese di), 414

Carnia, 419; District of (distretto di), 414

Carniche, Alpi, 414

Carniola, 386, 414, 425; Dutchy of (ducato di), 425; Lower (Bassa), 425

Carrara, 267

Carso, 414; County of (contea del), 420; Country of (paese del), 425; Mountain of (montagna del), 420

Carthusians, 260, 272, 299; Convent (convento), 270; v. anche Cartusiani

Cartusiani, convento dei, 82 v. anche Carthusians

Casa dell'Annunziata, 39

Casale, 291

Casciana, 263, 273

Casciano, v. Casciana

Cascina, 276

Cascinano, 265

Cascine(s), 260, 275; *v. anche* Le Cascine
Caselle, *v.* Castello
Casentino, 81, 243, 245-247, 250, 251, 257
Casopo, 448; porto di, 448 *v. anche* Cassiope
Cassano, Port of (porto di), 128, 130
Cassiope, 448; *v. anche* Casopo
Castagneto, 290
Castel a Mare, 167; Port of (porto di), 125
Castel a Mare del Golfo, 127, 136, 163; wine of (vino di), 130
Castel Baldo, 397, 398, 463
Castelfiorentino, *v.* Castel Fi(o)rentino
Castel Fi(o)rentino, 266
Castelfranco (TV), 403, 414; *v. anche* Castel Franco (TV); Castel-franco(TV)
Castelfranco (Toscana), 255; lower (di Sotto), 262
Castel-franco (TV), 405; *v. anche* Castelfranco (TV); Castel Franco (TV)
Castel Franco (TV), 465; *v. anche* Castelfranco (TV); Castelfranco (TV)
Castel Leone, 426
Casteleucco, 404
Castellina, *v.* Castellino, La Castellina
Castellino, 290
Castello, 258, 290, 411; Moscado of (moscato di), 256
Castello d'Agordino, 411
Castellottieri, 241, 291
Castel Martini, 264
Castel Nuovo, 486, 487
Castel-Nuovo, 445, 446
Castel Sant'Angelo, 448; *v. anche* Angelo-Castro; Saint Angelo, Castel of
Castelvecchio, *v.* Castel Vecchio
Castel Vecchio (Toscana), 270
Castel Vecchio (Veneto), 463
Castel Vetrano, wine of (vino di), 130
Castiglionc(i)ello, 273, 290
Castiglione, 295; Lake of (lago di), 292, 295, 296
Castiglione Aret(t)ino, 253
Castiglione della Pescaja, 241, 291, 296

Castil-Arragonese, 549
Castrades, Suburb (sobborgo), 497, 498
Castrezzato, 388
Castrocara, 250
Castruccio Castracani, 261, 274
Cataldo, 128
Catania, 130, 131, 135
Catanzaro, 54, *v. anche* Cantanzaro
Cattaro, 60, 445, 446, 484-486; Bocche di, 445; Channel of (canale di), 445, 446; Gulph of (golfo di), 445; Mountain of (monte di), 484; Mouth of (bocca di), 445; *v. anche* Sinus Rhisonicus
Cava dei Tirreni, *v.* Cava; La Cava
Cava, 132; *v. anche* La Cava
Cavalieri di Santo Stefano, *v.* Santo Stefano, Cavalieri di
Cavallo, Monte, 420
Cavanella, Channel (canale), 442
Cavarsere, 379
Cavarzere, *v.* Cavarsere
Cavinaja, 275
Cavinana, 249
Cavo, 404
Cecina, 290; Fief of (feudo di), 291; River (fiume), 242, 244, 288, 289
Cecoraccia, 264
Cefalonia, 60, 135, 448, 452-455; Currant (uva passa), 454; Moscato/Moscatello, 454; *v. anche* Cephalenia, Melœna
Cellini, 301
Ceneda, 64, 64n, 403, 406-408, 413
Censenighe, 411
Centum-Cella, 536; *v. anche* Civita Vecchia; Civitavecchia
Cephalenia, 453; *v. anche* Cefalonia, Melœna
Ceppato, *v.* Cappato
Cerea, 393
Cerigo (isola), 60, 448, 456, 457; *v. anche* Cythera
Cerigoto, (isola), 60, 448, 457; *v. anche* Æglia, Ægyla
Certaldo, 266
Certosa, 382; Monastery of Carthusians

(monastero dei Cartusiani), 382 v. anche Carthusians

Cervia, 529

Cesana, County of (contea di), 403, 407; District of (distretto di), 406; Family of (famiglia di), 408

Cesare, Caio Giulio v. Caesar, Julius

Cet(t)ina, River (fiume), 436, 437, 441, 474, 476, 477, 481, 483; Passage of (passo di), 481

Changuion, Philip, 148n

Charlemagne, 418, 427

Charles VI (Carlo VI), 143

Charles of Brisar, 328

Charles the fifth (Carlo V), 249, 293, 302

Cherea, River (fiume), 441

Cherso, Island (isola), 426, 442, 443; City of (città di), 442; v. anche Absyrtos; Absyrtides; Ossero

Chesio, River (fiume), 387, 388

Chiana(e), Marshes of (paludi di), 254; River (fiume), 252, 294; Val di, 250, 252, 294; Valley of (valle di), 243, 245; 294

Chianciano, Baths of (terme di), 254

Chianti, 243, 265, 294

Chiari, 388

Chieri, porto, 455

Chieta, 125; v. anche Chieti

Chieti, 54; v. anche Chieta

Chimera (Epirus), Coast of (costa di), 448

China (Cina), 139

Chioggia; 379; War of (guerra di), 381, 384; v. anche Porto di Chioggia

Chiozza, 143; Port of (porto di), 143, 459; v. anche Chioggia

Chiusa, 421, 462, 463

Chiusaforte, v. Chiusa

Chiusi (Chiusis), 252, 254, 292, 294

Chiusis v. Chiusi

Choiseul, Etienne-François, 10

Chrysopolis, 448

Chuchglizza, Channel (canale), 434

Churchill, 104; Arabella, 70n

Ciclut, 480, 481

Cicola, River (fiume), 442

Cimbri, Defeat of (sconfitta di), 395

Cina, v. China

Cinque Savii alla Mercanzia, 59, 59n

Ciocchi, Giovan Filippo, 78

Ciprus, 283

Cismone, 412

Cisone, 409

Cistercian, Nuns (suore), 384

Città Nuova, 425, 427

Città Vecchia, v. Traù

Cittadella, 397, 399, 465

Cividal di Belluno, 410

Cividale, 415, 423; v. anche Cividale del Friuli

Cividale del Friuli, 418; v. anche Cividale

Civita Vecchia, 286, 536-539; Port of, 536, 537; v. anche Centum-Cella; Civitavecchia

Civitavecchia, 89, 131, 536; v. anche Centum-Cella; Civita Vecchia

Clement IX (Clemente IX), 382

Clement the fourth (Clemente IV), Pope (papa), 328

Clement the seventh (Clemente VII), Pope (papa), 302

Clemente, 382

Clemente XII, 88n

Clérisseau, Charles-Louis, 63, 63n

Clissa, 441, 442, 472, 477, 482; Fortress of (fortezza di), 476; Territory of (territorio di), 432

Clusone, 390; Vally of (valle di), 390

Cocchi, Antonio, 77, 80, 80n; Raimondo, 26, 27, 77, 79-82, 82n, 83, 85, 88n

Codroipo, 415, 421

Colbert, 66n

Collalto, County of (contea di), 403, 408; District of (distretto di), 406

Colle, 264, 266; Family of (famiglia dei), 407

Colledge of Judges and Publick Notaries, 332; v. anche Collegio dei Giudici e dei Notai

Collegio dei Giudici e dei Notai, 92, v. anche Colledge of Judges and Publick Notaries

Collegoli, 262
Colloredo, 415, 421
Cologna, 395
Comeana, 259
Comeda, River (fiume), 412
Communa, River (fiume), 386
Comna, Lake of (lago di), 434
Comnenus, Micheal, Emperor (imperatore), 448
Compagnia dei Mari del Sud, 12
Compagnia della Turchia (Levant Company), 12
Compagnia delle Indie Orientali (anche Compagnia dell'India orientale), 12, 96n; v. anche East India Company
Compagnia di commercio di Trieste e Fiume, 96n
Concordia, 418
Coneda, v. Ceneda
Conegliano, 403, 406-408, 413
Consiglio di Reggenza, 36, 46
Constantinople, 133, 301; v. anche Costantinople; Costantinopoli
Consuma, Mountain (monte), 257
Contarini, Alvise, Savio alla Scrittura, 58n; Domenico, doge, 384; Family of (famiglia dei), 408; Post (postazione), 485
Conversera, Island of (isola di), 428
Conway, Henry Seymour, Segretario di Stato, 16, 16n, 22, 35n, 43n, 45, 45n, 46n, 49n, 50, 50n, 53n, 56n, 57n, 74, 173, 174, 176, 179-181, 418, 425, 432, 438, 445, 452, 457, 466, 504
Cooni, 454
Copra, 426
Copraria, v. Copra
Corcyra, 448; v. anche Corfù; Phœacia
Corcyra Nigra, 439 v. anche Curzola; Melena
Cordevole, River (fiume), 412
Cordignano, 403, 408
Corfioti, Kingdom of (regno dei), 451
Corfù, 60, 66, 69, 74n, 448, 449, 451, 455, 476, 487-491, 496-503, 510, 512, 513; Channel of (canale di), 450, 451,

501, 502; Companies of (compagnie di) 522; v. anche Phœacia; Corcyra
Corlaga, 241
Corliano, 271
Cor(o)mandel, Coasts of (coste del), 83n, 95, 387
Cornaro, Catherine, 404
Corner, Family of (famiglia dei), 429; Ravelin (rivellino), 490
Cornia, fiume, 295
Corny, General (generale), 369
Corona, Monte, 382
Coronata, Island (isola), 434
Correr, Family of (famiglia dei), 408
Corsi, Marquis (marchese), 369
Corsica, 10, 29, 277, 280, 299, 306; coasts of (coste della), 165; Oyl of (olio di), 305
Corsini, Elisabetta, 88n; Prince (principe), 371
Corsonna, River (fiume), 250
Corte di Roma, 91
Cortona, 253
Cosenza, 54, 125
Cosimo I de' Medici, 45n; v. anche Cosmus the first
Cosimo II de' Medici, v. Cosmus the second
Cosimo III de' Medici, v. Cosmus the third
Cosliac, 425
Cosmopoli (Portoferraio), 299
Cosmosello, 441
Cosmus the first, 278, 281, 283, 291, 293, 298, 299, 302, 321, 322, 326, 327, 330, 334, 338, 366, v. anche Cosimo I de' Medici
Cosmus the second (Cosimo II), 279, 302
Cosmus the third (CosimoIII), 262, 264, 295, 302
Costantinople, wax (cera di), 147; v. anche Constantinople; Costantinopoli
Costantinopoli, 21, 21n, 56, 56n, 57, 60, 67; Sublime Porta, 21; v. anche Constantinople; Costantinople

Costanza, Treaty of (trattato di), 301
Costoggia, 395
Costoza, *v.* Costoggia
Co(t)trone, 125, 128; Port of (porto di), 125, 130
Cozzile, 264
Crane, 454
Crema, 386, 387, 460, 461; Fortifications of (fortificazioni di), 460
Cremasco, provincia della Lombardia veneziana, 60, 386
Cremona, 386; Province of (provincia di), 460
Cremonese, 386, 387; Duchy of (ducato del), 387
Crepsa, Island (isola), 442; *v. anche* Cherso
Crespano, 404
Crespina, 273
Crespola, 249
Crexa, Island (isola), 442; *v. anche* Cherso
Cristoforo della Pace, 383
Croara, 462, 463
Croat(z)ia, 143, 432, 443
Croce, 262
Crociate, *v.* Croisades
Croisades, 277
Crotone, v. Co(t)trone
Cucigliana, 270
Curzola, 69, 438, 439, 440, *v. anche* Corcyra nigra; Melena
Cutler, Charles & Co., ditta inglese a Napoli, 44n
Cythera (isola), 456; *v. anche* Cerigo

D'Arezzo, Orazio, 49n
d'Arrigo, Barbara, 27
Dagna, Island of (isola di), 434
Dalmatia, 21, 386, 432, 433, 435, 437, 438, 440-442, 445, 459, 466, 472, 473, 475, 479, 480, 481, 483, 504, 509, 510, 513, 514; *v. anche* Dalmazia
Dalmazia, 60, 63-65, 69, 72, 72n, 73n, 432, 447; costa della, 61, 63; fortificazioni della, 56; *v. anche* Dalmatia

Dance, M^r, 523
Danimarca, 30, 141
Dante Alighieri, *v.* Danti
Danti, 301
De' Cervi (isolotto), 457; *v. anche* Teganussa
Decima Granducale, 85, 92, 322
De' due Castelli, Porto, 381, 382, 384, 459*v. anche* Lido, Porto di Lido
De' Fossi, (ufficio), 282; *v. anche* Ufizio de' fossi
de Fux, Mr., 168
Delfino, Family of (famiglia dei), 424; Porto, 456, 457
Della Rovere, 91; *v. anche* Rovere, house of
Della Scala, Alberto, 413; Cane, 405, 413; Mastino, 413
Del Sarto, Andrea, *v.* Andrea del Sarto
Demata, Harbour (porto), 452
Denmark (*v.* Danimarca)
Depositeria Generale, 85, 92, 93, 97, 338, 339
Dernis, 441, 442, 471, 482; *v. anche* Dernisch
Dernisch, 442; *v. anche* Dernis
de Sà, Monsr, 101
Desenzano, 389, 461
De' Tre Porti, Porto, 382, 458; *v. anche* I tre Porti
Dewez, Laurent-Benoît, 63n
Di Mauro, Leonardo, 36n
Dick, John, console inglese a Livorno, 33, 81n, 85, 87
Diclo, plain of (pianura di), 441
Dicomano, 252
Didier, King of the Lombards (re dei Lombardi), 418
Dignano, 425
Dioclesian, 436
Diocleziano, *v.* Dioclesian
Dobragne, 481
Doccia, Sesto Fiorentino, 88n, 258
Dogado, 21, 60, 62, 63, 65, 69, 379, 380, 385, 386, 397, 400, 403, 432, 458; cfr. Venezia, ducato di; Venice, Dutchy of

Dogado, fortificazioni, 71
Doge, 380
Dolfino, Cardinal (cardinale), 420
Dominicans, 383, 385; *v. anche* Padri Domenicani Osservanti
Donaratichino, 290
Donaratico, 290
Donatello, 301
Donato, 265
Donato Veneziano, 65, 383
Doria, 17
Dos Coronas, 10
Dragoniere (isolotto), 457
Drino, River (fiume), 432 *v. anche* Bojana
Duare, 441, 442, 477-479, 483
Ducato, Cape (capo), 502
Due Sicilie, 17, 18, 43, 44, 50, 54, 55; commercio delle, 42, 49; contrabbando nelle, 43n; finanze delle, 53; fortificazioni delle, 47, 47n, 50; Regno delle, 19, 33, 34, 34n, 37n, 39, 41, 49, 50, 89, 101, 169n; sistema di difesa delle, 51; *v. anche* Two Sicilies
Dunk, George Montagu, conte di Halifax, 40n; *v. anche* Halifax, Earl of
Dunk, Sir Thomas, cavaliere, 40n
Dunning, 50
Dusili, 137
Dutens, Lewes, ministro plenipotenziario inglese a Torino, 28

East India Company, 83n, 95; *v. anche* Compagnia delle Indie Orientali
Ecclesiastical State, 247, 528, 533; Confines of (confini dello) 239, 240, 292, 294; *v. anche* Pope State, Roman State; Stato della Chiesa
Edoardo VII, 28
Egitto *v.* Egypt
Egremont, conte di, 81n, 90n
Egypt, 133
Elba, Island of (isola d'), 241, 288, 297-299; isola d' (anche Island of), 20, 46n, 174; plan of (pianta dell'), 180
Elcho, Lord, 70n, 71n

Elsa, River (fiume), 261, 262, 266, Valley of (valle d'), 243, 265, 266; *v. anche* Elza
Elza, River (fiume), 272; *v. anche* Elsa
Ema, River, (fiume), 260; Valley of (val d'), 243, 260
Emilia, via, 273
Emperor (Imperatore), 13
Empoli, 262
Enego, 394
England, 127, 132-134, 136, 138, 140-146, 150, 167, 171, 257, 271, 284n, 287, 288, 290, 297, 306, 312, 523, 539, 544, 548; cloths (stoffe d'), 139, Court of (corte d'), 287; *v. anche* Inghilterra
Epirus, 448, 450; Kingdom of (regno dell'), 501
Era, River (fiume), 272, 273; Valley of (valle dell'), 243, 272, 273, 276; *v. anche* Valdera
Ercole of Este, Duke of (duca di) Ferrara, 402
Ercole *v.* Hercules
Erisso, 453
Erizzo, Antonio, 467
Erzegovina, 432, 478, 480-483, 487; Country of (paese dell'), 437; *v. anche* Herzegovina
Este, 397, 398; Albertazzo of, Marquis (marchese), 401; Family of (famiglia degli), 399, 401
Estremo Oriente, 96n
Euganean, Hills (colli), 398-400
Eugene the third (Eugenio III), Pope (papa), 270
Eugenio III, papa, *v.* Eugene the third
Eugenio, principe, 74n
Europa, 18, 36, 68, 74; Orientale, 10*v. anche* Europe
Europe, 138, 140, 259, 265, 286, 333, 521; Princes of (Principi d'), 175; *v. anche* Europa
Exchequer, *v.* Depositeria Generale

Fabbrica, 265
Fagagna, 415, 419

Falchetta, Pietro, 64n
Faliero, Marino, 409
Falterona, Mountain (monte), 244, 245, 251
Fanari, Island (isola), 450; *v. anche* Fanu
Fane, Mr, 76n
Fanghia, 273
Fanu, Island (isola), 450; *v. anche* Fanari
Farinata degli Uberti, 262
Farisino, Channel (canale), 442
Fauglia, *v.* Fanghia
Faulla, 255
Favorotta, district of (distretto di), 135
Federico il Grande, 9, 10
Federico, principe di Galles, 34n
Felice, 249
Fella, River (fiume), 421
Feltre, 412, 413, 414
Feltrino, 60, 64, 403, 409, 410, 412
Ferdinand, Colledge of; collegio a Pisa, 281
Ferdinand, fregata, 51; ship (nave), 182
Ferdinand the first, 262, 279, 281, 283, 284, 302; *v. anche* Ferdinando I
Ferdinand the second (Ferdinando II), 283, 298
Ferdinando I, 96n.; *v. anche* Ferdinand the first
Ferdinando IV, re delle Due Sicilie, 219
Feroni, Family (famiglia), 264
Ferrara, 386, 392; Duchy of (ducato di), 400
Ferruccio, 249
Fiandre, *v.* Flanders
Fianona, 425, 430
Fierenzuola, 250
Fiesole, 257, 258; *v. anche* Fiesoli
Fiesoli, 241, 301; Territory of (territorio di), 289; *v. anche* Fiesole
Figarola, Port of (porto di), 428
Figline, 255
Filattiera, 241
Filigare, 240
Filippo da Peraga, 399
Filippo di Borbone (anche Don Philip), 174

Filippo II, 45n
Finale, iron ware (oggetti di ferro), 146
Fineo, 453
Fiora, fiume, 295
Fiora, *v.* Saint Ajora
Firenze, 22, 22n, 23n, 24, 24n, 30n, 31, 32, 32n, 47n, 48n, 76, 76n, 77, 77n, 78, 78n, 80n, 81n, 83n, 86, 87n, 90, 90n, 91, 92n, 93n, 94n, 95n; 96n; distretto di, 84; pianta di, 375; residenti inglesi a, 13; trattato di, 45n; *v. anche* Florence
Firenzuola, *v.* Fierenzuola
Fisco, 92, 330, 331
Fitzjames, James, duca di Berwick, 70, 70n
Fiume (*anche* Saint Veit), 141, 430; linnen (lini), 145; Territory of (territorio di), 432
Fiume morto, 275
Fiume nuovo, River (fiume), 394
Fiviz(z)ana, 297, 298
Fivizzano, *v.* Fivizana
Flanders (Fiandre), 143, 499; linnen (lini), 146
Florence, 240, 244, 248, 251-253, 256-259, 262-264, 268, 276, 288, 289, 300, 313, 321, 323, 333; Abondanza, 304; Annona, 304; Bargello, 307-310, 325, 327; court of (corte di), 237; Decima, 302, 303; District of (distretto di), 242, 330; Florentine Academy (Accademia Fiorentina), 323, 324; Florentine School (Scuola Fiorentina), 301; Government of (governo di), 280; Grascia, 304; Justice (giustizia), 306-312; Magistrate at (magistrato a), 303, 304; Monti, publick Funds (fondi pubblici), 303; Otto, 307, 308; Ranks (ranghi), 304, 305; Republick of (Repubblica di), 253, 291, Tribunal of (tribunali di), 282, 303, 304, 306, 307-312; University (università), 303, 323, 324; Valley of (valle di), 243, 245, 252, 255, 259, 261, 263; *v. anche* Firenze
Foccasigillina, 241

Foggia, 125, 132, 157; fair of (fiera di), 124, 125, 154; wool of (lana di), 132
Foiano, 254
Fojano v. Foiano
Fonzaso, 412
Forca, Island (isola), 439
Forcoli, 272
Forlì, 79, 250
Formiche, 299
Formio, River (fiume), 426; v. anche Risano
Forum Julij, 414, 418
Foscarini, 548
Foudra(o)yant, nave francese, 83, 299
Fox, Henry, 70n
Foza, 394
Frà Mauro, 64, 64n v. anche Frater Maurus
Francavilla, 125; Port of (porto di), 125
France, 16, 127, 130-134, 136, 139, 142, 144, 145, 150, 157, 167, 175, 306, 531; v. anche Francia
Francesco del Diserto, 383
Francesco I, 96n
Francesco II, v. Francis the second
Francesco II di Lorena, 78
Francesco III of Carrara, 396
Francesco Novello of Carrara, 393, 400, 402
Francesco Stefano di Lorena, imperatore e granduca di Toscana, 46, 83n, 90n, 94-96
Francia 9-13, 15, 43n, 46n, 47, 70n, 95; v. anche France
Francis, 384
Francis (the first) (Francesco I), 283, 302
Francis the second, 270, 274, 286, 302; v. anche Francesco II, Francesco Stefano di Lorena
Franciscans (Francescani), Orders (ordini), 251, 382, 383, 385, 432; Spanish (spagnoli), 262; v. anche Frati Minori; Padri Minori Osservanti; Padri Riformati di S. Francesco
Frater Maurus, 383; v. anche Frà Mauro
Frati Minori, 384; v. anche Franciscans;

Padri Minori Osservanti; Padri Riformatori di S. Francesco
Frederic II (Federico II), Emperor (imperatore), 422
Frederick of Austria (Federico d'Austria), Emperor (imperatore), 413
Frescobaldi, (famiglia), 262
Frescot, C., 66
Friul (Friuli), 406, 417, 418, 420-424; Confines of (confini del), 406, 407; v. anche Friuli, Friuli veneziano, Venetian Friul
Friuli, 380, 403, 410, 414, 419, 422, 423, 425; Coast of (costa del), 381; Province of (provincia del), 414; v. anche Friul, Friuli veneziano, Venetian Friul
Friuli veneziano, 21, 60, 63, 64; v. anche Venetian Friul, Friul, Friuli
Fucecchio, 262, 264; Lake (lago), 261, 263
Fumiera, Gate (porta), 484, 486
Fusina, 379, 385, 399

Gabriel(l)i, Family of (famiglia dei), 409, 420
Gaeta, coast of (costa di), 167
Gaetta, Port of (porto di), 125; v. anche Gaeta
Gaggio, Convent (convento), 260
Galanti, Giuseppe Maria, 36
Galeata, 250
Galiani, Ferdinando, abate, 36, 94n
Galiano, 252
Galileo, 261, 301
Galileo Galilei, v. Galileo
Gallio, 394
Gallipoli, 125, 128; oil (olio di), 130; Port of (porto di), 125, 130
Gallura, provincia di, 551; v. anche Caller, Cabo of Galluzzo, 260
Gambacorti, Family of (famiglia dei), 278
Gambara, 388
Gambarara, 379; v. anche Gambarare
Gambarare, 385; v. anche Gambarara
Gambassi, 267
Gandino, 390

Garda, 392, 393; lago di, 65, 387, 388, 392, 461, 462; *v. anche* Benacus
Gardichi, 448
Gardone, 387, 388
Garfagnana, Mountains of (monti della), 245; Valley of (valle della), 249
Gargano *v.* Gorgano
Gargnano, 389
Garza, River (fiume), 387
Gemona, 415, 419
Genoa, 127, 130-136, 142, 144-146, 157, 165, 176, 301, 537, 540, 544, 550; Confines of (confini di), 239; State of (stato di), 239, 298; velvets (velluti), 146; *v. anche* Genova
Genoese State (stato genovese), 298
Genova, 17, 89; *v. anche* Genoa
George, Colledge, collegio di Siena, 293
Germania (*v.* Germany)
Germany (Germania), 140, 143, 144, 167, 248, 295, 306, 319, 415, 418, 419, 421; (Occidentale), 143
Germipaja, 249
Gervasio, 272
Ghedi, 388
Gherardesca, Family (famiglia), 290
Ghibellini, *v.* Ghibellins
Ghibellins (Ghibellini), 253, 259, 277, 293, 301, 328, 412
Giacherini, 249
Giacomo II, 70n
Giacopo da Tiene, 396
Giacopo da Verme, 396
Giacopo di Paludo, 384
Giacopo of Carrara, 393, 400
Giambologna, *v.* Gian di Bologna, John di Bolonia
Gian di Bologna, 301; *v. anche* John di Bolonia
Gian Gastone de' Medici, *v.* John Castone
Gianni, 22; Senator (senatore), 369, 370
Giappone, 36
Gibilterra *v.* Gibraltar
Gibraltar (Gibilterra), 165; streights of (Gibilterra, stretto di), 130

Gidachi, Harbour (porto), 454
Giglio, Island of (isola di), 297, 300
Gilulfo, Duke of (duca del) Friuli, 418
Gimignano, 267
Ginestra, 259
Ginevra, 13, 27; residenti inglesi a, 13
Ginori, Carlo, 88, 88n, 96, Marquis (marchese), 258, 291
Ginori, Lorenzo, senatore, 88n
Giogo (Appennino), 250
Giorgi, Giorgio, 408
Giorgio II, 29
Giorgio III, 10, 12, 29, 34, 34n, 58n, 66, 67n
Giorgio IV, 66n, 67n
Giotto, *v.* Jotto
Giovanni, 255
Giovanni alla Vena, *v.* Saint John alla Vena
Giovanni da S. Giovanni, 301
Giovanni Lucio, 65
Girgento, 127, 134; mole of (molo di), 167
Giudecca, canale della, 65; Island (isola), 379, 382
Giuliano, *v.* S. Julien
Giulie, Alpi, 414
Giura, Vincenzo, 29
Giuriza Uliza, 487
Giustiniani, abate, 384
Giustiniani, Lorenzo, 383
Glavas, Valley of (valle di), 480
Glavasch, 482
Glipacui, 441; *v. anche* Petrizane
Gobrizza, Wood of, 441
Golfolina/o (fiume), 260, 261, 263; pass of (passo della), 255
Gomenizze, Harbour (porto), 450
Gordichio, Gate of (porta di), 484, 485, 486
Gorgano, Mount (monte), 134, 135
Gorgona, Island (isola), 270, 297, 299
Gorizia, 465; Count of (conte), 413; County of (contea di) 415
Gottalengo, 388
Gradenigo, Family of (famiglia dei), 424

Gradisca, County of (contea di), 415
Grado, 379, 380; Lagune of (laguna di), 422; Patriarchate of (Patriarcato di), 381
Graeme, William, generale dell'esercito veneziano, 21, 58, 58n, 59n, 60, 62, 66n, 69, 70, 70n, 71, 71n, 72, 72n, 73, 73n, 74, 74n, 75
Gragno, Mountain (monte), 250
Gran Bretagna, 9, 10, 15, 16, 20, 24, 29-33, 34n, 37n, 43, 44, 45, 45n, 47, 57, 63, 70, 71, 80, 86, 87, 89, 96, 96n, 169; rappresentante napoletano in, 48; v. anche Great Britain
Granduca, 77n, 78, 78n, 83, 86, 93; lorenese, 95
Granducato, 24, 33, 76, 85-87, 89-91, 93. V. anche Great Dutchy, Granducato di Toscana
Granducato di Toscana, 16, 22, 45, 46, 46n, 76n; Stato delle anime, 372a, 373; v. anche Granducato, Great Dutchy
Granduchessa, 86; v. anche Great Dutchess(es)
Grascia, ufficio, 85, 92, 256, 280, 304, 325
Gravier, Peter, mercante inglese a Livorno, 81; widow (vedova), 285
Gravina, 125, discrict of, (distretto di), 133
Gray, George, colonnello, 67n
Gray, Sir James, 67, 67n, 148n
Great Bri(t)tain (anche Brittain), 15, 87, 170, 171, 175, 498, 548; Kingdoms of (regni della), 44n; trade of (commercio della), 152, 169; v. anche Gran Bretagna
Great Duke(s) (Granduca), 14, 96, 253, 254, 258, 260, 262, 268, 270, 274, 275, 278, 280, 281, 282, 285-287, 290-292, 295, 298-300, 304, 309-311, 319, 334, 371; dominions of (domini del), 86; Expences of (spese del), 367, 368; Household of (famiglia), 369-371, 372; possessions of (possedimenti del), 338; cfr. Tuscany, Great Duke of
Great Dutchess(es) (Gran Duchessa/e), 371, 372; v. anche Granduchessa

Great Dutchy, 239, 240, 252, 292. V. anche Granducato
Grecia, 67
Greece, 17, 176
Greem, William, v. Graeme, William
Green, William, v. Graeme, William
Grem, William, v. Graeme, William
Grenville, George, 40n
Greve, River (fiume), 260; villaggio, 265
Grifignana, 425
Grimani, Bastion (bastione) 490; Ravelin (rivellino), 490
Grisons, Country of (paese dei), 386, 387
Grippi, Fort (forte), 477
Gritti, Family of (famiglia dei), 408
Groppoli, 241
Grosley, Pierre-Jean, 88n
Grosseto, 292, 295; Plain of (pianura di), 295
Guà, v. Fiume nuovo
Guardistallo, v. Guardittallo
Guardittallo, 291
Guastalla (anche Guastala), Principality of (principato di), 175
Guelfi v. Guelfs
Guelfs (Guelfi), 253, 259, 293, 301, 328, 412; Party (partito), 262, 329
Guerra dei Sette Anni, 29, 34, 47, 48n, 70, 72, 83
Guerra di Siena, 45n
Guerra di Successione Polacca, 70n
Guerra di Velletri, 47n, 51
Guglielmo d'Orange, 73; v. anche William, King
Guido, Count (conte), 408
Guino, Port of (porto di), 501
Guiscardo, Canale, 453
Guiscardo, Val di, 453
Guisciana (fiume), v. Gusciana
Gusciana (fiume), 261, 263

Halifax, Earl of (conte di), 13, 14, 14n, 15n, 18n, 19, 28n, 29, 30, 31n, 32n, 33, 33n, 34n, 35, 35n, 39n, 40, 40n, 43n, 44n, 45, 45n, 47, 47n, 48n, 49, 50n, 56, 56n, 60n, 65n, 81n, 83n, 86n, 87, 87n,

93n, 94n, 95n, 101, 104, 124, 128, 138, 148, 152, 165, 169, 173, 182, 182n, 379, 386, 392, 397, 403, 410; *v. anche* Dunk, George Montagu

Hamilton, Lord Archibald, 34n

Hamilton, William, membro della Royal Society, diplomatico, antiquario, collezionista, 13, 14, 16, 18-20, 24, 25, 27, 28, 33, 34, 34n, 35, 35n, 36-39, 39n, 40, 40n, 41-43, 43n, 44, 44n, 45, 45n, 46n, 47, 47n, 48, 48n, 49, 49n, 50, 50n, 51, 52, 53n, 54, 54n, 55, 56n, 60, 76, 101, 104, 127, 137, 147, 148n, 151, 164, 165, 169, 173, 176, 177, 179-181, 182n, 183, 201, 235, 527n, 540

Han, 481

Hannover, 41n

Hart & Wilkens, ditta inglese a Napoli, 44n

Hart, George, mercante inglese residente a Napoli, 20, 37n, 43, 43n, 44, 44n, 49, 152, 170

Henry the eight (Enrico VIII), emperor (imperatore), 278

Henry the second (Enrico II), 293

Henry IV, Emperor, 422

Hercules, 261

Herzegovina, 445, Province of, 46; *v. anche* Erzegovina

Hetruria, 253; Ancient, 239

Hobart, Mr., 59

Holderness, Earl of (conte di), 284n

Holland, 134, 136, 139, 140, 143-145, 155, 167, 172, 264, 306, 521; *v. anche* Olanda

Hollford, console inglese a Genova, 32n

Huar, *v.* Liesina

Hungary (Ungheria), 143, 243; King(s) of (re di), 434, 436, 440

Idrio, Lake (lago), 388

Iessero, cavity (caverna), 478

Ignigo Jones, *v.* Jaigo Jones

Il Dolo, 397, 399

Illyricum, 432; Kings of (re dell'), 436

Imoschi, 441, 442, 479, 481, 482; Castle of (castello di), 478

Imperatore, 94, 96

Imperatrice regina, 41

Impero ottomano, 12

Impruneta *v.* L'Impruneta

Incisa, 255

India, 172

Indies, East, 138, 139, 288, 511; West 511

Inghilterra, 9-12, 13n, 23, 24, 30, 31, 43n, 80, 94, 95; Centrale, 12; *v. anche* England

Inquisitori di Stato, 59n

Intieri, Bartolomeo, 41n

Ionian, Sea (Mar Ionio), 448

Ionio, isole del Mar, 61

Ireland, 548; *v. anche* Irlanda

Irlanda, 40n; *v. anche* Ireland

Ischia, Island of (isola di), 130, 155

Iseo, 387, 388; lake (lago), 387, 460; *v. anche* Sebinus

Isola grossa, 434; *v. anche* Sale

Isola, 425, 427; *vedi anche* Alieto

Issa, Island (isola), 439; *v. anche* Lissa

Istria, 21, 60, 63, 386, 422, 425, 428, 442, 447

Itaca, 66; *v. anche* Ithaca; Theachi; Teachi; Thiachi

Itaco, 454

Italia, 9, 12, 16, 70n; *v. anche* Italy

Italy, 131, 132, 135, 139, 140, 143, 175, 245, 255, 264, 268, 286, 288, 301, 318, 386, 419, 423, 435, 463, 507; ports of (porti d'), 17, 176; Southern parts of (parti meridionali dell'), 174; Southern ports of (porti meridionali dell'), 16

Ithaca, 454; Palace of (palazzo di) Penelope, 454; *v. anche* Itaca; Theachi; Teachi; Thiachi

I tre Porti, 379, 381; *v. anche* De' Tre Porti

Jacopo VI d'Aragona Appiani, 46n

Jadera, River (fiume), 437

Jadot, Jean Nicolas, 78

Jagemann, abate, 61
Jaigo Jones, 283
Jamineau, Isaac, console inglese a Napoli, 33, 33n, 44n
Jannucci, Giovan Battista Maria, 37, 37n
Japidia, Mountain (monte), 420; *v. anche* Carso, Mountain of
John Castone, 302
John di Bolonia (Bologna), scultore, 284, 301; *v. anche* Gian di Bologna
John Lucius Scheria, 435
Jotto, 278
Jubbaz, Ground of (terra di), 473
Julia Ossequente (Pisa), 277
Julien (monte), 270
Justin I, Emperor (imperatore), 426
Justinopolis, 426

Kark, 443; *v. anche* Veglia
Kaunitz, cancelliere austriaco, 9
Kelmo, 432
Kent, 40n, 76n
Kerka, River (fiume), 434, 442, 471, 473, 481, 482; Passage of (passo di) 482; *v. anche Titius*, River
Key, House of (casa dei), 56n
Kiemo, Hill (collina), 482
King's Library (biblioteca reale), 66n
Klin, 441; *v. anche* Knin
Knight, Carlo, 19
Knin, 441, 474, 479, 481, 482, 486; Castle of (castello di), 472, 481; Fortress of (fortezza di), 471-475; *v. anche* Klin
Koscevo, 471, 482
Kossiach, Mount (monte), 482
Kzara, 439

La Badia, 401, 463 *v. anche* Badia
La Castellina, 265
La Cava, 126, 166; *v. anche* Cava
Laconia, 295
la Costa, v. Amalfi
La Decima, 302, 303
Ladislaus, King of Naples (Ladislao, re di Napoli), 423, 451
La Gherardesca, 290

Lago Poile, 295
Lago Prile, *v.* Lago Poile
La Grazia, 382
Laguna, 380, 382, *v. anche* Venice, Lagune of
La Mira, 397, 399
Lamporecchio, 262
La Nave (Nave), 257
Lancaster, industria cotoniera del, 12
Lanciano, fair of (fiera di), 154
Lanzi, Luigi, 78
La Parte, *v.* Capitani della Parte
La Pieve a S:ᵗ Stefano, 250
Lappeggi, 260
La Puglia, v. Puglia
L'Aquila, 54; *v. anche* Aquila
Larciano, 259
Largone, Gulph (golfo), 427
Lari, 273
Larta, Gulph of (golfo di), 452; *v. anche* Arta; Ambracia
Lascaris, conte, console piemontese a Napoli, 40n, 41, 41n, 42, 43, 43n, 46, 47, 47n, 48, 48n, 52
Lastra a Signa, 260
Laterina, 255
Latisana, 415, 422
Lawes, Aidan, 26
La Zambuca, 265; *v. anche* Sambuca
Lazzaretto Nuovo, 384; Vecchio, 384
Le Calle, *v.* Le Falle
Le Cascine, 258 *v. anche* Cascines
Lecce, 54, 125; province of (provincia di), 125, 128, 130, 133, 134, 140, 141, 154
Leccio, 255
Le Falle (Le Calle), 257
Lefroy, Mr., 81n
Leghorn(e), 87, 127, 130-132, 134-37, 142-146, 164, 168, 239, 242, 244, 249, 251, 257, 260, 267, 268, 276, 282-284, 284n, 285-288, 290, 291, 298, 299, 306, 312, 313, 334, 537, 540; Armenians at (Armeni a), 284; Custom-house (dogana), 286; Darsena, 284; Free Port (porto franco), 283, 286, 287; Greeks

at (Greci a), 284; Merchants (mercanti), 273, 276, 285; Lazzaretto(s), 284, 284n; Plain (pianura), 272, 273, 276; Population (popolazione), 276; v. anche Livorno

Legnago, 463, 464

Legnaia v. Legnaja

Legnaja, 260

Legnano, 392

Le Maire, 240

Lemene, River (fiume), 380; 418

Lemo, River (fiume), 427, 428

Lena, v. S. Elena

Lendinara, città, 401, 402; famiglia di Verona, 401

Leonardo da Vinci, 262

Le Serre, 249

Lesina, v. Liesina

Lessi, Giovanni, 80

Lessino, 443

Le Stinche, 265, 308

Le Stine, v. Le Stinche

Leucada(e), Island (isola), 452, 501, 502; anche Leucadia; v. anche, Neritis, Santa Maura

Levane, 255

Levanella, 255

Levant, 133-135, 139, 142, 145, 147, 168, 176, 259, 282, 386, 457, 466, 487, 488, 503, 504, 510, 514, 539; v. anche Levante; Venetian Levant

Levante, 11-13, 16, 17, 26, 30, 56n, 72, 72n, 96, 96n; residente per il, 56; veneziano, 21, 60, 69, 73n; v. anche Levant; Venetian Levant

Le Vignole, 379, 381

Libeno, 480

Licata(e), Port of (porto di), 127, 129

Lido, 379, 381, 384, 459; Porto, 381, 382, 459; v. anche De' due Castelli

Lido Maggiore, Porto, 459

Liegi, 63n

Liesina, 438, 440; Contea, 21, 60, County (contea), 432, 438; Island (isola), 438

Lille, 73, 467

Lima, 248; Valley of (valle di), 249

Limone, 389

L'Impruneta (Impruneta), 260

L'Incisa v. Incisa

Lione, 66; v. anche Lyons

Lipari, 42n, 134, 165; Zebibbi, Raisins and Currants of (uva passa di), 164

Lisana, 241

Lisbon, 139

Lisonzo, River (fiume), 379, 414, 420, 422

Lissa, Island (isola), 433, 438, 439; v. anche Uglian

Lit(t)orale austriaco, Suprema commerciale Intendenza nel, 41

Livenza, River (fiume), 379, 403, 406, 407, 414, 419, 421

Liviciana, 249

Livio, v. Livy

Livonetta, 249

Livorno, 12, 24, 31, 47n, 76, 78, 81, 81n, 85-89, 91, 93, 94n, 95, 96; colonie di greci, ebrei ed armeni a, 26; console di, 33; pianta di 374; porto di, 31; porto franco di, 12, 26, 86; v. anche Leghorn

Livy (Livio), 253

Lixuri, 453

Lodi, 460

Logudoro, provincia di, 551; v anche Sacer, Cabo of

Loiano, v. Lojano

Lojanella, 272

Lojano, 272

Lombarda, 439

Lombardia, 72 v. anche Lombardy; Lombardia Veneziana; Lombardia Veneta; Venetian Lombardy

Lombardia Veneta, 21; v. anche Lombardia; Lombardia Veneziana; Lombardy; Venetian Lombardy

Lombardia Veneziana, 60; v. anche Lombardia Veneta, Venetian Lombardy, Lombardy

Lombards (Lombardi), Kingdom of (regno dei), 386

Lombardy, 130-132, 239, 248, 256, 259,

290, 386, 387; *v. anche* Austrian Lombardy; Lombardia; Lombardia Veneta; Lombardia Veneziana; Venetian Lombardy

Lonato, Fortress (fortezza), 460

London, 302; Treaty of (trattato di), 286, 287; *v. anche* Londra

Londra, 9, 15, 18, 20, 22, 28, 34n, 36, 44, 45n, 46, 50, 53, 57n; 65, 67, 67n, 74n, 83, 172, 173; ambasciatore napoletano a, 48; inviato straordinario a, 48n; *v. anche* London

Londrine, stoffe inglesi, 139

Longarone, 411

Lonigo, 394

Lorainese, 295

Loredano, Family of (famiglia dei), 408

Loredo, 379, 385

Loreo, *v.* Loredo

Loro, 255

Lorrain, 295

Lo Sardo, Eugenio, 27, 85

Lovato, Fortress (fortezza), 387; *v. anche* Lonato

Löwendahl, 467; *v. anche* Saxe, Marshal Count

Lucardo, 266

Lucato, 453

Lucca, 79, 263, 264, 267-270, 274; Confines (confini), 274, 275, 287; Mountains (montagne), 263; plain (pianura), 269, 273; Oil (olio), 271, Republick of (repubblica di), 240, 248, 275; State of (stato di), 239, 248, 263, 271, 297; Valley (valle), 268

Lucera, 54

Lucignano, 253

Ludovisi, House of the Princes (Casa dei Principi), 174

Lugliana, 270

Luibo, Rock of (scoglio di), 433

Luni(g)giana, 76, 241, 297, 298; Province of (provincia della), 298

Lusiana, 394

Lusignano, Giacopo, King of Cyprus (re di Cipro), 404

Lussolo, 241

Lusuolo, *v.* Lussolo

Lyon, snow (piccolo vascello), 95

Lyon-Hart, Emma, seconda moglie di William Hamilton, 34n

Lyons, 139; *v. anche* Lione

Maastricht, 73, 467

Macarsca, 477-479, 483; *v. anche* Macarsea

Macarsea, 437; *v. anche* Macarsca

Macry, Paolo, 16

Madegnano, 386

Maderno, 389

Madonna, Island (isola), 450, 451

Madonna di Campo grande, (Lissa), 439

Madrid, 13, 175; console generale a, 37n

Magnanima, Luca, abate, 26

Magra, River (fiume), 239, 298

Maini, 445, 447

Malamocco, 65, 381, 382, 384, 460; Porto, 381, 382, 459

Malaspina, 82; Family (famiglia), 298

Malatesta, Pandolfo, 399

Malborough, 70n

Malghera, 379, 385

Malmantile, Castel (castello), 261

Malsesine, Castle of (castello di), 462

Malta, 17, 126, 175; Agent of (agente di), 285; Grand Prior (Gran Priore), 371; Order of (ordine di), 366

Manduchio, Suburb (sobborgo), 497, 498

Manfredonia, 128, 131, 132, 141, 157; Port of (porto di), 125

Manin, *v.* Manini

Manini, Family of (famiglia dei), 421

Mann, Horace, residente inglese a Firenze; 13, 22-26, 30n, 31n, 32n, 33, 47n, 48n, 56n, 57n, 60, 76, 76n, 77, 77n, 79, 80, 80n, 81, 81n, 82, 83, 83n, 84-86, 86n, 87, 87n, 89, 90, 90n, 91, 92, 92n, 93, 93n, 94, 94n, 95, 95n, 96, 96n, 236, 237, 237n, 284n

Manna, Robert, 76n

Mantou(v)a, 461, 462; Duchy of (ducato

di), 386, 387, 392; Frontier of (frontiera di), 461
Maragnono (anche Maragnone), cacao del, 139, 146
Marano (UD), 415, 420; Lagune of, 420
Marano (VE), 379, 381
Marca Trevigiana, 21, 60, 63; v. anche Marca Trivigiana
Marca Trivigiana, 386, 403, 410, 414, 419; Master of (padrone della), 411; v. anche Marca Trevigiana
Marcello, 249
Marciana, 276
Marcovitch, Antonio, conte, 69
Maremma/e, 83, 240, 241, 244, 245, 248, 249, 251, 273, 290, 292, 295, 296; meridionale, 45n; pisana 88n; v. anche Marremme
Margariti, 450
Maria Teresa d'Asburgo, 78n
Marian, Mount (monte), 477
Marina, Porta di, 470
Marina Militare di Sua Maestà Siciliana, 182, 184-198
Mar Ionio, v. Ionian, Sea
Marius, 395
Marmora, storico di, 451
Marostica, 394
Marradi, 250
Marremme, 291, 293; v. anche Maremma/e
Marsala, 127; wine of (vino di), 130
Marseilles, 131, 134-137, 139, 142
Marsiglia v. Marseilles
Martia Julia, 436
Martin, Monseur (signor), 369
Martin V, Pope (papa), 424
Martino, 252, 275
Martiri, piazza dei, (Napoli), 45n, 178
Marzala v. Marsala
Marzolino, formaggio, 266
Mascara, wine of (vino di), 130
Massa, 264, 292, 293, 296; Dutchy of (ducato di), 298
Massa di Carrara, Dutchy (ducato), 297

Massai di camera, Magistrate (magistrato), 329
Masti, 272
Matera, 54
Matilda, Countess (contessa), 278
Maximilain, Emperor (imperatore), 412
Mazorbo, Island (isola), 379, 380
Mazzarino, 137
Medici, Family of (famiglia dei), 23, 77, 80, 91, 94, 96, 259, 275, 283, 286, 298, 301, 302, 305, 323, 338
Medi(e)terranean, 176, 239, 393, 529; ports of (porti del), 17; v. anche Mediterraneo, Streights
Mediterraneo, 9-11, 24, 26, 31, 34, 45n, 65, 88, 89, 95; centrale, 30; orientale, 26; v. anche Mediterranean
Meduna, città, 415, 421; River (fiume), 419, 421
Mel, 403, 408; County of (contea di), 409
Melada dell'Asino, Rock of (scoglio di), 433
Melazzo, 164; Port of (porto di), 130; wine of (vino di), 130
Melena, 439 v. anche Corcyra nigra, Curzola
Meleta, Channel (canale), 433; v. anche Melada dell'Asino
Mella, River (fiume), 387, 388, 461
Melle, District of (distretto di), 406
Melœna, 453; v. anche Cefalonia, Cephalenia
Meloria (battaglia), 277
Merlera, Island (isola), 450
Meschio, River (fiume), 407
Messina, 127, 131, 134, 145-147, 157, 159-161, 163, 164, 167, 168; Company (Compagnia di), 147; Custom house of (dogana di), 159; free Port of (porto franco di), 135, 163; Officio della Stadera, 164; Port of (porto di), 133, 136, 140, 142, 145; trade of (commercio di), 127
Messongi, River (fiume), 448
Mestre, 143, 383, 385, 403, 406, 407

Metcovitz, 480, 481; River (fiume), 479

Mexachi, Plain of (pianura di), 502

Mezzarota, Lewis, patriarca; 424

Mezzo, 448

Mezzo Monte, vino di, 256

Mezzogiorno, 32n, 43, 45n; industria tessile nel, 32

Michelangelo Buonarroti, 257; v. anche, Buonaro(t)ti

Midhurst, Sussex, 34n

Migliarino, 275

Milan, 386, 390; State of (stato di), 386; Duchy of (ducato di), 389; Duke(s)of (duca di), 396, 413

Milazzo v. Melazzo

Milbank(e), v. Wentworth, Lady, Bridget

Mill, colonnello inglese, 83, 83n, 95, 95n, 297

Milone, Bishop of Padova (vescovo di Padova), 399

Milton, John, poeta inglese, 257

Mincio, River (fiume), 392, 461, 462

Miniatello, 261

Miniato al Tedesco, 262, 266

Mirano, 397, 399

Mirri, Mario, 27

Modanese, 245

Modena, 248, 249, 298; Confines of (confini ndi), 245, 249; Duke of (duca di), 389; Dutchy of (ducato di), 240; Mountains of (montagne di), 245; Princess of (Principessa di), 175

Modigliana, 250; Count of (conte di), 334

Mogul, 95

Mola, Port of (porto di), 130

Molfetta, 125, 128, 141; harbour of (porto di), 167

Molso, Counts of (conti di), 421

Monnot, 73

Monopoli, harbour of (porto di), 167; · Port of (porto di), 130

Monpolizza, Mountain (monte), 441

Monreale v. Moreale

Monselice, 397, 399

Monsumano, 264

Monsummano v. Monsumano

Montagna, 294, 389; Channel of (canale di), 443

Montagnana, 397, 398

Montagnuola, 294

Montaione, v. Monte Ajone

Montalcino, 292, 294

Montalcone, 415, 420

Montaperti, 262

Monte a San Savino, v. Monte San Savino

Monte Ajone, 267

Monte Argentario (Argentaro), 45n, 240, 300

Montebello, 249

Montebelluna, 409

Montebuono, 249

Montecalvoli, v. Monte Calvoli

Monte Calvoli, 263

Montecatini, 264

Montecchio Maggiore, 395

Montechiaro, 388

Monte Commune, Bank (banco), 319, 320, 339; v. anche Monte Comune

Monte Comune, 85, 92, 323; v. anche Monte Commune

Monte Cristo, Island (isola), 299

Monte delle Simie, 165

Monte di Pietà, 85, 92, 320, 331, 411, 416; v. anche Mount of Piety

Monte Forcoli, 272

Montefuscoli, 54

Montegano, River (fiume), 406, 407, 408

Monteleone, 126

Montello, Wood of (bosco di), 410

Montelupo (anche Monte Lupo), 261, 262, 265

Montemagno, v. Monte magro

Montemagro, v. Monte magro

Monte magro, 270

Monte Miccioli, 267

Montenegro, 60; Country of (paese del), 445; Mountains of (monti del), 484; v. anche Bucagini

Montenero, v. Monte Nero

Monte Nero, 243, 267, 273, 276, 289; Promontory of (promontorio di), 290

Montepulciano, 254, 294; v. anche Monte Pulciano

Monte Pulciano, 281; v. anche Montepulciano

Monte Reggioni, 266

Monteriggioni, v. Monte Reggioni

Monte San Savino, 253

Montescudaio v. Monte Scudajo

Monte Scudajo, 290

Monte Verde, 290

Monteverdi, v. Monte Verde

Monte Vettolini, v. Monte Vetturini

Monte Vetturini, 264

Mont Gibello, 130

Monti, publick Funds (fondi pubblici), 303, 318, 321

Montodine, 386

Montona, 425

Montopoli, 262

Montrose, duca di, 58n

Morea, (anche Morée), 143, 456, 457; Coast of (costa della), 455

Mo(n)reale, 136

Morello, Mountain (monte), 258

Moresca, 249

Morgola, River (fiume), 390

Morlacca, Channel of (canale della), 480; Mountains of (monti della), 480; v. anche Morlachia

Morlachia, 425, 430, 444; Coast of (costa della), 443; v. anche Morlacca

Moro, Antonio, 412

Morosini, Francesco, 453

Morosini, Ranieri, 427

Morozzi, Ferdinando, 77n

Morter, Island of (isola di), 435

Moscopoglie, Plain (pianura), 478

Mossor, Mountains of (monti di), 475, 481

Mostar, 481

Most Serene Republic(k), 507, 511, 512, 513; v. anche Serenissima; Venezia; Venice; Vinice; Venetian Republick; Venetian State

Motta, 403, 406

Mount of Piety, 535; v. anche Monte di Pietà

Muffoni, Vetter, 413

Mugello, 246, 247; province (s) of (provincia del), 246, 250; Vall(e)y of (valle del), 81, 243, 245, 251, 252, 253

Muggia, v. Muglia

Muglia, 425

Mugnone, Valley of (valle del), 258

Mulat, v. Melada dell'Asino

Murano, Island (isola), 379, 380, 383; biblioteca di San Michele, 64; v. anche San Michele di Murano

Murray John, residente inglese a Venezia, 13, 18, 18n, 20, 21, 23, 25, 33, 34, 56, 56n, 57, 57n, 58, 58n, 59n, 60, 60n, 61, 62, 62n, 63, 64n, 65, 65n, 66-68, 68n, 69, 70, 70n, 71-73, 73n, 76, 377, 385, 391, 396, 402, 409, 417, 424, 431, 437, 444, 451, 457, 465, 503, 523

Murray, Elisabeth, seconda moglie di Joseph Smith, console inglese a Venezia, 57n

Musone, River (fiume), 405

Muzia, Family of (famiglia dei), 407

Namur, 73, 467

Nani, Bartolomeo, 413

Naone, River (fiume), 419; v. anche Noncello

Naples, 25, 44n, 45n, 101, 104, 124-5, 128, 129-132, 134, 136, 138, 140-5, 148-155, 157, 160-1, 165-6, 168, 170, 171, 173, 174, 176, 179-181, 235, 286; Court of (Corte di), 175; Custom House of (dogana di), 124-125, 144, 152-4; district of (distretto di), 155; King(s) of (re di), 140, 451; Kingdom(s), of (regno di), 16, 124, 127, 128, 131, 133-139, 141, 148, 150, 152, 154, 156, 166, 167, 169, 174, 175, 235, 277; porcelain (porcellana di), 145; population (popolazione), 236; Port of (porto di), 166; provinces of (province di), 130, 131; Suburbs (sobborghi); trade of (commercio di), 126; *v. anche* Napoli; Regno di Napoli

Napoli, 14, 14n, 15n, 16, 16n, 18, 18n, 19, 20, 21, 27, 27n, 33, 33n, 34n, 35, 35n, 36, 36n, 37n, 39, 39n, 40, 40n, 41n, 43, 43n, 44, 44n, 45, 45n, 47n, 48n, 49, 49n, 50, 50n, 52n, 53n, 54n, 55n, 63n, 148n; Biblioteca Nazionale, 53; città e borghi di, numerazione commestibili, 105-109; numerazione della popolazione, 110-123; parrocchie di, 110-123; pianta di, 45n; strada di, 178; residenti inglesi a, 13, 33n; sobborghi, 35; *v. anche* Naples; Regno di Napoli

Narenta, 437, 477; Corsairs of (corsari di), 428; Country of (paese di), 479, 483; Gulph of (golfo di), 438; People of (popolazione di), 428, 430, 447; River (fiume), 437, 479, 481; Territory of (territorio di), 480, 481

Natissa, River (fiume), 422

Nave, *v.* La Nave

Navacchio, 276

Navicelli, 260

Naviglio, River (fiume), 387, 461

Neapolitan dominions (domini napoletani), 14

Neapolitan Manufactures (manifatture napoletane), 15

Neri, Pompeo, 91, 92

Neri, 22

Neritis, Island (isola), 452; *v. anche* Leucada(e), Santa Maura

Newcastle, duca di, Lord del Tesoro, 10

Nice (Nizza), 286

Nicolas V (Nicola V), Pope (papa), 381

Nicolò III of Este, Marquis (marchese), 401, 402

Nicolò del Lido, 384

Nicosia, Abby (abbazia), 270

Nievole, River (fiume), 263, 264; Valley of (valle di), 243, 248, 261, 262, 263, 273, *v. anche* Val, Val di Nievole, Valdinievole

Nizza, *v.* Nice

Noce, *v.* None

Noja, Carafa, Giovanni, duca di, 35, 36n, 47n

Nona, 440, 441; Contea di 21, 60; County of (contea di), 432, 440, 442

Noncello, River (fiume), 419; *v. anche* Naone

None, 269

Noriche, Alpi, 414

Norimberga, 66; *v. anche* Nuremberg

Norin(o), Tower (torre), 480

North America, 146; *v. anche* America settentrionale

Norton, William, residente inglese a Ginevra, 13, 27

Nottachit, Mountain (monte), 479

Novale, 403, 407

Nove, 85, 92, 304, 326, 327, 328

Novigradi, 441; *v. anche* Argiruntum

Nuova Scozia, 40n

Nuremberg, 144; *v. anche* Norimberga

Obroazzo, 441

Oderzo, 403, 406-408, 413

Office of Trade, 333; *v. anche* Ufficio del Commercio

Oglio, River (fiume), 386-388, 460

O'Kelly, Colonel (colonnello), 369

Olanda, 89, 96n; *v. anche* Holland

Olandesi, 12, 17

Olivato, monte, 260

Oliveri (anche Olivieri), 164; Port of (porto di), 130

Oliventans (Olivetani), Monastery of (monastero degli), 382

Oliveto, monte, *v.* Olivato

Olynta, Island (isola), 437; *v. anche* Solta

Ombrone, River (fiume), 242, 244, 248, 259, 288, 291, 294-296; Valley of (valle dell'), 249

Onara, Family of (famiglia degli), 405

Oniste, 480

Onslow, capitano della fregata Aquilon, 57

Opus, Fort (forte), 437, 479-481, 483

Orange, prince of (principe d'), 249

Orbe(i)tello, 16, 20, 45n, 174, 177, 242, 292; plan of (pianta di), 46, 46n, 173, 174; veduta di, 46n, 174

Ore(i)stagni, 549, 550

Oriago, 397, 399

Ormo, River (fiume), 261, 262

Ornajano, 267

Oros, 448

Orseolo, Pietro II, Doge, 428, 430, 439, 440, 447

Orsera, 425, 428

Ortemburg, Count (conte), 423

Orzi-N(u)ovi, Fortress (fortezza), 387, 460, 464

Oseri, canale, 269

Osoja(o), Mount (monte), 477, 483

Osopo, 415, 421

Ossero, City of (città di), 443; Island (isola), 426, 442; Mount (monte), 443; v. anche Absyrtos; Absyrtides; Cherso

Ostenda, 96n

Ostia, 529

Otaiti, isola degli, 36

Otho I, Emperor (imperatore), 401

Otho II, Emperor (imperatore), 422

Otho III, Emperor (imperatore), 385, 405

Otho IV Emperor (imperatore), 422

Otranto, 450

Oxoi, 454

Pacchiado, 265

Paderno 405

Padoua, 392, 396, 397, 400; District of (distretto), 392, University of (università di), 398; v. anche Padova

Padouan(o), 386, 392, 394, 403; State (stato), 392, 395, 397, 400; v. anche Padovano

Padova, 62, 68, 131, 399, 400, 401, 404, 464, 465; cloths (stoffe di), 132, 139; wool (lana di), 132, 140; v. anche Padoua

Padovano, (provincia della Lombardia veneziana), 60, 407v. anche Padouano

Padri Domenicani Osservanti, 383; v. anche Dominicans

Padri Eremitani di S. Agostino, 383

Padri Minori Osservanti, 382; v. anche Franciscans; Frati Minori; Padri Riformati di S. Francesco

Padri Riformati di S. Francesco, 384; v. anche Franciscans; Frati Minori; Padri Minori Osservanti

Padrona, galea, 52

Padua, 385; v. anche Padova; Padoua

Paesi Bassi, 9, 74

Paesi del Levante, 96n

Paesi di Ponente, 96n

Pagano, Paolo Emilio, 35n

Pagano de Divitiis, Gigliola, 25

Pagh, Island (isola), 444; v. anche Pago

Pago, Island (isola), 440, 442, 444, 480; v. anche Pagh

Palacrum, Cape, 448

Palaia v. Palaja

Palaja, 262, 272

Palazzuolo, 250, 388

Palermo, 42, 42n, 127, 131, 134, 136, 144-146, 150, 158-163, 166, 167; Custom house of (dogana di), 158, 159, 166; mint of (zecca di), 150; Office del Pagliolo (ufficio del Pagliolo), 160; oil (olio di), 162; Port of (porto di), 129, 130, 133, 136

Palestrina, 379, 381, 459

Palis, 454

Palladio, 62, 65, 67, 68, 382, 394, 405, 429

Pallante, 17

Palma, 418, 504; v. anche Palma Nuova

Palma, Gulph of (golfo di), 549

Palma Nuova, 415, 465; v. anche Palma

Palmarola, 299

Pansano, 265

Panzano, v. Pansano

Paoli, 26

Paolo Diacono, 65; v. anche Paul the Deacon

Parenzo, 425, 427, 428, 447; Bishoprick of (vescovato di), 428

Parga, 450; Fort of (forte di), 451; Castle of (castello di), 502

Parigi, 9, 13, 48n, 59, 70n, 96; Hôpital des Invalides 70n; v. anche Paris

Paris, Treaty of (trattato di), 287; v. anche Parigi

Parkin, Steven, 26

Parma, 298; Confines of (confini di), 248; Duke of (Duca di), 175; Dutchy of (Ducato di), 16, 175

Pasman, Island of (isola di), 433, 434, 470

Pasquali, tipografo a Venezia, 66n

Pasqualigo, Family of (famiglia dei), 409

Passariano, v. Persereano

Passarowitz, Treaty of (trattato di), 457

Passignano, 265

Pastrovichi, 445, 447

Patria del Friuli, 414

Paul the Deacon, 418; v. anche Paolo Diacono

Pavana, 249

Paxò, Island (isola), 450

Pecci, Chevalier (Cavaliere), 369

Peccioli, 272

Pedena, 425

Pelham, emissario britannico, 16, 29

Pellegrino, 249

Peloponese, 295

Peloponneso, v. Peloponese

Perasto, 445, 446

Peretola, 258

Persereano, 421

Perugia, 535

Perussich, 441

Perzagno, 445, 446

Pesa, val di, 82; River (fiume), 261; Valley of (valle della), 243, 264, 265

Pesaro, v. Pezaro

Pescara, 125; Port of (porto di), 125

Peschiera, 392, 393, 461, 462

Pescia, 263, 264; River, (fiume), 248, 263, 264; Valley of (valle di), 249

Pescia di Collodi v. Pescia

Peter d'Alcantara, Convent (convento), 262

Peter Leopold, (Great Duke), 302; v. anche Pietro Leopoldo

Petersbourg (Pietroburgo), 143

Petraja, villa di, 258

Petrarca, Francesco, 65, 253, 400

Petrizane, 441; v. anche Glipacui

Petronio, 65

Petronius Arbiter, 435

Pettini, Rocks of (scogli di), 433

Pezaro, 535

Philip the second, King of Spain (Filippo II re di Spagna), 291, 293, 298

Philip the fourth, King of Spain (Filippo IV re di Spagna), 551

Philipsbourg, 70n

Phœacia, 448; v. anche Corfù; Corcyra

Piacenza, Ducato di, 16

Pianosa, Island (isola), 299

Piatrucce, 249

Piave, River (fiume), 379, 403, 404, 406-408, 410, 412, 414

Piccolomini, Family (famiglia), 294

Piedimonte, 132

Pienza, 292, 294

Piero a Sieve, 252

Pietrafitta, 265

Pietra Pana, 245

Pietra Pelosa, 425

Pietrasanta, 83; v. anche Pietra Santa

Pietra Santa, 297; v. anche Pietrasanta

Pietroleopoldo, v. Pietro Leopoldo

Pietro Leopoldo, 22, 25, 27, 90n, 91, 92, 93n, 94, 96, 97; segreteria intima di, 79; v. anche Peter Leopold

Pieve di Cadore, 415, 422

Pieve di Sacco, 397, 399

Pieve di Soligo, 409

Pieve, 270

Pignone, 260

Pillaro, 453

Pinacce, 249

Pio II, v. Pius the second

Pio V, v. Pius the fifth

Piola, Lake (lago), 394

Piombino, 16, 20, 174, 242, 289; carta geografica di, 46; Channel of (Canale di), 174, 299; Confines of (confini di), 295; Duke of (duca di), 299; Dutchy of (ducato di) 288; fortifications of (fortificazioni di), 174; Fortress of (fortificazione di), 177; plan of (pianta di), 173; Prince(s), of (Principe/i di), 174, 177, 298; Principality of (principato di), 292; Promontory of (promontorio di), 290; stato di, 46n

Pirano, 425, 427

Pisa, 79, 82, 244, 260-262, 266, 267, 269, 270, 271, 273, 274, 276-280, 288, 289, 307, 325, 334, 366, 369, 372; Arch-Bishoprick 280; Baths (terme), 270; Carthusians of, 299; colline di, 243, 267, 268, 273; Colledges (collegi), 281; Community of (comunità di), 282; District of (distretto di), 243, 267, 330; Great Chancellor (Gran Cancelliere), 281; Hills (colline), 243, 271, 276; maremma di, 76, 295; Mountain(s) of (montagne di) 243, 268, 269, 273, 274, 277, 279; plain of (pianura di), 240, 244, 263, 268, 272, 273, 274; Port (porto), 276, 282; Republick of (repubblica di), 281; Sea-coast of (costa di), 244, 288; State (stato), 268; State of (stato di), 288; University (università), 281, 323; Valley (valle), 272, 273, 279; v. anche Sapienza, collegio, Ferdinand collegio, Ricci, collegio

Pisin, 425

Pistoia, monti di, 81; v. anche Pistoja

Pistoja, 244, 245, 248, 249, 255, 258, 259, 260, 263; Disrict of (distretto di), 305; Mountain (s) of (monti di), 243, 245, 246, 247, 248, 249, 263, 264; plain of (pianura di), 256, 259; v. anche Pistoia

Piteccio, 249

Pitigliano, 241, 291, 296

Pitt, William, statista inglese, 9, 29, 29n, 31

Pitti, Palace (palazzo), 370

Pittineo, Port of (porto di), 130

Pius the fifth (Pio V), Pope (papa), 281

Pius the fourth (Pio IV), Pope (papa), 323, 366

Pius the second (Pio II), Pope (papa), 294

Pliny (Plinio), 401, 412, 454

Plutarch (Plutarco), 454

Po, 248, 385, 460, 461

Pochinoli (anche Pocarinolli), Catarina, 57n

Poggibonsi, 266

Poggio, 263

Poggio a Caiano v. Poggio a Cajano

Poggio a Cajano, 259

Poggio Imperiale, 260

Pogliza, Community of (comunità di), 477

Pola, 62, 67, 68n, 425, 428, 429, 430, 447; v anche Polensis, Respublica

Polcenigo, 415, 421; Counts of (Conti di), 421

Polensis, Respublica, 429; v. anche Pola

Polesine, 401, 402, 463

Polesine di Rovigo, (provincia della Lombardia veneziana), 60, 386, 397, 400

Polmonara, galea, 52

Polonia, 10

Pomarance, v. Pomarancie

Pomarancie, 290

Pomo, Rock of (scoglio di), 435

Pompiano, 388

Pomposa, Abby of (abbazia di), 385

Ponta Alefchimo, Promontory (promontorio), 448

Pontadera, 276

Pontadura, Island (isola), 441

Ponta Gardichi, Promontory (promontorio), 449

Pontassieve v. Ponte a Sieve

Ponte a Greve, 260

Ponte a Serchio, 275

Ponte a Sieve (Pontassieve), 257, 259

Ponte a Signa, 260

Ponteba, 415, 421; Imperiale, 421; Veneta, 241

Pontebba, v. Ponteba

Pontedera, *v.* Pontadera

Ponte Petri, 249

Pontevico, Fortress (fortezza), 387; *v. anche* Ponte-Vico

Ponte-Vico, Castle of (castello di), 460; *v. anche* Pontevico

Pontido, 249

Pontito, *v.* Pontido

Pontolio, 388

Pontremoli, 241, 297, 298

Ponzio, Gran Master of the Order of Knights Templars and Viceroy of Dalmatia & Croazia (Gran Maestro dell'Ordine dei Cavalieri Templari e Vicerè della Dalmazia e Croazia), 435

Popalonia, 288

Pope(s), Dominions (domini), 527, 529, 530, 536; Marine (flotta), 536; Revenues of (entrate del), 527; State(s), 137, 248, 534, 535, 540; Treasury (tesoro), 528; *v. anche* Ecclesiastical State; Roman State; Stato della Chiesa

Popone Giorgi, 440

Popori, 445, 447

Poppi, 251, Count of (conte di), 334

Populonia *v.* Popalonia

Porcia, 415, 421; Counts of (conti di), 421

Porciano, 251

Pordenone, 407, 415, 419, 421

Porta ottomana, 10, 43n

Porte, Sir, James, 67

Porten, Stanier, console generale a Madrid, 37n

Portiro, 272

Porto, 261; lower (inferiore), 261

Porto Bagna (Blatta), Harbour (porto), 439, 440

Portobuffaletto, 406; *v. anche* Portobuffolé

Portobuffolé, 403; *v. anche* Portobuffoletto

Porto d'Adige, 463

Porto di Chioggia, Channel (canale), 381, 382 *v. anche* Chioggia

Porto Ercole (anche Hercole), 16, 20,

45n, 174; plan of (pianta di), 46, 46n, 173, 174, 177; territory round (territorio intorno a), 177; veduta di, 46n

Portoferraio, *v.* Cosmopoli, Porto Ferraio, Porto Ferrajo

Porto Ferraio, 80n, 83, 241; *v. anche* Porto Ferrajo

Porto Ferrajo, 297, 298, 299; *v. anche* Porto Ferraio

Portogallo, 96n; *v. anche* Portugal

Portogruaro, 415; *v. anche* Porto Gruaro

Porto Gruaro, 418; *v. anche* Portogruaro

Portole, 425

Portolongone, *v.* Porto Longone

Porto Longone, 16, 20, 174, 175, 179, 298; carte di, 46; fortezza di, 46n; fortifications of (fortificazioni di), 175; Garrison of (guarnigione di), 181; Governour of (Governatore di), 175; plan(s), of (pianta(e), di), 46n, 173, 177, 179n, 180, 181

Porto Pisano, 276, 277

Portormo, 262

Porto S. Stefano, 45n

Porto Slavina, 441; *v. anche* Schiavina

Portugal, 139, 142, 146, 150; king of (re del), 101; *v. anche* Portogallo

Portus Naonis, 419; *v. anche* Pordenone

Porzia, Count of (conte di); 407

Posole, 249

Potamò, 448

Pougliana, Island of (isola di), 434

Poulet (anche Pollet), Mon.r, brigadiere francese al servizio della Spagna, 47n, 175

Poveglia, 384, 460

Pozzo, 263

Pozzuoli/o, 155; Port of (porto di), 125; *v. anche* Puzzuolo, Solfa Terra

Praga, 81

Prato, 255, 258

Pratolino, villa di, 258

Predale, 249

Premilcore, 250

Presidi di Toscana (anche Presidii, Presidj, Praesidii, Presidios), 16, 20, 30,

45, 49, 53, 173, 174, 175, 177, 179, 292;
fortificazioni dei, 49; Ristretto Genera-
le, 199-234; Stato dei, 45, 46, 46n, 76
Pretezolo, Streight (stretto), 441
Prevesa, 503; State of (stato di), 502
Primorie, Mountains (montagne), 437;
Macarane 477; Traurine, 475
Principato Citra, Province of (provincia
di), 125
Prinlabra, Island (isola), 441 v. anche
Brevilacqua
Priuli, Marcantonio, Savio alla Scrittura,
71n, 75, 75n
Procida, coast of (costa di), 167
Proclian, Lake; v. Scardona, Lake
Procuratore fiscale, Magistrate (magistra-
to), 330
Proloc, 480
Provence, 271
Provenza, v. Provence
Provichie, Island (isola), 435
Prussia, 10
Puglia, 125, 128, 130-132, 141, 155, 156;
province of (provincia di), 166; wines
of (vini della), 155; wool (lana della),
132; v. anche Apulia
Pult Quaglia, Anna Maria, 27, 76n, 92
Punta di Goro, 167
Pupilli, Tribunale dei, 92, 331
Puzzuolo, Solfa Terra, 137; v. anche
Pozzuoli

Quarnaro, isola di, 60
Quarner, Gulph of (golfo di), 425, 430,
442; Island (isola), 426, 442
Quebec, 511
Quer, 409
Quieto, River (fiume), 427
Quinzano, 388

Rab, Island (isola), 443; v. anche Arbe
Radda, 265
Ragusa, 141
Ragusi, 446, 447; Republick of (repub-
blica di), 432; State of (stato di), 432,
437, 439, 440, 445

Rampini, Porto, 457
Rangona, Family of (famiglia dei), 408
Ranieri, (Pisa), cappella, 278
Rapnata, 439
Raspo, 425
Ravenna, 401
Recoaro, 395; Mineral Waters (acque mi-
nerali), 395
Redi, 253
Reggio Calabria, v. Reggio
Reggio, 125, 126; coast of (costa di), 167;
Port of (porto di), 125, 130
Regno delle Due Sicilie, Ristretto Gene-
rale, 199-234
Regno di Napoli, 16, 17, 20, 25, 35, 35n,
36, 44, 45n, 47n, 54; popolazione, 236;
Ristretto Generale del, 199-234; v. an-
che Napoli, Naples
Regno di Sicilia, 16, 17, 53, 89; Ristretto
Generale del, 199-234; v. anche Sicilia;
Sicily
Regno Unito, 10, 30, 34
Remi of Saint Mark, v. Cansei
Remole, 257
Renier, Federico, Savio alla Scrittura, 71n
Reno, River (fiume), 248, 249; v. anche
Rhine
Rensenberg, Count (Conte), v. Rosen-
berg-Orsini
Rerone, River (fiume), 394
Revett, Nicholas, 67, 67n, 68
Rhetia, 412
Rhine, 143; v. anche Reno
Ricasoli, Fief (feudo), 265
Ricciardi, Marquis (marchese), 369
Ricci, collegio a Pisa, 28
Ricci, Giovan Pietro, mercante livornese,
90
Ricci, Giuliano, 88, 88n
Richards, William
Richecourt (Nay-Richecourt, Déodat
Emmanuel), 81n, 88n, 90, 291
Richmond, duca di, 32n, 50n
Ricò, 241
Rimini, 399
Rimonta, River (fiume), 408

Ripafratta, 271, 274; (canale), 269
Riparbella (anche Riperbella, Ripertella), 290, 291
Ripoli, plain of (pianura di), 259
Risano, 445, 446; River (fiume), 426; v. anche Formio
Riviera di Salò, 60, 64, 68, 386, 388, 389; v. anche Salò
Rizzi Zannoni, Giovanni Antonio, 36
Robinson, Sir Thomas, 64n, 70n
Rocca Bruna, v. Rocca di Pietore
Rocca d'Anfo, 387, 388
Rocca di Pietore, 411
Rocca-Sillana, 290
Roccasigillina v. Foccasigillina
Rodoaldo, Patriarch (patriarca), 422
Rogio (acneh Rogleo, Roglio), (fiume), 269, 272
Roma, 32n, 63, 138, 527n; v. anche Rome
Romagna, 242, 243, 247, 250; monte di, 81; upper (alta), 250
Roman State 239, 287, 529; v. anche Ecclesiastical State; Pope State; Stato della Chiesa
Roman Territory (territorio romano), 528, 529, 530, 536
Romano, Alberico da, 405
Romano, Ezzelino da, 405, 407, 411
Romano, Family of (famiglia dei), 405
Rome, 138n, 150, 239, 265, 266, 292; 388, 527-529, 533, 534; Custom House of (dogana di), 530; Court of (corte di), 307, 310, 338, 429, 532; Publick Banks (banchi pubblici), 533; v. anche Roma
Romo, River (fiume), 250
Roncislap, 482
Ronta, 252
Roselle, v. Rosselle
Rosenberg-Orsini, Franz Xavier (anche Resenberg, Count), 22, 369, 370
Rosignano, 273
Rosselle, 296
Rossore, 275
Rostoc, Plain of (pianura di), 479, 483

Rotta, 262 v. San Romano, Abby
Rovato, 388
Rovere, house of (casa dei), 338; v. anche Della Rovere, 91
Rovezzano, 257
Roviana, 394
Rovigno, 425, 428
Rovigo, 401, 402
Royal Charles, cfr. S. Carlo, galea
Rozzo, 394
Rubens, 58n
Russia, 141

Sabbia, Val, 387, 388
Sabbio, 387, 388
Sabioncello, Peninsula of (penisola di), 438, 439
Sacer, Cabo of (provincia di Sassari e Logudoro), 551; v. anche Sassari
Sacile, 407, 415, 419
Saint Ajora, 291
Saint Andrea, 439; Island (isola), 459
Saint Angelo della Polvere, 383
Saint Angelo di Concordia, 383
Saint Angelo, Castel of (castello di), 449; v. anche Angelo-Castro; Castel Sant'Angelo
Saint Anthony, Mountain (montagna), 407
Saint Bartolomeo, 441
Saint Basil, Order of (ordine di), 456
Saint Bernard of Siena, Order of (ordine di), 382
Saint Clemente, Island (isola), 439
Saint Erasmo, Island (isola), 459; Porto, 379, 381, 382, 458, 379
Saint Francis (San Francesco), 251
Saint Gaetano Tiene, 395
Saint George, Channel (canale), 393
Saint George, Congregation of (congregazione di), 382, 383
Saint George, Harbour of (porto di) Issa, 439
Saint Giovanni di Dio, Congregation of (congregazione di), 385
Saint John alla Vena, 270

Saint Lazzero, 384; Armenians at (Armeni a), 384
Saint Mark, Mountain (monte), 449
Saint Mary of the Flower (Santa Maria del Fiore), Office for the maintenance (Uffico della Manutenzione), 334, 335; v. anche Uffico della Manutenzione di S. Maria del Fiore
Saint Nicolò, harbour (porto), 450; Island of (isola di), 435
Saint Pellegrino, Mountain of (monte di), 249
Saint Philip of Minorca, 498; v. anche San Filippo di Minorca
Saint Pietro, Gulph of (golfo di), 549; Island of (isola di), 549
Saint Pietro, Island of (isola di), 549
Saint Saba, 432
Saint Stephen, Cavalieresse of, 366; Knights of (cavalieri di), 279, 282, 310, 324; Order of (ordine di), 244, 253, 366; v. anche Santo Stefano, Cavalieri di
Saint Veit, v. Fiume
Sainte Auguste, Mountain (monte), 407
Sainte Mary, Cape (capo), 450
Sale, 434; v. anche Isola grossa
Salerno, 54, 125, 126, 167; fair of (fiera di), 15, 124, 125, 145, 153, 154, 171; mole of (molo di), 167; Port of (porto di), 125
Salò, 389, 393; v. anche Riviera di Salò
Salona, 436, 437, 442; River (fiume), 437, 477
Salonicco v. Salonique
Salonique, 133
Salsero, fiume, 264
Salumia, 296
Salviati, Duca, 261, 370; v. anche Selve
Sambuca, 249, Valle, 273; v. anche La Zambuca
Sambuca, marchese della, 48n
Same, 454
Samo, 453
Samone, 249
San Carlo, nave, 51, 52

San Cassano of Meschio, 408
San Cristoforo della Pace, 383
San Daniel(e), 415, 419-421
San Dimitri, Island (isola), 450; Lazzeretto of (lazzaretto di), 449
San Donato, 408
San Donato di Piave, 403
San Felice, Castle of (castello di), 464
San Filippo di Minorca, forte, 73, 467; v. anche Saint Philip of Minorca
San Giorgio, v. Saint George
San Giorgio dei Genovesi, 39
San Giorgio in Alega, 382
San Giorgio Maggiore, 382; isola di, 68
San Giovanni, Fort of (forte di), 471; v. anche Badessa
San Giovanni dei Fiorentini, (Napoli), 39
San Godemo, 252
San Grisogono, Porta di, 470
San Iacopo (Livorno), 78
San Lorenzo, 425
San Marco, Post (postazione), 498
San Martino, Vally of (valle di), 390
San Michele di Murano, 383; Convent (convento), 383; Library (biblioteca), 383, v. anche Murano
San Michiele, Michiele, 392
San Nicolò (Lissa), 439; Fort (forte), 471; Island of (isola di), 427, 428; porto, 456
San Paolo, 403; Castle (castello), 408
San Rocco, Fort (forte), 488, 498
San Romano, Abby (abbazia), 262
San Salvatore, 403, 408
San Salvatore (Corfù), Mount(ain) (monte), 488-490, 492, 494-497; Fort (forte), 497; Gorge (gola), 496, 497
San Secondo, 383
San Spiridione, chiesa di Corfù, 69, 449
San Stefano, Post (postazione), 485
San Vito, 415, 420
San Vito, (Lissa), 439
San Zenone 405
San Zuanne, Cape (capo), 502
Sangalline, lini, 140

Sanseverino, Roberto, 399
Sansovino, 65, 382
Sant'Antonio, Bastion, (bastione), 484, 485
Santa Agata, monastero fiorentino, 81n
Santa Cattarina, Rock (scoglio), 428
Santa Catterina, Promontory (promontorio), 448
Santa Cristina, fair of (fiera di), 158
Sant'Elena (Santa Lena), 382
Santa Fiora, 241
Santa Giustina, chiesa di Padova, 68
Santa Lena, v. Sant'Elena
Santa Lucia, 408
Santa Maria dell'Avocato o Avvocata, (Napoli), 38
Santa Maria del Fiore, v. Saint Mary of the Flower, Ufficio della Manutenzione di S. Maria del Fiore
Santa Maria della Neve, (Napoli), 38
Santa Maria di Cappella (Napoli), 48
Santa Maura, 60, Island (isola), 448, 452, 453, 501, 502, 503; Channel of (canale di), 502; v. anche Leucada(e); Neritis
Santa Sofia, 250
Santerno, River (fiume), 250
Santi Pietro e Paolo dei Greci (Napoli), 39
Santo Spirito, 382; canons of (canonici di), 382
Santo Stefano, Cavalieri di, 85, 95, 96 v. anche Saint Stephen
Sapienza, collegio a Pisa, 281
Sarachino, Harbour (porto), 454
Sardegna, 541; inviato straordinario del re di, 47; re di, 47, 47n; Regno di, 27, 47; v. anche Sardi(g)nia
Sardi(g)nia, 126, 143, 157, 277, 280, 540, 549-551; coasts of (coste della), 165; King of (re di), 540, 544, 548, v. anche Sardegna
Sarezza (anche Serezza), canale, 269, 274; v. anche Seravezza
Sarzana, 238
Sassari, 549-551; v. anche Sacer, Cabo of
Sassetta, 290

Sasso di Simone, 239, 244, 250
Sasuina, 480, 481
Saturnia, v. Salumia
Saviato alla Scrittura, 72
Savio alla Scrittura, 58n, 73, 504, 510, 512, 516, 517, 519
Savio Cassiere, 504
Savio, River (fiume), 250
Savoia, v. Savoj
Savona, 142
Savorgnano, Family of (famiglia dei), 421
Savoj, House of (casa dei), 549, 551
Saxe, Marshal Count (maresciallo conte), 467; v. anche Löwendahl
Scala, 393; Family (famiglia degli), 394; Island (isola), 393; Punta di, 453
Scaliger(s) (Scaligeri), 405, 407, 413, 414
Scandea, Arsenal (arsenale), 456
Scandicci, 260
Scansano, 241, 291
Scarda, Rock of (scoglio di), 433
Scardona (anche Proclian), Lake (lago), 434
Scarlet, cloths (stoffe), 139, 140
Scarperia, 252
Scarpone, 488, 492
Schiavina, 441; v. anche Porto Slavina
Schinari, Punta, 453
Schio, 395
Schipa, M., 51
Schulemburg, Giovanni Mattia, Marshal (maresciallo), 449, 482, 498, 523; v. anche Schulenburg
Schulenburg, Johann Mathias, 74, 74n; v. anche Schulemburg
Sciacca, 127; Port of (porto di), 129
Scivota, Island (isola), 450
Sclave, Vally of (valle di), 390
Sclopis, Ignazio, disegnatore e incisore, 47, 47n
Scoglietti, 127, 135; Port of (porto di), 129
Scoglio de' Rondini, 446
Scrittoio delle Possessioni, 91, 92
Scythians, 395
Sebenico, 436, 442, 447, 471, 482; Contea

di, 21, 60, 432, 434, 435; County of (contea di), 434, 435
Sebinus, Lake (lago), 387; v. anche Iseo
Selve, Rock of (scoglio di), 433
Selve, villa del Duca Salviati, 261
Senato veneziano, 58
Serafino, 273
Seravezza, Mountains of (monti di), 297; v. anche Sarezza
Serchio, (fiume), 242, 244, 245, 247-249, 267, 269-271, 274, 275, 277
Serenissima, 21, 22, 25, 27, 48n, 60, 71, 72; v. anche Venezia; Most. Serene Republick; Venice; Venetian Republick; Venetian State; Vinice
Sergius Lepidus, 429
Seria, Val, 390
Seriana, Val, 390
Serio, River (fiume), 386, 390
Sermione, 462
Ser(r)avalle, 259, 263, 264, 403, 406, 407, 408
Serravalle Pistoiese v. Serravalle
Sesario, Mount (monte), 252
Sessa, palazzo, (Napoli), 48n
Sesto, 258
Sette Comuni, 394, 395
Settimio Severo, v. Severus
Severus, Emperor (imperatore), 429
Sforza Francis, duke of Milan (Francesco Sforza, duca di Milano), 383
Sgrilli, Bernard, 78
Shelburne, conte di, 22, 23n, 24, 24n, 27n, 30n, 47n, 53n, 54n, 57n, 58, 58n, 59n, 76n, 92, 92n, 93n, 94n, 96n; Earl of (conte di), 235, 527
Sicilia, 44; viceré di, 48n; Citeriore, Regno della, 55n; Prima, 55n; Ulteriore, 55n; v. anche Regno di Sicilia; Sicily
Sicilian Majesty, Marine of (Marina Militare), 182, 184-198; Troops of (truppe di) 101; v. anche Sua Maestà Siciliana
Sicily, 25, 126-137, 143-146, 149-151, 157-159, 161, 164, 166, 167, 175; Custom Houses of (dogana di), 163;

Kingdom of (Regno di), 129, 135, 136, 157, 277; ports of (porti della), 129; provinces of (province di), 159, 163; trade of (commercio della), 127, 150; v. anche Sicilia; Regno di Sicilia
Siculiana, 127
Sidari, Promontory (promontorio), 448, 449
Siena, 82, 84, 266; maremma di, 76; Mountains (monti), 266; State of (Stato di), 261, 265, 266; v. anche Sienna
Sienna, 244, 289, 292-294, 307; Colledges (collegi), 293; Republick of (repubblica di), 291, 292; sea-coast(s) (costa), 244, 291; State of (stato di), 241, 292-295; University (università), 293; v. anche Siena
Sieve, River, (fiume), 245, 251, 257; Valley of (valle del), 257
Sigeardo, Patriarch (patriarca), 422
Sigismund, Emperor (imperatore), 412; King of the Romans (re dei Romani), 423
Signa, 261
Silba, v. Selve, Rock of
Sile, 403
Silla, 290
Sing, 441, 474-483
Sinsiglia, galea, 52
Sinus Rhisonicus, 445; v. anche Cattaro
Siracusa, v. Siracuse
Siracuse, wine of (vino di)130
Sirmione, v. Sermione
Smerdan, 480, 481
Smirna, 133, 147; carpets (tappeti di), 147; rags (stracci di), 147; silk (seta di), 147; wax (cera di), 145, 147; v. anche Smirne
Smirne, 12; v. anche Smirna
Smith, Joseph, 57, 57n, 58n, 62, 66, 66n, 67, 67n, 69
Smoquiz(z)a, 437; Island of (isola di), 434
Soave, 392, 393
Soci, 251
Society of Dilettanti, (Società di Dilettanti), 67, 67n

Solaia, *v.* Solaja
Solaja, 272
Solfatara *v.* Pozzuolo, Solfa Terra
Solta, Island (isola), 437
Sora, 132
Sorana, 249
Sorano, 241, 291
Soranzo, Post (postazione), 485
Sorrento, coast of (costa di), 167
Sovana, 292, 296
Spacaforno, salt pits of (saline di), 135
Spagna, 9, 10, 15, 29, 45, 46n, 47n, 50-52, 96n; *v. anche* Spain
Spain 16, 136, 142, 144, 146, 150, 157, 170, 175, 262, 306, 550; Court of (corte di), 171, 175, 179, 532; King of (re di), 175, 291, 292, 298; Kingdom of (regno di), 174; Infanta of (Infanta di), 175; *v. anche* Spagna
Spalat(r)o, 21, 60, 62, 65, 68, 69n, 73, 436, 437, 441, 447, 477, 501; Archibishop of (arcivescovo di), 436; County of (contea di), 432, 436, 437; Fortifications of (fortificazioni di), 477; Lazzaretto, 436
Spedaletto, 272
Spigliari, Valley (valle), 484
Spilea, Gate (porta), 488
Spilimbergo, 415, 421; Counts of (conti di), 422
Spinalonga, 379
Spinelli, Giuseppe, cardinale, arcivescovo di Napoli, 38
Spitafields, 12
Spon, Jacob, 66, 66n, 454
Spugna, 266
St. James's, 35n, 45n, 50n, 56n, 81n, 86n, 93n
Stabbia, 264
Staggia/o, fiume, 266
Stanengo, 386
Stanhope, 32n
Staregrat, Rock (scoglio), 477
Stato della Chiesa, 84, 527; *v. anche* Roman State; Ecclesiastical State; Popes State

Stato padovano, 21
Stato pontificio, 27, 89
Stato veneziano, 61, 64
Stermi(z)za 480; Plain of (pianura di), 473
Stewart, ufficiale dei dragoni di Sua Maestà, 23
Stia, 251
Strabo, 454; *v. anche* Strabone
Strabone, 289; *v. anche* Strabo
Strada, 249
Streights (Stretti, Mediterraneo), 17, 176
Strivali, Islands (isole), 456, Grapes (uva), 456
Strofadi, *v.* Strophades
Strophades, Islands (isole), 456
Strozzi, Duke (duca), 372
Stuart James, 67, 67n, 68n
Stuart MacKenzie, 58n; James, 66n
Sua Maestà Britannica, 65
Sua Maestà Cristianissima, 10
Sua Maestà Imperiale, 58
Sua Maestà Siciliana, 20, 182; Marina Militare, 182, 184-198; truppe di, 102-103; *v. anche* Sicilian Majesty
Suth, Island of (isola di), 434
Su(t)turina, 487
Svezia, 30, 141
Sweden (*v.* Svezia)
Syria, 384

Tagliamento, 403, 414, 419, 420, 422, 423, *v. anche* Tajamento
Tajamento, River (fiume), 379; *v. anche* Tagliamento
Talamone
Tamigi, 65; *v. anche* Thames
Tanucci, Bernardo, 17, 36, 47, 48, 48n, 49n, 152
Taranto, 125, 128; harbour of (porto di), 167; Port of (porto di), 125, 130
Targioni Tozzetti, Giovanni, 24, 84, 85
Tarranto, *v.* Taranto
Tartagna, Signor 509
Tartaria, 36
Tartaro, River (fiume), 381

Tartars, 395
Tartini & Franchi, 78
Tarvisium, 413
Tarzo 406
Tavanti, Angelo, ministro delle finanze del Granducato toscano, 22, 26, 89
Tavarnelle, v. Tavernelle
Tavernelle, 265
Tavernole, 387
Teachi, 453; v. anche Itaca, Ithaca, Theachi, Thiachi
Teatini, Order of (ordine dei), 395
Teganussa (isolotto), 457; v. anche De' Cervi
Tempesta, Family of (famiglia dei), 407
Templars (Templari), Commandry of Knights (Ordine dei Cavalieri Templari), 434.
Teramo, 54
Termini, 127, 134; Port of (porto di), 129
Terni, 535
Terra del Sole, 250
Terracina, ingegnere, 68, 405
Terra/e di Lavoro, 54, 128-131, 155-157; ports of (porti di), 125; province of (provincia di), 133; wines of (vini di), 155
Terraferma, 21, 60, 61, 69; fortificazioni, 72; v. anche Terra Ferma; Terra Firma
Terra Ferma, 63, 139, 385, 386, 432, 458-460, 464, 509, 514; v. anche Terra Firma; Terraferma
Terra Firma, 139; v. anche Terra Ferma, Terraferma
Terranova, 30
Terranuova (anche Terra Nuova), 135, 137
Terra Nuova, 127
Terra Rossa, 241, 298
Terricciola, 272
Territorio veronese, 21; v. anche Veronese Territory
Terzo, 264
Tescore, 386
Tesina, River (fiume), 394

Tesoro Granducale, v. Depositeria Generale
Tettuccio, acque minerali, 264
Tevere, v. Tyber
Thames, 380 v. anche Tamigi
Theachi, 454; v. anche Itaca, Ithaca, Teachi, Thiachi
Thiachi, 454; v. anche Itaca, Ithaca, Teachi, Theachi
Thurn, Countess of (contessa di), 372
Tibaldo, Mount (monte), 462
Tiene, 395
Tiepolo, Alvise, Savio alla Scrittura, 75, 512
Timavus, River (fiume), 420
Tine, porto, 456
Tirol, 386, 392; County of (contea del), 394; v. anche Tyrol
Tirolese, 410
Tirolo, v. Tirol, Tyrol
Tirreno, 46n
Titian, 422
Titius, River (fiume), 434; v. anche Kerka, River
Tiziano, v. Titian
Tofts, Catherine, prima moglie di Joseph Smith, 57n
Toggi, 299
Tolentino, Cristoforo, 409
Tolmezzo, 415, 419
Tolomei, Colledge at Sienna (collegio di Siena), 293
Tomadego, Mountain (monte), 412
Tonetti, Eugenio, 61
Topaja, villa di, 258
Tora, River (fiume), 273
Torcello, Island (isola), 379, 380
Torcola/i, Island (isola), 440
Torino, 28, 40n, 41, ambasciatore napoletano a, 48; inviato straordinario a, 48n; v. anche Turin
Tornaquinci, Giovanni, segretario di stato, 47n
Torre del Greco, 165, 168
Torre, River (fiume), v. Turro
Torretta, 434

Toscana, 21-27, 29, 31, 33, 36, 46n, 76, 78, 79, 79n, 80-82, 84-87, 89, 90; Granduca di, 46, 78; Granducato di, 53; Popolazione della, 78, 82; *v. anche* Presidi di Toscana; Tuscany

Toscolano, 389

Tournai, 58n, 73n

Townshend, 32n

Traiano, 68; *v. anche* Trajan

Trajan, 433, 536; *v. anche* Traiano

Trani, 54, 128; Port of (porto di), 130

Trapani, 131, 145, 167, 168; salt pits of (saline), 135; salt works of (saline di), 127

Trappa, convent of (convento della), 252

Trasimenian, Lake (lago), 253

Trasparenti, Vincenzo, Maglia di, 133

Traù, 435, 436, 447, 476, 477; contea di, 21, 60, 68, 435; County of (contea di), 432, 435, 436; People of (popolazione di), 437

Treggiaja, 272

Trent (Trento), 389, 393, 412; Bishoprick of (vescovato di), 412, 462

Trentine, 392, 394; State (stato), 395; *v. anche* Trentino

Trentino, 387; *v. anche* Trentine

Trento, *v.* Trent

Treppio, 249

Tretto, 395

Trevisan, 397; State (stato), 408; *v. anche* Tri(e)vigiano

Trevisano, Angiolo, 408

Treviso, 68, 385, 403, 404, 408, 411, 413, 419, 422, 464, 465; *v. anche* Tri(e)vigi

Tribuno, Memmo, doge, 382

Tribunale dei Pupilli, *v.* Pupilli

Trieste, 21, 30, 41, 63, 72, 94n, 96n, 125, 130, 134-136, 140, 141, 143-145, 167, 425, 427; Gulph of (golfo di), 425; Port of (porto di), 143

Trieste e Fiume, Compagnia di Commercio, *v.* Compagnia di Commercio di Trieste e Fiume

Trigl, 481

Trille, 476

Trimalcion (Trimalcione), 435

Tripoli, 95n

Tri(e)vigi, 399, 403, 405-409, 414; *v. anche* Treviso

Tri(e)vigiano, 60, 394, 403, 406, 407, 409, 410, 412, 414, 420, 423; State (stato), 395; *v. anche* Trevisan

Troja, 299

Trompia, Val, 387, 388

Tron, Giovanni, 38

Tuardko, King of (re di) Bosnia, 446

Tunisi, 95n; wool (lana), 145

Turchia, 56n, 95, 95n; *v. anche* Turkey

Turin, 531, 548, 550; *v. anche* Torino

Turkey, corn (granoturco), 145; Lower (meridionale), 142; *v. anche* Turchia

Turney & Merry, ditta inglese a Napoli, 44n

Turro, River (fiume), 414, 415

Tursi, discrict of (distretto di), 133

Tuscany, 16, 23, 57n, 76, 82, 87, 130, 174, 175, 239, 240-246, 248-251, 253-257, 259, 260, 264-266, 268-272, 275, 279, 280, 282, 283, 286-289, 293, 295, 297, 299 300, 303, 305, 306, 312, 314, 318, 319, 323; Coast(s), of (costa/e della), 174, 286, 287; Description of (descrizione della), 237-375; Dutchy of (ducato della), 244, 248, 305; Expence for the Land Forces and Navy of (spese dell'esercito e della marina), 331-344; Great Duke(s) of (Granduca di), 13, 174, 244, 282, 293, 296, 297; Great Dutchy of (Granducato di) 239, 241, 243; Marine of (marina militare della), 287; Oyl (olio), 271; Post-office of (posta della), 324; Praesidi of (Presidi della), 179, 292; Salt (sale), 289; Silk (seta), 306; *v. anche* Toscana

Tuscan Sea (mare toscano), 239, 242, 244, 270; Islands of (isole del), 297

Two Sicilies, 124, 148, 152, 166, 167, 174; commerce of (commercio delle), 104, 124, 148; current coin (moneta corrente), 148; King of (re delle), 174; Kingdom(s), of (regno delle), 20, 42,

124, 129, 135, 136, 157, 166, 169; plans of the fortified places of the (piante delle fortificazioni delle), 177; trade of (commercio delle), 124, 166, 167; *v. anche* Due Sicilie

Tyber (fiume), 239, 250, 252; vallies of (valli del), 245, 250

Tyrol (Tirolo), 414, 422, 463; Mountains of (monti del), 461, 463; *v. anche* Tirol

Udine, 68, 415-418, 420, 422, 423; Archbishoprick (arcivescovato), 424

Udney, John, console inglese a Venezia, 33, 57n, 59n

Ufficio del Commercio, 92; *v. anche* Office of Trade

Ufficio della Manutenzione di S. Maria del Fiore, 92; *v. anche* Saint Mary of the Flower

Ufficio delle Farine, 91

Uficiali de' Fiumi, Magistrate (magistratura), 329

Uficiali di Terre, Magistrate (magistratura), 329

Ufizio de' fossi, 280

Uglian, Island of (isola di), 433, 434, 470; *v. anche* Lissa

Uliveto, 270

Umago, 425, 427

Umiliati, 333

Urana, 434; *v. anche* Aurana

Urban, Pope (papa), 265

Urbano, papa, *v.* Urban

Urbino, legation of (legazione di), 239; stato di, 91

Uzzano, 264

Vaglagli, *v.* Vangluagli

Vajano, 386

Val, 243, *v.* Nievole, valley;*Val di Nievole*

Valdagno, Mineral Waters (acque minerali), 395

Valdarno, 257, 262

Valdarno di Sopra, 243, 245, 254, 255; *v. anche* Arno, upper Valley of

Valdarno di Sotto, 243, 255, 261; *v. anche* Arno, lower Valley of; Valdarno, lower

Valdarno Inferiore *v.* Valdarno di Sotto; Valdarno; Lower Arno, lower Valley of.

Valdarno, Lower (Valdarno Inferiore), 261, 263, 266; *v. anche* Arno, lower Valley of; Valdarno di Sotto

Valdemone, 133

Valdera, 82, 243, 261, 268, 272; *v. anche* Era, Valley of

Valdimarino, County of (contea di), 410 *v. anche* Valmarino

Valdinievole *v.* Val; Nievole, valley (valle); *Val di Nievole*

Val di Nievole/i 243, 259, 262-264; *v. anche* Nievole, valley; Val; Valdinievole

Valdobbiadene, 409

Valle, 425

Valle grande (Blatta), Harbour (porto), 439

Vallombrosa, abbazia di, 82; Abby of (abbazia di), 257

Vallombrosiani, *v.* Valombrosians

Valmarino, 403, 409; County of (contea di), 408, 409; District of (distretto di), 406; *v. anche* Valdimarino

Valombrosians (Vallombrosiani), Order of (Ordine dei), 259

Valso, Counts of (conti di), 421

Valtellina(e), 387, 389

Valtenese, 389

Valvasone, 415, 422; Counts of (conti di), 422

Vandestreet, John, 275

Vangluagli, 265

Vanvitelli, 63n

Vargas Macciucca, Francesco, 37n

Varlungo, 257

Vathi, 454

Vauban, Engineer (ingegnere), 462

Veglia, Island (isola), 442, 443; City of, 443 *v. anche* Kark

Velletri, battaglia di; *v.* Guerra di Velletri

Vena, Mountains of (monti di), 425, 430

Venetian Albania, 445, 483, 487; *v. anche* Albania

Venetian Friul(i), 386, 414, 415; *v. anche* Friul; Friuli; Friuli veneziano

Venetian Levant (Levante veneziano), 448; *v. anche* Levant; Levante

Venetian Lombardy (Lombardia veneziana), 463; *v. anche* Lombardy; Lombardia; Lombardia veneziana; Lombardia Veneta

Venetian Republick (repubblica veneziana), 413; *v. anche* Most Serene Republick; Serenissima; Venezia; Venice; Vinice; Venetian State

Venetian State (stato veneziano), 130, 143, 392, 394, 421; *v. anche* Most Serene Republick; Serenissima; Venezia; Venice; Vinice; Venetian Republick

Venezia, 18, 18n, 33, 36, 56, 56n, 57, 57n, 58, 58n, 59, 59n, 60, 60n, 61, 61n, 62n, 63, 64, 64n, 65, 65n, 66n, 67, 67n, 68n, 69, 70, 70n, 71, 71n, 72, 75n, 80n, 414; console a, 33; domini di, 18, 20, 36, 56, 60, 61, 63, 64, 377; ducato di, 21; lazzaretto di, 56n; Repubblica di, 20; residenti inglesi a, 13, 33, 70n; saie di, 132, 139; *v. anche* Most Serene Republick Serenissima, Venice, Venetian Republick, Venetian State

Venice, 25, 125, 130, 131, 134, 135-137, 139, 140, 142-145, 167, 301, 380-385, 397, 398, 400, 403, 404, 406, 412, 418, 419, 421-423, 428, 436, 458, 459, 464, 510; Arsenal of (arsenale di), 410, 458; Dutchy of (ducato di), 379; Gulph of (golfo di), 380, 386, 448; Lagune of (laguna di), 379, 385, 394, 399, 406, 414, 458; Republick of (repubblica di), 386, 390, 393, 396, 399, 402, 404, 407, 408, 412, 414, 422, 424, 425, 427, 428, 434, 445, 451; *v. anche* Most Serene Republick; Venezia, Vinice, Serenissima, Venetian Republick, Venetian State

Venturi, F., 14, 22, 26, 40n

Venzone, 415, 419, 421

Venzonesca, River (fiume), 419

Ver(r)ucola, 269, 270, 274

Verdea, vino, 256, 260

Verdiano, 266

Vergeria, Family of (famiglia di), 407

Vergoraz, 441, 478, 479, 481, 483

Verli(c)ca, 441, 474, 481, 482

Vernia, convent of Franciscans (convento di Francescani), 251

Vernio, County of (contea di), 250

Verona, 62, 64, 143, 392, 393, 462-465; Cloths (stoffe di), 139; District (distretto di), 393; Military College of (collegio militare di), 522; Military School of (scuola militare di), 517; Mines of (miniere di), 140; Plain of (pianura di), 395

Veronese, 60, 386, 387, 389, 392, 394, 400; District (distretto), 393; Mountains of (monti del), 395; State (stato), 392, 395, 461; Territory (territorio), 393; *v. anche* Territorio veronese

Versailles, ministro plenipotenziario a, 31

Vesuvio, 155; *v. anche* Vesuvius

Vesuvius, Mount (monte), 165, 168; *v. anche* Vesuvio

Vhati, Harbour (porto), 454

Vibo Valentia, *v.* Monteleone

Vicchio, 252

Vicentine, 386; State, 394-397; Territory (territorio), 394, 395; *v.* anche Vicentino

Vicentino, (provincia della Lombardia veneziana), 60, 386, 403, 412; *v. anche* Vicentine

Vicenza, 68, 394-396, 399, 464, 465

Vicopisano, *v.* Vico Pisano

Vico Pisano, 270, 274

Victor Amadeo, King (re), 550

Vido, 480; Island of (isola di), 498, 499

Vidore, 409

Vienna, 25, 41, 59, 72, 89, 90, 90n, 96, 143, 144, 286, 306; Court of (Corte di), 175; Supremo consiglio aulico commerciale di, 40n; Treaty of (tratta-to di), 286

Vietri, 126; coast of (costa di), 126; manufacture (manifattura), 145; Port of (porto di), 125, 126

Vignola, Pietro, Savio alla Scrittura, 74n

Villa Saletta, 272

Vinacciano, 259

Vinci, 262

Vinice, Court of, 307; v. anche Most Serene Republick; Serenissima; Venezia; Venetian State; Venice

Virola Nuova, 388

Visconte, Family of (famiglia dei), 396; Gian Maria, 396; John Galeazzo (Gian Galeazzo), Duke of Milan (duca di Milano), 411, 412

Visconti, Duke of Milan (duca di Milano), 389; Filippo Maria, 389

Vissoza, Mountain (monte), 474

Vittorio Amedeo, v. Victor Amadeo

Vittorio Veneto, v. Ceneda

Vizzanetto, 249

Vizzano, 265

Volata, 249

Voniza, 503

Volpaia v. Volpaja

Volpaja, 265

Volterra, 244, 266, 267, 277, 288, 289, 369; sea-coast of (costa di), 244

Volterrana, soil of (suolo della), 244, 289

Walpole, Horace, 76n, 80, 80n

Walpole, Robert, 29n, 76n

Waquet, J-C., 90n

Wentworth, Lady, Bridget, moglie di John Murray, 56n, 57n, 62

Werpup, Barone, 138n

Westminster, convenzione di, 9

Wgnacovo-Blatto, Lake (lago), 441

Wheeler, George, 66n

Wilkens, Peter & William, ditta inglese a Napoli, 44n

Wilks, Mr., 104.

William, King, 467; v. anche Guglielmo d'Orange

Wills & Leigh, ditta inglese a Napoli, 44n

Wilson, Charles, 11

Wortley Montagu, Lady, Mary, suocera di Lord Bute, 62n

Worms, Treaty of (trattato di), 545

Wright, Bridget, 26

Wright, Sir, James, residente inglese a Venezia, 22, 57, 57n, 58, 58n, 59, 59n

Xeromero, 502; Country of (paese di), 503

Yarmouth, 65

Zacinthos, 455; v. anche Zante

Zambra/e (torrente/i), 270, 276

Zanchio, Island of (isola di), 434

Zante, 60, 448, 453-456; Channel of (canale di), 453; Currant (uva passa), 455; v. anche Zacinthos

Zara, 447, 466, 471, 476, 490, 491, 501; Contea, 21, 60, 68, County of (contea di), 423, 432, 433, 434; vecchia, 433

Zarmagna, River (fiume), 480

Zarnova, 439

Zarra, Antonio, 61

Zaton, 441

Zenano, 388

Zeri, Vally of (valle del), 298

Zoldo, 411

Zopuntello, Channel (canale), 433

Zumelle, v. Mel

Zuri, Island (isola), 435; v. anche Azuri

Questo volume è stato composto
dalla Grafica Elettronica s.n.c., Napoli
e stampato presso la Buona Stampa s.p.a., Ercolano
nel mese di febbraio dell'anno 1997
per le Edizioni Scientifiche Italiane s.p.a., Napoli
Stampato in Italia / Printed in Italy